宋會要輯稿

15

劉琳　刁忠民　舒大剛　尹波等校點

上海古籍出版社

国家出版基金项目
NATIONAL PUBLICATION FOUNDATION

宋會要輯稿　兵一四

便宜行事

【宋會要】

[1]太宗淳化五年正月，命昭宣使王繼恩爲劍南西川招安使，討狂賊李順。軍中事委其制置，不從中覆。管内諸州繫囚，除十惡及官典犯枉法贓外，悉得以便宜決遣。

真宗咸平五年〔一〕，詔知永興軍向敏中兼管勾秦州路行營都總管，許以便宜行事。

景德元年三月〔二〕，定州路駐泊行營都總管王超言：「戎入寇，或誘擊王師〔三〕，本軍不可輕動，請至時分兵掩擊。」詔如寇至，許便宜從事，仍令押陣使臣稟超節度。

十二月〔四〕，車駕北行，遣樞密使陳堯叟乘傳往諭澶州北寨將帥，整（飾）〔飭〕戎容，以便宜從事。

（四月七日）〔四年七月〕〔五〕，遣東上閤門使曹利用等討宜州叛兵，詔許立功者所在以官物給賜，即時（選）〔遷〕擢，便宜從事。

仁宗景祐二年五月，詔知廣州兼廣南東路鈐轄，知桂州兼廣南西路鈐轄，以便宜從事。時高、竇、雷、化四州蠻獠寇邊。以去朝廷遠，事不可以中覆，故有是命。

康定元年九月，詔知永興軍夏竦等：「凡係軍期急速及攻守進退方略、應機制變，奏覆朝廷不及者，並許便宜施行訖以聞。」

慶曆（二）〔三〕年七月〔六〕，詔廣南轉運司：「諸配軍有累犯情涉凶惡者，許便宜處斬訖奏。」

十二月〔七〕，知永興軍鄭戩言：「關中多豪俠，方邊事未寧，不可以常法治之。若情文深而法不止黥配者，請以便宜從事。」

三年正月，詔[2]陝西緣邊招討使韓琦、范仲淹、龐籍，戒軍期中覆不及者，聽便宜從事。

四年正月十八日，知（毫）〔亳〕州夏竦言：「乞降密旨付本州，如有宣毅軍士扇於暨衆作（賤）〔賊〕盜〔八〕，情理重者，許便宜處斷。」從之。

五年三月二十七日，詔：「荊湖南路安撫使、轉運使、提點刑獄臣僚應干蠻寇公事，如臨機急速奏覆不及，許同

〔一〕咸平五年：《長編》卷五八繫此事於景德元年十月乙未。《宋史》卷二八二《向敏中傳》、《東都事略》卷四一《向敏中傳》亦在景德元年，疑此誤。
〔二〕三月：《長編》卷五六繫於四月丁卯。
〔三〕王師：原作「其寇」，據《長編》卷五六改。
〔四〕十二月：《玉海》卷一九三記於十一月二十四日甲戌。
〔五〕四年七月：原作「四月七日」。葉渭清眉批：「清按：四月七日爲四年七月之誤。」按，《長編》卷六六繫於四年七月甲戌。據改。
〔六〕三年：原作「二年」，據本書刑法四之二一、《長編》卷一四二改。
〔七〕此條似仍爲二年十二月。
〔八〕此句文字似有脱誤。

共商量，便宜施行訖奏。遇〔分路〕〔路分〕同議不及，亦許一面便宜施行。」

九月，詔判并州夏竦，軍事不及中覆者，聽便宜行之。

〔八〕〔六〕年二月〔一〕，罷陝西諸路經略安撫、都總管司便宜行事，緩急賊馬入寇，應機制變不及中覆者，聽之。

十月，詔：「知廣州魏瓘與本路轉運使專提舉捕討猺賊，若中覆不及者，聽以便宜從事。」

八年正月，詔參知政事文彦博奉詔討貝州軍賊，以便宜從事。

皇祐四年八月，詔報廣南西路楊畋：「所請康定中行軍約束及賞罰格令降下，〔其〕〔甚〕欲差官刪定模印，事非應速；及須檢法官，亦可於轄下選之。朝廷既令節制諸將，其軍旅戰陣之事，自當從長處決，毋用中覆。」

是月，詔新差荆湖南路江南西路安撫使孫沔〔二〕，有急速事件，聽以便宜行遣。

九月，詔許經制廣南盜賊公事余靖便宜行事，令兩路兵官並受節制。

十月，詔以宣徽使狄青爲荆湖南北路宣撫使、都大提舉廣南經制賊盜，應有臨機處置奏稟不及者，聽便宜施行訖奏。在彼將佐，並受青節制。如有經畫事件，即與孫沔、余靖分頭禦備，即隨處將佐等各受遣官指揮。

至和〔六〕〔二〕年三月〔三〕，詔知廣州劉湜捕擊蠻寇，緩3急有不及奏覆者，聽便宜從事。

嘉祐五年五月，淮南西路兵馬鈐轄司言：「乞下所管淮南壽、亳、蘄〔四〕、黄、光、舒、和州、無爲軍八州，自今應賊盜及兇惡軍民罪犯，内有情重法輕者，並申取本司詳酌情理量宜〔栽〕〔裁〕斷，所貴一路兵民有所稟畏。」從之。

英宗治平三年九月二十五日，同知諫院傅卞言〔五〕：「風聞近知房州董經臣、知曹州徐億等皆專擅斬人。乞今後惟諸路帥臣受特旨許便宜從事，及軍前或臨賊戰鬬，其犯罪之人仍須委實情理不可恕者，方得臨時〔栽〕〔裁〕處，仍限十日内奏聞。此外，諸處並不得將不合死者任意斬決或處死。如情理深重欲法外行遣者，並取中旨。仍仰監司糾舉，重行貶黜。所貴威福之柄，一出朝廷。」詔除沿邊州軍依編敕施行外，其近裏及諸路州軍，今後應罪人情理深重如欲於法外別行重斷者，並仰取旨。若敢擅行，重寘於法，仍仰轉運、提刑司常切覺察以聞。

十月十一日，詔陝西四路沿邊宣撫使郭逵，候到彼，臨機處事，奏稟不及者，並許便宜施行訖奏。

四年十一月，神宗即位未改元。判永興軍府、充陝西路經

〔一〕六年：原作「八年」，據《長編》卷一五八改。下條亦六年事，見《長編》卷一五九。
〔二〕西：原脱，據《長編》卷一七三補。
〔三〕二年：原作「六年」，按至和無六年，今據《長編》卷一七九改。
〔四〕蘄：原作「鄿」，據《宋史》卷八八《地理志》四改。
〔五〕傅卞：原作「傅卡」，據《長編》卷二〇八改。

略安撫使韓琦乞應本路有邊防軍馬處置事件奏覆朝廷不及者，乞許便宜施行訖，具事由聞奏。許之。

神宗熙寧三年九月十二日，詔許陝西宣撫使韓絳如有事干急速、奏報不及，並便宜施行。

五年四月十八日，詔令趙卨候地界了日，繳納先許便宜行事劄（之）〔子〕**4**赴樞密院。始，陝西、河東帥臣唯郭逵、趙卨嘗請以便宜行事，上以諸路邊事，經略使自當隨宜處置，況疆事漸寧，故命罷之。

神宗元豐元年二月十（四）〔日〕〔一〕，鄜延路經略使呂惠卿言：「近以軍馬分定九將，已具條約奏，乞早賜指揮。」詔惠卿審度事機，以團定將兵，當取（栽）〔裁〕事，逐急從宜施行，務在詳審。

四年八月十二日，涇原路經略司言：「應副軍行戰守等事，乞權許便宜指揮。」詔：「本路措置事稍大，奏候朝旨；如小事礙常法，許一面施行。鄜延〔二〕、環慶、河東路經略司、熙河路都大經制司，措置麟府路兵馬司依此〔三〕。」

九月四日，詔王中正、高遵裕如行軍庶事已就緒，即相度乘機進討，不須拘以元定期日〔四〕。

十月十七日，詔：「近詔河東、陝西諸路轉運司應副軍興事件，並仰聚議，或公牒會定允當，方得施行，即不得獨用己見，逐急行下。如委是事干機速，移文計議不及，即一面施行。仍須互相關報照會，不得致有抵捂重復漏落。」

十一月二十一日，鄜延路經略使沈括言：「順寧寨等處申，种諤下漢蕃軍馬四散，各逐城寨不敢邀截詰問。又种諤至夏州索家平，三軍無食，皆號泣不行，已失三萬餘人，即未敢擅招安。」詔：「括所奏事體皆邊防機速，頃刻不可遲緩。若帥臣不任爲己責，隨宜措置，乃須俟中稟，則利害之間失之多矣。其速如朝廷已降指揮外〔五〕，隨宜處置，早令妥貼。仍酌度人情，如將尚可爲用〔六〕，即聽令斬捕境上**5**剽盜羌賊贖罪，請糧歇泊。餘非朝旨所該者〔七〕，但以便宜隨機處之，勿一一中覆也。」

五年八月四日，權主管同經制熙河蘭會等路邊防財用趙濟言：「七月二十四日，西賊五百餘騎至堡外，殺漢蕃人口，驅擄士馬而去。及諜知鐵牟山嘯聚已數萬，欲以本路及涇原、秦鳳漢蕃兵約日出其不意，會合掩擊。」詔涇原路經略制置司、熙河蘭會路都大經制司，如覘候有實，度兵力可勝，即便宜施行。

九月十四日，趙濟又言：「準苗授關牒〔八〕，見分遣使臣蒐取不係團結漢蕃弓箭手，悉赴行營，以禦賊衝。」詔：

〔一〕十日：原作「十四」，按《長編》卷二八八此條繫于本月十日乙卯，據改。
〔二〕鄜延：「鄜」下原空二格，按《長編》卷三一五，此處並無缺字，今連排。
〔三〕措置：原作「指揮」，據《長編》卷三一五改。
〔四〕須：原作「許」，據《長編》卷三一六改。
〔五〕其速：原無，據《長編》卷三二〇補。
〔六〕「如將」句：《長編》卷三二〇作「如尚可因而鼓奬爲用」。
〔七〕旨：原作「廷」，據《長編》卷三二〇改。
〔八〕牒：原作「諜」，據《長編》卷三二九改。

「苗授所蒐取人如無益於事，更不得追集。指揮到日，只據邊情便宜施行。并劄與李憲。」時以邊事急速，不送門下省覆奏。

十一月二日，知誠州謝麟言接納安化州歸順蠻人利害。上批：「邊情在遠，朝廷不見利害之實，委謝麟等便宜措置，無致生事。」

六年六月十一日，涇原路經略司言：「欲以照管修築故寨堡爲軍形〔一〕，誘致賊馬近邊，令姚麟等掩擊，或伺便出塞討襲。」詔塞内誘致賊馬，或出塞討擊，并委經略使盧秉便宜施行〔二〕。

十一月十二日，趙禼乞便宜處置邊事。詔邊鄙有警，事有奏稟不及者，帥臣自當便宜施行。

哲宗元祐六年十一月十六日，秦鳳路經略司言：「乞應沿邊事權許從宜措置，庶免緩急拘礙失事。」從之。其陝西、河東逐路經略司依此。

元符元年正月二十三日，詔：「章楶候軍興〔三〕，即駐平夏城應 6 援諸軍。如當赴軍前，亦以便宜從事。楶暨鍾傳俱在軍前，楶節制，傳副之。即楶留平夏城，其軍前聽傳節制，即有斬獲〔四〕，傳受級〔五〕，楶覆之。若分兵，將佐各受所統節制。餘如前詔。」

同日，樞密院言：「涇原、熙河、秦鳳三帥，緣朝廷在遠，敵情機會難以（喻）〔預〕度，乞專責帥臣，毋致誤事。」詔章楶、鍾傳，軍興以便宜擇利，計度先後措功。

二十四日，樞密院言：「已令鍾傳出塞日，熙州付張詢。慮有本路軍馬事宜，必赴軍前申稟，留滯悞事。」詔令張詢，傳出界後事並一面施行訖，報傳照會。其涇原路章楶起離渭州，即州事付劉何，仰何依此。

徽宗崇寧二年正月二十六日，中書省言：「成都府舊以便宜從事，罷去已久。乞軍民所犯巨蠹者，令酌情處斷。」從之。

宣和三年七月三日，詔：「應軍前事務，並令譚稹節制，一面措置，隨宜施行。」

七年四月五日，御筆詔：「蔡靖鎮撫新邦，二年于兹。政譽藹然，兵民畏服。應結絶燕山府路宣撫使司及國信司職事，並事一行遣。」

欽宗靖康元年正月三日，吴敏爲親征行營副使，詔許便宜行事。

十一月十四日，詔：「四道都總管司已許便宜行事，應諸州錢糧、兵甲、將佐自合即時應副。如敢有悋，并從節制法。」以上《續國朝會要》。

高宗建炎元年五月二十七日，詔：「昨緣軍興，倉卒之

〔一〕寨：原作「塞」，據《長編》卷三三五改。
〔二〕使：原作「司」，據《長編》卷三三五改。
〔三〕章楶：原作「章粢」，據《宋史》卷三二八本傳改。以下三條同。
〔四〕即：原作「節」，據《長編》卷四九四改。
〔五〕受級：原作「首級」，據《長編》卷四九四改。

際，許便宜行事。諸路諸州及差委官往往陳乞便宜行事，遂至擅補官吏，擅用官物，擅刺良民，擅聚師旅，妄專生殺。自今除7沿邊帥守并建炎元年五月一日以後被授便宜指揮去處，止許因邊事便宜措置，仍不許擅支官物，侵擾良民外，應已前許便宜行事指揮更不施行。」

是年十月二十四日，詔：「諸路監司或州郡，如敢循習故態，尚用便宜行事指揮，行在及在京委臺官、諸路委帥臣、憲、漕按察，具名聞奏，原情行遣。」

十一月十九日，臣僚言：「外路有司偶緣軍興，率意妄作，得請便宜者，大抵於國家無一毫之益。乞明詔應緣軍興，除臨征對敵、事涉機速理難待報者，施行訖以聞，其餘監司、州郡敢因軍事違犯條令者，加本罪一等。」從之。

三年二月八日，詔權差中書侍郎朱勝非節制平江府、秀州軍民控扼等事。應申發行遣，并依申尚書省體例。以禮部侍郎張浚爲副。事有奏陳不及者，聽便宜施行訖奏。

十一日，詔簽書樞密院事呂頤浩充江淮兩浙制置使，速往鎮江府防金人南渡諸事，更以便宜措置。

四年七月三日，臣僚言：「竊見比年諸州守臣申請帶安撫使，乞便宜指揮，皆得任意，不可勝言，甚失便宜之本意。近者已罷諸州安撫使矣，而諸州便宜指揮，未有明文合罷。未審當時朝廷降便宜指揮，止爲帶安撫使之人合行便宜，惟復安撫使與便宜指揮自是兩事，望朝廷明降指揮罷去。」從之。

二十六日，建康府路安撫大使司參謀官劉洪道言：「權知池州并安撫職事，續奉聖旨，將帶張俊等人兵權聽洪道節8制，乞許權依便宜指揮，候呂頤浩到日罷。」詔遇軍期急速待報不及，權許便宜從事，候呂頤浩到日罷。

八月十二日，降授文州團練使、神武前軍統制王瓊奏：「得旨，令瓊將帶所部軍馬前去信州駐劄，措置防托把隘。欲望許令信州等并管下諸縣及鄉兵等，並聽瓊節制。臨時應有合行措置事件，乞從瓊一面便宜施行。」詔：「遇有盜賊警急，其本州管下巡尉、捕盜官兵許權聽節制。若有軍期急速奏報不及事務，亦許權暫便宜措置，施行訖具狀聞奏，即不得因而搔擾生事。」

紹興元年九月六日，知樞密院事、宣撫處置使張浚言：「恭依聖諭，便宜黜陟闕官去處，差過監司、守倅劉鎡等，乞出給付身降下。」詔從之。

十月十五日，兩浙西路安撫大使、知鎮江府劉光世奏：「本司有諸般合隨宜措置事務，若申明朝廷，事有機速，竊慮後時。乞依宣撫處置使司，并從便宜指揮行事。」詔（徐）〔除〕臨陣出奇，或事干機會，難以候指揮許施行外，餘並申稟朝廷指揮。

三年二月二十八日，樞密院奏，李橫見進兵應援牛皐、彭玘等收復陷没州軍。詔如遇軍期，待報不及，許便宜施行。

四年九月十五日，明堂赦：「諸路州縣捕獲姦盜，往往不究情實，假便宜之名，輒行殺（戳）〔戮〕。及因統衆捕寇，緣中軍違犯當誅者，亦不分事體緩急，便加極刑，深可矜憫。自今應捕獲姦盜及因中軍有犯罪當誅（戳）〔戮〕者，須對衆研窮，審取伏狀，然後加 9 刑。仍即時報憲司驗實，保明以聞。如違，皆科徒三年，不以失論及去官、赦降原減。其挾私者，依本法坐罪。憲司按驗不實及隱匿不奏者，並坐違制之罪。」

五年九月二日，知紹興府孟庾奏：「防秋在近，乞以便宜從事。」詔如遇邊機調發軍馬不可待報，權許便宜從事訖聞奏，候過防秋日依舊。（以上《永樂大典》卷一二九七）

兵捷〔一〕

【宋會要】

10 太祖乾德三年正月，西川行營前軍兵馬都總管王全斌言：「收復劍州，殺蜀軍萬餘人，生擒僞命將帥等。」群臣稱賀於崇德殿。

太宗太平興國元年十月，夏州李光叡上言〔二〕：「率兵入賊境，破吳保寨，斬首七百級，擒寨主，獲牛羊〔三〕、鎧甲數千計。」

雍熙〔二〕〔三〕年十二月〔四〕，定州駐泊都總管田重進等上言：「入虜界，攻下岐溝關，殺守城兵士千餘人，及獲牛羊、積聚、器甲甚衆。」

是月，代州兵馬副總管盧漢贇上言：「北虜南侵，率所部兵於土鐙堡掩襲，斬首二千級，獲馬千餘疋，車帳、器甲、馬甚衆。」

淳化五年四月，河西行營言：「夏州平，擒節度使趙保忠，收獲牛羊、鎧甲數十萬，安撫其民，留兵守之，護送保忠詣闕下。」是日〔五〕，以夏州都指揮使趙光嗣爲本州團練使，崇儀使高文岯爲綏州團練使〔六〕，權夏州觀察判官事吳祐之爲右贊善大夫、知夏州節度判官，以府州觀察使折御卿爲麟府兵馬都總管。

是月，西川行營言：「破賊五千衆於柳池驛，斬首千六百級。」峽路行營言：「賊三千衆攻廣安軍，擊（定）〔走〕之，斬首三百級。」

五月，招宣使王繼恩遣小内侍馳奏：「四月十八日，領大軍到綿州界。據内殿崇班曹習言，今月十日與高品朱繼

〔一〕「兵捷」下原有編號「四」，此是《大典》卷八三九九、卷二二八一〇原有編碼（見本門末校記），今删。
〔二〕李光叡：原作「李獻」，據《長編》卷一七改。
〔三〕獲：原脱，據《長編》卷一七補。
〔四〕三年：原作「二年」，據《宋史》卷五《太宗紀》二改。下條亦是三年十二月事，見《宋史》同卷及《文獻通考》卷三四六。
〔五〕是日：按上文未書日分，此「是日」上無所承，史官書法稍疎。此當是指河西行營奏到之日，據《長編》卷三五，乃四月三日甲申。趙光嗣即擒趙保忠之人，故聞捷即遷官以賞之。後文「至道元年正月」條後書「翌日」，與此條相類。
〔六〕岯：原作「坯」，據《長編》卷三五、《宋史》卷三三四《高永能傳》改。

榮等領軍馬起離葭萌，至未時到青山，賊已燒山遁去。十二日辰時到老溪，賊挨山靠11江下硬寨兩所，約萬餘人，兼寨内起砲兩坐。曹習等一戰破賊寨，趁賊衆上山入水、四散奔走等，〔趕〕截殺戮及擁入大江約三千餘人，并奪下大小舟船四隻。十三日寅時，收取閬州，尋入城，奪得騾馬牛驢，封占倉庫，招安百姓一萬餘人，點檢軍資庫錢帛、鹽麴，共計五十一萬貫、斤、兩、匹、石、頭、口。兼據别狀奏，十九日到綿州，其賊已竄。先差劍州克寧長行勾順等齎勑榜於綿州并外縣招召户口。其羅江縣百姓王華爲賊殺其全家，即點集鄉村子弟千人，將以報賊。十七日夜，賊燒綿州糧草。時王華領衆先入州城，戰退賊千餘人，乘勢擁入大江，并奪到槍、（掉）〔棹〕刀呈驗。王華尋補充綿州衙前軍將，兼神泉縣鎮將。所有招到户口不少，已各復業安撫。其捉到賊三百五十七人，並各凌遲處死訖外，招到百姓自首、遞鋪軍人等，並刺『歸明』字，依舊祇應。」詔曰：「汝再膺朝寄，出總戎旃。擁武庫之戈矛，討坤維之（判）〔叛〕涣，而能克揚師律，遠震天聲。驅大旆以抗威稜，分鋭兵而攻要害，破其寨柵，復我城隍，由汝義貫神明，志清亂略。策勳在近，爲慰良多。」

十七日，繼恩遣人馳奏川賊平，斬獲賊首李順首級并獲僞樞密使計詞等及乘輿僭物，點到錢帛一百四十餘萬貫、匹，尋安撫人民訖。賜告捷高班内品周文質暈錦袍、金塗銀帶、銀器、絹各五十兩匹。

十八日，宰臣率文武官、諸軍將校稱賀於崇德殿，太宗召宰臣、樞密使，12示以蜀寇僞印、僭服、金銀鎧甲、旗幟等物。先是，青城縣賊王小波聚徒數千，掠邛州境内，九州都巡檢使張玘率兵討之。初與賊戰，俘斬甚多，殆晚，俄命抽退，返爲賊衆所乘，張玘馬倒戰殁，諸軍敗衄，賊因據邛州，其勢由此大盛。次攻蜀、漢、懷安軍等，皆爲賊下之，遂入（城）〔成〕都。其從亂者浹辰間僅數十萬。王小波因鬥傷尋卒，其妻弟順代領其衆，因僭稱僞號，置官司，貪暴威虐，民甚苦之。方欲盡文成都居民丁壯面以隸軍，期以五月七日，而前一日敗死。

三十日，峽路巡檢使白繼贇等遣殿直翟繼恩馳奏：「於五月十九日率軍士渡夔州西津，與巡檢使解守顒等水陸相會，掩殺下草寇二萬餘人，奪到大小船千餘艘，并獲弓弩、槍劍、旗鼓、印篆、騾馬等物稱是。（某）〔其〕立功將校騎卒，已次第優賞訖。」詔賜翟繼恩紫羅衫、塗金帶、絹三十匹。

至道元年正月，寄班殿直王德鈞自府州馳奏：「今月五日，契丹寇府州界，節度使折御卿率蕃漢兵士掩襲之，斬獲約五千人，得馬五百匹。突厥太尉、司徒、舍利死者二十餘人，生擒吐渾首領號太保者一人。」至是，御卿遣德鈞先押吐渾首領赴闕，并以狀聞。帝對於便殿，詔德鈞口陳殺虜得勝之狀，并畫地指其山川險隘、蕃戎敗亡之處。帝笑謂左右曰：「北戎小醜，輕進易退，朕常誡邊臣不與爭鋒，待其深入，則乘便掩殺，必無遺類矣。今果如其言。」左右皆呼萬歲。又謂諸將校[13]曰：「趙保吉一孺子，其謀主乃張浦耳。朕常厚與錫賜，遣其暫來。今保吉已令張浦押駞馬入貢，彼捨張浦如亡左右手，今又聞殺敗契丹，諒喪其魂膽矣。」因稱賞御卿之忠孝、將士之勇敢者數四焉。賜德鈞錦襖子、塗金銀束帶，絹五十匹，補隨行安慶軍譯語一人充本營副兵（使馬）〔馬使〕，釋擒到者吐渾，皆賜錦襖子、銀帶、絹一十匹。翌日，宰臣呂蒙正率文武官賀于崇德殿。

先是，制授府州觀察使折御卿節度使，而兵不滿數千，帝戒曰：「北虜常小西戎，必輕敵而深入。或至境，爾可先令近下蕃族以羸師而誘之，伏精兵以擊之，必在吾彀中。」至是，御卿遵用聖算，果勝焉。帝因謂左右曰：「用兵之法，古賢所著兵書已備，無以越其規矩焉，在人探討耳，朕粗留心。至若漢高祖以必戰而滅楚，晉謝安以孤軍而敗秦，此用兵之妙也。夫文武之畧，天不賜全，倘使張良有韓信之武勇，韓信有張良之沉謀，則高祖焉能駕馭之乎！朕每出兵攻伐，意頗精密，將兵之人丁寧諭之，不聽者多至敗事。」侍臣對曰：「陛下料敵制勝，天之所授，固非臣下所測度也。將帥倘能上遵成算，則何往而不克矣。」

二十一日，帝又謂諸將曰：「契丹前寇府州，衆約二萬，敗績之日，殆亡其半。韓德威探知府州兵少〔一〕，將謂我師不設備，所以率衆輕來。折御卿果於剋敵，能以少敵衆，此亦天贊其勇，使敗其醜類耳。昨得奏報，又稱奪得馬數百匹，韓德威[14]一男死於鋒刃之下。犬羊喪沮，無似此時，今後料應不敢輕議南牧矣。」侍衛馬步軍都虞候傅潛等對曰：「邊將用師，皆稟宸算，非聖智深遠，料敵如神，亦不能致此剋捷。」

二年九月，夏綏路馬步軍都總管王超、延州馬步軍都總管范廷召等各遣入內高品岑保正、入內高品賈繼隆等走馬入奏：「兩路大軍入賊界，到烏白池會合〔二〕，掩殺蕃賊五千餘人，生獲二千餘人，殺來慕軍主一十人，乞囉指揮使二十餘人，獲馬二千匹，衣甲、器械、糧儲、老幼極多。蕃部潰散，賊首李繼遷遁走。今月二日，兵馬各分屯沿邊。」文武百僚詣崇德殿稱賀。初，繼遷居邊，未甚爲患，及其兄趙保忠入朝，繼遷得資財及攻掠邊上，遂稍有物力及人衆，又阻絕靈武糧運，甚爲邊患。朝廷每加慰撫以懷來之，終不復從，欲興兵擊之，議者異同。帝察其情狀，決意討之，乃授以主將方略，閱兵於崇政殿按之〔三〕。及遇敵，布陣攻擊，一如所教，故大敗賊黨，焚蕩其巢穴，收取其老弱無有遺者。初，帝諭令多以旅弩射之。及遇賊，射矢齊發，賊無所施勇，僅能一發而遁。凡十六戰而抵其窟穴焉。時帝聞之，謂傅潛等曰：「朕授將帥方畧，至於合戰還師之期，悉

〔一〕韓德威：原作「韓德成」，據《長編》卷三七改。
〔二〕白：原作「田」，據《長編》卷四〇、《宋史》卷五《太宗紀》二改。
〔三〕殿：原脱，據《長編》卷四〇補。

如所料；但不盡遵，致漏此小賊。況自即位，未嘗如此殺戮夷狄，蓋事不可容耳。自師興已來，歷春夏，皆躬親謀度。夏中嚴暑尤甚，常用意軍事，未敢寧息。大抵行師布陣，當務持重。雖有勇者率 15 數十人以犯賊陣〔一〕，亦無能損益，適足撓亂行陣。是以朕深誡之，令犯令者必斬，果無人敢輕率者。布陣是兵家大法，非常情所究，而小人有輕議者，甚無謂也。朕自爲陣圖與王超，令勿妄以示人。超回日，汝可覓朕所授圖視之，當知也。」傅潛等對曰：「聖謀深遠，非臣下所及。」

真宗咸平二年九月，鎮定高陽關都總管傅潛遣右侍禁郭筠馳奏：「先鋒田紹斌、石普與知保州楊嗣敗虜衆於廉良路，殺二千餘人，斬首五百餘級，獲馬五百匹，兵仗鎧甲稱是。」從臣再拜稱賀。翌日，群臣詣崇德殿賀。

三年正月，高陽關貝冀州路都總管范廷召等遣寄班侍禁郭筠馳騎入奏〔二〕：「今月十九日〔三〕，領兵追契丹至莫州東三十里，大破之，斬首萬餘級，獲所虜老幼數萬，鞍馬、兵仗不可勝紀〔四〕，餘寇遁逃出境。」宰臣率百官稱賀。

二月八日〔五〕，靈環等州馬步軍都總管李繼隆等差内品馮從順馳奏稱：「據熟倉族（番）〔蕃〕官、會州刺史乩遇口執稱，蕃賊李繼遷親從軍主史乩遇部領手下人馬，沿山巡欄。尋差内員僚直都虞候田敏、馬軍司軍頭龍衛副指揮使王全斌量部領馬步兵士并諸班使臣及諸内殿崇班劉承藴應接。準劉承藴、田敏等言：今月二十四日，部領軍馬就史乩遇雙埠盤泊處，一戰殺蕃賊二千餘人，獲首級三百七十，牛羊、駞驢馬七千餘頭口，及衣甲弓箭器械不少。繼遷遁逃，不知所止。見襲逐捕殺次，其牛羊 16 等並給散諸軍并蕃部次者。」（初）〔詔〕賜熟倉蕃官、會州刺史乩遇金腰帶、暈錦襖子，綵五十匹，茶五十斤，一行將校等第支賜賞銀，諸軍得功員僚各轉一資，劉承藴轉西京作坊副使，馮從順賜束帶、錦襖子、絹三十匹，都總管李繼隆并策應得功人等並勅書獎諭。同去蕃軍，令李繼隆約量支與茶、綵及賜酒食。

三月，西川七州都巡檢使張思鈞遣綿州司法參軍樊信明馳奏：「敗王均於漢州，居民安堵，帑藏如故。」知益州雷有終遣其子太常寺奉禮郎孝若馳奏〔六〕：「敗均賊於彌牟鎮，斬級千餘，殘衆奔潰。」供奉官元繼明自劍門馳騎入奏：「知益州雷有終等敗王均賊黨，獲其僞繖蓋、金槍

〔一〕數十：《長編》卷四〇作「數千」。
〔二〕貝：原作「具」。天頭原批：「具當是貝。」《宋史》卷六《真宗紀》一正作「貝」，據改。按，《長編》卷四六李燾原注疑此官名有誤，可參看。
〔三〕按，《長編》卷四六載此捷於正月九日丁亥，原注云：「奏稱『今月十九日』，蓋衍『十』字。十二日奏達行在，豈得預指十九日耶？今改之。」
〔四〕兵：原脱，據《長編》卷四六補。
〔五〕按，此條事，《長編》不載，而《太平治迹統類》卷二記於太宗至道三年二月。《宋史》卷五《太宗紀》二：至道三年「二月丙申朔，靈州行營破李繼遷」。即其事。《宋史》卷二五七《李繼隆傳》稱「至道三年春」，卷四八五《夏國傳》上亦記於至道末。此處載於咸平三年二月，疑誤。
〔六〕孝若：原作「李若」，據《長編》卷四六改。

等物。」

四年十〔一〕月九日〔一〕，北面都總管王顯遣寄班夏守贇馳奏：「十月十六日，前軍與契丹遇，大破之，戮二萬餘人，獲其僞大王統軍鐵林相公等十五人首級，得僞印二，以『羽林軍』爲文，收甲馬甚衆，首領遁去。」宰臣稱賀。

五年正月二十六日，環慶路總管張凝等上言：「正月一日領兵入賊界，焚族帳二百餘〔二〕，毀芻糧八萬數，斬級五千餘，獲牛羊、器甲二萬。」

景德元年閏九月二十二日，北面都總管王超等言：「北平寨田敏、楊勳，威虜軍魏能等，合兵與虜戰，大破之，斬獲首帥，奪其印。莫州都總管石普等，奏虜逼順安軍，率所部擊走之，餘人并降。」詔嘉獎。

二十五日，威虜軍、保州、岢嵐軍、北平寨、莫州路總管等并言擊破契[17]丹。群臣奉賀。

大中祥符九年九月，知秦州曹瑋等言：「昨八月内，偵知宗哥唃厮囉、蕃部馬波叱臘、魚角蟬等，率馬銜山、蘭州龕谷、氈毛山、滔河、河州蕃兵至伏羌寨界三都谷下寨。臣等尋於當月二十四日領兵召集熟户防遏，相次馬波叱臘等率蕃兵約二萬，分爲三隊，來當官軍。臣等與之角鬬數合，逐北約二十餘里，斬首千餘級，生擒七人，獲馬牛雜畜〔三〕、衣服、器杖凡三萬三千計。馬波叱臘等遁去。官軍將士被傷者百六十人，陣殁者六十七人，其立功將校、使臣凡百三十九人，望加酬奬。」詔賜瑋洎駐泊鈐轄高繼忠〔四〕、都監王懷信錦袍、金帶、器幣，立功者第遷一資〔五〕，仍賜金帛，陣没者卹其家。

仁宗天聖四年正月，涇原路走馬承受公事王從德言：「知鎮戎軍王仲寶〔六〕、本路都監李道、史能破原州界康奴族，焚巴溝首領逋訛等六門帳子七百餘所，斬首九十七級〔七〕，獲牛羊馬驢、器甲千計。」賜器幣有差。

康定元年九月，陝西經畧安撫副使范仲淹言：「環慶路副都總管任福等破賊白豹城，燒廬舍、酒税務、倉草場、僞李太尉衙，及破蕩骨咩四十一族帳，兼燒死土埪中所藏蕃賊不知人數，又擒僞張團練及蕃官四人，麻魁七人，殺首領七人，獲頭級二百五十，馬牛羊槖駞七千一百八十，器械三百三，印記六。官軍死者一人，傷者六十四人。」初，賊大領兵寇保安、鎮戎軍，福等自慶州東路華池、鳳川[18]等鎮，聲言巡邊，召都巡檢任政、寨主胡永錫、鳳川監押劉世卿、淮安鎮都監劉政、監押張立同議入界，以牽制賊勢。九月十八日，軍行至柔遠寨，犒設熟户蕃官，且戒以不得離席。

〔一〕十一月九日：原作「十月九日」，而下文叙「十月十六日」之事，顯見有誤，今據《長編》卷五〇補「一」字。
〔二〕焚族帳：原作「生擒帳族」，不可通，據《宋史》卷六《真宗紀》一改。
〔三〕「獲」上原衍「斬馘」二字，「雜」原作「雞」，並據《長編》卷八八删改。
〔四〕洎：原作「泊」，據文意改。《長編》卷八八作「及」。
〔五〕第：原作「策」，據《長編》卷八八改。
〔六〕「知」上，《長編》卷一〇四有「與」字。
〔七〕九十七：《長編》卷一〇四作「七十九」。

遂與諸將分布地分：以駐泊都監王懷正圍白豹城西面〔一〕，攻李太尉衙，守神樹嵡路〔二〕；北路都巡檢范全圍城東面〔三〕，守金湯路；柔遠寨主譚嘉震、監押張顯圍城北面，守葉市族路；走馬承受石全正圍城南面；駐泊都監武英入城，任福押大陣，居城南；又遣別將部領所犒蕃官行馬前〔四〕。自柔遠至白豹七十里，夜漏未盡，至城下，四面合擊。平明城破，縱蕃部、軍人等大掠，焚其巢穴委聚方四十餘里。是日晚還軍。

神宗熙寧六年三月四日，熙河副總管高遵裕言：「得經畧使王韶牒，已于二月二十二日領大兵(收)〔攻〕下河州。先鋒斬首千餘級，木征遁去，生擒其妻瞎三牟并子續本洛。言盡得六州之地二千餘里。」至十月十三日〔五〕，宰臣率百官詣紫宸殿稱賀。

元豐四年九月十二日，李憲言：「八月二十六日，駐兵女遮谷〔六〕，遣漢蕃將士襲擊賊餘黨於山谷間，斬首百級，獲牛馬孳畜甚衆。降龕波、給家等二十二族首領，凡千九百餘户，已剪髮刺手，給歸順旗及錦袍、銀帶賜物。」又言：「大軍過龕谷川，秉常僭號御莊之地，極有窖積，及賊壘一所，城甚堅固，無人戍守，惟有弓箭鐵杵極多〔七〕。已遣逐軍副將分兵發窖取穀及防城弓箭之類。」

十【19】月(十)五日〔八〕，种諤言：「九月二十七日，西賊兵馬七八萬自無定河川南來，欲救米脂之圍。臣統率將士與賊接戰，賊衆大潰，斬八千餘級，奪馬五千餘匹，駝畜、器甲萬計。」詔种諤、將官等各傳宣撫問。

二十三日，涇原路行營總管司言：「十月十二日，離西界堪哥平十五里磨哆隘口，逢賊約二三萬拒隘。臣等分兵度葫蘆河奪隘，與僞統軍國母弟梁大王戰，敗退，追奔二十里，斬獲大首領没囉卧沙、監兵使梁格嵬等十三級〔九〕，小首領二百十九級，生擒首領統軍姪紇多埋等二十二人，斬二千四百六十級，獲僞銅印漢印一〔一〇〕。」詔劉昌祚、姚麟及將官等傳宣撫問。

十一月五日，种諤言：「自十月十七日離夏州，遣曲珍等領兵通黑水、安定堡路摺運軍糧，遇賊，與之戰，斬獲賊鈐

〔一〕王懷正：史籍中或寫作「王懷政」。
〔二〕神樹嵡：原作「神林都」。按，《涑水記聞》卷一二此句作「斷神樹嵡來路」，「神樹嵡」蓋西夏部落名，據改。《長編》卷一二八此句僅有「守神林」三字，是有脱誤。
〔三〕路：原作「洛」，據《長編》卷一二八改。范全後改名范恪，《宋史》卷三二三《范恪傳》云：「擢内殿崇班、慶州北路都巡檢使」，是也。
〔四〕犒：原作「稿」，據《長編》卷一二八改。
〔五〕十月：疑當作「是月」。三月四日奏捷，不應至十月始賀。
〔六〕兵：原作「安」，據《長編》卷三一六改。
〔七〕杵：原作「杆」，據《長編》卷三一六改。
〔八〕五日：原作「十五日」。按《長編》卷三一六於九月庚戌條叙述此戰之後注云：「十月五日戊午奏到。」據删「十」字。
〔九〕十三：《長編》卷三一七作「十五」。
〔一〇〕漢印：《長編》卷三一七無此二字。

轄、首領以下千七十八級〔一〕，招降六百五十人。」

七日，熙河路都大經制司言：「軍行至天都山下營，西賊僭稱南牟，內有七殿，其府庫館舍皆已焚之。又至曬逋川，追襲酋首嵬名、統軍人多唛丁人馬，斬獲千級，生擒百餘人，虜牛羊孳畜萬計。賊衆散之後，再遣將士追襲，斬獲五百級，生擒二十餘人，奪馬二百餘匹、牛羊孳畜約七千。」

九日，种諤言：「第三將楊進等破石堡城〔二〕，斬首領以下百六十八級〔三〕，降生口大首領葉示歸埋以下千六百七十六〔四〕，獲馬六十六，牛羊四千餘。」

五年六月一日，環慶經略司言：「斬西賊統軍嵬名妹精嵬、副 20 統軍訛勃遇，得銅印、起兵符契、兵馬軍書，并獲蕃兵頭凡三十八級。」詔以印、符契、兵馬書來上。

哲宗紹聖三年八月五日，鄜延路經略使呂惠卿言：「自六月以後五十日間，第一至第七將前後十四次俘斬甚衆，并獲副軍大小首領、副鈐轄及得夏國起兵木契、銅記、旗鼓。」詔賜惠卿對衣、金帶、銀幣、（革）〔鞍〕勒馬。

十月十四日，鄜延路經略使呂惠卿言，獲西界蕃部乩唛。詔令差使臣護送闕下。

元符二年閏九月三日，宰臣章惇奏：「熙河蘭會路經略安撫使胡宗回申：青塘新僞主攏拶及大首領結呃龊、心牟欽氈率諸族首領并在城蕃漢人部落子〔五〕、回鶻等，并契丹、夏國、回鶻僞公主等，並出城迎降。臣欲與三省、樞密院來日草賀，初五日率百官稱賀。」從之。

三年四月二日，熙河路奏：「鄯州兵將已到湟州，秦州刺史、熙河蘭會路兵馬都監、兼知河州、兼洮西沿邊安撫司公事〔六〕、兼第三將姚雄，四戰獲二千餘級，而亡失止三十八人。」詔以雄特除正任防禦使，陞本路鈐轄，依前知河州，兼洮西沿邊安撫使。

徽宗崇寧三年四月二十四日，熙河蘭會路經略安撫使王厚言：「臣等統率大兵自鄯州趨山南，至結囉城，主管鄯州界蕃族大首領洛施軍令結迎降。」是日，百官以收復鄯、廓稱賀。

四年三月二十一日，樞密院言，鄜延路奏復銀州。

宣和元年四月十五日，太師、魯國公蔡京等言：「伏（都）〔覩〕宣撫使童貫奏，21 進兵出塞，由涇原路自蕭關入生界鬬敵，進築八百步寨一座，又兩日共獲二千五百餘級；奪到精野寨并糧草、孳畜、物色等，捉到生口外，斬獲約二千七百級，內有首領五（千）〔十〕餘人，奪印匣等。續據何瓘申，擒捉五千餘人。又鄜延進兵入西界三會川，斬獲數千。又奏環慶路前去西界，殺到一百餘級，降到西人百口。又斬獲二千餘級，生擒僞宥州正監軍、大小首領六十

〔一〕千七十：《長編》卷三一九無「千」字，當是。
〔二〕第：原作「等」，據《長編》卷三一九改。
〔三〕「百」字原脱，據《長編》卷三一九補。
〔四〕「大」下原衍「有」字，據《長編》卷三一九删。
〔五〕「族」原作「侯」，「部落」原作「落部」，據《長編》卷五一六改乙。
〔六〕兼：原作「管」，據下文改。

餘人，及奪到衣甲、器械、牛馬驢畜不知其數，兼已蕩平城寨了當。」有旨，許拜表稱賀。

五月十二日，蔡京等又言：「伏覩宣撫使童貫奏：『勾集兵馬，六路出塞，深入攻討西賊，賊衆大敗，獲五千七百七十九級。修築到蕭關一帶烽臺、(保)〔堡〕寨，招降到五千人，收到城内糧穀，將城壁並行平蕩，焚燒樓櫓舍屋盡静。自三月十九日後來，攻圍震武軍下寨，連夜攻打。臣星夜前來熙州，差發涇原、秦鳳兩路策應軍馬，及指揮隴右同都護辛叔詹，先次摘那得力人馬，及令熙河統制何灌節次遣發近便將兵，直至震武軍張耀兵勢，及追斬獲西賊共六千餘人，前後燒毁族帳屋宇及收獲到驢馬、孳畜、衣甲、器械等萬數不少。』」有旨，十四日御紫宸殿稱賀。

五年八月二十一日，河北、河東路宣撫司奏：「契丹四軍變離不率師犯景、薊，王師遇之，戰于烽山，大捷，追至盧龍嶺而還。」

高宗建炎二年正月二十一日，大名府路經略安撫使、河北東路制置使[22]杜充言：「準備差使、總轄招撫司軍馬王前，於建炎元年十二月二十日到洺州西護城隄外〔一〕，殺退圍洺州蕃賊，即時焚燒賊寨，入城撫慰，官民各得安居。趙士珸稱〔二〕：在磁州界結集招募到義軍首領李琮等，并軍兵五千餘人，又有都統制軍馬兩頭項人兵，共議併兵先解圍洺州。於建炎元年七月五日穿番塞鬭敵，至六日平明方到本州城下，入南門駐劄。金賊欲來攻城，與李琮等分頭出兵接戰，金賊大敗。」詔令尚書省出榜曉諭。

三年二月二十九日，江淮兩浙路制置使呂頤浩言：「今月二十三日，(閤)〔閻〕門祗候陳彦差人渡江，先次前去揚州，於五更以來襲殺金賊後軍，及奪老小一千餘人，已收復揚州訖。

四年九月十五日，兩浙西路安撫大使劉光世奏：「金賊再入承州，遣統制官王德、酈瓊等輕兵直入承州。今月八日，去承州西四五里，賊軍迎敵，王德引兵衝賊，殺軍頭首千餘人及擒女真、契丹、勃海簽軍等一百餘人，追至承州城外。」

紹興元年五月十七日，提領海船張公裕等言：「成忠郎翁昭於海洋五處分部控扼，至十一月末間，賊犯通、泰，賊船五十餘艘，編髮露頂，肆行(摽)〔剽〕略。昭同使臣鄭旻等領兵鏖戰，賊遂逃遁。續收復海門縣，擒到僞知縣姚漢傑、主簿錢德之、縣尉王貴。」翁昭等各轉一官資。

十二月二十六日，宣撫處置使張浚言：「金賊於熙河、秦、雍盤泊，自秋及冬，遣發老弱輜重過[23]河，悉存留精兵，聲言回師。臣察其詭計，必謀窺伺川蜀，以絶關陝，尋措置關隘，嚴爲備禦。專委秦鳳路經略安撫使、陝西諸路

〔一〕洺：原作「洛」，據《建炎要録》卷一二改。下同。

〔二〕珸：原作「晤」，據《建炎要録》卷七、《宋史》卷二四《高宗紀》一及本書帝系六之一七改。

都統制吳玠，指教將佐，於鳳翔府大散關一帶，先處戰地，誘致其來，痛行掩擊。十月九日，金賊僞四太子親統大軍，於鳳翔府寶雞縣界渡渭河入谷，自谷口至神岔。初十日午時，直犯駐兵處和尚原。玠遣統制官吳璘、雷仲統率將兵與賊拒戰，展轉至晚，殺敗三陣，追襲過河。金賊於神岔口分留一軍通運糧道，尋遣將兵邀其歸路，殺敗數陣。十一日，金賊欲出寶雞前去神岔口，伏兵殺回，奪到馱糧驢畜。是夜二更，遣發諸將於二里驛東金賊僞四太子寨，劫破賊寨，追趕賊人入崖澗。四更，兵將會合西來，換兵自大散關劫賊寨。至十二日寅時，賊衆拔寨遁走，於二里驛東復來迎敵。自寅至酉，大小凡三十餘陣，生擒江南四萬户羊哥孛堇、僞國相黏罕女婿婁堇、姪也不露孛堇等二十餘人。其餘千户至甲軍，生擒并殺獲、墮落溪澗甚衆，金賊僞四太子於後心連被兩箭。其所遣諸將軍馬前後掩擊僞四太子所統大軍，勦殺幾盡。」

三年三月十九日，宣撫處置使張浚奏報：「金賊自去年九月於鳳翔、長安團聚大兵，窺伺川蜀。至十二月初，果分三路進兵：一路自熙秦牽制，一路屯駐鳳翔，一路甲軍、簽軍等衆至十萬，自長安路直趨金、商，侵犯梁、洋。尋委王彦、劉子羽、吳玠嚴 24 備戰守，合謀破賊，金、商一帶並行清野，於漢江南岸掎角駐兵，相爲外援。二月五日，都統制吳玠大破賊徒於真符縣饒風嶺，生擒金賊千户首領一人，活（人）〔捉〕一千餘人。統制官楊皐破賊於枝溪，生擒賊徒二百餘人，追襲二十餘里，奪牛羊、器甲，生擒漢兒、女真簽軍百餘人，前後俘獲五千人。十七日，吳玠親帥諸將迎敵，往復六十餘陣，射金賊死傷不可計，餘衆皆遁。」

五月四日，河南府孟汝鄭州鎮撫使翟琮奏報：「正月一日，同董震、張玘、董貴措置，分路發兵商州，斷絶糧道，掩殺蕃僞賊黨，收復西京潼關。（據）權本鎮兵馬鈐轄趙通等，今月三日率領人馬奪關，併入西京，分路與賊兵大戰，殺敗賊衆，生擒僞河南尹、西京留守孟邦雄父子家屬，斬獲賊頭一千餘級，奪戰馬二百餘匹、旗幟器甲等，收復西京。」詔令翟琮疾速將孟邦雄等解押赴行在。

四年四月七日，川陝等路宣撫處置使王似言：「吳玠稱：二月二十一日，金賊四太子與皇弟郎君引領萬户、千户七十餘人，率大軍十餘萬衆，半是馬軍，前來僊人關對壘，連珠劄四十餘寨。於二十七日衝（揰）〔撞〕官軍，凡三十餘戰。至三十日，殺退賊衆，統制官田晟遣兵追趕入寨。金賊别添兵約五十餘隊，再來攻擊，官軍戮力鬭敵，金賊大敗。官軍追趕至賊寨，殺死金賊萬户、千户并甲軍莫知其數。」

五月三日，王似、盧法原言：「吳玠稱：三月二日，劫破僞四太 25 子、皇弟郎君大（賽）〔寨〕，已拔寨遁走，玠遣發諸頭項官兵追襲掩殺。統領張彦到横川店，劫破蕃寨，殺死賊兵，奪到馬牛、器甲，并生擒一百餘人，斬獲五百餘級。金人四太子等因大兵累日勦殺，大敗，勢已窮蹙，自焚燒寨棚，驅擁敗殘餘黨，寅夜移寨退走。」

八月六日，宰執言：「岳飛分遣統制官王貴、張憲等勦殺金賊劉合孛堇、僞齊李成賊馬，已收鄧州。」上曰：「朕素聞岳飛行軍極有紀律，未知能破敵如此。」胡松年對曰：「惟其有紀律，所以能破賊。若號令不明，士卒不整，方自治不暇，緩急安能成功？」是月九日，岳飛奏到，於是詔令學士院降詔獎諭，仍遣中使傳宣撫問，賜銀合、茶藥并撫問將士，喝賜犒設，第賞以聞。

十一月一日，淮西安撫使仇悆言：「十月三十日遣將收復壽春府，十一月一日收復安豐縣，各已撫定。共招降到簽軍將士三百餘人，奪到槍甲七百餘副、馬十餘匹。」

二日，淮東宣撫使司提舉一行事務董旼言〔一〕：「承州水寨首領孫康遣發義兵舟船布在運河，應（授）〔援〕官兵，截殺金人，除殺死外，擒到黃頭女真四十五人。」

二十四日，劉光世言：「統制王師晟收復壽春府，奪門，掩殺賊兵，殺死僞知府李攔寨并賊兵一千餘人。其餘蕃人掩入淮河渰死，活捉到姚使相并僞知府王靖、簽軍一十八人，及鞍馬、旗槍、器甲，燒毀糧船一百餘隻。」既而詔令光世撫勞所遣將士，仍先賜師晟袍帶。

十二月二[26]十四日，宰執言，張俊報張宗顏過江擊賊馬獲捷事。上曰〔二〕：「俊每言不敢虛奏邊功，恐坐冥報〔三〕。」

二十九日，川陝等路宣撫使司言：「吳玠馳報，金賊元帥四太子及都統皇弟郎君撒離喝等領步騎十餘萬衆，直來殺金平，與官兵對壘，遣將楊政等血戰三十餘陣。」詔政特除承宣使、龍神衛四廂都指揮使。

五年正月五日，淮東宣撫使司提舉一行事務董旼言〔四〕：「承州馳潭水寨首領仲諒掩賊馬一發過淮，收復楚州了當，殺死蕃人，斫到首級一十二顆，生擒到女真、漢兒等一十餘人。」

二十六日，劉光世言：「金賊侵犯淮甸，遣統制官酈瓊、劉光輔統押軍馬自廬州起發，聲言過淮。到芍陂〔五〕，先摘輕兵，由間道徑到光州城下。僞知州許約守城甚堅，又添僞皇子府劉麟差來統領官李知柔、張聚并簽軍約三千餘人。近城説諭，不肯順從，遂拽全軍抵城攻打。依前拒敵，矢石併下，瓊等鼓率士卒，攻擊欲破。至正月二十日晚，有董昱、馮琪二人并簽軍一百餘人先棄城投降。許約自知勢力窮迫，率衆啓門投降，收取光州了當。除已嚴誡將士各守紀律，秋毫無犯，撫定軍民，各安舊業，捉到僞知州許約。」詔令劉光世撫勞所遣將士，支錢二萬貫充犒設外，取索有功人保明聞奏。其後二月二十六日，詔酈瓊於

〔一〕旼：原作「旼」，據《建炎要録》卷八一改。
〔二〕曰：原無，據《建炎要録》卷八三補。
〔三〕坐：原作「生」，據《建炎要録》卷八三改。
〔四〕事：原作「軍」，據《建炎要録》卷八一、卷一一二改。
〔五〕芍陂：原作「葥陂」，據《建炎要録》卷八八改。

遥郡，階官上各轉行一官，劉光輔與轉行兩官。

二月二十二日，江南東路、淮南西路安撫使劉光世言：「金[27]賊重兵侵犯淮西，人馬入滁州占據。光世密遣統制官王德將帶軍馬過江攻奪。王德到淮西地名桑根，與賊血戰，殺死一千餘人外，生擒到女真二十餘人、萬户盧孛堇等一十一人。」詔劉光世：「備見措置有方，仰撫勞所遣將士，仍疾速取索功狀，保明聞奏。」

二十九日，吴玠言：「遣岳飛統率一軍前去秦隴以來，深入僞地，牽制賊勢。統領官楊從義、將官王顯十一月七日到僞地臈家城，逢賊三千餘衆，列陣鬭敵，殺敗賊兵。」詔令宣撫司勞所遣將士，疾速取索有功人保明聞奏。

六年九月十四日，湖北京西路宣撫副使岳飛言：「副將楊再興等統率軍馬前去收復西京長水縣了當，即時招撫安業。」詔令岳飛撫存一行將士，開具實有功官兵保明聞奏。

十月十七日，後殿進呈楊沂中捷奏，俘戮甚衆。上愀然曰：「此皆朕之赤子，迫於兇虐，勉强南來，既犯兵鋒，又不得不殺，念之痛心。」顧趙鼎曰：「可更戒勑諸將，爾後務先招降。其陣歿之人，亟爲埋瘞。」

紹興十年六月五日〔一〕，川陜宣撫司奏報：「金賊前來扶風縣驛店等處作過，尋遣統制官吴璘等賈勇士卒，戮力接戰。金賊鶻眼郎君帶領五千餘人騎與官兵迎敵，統制官李永琪〔二〕、楊從儀〔三〕、向起、顧曹等掩殺，退走入扶風縣賊寨，再行劫破，勦殺盡絶。又有金賊馬軍策應，並已殺敗，掩入溝澗甚衆。」

十八日，劉錡言：「順昌府累與金賊大兵接戰，其酋首三路[28]韓將軍、龍虎大王等，皆緣敗衄，往東京告急。至今月九日，四太子親率大兵諸頭項賊馬併力攻圍府城。於當日激勵將士，戮力血戰，殺死約五千餘人。及捉到活人，供通傷中者一萬餘人，往往身體黄腫，皆用騾馬馱負北去；馬中傷死者三千餘匹。知賊每不利，遂領兵於城西南相近一里以來劄立硬寨，謀爲攻打坐困官軍之計。錡激勵將士，密爲夜襲，使不得安。於十二日子時以來，賊遂拔寨望西北遁。已分遣軍馬追襲。」詔賜劉錡獎諭，疾速開具立功人等第聞奏。

同日，川陜宣撫使司言：「探報金人侵犯陝西，遣都統吴璘等前去鳳翔府，會合陝西諸路軍馬併力捍敵。五月二十八日，賊馬直至鳳翔府石堡寨西地名底店，遣將官劉海、曹清、宇文順、楊晟、賈卞、范興國前去捍敵，殺散前鋒賊兵

〔一〕五日：疑當作「十五日」。據《建炎要録》卷一三六及它書所記，鶻眼郎君來戰已是六日，且其後又有敗入扶風、攻破扶風、擊敗援軍諸事，不得先於五日便有捷報，故疑傳抄時脱一「十」字。

〔二〕李永琪：原作「李永奇」，據《三朝北盟會編》卷二〇〇、《名臣碑傳琬琰之集》上卷一四《吴武順王璘安民保蜀定功同德之碑》改。按，此人又見《建炎要録》卷一三二等，李永奇則别是一人。

〔三〕楊從儀：原作「楊政儀」，據《三朝北盟會編》卷二〇〇改。按，本書後文兵一四之三三亦作「楊從儀」，此人史書中屢見。

折合孛堇，傷中，掩入汧渭河，死傷無數，斬獲人頭，捉到活人。」

二十八日，淮南宣撫使韓世忠言：「統制官王勝二十七日辰時到淮陽軍界，離城二十餘里，逢見淮陽軍都統周太師親自統押軍馬二千餘騎，水陸轉戰約兩時辰。勝等并背嵬將官成閔鼓率將士向前血戰，金賊敗走，掩殺入沂河及城壕内[一]，填塞盈滿。殺傷及淹死者甚衆外，活捉到女真、漢兒共一百餘人，並各傷重。并水陸迎敵戰船，除奪到二百隻外，餘燒毀了當。」

閏六月十三日，淮南西路宣撫使張俊言：「蕃賊來取蘄縣，統制官王德、[29]馬立等鼓率將士戮力破賊，除殺死不知數外，生擒頭領數人及蕃人五百餘人，戰馬四百匹，金鼓旗幟甚衆。追襲餘黨，措置宿州沿路且戰且殺，勦除蕃賊罄盡。及至城下，有宿州同知、蕃賊首領統率精鋭生力蕃兵前來死戰，德等戮力掩殺，大破賊衆。除殺死外，生擒頭領并招降到知州馬秦并一州官屬及河北、山東使效一千餘人，官軍入城，收復宿州，撫定軍民了當。」

同日，川陝宣撫司言：「吴璘等探鳳翔府金賊擺拽前去青谿嶺路作過，本司差發同統制姚仲、向起、樊彦、鄭師正統率軍馬應援郭浩。其賊兵却來鳳翔府。六月二十二日，將官邵仲孚等帶領馬軍絶早至鳳翔府西關城外，踏翻賊寨，殺死金賊不知其數。賊兵於本府東門、北門擺拽，盡數出城，賊首撒離喝及左監門等親擁賊衆直至百通坊，排拽(擊)陣勢二十餘里，更番與官軍接戰。姚仲等告戒諸軍，殺賊兵敗不得斫級，争奪鞍馬。自辰至未鏖戰數陣，殺退賊衆，追趕一十餘里，掩入崖間甚衆。」

十四日，節制陝西諸路軍馬郭浩奏報：「金賊悉兵前去鳳翔府，尋遣環慶總管鄭建充、統領高英於十七日寅時攻打醴州。戰鬬至辰時，活捉金賊千户三人，内一名殺死，又勦殺金賊先點見五百餘人，奪衣甲、器械，生擒從兵，奪到戰馬、驢畜甚衆。」

七月三日，淮南西路宣撫使張俊(年)〔言〕：「閏六月二十二日，金賊會合南京等處，分數路[30]前來，直犯官軍，并東京賊馬相繼前來策應。俊躬親統率軍馬，分頭迎敵。離城父縣西三十里遇賊，交戰兩時辰，賊馬敗走，連夜追襲，掩入河甚衆，收到衣甲、旗槍。二十六日，收復亳州了當，撫定安帖。續次有三路都統再率兵自東京前來，番賊至渦河北岸，俊又統軍馬戮力破敵，除殺死外，餘黨敗走。」

七日，淮南東路宣撫使韓世忠言：「中軍統制官王勝等探報蕃人萬户鶻十孛堇、千户聶兒孛堇、花太尉、馮觀察將帶軍馬解圍海州，勝於閏六月二十八日遣發王權、王升將帶軍馬前去蔣家莊，與賊見陣。賊馬退去，趕殺三十餘里，活捉到女真、契丹一百餘人，奪到戰馬三百餘匹，衣甲、器械、旗槍，將海州懷仁縣撫定了當。」

〔一〕沂河：原作「折河」，據《建炎要録》卷一三六改。

十八日，湖北京西路宣撫使司言：「今月初八日，有番賊酋首四太子、龍虎、蓋天大王、韓將軍親領軍馬一萬五千餘騎，取徑路，離郾城縣北二十餘里。尋遣背嵬、遊奕馬軍，自申時後與賊(塵)〔鏖〕戰數十合，殺死賊兵滿野。天色昏黑，賊兵方退，奪到馬二百餘匹。」

八月一日，川陝宣撫使司言：「權永興軍路經略安撫副使王俊收復永興軍管下興平、武功縣，醴州醴泉縣長寧鎮。統領官辛鎮七月九日領軍馬到長安西南白塔寺，與金賊交鋒，追到長安城下，其賊棄下器甲、旗鼓甚衆。」

十二日，韓世忠言：「親率軍馬到淮陽軍，探得沂州、滕陽軍、劉冷莊三頭項蕃賊前來，尋分遣統制 31 官解元等將帶軍馬迎敵。八月四日早，到地名譚城，逢見金裝馬軍二千餘騎，解元等極力戰鬭，其蕃賊敗而復合，自早至巳，賊方敗走。追殺二十餘里，殺死數百人，奪到鞍馬一百五十餘匹，器械數多，及捉到知淮陽軍、都統訛里七所差告急走馬天使二人。」

十六日，韓世忠言：「今月八日，探得蕃賊自滕陽軍路前來，離淮陽軍西北九十里地名洳口鎮劄寨。世忠躬親將帶軍馬前去。初九日拂明，到賊寨十里以來逢賊綽路，馬下活捉十餘人，問得滕陽軍金牌郎君、青州總管三郎君、沂州高太尉等會合馬軍七(十)〔千〕餘騎，前來淮陽軍解圍。其蕃賊見世忠軍馬到，一發回頭，四散遁走。世忠分頭追趕三十餘里，殺死數百人，活捉到千户、□□長等二十餘人〔一〕，奪到鞍馬一百匹，旗鼓、軍器甚衆。」

十九日，韓世忠言：「八月九日，千秋湖陵有蕃賊五千餘人，并酈瓊下使臣、效用等二千餘人，水陸劄立硬寨，擺布戰船。劉寶等申時分頭攻打，至二更以來打破賊寨，活捉到千户郎君郭太尉一名、毛毛可四人、契丹、漢兒一百三十餘人外，奪到大小樓子戰船二百餘隻，蕃馬五十三匹。」

二十三日，川陝宣撫使司言：「七月三十日未時，有金賊小大王，係金賊鎮國上將軍、左軍都統、利涉軍路萬户孛堇鶻眼郎君，引軍馬步(入)〔人〕五千餘衆來盩厔縣東，侵犯東洛谷。王俊親率軍馬迎接，交戰及兩時辰，破陣，殺死女 32 真、契丹、漢兒，射死戰馬，縱横甚衆，并奪下器甲、旗鼓、鞍馬，追殺二十餘里。」

九月十七日，川陝宣撫使司言：「都統制楊政探金賊於鄜縣界作過，差統領劉興前去措置。八月十四日一更，直抵鄜縣城下，分遣將兵攻破鄜縣，掩殺賊兵，盡走窟穴，奪到牛、驢、馬。磧寨金賊前來救援，遣兵遏伏，軍馬邀擊，敗走，追過清河北。其賊會諸寨甲軍三千餘人，有統軍一名、千户數人，與官軍血戰(自)〔至〕二更，將賊兵戰馬殺死無數。」

〔一〕參後兵一四之三四「十九日」條，所缺字疑是「百人」。百人長爲金國下級軍官。

十一日〔一〕，三京等路招撫處置使劉光世言：「統領官王順、賈晞等帶所部軍馬及會合山寨鄉兵，前去宿州解圍。至今月十日辰時到符離縣界地名周村濉河兩岸，逢金賊馬步軍二千餘人迎敵，順等率軍馬與賊血戰移時，殺死金賊三百餘人，掩入濉河，活捉金賊二十三人，及奪到戰馬。」

十月一日，知陝州、兼節制陝西諸路軍馬統制吳琦言：「遣統制官侯信統押忠義水軍并諸項官兵前去河南經營賊寨。八月七日過河，於中條山劄寨。探得山北柏梯谷口有金賊大寨，正當河、解兩州要路。初八日夜劫破上件賊寨，殺死蕃賊二百餘人，捉到女真、漢軍二百餘人，奪到鞍馬二十餘匹。至天明，探得有解州同知、女真親作天使會起河、解兩州及諸處蕃賊共約七千餘人騎，於初十日早擺拽三頭項前來。信率本部官兵向前迎敵，血戰數十合，當陣殺死千户一名、毛毛罕頭領數人。其【33】賊退走，活捉到五百餘人，戰馬五十餘匹，器甲七百餘副，弓箭、旗槍甚衆。」

同日，川陝宣撫使司言：「都統制楊政九月六日遣統制楊從儀前去鳳翔府措置〔二〕。金賊約三千餘人於鳳翔府城南蒲陂河劄寨，從儀統率諸將軍馬二更到彼，血戰一十餘陣，殺敗賊兵，乘勢劫蕃賊三寨樓櫓鹿角，放火焚燒，奪到戰馬五百餘匹，衣甲、器械。至五更以來，有賊生兵復來，交戰至天明，將賊殺敗，追趕一十餘里。」

十一月二十七日，吳琦言：「有金賊於河北會到人馬，尋差撥正將李政等前去掩殺。十月二十九日午時，有烏魯不孛堇等一千餘人前來，政等放賊頭過，舉號鼓，率四下伏兵併起來攻，使賊首尾不救，掩殺擁落崖澗。續有賊首寧虎烈孛堇等賊軍二千餘人救應，交戰至酉時，其賊退走。殺死女(貞)〔真〕千户并毛毛罕頭領，奪到戰馬、器甲甚衆。」

十一年二月十四日，淮西宣撫司言：「蕃賊在巢縣，令統制官關師古、李横進兵掩殺。初九日夜，將官潘儀等將帶官兵連夜渡河，埋伏邀截。關師古、李横初十日早掩殺其賊，竭寨迎敵。戰鬥移時，官兵四發，擁掩賊兵入河甚衆，生擒賊兵戰馬數多，復奪巢縣。」

十六日，淮西宣撫使張俊、淮北宣撫副使楊沂中言：「自今月十四日進發軍馬，前去含山縣關口，直搗金賊大寨，掩殺賊兵。俊等相繼躬統軍馬前去，自未時與賊血戰一時辰，其賊敗走，奪戰馬、器甲、旗幟等，收【34】復含山縣，復奪昭關，燒毀關東西賊(了寨)〔寨了〕當，官軍已占關北一帶下寨。」

十八日，張俊、楊沂中言：「金賊分兵侵犯滁、濠州，遂發軍馬前去。將官戚方等今月十四日到青陽鎮，遇金賊馬軍，與賊戰，轉戰兩時辰，除殺死賊兵外，生擒金賊并戰馬、奪被虜老小、牛畜數多。」

〔一〕十一日：上條已爲十七日，此條不應反爲十一日，或是「二十一日」之誤。
〔二〕統制楊：原脱，據《建炎要録》卷一三七補。

同日，張俊、楊沂中言：「統制官王德等今月十四日收復含山縣，復奪昭關下寨。十五日早，有金賊重兵約厚十餘里馬軍侵犯關口，德等賈率軍衆，人人用命，共力破敵。戰鬥數陣，其賊敗走，追殺十五餘里。」

十九日，三京等路招撫使劉光世言：「前軍都統制李顯忠、吴錫過江掩殺金賊，帶領軍馬前到九城鎮，約有金賊五千餘人下寨，分遣軍馬掩殺。今月十五日，將官張松等與賊兵戰鬥約一時辰，其賊敗走。追趕一十餘里，殺死賊兵三百餘人，捉到活人五十六人，內一名係千户，五人係毛毛可，一人係百人長。奪到器械、旗幟、戰馬不少。被虜人一千餘口、牛畜二百餘頭，保護南來，放令逐便識認牛畜了當。」

二十三日，張俊、楊沂中言：「今月十八日，楊沂中、王德、田師中等追趕賊馬至柘皋，又逢五太子生兵及自廬州前來兀朮賊馬，見陣，自巳時戰鬥至未時，凡經十餘陣，其賊敗走。殺死賊兵，橫屍二十餘里，追襲至二更以來，趕殺出廬州，收復廬州。」

三月十三日，韓世忠言：「今月七日，濠州探報兀朮賊馬欲來攻取本州，即時選練馬 35 軍，於當夜二更以來，躬親將帶前去迎敵。至五更到地名聞賢驛，與兀朮賊軍相遇，追殺三十餘里，除殺蕃賊約一千餘人外，生擒到女真吵環等一十二人，并奪到鞍馬、軍器一千餘件。賊馬直過淮北，一發奔潰。占據濠州了當。」

十六日，商州言：「正月二十八日至二月初四日，有金賊折合孛堇部領七千餘人騎，撒離喝親兵破敵軍馬、女真、契丹共萬餘人騎，占據州城。至初五日早，知州邵隆統率兵將等，於城下極力與賊戰，殺敗賊衆。其折合孛堇盡領蕃賊奔走，掩殺追襲出界，當日收復商州。」

十七日，淮東宣撫司言：「今月十二日早，兀朮親領軍馬步軍前來衝撞官軍。世忠遣發舟船水陸轉戰，自早至申，殺退射死兀朮所領萬户、千户以下，及當陣落馬身亡幾二萬餘衆。」

三十一年六月二日，知均州武鉅奏報〔一〕：「嵩州賊馬重大，分遣官兵前去捍禦。離嵩州五里，與賊相拒。鉅自盧氏縣統率親兵前來嵩州，至五月十二日，盡力死戰約兩時辰，其賊敗走。臨陣殺死總管、宣武將軍萬户忽沙虎，權總管千户德麽孛堇三百〔二〕、千户兩名，女真五百餘人，旗頭一十餘人，奪到衣甲、器械莫知其數。領兵入城，撫定軍民了當。」

十月十三日，四川宣撫使吴璘奏報：「遣統領官劉海等親擁所帶將兵收復秦州。賊兵迎敵，掩殺賊衆，退走入城。今月二十五日，打破秦州，除撫存軍民外，捉到金人

〔一〕均州：原作「金州」。按，據《建炎要録》卷一八八、一九六，武鉅於紹興三十一年二月除知均州，至三十二年仍任，本卷下文多條亦作「均州」，因改。

〔二〕三百：疑爲「三名」之誤。

等，斫到首級，36奪到戰馬、器甲莫知其數。」

十七日，京畿淮北京東路河北東路招討使劉錡奏報：「遣統制官王剛等十月十三日於清河口與金賊（塵）〔鏖〕戰，殺死不計數目。又親率軍馬於當日在淮陰縣十八里河口，遣統制官樂超等駕船過淮，用剋敵弓等射殺金賊不計數目。大賊向北前去。」詔令學士院降詔奬諭，仍令劉錡開具實立功人等第，保明聞奏。

十八日，浙西副總管李寶奏報：「十月五日六日以來，知海州魏勝揖城北二十里地名新橋〔一〕，有金賊不住前來，躬親帶領官兵前去迎見。賊馬約及七八萬人騎，用車載鵝車〔二〕、雲梯等前來。遂率官兵乘其半渡衝擊，掩截勦殺。血戰至申時以來，凡經三（載）〔陣〕，殺死金賊人馬，又掩入新橋河，上下流邀截勦殺，斫到首級二百餘顆，及奪到衣甲、弓箭、旗鼓、蕃槍、軍器、青涼繖、五明銀裹交椅等。」

二十日，四川宣撫使吳璘奏報：「遣將官曹沐等〔三〕，九月二十七日收復洮州及管下泠丁堡、通岷堡，招撫到洮州同知、昭武大將軍奧屯蟬只一行官兵并老小〔四〕，撫定軍民依舊安業。及將官彭清、張德九月三十日攻打破隴州〔五〕，與賊兵巷戰〔六〕，殺死賊兵，捉到活人，奪到鞍馬。有知州盧奉國、同知劉昭武走上涼樓，招撫不下，遂用火燒毀〔七〕，及將本州糧草場所樁糧草百餘萬盡行燒毀。」

二十四日，知均州武鉅奏報：「金賊於鄧州管下内鄉〔八〕、順陽、（浙）〔淅〕川、穰縣等人户納到草桿七十萬，并積順陽界。37遣發（前去）本州巡檢趙伯适將帶人兵前去撫定順陽縣，即時將草盡行（於）〔放〕火焚燒盡絶，南北堆垛約十五里，共計六十三萬五千束。又遣發總轄鄉兵荀琛等將帶人兵前去收復鄧州。」

十一月一日，劉錡奏報：「金賊數萬係高萬户統率，犯揚州界地名皁角林，衝突瓜洲渡口。親率軍馬迎敵，先遣左軍統領員琦至揚子橋灣與金賊大戰〔九〕。員琦陷在重圍，下馬死戰二十餘陣，首先破敵，掩殺金賊入運河及湖内約三千餘人。金賊又添生兵，勢力加重，又遣遊奕中軍併力破賊〔一〇〕。錡鼓率諸將，誓以死戰。自卯時至申時，殺敗金賊，横屍二十里〔一一〕，活捉到蕃人，并奪到蕃馬、弓刀、旗槍、器甲，及斫到首級甚衆。」詔劉錡令學士院再降詔奬諭，

〔一〕知：原無，據《建炎要録》卷一九三補。揖：疑當作「據」。
〔二〕鵝車：原作「鵝載」，據文意改。鵝車亦攻城之具。《三朝北盟會編》卷六八：「今番賊爲鵝車、雲梯等，我已拒之。」
〔三〕曹沐：原作「曹淋」，據《建炎要録》卷一九二、《宋史》卷三二《高宗紀》九改。
〔四〕奧屯蟬只：原作「與屯蟬只」，據《三朝北盟會編》卷二三一改。
〔五〕攻：原作「及」，據《三朝北盟會編》卷二三一改。
〔六〕巷：原作「掩」，據《三朝北盟會編》卷二三一改。
〔七〕遂：原無，據《三朝北盟會編》卷二三一補。
〔八〕「鄧州」原作「鄂州」，「鄉」原作「卿」，據《宋史》卷八五《地理志》一改。
〔九〕統領：原倒，據《三朝北盟會編》卷二三六乙。
〔一〇〕遊奕：原作「逝變」，據《三朝北盟會編》卷二三六改。
〔一一〕屍：原作「長」，據《三朝北盟會編》卷二三六改。

差中使前去賜金合茶藥，一就傳宣撫問。仍令錡開具實立功人等第，保明聞奏。

六日，京西路河北西路招討使成閔奏報：「金賊人馬侵犯蔣州，遣信陽軍屯駐（親）〔統〕制官趙樽、張彦達會合戚方〔一〕，都統軍馬，追襲掩殺。到齊昌渡，探得淮北真陽縣亦有賊兵，遣忠義軍將官袁清、丁俊等先次殺敗真陽縣賊馬，撫定真陽縣。」

十一日，知樞密院事、督視江淮荆襄軍馬葉義問奏：「十一月八日，虜酋親統重兵侵犯采石，欲直奪渡口。參謀虞允文專一監督官軍，水陸進戰，大敗賊兵，掩殺無數，焚盡賊船，致虜首領兵逃竄，取真陽路去。」允文自采石回，稱説虜首因初八日水戰大敗，38 次日官軍復進，將賊船數百隻並已焚蕩，虜主即時率賊軍以次引去。

同日，知均州武鉅奏報：「遣同統領趙伯适將帶鄉兵，十月二十五日於鄧州順陽縣東與金賊見陣，其賊大敗。」

十二日，陝西河東路招討使吴璘奏報：「中軍統制、節制軍馬吴挺〔二〕，十二月十二日金賊軍馬與官軍對壘〔三〕，直殺敗賊衆，乘勢追趕，掩殺崖澗。當陣殺死李千户，斫到首級，及生擒到金人三百人、百人長三人，捉到金賊活人，斫到首級，奪到鞍馬器甲甚衆。」

十二日〔四〕，建康府駐劄御前諸軍都統制李顯忠奏報：「金賊見在廬州一帶劄立硬寨，遣馮晟將帶軍馬，并招集出戰人兵及差統領官張謹等，即押軍馬策應，躬親將帶軍馬牽制接援。於十一月五日直抵賊巢，到廬州西十八里地名蜀山，逢見賊大隊人馬，賈率官兵，布列陣勢，自巳時與賊血戰，至酉時已來，殺賊敗走。除當陣殺死外，活捉到蕃賊鞍馬。」

十四日，浙西李總管下沿海提督提轄一行事務曹洋奏報：「十月二十七日於密州膠西縣界陳家島與金賊見陣〔五〕，燒奪戰船六百餘隻，殺死蕃賊，活捉到女真頭首三百餘人，降到大漢軍三千餘人，海道肅清。」詔：「李寶生擒至三百人，可令用海舟載頭首來揚，杭處交割，押來樞密院。降到大漢軍，令優與犒賞，便支錢糧。如無錢，令揚、杭不以是何名色錢應付。」

十七日，武鉅奏報：「十月二十八日收復虢州盧氏縣。」

39 二十六日，武鉅奏報：「遣統領鄉義軍馬荀琛於今月十三日夜攻下鄧州外城，活捉到穰縣尉、奉信校尉劉稽等，并奪到騾馬、器甲。攻擊內城，女真棄城逃遁。」

〔一〕張彦達：原作「張彦逵」，據本書兵一四之四二、兵一九之二、《三朝北盟會編》卷二三六改。

〔二〕「吴挺」下當脱「申」字。

〔三〕十二月十二日：疑誤。十一月十二日奏報，則戰事當在其前，或是十月十二日。

〔四〕十二日：疑是十三日。

〔五〕十月：原作「七月」，葉渭清《宋會要校記》謂七月爲「十月」之誤，是。《建炎要録》卷一九三載此戰於十月二十七日丙寅，據改。

二十七日，荆南駐劄御前諸軍都統制李道等奏報：「遣鄂州副統制李勝等，於十一月十六日，於光化軍對岸，蕃賊乘船筏并沿岸分布馬步軍十五餘里，不見厚薄。勝等統率會合諸軍將佐官兵等，沿江與蕃賊水陸見陣，用命向前，涉水死戰，殺死蕃賊，落水渰没，并奪到衣甲、器械、旗幟、舟船、軍須等物，及殺死真定府總管杜萬户并(字)〔李〕千户。」

二十八日，江州駐劄御前諸軍都統制戚方奏報：「右軍統制官李貴、統領官張晟於十一月初四日部領軍馬，於潁河内將金賊諸路發到糧船六百餘隻、糧米五十餘萬碩燒毀了當。及奪到銀八百鋌計二萬兩，絹一萬餘匹，殺死防綱女真、契丹數百人及捉到押綱官盧萬户等，并防綱簽軍四千餘人，奪到驢騾、駱駝、羊馬。又生擒到泰和知縣夾谷阿海并妻、男及親族等。」

十二月十三日，王彦奏報：「遣發統制任天錫等十一月十八日收陝州了當，捉到知州、同知等并活人。」

十四日，京東西路河北東路淮北泗宿州招討使成閔奏報：「今月十一日〔一〕，遣統制官王選等收復高郵軍了當。統押軍馬并會合到水寨統領嚴寧，并忠義人兵前去追殺金賊，於十二月八日到寶應縣，至楚州以來趕上金賊。40 向前掩殺，賊兵敗走，擁入河湖，活捉到蕃人、蕃馬，斫到首級并奪到糧船二百五十餘隻，倉粟米數萬碩，衣甲、器械，及燒毀糧戰船七百餘隻，收復寶應縣并楚州了當。」

十八日，成閔奏報：「陳州忠義人陳亨祖於十一月初五日將帶忠義人兵收復陳州了當，捉到同知完顔耶魯等九人。」

同日，京西北路招討使吴拱等奏報：「遣發將官劉華等，十二月初一日到鄧州新野鎮地名龍鼻，劫中蕃賊寨柵，殺死蕃賊，棄頭不斫。其賊拔寨退走入鄧州。至十二月初六日，蕃賊棄城逃遁，收復鄧州了當。」

二十日，成閔奏報：「統率軍馬於十二月十二日收復盱眙軍了當。其泗州淮河岸下擺泊舟船數十隻，金賊數萬人隔河與官軍相拒，閔遂將奪到金賊燒不盡橋脚小船二十餘隻併工修整，及於龜山以來奪到賊船十餘隻，并分遣統制官吴超、楊欽部押人船，於水路邀擊賊船。又差統制官劉鋭、陳敏、王公述、張師顔於十二月十五日夜，於泗州東城之東潛師渡淮。有賊騎數千於東城之東擺列前來，與官軍相拒。又分遣統領官左淵、張青、魏金部押官軍攻奪泗州南門，入城占據。再率官軍戮力掩殺，賊兵敗走，收復泗州了當。奪到粟米三萬餘石，被虜老小數萬口，放令渡淮歸業。」

二十一日，李顯忠奏報：「十二月十六日收復和州，金賊拔寨北遁，躬親統率諸軍追襲。離和州三十里横山澗與

〔一〕十一日：按下文云八日復楚州（《建炎要録》卷一九五所載同），復高郵軍應在其前，疑「十一」有誤。

金41賊見陣，獲捷，其賊取香林湯泉路前去。尋再遣統制官張榮統率全軍前去追襲。至今月十九日未時，至全椒縣界地名馬村後河楚涓溝趕上，與賊鬥敵，殺死蕃賊并擁掩入河不知其數〔一〕，收捉到被虜鄉民老少數千餘人〔二〕，即時撫恤，各令逐便歸業，奪到騾馬、軍器等。」

三十（一）〔二〕年閏二月二日〔三〕，吳璘奏報：「遣差前軍同統領惠逢會合權知洮州李進、同知趙阿，令各將帶軍馬，正月三十日於寧河寨與熙州差來應援金賊首領小郎君等軍馬及會合到河州、積石軍軍馬鬥敵，殺敗賊衆，至二月三日收復河州了當〔四〕。至初六日，分遣軍馬前去收復積石軍及管下來羌城了當。并獲到金賊同知宣均、宣武將軍高偉。」

二十五日，李寶奏報：「閏二月十三日海州城北有金賊青州總管會合十三州人馬一十餘萬衆，直犯海州。親率官兵自辰時（塵）〔鏖〕戰至二更，蕃賊大敗。殺死女真、渤海契丹、漢兒簽軍等，及掩殺在河。」

三月十一日，吳璘奏報：「閏二月十六日夜將帶軍馬攻打大散關，尋分委右軍（等）〔第〕一正將楊大亨統領李安等攻打五鬼山賊寨，及後軍同統制田昇與統領胡洪、趙豐、陳濤、第六將馮超部領軍馬，攻打散關正門、水門、御愛山賊寨。自二更一擁上山，併力攻擊，與賊戰鬥，至當夜四更以來，打破散關，占據了當。繼續分遣官兵奪和尚原，其賊知覺，棄掉本原遁走，前去寶雞，其和尚原亦行占據了當。」

42四月四日，吳璘奏報：「金賊元帥左都監及都統軍、（付）〔副〕統軍帶領萬户五人，統金賊五萬餘衆。璘親統官軍三萬餘人，於三月十七日至德順軍城下〔五〕，與金賊大戰，殺敗賊兵。其賊尚占據城池，及於東山一帶修置硬寨，相去三里以來，與官軍對壘。璘遣兵調引賊兵，堅守不出，遂差將兵晝夜驚擾。其賊困窮，至十二日夜並行遁走。已差官兵追殺過六盤山，收復德順軍，約束官兵，秋毫無犯，撫定軍民安業。」

四月九日，吳璘奏報：「忠義統領嚴忠帶領本將軍馬前去原州追襲金賊，收環州了當，捉到知州中憲大夫郭裔，并管下城寨金賊一十餘員，奪到鞍馬、旗幟及帶到環州管下馬步軍四百餘人，并一行官吏等。又統領忠義軍馬段彥，捉到原州同知、鎮國上將軍（統）〔紇〕石烈訛魯古等官員并女真家小三十餘口。」

六月十七日，陝西河東路招討使吳璘言，五月二十三

〔一〕不知其數：原無，據《三朝北盟會編》卷二四八補。

〔二〕收捉：《三朝北盟會編》卷二四八無「捉」字，似可删。

〔三〕三十二年：原作「三十一年」。天頭原批云：「三十二年有閏二月。此三十一年當是三十二年之誤。」據改。

〔四〕二月：原作「三月」，葉渭清《宋會要校記》云：「『三月』，『二月』之誤。」是也。《建炎要録》卷一九七書於二月三日庚子，據改。

〔五〕三月十七日：按，下文云三月十二日收復德順軍（《建炎要録》卷一九八所記同），則此不得爲十七日，疑是「三月七日」之誤。又，德順軍：原作「順德軍」，據《建炎要録》卷一九八乙。

日收復熙州。

七月十三日，淮南西路安撫司言：「已遣發沿邊都巡檢使顯忠率官兵〔一〕，并募到敢勇人，前去沿淮等處掩殺金人。又追水寨孫立等，於潁河内燒毁糧船二百餘隻。」

二十五日，陝西河東路招討使吳璘言，是月三日收復鞏州。

二十八日，主管殿前司公事成閔言：「已遣中軍統制趙樽、遊奕軍統制張彦達，統領皇甫倜（前等）〔等前〕去迎捍金賊，收復光州。」

八月二十一日，荆南駐劄御前諸軍都統制李道言：「遣發統制官[43]張進、董江於光化軍對岸茨湖出戰，各捐軀戮力，身先士卒，以致劉萼全軍不能侵犯。」

十月九日，御前諸軍都統制張子蓋奏：「統率軍馬於五月十四日到石湫堰〔二〕，先次衝虜陣掩殺。十五日，海州西北三里堰沙河及新橋見陣，解圍海州。」

十一月七日〔三〕，知（樞）〔樞〕密院行府奏報：「遣將十一月二十八日在和州東王家汛與蕃人見陣，降到近侍局虜酋護背軍千户、定遠將軍（統）〔紇〕石烈胡剌以下三千三百人，殺死三百户，奪到戰馬、器甲。又於廬州大路奪到金牌天使所賫告急蕃部族背叛虜酋及盜賊群起等文字。」

同日〔四〕，江州駐劄御前諸軍都統制戚方奏報：「遣統制官李貴等於今月二十六日早奪壽春府門，入城與金賊血戰，殺死賊兵，其賊敗走，收復壽春府了當，及撫定人民，并於壽春府城下淮河内燒毁糧船一千餘隻。」

九日〔五〕，金、房、開、達州駐劄御前諸軍都統制王彦奏報：「統制官郭諶、將軍邢進等於十一月十七日華州城下，率先賈勇士卒，自寅攻打，至巳時打破華州。捉到本州同知昭武大將軍韓端愿、將官信武將軍韓鎔并金賊到括二十二人，并奪到鞍馬、器甲等，已即時將本州居民撫定了當。」

以上《中興會要》。

孝宗隆興元年四月十九日，通泰海州沿海制置使李寶奏：「昨將帶海船到海州膠西縣唐島，逢見金賊船六百餘隻，乘載女真、渤海、大漢軍水手等七萬餘人，遂分布[44]主首，往來掩殺，焚毁賊船，大獲勝捷。」

〔一〕顯忠：此似脱其姓。

〔二〕碌：《建炎要録》卷一九九作「湫」。

〔三〕按，奏報云十一月二十八日見陣，則奏到不應在十一月七日，二者必有一誤。

〔四〕按，據《三朝北盟會編》卷二四九紹興三十二年正月「九日」條載，此條奏報所云「今月二十六日」乃是紹興三十一年十二月二十六日，則此「同日」當是指三十一年十二月二十七日至三十日之間的某日，決非上條之「十一月七日」。

〔五〕按，此條奏報所云十一月十七日收復華州，據《三朝北盟會編》卷二四〇、《建炎要録》卷一九四，乃是紹興三十一年十一月十七日，則此「九日」當是三十一年十二月九日或三十二年正月九日。以上三條月日何以皆誤？考《大典》「兵」字韻、「捷」字韻均有「兵捷」門，而兩處所收條目不盡相同（參見本門末校記）。此三條蓋從另一字韻補入，而年月日脱落或訛誤，《大典》編者遂胡亂編入紹興之末。

五月十日，節制淮東屯駐軍馬邵宏淵言：「奉指揮，將帶軍馬措置招接，攻取虹縣。於五月九日五更激勵諸軍，與南城蕃賊鬥敵。其賊勢力不加，奪路盡入北城，閉門堅守。緣北城盡是塼壁，城濠闊遠，匱積汴水，堅固圍遶，未易攻打。宏淵扎縛雲梯，安立砲座，繫格橋道，召募敢死登城之人。翌日絕早下手攻城〔一〕，其賊自知決不可保，遂投拜。計招降到蒲察徒穆、大周仁并千户趙受、李公輔以下正軍、家人、奴婢、老小一萬餘人，收到糧米一萬五千餘碩，衣甲四千餘（付）〔副〕，并弓弩、箭鑿等，鞍馬、騾驢四千餘頭匹。」

十四日，淮西路招撫使、御前諸軍都統制李顯忠言：「依聖旨，親率軍馬前去招納僞都統蕭琦。於五月初六日到靈壁南，逢見蕭琦統馬軍三千五百餘騎拒抗官軍。差都總管時俊等與賊交戰，蕭琦敗走。初七日，直抵靈壁，賊一萬五千餘騎於城南布陣。顯忠布分軍馬與賊（廛）〔鏖〕戰，自辰至未，賊兵大敗，殺降到蕃賊二千六百餘人，收復縣城，所有奪到糧草、鞍馬、衣甲、器械，未知數目。」

十九日，淮南西路招撫使李顯忠申：「依奉聖旨，統率軍馬過淮招納蕭琦。琦自五月初七日敗後，部領餘黨於宿州城外下寨。顯忠尋遣人招納，琦遂以十三日將帶家屬、奴婢、親信赤山千户、馬尾上千户、石盤千户、蕃軍等前來投降，已接納收管，隨軍帶行，前往宿州措置攻 45 取。」

二十一日，淮西招撫使李顯忠、御前諸軍都統制邵宏淵申：「統率馬步軍於五月十四日到宿州城下，探得蕃賊馬軍二萬餘騎、步軍一萬餘人於城西南十里許，先（偺）〔借〕地利，布列陣勢。顯忠等與賊接戰，轉鬥十餘里，往返分合，（廛）〔鏖〕戰數十，自辰至申，賊兵敗走。追逐二十餘里，橫屍遍野，堆積如阜，餘黨遂遁。」

二十二日，李顯忠申：「今月十四日，於宿州西南殺退蕃酋左右監軍，賊遂至城下，尋（投）〔招〕降奚軍，諭以天時人事逆順之意。其僞知州女真輔國統二萬餘衆，堅壁拒抗不降。顯忠等於十六日早，遣馬軍四邊伺連蕃賊接戰。於是分列軍馬，東南北一帶顯忠統率，西南北一帶邵宏淵統率，四圍擺布。〔女〕真賊矢石如雨，顯忠等重賞召募先登，士卒用命，遂涉濠水，直抵城下，不施攻城器具，踴躍而上。東北首先登城，搖旗賈衆，與賊短刃相接。續次西北甲軍登城，次復四圍諸軍相應，各於女口夾間交戰，移時賊兵退走下城。諸軍官兵與賊（廛）〔鏖〕戰，殺戮殆盡，及殺降到女真、契丹、渤海、奚軍等三千餘人，拘收到糧斛五萬餘碩。」

二十六日，淮南、京畿、京東、河北路招討使李顯忠申：「於今月十六日收復宿州了當，屯兵城下，措置進取。探得歸德府僞元帥會合諸處蕃賊軍馬，欲來復取宿州，顯

〔一〕翌日：原作「初一日」。按，《宋史》卷三三《孝宗紀》一云：隆興元年五月十日「庚子，復虹縣」。則此「初一日」應是「翌日」之誤，「翌」字上半訛作「初」，下部誤爲「一」字耳。因改。

忠預於宿州城外布列陣勢，以待賊軍。今月二十日辰時，僞元帥領五萬餘衆，並係馬軍，衝突官軍，箭鑿如雨，46東西陣脚二十餘里。顯忠勸勵將士，極力鬥敵，馬步軍既擁而上，轉戰迴旋百餘合。申時後，賊兵敗北，追十餘里，殺死不知其數。」

二年十一月二十三日，主管步軍司公事郭振言：「有蕃賊大隊人馬侵犯六合城下，振遣發軍馬出城迎敵，殺死蕃軍，追走二十餘里。至午時，其賊人馬再來衝突，振遣差本司後軍統制崔臯統率大軍人馬首先破敵，其賊敗走，大獲勝捷。」

二十九日，主管馬軍司公事張守忠言：「近遣本司統制張師顔將帶本軍人馬前去措置蕃賊。張師顔遣將官陳志部押官兵前往廬州，設伏邀劫蕃賊。於十一月二十四日夜，乘賊不備，直入廬州，劫中賊寨，乘勢掩殺。其賊潰亂，棄城遁走。除已僭據本州外〔一〕，委是獲捷。」

閏十一月二日，都督江淮軍馬、和義郡王楊存中奏：「據主管侍衛步軍司公事郭振申：蕃賊大隊人馬侵犯六合縣城下，有後軍統制官崔臯，率先引衆破敵，大獲勝捷。」

四日，江州駐劄御前諸軍都統制戚方言：「近探得西路蕃賊要取羅田路、六安軍西界，取蘄州東、舒州西，占據二州，侵犯二回〔二〕。方遣發統領官段安等部領軍馬，前去沿淮措置掩殺，及燒毁淮河北、潁河内糧船一千餘隻。段安等十一月二十七日到淮河南岸東正陽，迎見呆和尚賊馬，安等分遣軍馬掩殺，其賊踏淺過淮，於河中流復回，與官軍當河死戰，遂擁殺入河，不知其數，奪到蕃馬、弓箭、槍47刀等，并被虜老小一萬餘人，并牛畜等。所有敗殘賊兵向北遁走，委是獲捷。」

五日，淮東招撫使、節制本路軍馬劉寶言：「今月初一日，據差去神勁右軍將官李德等將帶軍馬前去天長縣以來，逢見蕃賊馬軍一颩，接戰移時，其蕃軍散走。追逐一十餘里，殺死女真李千户，蕃賊五十餘人，奪到蕃鞍馬五匹。其賊並各下湖奔走前去。」

八日，戚方言：「據差去將官劉萬申：將帶官兵到淮河南岸光州固始界，離北峽關五（百）〔十〕餘里，有金賊三省相公下呆和尚所管細軍一千餘人騎下寨。萬賈率官兵，於閏十一月初一日夜二更，乘其不意，突入賊寨，殺死三百餘人，奪到蕃馬二十匹外，有殺不盡賊衆走竄，取高塘路前去，奪下被虜老小五千餘人、牛畜等，大獲勝捷。」

十日，劉寶言：「探得蕃賊侵犯高郵界西北三十五里地名沛城下寨，尋遣陳敏下將官潘明、曾喜將帶人船前去設伏攻劫。於閏十一月五日逢見蕃賊五百餘騎，潘明等賈勇（拏）〔弩〕手，一發攢箭射死蕃軍一百餘人外，生擒到白撒

〔一〕僭：嘉業堂本卷四二此條天頭批云「僭」疑「占」。按，作「占」文句雖通，但若此句主語爲宋，則當云「收復」，不當云「占據」，查諸史亦不載此時收復廬州。疑宋軍退，廬州仍爲金國占有，故云「僭」。姑存疑。

〔二〕回：疑當作「面」。

宣武將軍一名。蕃賊爲見捉到千户，向前追奪，遂行斫到首級，并奪到被虜老小一千餘口，牛畜三百餘頭。」

十三日，荆南將軍〔一〕、統制、權知均州李思齊言：「近據洪水村把隘人唐璋等狀，有鄧州（浙）〔淅〕川縣界賊首程青等，部領北軍前來侵犯本州。思齊遣發統領官帶領鄉社人兵等到（浙）〔淅〕川縣界，與賊戰鬥，賊兵敗 48 走。當陣獲賊首及本縣知縣、主簿、縣尉、巡檢，奪到鞍馬及招鄉民約三千餘口，收復（浙）〔淅〕川縣，撫定訖。」

十五日，主管馬軍司公事張守言：「臣奉江（都淮）〔淮都〕督府指揮，蕃賊在定山後下寨，令統率軍馬於定山一帶劄立硬寨，張耀兵勢，勦殺蕃賊。其賊遁走五十餘里，於閏十一月十三日遣本司統制官秦佑等隨蹤追襲前去，過滁河二十里外下寨，與蕃賊對壘。續令本司選鋒軍統制李舜舉遣差隊將傅青管押逐軍官兵八十人，取間路前去滁州以來打探。青等潛伏探伺賊寨内虚實，良久，驢馬嘶喊，青賈率所部官兵，弓箭齊發，併入賊寨攻劫，殺死蕃賊五百餘人。其賊大亂，自相殺併，青遂舉號，帶領官兵即時出離賊寨，委是獲捷。」

同日，劉寶言：「遣發山水寨統制郭昇部押忠義并民兵共千餘人，乘駕舟船三百餘隻，於閏十一月初三日夜過淮，深入賊境，直入漣水軍城，與金賊坐甲人兵血戰，殺死賊軍三百餘人，殘賊遁走。獲到女真知縣、巡檢、知海州萬户男和尚郎君并撒八郎君、蕃軍二名、簽軍三名，并奪到金賊裝載軍器糧綱舟船五十餘隻。緣淮河水凍，撐駕不行，遂焚燒訖，大獲勝捷。」

乾道元年二月十六日，陝西河東路宣撫招討使司奏：「據都統制任天錫申：探報得金人甲兵前來，直犯盧氏縣白石谷，天錫分遣統領張延等與金人交戰，捉到女真活人、騾馬等，委是獲捷。」（以上《永樂大典》卷八三九九，又卷二二八一〇）〔二〕

〔一〕荆南將軍：宋無此軍號，疑「將軍」當作「諸軍」。

〔二〕《大典》卷次原缺，葉渭清《宋會要校記》定於卷八三九九，陳智超《解開宋會要之謎》則定於卷二二八一〇。查《永樂大典目録》，《大典》「兵」字韻、「捷」字韻均有「兵捷」目，「兵」字韻爲四卷，「捷」字韻爲六卷，可見二韻所收條目不盡相同。其中，卷八三九九、卷二二八一〇事目均爲「兵捷四」，與本書本門正文前原稿所標題目及序號相合，可知本門之文必出自此二卷。但《宋會要輯稿·兵一四》所收之徐松稿不知係抄自何卷，今兩存之。

宋會要輯稿　兵一五

歸正　上

【宋會要】

1 光堯皇帝建炎元年五月一日〔一〕，赦：「應因金人驅擄及差使過軍前官員得還者〔二〕，并許依舊官職支破請給等。或已别差人，並令吏部先次别與一般差遣。」

二年五月十一日，曲赦河北、陝西、京東路：「應曾被虜剪刺頭髮人能回省者，仰經所在州縣自陳，勘驗詣實，百姓並給公據，放令歸業，軍兵、公人即依舊收管。如係命官，即驗實給公據，津遣歸本任或本家，仍具職位、姓名、事因聞奏。仍令監司、帥臣、州軍督責兵將、捕盜官等常切照管，無致諸色人誤有傷害。」

七月五日，宰臣奏楚州發來歸朝官事。上曰：「聞州郡多囚禁歸朝官，小有疑則加殘害，或一郡戮至數百人，朕甚憫之。覆燾間皆吾赤子，偶生邊地，視之遂異，然豈可與金人一例待之？金人與吾戰，初歐無罪之人〔三〕，又率諸國之衆荐冒鋒刃，使肝腦塗地，赤子亦何辜？朕欲發諸郡拘囚歸朝官盡赴行在存拊之，庶幾可召和氣〔四〕。」汪伯彦對曰：「王者仁不異遠。陛下如天覆燾，無間遠邇，皆與生全，此帝王之舉也。」

十一月三十日，詔：「永州發遣到歸朝官段孝恭、任簡，道州發遣到歸朝官栢立、吳康、李萬，令元管押人却押赴逐州，依舊收管。其張子齡令王淵收管使喚。今後即仰諸州軍依元降指揮，不得將歸明及因謀叛并劫掠財物編羈管人一例發遣。」

三年六月五日，添差通判湖州趙民彦爲風土不宜，乞移潭州通判一次。詔：「趙民彦係歸朝官〔五〕，特依所乞，仍釐務。」

四年五月四日，樞密院言：「兩浙、淮南路宣撫司申，歸朝官武略大夫、添差監湖州都酒務、御營使司軍前使喚趙遇，武功郎、添差秦州兵馬都監、御營使司軍前使喚高允濟狀：『伏覩樞密院劄子奏：起復承務郎張斛劄子，訪聞淮東西路尚有歸朝官，見守官或寄居，切慮人情猜忌，妄生事端。乞委本路監司、帥臣盡數發遣前來深入以南州軍，各令陳狀，願就是何州軍居止。今來並乞移任往温州，其添支、請俸、供給房（前）〔錢〕等，依舊勘給。」詔令移家小前去温州，依舊御營使司軍前使喚，餘依所申。

七日，詔馬欽、陳皓、王寬、張文亮、劉興、劉佺特各備

〔一〕「光堯」上原有「蕃夷」二字，蓋下文原在《宋會要》「蕃夷」類。
〔二〕使：原作「取」，據《三朝北盟會編》卷一〇一改。
〔三〕初歐：《三朝北盟會編》卷一一七作「毆打」。
〔四〕可：原缺，據《三朝北盟會編》卷一一七補。
〔五〕民：原作「明」，據上文及《建炎要録》卷二八改。

舊官，並聽劉光世使喚。

紹興元年五月二十二日，詔：「江淮州軍如有自金國南歸之人，仰子細詢問來歷，辨驗詣實，優加存卹，差人護送前來行在。有稱賫到二聖密詔并文檄、蠟彈之類，未得奉行，具申朝廷〔一〕，聽候指揮。如違，重寘典憲。」

二年四月十七日，權發遣濠州寇宏奏：「先擒到順蕃僞統制肅通、僞巡檢許言。近據元在肅通下宿州僞都統吳青等將領人兵老小數千餘口渡淮從順，蒙敕書奬諭，并取會職位、姓名去訖。今又據虹縣界先在許言下僞統領保義郎王資將帶一 2 行人兵二千餘人，與許言老小，亦乞歸復聖化。除已渡淮於濠州西湖下寨把截，及踏逐良田，令葺治農業，準備使喚。」詔本路宣撫使司差官前去慰撫王資一行人兵老小，餘並依奏。

二十四日，壽春府滁濠廬和州無爲軍宣撫使司言：「宿州靈壁縣本朝官武畧郎栗宏率衆四百餘人，又説諭宿州柘塘巡檢周明等三百餘人前來投順，顯見栗宏忠義，乞與推恩。」詔栗宏特别給付身，添差（遣）建康府兵馬都監。

閏四月三日，福建江西荆湖東西路宣撫副使韓世忠〔言〕〔二〕：「據朝大夫〔三〕、充宣撫使司幹（辨）〔辦〕公事劉公義，先係本朝與遼國修好之日遼國進士及第，至宣和四年歸明以來，蒙换授承奉郎。自出身以來，並無贓罪。今來欲乞依出身人帶『左』字。」從之。

九月四日，赦：「勘會河北、河東、陝西、京東西等路人民盡吾赤子，昨緣金人脅虜，隨逐南來，號爲僉軍。近來往往復歸本朝，並已存恤養濟，至于軍兵，亦已優支請給。仰所屬常加檢察，無令失所。日後更有似此之人，亦仰依此施行。仍下沿江諸路宣撫、安撫司及諸鎮撫使，多出文榜曉示。」

三年二月十八日，襄陽府鄧郢州鎮撫使李横奏：「近有知汝州彭玘并京西北路提刑牛皐各率所部背僞歸正，併保明一行將佐，委是忠節得用之人，望賜優恤。」詔：「彭（起）〔玘〕、牛皐下有（邛）〔功〕將佐，候李横具到功狀，給降恩命外，可令學士院先降敕書奬諭。其牛皐等，令李横撫諭存恤，候立功日優與推恩。」横又奏：「彭玘等聽臣節制，逐處應援殺散蕃兵，已依例借轉官資。乞給降空名官告付臣，候有立到奇功之人，對衆書填，庶可激勸。」詔：「李横所乞，與尋常出師事體不同，難拘常制，可特給降武翼郎已下空名官告三百道。」

二十四日，李横奏：「歸正將帥各係僞齊左降官品，北移職任，遂致離間，復歸陛下。爲今日計，宜因其所供官色，更不窮治，便以授任，使之北行。今有淮慶軍承宣使、

〔一〕具：原作「縱」，據《建炎要録》卷四四改。

〔二〕按，紹興元年正月改荆湖南北路爲荆湖東西路，二年二月復爲荆湖南北路。此處韓世忠官銜仍稱「荆湖東西」，或是字誤，或是官銜暫時不變。至五月，則《建炎要録》卷五四於世忠銜内已改稱「荆湖南北」。

〔三〕「朝」下當有脱字。

提點京西北路刑獄公事牛皐，乞差蔡唐州信陽軍鎮撫使、知蔡州。臣已牒牛皐先次繫銜，庶得新邊有人彈治，并差武經大夫、達州刺史趙起知信陽軍，武功郎、(閣)〔閤〕門宣贊舍人朱全知唐州，武義大夫、(閣)〔閤〕門宣贊舍人牛寶充南陽縣界巡綽盜賊，武翼郎、閤門祇候朱萬成充南陽縣界把隘官，武功大夫、吉州團練使彭玘知汝州。逐官係初來歸附，若待奏報，恐失機會，臣已牒令管幹上件職事訖，乞賜給降告敕。昨來探報連到僞齊招誘諸處文牓，內牛皐係右武大夫、和州防禦使、添差充鄭州兵馬鈐轄。」從之。

三月二十一日，劉光世奏：「徐州淮陽軍菱角山巡社正統領王順、副統領王集等狀：爲久陷僞齊，密結義兵，殺併蕃人，領人兵老小前來歸朝。臣已支給米糧，今且在淮北把隘養種，別聽使喚外，乞推恩施3行。」詔王順補承信郎，王集補進武校尉，仍令劉光世常加存恤。

四月二日，襄陽府鄧隨郢州鎮撫使李横具到(穎)〔潁〕昌府汝州界首先唱義率領軍馬歸朝官，乞賜旌賞：忠翊郎呂璋，承信郎高師武，武翼大夫、閤門宣贊舍人解成，武德大夫、閤門宣贊舍人常立。詔並特與補正見帶官職，仍更轉兩官。

同日，權差充商虢州鎮撫使〔一〕、兼知虢州董震奏〔二〕：「今來率河南鎮與商虢軍民革僞歸正，有申奏文字，已差借補脩職郎、本司幹(辨)〔辦〕官党尚友赴行在投進。緣水陸千里，道路艱嶮，乞量行推恩。」詔党尚友特補正脩職郎，仍與循文林郎。

十一日，樞密院言：「拱衛大夫、忠州團練使馬欽差充兩浙西路兵馬都監，不釐務，平江府駐劄，依舊從軍，候事寧息日申取樞密院指揮前去之任。」詔：「馬欽自歸朝後來累立勞効，可特落『歸朝』字，與釐務，餘依已降指揮。」

六月十八日，樞密院言：「王林等五十二人，自海州懷仁縣殺戮劉忠，來歸本朝，除已等第補正官資外，王林欲差充樞密准備差使。」從之。

七月十三日，詔：「田怡歸朝累年，備見忠勤，每月特支破米三石。」

八月十一日，翊衛大夫、成州防禦使楊忠憫奏：「祖父係太原府榆次縣人，昨任本府祁縣監税，陷虜，靖康年間挈家歸國，子父三人蒙恩作歸朝出身。臣近落『歸朝』字，注授差遣，有男二人，未曾減落，乞將男武經郎祖輝、保義郎祖亨改换出身差遣。」從之。

九月二十五日，詔：「金人自來多係驅虜河北等路軍民，號爲簽軍，所當先衝冒矢石，枉遭殺戮。念皆吾民，深可憐憫。兼自來招收投降漢(而)〔兒〕、簽軍等，並皆優補官資，支破請(授)〔受〕，可令岳飛如遇外敵侵犯，措置説諭，有率衆來歸，爲首之人，仍優與推恩。」

〔一〕撫：原作「副」，據《建炎要録》卷六四改。
〔二〕董：原作「薫」，據《建炎要録》卷六四改。

四年二月(二)十五日〔一〕，知全州薛安靖等奏〔二〕：「自海州勸殺蕃酋等來歸朝廷，茫然無寓止之地。」詔：薛安靖、李彙，令紹興府於官田内各撥賜上色田三頃。

四月十七日，詔：「自今應有歸朝官陳乞再任添差差遣，並許依歸明及蠻傜人條法施行。」以吏部言：「勘會歸明人依條去替半年，蠻傜人去替兩月，並依本資就注鄰近州城内見闕，無見闕即添差替先滿人，並應就注而無闕願在任者聽。緣條内無歸朝官許依歸明及蠻傜人例明文，未敢施行。檢准紹興元年正月十四日指揮：『歸明、歸朝文武臣等應添差不釐務差遣之人，候到實及十五年，曾經兩任，無遺闕過犯，令三省、樞密院同共銓量。如委有材幹可以倚仗，即與添差釐務差遣。如係從軍人立到功効，每經轉一官資，與理當在任一年注授。』本部勘會：歸明及蠻傜人注窠闕，其條内即無分别釐務、不釐務之文，兼歸明、歸朝官注授釐務差遣，已有前項所坐指揮，及條内雖稱歸明人、落蕃得還人同，緣上條係元豐法詳定，4 自宣和年方(自)(有)歸朝官。乞將歸朝官陳乞再任添差差遣，許依歸明及蠻傜人法條。」故有是命。

十一月二十三日，宰臣趙鼎奏曰：「望降詔書開示從偽齊之臣，勢不獲已，他日來歸，亦不加罪。如張孝純、李鄴子弟，服在近僚，可見陛下恩德。」帝曰〔三〕：「中原陷没，士大夫不幸汙於僭逆，皆朕之過。朕備嘗艱難，不忘恢復，蓋欲拯之塗炭，咸與惟新，要使人人知朕此意。」

十二月七日，江東淮西路安撫司奏：「收接到偽齊劉麟(則)(賊)寨内逃出使臣劉遠、張清、楊淮、郭全、童保、王海六人，言在賊寨内結約得三十人投拜本朝，逢見蕃賊趕散，劉遠等六人走脱前來，並是同州人。劉遠係偽保義郎，郭全偽承信郎，王海偽進武副尉，張清偽進武副尉，各有偽付身文字，係出賊寨後去失童保、楊淮付身。」(詔)解赴朝廷，應所授偽齊官資並特與補正，仍各更與轉兩官資，優給路費，發回劉光世軍前使喚。

八日，詔：「宿遷知縣張澤，昨自偽境率衆來歸，忠義可嘉，理宜旌賞。應所授偽齊官資並特與補正，更與轉一官資，仍添差釐務差遣，優給路費，津遣之任。」

十二日，詔曰：「朕惟靖康兵革之難，神器幾墜〔四〕，天命有在，屬于眇躬。夙夜兢兢，罔敢自逸，期與爾士大夫共雪大耻，還我兩宮，保育黎元，永庇中土。而(疆)(彊)敵侵軼，迫朕一隅，叛臣乘時，盜據京邑，使我搢紳，淪陷塗炭。繇朕不德，以至於斯，北望傷心，收涕無所。亦惟爾士大夫蒙祖宗休澤，服在周行，其肯失身偽廷，事非其主？顧驅

〔一〕十五日：原作「二十五日」，按《建炎要録》卷七二紹興四年正月「乙亥」條原注：「賜田在二月乙未。」查乙未爲十五日，據删「二」字。
〔二〕全州：原作「金州」，據後文兵一五之四、《建炎要録》卷七二改。
〔三〕帝：原作「第」，音同而誤，《中興小紀》卷一七作「上」，亦即「帝」之意，據改。
〔四〕器：原作「氣」，據《三朝北盟會編》卷一六五改。

脅使然，有不得已者。朕甚痛之，甚苦之。故若張孝純、李儔等内外親族，不廢禄仕，每飭有司，常加存恤。朕之於爾厚矣，爾尚忘之耶？其能洗心易慮，束身以歸，當復其爵秩，待遇如初。嗚呼！逆順之理，禍福之機，昭然甚明，要知所擇。朕方布大信以示天下，言不爾欺，有如皦日。咸務自省，體朕至懷。」

二十日，神武中軍統制楊沂中奏：「武功大夫、忠州團練使、中軍左部統領官范温〔一〕，原係〔自〕山東福島統率鄉民，涉海來歸。自（元）〔充〕統領累年，備見宣力，乞與外任差遣。」詔范温特添差江南西路兵馬鈐轄，撫州駐劄，任滿更不差人。

五年二月五日，拱衛大夫、淮西宣撫使司親兵副統制馬欽上言：「祖係漢民，幼承父母遺訓，復歸漢土已久，今來尚以虜界爲户，欲望特賜欽中原祖貫。」詔馬欽特賜鳳翔府扶風縣爲貫。」

二十日，新知全州薛安靖、新添差權通判秀州李彙奏：「先蒙指揮，於紹興府管下各撥賜上色田三頃。緣安靖等陷虜三年，先任海州知通，首尾二年，嘗立功効，乞比類歸明官及陷蕃投歸人等例，權行銷閣税租。」從之。

二十二日，淮南東路宣撫使韓世忠言：「僞齊押綱官成忠郎左恭等歸附，一行大小船一十五隻，米一千五百二十五石，老小七十餘口，投淮陰縣。」詔左恭特與 5 補元官外，更與轉三官。

四月二十三日，三省言：「淮北官吏軍民不忘朝廷涵養之恩，日來歸附，深慮州縣不能撫存，或致失所，有違累降詔令之意。」詔令淮東西宣撫使司多方存恤。百姓願占閑田耕墾者，州縣即時摽撥給付；軍人於所至州陞一等軍分收管；舉人、官員，保明申尚書省審驗，舉人（舉）〔與〕免將來文解一次，官員於見今官資上轉一官資，添差見闕差遣。仍仰行下所屬，散出榜文招諭。

同日，樞密院言：「淮北來歸之人，朝廷以厚支給賞，斟量推恩，添差行在差遣及樞密院準（補）〔備〕差使，於内外安排，令先次放行請受。内有告劄不全之人，即與其（地）〔他〕去失付身不同，理宜措置。」詔：「應自淮北來歸、見充行在差遣使臣，如陳乞告劄未了，特與權依見今官資，日下放行本等驛券。其餘請受，候出到去失公據，依條陳乞。」

七月十九日，詔：「淮北歸附人民，所至州縣，實計口數，每人支錢一貫，於提刑司應干錢爲支給。所給耕種閑田，開墾之初，與免税役五年外，仰所屬州軍申尚書省，如尚未就緒，即更與寬展年限。軍人請給衣賜等，依時支給，不得積壓。舉人、官員免（罪）解、轉官、差遣，依已降指揮外，如有闕少路費，仰所屬州縣應副，津遣前來。歸（付）〔附〕人仰州縣嚴行約束，如敢搔擾，許人户經本路宣撫、安撫、提刑司越訴，賞錢一百貫，犯人並依軍法；當職官失覺

〔一〕中軍：原作「左軍」，據《建炎要録》卷八二改。

察，取旨重行竄責。今來寬恤事件，如州縣奉行違戾，朝廷體訪得實，當職官重寘典憲。事件即仰隨宜措置，先次施行訖申尚書省，務使歸(付)〔附〕之人早獲安業。並令逐路宣撫司多出文榜曉諭。」

八月四日，都督行府言：「歸朝官左通直郎張企曹添差權通判道州，曾有許釐務指揮，今任欲令釐務。」從之。

二十日，樞密院言：「成忠郎康湑、趙允民，保義郎曹紹光、趙寬、陳安時，承節郎王躊、毛瑛、王居寔，脩武郎孫力久，守闕進義副尉張公悦，並係自淮北來歸之人，依優恤指揮，於見今官上轉一官，添差見闕差遣，已取問願就差遣添差了當。」除孫立久、王居寔、張公悦係特補官資，并陳安時已依指揮轉官外，詔未經轉官人各與轉一官，無請受文曆人，並令户部特行出給。

九月三日，詔：「應淮北歸附官吏軍民，願占逃絶空閒莊舍居止者，令所屬差官量度口數，摽撥給付。仍依秦州邵彪申明召人請佃荒田指揮，如在五年外，元業主歸識認，官司辯認文契詣實，別踏逐逃絶屋，依數撥填。」從知和州楊惇請也。

六年八月二十六日，樞密院言：「薛安靖係首先率衆還朝，忠義顯著，雖已推恩，理宜增賞。」特詔更轉三官，内一官與轉行遥郡，仍差充沿海制置使司參議官，與李文淵同共措置海道事務。

十二月一日，内降淮南路德音：「訪聞陷賊百姓苦其殘虐，多欲歸附，仰 6 沿淮州縣多方接納。如願耕佃官田，令營田司摽撥，仍於已免租課年限外，更免三年。其帶到物貨，仰州縣給據，經(田)〔由〕場務驗認免税。」

十九日，樞密院言：「僞境脅授通直郎劉駜自耀州脱身〔一〕，遠赴行在，投獻利害，忠義可嘉。」詔特與補修職郎。

七年正月七日，中書門下省言：「京西、陝西路歸正百姓，已令岳飛同霍蠡撥牛借種，召募耕種，尚慮失所。」詔岳飛於大軍糧斛内支米一萬石，撥付諸州，專充賑濟，仍多出文榜曉諭。

三月十五日，樞密院言：「岳飛申，先有僞界官兵李清等不肯順僞，率衆歸正。内秉義郎、閤門祗候李清係頭領，乞與正補成忠郎，依舊(閣)〔閤〕門祗候。」從之。

九月三日，中書門下省言申友、路真、袁章不從酈瓊背叛〔二〕，詔各更與轉一官。

十二月十一日，宰執奏僞境統制官王宗等率衆來歸，上曰：「宜有以犒賞之。但來者既衆，當使厚薄得宜，庶幾一體。」趙鼎等奏所賜銀絹容便進入。上曰：「已令内帑(辨)〔辦〕賜。禁中所有銀絹等，未嘗一毫他用，皆留賜將士爾。」是日，詔：「武畧郎、兼閤門宣贊舍人王宗，武義郎、兼閤門宣贊舍人常潤，各於見今官上轉三官，餘各轉兩官。」

〔一〕駜：原作「駁」，據《建炎要録》卷一〇七改。

〔二〕袁：原作「表」，據《建炎要録》卷一一四改。

八年正月十四日，宰臣進呈知壽春府孫暉奏，有僞壽春府知州宋超率兵民來歸。上曰：「此事於朝廷無毫髮之益〔一〕，但如人子來歸，爲父母者可却而不受乎！緣方遣使人與虜議事，可行下沿淮諸處，不得遣人擅便過淮招納，引惹事端。」

二十八日，上宣諭宰臣曰：「昨日張俊入見，朕常諭之：『聞馬欽於卿素懷不足，卿必欲留軍中，萬一欽病死，人必謂卿殺之，於卿亦便乎〔二〕？』俊悚然謝曰：『臣實思慮不至此，不敢復留欽矣。』先是，以歸朝將官馬欽人馬隸張俊軍，而上親筆差欽充江南東路兵馬鈐轄〔三〕，俊堅欲留欽不遣，故及之。

二月一日，主管淮南西路安撫司公事、兼制置副使劉錡奏：「武顯大夫、前知壽州宋超，糾率全城忠義歸明，欲乞差充本路兵馬都監，庶幾激勸。」詔特添差宋超權發遣淮南西路兵馬都監，廬州駐劄。

五月十四日，宰執奏廬州解到歸正使臣張括等三人，自言在西京關師古手下，師古遣來申奏朝廷，乞赦之罪，自効來歸。上曰：「昨背叛從僞之人，若能束身自歸，無功者，朕以不死待之，若立功自効，即隨高下推賞。」輔臣趙鼎已下退而讚曰：「大哉王言，此漢光武之畧也。」

六月十五日，吏部言：從義郎劉鐸陷在僞地，結連到官兵石哲等一百五十四人，將帶骨肉渡淮歸正。詔劉鐸先次轉一官。

八月十五日，德安府奏：「左迪功郎、本府節度推官張節夫以書招誘劉永壽，率衆來歸。」詔張節夫特與改承務郎。

十〔一〕月八日〔四〕，湖北京西路宣撫使岳飛奏：「節次收接到歸正人徐崔虎等〔五〕，已供申朝廷外，今續收到歸正僞知（穎）〔潁〕7順軍、權知鎮汝軍府統制官胡清等官兵一千一百八人〔六〕，委官取索逐人真本付身點對，計四百六十三道，乞給降付身。」詔胡清等下歸正官兵内有僞補付身人，特與補正。董道聖與正補敦武郎，閤門祇候，靳師顔、邊俊、鄭宣並正補承節郎。

九年八月二十八日，詔關師古除龍神衛四廂都指揮使，其帶到一行官兵與歸正。

二十九日，樞密院言：「昨廢齊差趙榮知宿州，王威知壽州，屢抗官軍。及大金割還地分，朝廷降赦令各安職守

〔一〕「於」下原有「一」字，據《建炎要録》卷一一八刪。

〔二〕「於」上原衍「於卿殺之」四字，據《建炎要録》卷一一八刪。

〔三〕東路：《建炎要録》卷一一八作「西路」。

〔四〕十一月：原作「十月」。按《建炎要録》卷一一七於紹興七年十一月末載崔虎降事，原注云：「岳飛今年十一月八日申：『先次到歸正人崔虎、劉允壽、孟臯、華旺等將帶官兵，已供申朝廷外。』云云。」即此條之岳飛奏，可知「十月八日」當作「十一月八日」，因補。

〔五〕徐崔虎：按《建炎要録》卷一一七所引岳飛此奏有崔虎而無「徐」字，《金佗續編》卷二〇録章穎《鄂王傳》詳列岳飛所收歸正人亦有崔虎而無徐姓者，「徐」字或衍或誤（據字形、文意，亦恐爲「除」字之誤）。

〔六〕鎮汝軍：原作「鎮江軍」，據《金佗稡編》卷一八改。

之後，却便驅率官屬、百姓擅離本任，致兩州吏民道路散亡，父子不能相保。其趙榮、王威別作施行，及放散百姓歸業外，所有帶到官屬，皆係被驅率之人，理合優恤。」詔令看詳司據馬軍司申到職位、姓名，疾速换給，令所屬注授合入差遣。

十一月四日，三省、樞密院看詳司言：「河南新復諸路官員所授廢齊等付身，見置司看詳换給外，其軍兵未有專降指揮。」詔：「諸路軍兵並漢蕃弓箭手，已授行臺并廢齊省部、三衙、留府、總制、經府司補轉資級〔一〕，並仰逐路帥司取索元授付身勘驗批鑿，並同真命。如有該載未盡名色，比擬申三省、樞密院看詳司。若已到行在之人，令所屬曹部、三衙依此施行。」

十年七月一日，詔：「馬秦首先率衆來歸，與補正見帶官資，特轉行右武大夫，除遥郡防禦使，仍賜袍笏、金帶。」

九月十日，明堂赦：「河北、河東、京東諸路人民，本吾赤子，偶緣淪陷，遂致驅率，與官軍鬬敵。應今後歸正之人，仰諸路帥司並加存撫。有官者還以官爵，仍加優轉。軍人、百姓願從軍者，優補名目，厚支（諸）〔請〕給。如不願從軍者，聽令自便，仍給與空閑田土，官借牛種耕種，蠲免役税，各令安業。其女真今來再犯，河南諸路州軍内兵民有被驅脅同在行陣者，亦仰准此撫接。應諸路關隘攢子及諸色等人，引接赴官司，並依已降指揮，據所引接人數多寡等第推恩。其投降人已解甲棄仗，別無姦詐，而關隘輙邀劫殺戮者，并行軍令。即臨陣之際，有倒戈歸投者，帥司常切戒約軍士，不得輙有戕害，亦當據招降到人數多寡，量與推恩。河南新復州軍官員、軍兵等，换給告劄付身，有司例皆聲説陷僞事跡，即不曾分明開坐割地之後，心懷忠義，不肯渡河因依。可令所屬，將應河南新復州軍官員、使効、軍兵等，授給告劄、綾紙、補帖等，並開具心懷本朝，不願渡河因依；已給者，許令自陳改給。」

十一年三月七日，德音：「應壽春府、廬、濠、滁、和、舒州、無爲軍被虜曾經剪刺人，仰經所在自陳，勘驗詣實，百姓給據，放令歸業；軍兵公人依舊收管，命官即驗實給據。仍令監司、帥守約束捕盜等官常切照管，無致傷害。」

十二年二月十五日，右武大夫、果州觀察使、新差權發遣福建路馬步軍副總管不釐務馬[8]秦奏：「兩蒙聖恩，差浙西副總管職事，皆係釐務，尚無尺寸之功補報朝廷。今來改差福建路不釐務副總管，更無緣得効絲毫之力，乞許令釐務。」從之。

二十四年十二月五日，吏部言：「欲將應承務郎以上歸正官，令今後到部，不許指射淮南、京西沿邊差遣；見任官令轉運司依避親法對移不係沿邊州軍一般差遣。」從之。先因臣僚上言，故有是命。

二十八年正月二十九日，田師中言：「本軍有歸正官

〔一〕經府司：疑當作「經制司」。

兵六百四十七人，緣不曾帶到付身，蒙朝廷存恤，據所稱官資支（被）〔破〕券食錢米。自從軍後，又行立功，乞斟量補正。」樞密院擬定：「欲將武義大夫至承節郎、軍兵都虞（侯）〔候〕至都頭，並各與減五官資補正；承信郎至進勇副尉，並兩資與補正一資；軍兵副都頭至押官，緣無可減，並與補正押官。並出給付身。」從之。

三月二十五日，吏部言：「今措置歸正、歸附後來曾經曾用〔一〕，雖以離軍添差了當，若未曾用過歸正、歸附恩例之人，許再行陳乞，添差一次。內不曾從軍人，許陳乞添差兩次。其已經差兩次數足之人，自合依條到部注授。內已添差過數見在任人，令終滿今任，候滿日到部注授。」樞密院勘會，切慮內有無力到部之人，理宜優恤。詔不曾從軍、兩經添差數足之人，令吏部取索干照，更與添差一次。

五月十一日，田師中奏：「中軍准備統領薛亨充（領）〔統〕領官二十年，職事脩舉，實可倚仗，乞將廢齊從義郎已下付身并本朝立功挨排換給真命。今吏部將見存付身兩資與補一資減折補正保義郎，官職未稱，乞與免減。」詔薛亨特與補正秉義郎，餘人不得援例。

二十九年閏六月六日，詔：「歸正、歸附人並只用自歸本朝日所給付身照使，不曾帶到僞地被受文字者，特與放行，令吏部出榜曉諭。」吏部侍郎葉義問言：「應歸正、歸附未曾減定官資，參部注擬差遣，奏薦致仕、遺表恩澤、轉官、酬賞、封贈、磨勘、關陞等，合行取索前後給到干照文字，並下所屬（勘蜀）勘驗（指）〔詣〕實，保明申部等，候逐處齊足，致遷延歲月。今參酌，日後如有似此之人赴部陳乞，更不取會，便合遵依今降指揮，只用自歸本朝日所給付身照使，并照應正月二十九日〔田〕師中申請指揮放行。」從之。

十月十九日，樞密院言：「歸正、歸附人已降指揮添差差遣，其間有不曾帶到付身及不圓，有合遞減官資之人，若候遞減了日放行，切慮留滯。」詔令吏部先次放行添差一次。

三十年十月十九日，吏部言：「歸正人元係本朝補授真命官資，後來陷僞，脱身前來歸正，雖不曾帶到付身，却有給到干照聲説本朝補授來歷，或有其他干照見得，或不曾帶到付身，却有僞地印紙見得之人。兩項今措置，並免遞減。若無本朝補授因依干照及不曾將帶到印紙之人，却有自歸本朝後來 9 立功之人，不論官資，曾經一次立功轉官，與免遞減一官；若曾經五次立功轉官，並免遞減五官。自歸本朝後，全不曾立功陞轉官資，及無干照見得本朝補授，及不曾將帶到印紙之人，今措置依田師中申請指揮施行。」從之。以翰林學士、兼權吏部尚書周麟之奏言：「紹興二十八年二月〔二〕，田師中申請指揮，應歸正人不曾賫到

〔一〕曾用：「曾」字疑誤。
〔二〕二月：周麟之《海陵集》卷四載此奏亦同，但據本書上文「二十八年正月」條、「二十九年閏六月」條，應是正月。

付身，並與減五官補正。吏部方且遵用，續承紹興二十九年閏六月指揮，令只用歸朝日所給付身照使，其不曾賫到僞命文字者，特與放行。吏部既與放行，又承當年八月指揮，令遵依今降指揮，只用歸朝日所給付身照使，并照應田師中申請指揮放行。切詳前項指揮，若曰特與放行，則不（雖）〔須〕遞減補正；若曰遞減補正，則難以一例放行。二者自抵牾而不可並用，今乃兼存之，使姦吏得以出入，有司無所遵從，實爲弊之大者。若於二者之中舉其一而行之，則又不容無弊。蓋一於放行〔一〕，則不問其功閥，不計其久近，而例得升進，必至於汎濫。一於遞減，則久在軍中立功，官資類從毀抹，將何以激勸？乞令省部別行看詳，著爲定令。」於是詔下吏部條具，故有是命。

三十一年九月二日，赦：「應歸附副尉不曾從軍立功之人，已降指揮，共添差三次了當，可更與添差一次。及昨降指揮，諸軍揀汰大小使臣、校尉、副尉、下班祗應內付身不圓之人，權許添差一次。切慮無力整會，却致失禄，可令吏部更與添差二次。昨降指揮，初補不經具鈔之人，候到部審會詣實，具鈔別給付身，蓋欲杜絕冒濫。仰所屬今後似此之人，如初補，應得見行條法指揮，令召本邑保官一員委保，與免具鈔換給。諸軍揀汰，雖已經添差一任，到部許注諸州准備差使及嶽廟差遣。其間有實緣殘廢不能親身赴部，令召本邑官一員結罪委保正身，許家人賫狀赴部陳乞差注，以示優恤。」

十月九日，詔：「朕念中原赤子及諸國等人，久爲金虜暴虐，役使科歛，或世爲奴婢，已無生意；及指吾舊（疆）〔彊〕百姓爲宋國殘民，蹂藉殺戮，無所顧惜。朕聞之痛心疾首，是用分遣大軍，諸道並進，以救爾于塗炭。想聞王師之來，必相率歸順。朕不惜官爵金帛，以爲激賞。若係有官之人，并依見今元帶官職，更不叙減。其有以土地來歸，或能攻取城邑〔二〕，除爵（外賞）〔賞外〕，凡府庫所有，盡以給賜，朝廷所留惟器甲、文書、糧草而已。如女貞、渤海、契丹、漢兒應諸國人能歸順本朝，其官爵賞賜，並與中國人一般，更不分別。內燕地人昨被發遣歸國者〔三〕，蓋爲權臣所誤，追悔無及。今雖用事，並許來歸，當優加爵賞，勿復疑慮。朕言不食，有如皎日。」

十二日，權發遣均州武矩奏：「九月二十九日，本州遣人招納到北界忠義歸明二萬餘人，并老小數萬口。」詔令成閔、郝晟、武鉅與【10】曹晟同共措置，支給錢米賑濟，優加存恤。如強壯人願充白身効用者，令隸軍中，權行收管，支破請給，即不得彊刺手面。餘人聽從其便。內有願耕者，給與閑田，借貸牛種，無令失所。合用錢米，令總領所疾速應付，如闕，先次就便支米。

〔一〕一：原作「亦」，據《海陵集》卷四改。
〔二〕取：原作「守」，據本書兵九之一三改。
〔三〕地：原作「北」，據本書兵九之一三改。

十六日，中書門下省言：「淮北軍民老小不住歸正前來淮南，已委官支給錢米賑給外，切慮有迤邐江南之人。」詔兩浙、江東西轉運、常平司行下所部州縣，勘驗（指）〔詣〕實，許於空閑官屋及寺觀内權行存泊，優加賑給，無令失所。

十一月六日，鄂州駐劄御前諸軍都統制吳拱申：「先結約鄧州豪户孫儔脱身般家屬并客户壯丁一千餘人、老小三千餘口、馬一十五疋、牛驢一千餘頭前來歸朝。除將孫儔等收接，多方存恤外，本人委實忠義，可令先次權補修武郎，差充忠武軍統領官，招集忠義之人，隨軍使喚。」詔特與補正，餘並依。

十一日，上諭宰臣曰：「應（注）〔淮〕上歸正，皆是向化之人，雖屢行下存恤，恐州縣不切究心。今令依元降指揮，計口支給錢米。或營運，或耕田，或願充軍，務使各安其業。内有僞命之人，即與對換文武官資，及便（受）〔授〕差遣，庶蚤得禄，以脱羈旅窮餓之苦。」

十二月十八日，户部言：「歸朝官敦武郎劉翼乞將僞地給到料錢文曆送太府寺换給。行下糧料院勘會，合行换給，毀抹僞地舊曆。」從之。

三十二年二月四日，四川宣撫制置使司奏：「北官忠翊校尉張公頤先因歸朝，補進義校尉，累與金賊經戰，轉從義郎，後因陷僞，受到僞正隆二年五月勑牒，授换忠翊校尉。今來復歸本朝，本司依例擬轉一資，於下班祗應上補進義校尉。乞詳酌，於元受從義郎上補换推恩。」詔張公頤特與補换忠訓郎，繳到付身，令尚書省毀抹。

閏二月十六日，詔：「訪聞兩淮歸業人户及淮北歸正人，將帶老小前來，往往暴露，未能安業，可令取撥常平、義倉米賑給。淮東令王珏於所管米内支撥一萬石，或不足，於淛西米内湊數取撥，交付王彦融。淮西令洪适於江東米内支撥一萬石，交付向沟，並專充應副賑濟。仍逐路計置合用人船，疾速差人管押裝發。其淮北歸正人，如願耕種者，給得閑田，應副牛種，趁時耕種。各具知稟，申尚書省。」

四月七日，太傅、寧遠軍節度使、御營宿衛使、和義郡王楊存中奏：「蒙城縣倪震等部領壯夫一千餘人〔一〕，并老幼共三千餘口，皆已渡淮，到花靨鎮。本縣累經蹂踐，並無屋宇安泊，兼不住有歸正人甚多，又闕糧食，不能存活。日虞回歸，復興誹謗，其害甚大。乞就便於淮西總領所支給錢米，以濟窮乏。仍乞依已降指揮，令江東轉運司及建康府都統制司水軍差撥人船裝發。棹梢水手，日支錢一百文、米二升。」從之。

五月十九日，楊存中言：「孟照等將帶老小前來歸正，見[11]在光州固始縣居住。乞將孟照差充光州兵馬鈐轄，

〔一〕蒙城縣：原脱「城」字，據《建炎要録》卷一九九、《宋史》卷八八《地理志》四補。

其餘人給與官田耕種。」從之。

二十七日，上宣諭輔臣曰：「自去秋（元）〔完〕顔亮犯順，中原之民不忘祖宗涵養之德，相繼歸正者不絶。朕恐士大夫分南北彼此，寖失招來之意。卿等可審處，如有能辦事者，與沿邊諸州軍差遣。士人願入學者，從便教養，及令應舉。其餘隨宜收卹，庶使（以）〔已〕來者得安，未來者欣慕而至。」宰臣陳康伯等奏曰：「謹領聖訓。」

二十八日，臣僚上言：「沿邊州軍遇有自北來歸之人，置籍抄録姓名，出給公據，使皆着業。其願爲農者，許請官田，立定頃畝，永爲己業。貧不能（辨）〔辦〕牛種農具者，官給之，仍免十年差科税賦。願爲兵者，發赴軍前，免刺面，補爲効用，優支請給。如材藝過人，可備使令，許主帥量材録用。士人聽於所在州軍入學，聽讀赴試。官員換給外，與不釐務差遣一次。或無屋宇可居，聽於寺觀權暫安泊。老疾孤獨，别作存恤。其有率衆來歸，人材可用，乞加旌擢，以示勸激。」從之。

紹興三十二年六月十三日，孝宗即位。登極赦書：「紹興三十一年以後歸正士人，未有應取去處，竊慮失所，理宜優卹。可令於所在州軍附今秋解試。其取人分數，與依昨流寓人例施行。」

同日，登極赦書：「應陷没州軍士民不忘本朝恩德，遠來歸正，委是忠義。内補换官資之人，已行添差諸州軍合入差遣。訪聞州軍多不依時支給請受，有失朝廷存撫之意。可令諸轉運（同）〔司〕行下州軍，今後須管按月支破，毋令失所。如有違戾去處，按劾以聞。」

同日，赦書：「應歸正、歸明大小使臣、校副尉、下班祗應，累降指揮添差差遣。竊慮尚有無力參部之人，理宜優恤，可令吏部更與添差一次。」

同日，赦書：「應諸國歸正人等皆係忠義所激，嚮慕而來，理宜優恤。仰州縣長吏常切撫存，毋令失所。内官員已令添差差遣，候任滿日，更與添差，請給、人從依元降指揮。如留滯道路，棲止逆旅，未曾推恩人，所在州縣津發，日（不）〔下〕令詣樞密院自陳，當議即與依例施行。」

同日，赦書：「北來歸正士民，慮有貧乏寄居在外州軍之人，深可憐憫。仰守臣將歸（正）〔正〕士人（八）〔并〕許赴學，破食聽讀，常加存恤。百姓賑濟，毋令失所。」

七月十九日，淮東常平司言：「淮北人來歸甚衆，見居楚州境内。轉運司均撥賑濟米同常平米，即今給散。其請種閑田，乞免税役十年。如匠藝之類，亦免繇使。」户部契勘：「歸正州新民耕田，依湖北、京西獲旨，權免税賦，即難定立年期。其工匠、手藝免差顧，欲依所陳，仍切存撫，毋令失所。」從之。

八月十一日，吏部言：「欲將新復州軍歸正〔人〕换補大小使臣、校尉添差，帥府不得過七員，節鎮五員，餘州軍監三員。已添差溢數人，許滿今任，與尚書右選通立額。

如後添差數足，別措置。」從之。

九月二日，尚書省12言：「去年及今歲赦前歸正人，遠來不易，所該覃恩轉官合納綾紙錢，理宜優恤。」詔免送納。

同日，四川安撫制置司言：「歸正定遠大將軍秦弼差利州西路副總管，繳所授金國付身，换給武德大夫。弼昨在鎮戎軍，托疾不受虜命，挈家歸朝，忠義可嘉，理宜優別。」詔：「秦弼於已换官上轉親衛大夫，令四川宣撫制置司差沿邊知州軍，依舊利州西路副總管。」

九月七日，江淮東西路宣撫使張浚言：「泰州被虜逃歸進士王鞠、陳世廉，並泰州學校士人，久在虜中禮部楊伯傑家授館，深知虜情，辛勤遠來，所言事宜，實皆詳悉，乞各與免將來文解一次，以爲忠義之勸。」從之。

十一月二十六日，江淮東西路宣撫使張浚言：「山東忠義人來歸不絶。海州招募彊壯義軍已及四千餘人，各有家小，多至十餘口，大率衣糧殫闕，及楚州忠義人在外。伏望睿旨寬剩科降，仍令有司疾亟津發。」詔淮東總所施行(行)。

二十七日，江淮東西路安撫司言：「海州(連)〔漣〕水軍歸正、忠義人有願請閑田耕種，係開荒，宜寬税限。欲自來年爲始，放免税租十年，貴各肯安業。」從之。

壽皇聖帝隆興元年正月十四日，户部員外郎、奉使兩淮馮方言：「昨承指揮，淮北歸正人以東路所管常平、義倉米賑給，不足則取於西路，山東義兵取於浙西，爲石三萬五千。已至海州流移人户，欲乞於浙西、江淮東西徑以常平、義(食)〔倉〕散給，未到，權假於總領所。」從之。

二月五日，江淮東西路宣撫使張浚等言：「比高選歸正人往戍邊，欲望支降細甲弓箭，作聖旨給賜，以爲激勸。」詔内軍器庫支降。

二十八日，左正言周操言：「伏見朝廷推招攜懷遠之誼，歸正有官，隨宜區處，有釐務、不釐務兩等注授。今歸正釐務官尚左、侍右各十餘人，類得兩浙、江東西路州軍見闕差遣。臣切思之，若添差歸正爲釐務，則兵從、廩給，與不釐務事體有別。欲望自今並差不釐務，使之禄廩無闕足矣。候邊鄙平寧，然後許赴部注擬。」從之。

五月四日，中書門下省勘會：「歸正官乞給料曆，已有旨，並經户部，即日索付身照驗書給。本部今執用紹興三十一年十二月一時之制，凡付身無『首先』二字，皆格不行。忠義來歸，理宜一體。」詔户部：歸正官陳給料曆，並依行，仍明諭經部自陳。

七月十八日，四川宣撫制置司言：「拱衛大夫、熙河路統制王宏等，率衆歸朝，備見忠義。依已得旨，王宏差御前中軍同統制軍馬，仍舊熙河兵馬鈐轄，統制本路將兵。武功郎魯孝忠差御前中軍同統領軍馬，仍舊熙河路兵馬都監，統領本路軍馬。」並從之。

二十五日，臣僚言：「臨安府士庶服飾亂常，聲音亂雅，已詔禁止。訪聞歸明、歸朝、歸正等人，往往承前不改胡服，及諸軍又有傚習蕃裝，兼音樂雜以女真，有亂風化。」詔刑 13 部檢坐條制，申嚴禁止。歸明、歸朝、歸正等人，仍不得仍前左衽胡服。諸軍委將佐、州縣委守令，常切警察。

十一月二十二日，樞密使、都督江淮軍馬張浚言：「諸軍所統歸正、忠義勝兵，其中口衆，冬寒衣裝多闕，慮或失所，欲將入隊伍口以上，給絹、布各一疋；不入隊給布一疋。入隊三口、四口給布一疋，或闕布，折支緡錢。」詔總領所契勘支給。

十二月四日，禮部言：「海州歸正進士蘇三益乞免解推恩。如果累應舉，有一時文書可驗，年及五十以上，依已獲旨合一免解。三益今稱被掠，曾不一存，無憑照驗。勘會三益雖無干照，緣海州已給僞地得解因依據。」詔與免解一次。

十七日，中書門下省言：懷遠驛見停歸正人，凝寒，理宜存恤。詔歸正官，户部人給絹五疋、綿十兩。老小并歸正百姓偕老小，人各給絹三疋、薪炭錢二貫。綿絹仍給本色。

二十八日，詔醴州武功縣鄉貢進士白師望特免文解一次。以師望歸正自陳，從四川宣撫制置司奏請也。

二年正月二十六日，江淮都督府參贊軍事陳俊卿言：「取會歸正人鄉貫、姓名、户口凡數，相度在軍有俸給外，餘不過五千户，計口三萬，普濟以常平米，度費米萬石。乞與逐州主管官臨支，務實惠均給。」從之。上以歲欲賑濟，恐成例，湯思退等曰：「歸正人多願耕。今以其初到，未曾撥田，慮恐失所，一例賑濟，日後不須施行。」上曰：「與之蓋屋，成一聚落，庶幾人皆樂附。」思退曰：「如東晉之南蘭陵、南豫州之類，將來屋宇、耕具皆辦，各以其州郡僑置一所，數少者附入。」上曰：「甚善。」

三月十日，吏部言：「新復州軍歸正大小使臣、校尉，今近裏州軍添差員數並足，二廣州軍雖有見闕，道遠多不願往，類欲承替近裏州軍。見任人緣未有許替指揮，今乞願承替已差足人者，聽注一任。」從之。

十四日，江淮都督府言：「汴京百姓張慶祖等，忠義遠來，陳説事宜，欲從朝廷特與補授。」詔以慶祖未有功，令候立功日補轉。

十七日，詔知光州皇甫倜等且緩招接歸正人，令具如何存撫及事利害條奏。黄州屯駐統制劉源言：「順昌府汝陰、（穎）〔潁〕上兩縣鄉民過淮，於固始縣界梁安灘住，約八百餘户、四千餘人。」又，知光州皇甫倜言：「左軍統制劉興祖招接新息縣人户四十餘家、三百餘口歸正。」宰臣湯思退等奏：「累詔兩淮州軍，未須於境外招納歸正人兵，將官毋得差人過界，爲國生事。今此招納不已，恐無以（瞻）〔贍〕之，乞令皇甫倜具析。」故有是詔。

十九日，江淮都督府言：「趙不驕昨歸朝，具説虜情虛實，擬承信郎，令於北地結約忠義豪傑。欲補上官，再遣山東幹事。」上令候有功正補，論輔臣曰：「茲難出命，宜旋處置。」

四月十三日，輔臣言：「建康〔一〕、鎮江府歸正人欲以忠義軍爲名。」詔以忠義、忠順別之，因命以千人 14 隸蕭琦，七百人隸蕭鷓巴。前詔石頭城建置營屋以處降卒，令王琦選擇，見係副將即遷正將，正將即遷統領。至是，又製爲軍名。

五月二十六日，輔臣言：「歸正人太平州添差通判劉蘊古，以章（祗）〔抵〕臣求通，未敢繳奏。」上不許。上因語蘊古誕妄，亦韓玉、高禹之徒，信用之必大誤國事。湯思退等曰：「此徒多欲結約，爲國生事，誠不逃聖鑒。」上曰：「今日之事，當内脩政事，外治邊防，此須一切置之。」

二十八日，詔：「淮東西歸正人在軍者，計口給糧綏撫外，百姓安泊諸州，所宜寬恤。見僦官私屋（屋）〔居〕住，僦錢不以多寡，並減半。有私輒增添，以違制科罪，許由所屬越訴。户下騾馬、舟船，官司並免差役，見差使者即日給還。淮東西商販，依立定省則，稅並減半。如係歸正興販，特全免三年。令本路漕司大書文榜及諸處稅場，咸使通知，敢有違戾，具名案劾重責，吏人配流施行。」

同日，詔：「自今歸正大使臣丁憂依小使臣，給假百日外，免持服。」

六月十二日，詔：「□□實、楊□并都督府一時納歸正人，出給借補名目。今離軍散居兩淮，別無生計，可令逐路（師）〔帥〕守索見元借補因依、所補名目各若干人驗實，經由三省、樞密院，當議優恤。」

七月三日，詔：「歸正官已授替闕，並依已注州軍改作見闕。其未曾注授，於江東西、湖南路帥府、節鎮其餘州軍各特更添差一次，任滿注差。令吏部照資格即日擬給付身。非朝廷合給付身，關給臨安府，參照地里，五百里已下，給錢十千；五百里已上，加百里增二千〔二〕，五十千止。仍依本等官給券曆，以家屬口數隨券曆，人日支百錢、米二升，沿路批支，到日津遣之任。」

九月二十三日，詔：「應歸正有差遣待闕，並令吏部改添差見闕一次。歸正在軍，借補官資並兩資補一資，帶閤職更增加一官。凡在軍借補歸正，逐路帥司開具保明申尚書省，仍令吏部榜諭。」

十一月二十三日，詔：「歸正官（佐）〔任〕滿，其間無力到部，恐致失所，失朝廷存恤之意，令所在州軍按月支俸，仍取陳求差遣狀，保明申尚書省。」

閏十一月十九日，都督江淮軍馬楊存中言：「北界歸正蕃軍無家累之人，欲取問如願婚娶者，有官充職事人給

〔一〕建康：原作「建安」，葉渭清《宋會要校記》云：「『建安』乃『建康』之誤，是。《宋史》卷三三《孝宗紀》一：隆興二年四月丁卯，以建康歸正人爲忠義軍，鎮江爲忠順軍。」即此條事，據改。

〔二〕二：原抄作「至」，旁批「二」字，今據改。其「至」字亦可移下句之首，作「至五十千止」，更勝。

錢百千，散軍三十千，從主帥保明支給。」從之。

乾道元年正月一日，南郊赦書：「應歸正、歸附人，已降指揮，各與添差差遣，限三日給降付身。緣其間有小節未圓、見行取會之人，所屬限十日注擬，候盡絶日具數奏聞。」

五月十四日，吏部言：「歸正官敦武郎孫遇乞添差。依紹興三十二年八月制旨，歸正官有于照虜地曾歷三任差遣，比附本朝曾經關陞親民資序，添差親民都監，不釐務。遇昨在虜，曾歷三任以上，合添差親民都監爲允。」從之。

同日，海州歸正借補將仕郎徐子祥、劉儼、徐子説、袁伯山，借補海州文15學譚俊乂，並充樞密院効士。子祥等初求免文解，以貧，援近旨自陳，故有是命。其求免解公據，令禮部拘抹。

七月八日，禮部言：「昨登極赦書：歸正士人令所在州軍赴今秋解試〔一〕，其取人分數，依昨流寓人例施行。契勘流寓人試凡及十五人解一名，餘分或不及十五人亦解一名。今歸正人慮有不及五人處，欲令豫牒本路運司，類聚附試，仍依立定人數取解。」從之。

二年正月二十六日，淮東安撫周淙言：「歸正人孫在不願歸，乞改名孫安，仍與浙東西一指使差遣。」上曰：「此人不願歸，其誠可取，宜更名，仍與淛中合入差遣。」

二月八日，給事中、兼權吏部尚書魏杞等言：「(盧)〔廬〕州進士劉惟肖上書陳獻兩淮急務利便，欲將歸正官不許授沿淮差遣。今歸正百姓悉移沿江，給以官田爲業。看詳歸正人令處邊面，實爲非宜，謂可遷入近裏州郡。更乞朝廷裁酌。」從之。

四月二十一日，權刑部侍郎方滋言：「歸正、歸附副尉，依見法添差諸州軍聽候使喚，不釐務。緣今未有立定員數，州郡多寡不均。相度欲將副尉比附吏部歸正小使臣差注員數立定，帥司四人，節鎮三人，餘州軍府監二人。其已添差人，許滿今任。」從之。

二十七日，三省、樞密院言：「歸正人因功補授，或官司一時擬借官資。乾道三年二月〔二〕，有旨參定格目，換給名目添差，及許請効士糧廩。緣其中有依格不得換給，及已換補名目未差注，并在外未陳，慮無以贍，因而失職。今措置，昨擬借官資令換補，或不應格人，欲特與補正一資。文臣經三省、樞密院披陳，差樞密院効士，指往江東西、福建、湖廣諸州軍。其已陳未補正，即具已繳付身因依自言，朝廷如依格目換給。因循未陳，即令連繳付身，在兩月限自陳。非見從軍，不願補正，止欲填樞密効士(士)就便州軍廩給者聽。應擬借付身、非從軍補正，止係守闕進勇副尉、進勇副尉，特令兵部與添差江東西、福建、湖廣諸司散祗候使臣一任。」詔並依。如出(令)〔今〕來所立日限，不受辭，仍

〔一〕士：原脱，據前兵一五之一一「紹興三十二年六月十三日」條補。
〔二〕三年：顯誤，應是元年或二年，以字形相近推之，更可能爲「二」字。

令榜諭。

五月十四日，三省、樞密院言：「歸正人第降恩（指）〔旨〕換補官資、添差差遣及聽陳乞充樞密院効士，指往江東西、福建、湖廣諸州軍，或慮在旅程發無力〔一〕。」詔臨安府：「歸正官以所授差遣州軍、補充効士，以指給錢米州軍，計程若干，給券日支。京官大使臣以上五百，選人、小使臣以下四百，沿路州縣擬日批請。令臨安府五日津遣出門，到本州拘抹。」（而已）〔已而〕兵部言：「本部所隸歸正，其中有非從軍不授借補付身，別因功授正補守闕進勇副尉、進勇副尉職名。欲依借補人一體添差，以近旨即不該述。」詔依借補人已得指揮施行。

二十三日，三省樞密院言：「歸正人陳乞補正借補及差効士添差差遣，屢降恩旨及立定新格，仍令臨安府等第給券津發[16]之任。尚慮三省、樞密院諸房行遣迂滯，久旅狼狽。」詔三省、樞密院諸房：「自今應見在行在歸正有陳，若借補乞補正，亦許赴朝省繳元借補付身，徑送都丞檢正，都司檢詳，即日索驗，翌日定擬差遣，送合屬房分登時施行。効士亦即日追篆文官辯驗無僞，次日送機速房給差，劄追所陳人，當官面給，尚書省送都司，樞密院送都丞檢詳給發訖，報臨安府疾亟給券津發，仍令三省、樞密院榜諭。」

七月四日，武義大夫、殿前司右軍統領開趙乞賜姓開〔二〕，并乞海州等賞。詔階官、遥郡上各轉行一官。

十三日，詔：「楚州、盱眙軍見居歸正人，盡實抄記，委貧乏不自存，大人日給米一升，丁小減半，三箇月止。其米州縣於見儲和糴米散給。」

十四日，臣僚言：「日歸正人訴牒，或住臨安、建康府，於諸路商販物貨。乞用近旨下所屬，給據照免沿路津稅。臣未見制旨全文而心疑其濫。尋檢隆興二年五月之制：『淮東西商旅所販物貨，依省則稅並減半。如歸正人興販，特全免三年。』乃知專指淮東西，分明爲諸路奉行之失也。今看定，應所在歸正人興販物貨，或自兩〔淮〕販至諸路，或自諸路販至兩淮，在諸路則所過場務依舊一例收稅，在兩淮則全免。庶使法簡而易行，惠均而遍及。」從之。

十七日，詔貴州刺史高復差樞密院統領官，兼添差兩浙西路兵馬都監，臨安府駐劄。上謂輔臣曰：「高復乃向來膠西首先歸正，聞亦甚貧，已令兼樞密院統領官，并賜錢千緡。」魏杞等曰：「陛下存撫遠人，既優與官職，又加以賜賚，人非木石，安得不捐軀節以報陛下之恩也〔三〕。」

〔一〕「發」字上下疑有脱文。

〔二〕按，本已姓開，「乞賜姓開」，不可通。據《建炎以來朝野雜記》乙集卷一三「趙開山改姓」條：開趙本姓趙，名開山，沂州人。紹興末改姓開，名趙，「示欲開趙氏中興之業」，隨李寶歸宋。乾道六年庚寅南郊，當任子，乞將男天錫復姓趙，以繼父趙整之後，詔特許之。於是形成「一家兩姓」。據此，此條當云「開趙乞賜姓趙」。但此請求未獲批准，故僅詔允轉官（本書禮六一之一五載淳熙十二年仍稱開趙），故有乾道六年請許一男改姓事。

〔三〕節：當作「竭節」或「盡節」。宋衛涇《蓋經行狀》：「一有以激勸聳動之，則捐軀竭節，自不能已。」

二十六日，詔：「歸正文臣窠闕，帥府擬三員，節鎮、軍事州二員。借差大使臣未有差遣并以待闕人，如願改注見闕者，聽以投狀先後，依已注州軍撥填施行。」

十一月一日，權尚書吏部侍郎李益謙言：「紹興三十年以後新復州軍歸正人，依條制，換補承信郎以上注監當差遣，換補校尉注指使，並不釐務，帥府亦許注授替闕。諸軍揀汰不堪披帶使臣，已授離軍添差人，二年爲任。其中有稱係歸正，相續披訴不願就離軍添差恩例，乞改注歸正添差恩例。歸正添差係三年爲任，與離軍年限不等。其歸正人若就離軍添差，任滿後更得歸正添差兩任；不就離軍，止乞歸正，任滿後止得歸正添差一任，即不得離軍添差。若不措置，恐詞訴不已。欲將傚比之人若無的確干照可見來歷分明，如願改注，即與依見條改注歸正合入窠闕一次，如無見闕注替闕，任回即不許更陳離軍添差。」從之。

十二月二日，三省、樞密院言：「江上諸軍應轄歸正、忠義，初有借補名目，各有等第，權破衙官券錢。其有已換給真命付身，勘給俸料，視借補或反不及，竊慮無以(贍)〔贍〕。」詔沿江屯駐諸軍、諸路總領所，凡借補【17】付身換真命不及元請則例人與免鐫減，並依舊，候將來立功轉本等名目，即依條支破。

十三日，禮部言：「海州歸正進士劉之華乞依蘇三益例，換給金國鄉試文據，理爲舉數。勘會劉之華披陳，於金國正隆二年、正隆五年曾請州解試下。竊詳金國類試方爲得解，蓋今州縣試之類即難理舉。緣昨有將僞齊阜昌年請解並後金國鄉試中選，許理舉赴特奏名試，致以後攀援未已。」詔自今若此鄉試之人，不許理爲舉數，已放行人免改正。

三年正月十六日，權尚書吏部侍郎李益謙言：「歸正恩例陳乞添差，皆從優厚，並不召保參部，復免書鋪繫書，而法出姦生，不無僞冒。鎮江府歸正人忠翊郎張俊、承信郎曾勢，各見從軍，輒令姓蔣人僞填魏勝軍中發遣文據，仍令代名陳注歸正差遣。法(守)〔寺〕論罪外，恐尚多有之。乞自今凡經朝廷陳乞歸正添差，並召本邑保官二人，結罪委保正身非承代及他人闌遺付身，亦非見從軍人，前連保狀，並依見行條指。任滿再乞添差，准此。從準本部揭板明示，貴絶冒濫。」從之。

四月十二日，主管殿前司公事王琪言：「先承詔旨，招收山東歸正、忠義充効用，并續撥歸正官兵有丁口繁重、食用不足之人。昨蒙自四口以上，按月增支三年，今已滿期，果罷，恐遽闕食。」詔展支二年，馬步軍同此。

二十六日，建康府駐劄御前諸軍都統制劉源言：「依已獲旨，月增支歸正北軍并忠義人口食米。契勘諸軍管歸正北軍并忠義共八百二人，其中有官資已高，請給優厚，若一例更等第添支，恐無甄别。今相度，見充統領將佐并請衙官十二人及七十七人例券錢，計六十二人，更不增給。衙官五人券錢已下，并効用軍兵計七百四十人，等第量增。

家九口、十口，見今月添支五斗，今乞更增支二斗； 四口、六口見今月增支三斗，今乞更增支二斗。」從之。

八月十四日，歸正持服張居實言：「蒙恩添差婺州觀察推官，再任方及歲餘，忽老母傾喪，飢寒迫切，命在旦夕，乞與免丁憂，放行請給。」詔本州據所得請給之數特作贍家錢支給，候服闋日罷。

十八日，知樞密院事、四川宣撫使虞允文言：「京西歸正人自三十一年以來，其頭首人屢立戰功。如楊大同、成琳、眘朝、杜海、茍琛、杜隱等，又皆有謀，爲其部曲信服，虜中亦知姓名。今各無差遣。京師帥、漕司雖曾申明，而吏部拘以沿邊格法，諸司既不能收存以資其力，緩急恐有意外之憂。竊見京西帥、漕、都統司、湖北漕司、襄陽府各有酒務，日收息錢浩瀚，今欲於帥司、都統司各添置使臣十員，京西、湖北漕司各添置五員，以準備差使、準備使喚爲名。準備差使、忠義統領各一半，立爲員闕，逐司量材計功，參照資格擬差，許先後更替，月以酒務息錢供給。不惟恩潤 18 沾洽，各有隸屬，可以備緩急之用。」從之。

九月八日，歸正人支邦榮援楊京雄通理僞界月日，陳欲蔭補。詔特放行，自今不許援例。

十月九日，尚書省勘會：「近旨，歸正借補官資人差樞密院効士，往便郡，月給錢十貫、米一石，錢於諸州軍公使庫酒息，米於係省支給。今聞州郡間以隆興二年罷舊効士，并今所差一槩沮遏，甚失朝廷優恤之意。」詔逐路州軍按月放行錢米，仍榜諭。

四年三月二十三日，臣僚言：「進勇副尉曹江稱自海州歸正，曾立戰功，乞再添差。朝廷難之，以如此等輩數目猥衆，恐援例而來，重費供億，兵部屢却其求，而哀鳴之詞猶未已也。欲望將其間守闕進勇副尉、進武副尉人再添差一任，散置江東西、荆湖南北、福建路，每州不過一名或兩名，已足許令待次。庶塞其所求，無使歸曲於上。」詔：「自今到部人，令兵部銓量人材身貌彊壯，申樞密院，令從軍，如不願，可與添差散祗候一次。」

二十五日，新除司農少卿、總領淮東軍馬錢糧呂擢言〔二〕：「歸正之人數年以來痛加摩撫，似有生理，所給錢米，當至乾道三年五月罷支。臣曾申明，蒙更展一年，今雖粗給，須更加存恤，若再假以一年，則庶幾矣。欲望將逐處歸正人所給錢米特更展一年，庶有以見勞徠安集無窮之意。」從之。

四月二日，編敕所言：「殿前司乞立定歸正、歸附人轉補資給格法。今照刑部自前除歸明、歸朝人依十資條格施行外，歸正、歸附人比附歸明、歸朝十資條格，其殿前司乃依効用八資格補轉，各係先無分明條法，不曾取裁，止一時比附補轉。今看詳，既歸明人有十資格法，歸朝人又已有紹興六年六月之制，比附歸明格法，其歸正、歸附人不必別

〔二〕呂擢：原作「呂櫂」，據本書職官四一之五五、四七之三五改。

立法，止依歸朝人比附歸明十資格法補轉施行。仍移兵、刑部、殿前司日後參照。」從之。

六日，樞密院言：「三衙江上及荆襄諸軍揀汰官兵并歸正人，朝廷已優恤與添差差遣及分送所在州軍安排養老，并支破錢米養贍。尚慮諸州軍給勘官司非理沮難，不爲按月支給，有失存撫之意。」詔諸路帥司行下所部州軍，須按月先次支給，毋得積壓，仍委監司常切檢察，如有違戾，按劾以聞，仍令户部申嚴行下。

五月二十日，刑部言：「歸正、歸附副尉係比附吏部歸正使臣差注員數。今據歸正、歸附副尉陳，依吏部續添差使臣員數注授。又承乾道二年七月吏部措置條格，於歸正文臣窠闕撥半差注武臣，即令施行。今員多闕少，實滯差注，欲望詳酌，量增副尉員闕擬注施行。」詔刑部於諸州軍各更添一員。

七月十四日，中書門下省勘會：「諸色人詣檢院投進文字，已有約(速)〔束〕。」詔：「歸正人投進文字，並許收接，取責審狀。即希求(任妄)〔妄任〕，亦依條論罪。」

二十一日，吏部侍郎、兼權尚書周操言：「紹興[19]三十一年以後歸正武臣，已經添差兩任，不許更陳，又未有許準條到部注授明文，恐無以激勸遠來忠義之心。今相度，凡歸正官武臣已經添差兩任，並更與添差一次。」詔從之，今任滿準條參選，願從軍者赴承旨司呈試軍馬。

八月六日，詔：「歸正官許到部注授釐務差遣〔一〕。如在任有材業可稱者〔二〕，改官職令狀，諸路監司、帥守依公薦舉。其薦舉武臣升陟準此。」

十九日，知鎮江府陳天麟言：「前守臣吕擢依奉詔旨根括歸正人，得旨展支錢米一年。臣到任，接續據一體歸正人高琮等百餘户四百餘口稱，自紹興三十一年以來歸正，自淮南挈移抵此，貧乏，乞依例賑濟。竊詳雖非(無)〔元〕根括人數，坐視其困，於情可憐；兼慮此去凝寒，往往有似前歸正之人。欲望特降睿旨，自臣到任後，歸正續陳賑濟，許以本府常平、義倉米給，庶遠來貧民不至失所。」詔鎮江府契勘琮等先處淮南何地，作何營業，州縣曾無賑濟，列具來歷，併到府因依，申尚書省。其後陳天麟言：琮等委於紹興三十二年以後從濟南、東平府及萊、密等州歸正，各家貧乏，別無生理。詔鎮江府高琮等五十一户，許撥常平、義倉賑濟，至來年五月終。

二十三日，歸正進武校尉李迪言：「與弟坤於紹興三十一年首先歸正，弟坤蒙恩補右宣義郎，換武功大夫、忠州防禦使，出(彊)〔疆〕隕没。迪外無復近親，近罷請給，止給錢二百緡。念臣累重，乞閔死事之家。」詔建康府：李坤每月元請諸色請給，更展半年，正月爲始。

二十五日，詔：「兩淮歸正州軍忠義有田産見耕種之

〔一〕許：原脱，據《慶元條法事類》卷一四補。
〔二〕者：原作「首」，據《慶元條法事類》卷一四改。

人，與免户下諸色差役五年。」

五年正月十七日，權發遣無爲軍徐子寅言：「敦請歸正頭首人傅昌等八名，勸諭歸正願請田王琮等三百九十四名，相視楚州界寶應縣孝義村、山陽縣大溪村等地水陸閑田耕種，欲每名給田一頃，五家結甲〔一〕，推一名爲甲頭，就種田之所，隨其頃畝〔二〕、人數多寡〔三〕，置爲一莊。每種田人二名〔四〕，給借耕牛一頭，犂、耙、鐮刀等各一事。每家草屋二間，兩牛草屋一間〔五〕。每種田人一名〔六〕，借種糧錢一十貫。契勘歸正願請田人全賴部轄勸率，乞差元勸諭頭首人進武校尉傅昌等八名並充部轄，先加借轉一官資。楚州並淮南諸州軍，自後更有歸正願請田人，欲乞並依今措置施行。」從之。

三月一日，詔：「樞密州歸〔正〕過省進士徐濟川〔七〕，特補下州文學。」以濟川自陳在虜嘗發三解，援青州鄭謨例，乞推恩也。鄭謨僞地三發解，紹興三十二年詔與弟四等恩例。

五月二日，知樞密院事、四川宣撫使虞允文言：「昨紹興三十一年軍興，陝西在事軍吏及一時奮發忠義攜家歸正，人數實繁。其中有經戰立功，後因病或創傷不堪披帶，揀汰離軍。緣始自對境來歸，未曉文法，出身文書多不備具，漕司具文，不放參注。20今相度，紹興三十一年以後歸朝、歸正從軍揀汰離軍，如付身不圓，許依紹興二十五年三月五日之制，於運司未有合格法人及無人願就窠闕通注添差。如無員闕，許藩府更添差二員，餘州軍一員，仍依吏部所〔得〕朝旨並降等請給，即於州郡省計侵損不多，仰副朝廷矜恤忠義來歸之人。」從之。

六月二十二日，三省、樞密院勘會：「陷没歸正之人，歸來既久，事宜一體，凡有所陳，難以用歸正入銜。」詔所屬申嚴行下，恩例即仍舊。

十一月二日，大理正、措置兩淮官田徐子寅言：「被旨勸諭歸正人并効士置莊耕種。緣皆係流離，全仰守令撫存，俾之安業。今聞全不仰體德意，有追胥煩擾而拘督課子者，有因緣踏田而輒收繫禁者，或巡尉以捕盜爲名而騷擾者，遂使披訴無路。如日後守令更有若此違戾，欲列上官吏姓名，伏望重作施行。」從之。

十日，大理正、措置兩淮官田徐子寅言：「近降指揮，武鋒軍屯田官兵並罷，其田並耕牛、農具等交付諸郡，募人請佃。緣子寅被旨勸諭歸正人耕種，竊見所罷屯田，其中楚州寶應縣一莊，見以歸正人成忠郎賈懷恩管轄，楚州山

〔一〕結：原作「給」，據本書食貨六三之一四四改。
〔二〕其頃：原作「頃頃」，據本書食貨六三之一四五改。
〔三〕多：原脱，據本書食貨六三之一四五補。
〔四〕人：原脱，據本書食貨六三之一四五補。
〔五〕兩：原作「每」，據本書食貨六三之一四五改。
〔六〕每種田人：原作「各種田」，據本書食貨六三之一四五改補。
〔七〕樞密州：「樞」字誤，似當作「僞」。

陽縣馬垛一莊，歸正人進義副尉王知彰管轄。欲乞下楚州并武鋒軍，列具二莊所有耕牛、農具、屋宇、種糧等，盡數撥付官田所，仍就差賈懷恩、王知彰管轄耕種。」從之。

十二月三日，鎮江府言：「右宣教郎王守道乞磨勘。勘會王守道係歸正，白身補宣義郎，堂除添差不釐務，已經兩任，合依無出身初補京官，到官四年，須釐務二年，磨勘無舉主，更展二年。守道係歸正，例止差不釐務，即無舉主、釐務月日，委（防）〔妨〕磨勘。」詔吏部：凡歸正補授京官之人，依奏補以添差不釐務日計理年限，不以有無舉主，通理六年放行磨勘。

六年二月十一日，司農寺丞、措置兩淮官田許子中言：「竊見建康府都統司、和州無爲軍屯田軍兵並罷，今欲以此田均給歸正頭首林本等人及存留元管轄將官使臣等。其林本等各候已拘集人就耕，依淮東例，差充頭首人管轄。」詔許子中於揀汰使臣內選擇存留，餘從之。

十九日，知鎮江府陳天麟言：「被旨根括歸正人顧政等三百十二户并續括責蘇全、房興等二百四十九户，許本府於常平、義倉賑濟，展支至乾道六年五月終。類皆貧乏，別無生業。欲望特降睿旨，更展支一年，庶幾小民始終得霑恩惠。」從之。

五月二十七日，詔：「陝西、河東路敢勇、効用，川陝宣撫司擬補効用，川陝義兵及歸明、歸朝、歸正、歸附等人，并陣亡及借補守闕進義副尉、進義副尉、守闕進武副尉、進武副尉、下班祗應，並隸兵部。」

六月二十六日，三省、樞密院言：「諸路州軍歸正大小使臣、校副尉、下班祗應、効士及無名目人，各家長成子弟，多有武勇材能、少 21 壯願立功名之人，若不隨宜招集習閱，慮無以嚮進。」詔諸州軍守臣選擇招集籍定，仍以衆所推伏統率教閱，等第支破錢米，仍月按閱。事藝精强，斟量犒賞。先以籍定來歷因依、年甲、鄉貫、職次、姓名上三省、樞密院，候招收人數畢，守臣當職官優賞。

十月三十日，權尚書兵部侍郎、兼侍講王之奇言：「伏見國家中原隔絶，迄今逾三十年。人心愛戴如昔，前後遠來歸正之人，立功來歷不等。昨紹興三十一年，朝廷隨宜推賞，委實優重，後屢因有司沮格及臣僚奏請，裁減過當，所以輕重不倫，沮抑遠人懷化之心，恐非陛下覃及四海之本意。欲望詔三省、樞密院，以前後歸正人以推賞補官科例及文武奏薦理年、士人理舉，并給田、支給口食等事，先次編類等第，條目列具，參酌輕重，立爲定制，有司得以遵守，可免推補不均，胥吏高下爲弊及留滯之患。」詔所屬具申三省、樞密院。

十二月三日，右驍衛大將軍、殿前司選鋒軍統制趙良輔累遇郊即加封贈，其父孝恭特贈親衛大夫、宜州觀察使，母王氏贈郡夫人，妻王氏封淑人。良輔仍照條封爵邑。從所乞也。

七年二月三日，權知泰州、措置兩淮官田徐子寅上言：「賈懷恩管轄歸正諸莊，存恤有方，欲令統率。緣懷恩見任御前武鋒軍統領兼楚州鈐轄，恐（緩）〔緣〕二任力分。或蒙免具軍職，止爲鈐轄，俾專轄諸莊，則事任歸一。乞正差充楚州鈐轄，專一提點官田所諸莊。」從之。

同日，御前武鋒軍統領、提點官田所諸莊賈懷恩言：「歸正人朝廷已招收，給牛具、種糧，置莊耕種。竊緣其間猶有未處業者，乞下官田所將歸正、歸附未業者，給牛具、種糧，置莊耕種。如已有牛具，即令結甲隸頭首人部轄，依已獲旨，免稅役十年，庶廣招集，以備他日緩急使用。」詔徐子寅專委賈懷恩措置招集。

八日，詔：「應紹興三十一年前歸正、歸朝、歸附文學、選人、京朝官以上，如添差任數已滿，令吏部特與放行添差一任。」

十四日〔二〕，冊皇太子赦書：「應紹興三十一年以前歸正、歸朝、歸附文學、選人、京官以上，如添差任數已滿，令吏部特與放行添差一次。」

四月二十五日，敷文閣直學士、降授左朝請大夫、新除知（楊）〔揚〕州晁公武乞勸諭歸正不諳農務之人，充安撫司効用使喚。從之。臣虞允文等因言：「徐子寅以此輩若盡招（券）〔募〕，不過百餘人，乞且以一百人爲額。其錢米仍於淮東鹽司增收袋息錢内支。」上曰：「甚善。」子寅時權知泰州，措置兩淮官田。

五月二十八日，樞密院言：「勘會已降指揮，除奏補及諸色出身人並於所歷考任内須實歷州縣職事，或諸司官屬一任二考，方許通理前後關陞，注擬親民窠闕。其歸朝、歸正之人未有該載。」詔歸朝、歸正之人依自來關陞資格施行。

六月一日，建康府駐劄 22 御前諸軍都統制李舜舉言：「近被旨，内外諸軍除合用將佐差置，餘剩差將佐之屬即日並罷。歸正忠義、北軍統領將官并沿淮巡檢、屯田等官蕭整等八十員，并不干預軍事，若一例令罷，恐失撫恤之意。欲且令依舊，自今更不別差。」從之。

九日，吏部言：「南郊赦書：歸正、歸朝官并與通本朝及僞地補授年月，照應年限，放行蔭補。今欲照應紹興三十一年已經虜地曾歷三任，比附本朝曾經（開）〔關〕陞親民資序人注授差遣之制，理作（開）〔關〕陞，遇赦放行蔭補。歸正官武功至武翼郎，虜地不曾經三任已上差遣，又不曾經本朝（開）〔關〕陞親民資序，及自轉武翼郎後，正該一遇大禮，所乞蔭補，難以依行。」從之。

十三日，秘書少監、兼權兵部侍郎周必大言：「日據歸正并曾從軍下班祗應年七十以上人陳求添差，緣宣和舊

〔二〕按，此條有誤。查《宋史》卷三四《孝宗紀》二，立皇太子、大赦在七年二月八日癸丑，十四日並無冊皇太子事。又本書職官一一之四五、一一之五一、選舉一六之一六、二五之三〇等俱載有「乾道七年二月八日冊皇太子赦書」，與《宋史》合。且本條内容與上條全同，實爲一事，上條所稱「詔」實即冊皇太子赦書。蓋《大典》從另一處抄來，又誤書日分，遂爾重收。

法，一例不行。詳宣和前未有歸正及揀汰離軍之人，止謂在班年及七十，即與今日優恤歸正及從軍人事不相準。欲望將歸正并曾經從軍揀汰下班祗應年七十以上人，依大小使臣及校副尉見條放行，注授添差，庶幾有以激勸忠義。」從之。

八月十八日，吏部言：「歸朝官每州添差六員，間遠州郡多不指授。欲令歸正人借使歸朝官闕，以三分爲率，借一分差一次。」從之。

同日，吏部言：「紹興三十一年以前歸正之人添差，即無立定員數，多寡不均。欲令吏部四選、兵部通立員額差注，帥府三人，節鎮二人，餘州一人。各選置籍榜示，闕會擬注。」從之。

同日，吏部言：「舊旨，歸朝官每州不得踰六員。欲將紹興三十一年以後歸正副尉、下班祗應，於歸朝官闕借使一員，止令副尉、下班祗應權通差一次。」從之。

十二月三日，觀文殿大學士、知紹興軍府事蔣芾言：「右宣義郎、添差通判紹興府王德誠身(仕)故。德誠紹興三十一年首先歸正，今男女弱小，素無生理。依乾道六年赦書，月贍常平錢米，止得一年，恐未能上副朝廷存恤遠來歸正之意。竊見王德誠累獻文字，方畧可採，蒙聖慈循資，繼又改秩，與尋常歸正格體有別。欲月給王德誠家錢米接濟，候兒孫長成罷給，庶不失所，亦使遠人有以激勸。」從之。

八年三月十三日，詔永免文解襲慶府進士徐中夷，令赴特奏名試。以中夷係歸正人，兩經省試年分，法當特恩也。

十六日，詔南京免解進士宋翊特令赴特奏名試。翊在虜地當得解，後歸朝，累乞赴今試。禮部方(特)〔持〕其事，翊自言已請六舉，而有是命。

二十一日，詔諸軍見管歸正忠義累重計口添支之人，更展支一年。

同日，歸正車寔特補正兩資，陳進特轉兩資。以二人幹事忠勞，所乞換補雖稽限，特命之。

二十三日，詔特奏名進士徐中夷、劉之華、宋翊、顧之古、那密之各係歸正，依歸明人子孫條例陞等。

23 四月十五日，湖北常平司言：「鄂州有紹興十一年至建炎年歸正人，年深各已樂業，有同土著。今乃欲同三十一年以後歸正人指赦書求廩給，慮難以從。」詔紹興三十年以後歸正人，照赦文賑濟。

六月五日，詔：「兩淮歸正人所耕田土，州縣撮收課子，特與蠲放，仍更展免税役三年。其見在淮南居住校尉以下名目歸正人，令帥司、監司索見人數，保明以聞，各隨名目高下，添差近裏州軍聽候使喚。」

十四日，詔大理寺簿薛季宣等：「安豐軍壽春、安豐等縣(開)〔閑〕田共撥一百八十七頃三畝，給(赴)〔付〕歸正人二百十七户爲業開耕。自乾道九年始，通免課子十年。」

二十四日，權發遣和州胡與可言：「和州屯田莊，昨被旨招召歸正人耕種。下馬監一莊，給歸正林本（言）〔等〕七十六户。依淮南運判呂企中建請，佃客六分，官得四分。竊詳林本等遠來歸正，無家可歸。欲望惠利，全免三五年，庶仰稱朝廷優恤之意。」詔免三年。呂企中奏請屯田已見。

七月三日，上語輔臣曰：「歸正人元旨許添差三任。如已經三任，别無生理，必致狼狽，更差一任。」

八日，武節郎丁逵等言〔一〕：「各係紹興三十一年以前歸正，依乾道六年十一月赦恩，當添差一次。緣即今兩浙、江東西並差足，止餘二廣，累重難挈，乞依舊從便注授一任。」從之。

十四日，直徽猷閣、權知廬州、主管淮西安撫司公事、兼提〔舉〕措置屯田趙善俊言：「朝廷頃者脩復舊制，分兵屯田，誠爲至計。然有甚不可者。臣請罷屯田，以歸正人居之。」詔：「廬州見差建康軍官兵屯田並罷，田畝〔二〕、牛具等令趙善俊盡數收籍，許歸正人請佃。」

十八日，三省、樞密院勘會：「軍器監丞趙果於紹興二十七年結約忠義石慶威等，遠赴朝廷，陳獻虜情虚實，編隸嶺南。今已身故，忠義可憫。」詔趙果特與一子下州文學。

二十三日，直徽猷閣、權知廬州趙善俊言：「得旨，廬州、建康府屯田官兵并罷，令歸正人請。如數少，募人租種。其田並極膏腴，慮官吏士人冒名請佃，欲望特降睿旨，官吏、士人不許冒名承佃外，專一均給歸正、流移等人耕墾，庶幾絶冒濫之弊。」從之。

八月二日，權發遣安豐軍高夔言：「歸正人除給田耕種外，有一百五十七户并借補官資二十四人既乏營生，（人）〔又〕無私田，是致不能自存。今措置，未有處業之人（人），户給田五十畝、牛一頭、犂耙農具之屬，仍就行在擇借補官資一人爲首而統率之。户大約以六七十千爲率。伏望給降錢會二萬貫，付臣措置施行。」從之。

九月八日，權户部尚書楊倓等言：「沿邊人自北來歸，即與兩淮歸正事體同。今欲一例給田耕種，依已行之制，更展免税役三年。」從之。

二十二日，歸正人王興僞造虜地黄敕等，冒换本朝官資差遣。刑部約法，比附詐冒蔭補，徒三年。上曰：「歸正
24 人撫之不爲不厚，雖僞造虜中文字，然已行用冒取官錢，豈宜輕貸，配隸新州。」

十月一日，中書門下省勘會：「歸朝選人循資改官，已有定制。緣歸正選人未有該述。」詔歸正選人並依歸明、歸朝人紹興五年十一月敕旨施行。

五日，樞密院言：「紹興三十一年以後歸正，依旨添差四任。子孫後因奏補，或致仕恩澤補授名目，即不得添差。其間或父祖亡殁，頓失俸給，理在優恤。」詔：「紹興三十一

〔一〕郎：原脱，據下文兵一五之二四十月「二十七日」條補。
〔二〕畝：原作「佃」，據本書食貨六三之一五一改。

年以後年十五以上，隨父祖同歸正子孫，因奏薦或致仕補名目人，如父祖亡歿，與放行添差兩次，餘人參選注授。」

二十七日，兵部言：「去年八月，詔本部所管歸正副尉〔一〕、下班祗應與吏部四選通立員額。今吏部武節郎丁逵等稱淛東西員足，乞依舊注授從便之所〔二〕。本部所掌副尉下班祗應，亦一例有陳。契勘昨所立員額(大)〔太〕狹，以致差注不給。若許一切從便，必競往近便郡，豈無偏重之弊。欲乞以歸正、歸附副尉、下班祗應，立定員額，帥府、節鎮二人，餘州一人，從本部準條差撥一次。」從之，仍令吏部照兵部措置一體立額。

十一月二十六日，樞密使、四川宣撫使王炎言：「右承奉郎、監潭州南嶽廟曹偉明先因陷虜，收藏本朝告劄，不受僞命，至軍興歸朝，備見忠義。今偉明乞添(州)〔差〕鳳州推官，望從其請。」詔可。

十二月九日，四川安撫使司言：「紹興三十一年以後歸正無差遣及身故之家，依建炎四年之制，計口給以錢米。昨軍興，前宣撫吳璘隨宜措置，別立支例。今四十餘家散處四川，若遽裁損，慮失初招徠之意。欲更支五年，限滿，一依舊例。紹興三十一年以前歸正人，歲月誠深，宜罷。」詔從之，限滿，照建炎四年九月、紹興三年六月敕旨，州不得過十户，户不得過五口，一等計口，支給養濟。

十(月)〔日〕〔三〕，權京西運判張棟言：「兩淮歸正人所耕田，州縣撮收課子特蠲，仍更展免三年。竊詳京西沿邊與兩淮同，亦乞展免三年。昨有旨，歸正人許隨便占田，表立頃畝爲永業。沿邊閑田甚多，恐州縣違理抑遏，望申嚴禁止。即有騾馬、舟船及能工作技藝等人，乞並免役。」從之。

同日，權京西運判張棟言：「歸正人已經十年，雖有善於營運成立家貲者，其間豈無鰥寡孤獨飢寒不能自存之人。欲乞五家爲保，五保爲一甲，貧可矜者，許甲頭保明，白官驗實，人支米一升，候稍充給止。」户部看詳：結甲支米，不指所欲用。若依所陳，即當以常平、義倉，及不見以何時起止，乞下京西常平司契勘，列具施行。從之。（以上《永樂大典》卷一八九〇七）

〔一〕本部：原作「本州」，據下文改。
〔二〕授：原脱，據上文兵一五之二三本年七月「八日」條補。
〔三〕十日：原作「十月」。葉渭清《宋會要校記》云：「『十月』，『十日』之誤，下『同日』條，即此十日也。」據改。

宋會輯要稿　兵一六

歸正　下〔一〕

【宋會要】

1 乾道〔元〕〔九〕年閏正月四日〔二〕，詔襄陽府歸〔正〕忠義首領楊大同、荀琛等三十餘人下京西、湖北逐司特再任一次。以四川宣撫使虞允文言，大同等向立功歸正，忠義顯著，理宜優恤也。

二月十五日，知揚州、淮南路安撫使王之奇言：「歸正人見任添差不釐務差遣，朝廷與之廩禄，不任以事，蓋欲優之也。其間有懷材抱藝，思欲自奮者，不無遺逸滯淹之嘆。欲乞所在州軍歸正添差不釐務官，自鈐轄、路分以下，許臣選擇，量材器任，仍不妨所居職，貴人無遺才，事無不濟。」從之。

二十一日，知揚州、淮南路安撫使王之奇言：「近旨措置寬恤民力，欲將凡歸正有官無差遣、未經四任添差人在本路居止者，許列上，與添差一次。年老貧乏鰥寡不自存之人，亦許勘量，分送本路次邊豐實州軍，并以人口等第支散錢米。依元旨，令本州以樁留撮收三分課子給。」從之。

三月十二日，詔：「諸軍歸正忠義累重計口添支之人，特更展支一年。」

七月二十八日，臣僚言：「近年以來，四方州郡無有遠邇，例皆窮匱，不能枝梧。紹興三十一年以前歸正從便指射州郡注授差遣，未曾立額。乞下吏部立定員額施行。」吏部勘會：「紹興三十一年以前歸正官大使臣，自今立定員額，帥府三員，節鎮二員，餘州軍監一員，仍許以今立定員數，依紹興三十一年以後歸正官差一政待闕，承替見一人。小使臣比大使臣員多，欲乞凡紹興三十一年以前歸正官，自今立定員額，帥府六員，節鎮四員，次州軍監二員。」從之。

九月一日，樞密院言：「建康府駐劄都統制郭剛等，具見管北軍内願離軍人，有旨并罷從軍，特加轉官資，添差江西、湖北路州軍差遣。今照湖南武岡、茶陵、永、邵、全、道、郴州、桂〔揚〕〔陽〕軍地遠，慮艱〔放〕〔於〕般挈，却非朝廷優恤之意。〔乞〕詔湖南路除潭、衡州外，其餘州軍，并免均差，以諸處各分差員數，均入淛東、福建、江東、江西路。隆興府副都監一員，準備將領十二員，指使二十三人；贛州正將一員，指使二十四人；吉州正將一員，監當一員，指使二十四人；袁州、筠州監押各一員，指使三十三人；興國、建昌、臨江、南安軍指使各二十九人。其餘以是爲差。」從之。

〔一〕下：原無。按前卷署作「歸正上」，據例補。

〔二〕九年：原作「元年」。按，嘉業堂本卷四一五此條天頭有校語云：「案上卷終係乾道八年，此相承接，『元年』當是『九年』誤。且查《宋史》，乾道九年正月正有閏月，稿本誤也。」此校極是，今據改。

九月十六日，詔歸正曾爲首領僧董和尚、王智潤、陳守靖、劉法清，各特與紫衣師號。

十七日，秉義郎、利州後軍統領官王安國具歸正人姓名，詔四川宣撫司審實推恩。於是王去惡、王安國轉兩官，陞一等差遣；楊師中、劉卞、李成、劉崇元轉一官，陞一等差遣；竇洪、竇武、郭海、孫彥元、王勝、趙斌、尹暉、王俊、李宗道、李忠貫、師孟、馮輝、周琪各轉一官資；王振等十三人各轉官資有差；王振等七人歸正，虜戮其親屬，優與陞擢，亡者官其子。

❷二十八日，權發遣襄陽府、主管京西南路安撫司公事陳從古言：「歸正人焦彭年、高振、鄭臯用、張用、范思寧、張清、陳資、陳琇、高伸等九百五十九户已均賑濟，所存米六千餘石，度僅支三兩月，日後盡無以給。欲望準例更支撥米二三萬石，接續賑濟，以慰歸正士民之心。」詔於樁管米更支萬石。

十月七日，樞密院言：「得旨，鎮江、建康府離軍歸正北軍各補轉官資、添差陞等差遣，州郡多方安恤。慮各州無官專行，奉行鹵莽，失朝廷存恤之意。」詔逐路漕臣行下本路州軍，各差通判或簽判，專一主掌俸給、屋宇等，務令按月便愜，他課諸役，一從優免。月具已支員數并錢米名色，仍具所差職次、姓名上樞密院。

十一月三日，樞密院言：「鎮江府駐劄御前諸軍，有忠義歸正人見充軍職任，及舊係頭首，至今閑無職事，泛居行伍，深恐未稱其才。」詔令統帥常川一一審刷來歷因依、見充職任并舊係頭首閑於行伍逐色人數、職次、姓名，申樞密院取（自）〔旨〕任使。

十一月十四日，樞密院言：「選鋒軍忠義將、北軍歸正官兵，亦有筋力衰弱，并不願從軍之人。」詔：「并罷從軍。校尉以上各特轉兩官，進武副尉以下各轉三資，并於正職名上收使；無名目人并白身効用，各特補三資；軍兵改作白身効用，各特補三資。並依今均定州軍員闕添差。正將特與諸路正將，准備（將）特與安撫司准備將領，訓練官、隊將特與諸州兵馬監押。餘令吏、兵部與歸正添差，各陞一等差遣。仍各與併支請給兩月。所有原給付身納樞密院，仍令殿前司量支，路差人津送任所，逐州常切存撫。」

歸正官〔一〕

淳熙元年正月四日，乞范温昨不從僞命〔二〕，將帶一行馬軍前來，已放行添差了當。所有范温子孫，令吏部與添差合入〔差〕遣一次。

三月二十八日，詔：「歸正婦人尹氏特與封郡夫人，白

〔一〕以下「歸正官」、「士人」、「軍兵」、「歸正人」四細目之條文置於隆興、乾道之後，光宗紹熙之前，其内容僅爲淳熙年事，而其體例與前後迥異，蓋李心傳《續總類國朝會要》録自孝宗、光宗時所修之兩種《淳熙會要》，其「歸正」一門又分小題也。然其區分並不甚精確。

〔二〕乞：似當作「詔」。

宗顏特與補承信郎，張彥直特與補進武校尉。令宣撫司并與特添差見今居止州郡合入差遣。」尹氏狀：「昨日進兵收復陝西日，尹氏夫千户白沂，密令尹氏將帶男女、女壻歸朝，白沂未來被戮。男白宗顏、壻張彥直自歸朝之後，未曾保奏推賞。」故有是詔。

七月二十七日，詔：「保義郎、殿前司左軍權準備將駱昂與轉一官，罷從軍，特添差淛東州軍監押。」以昂狀稱：「本貫南京，恥陷僞地，擬圖來歸，移次壽春府居止。結約到本州土豪李協，與安豐水軍統領孫立等，表裏相應，收復壽春府，率領在州軍民士庶萬餘户，於當年七月首先歸正，蒙都督張浚收録。偶太平州通判劉蘊古遺書詔臣，期於協力同致功名，不意蘊古包藏禍機，令臣持書交通虜境。臣以忠義來歸，不容隱默，晨夜趨伏闕下，發其私書，逮繫詔獄，鞫得反狀。臣始蒙恩差充殿前司準備使唤，而殿帥王琪將臣作從軍 3 附籍收使。雖曾蒙本司訓練官自差充權準備將，首尾十年，既無供給，又無衣賜、料錢。乞與臣一陞擢或添差外任差遣。」故有是命。

八月二十八日，江西安撫使龔茂良言：「已降指揮，應歸正忠義人當時借補官資，令逐路帥臣取索付身，審驗元補因依，先令帥（目）〔臣〕换給文帖，候將來立到新功與補正。竊謂不若且令各據元得付身，依舊收執，候將來别立功効，并與酌度换給。」從之。

九月十四日，詔：「朝廷優恤歸正忠義之人，月支請給，務在養育，以備使唤。近有不循官守之人，妄以看親請假爲名，擅離職任，往來邊淮，妄言事端，撰造邊報，委是違戾。不持楚州〔一〕、高郵軍、盱眙軍照會，如托故在假或擅離職任，委監司、守臣按劾以聞。」

二年正月九日，詔吏、兵部將已借歸朝官闕，許差替人一次。五年七月三日降旨亦如之。

三年四月十五日，知襄陽府張子顔言：「武義大夫、前利州兵馬都監孫儔，元是鄧州豪户，因紹興三十一年内歸正，蒙朝廷補官，後來任利州路兵馬都監。任滿後未有差遣，見居襄陽。其人料捍有謀〔二〕，習練邊事，欲量材任使。」詔孫儔差權發遣荆湖北路兵馬都監。

五月二十五日，詔秉義郎張德元與轉修武郎，除（閣）〔閤〕門祇候。以德元狀：「昨在北界，虜命授忠勇校尉。挈老幼前來歸朝，蒙招討成閔將德元同銀牌傅整發赴朝廷，各蒙恩補授官資。德元補授成忠郎，内白身人傅整補授修武郎，又蒙聖恩特轉正使。德元元授虜命忠勇校尉，比附聖朝品格，係武翼郎，乞將德元比附忠勇校尉補授官資。」故有是命。

九月二十日，淮南運判張士元言：「敦武郎、閤門祇候高顯來歸本朝，其所管歸正人皆給佃田土，并各著業。高

〔一〕不持：疑有脱誤。
〔二〕料捍：疑當作「精悍」。

顯見居蘄州，家貧累重，未曾注授。」詔高顯添差權發遣淮南西路兵馬都監、蘄州駐劄，不釐務。請給、人從，并依正官例支破。

十一月十二日，南郊赦：「紹興三十一年前後歸正、歸朝、歸附京朝官、大小使臣、選人、文學、校副尉、下班祗應，如添差任數已滿之人，可令吏部特與放行添差一次。應歸正進勇副尉、守闕進勇副尉、添差諸州軍監散祗候使臣，任數已滿，特更與添差一次。其有無力到部陳乞之人，令召本色保官一員，録白付身，經所在州軍陳乞，批書保官印紙，取索付身，委官點對保明，繳申所屬添差施行。」

四年二月十九日，詔吏、兵部：「將歸明蠻猺人見榜窠闕內留三十闕，注本等人外，其餘目今見闕，權借差注紹興三十一年以前歸正合得歸正恩例添差人一次，仍先注歸正恩例添差任數（任）最少之人。」

九月十五日，詔：「自今承代歸正人名闕者，必要有歸正干照，所有恩數除遞減外，盡以與之。或無干照承代者，止許（於）〔依〕諸軍承代格法。如敦減至承信郎以下者，[4]却依舊來歸正十資格陞轉。」

五年十一月十五日，詔：「殿前、馬、步軍司見從軍歸正、歸附下班祗應，歷過在職十年，放行磨勘，改轉兩官，依十資格法轉進義校尉。如在職未及五年，候及五年，亦依歸明、歸朝人磨勘體例，改轉進武副尉。」

六年二月二十七日，詔：「歸正添差諸州差遣人，其間事故，多有承代冒請。令逐路帥、漕司行下所部州軍，自今遇有事故人口，下取索付身，料錢文曆，分明批鑿訖，給還本家。如無家累，即行拘收，繳申樞密院。」

八年正月二十七日，宰（勢）〔執〕進呈平江府添差歸正等官及揀汰使臣等一歲請給。自乾道八年以來，每歲計支二十餘萬貫。自淳熙七年一年，只共一十一萬貫。緣經王佐覈實，於法合支者方支，所以歲減十餘萬緡之費。詔平江府自今依淳熙七年則例支給。如有增差到員數，別具申奏。

九年三月二十六日，詔：「諸州軍保明到忠順官滿年曹居祐等一百五十一人，并令再任。自今諸州軍繳申到録白文字，劄付吏、兵部，日下出給付身。其出給到付身，并赴檢詳所送納。」

七月二十四日，詔薄處厚特補承信郎。先是，處厚父武功大夫、忠州刺史、殿前司護聖步軍額外統制薄彝稱，歸朝日久，同來歸朝千户任壽吉、李元等各蒙恩與男補官了當，乞依例特補官資。故有是詔。

十二年十一月二十二日，南郊赦：「紹興三十一年以後歸正京朝官、大小使臣、選人、文學、校副尉、下班祗應任數已滿之人，緣添差不釐務不許關陞，將來有礙蔭補。自今可令吏、兵部依官序人先次注授正闕差遣。將副以上，隨才擢用。或願就宮觀嶽廟者，特許陳乞一次。內任數未滿人願依舊添差者聽。其諸州忠順官候滿七任日一體施行。」十五年明堂同。

十三年正月一日，慶壽赦：「歸正官添差任數已滿人，依郊祀赦文，先次注授正闕差遣。將副以上，隨才擢用。願就宮觀嶽廟者，特許陳乞一次。內有待闕之人，若已給到太府寺料曆，其本身料錢、衣賜依條合行幫支，并宮觀嶽廟亦有合得請俸。尚慮州軍自立員額，不即放行，未稱優恤之意，可令所在州軍并與按月幫勘。如或拖欠，許經監司陳訴。」五月十二日，詔注授正闕差遣人，特免短使一次，候一任回，依條施行。

二月十二日，詔：「歸正添差任數已滿之人，如有智畧沈雄，弓馬精熟，堪從軍者，在內許侍從、兩省、臺諫、三衙，在外諸軍主帥及監司、郡守，不限人數，各具才能事藝保舉聞奏，仍令樞密院置籍。」

五月十五日，詔：「前添差淛西馬步軍副總管開趙忠義來歸，憂居平江府，可令本府每月特支錢一百貫、米二十石，服闋日止。」

士人

淳熙二年正月二日，詔：「海州進士王元佐，令該免解，追取進勇副尉文帖，繳申毀抹，却行出給理年 5 免解公據。」王元佐狀：「昨於北界請到鄉試院文解，所有北界得解公據，昨準禮部取索換給到理舉公據訖。緣元佐自歸正之後，因措置守禦及陳利便，係軍功補充進勇副尉，元佐不願祗（授）〔受〕。今來淳熙二年省試，即係理一十八年免解。」故有是命。

十二年十月十七日，詔：「歸正、歸朝、歸明補官之人親子親孫願應舉者，委的見隨侍在任所，別無赴試去處，令召陞朝官二員結罪委保，令見任州軍陳乞，本州勘驗得別無詐冒，取索印紙分明批書事因，從本州知通結罪保明，送本路轉運司，與礙格有官及門客等人混試施行。」

軍兵

淳熙元年二月十三日，詔：「沿淮歸正忠義內有武勇出衆、材智過人、曾充頭目者，委官招集，發赴樞密院審察，量材使喚。」

三月十四日，詔：「（關）〔殿〕前步軍司、建康鎮江府諸軍、武鋒軍見管歸正忠義口累重大人，計口添支米數，特更與展支一年。」此後每歲展支。

二年正月七日，詔：「諸〔路〕帥、漕司行下所部州軍，令守臣將添差歸正北軍闕少住屋之人，疾速措置脩蓋屋宇，限半年了畢，應副一處居止，毋致闕悞。」

三月二十七日，詔：「昨離軍北軍，令諸路州軍自今并以離軍忠順官爲名。」

七月三日，臣僚言：「昨降指揮，諸軍見歸正北軍，并與升轉官資，添差諸州軍路分都監、正將、準備將、監押、指使，不曾立定幾年爲任。乞依見今其他歸正官例，并以二年爲任。任滿，別與其他州軍差遣。」詔并以三年爲任，任滿，令逐州申發，赴部與添差恩例注授。

四年十二月二十四日，詔：「歸正、歸朝、歸明忠順官同。及揀汰離軍官，見各添差諸州軍不釐務差遣，別無管幹職事，其間雖有藝能，無以自見。令諸路帥臣於本路逐州委近上兵官一員，專切管轄，依軍中階級法。逐州各別置教場，五日一次，并赴教閱；尋常亦許習射、擊毬。內年六十以上及添差總管、路分鈐轄、州鈐轄并官至橫行以上者，免教，願赴(京)〔者〕聽。每歲春秋二季，合赴本州教閱，內有事藝精熟人，優加犒賞。若事藝傑出者，守臣及所委兵官連銜保明，申樞密院。」

十四年五月二十五日，樞密院言：「內外諸軍官兵并歸正北軍各有立定揀汰年分，唯江、池州歸正北軍未曾具到，深慮有年老病患願離軍添差外任等人，合行優恤。」奉旨，令主帥將離軍之人逐一契勘年甲、姓名、職次，仍問願就是何州軍，保明申樞密院。江州駐劄御前諸軍都統制趙永寧申：「歸正北軍年老病患一十六人，願就江西等路州軍一十五人，願減半請給在軍養老一名。情願離軍及願就江西等路州軍安排一百二十四人，於內多係入隊人數。不願離軍五十五人。」池州駐劄御前諸軍副都統制李思孝申：「歸正北軍願就江東〔州〕軍六十二人，願就江西州軍一百 6 四十六人，不願離軍二人。」除不願離軍人外，詔并與罷從軍，校尉以上各特與轉兩官，進武校尉各特與轉三資，無名目人并白身効用，各特與補三資。軍兵改作白身効用，各特與補三資。令吏、兵部均撥江東西諸州軍歸正添差，各陞一等差遣，仍并支請給兩月。

十五年正月九日，户部言：「行在州軍糧料院指定今來彊勇軍効用，元每日請錢二百文、米三升，轉授前項名目，即與殿前司射中鐵簾有馬効用事一同。其効用元請一十五貫文、米一石；聽候使喚元請錢一十三貫文、米一石。照得殿前、步軍司雖無似此則例，今來既逐人射中鐵簾，轉授前項名目，難以却行減落錢米，亦合照應舊請錢米批放。」詔并特與免減。以淮南東路安撫司言：「彊勇軍効用尹政等狀，各係淮北土豪，昨於紹興三十一年內前來歸正，蒙收充安撫司歸正彊勇軍効用，各人日支食錢三百文、米三升。奉旨，令彊勇軍効士、効用、聽候使喚，依江上諸軍體例，射鐵簾一次，數內除守闕進勇副尉彊勇陳寶一名，分擘券曆赴殿前司收管外，實管七十六人，內三人各補充進勇副尉，七十三人各補充守闕進勇副尉，比舊請各有合減落錢米。乞下淮東總領所，照依江上諸軍體例，將政等補官資，於券曆內聲說批放，免行減落請授錢米。」送户部勘當申故也。

歸正人

淳熙元年七月十八日，詔：「關外、四川沿邊諸處及金州、上津皆有歸正等人，令四川安撫制置司行下都統司常切存撫，毋令失所。」

十一月十日，詔：「昨來歸正之人，竊慮其間遇有死亡人口，無力營辦葬地，可令諸州軍每州踏逐城外附近寺觀空閑地段，從便埋瘞。專委童行一名看管〔一〕，候及三年，給降度牒。仍令支錢埋殯，内大使臣以上支錢五十貫，小使臣以下支錢三十貫，父祖并母妻并各減半，小口又減半。文臣無力之家，比附支給，以爲棺櫬之費。」淳熙三年六月十九日〔二〕，詔：「歸正人東南別無業，雖已優補官資，添差差遣，其間慮有貧乏之人，不幸身故，無地埋瘞〔三〕，昨已等第支降錢物，使其營辦葬事及優恤其家。今來添差兩淛西路馬步軍副總管開趙置到山地，建造庵舍，特賜名「廣惠禪院」〔四〕，仍令常平司撥賜係官田五百畝充常住。」以開趙言：「昨來將帶忠義歸正人數頗多，其間有死亡無地安葬，趙已就平江府閶門外買到山地三百餘畝作義墳，許西北忠義死事之人任便選葬。又於山畔自備材植，建造庵舍，以奉釋氏，乞賜院額。」故有是命。

二年六月二十二日，詔：「應歸正忠義人付身有冒名之人，限一季許繳連真本，徑詣所屬自陳，與依諸軍已得指揮遞減放行。内忠義人若承代後來曾經親身立功，即依今降指揮施行。」

九月二十四日，襄陽府守 7 臣張子顏言：「襄陽居民多係歸正人，往往貧乏不能自存。前後帥臣陳乞到米支給賑濟盡絶，止有謝師稷陳乞米一萬石，除支外，見在四千六百餘石，會計可支一兩月。乞於本州樁管米内支降米三二萬石，接續賑濟。」詔給米二萬石。

閏九月二十一日，詔楚州山陽、淮陰縣歸附人户張琳等合納課子，與依歸正人例蠲免。

三年正月二十日，詔：「訪聞見有西北歸正、歸朝人，自乾道九年赦，經部陳乞賑濟，委官(覆)〔覈〕實保明，方與放行，竊慮迂枉，却致失所。令州縣覈實保明，申常平司，先次放行賑濟。」

四年四月二十五日，詔：「歸正人令從便營生外，兩淮、江淛係官田土甚多，每户給田十二畝，三人以上給二十畝，願自備牛具種糧者，與增一倍。每户給草屋二間，三人以上給三間，人數雖多，不得過四間。其合用農具、種糧，從本州措置應副，仍專委甲頭掌管，輪流通融使用。每遇發人之初，猝未能耕種養贍，却恐闕食，從本州計口，先支錢米。大人日支米二升半，鹽菜錢五十文，小兒減半。候及一年住支。歸正官子孫父祖曾任差遣，今已亡殁，別無

〔一〕童行：原作「同行」，據文意、字音改。童行乃已出家未取得度牒之少男，有功則與度牒。本書食貨五八之二六：「僧道、童行出力收瘞（死亡流民），數及二百，則以度牒一道酬之。」與此相類。

〔二〕此句以下原稿另作一條，與下文年月失次，以致嘉業堂本移於「三年正月」條後。今按此條與上條内容相同，原應是一條，不必移動。今接排，則前後年月並無舛錯。

〔三〕地：原作「身」，據《姑蘇志》卷三四改。

〔四〕廣惠：本書食貨六〇之一六作「廣濟」。

廪禄養贍，(令)〔令〕所在州軍於合給田、屋等數上以十分爲率，增給五分。諸縣知縣悉意遵守，仍多方存恤，勸諭力耕，不得分毫追擾。奉行(勸)〔勤〕恪，(續)〔績〕効顯著，當議先次推恩。其或滅裂違戾，委監司按察。撥過田畝，并與免諸般科役、租税十年。」

五月六日，詔：「諸州軍守倅各將部内歸正人從實審察。如果諳曉時務，持身廉謹，連銜保明，申樞密院。」

十月二日，詔：「四川制置司、總領所照應昨兩淮、江淛給田指揮，措置拘籍係官田畝，給付歸正忠義人及子孫無廪禄者。」

六年五月二十日，詔：「元係北界歸朝人，不拘年限放行養贍外，有元係本朝陷僞歸正人，自養濟後，已請錢米及二十年者，委知、通詢究。若有子孫經營耕種及已請佃官田，非無依倚之家，即行住罷，將實係貧乏之人填闕。」

二十四日，襄陽府守臣言：「管下歸正忠義人見有一千九百餘户，其間多少壯曾經戰鬬之人。今京西路多荒田，欲隨口數多寡給付，各令依營田例耕種，仍免十年差科，税賦，使之各有所歸。」從之。既而又言：「本州管下荒田多爲土豪廣作四至占攔，不令指請，地土廣闊，不能開耕。今除癃老殘疾并充保捷外，已有歸正忠義一千一百九十户，情願請佃官田耕種，已將退下屯田照數給付。脩寫到逐户單甲姓名一本進呈。」詔京西轉運同襄陽府詳今來所奏事理，照應淳熙六年五月二十四日已降指揮施行。

二十六日，詔：「歸正人高允中，忠義可嘉，令湖州支破効士請給。」

九月二十一日，臨安府根勘歸正人韓顯忠等供證，詐冒授官共一百一人。詔：「爲經大赦之後，可令逐人限一月陳首改正，8 特與免罪。」淳熙十年九月十一日，詔：「昨顯忠首歸正，冒名承代名目一百二十餘人，已行追官免罪。内有曾經出戰堪披帶人，可令承旨司審驗拍試，許令從軍，支破進勇効用錢米。」

九年九月十三日，明堂赦：「西北歸正、歸朝、(庶)〔歸〕明，不忘祖宗德澤遠來，内有老弱孤貧無依倚不能自存之人，仰州縣覈實保明，申常平司，取見詣實，特與賑濟一年。」十二年、十五年郊赦同。

十年正月二十七日，襄陽府言：「本府地臨極邊，民多係西北唐、鄧等處歸正之人。去秋旱傷，今夏大雨，廬舍漂蕩，常平米止有二千餘石，賑濟盡絶。乞於本府寄樁大軍米内支降，應副賑濟。」詔支五千石。

十三年三月十七日，宰執進呈知楚州錢之望申：「本州管下歸正三十五莊，今來抽摘彊壯，令在家閲習武藝。乞令依忠勇効例，(合)〔各〕家許置弓矢。」上曰：「前此初歸正，其心尚可疑。故禁置弓矢，今奠居已久，可依所奏。」

六月四日，户部言：「乞下江淮、淛西、荆襄、四川路轉運司，如歸正人輒敢將已前并今後請射到官田典賣與人，賣主及買人一例斷罪。命官申奏取旨。其田籍没入官，買人價錢亦不追理，仍許人告。其官山不許借賃。歸正人如有葬埋，聽買地安葬。」從之。利路提刑司申：「諸路歸正人請射田土，多是轉手典賣與人，復來請射。更有轉借或賃地人請佃官山田地，將父祖葬埋，却來論奪，似此擾民不一。」户部勘當故也。

十四年三月十一日，詔：「歸正殿前司前軍白身効用嵇全爲係遠人，從軍日久，特補承信郎。」

四月二日，樞密院言：「白身歸正及未有正補名目之人，來歸日久，今該遇射（射）鐵簾推賞，及日後功賞，難以依歸正十資格法補授并陳乞恩數，理宜措置。」詔將似此之人，依軍功八資格法補授，并將來遷轉恩數之類，并與諸軍一體施行。已上《孝宗會要》。

淳熙十六年二月四日，登極赦：「前後歸正、歸朝、歸附及忠順官添差任數已滿之人，昨來赦文許授正闕差遣。或願就宫觀嶽廟者，特許陳乞一次。今來該遇恩霈，如願再就宫觀嶽廟者，特更許陳乞一次，用示優恤。」三月二十九日，詔忠順官令所在州軍照赦保明差注一次，於本處就支祠禄請給。

同日，赦：「應歸正、歸朝、歸附及忠順官任添差宫觀嶽廟之人，其（各）〔合〕得請受，仰所在州軍按月支給。」

十五日，詔叙（收）〔敦〕武郎王格與馬軍行司將副差遣。以殿前副都指揮使郭鈞言［一］：「格首先歸正，該赦叙官，與殿前司將副差遣。乞將格改充别軍將副，以備朝廷使令。」故有是命。

二十九日，詔：「仰惟至尊壽皇聖帝軫念歸正、歸朝遠來之人，優恤備至。朕嗣位之（人）初，自當遵守。尚慮州郡或奉行不虔，致令失所。可照應累降指揮并前後赦文，務在安輯，以稱朕意。」紹熙元年四月二十二日［二］，9 建康府言：「除淳熙十五年赦恩賑濟已滿一年外，今乞特與更支一年。」詔依，遇有事故人，即行開落。

五月十八日，四川制置司言：「故知黎州劉師顔昨來父子糾合忠義，保護祖宗陵寢。歸朝授官，今官邊身死。其家素貧，若不少加旌異，恐無以激勸。」詔令洋州每月支給兩文効士錢米［三］。

閏五月七日，詔：「忠順官請給，雖已通理滿七任月日，若見任未滿，特令所在州軍且與接續幫勘，候見任滿日住支。」從樞密院所請也。

六月二十三日，江西運司言：「總領所將（見）〔建〕昌軍忠順官任滿一季無過人接續幫支過錢米，理折月尅之數。

［一］「言」字原缺，據天頭原批補。

［二］「紹熙元年」以下，原稿另作一條。按此仍是記優恤歸正、歸朝人事，應與上文爲同一條，否則文中所稱「賑濟」，不知賑濟何人。且若分條，則以下四條似皆爲紹熙元年事，然「閏五月」在淳熙十六年，而非紹熙元年，可證以下四條仍是淳熙十六年，「紹熙元年」云云並非單獨之條。今接排。嘉業堂本不知此，將此下五條與後「紹熙元年正月」以下各條重新混編，葉渭清於《宋會要校記》中斥其謬，是也。

［三］兩文：在此不可解，疑爲「兩人」之誤，意謂按効士標準資助其家二人。

是致逐官不能養贍，乞免行除尅。」詔照應淳熙十六年閏五月七日已降指揮施行。

二十九日，樞密院言：「今具歸正守闕進勇副尉、進勇副尉添差散祇候、使臣窠闕，内六十闕下項：一、帥司：淛東西、江東西、湖南北、福建路各差兩員，廣東西、淮東西、京西路各差一員。一、節鎮：明、婺、贛、泉、鄂、舒州、平江、鎮江、寧國、建寧、常德、肇慶、德慶府各差一員。一、次州軍：温、秀、太平、池、徽、信、袁、撫、吉、漳、惠、潮、真、楚、滁、泰、蘄、黄、和州、南康、興化、武岡、荆門、高郵、盱眙、安豐、無爲軍各差一員。」詔：「將前項闕衮同作正闕差注。先注戰功，次注陣亡恩澤補授，次注歸正任數已滿人，次注子弟所補授。候將來人數減少日，申取朝廷指揮施行。」

紹(興)〔熙〕元年正月十三日，樞密院言：「保義郎(即)〔耶〕律椿狀：『故父歸朝身亡，臣雖受世賞，方一十四歲。』乞送臨安府，權支効士錢米，養贍孤幼。」詔候年及二十，即行住支。

十七日，福建路安撫使高大同言：「歸正、歸朝之人，今後遇有身故之家，不拘户數，即行贍給。其家不滿五口者，則計口給之；五口以上，則至五口而止；未滿二十年，且與養贍。如此，則朝廷實惠可以下究，而州縣奉行不爲虚文。」詔諸路州郡照應施行。

同日，殿前司言：「昨令本司水軍統制范榮招收山東歸正忠義人充効用，并撥到歸正官兵分擘券曆，内有累重之人，已蒙指揮優恤，每月添支米數養贍。續準淳熙十六年正月二十四日奉旨，特更與展支一年。今將及一年，若行住支，便見闕食。乞依舊勘支，免致失所。」詔特更與展支一年。以後每歲亦有此請。

二月十四日，樞密院檢詳楊經言：「歸正、歸明、歸附、忠順官等，除到部已有籍外，其堂除人樞密院并吏、兵部未曾置籍。今來添差任數，已是足注授正闕差遣，自合一體。乞下吏、兵部并本部照應條法指揮〔一〕，各置籍抄上，以憑稽考，仍行下所在州軍照會。」從之。

四月二日，詔：「昨降指揮，以歸正、歸朝、歸附及忠順官添差任數已滿，深慮不該闕陞，有妨奏薦，許令注授正闕差遣，隨才録用。或願就宫觀嶽廟者，聽陳乞一次。今來尚恐有貧乏未能前來注授，或不得待闕之人，當 10 臨御之初，欲加優恤。可將歸正、歸朝、歸附及忠順官添差前任一等不釐務差遣一次，願授宫觀嶽廟者聽。候將來任滿日，却仍舊照應節次已降指揮施行。」

八月十九日，樞密院進呈信陽軍申勘到郭沂等情犯事宜，王藺奏：「郭沂元是虜界人，爲有親戚在淮南，因而過淮，其心亦是不忘中國。刑寺擬斷刑名太重。」上曰：「留得他一人在此，亦何益於事，不如令説諭約回。」

〔一〕本部：似當作「本院」，即樞密院。

二年六月十一日，樞密院言：「乞行下諸路州軍，日下開具見今在任歸正、歸明、歸朝、歸附、忠義員數并已事故人數，仍抄録脚色附籍，日後到任準此。如有事故之人，令本州先次索真本付身鑿訖，取朝廷指揮。」從之。

十一月二十七日，南郊赦：「西北歸正、歸朝民庶，不忘祖宗德澤遠來。內有老弱孤貧無依倚不能自存之人，仰州縣覈實保明，申常平司取見詣實，特與賑濟一年。」

同日，赦：「淳熙十二年大禮赦文：『應紹興三十一年以後歸正京朝官、大小使臣、選人、文學、校副尉、下班祗應任數已滿之人，緣添差不釐務不許關陞，將來有礙蔭補。可令吏部依官序先次注授正闕差遣〔一〕。將副已上，隨才擢用。或願就宮觀嶽廟者，特許陳乞一次。內任數未滿人願依舊添差者聽。其諸州忠順官俟滿七任日一體施行。』照得紹熙元年四月五日先已特降指揮，再與展一任訖。竊慮在遠無力前來陳乞之人〔二〕，仰赦到日，於所居州軍陳乞，即與疾速保明具申，以憑給降付身。所有目今各人合得請給，并仰按月支給，毋令失所。」

三年十二月八日，詔：「兩淮并沿邊州軍歸正人請占官田，昨累降指揮，與免差科税賦。今來限滿，理宜優恤，可自紹熙三年爲始，更與展免三年。」已上《光宗會要》。

（淳）〔紹〕熙五年七月七日，登極赦：「應歸正、歸朝、歸明及忠順官任〔滿〕添差宮觀嶽廟之人，其合得請受，仰所在州軍按月支給。」

同日，赦：「歸正、歸朝、歸明、忠順官等，不以紹興三十一年前後合得添差任數已滿之人，念其忠義來歸，理合優恤，可特更與添差前任一等不釐務差遣一次，仍令本州按月幫支合得請給。」

九月十四日，明堂赦：「已降登極赦文：『歸正、歸朝、歸明、忠順等官，不以紹興三十一年前後合得添差任數已滿之人，念其忠義來歸，理合優恤，可特更與添差前任一等不釐務差遣一次，仍令本州按月幫支合得請給。』尚慮州軍奉行滅裂，不即按月支給，致有拖欠，恐失朝廷優恤之意，仰監司常切覺察。」

慶元元年正月十九日，殿前司言：「本司水軍昨招收山東歸正忠義人充効用〔三〕，并撥到歸正官兵。內有口累重大人，理宜優恤，乞添支米養贍。」詔特支一年。以後逐年準此。

九月二十九日，宰執進呈蕭鷓巴遺奏，乞依蒲察久安（利）〔例〕，月給官錢二百緡，以贍妻孥。余 11 端禮等奏：「二人均爲歸正，而事體不同，難以攀援。若陛下念其北來，少加恩恤，亦在聖意。」上曰：「比蒲察久安例減半與之。」余端禮曰：「謹遵聖訓。」於是詔每月特支贍家錢一

〔一〕闕：原作「門」，據前兵一六之四淳熙「十二年十一月二十二日」條改。
〔二〕「竊慮」下似脱「尚有」二字。
〔三〕「効用」下原有「力」字，據後兵一六之一二嘉泰二年「閏十二月十九日」條删。

百貫。

三十日，詔歸正人前進武副尉、添差江南東路安撫司聽候使喚潘良輔，特與支破効士錢米。良輔自言：「元係密州莒縣土豪，紹興三十一年逆亮叛盟，良輔糾集忠義七人，隨都統（趙開）〔開趙〕收復日照縣并城陽軍，及在海州與金人見陣。蒙主帥魏勝將兄潘義陣亡進義副尉令良輔承授，於隆興二年離軍到部，累任添差建〔康〕府安撫司聽候使喚。紹熙二年，有歸正人許志陳論冒名承代，蒙拘收出身以來文字。竊念良輔憤發忠義，自備鞍馬出戰，歸正立功，實係無辜。乞下建康府支破一効士錢米，養贍血屬。」故有是命。

四年四月十二日，樞密院言：「歸正、歸朝、歸明并忠義官已經十一任添差任數已滿之人，若令到部注授正闕差遣，竊慮難待遠次，因而失所，理宜存恤。」詔：「歸朝、歸明并紹興三十一年以後歸正官、忠順官，如已經十一任添差任數已滿之人，委自守倅從公審量人材年貌，參驗付身脚色，別無詐冒，委是正身，保明以聞，特更與放行前任一等不釐務添差一次。或十一任添差任滿已授正闕差遣之人，如願就今來添差，亦許赴州軍陳乞，照應改授。其請給，并依紹熙四年十月九日指揮減半支給〔一〕。內供給錢十貫以下免減，願就宮觀嶽廟者聽。仍仰逐州軍每季置籍，開具見任人職次、姓名、所支錢米等，并已差下人申樞密院。遇有改差、事故，隨即銷落，及將事故人真本付身、公據繳申吏、兵部，分明批鑿付身，如無本宗親屬，即行毀抹。」嘉泰元年五月二日，又詔更特與放行前任一等不釐務添差一次。其請給并依紹（興）〔熙〕四年十月九日指揮減半支給，十貫以下免減，願就宮觀嶽廟者聽。并委自守倅審量人材、年貌，參驗付身脚色委無詐冒等，仍照近降指揮置籍，更令互相保明，委係正身，申樞密院。餘從慶元四年四月指揮施行〔二〕。

嘉泰元年三月二十四日，宰執進呈何澹奏：「諸路州軍歸正并忠順官添差員數，自來每月置册，供申見任人數到任月日，或有事故，以憑銷除。近來州郡多不申到，竊慮事故之人不曾開落，虛破請給。」陳自强奏：「歸正人已是費耗州郡財賦，豈可從而作弊。」上曰：「可嚴行下。」

同日，樞密院言：「諸路州軍歸正并忠順官見今添差之人，自來每月置册，供申見任人數，到任月日，或有事故，以憑稽考，勾銷簿籍。竊慮所在事故之人，其合干等人受囑，不行開落，因而虛破請給。（照）〔詔〕令逐路安撫司行下所部州軍，疾速開具歸正、忠順官元額、見管添差并事故人數，須管每月置册，逐人子細開具，繳申樞密院。12 歸朝、歸明、歸附人準此，不得漏落，仍仰帥司常切檢點。或有全年不申繳去處，即開具當州官吏職位、姓名，申樞密院取旨

〔一〕紹熙：原作「紹興」，據本書兵一七之三四所載同條改。下同。
〔二〕四年：原脫「四」字，據本書兵一七之三四補。

施行。」

七月十七日，知閬州劉甲言：「謹按承直郎、添差在城鹽税王永思〔一〕，初因僞地小胥歸正，叨官八任，在州監當。見居蘿城内，累叨厚俸，坐擁富貲，廣置田宅，凶悍之性，老不知革。父子三人，動輙皷率其徒，騙挾州郡，凌辱平民，爲公私鉅蠹。至擅占禁軍營舍，居停淫婦，以爲遊宴之所。其子侍官蔭，尤爲頑悖。歸正官季安國等訴其在僞地本無官職，妄稱有官，夤緣受命。及細閲其初補付身，係紹興三十一年隨忠義統領曹堅歸朝，年止二十六，却稱曾充僞地京兆府總管司孔目官，已經出職補從事郎，僞誥被焚，别無一字干照。又稱有曹堅出給公據，亦不見繳進。本人補牒内開坐吏部勘當，不曾連到曹堅干照分明，遂叨恩於文〔質〕〔資〕上安排，委係僞濫。緣本州添差猥衆，并係彼界投降之人，凶獷之風，不可寖長。其王永忠難以存留本州。今將任滿，行赴運司擬授，必是指射自代本身窠闕，爲害益深。乞下制置司，將王永忠移向靠裏州軍居住，仍下部契勘。如十任已足，今後止與添差嶽廟差遣，庶幾僞冒之人，畧知朝廷法令。」從之。

嘉泰二年十月四日，故檢〔校〕少保、大同軍節度使、贈太師蒲察久安孫忠翊郎蒲察居仁進狀言：「先祖久安、先父鉞恭覩孝宗皇帝赦書宣諭，率衆歸朝。久安特蒙首建節〔越〕〔鉞〕，擢任帶御器械，莫非優異。竊見一般來歸蕭復、係蕭琦之孫，初任準備將領，節次陞擢，再任淛西副總管。又先祖部下千户趙良輔男元已擢任淛西路鈐，李元男邦王擢任臨安府正將〔二〕。重念臣叨受遺澤歲久，尚未得禄，自父鉞不禄之後，每月蒙朝廷優恤，支破贍家錢米，一門方得存活。臣已於去歲呈試中□□□□□□家錢米，候出官住支。緣臣東南産業素無，若行住支，立見失所。乞降付樞密院，與臣特添差準備將領，臨安府駐劄，所有贍家錢米，仍舊永遠支破，庶使忠義子孫溥霑無窮之恩。」從之。

閏十二月十九日，殿前司言：「本司水軍昨招收山東歸正忠義人充効用，并撥到歸正官兵。内有口累重大人，理宜優恤，乞添支米養贍。」詔特支一年。以後逐年準此。

三年十一月十一日，南郊赦文：「歸正隨來子孫，依指揮合得添差兩任任滿之人，内有委係頭目子孫，念其當來隨父祖忠義遠來，特示優恤，可令樞密院特與放行添差一次。」

〔又〕〔同〕日，赦：「歸朝、歸正、歸明、忠順官雖添差任數已多，緣其任滿，深慮失所，可照應第十三任指揮，更特與放行前任一等不釐務添差一次，以示優恤。所有請給，依紹熙四年十月九日指揮施行〔三〕。仍仰守倅保明，委無

〔一〕王永思：下文兩處均作「王永忠」，未知孰是。
〔二〕李邦王：疑當作「李邦玉」。周必大《文忠集》卷一四九有李邦玉（淳熙十三年），當即此人。
〔三〕十月：原作「九月」，據本書兵一六之一一慶元「四年四月十二日」條、兵一七之三四同條改。

詐冒違礙，申樞密院。」自後郊祀、明堂大禮 13 赦亦如之。

同日，赦：「西北歸正、歸朝民庶，不忘祖宗德〔澤〕遠來，内有老弱孤貧無依倚不能自存之人，仰州縣覈實保明，申常平司，取見詣實，特與賑濟半年。」自後郊祀、明堂大禮赦亦如之。

開禧元年十二月十四日，詔：「特支故左武大夫、濠州團練使耶律憲妻恭人郭氏每月贍家三十貫、米五石，春冬衣絹各五匹，冬加綿二十兩，令糧料院按月幫支。」郭氏進狀：「故夫憲元係遼國近族，承襲世封，任昭義大將軍。於隆興元年，以逆亮不道，拋棄墳壟、家屬、財産物業，率領本部全軍人馬，同招討蕭琦等奮發忠義，萬死一生，來歸聖朝。仰蒙聖恩，換補武德大夫、忠州刺史、建康府中軍統領，陞充殿司統制。身没之後，止有男孝純，曾兩任添差臨安府將領。自後，緣足疾不曾陳乞差遣，别無人食禄。乞依蕭奪里懶、趙受等體例，支給錢米。」有司以非趙受之比，故量給之。

二年七月十六日，詔：「僞明威將軍、知縣王立與換武義大夫，僞地付身令承旨司毁抹，特添差東南第五將、徽州駐劄，不釐務。請給依正官例支破，候二年滿日，申取朝廷指揮。」以江淮宣撫司言立係僞明威將軍、知縣，并老小及齊僞地付身，首開西門投拜迎降，故有是命。

九月十六日，詔：「僞將仕郎（歸）、充歸德府寧陵縣主簿劉士安換給迪功郎，更循兩資。僞地付身，令承旨司毁抹。」以江淮宣撫司言：「士安係泗州土居百姓，昨赴僞朝，試過詞賦，進士及第，已僞補將仕郎，差充前件差遣。緣病日久，未曾出官。今遇聖朝大舉收復泗州，士安齎僞朝付身敕黄，首先同本州閑良官歸順。」故有是命。

二十七日，詔泗州歸正人吏孫瑄與補承信郎。以山東京東路招撫使郭倪言：「（宣）〔瑄〕因差送還泗州知州至燕京，得知本朝收復泗州，遠來歸正，乞復與推恩。」故有是命。

三年三月十七日，詔僞西路萬山一帶屯駐廣威將軍吾也萬户男訓武校尉、謀克納合道僧康寧與補武翼郎。以京西北路招撫使趙淳言：「謀克納合道僧父係右翼副統軍，納合道僧自勸其父不可攻城，傷折人衆。父既不從，且欲殺之，遂竊取右翼副統軍銅印一顆，前來投拜。納合道僧本姓康，淳爲立名寧。由是盡得萬山一路番軍虚實，虜人於次日燒營，盡渡江北。乞與推恩。」故有是命。

二十三日，詔借補承節郎、前泗州煙火都監黄天翼特與補下州文學。以權山東京東路招撫司職事畢再遇言：「天翼自陳元係泗州生長人，事習詞賦進士舉業，於虜界五獲府解到省，一次到殿，有終場付身照驗，充州學正。於虜界格法，諸赴御試舉人，雖未及第，許就隨朝十貫石局分承應，歷三考，得軍防判差遣。天翼緣母親年不曾願就〔一〕，

〔一〕「年」下當脱「邁」或「高」之類字。

於年前四月二十六日幸遇大朝恢復舊疆，天翼即時具州學14事目，首先迎拜王師，於馮統制處歸正了當。次後蒙招撫司嘉其忠義，踏逐充泗州煙火都監、借補承〔節〕郎官資，幹當軍前大小事務，及津發大軍前進一行人從車仗牛馬等事。正當暑雨，實歷苦辛，不曾有悮官中事務。乞給换正官。」故有是命。

嘉定三年二月二十三日，詔故忠順郎、差劄東副總管、婺州駐劄張會寧男時敏與依一般歸正人趙受例，支破錢米養濟。以時敏言：「父會寧元係北界千户管軍頭目，同萬户蒲察久安部領軍馬前來宿州虹縣守把，於隆興二年恭拜本朝宣諭誓文黄榜，部率全軍人馬，遠來歸朝。今來身亡，乞依趙受例支給孤遺錢米。」故有是命。

五年二月十三日，建康都統制莊松言：「昨准都省指揮，勘會殿前、步軍司建康、鎮江府諸軍武鋒軍見管歸正忠義口累重大之人，計口添支米數。得旨，特展支一年。本司見管歸正忠義人指準每月添支養贍家屬，乞且仍舊，接續按月照會批放，庶免失所。」詔特展支一年。

六年九月十八日，詔：「今後歸朝、歸正、歸明、忠順官大小（事）〔使〕臣、校尉年及七十陳乞添差人，并與添差監當場務，校尉添差指使，并不釐務，願作嶽廟者聽。內曾任路分副都監以上，并止與降前任一等不釐務差遣。所有請給，若至第十一任人，自依紹（興）〔熙〕四年十月九日已降指揮施行。仍令吏部，今後遇有勘會似此陳乞添差之人，分明予決合入差遣，申樞密院。」以樞密院言：「歸朝、歸正、歸明、忠順官〔依〕嘉定五年十一月郊祀赦恩，（施）〔放〕行前任一等不釐務添差。間有年及七十，未曾該載。緣曾經十三處戰功年及七十人，依淳熙五年指揮，大小使臣與添差監當場務，校尉添差指使，并不釐務，願作嶽廟者聽。內曾充正將以上、在外曾任路分都監以上人，并特與降前任一等添差不釐務差遣。其歸正等官年及七十者，自合一體施行。所有曾任路分副都監以上人，緣資歷稍高，理合分别優異。」故有是命。

八年二月二十三日，樞密院言：「殿前司據遊奕步軍第二將、訓武郎、準備將耶律淑稱：『故父恭遜係契丹頭領，於隆興二年同少保蕭琦萬里歸朝，蒙恩特補授武德大夫、忠州刺史，差充殿前司忠義軍正將。於乾道五年致仕，恩澤補授〔淑〕承節郎。淳熙十三年從軍，嘉定元年陞充準備將，轉至上件名目。念淑隨父歸朝，經今五十餘年，係在聖朝長大。照得契丹覆姓耶律，係姓劉。竊恐將來出戍，呼叫姓名不便，乞改正姓劉，依舊名淑。』本軍將隊契勘耶律淑委是詣實。」從之。

十年七月七日，詔：「僞懷遠大將軍、海州贛榆縣令夾谷秀特補忠訓郎，僞宣武將軍、海州贛榆縣主簿、權稅務都監馬禧特補承節郎，僞信武將軍、海州贛榆縣尉、權忠（孝）義軍都統徒單立特補保義郎，昭信15校尉、海州贛榆縣徐浦酒稅都監蒲察雄特補進義校尉，分注福建州軍合入添差不羞務差遣，理任、請給等并依前後添差歸正人則例，按月幫（之）〔支〕。僞地告劄，令吏部毁抹。」以江淮制置司言：「楚州忠義統轄高忠皎申，提兵至贛榆縣城，有夾谷秀等開門齎銅印并官告迎降。本司照得逐人并係投降歸順之人，即與捉獲人不同，乞將僞地官資换授正官。」故有是命。

八月二十二日，詔：「歸順官趙元登特補成忠郎，令吏部差注福建州軍添差不羞務準備差使，理任、請給依歸正人則例，按月幫支。」以江淮制置司言：「忠義統轄沈鐸復漣水縣，首有趙元登投降，係僞武節將軍、漣水縣周家莊巡檢。爲具本朝檄牓，即齎告劄等，同老小歸附。本司究問，係通州三河縣漢兒人〔一〕，地近事宜，無不聞知，攻守之事，言於可聽〔二〕。其人頗滑難信，除將家口六人發赴都統司安泊，支破錢米外，照得趙元登首先歸附，與就陣降附等人不同，合加旌别。乞照本人僞官换授與夾谷奴等一體添差。」故有是命。

二月二十八日〔三〕，詔：「僞宣武將軍、華州華陰縣尉張玉特補忠義郎，僞武節將軍、（穎）〔潁〕州（穎）〔潁〕上縣香林寨副巡檢劉進特補成忠郎，僞忠翊校尉蒲端仁、張直、張勝，各特補進義校尉，分注江西州軍添差不羞務。内張玉、劉進充準備差使，蒲端仁、張直、張勝充指使。理任、請給等，并依前後添差歸正人則例，按月幫支。僞地敕劄，令吏部毁抹。」以淮西安撫司言：「張玉等原係中原人，陷蕃百年，不得已而仕僞。知本朝恢復，覩檄書感泣，約候兵馬渡淮，率軍民内應。忽大前來（來）攻取〔四〕，所謀敗露，欲將結約人誅戮。玉等畏死，星夜將帶老小歸順，家産屋宇，盡皆抛棄。今齎僞地告劄，乞换（結）〔給〕正官。」故有是命。

十一年五月十九日，詔：「前僞地白身宗子趙善周特補保義郎、監潭州南嶽廟，常州居住，放行合得請給。其家口押往常州，照北來人體例，支給錢米養贍。」以江淮制置司言：「淮東安撫司〔申〕：『據高郵軍申，解到北人趙善周等。本司未委緣（河）〔何〕北來，據善周稱：係大宋太宗第七位從孫、東京睦親北宅漢王宫長子平陽郡王位下子孫〔五〕。宣和年間，親祖士輗，任京東淄州兵馬鈐轄。曾祖仲集，帶開府儀同三司、追封魯國公〔六〕，謚恭安，係哲宗、徽宗皇伯，士輗係神宗皇兄。金賊攻取京東，知州孫立順蕃，其祖在後，例换僞官誥命。父不鄙并善周只在淄州居。蕃國爲見善周是大宋皇親，拘收在官，不令出入。緣韃靼人馬再打淄州，善周將老小出城，入濟南、東平府、邳、海

〔一〕通州：原作「道州」，據《金史》卷二四《地理志》上改。漢兒：原作「溪兒」，不可通，據文意、字形改。遼、金稱漢族人爲「漢兒」。《三朝北盟會編》卷二四四：「執政大臣多中州漢兒人。」用語與此同。
〔二〕於：疑當作「語」，音近而誤。
〔三〕二月：按上條爲「八月」，此應有誤，或是「十二月」。
〔四〕「大」下疑脱「軍」字。
〔五〕平陽郡王：原作「平賜郡王」，據《宋史》卷二一五《宗室世系表》一改。
〔六〕魯國公：《宋史》卷二一五《宗室世系表》一作「惠國公」。

州，至沭陽縣宋經家住坐〔一〕。今知本朝軍馬進發，迎沈將軍帳前歸正了當。今畫《宗枝圖》并齎到本朝誥敕明白〔二〕，本司已收管贍養。』」故有是命。

八月九日，樞密院言：「故武德郎、㴻西路副總管蒲察

16 鈞男端仁言：臣故祖久安，隆興二年蒙孝宗皇帝命魏王親書招，祖久安奮發忠義，糾率大周仁等，將全軍人馬及倉庫等歸朝。宣賜臣家恩數，係是特旨，不經銓選。祖久安身故，伯鉞臨危陳乞贍家等錢〔三〕，蒙恩月給二百貫，春冬衣絹，續後月支錢一百貫，米一十石。緣伯〔鉞〕父鈞，生前各居煙爨，所有月支錢米，係鉞男居仁支請，臣兄弟并不得顆粒分文，獨不霑被聖澤。乞付樞密院劄下户部及堂兄居仁位，將逐月支破贍家錢米等分與臣位，均養孤幼，庶免失所。」詔依所乞。

二十一日，詔：「歸正人張時安、趙翼、張瑜，各特補進義副尉，分注江西州軍添差不釐務聽候使唤。理任、請給依歸正人則例按月幫支，僞受告劄盡付兵部毁抹。」以江淮制置司言：「張時安等陳，係大宋遺民，（蕃陷）〔陷蕃〕百年，父祖以來，有意歸順。南北限隔，不得已仕僞。今虜衰殘，將墳塋財産抛棄，於嘉定十五年（諧）〔詣〕霍丘縣過淮歸順，蒙分撥無爲軍養贍。緣時安等〔係〕僞官，不曾陳乞换授。近張玉、劉進等齎元授僞官换授訖，今齎僞官誥劄乞换授正官，使霑寸禄。」故有是命。

十二年七月七日，詔：「前僞地白身宗子趙善長特補承信郎，趙汝舟、趙汝良并特補保義郎，差監潭州南嶽廟。内善長興化軍，汝舟汀州，汝良漳州，各居住，并放行合得請給，仍將各人家口隨州軍分撥，照北來人體例錢米養贍。（北）〔白〕直等人，令江淮制置司契勘的實人數，分往別州軍，亦照北來體例支給錢米。繳到告二十二段，并宗圖公據，令分椿庫寄收，劄下泉州照會。」以江淮制置司言：「據（車）〔東〕海軍前知密州于詳申：『領兵至密州諸城縣，有趙善長等首領忠義人歸順，取密州膠西縣城池。稱係皇朝子孫，陷没僞地。今因（鞋）〔韃〕靼侵擾，僞差汝舟充義軍副都統把軍，爲見制司文牓，首倡大義，將帶精兵千餘，招伏宋山、史玉四千餘人，前來東海，欲効忠節。』本司審驗得善長等曾高祖允昇，賜平陽郡王，高祖宗旦、祖仲瓊、父士絪〔四〕，見有（神）〔仲〕瓊勳封五色綾結，及描畫《宗枝圖》，及士絪秉義郎官資於僞地倒换公據顯證。照得善長等係是宗室，難以臨邊，已差人伴送南外宗正司養贍外，善長、汝舟、汝良共五十八口，白直老小七十一口，乞將善長等補授

〔一〕沭：原作「沐」，據《宋史》卷八八《地理志》四改。

〔二〕宗：原作「宋」，據下「十二年七月七日」條改。

〔三〕鉞：原作「趙」，據下文及本卷兵一六之二二「嘉泰二年六月四日」條改。蓋「鉞」訛作「越」（本書兵一七之二九即訛作「越」），又訛作「趙」。

〔四〕宗旦：原脱「宗」字，據《宋史》卷二二四《宗室世系表》一〇補。又據該表，宗旦有子名仲璦，仲璦有子名士緬。疑此「瓊」爲「璦」之誤，「絪」爲「緬」之誤。又「士」字輩下尚有「不」字輩，而後乃爲「善」字輩，今善長言父爲士絪，未詳。

官資，親屬照北來人體例支給。」故有是命。

十二月二日，〔詔〕：「歸順人邢德特補訓武郎、通判青州、兼京東路兵馬鈐轄，成江脩武郎、通判齊州、兼提舉，張聚脩武〔郎〕、知(弟)〔棣〕州、統轄(弟)〔棣〕、濱州兵馬〔一〕，王贇脩武郎、知齊州、兼京東路兵馬鈐轄，郭全從義郎、知濱州、兼總轄本州軍馬，寇智秉義郎、簽書青州判官、兼總轄，王安忠翊郎、忠勇軍馬軍統制、兼青州兵馬鈐轄，劉江忠翊郎、忠勇軍先鋒統制，趙澤忠翊郎、忠勇軍中軍統制、兼京東安撫司帳前總轄，張彬成 17 忠郎、忠勇軍統制、兼知密州，朱琛成忠郎、忠勇軍統制、兼知濰州，衡穩成忠郎、忠勇軍統制、兼知登州，郭堅成忠郎、忠勇軍統制、兼知淄州，高顯承(顯)〔節〕郎、忠勇軍前軍統制，張松承節郎、忠勇軍左軍統制，張山承節郎、忠勇軍後軍統制，劉源、張樞、崔欽并承節郎、京〔東〕安撫司帳前統制。」以京東路節制司言：「邢德等本是遺民，不忘舊主，赤心歸順，忠節可嘉。近準朝廷給降空名誥命六十一道，本司今先書填給付外，乞照應。」

十四年正月二十三日，詔楊嗣興特補(武修)〔修武〕郎，王參從義郎。以四川宣撫安丙言：「嗣興先在北界，僞官至定遠大將軍、貔虎軍統軍，元係先朝名(朝)〔將〕楊業之後，雖世受勇間〔二〕，未嘗一日忘本朝，思欲自拔來歸。今乘機會，抛棄家屬，捨逆歸正。參先因與韃靼經戰立功，僞加至懷遠大將軍。昨來虜人侵犯，曾受荆湖制置趙方旗牓，結約造意，赤心南向，屢犯危機，欲復見漢官威儀，乘機勇決，棄家歸朝，委見忠順。」故有是命。

三月十九日，詔張惠特補脩武郎、河北東路兵馬鈐轄。以京東河北節制司言：「據盱眙軍忠義都統李全提領人兵與泗州番軍見陳，有僞大將鎮國上將軍、遥授兗州節度副使、宣差總領、都提控張惠，將領部下頭目數人，出陣投降歸正，可見忠節。」故有是命。

四月二十六日，詔：「成忠郎、忠勇軍統制、兼知濰州朱琛特補忠訓郎，差充京東路兵馬鈐轄，兼管登萊州靜海軍盜賊兵甲公事；借補承節〔郎〕、忠勇諸軍總轄統制、兼(勝)〔滕〕州通判夏贇特補承節郎〔三〕、權通判滕州、兼管忠義軍事；京東忠義諸軍都統制司準備差遣王世珍特補承信郎。」以京東河北節制司言：「琛安集居民，捍禦曰充〔四〕，委有勞效；鑯慕義來歸，委集民民〔五〕，捍禦有勞；世珍慕義來歸，協贊軍事，委有勞効。」故有是命。

十五年正月十日，玉寶赦文：「勘會歸朝、歸正、歸明、忠順官添差任數已滿之人，因該嘉定十四年明堂大禮赦恩，已令更特與放行前任一等不釐務添差一次。其年七十

〔一〕以上「郎」、「棣」三字據葉渭清《宋會要校記》補改。
〔二〕勇間：疑誤。
〔三〕贇：下文及本書兵一七之三九作「鑯」。
〔四〕曰充：疑誤。
〔五〕民民：似當作「兵民」。

以上之人，亦已照應嘉定六年九月十八日指揮施行。尚慮所在官司阻抑，不即放行請給。自今赦到日，仰所在州軍即與按月幫〔支〕。其或任嶽廟并待闕合得本身料錢、衣賜人，亦仰速與幫支，毋得仍前違戾。」

二月五日，詔李元特補從義郎、充淮東制置司制勝軍鈐轄。以京東節制司言：「忠義都統及路鈐張惠申，有白洋河歸正頭目李元，殺死沿河守把蕃官并僞提控温罕、僞都統石抹王奴、萬户獨吉木胡連，奪到僞牌印，將帶部下前來歸正。本司將李元差充應天府鈐轄，兼帳前制勝軍統制，人兵剌充制勝軍，發往盱眙軍捍禦。照得李元捨逆歸順，將帶人兵歸正本朝，可顯忠赤。」故有是命。

四月二十七日，詔孟春特補武翼郎，仍舊知 18 沂州、兼京東路馬步軍副總管、提舉沂滕單州兵馬盜賊公事。以忠義都統李全言：「沂州知郡孟春，久居京東，係大宋之遺庶。今陷虜相近百年，爲殘金亡政，春抱義先自嘉定八年聚集忠義，招到沂、滕、兖、單、濟五州十九縣歸正聖朝，節次遷(如)〔加〕春承信郎、京東路鈐、知沂州。於十四年有石珪盜賊，妄稱韃人，抵城下逼脅拜降。春緣州縣城池累值兵革，軍少無糧，難敵大(馬)〔軍〕，金銀俱不得免。石珪分付牌印，令春充元帥，未嘗行用。後都統到沂州，給付詔書，仰念國恩，兼春係先歸正，實無背棄，及將元授金牌繳納，赴制司公參，管下州縣亦各歸正。今具見管州縣：沂州臨沂、費縣，滕州滕、鄒、沛、南陵縣，兖州嵫陽〔一〕、寧陽〔二〕、泗水、曲阜縣，單州單父、豐、魚臺、虞城、成武、楚丘縣，濟州任城、金鄉、嘉祥縣。本司見得孟春莊民樸實，迫於逼脅，不得已隨從石珪，初無違背本朝之意。」故有是命。

十六年八月二十四日，詔制勝軍統制陳智特與補承節郎。以京東河北鎮撫司言：「海州申，智係密州諸城縣人，莊農爲生。嘉定四年，經韃靼兵火，隨李全結合人兵，在九僊山混(殽)〔殺〕金賊。十六年，赤心歸順聖宋，取東海，次海州，安復山東後，攻取邳州，破招賢、唐宋二寨，奪到牌印、免番軍頭目夏深等，宣力惟多。見係借補承節，乞與旌别，補換真命。」故有是命。

九月二日，詔趙社特補承信郎。以淮西制置司言：「社係遼東蓋州人，女真馬軍千户，授廣威〔將〕軍，南京屯駐。因虜界專尚酷虐，苦害軍民，於嘉定十二年乘騎將軍老小歸順至唐州〔三〕。蒙隨州借補承信郎、充克敵軍訓練。同康用攻打毗陽縣立功，補準備將。虜賊犯蘄、黄，京湖制司令隨扈再興於馬鞍山林家店見陣，陞補副將。節次先鋒，血戰重傷。今齎僞界付身宣武、廣威將軍宣帖、脩武校尉敕黄、武節將軍官資，比附换授真命。」故有是命。

九月十三日，詔：「僞宣差鎮國上將軍、邳州從宜經畧

〔一〕嵫：原作「滋」，據《金史》卷二五《地理志》中改。
〔二〕陽：原脱，據《金史》卷二五《地理志》中補。
〔三〕乘騎將軍：疑有脱誤。

使、兼邳州刺史、知軍事、徐邳規措使納合陸哥，改姓康，名日磾，特補武節大夫、忠州團練使，充淮東路馬步軍副總管、知淮陽軍事、兼管内經略使。」以京東河北節制司言：「納合陸哥舉城來歸，忠誠可尚。除已便宜改姓康，名日磾，誥命乞從給降。」故有是命。

十七年二月十一日，詔：「康日磾特贈保静軍承宣使，仍特與承節郎恩澤一道、承信郎恩澤二道。更特支錢二千貫（又）〔文〕，給付其家，令制置司於朝廷樁管官錢内支破。」以樞密院言：「勘會特授忠州團練使、武節大夫、淮南東路馬步軍副總管、知淮陽軍、管内經略使康日磾捨逆從順，挈地來歸，備見忠赤。方深嘉尚，旋爲賊害，殊可矜傷，宜加贈卹，以示國家愍忠不忘之意。」（以上《永樂大典》卷一八九〇八）

宋會要輯稿　兵一七

歸明

【宋會要】

❶太宗雍熙三年七月，詔：「北界歸明人先令分處并、代。今遣（密樞）〔樞密〕都承旨楊守一遷於西京許州，給閑田處之，便爲永業，仍免租役，州縣常加安撫。」

仁宗天聖十年六月四日，開封府言故侍禁劉日休妻自陳夫從契丹歸，有男應沖，求録用。詔：「自今歸明子孫，須自虜界攜來，方與録用。」

慶曆元年八月，以契丹歸明人趙英爲洪州觀察推官，賜緋衣、銀帶及錢五萬，更名至忠。

三年四月，以歸明右侍禁蒙守中爲大理評事。守中本乾寧人，景德初陷契丹，嘗舉進士及第〔一〕，歸明，補右侍禁〔二〕、監和州商税。至是，自陳不願爲武吏，故改命之。

五年九月，詔河東經畧、轉運司，佃官地歸明人並蠲其差役，其别自營創者如令。

六年五月三日，歸明舉人李渭言：「本化外溪洞人，父在日補鶴、繡州軍事推官。逮臣長成，取辰州進士文解，試于南省。乞特依歸明人例文資録用。」詔補齋郎。

七年二月二十八日，詔歸明人守官處，自今惟得幹本局事，不許差出。

四月二日，供奉官、閤門祗候李德用充荆湖南路都監，詔以歸明人遷内殿崇班，仍前職。

皇祐二年正月，詔：「施州自今歸明軍校，死者許其子孫代守邊，仍先給食鹽。其衣襖，須三年乃給之。」

嘉祐五年三月，詔流内銓，自今歸明人年二十五以上聽❷注官。初，泗州司士參軍徐濟自陳歸明時八歲，今年四十八，不得注官，因著此條。應大遼、西蕃、南蕃及羈縻等處歸投事迹，可以分入逐門者，已隨類分入外，其不指一處，總稱歸明者，悉載於此〔三〕。

治平四年十一月二十三日，神宗即位未改元。上宣諭樞密使曰：「歸明子孫議立收恤之制，以示來遠之意。」乃定恩例，許之自陳。

神宗熙寧元年五月二十三日，詔：「今後歸明人子孫叙祖父乞恩澤者，不以生長去處，文武陞朝官以上給田三頃，如在寬鄉即給五頃；以下給田二頃，如在寬鄉即給三頃。曾給田者，不得一例支撥。如祖父元給請受，並令承請，無者依此給田。」

二年十月二十九日，虞部郎中致仕趙至忠言：「本北來歸明之人，自歷任並支實俸，致仕亦蒙特恩。今三司以

〔一〕第：原脱，據《長編》卷一四〇補。
〔二〕補：原脱，據《長編》卷一四〇補。
〔三〕此注原抄作正文，據文意改。

《祿令》特減一半，欲乞全給。又昨致仕，乞親堂姪慶長恩澤，未蒙允許。」詔特支全俸見錢。

三年八月七日，詔：「歸明人除河北、河東、陝西、京東、川廣不差外，餘路並許差注。內京東路除北界歸明人外，餘歸明蠻傜亦聽。」

八年二月，詔免歸明人子孫爲義勇者，止令附保。

元豐四年六月四日，詔：「歸明人相讎殺公事，令所隸屬路分官司相度行遣，不得交相侵越。如已施行，仍關牒照會。」

五年十月十八日，詔：「歸明人應給官田者，三口以下一頃，每三口加一頃。不足，以户絶田充，其價轉運司撥還。」

是年〔一〕，詔陝西、河東經略司：「聞 3 諸路蕃官雖轉大使臣，並在漢官小使臣之下，朝廷賞功轉資，以爲激勸，如此卑抑，則孰知遷官之榮？可宜定漢蕃官序位以聞。」後河東經略司言，蕃官部堡寨兵出戰，常以漢官驅策，恐難與漢官序位。而尚書兵部言，乞應蕃漢官非統轄者，並令序官。從之。

六年十月十七日，廣南西路（運轉）〔轉運〕使、權經略（司）〔使〕陳倩言：「遷徙歸明人給田，並易舊省户熟田。其舊人所得田不及舊業，給屋宇價錢又損其直，乞以官錢貼還。」從之。

〔二年〕十二月二十八日〔二〕，詔恩賜歸明人田宅毋得質賣。以編敕所言，賜田宅，本欲化外之人有業可歸，不當許其質賣也。

七年七月二十一日，詔：「陝西、河東蕃官蕃部轉職名及因事酬獎者，書其實年於付身文字。本路直補轉者准此。」

哲宗元祐元年三月二十四日，户部言：「歸明人除三路及緣邊不得婚嫁，餘州聽與嫁娶。并邕州、左右江歸明人，許省地溪峒結親。」從之。

四月十四日，詔：「今後殿侍係歸明傜人，尋醫侍養，各不限年。許三班內有已授差遣或在任人〔三〕，依元路分與合入差遣。」

八月一日，詔今後蕃官不許（克）〔充〕漢官差遣。先是，河東提刑、兼權管幹經略司公事范子諒言：「國朝置蕃官，必於沿邊控扼之地，賜以田土，使自營處。官資雖高，見漢官用堦墀禮，所任不過本部巡檢之類。平居無事，志氣懾服，故緩急之際，易爲驅策。近歲蕃官有換授漢官而任內

〔一〕按，此條事，《長編》卷三三七載於元豐六年七月丁巳。

〔二〕二年：原無，承前則爲元豐六年事。按，《長編》卷三〇一載此條事於元豐二年十二月二十八日壬戌，本書食貨六一之六一亦同（惟十二月誤爲「十一月」），則此事在二年無疑，因補。此必是《大典》從他處抄録，脱去年分，誤插於此。

〔三〕許：原作「計」，據《長編》卷三七五改。

地次邊去處〔一〕，【4】甚者擢爲將副，與漢官相見均禮，於事體未順。」故有是詔。

三年正月十八日，詔陝西、河東經畧司機察來歸蕃族之單獨〔二〕、可疑者，分徙近郡。

十二月八日，樞密院言：「歸明人給田舊條，堪耕種田不足，給户絶田。元祐間，令堪耕種田不足給常平田。緣常平田止人户抵當場務所折納等田土，數目不多。」詔添入「常平田不足，給户絶田」。

四年十月二十三日，詔歸明人任陞朝官以上合丁憂，除依式給假外，特不許持服〔三〕。

五年八月一日，户部言：「歸明人所給田如有妨礙，及瘠薄不堪耕佃，乞官爲驗實別給。」從之。

六年九月十八日，（邢）〔刑〕部言：「蕃官授使臣，若鈐轄蕃族寧静，不致引惹，及無科率搔擾，候及七年，三班差使借差殿侍；及十二年無過犯，與磨勘。如犯上條，各計贓私公罪，比展年法加一倍展年，事理重者奏裁。」從之。

二十九日，兵部請：「應蕃官去失付身、告敕文書之類，不礙遷轉照使者，借職已上展四年磨勘，差使已上展七年磨勘。礙磨勘者，借職已上七年，差使已上十二年。其貨賣、典當并受買，各以違制論。」從之。

十月二十一日，河東路經畧司奏請：「應沿邊蕃官蕃部地土，如係官給者，並不許遞相典賣。熟户蕃部祖、父及己業，即聽自相典賣。」並從之。

七年八月二十三日，鄜延路經畧使范純粹言：「本路蕃官往日因歸順或立功，朝廷特賜姓名，以示旌寵。近來頗有無故自陳及私改【5】漢姓者，未有禁約。年歲積遠，漢蕃弗辨，非所以尊中國、別異類。請今後諸路蕃族除朝廷賜姓外〔四〕，不許陳乞。」從之。

十二月二日，河東路經畧司言：「西界投來頭首異浪昇崖，是西界正鈐轄，乞特與一諸司副使名目。其從人嵗移曾差出探事，鬬敵重傷。」詔異浪昇崖與内殿承制，給驛券，差赴麟府路軍馬司使唤，候別立勞効，保明以聞。嵗移爲探事重傷，與副兵馬使。

紹聖二年六月三日，詳定重修敕令所修立到：「歸明人於所住州軍置籍，死亡者銷落，申兵部條具。」從之。

四年正月五日，立賞格募漢蕃官人及邊人招誘西（差）〔羌〕用事大小首領，除官自正刺史至殿直，賜金帛三萬至五百。

同日，詔以投降蕃官王屈輕爲三班借職。

二月十三日，詔：「熙河蘭岷路發遣到蕃官東上（閣）〔閤〕門使、雍州防禦使李忠傑添差越州兵馬鈐轄，賀州刺

〔一〕次：原作「沿」，據《長編》卷三八四改。
〔二〕單獨：原作「軍特」。按《長編》卷四〇八此句作「審察歸順蕃衆有單獨及反側可疑之人」，據改。
〔三〕不許：《長編》卷四三四作「免」，似是。
〔四〕族：原作「漢」，據《長編》卷四七六改。

史李世恭爲嫯州兵馬都監，並不僉書公事。其請給、人從，依見任官條例。逐州覺察，無令疎虞。」

九月一日，詔今後歸明人未給田者，權舍以官屋。

元符元年三月七日，詔：「今後未經漢官差遣歸明蕃官使臣〔一〕，仍舊隸屬兵部。如立功優異，委經畧司保明聞奏，當議審察取旨。」

四月二十一日，鄜延路經畧使呂惠卿押到降羌米屈啾，詔補內殿崇班。

五月十三日，涇原路經畧司言，歸順人部落子萌山，委是赤心向漢。詔特與副兵馬使。

十八日，熙河蘭岷路經 6 畧司言：「歸順部落子勃哆稱，曾投夏國，今復誘致親屬三十餘人，并首級、馬等歸漢。」詔勃哆爲三班借職，仍賜絹五十匹。

二年正月四日，詔給度僧牒三百付涇原路經畧司回易，應副新歸順蕃部。

同日，涇原路經略司言：「統軍嵬名阿埋、妹勒都逋今押赴闕，招納到生口三千餘人，於靈林〔二〕、鎮羌、九羊、通峽、盪羌寨安泊。」詔令經畧司存恤。

六月三日，鄜延路經略使呂惠卿言：「詔降羌葉石悖七補東頭供奉官，仍賜銀、絹、緡錢各三百。檢准敕榜，僞天使之類與崇班，仍賜銀、絹各五百〔三〕。葉石悖七係西界業令吳箇官〔四〕，與僞天使一般，本司已支銀、絹、緡錢各五百，仍給公據，許奏補內殿崇班。若降等，慮無以取信〔五〕。」詔從之，今後有名目與敕榜不同人，並奏聽朝旨，毋得一面支賜，先許官職。諸路准此。

徽宗崇寧二年九月二十三日，詔：「歸明人如係納土歸明，並與依條支破職田。內西北歸明人，雖非納土，亦與支破。」

三年五月二十日，兵部狀：「西京留守司狀，據崔昌國狀：『伏爲曾祖鑾元是北朝歸明人，祖元吉以曾祖鑾奏補下班殿侍，終供備庫副使。父宏以亡祖元吉奏受三班借職，終西頭供奉官。本家自曾祖歸明以來，遞相緣父官資，依海行合該奏薦出官，併未曾陳乞歸明恩澤，亦不曾得官中田土，亦無給到請受，本家無親屬食祿。伏望推恩施行。』本部契勘崔昌國所乞，比欲告示本人。緣崔昌國本 7 家未曾授却歸明恩澤，兼見今無人食祿。今來若便依歸明給田條給與田土〔六〕，今後依此。」

〔一〕「歸明」下原有「界」字，據《長編》卷四九五删。

〔二〕靈林：查諸史未見有此寨。《宋史》卷八七《地理志》三：「懷德軍，本平夏城。……大觀二年展城作軍，名曰懷德，以盪羌、靈平、通峽、鎮羌、九羊、通遠、勝羌、蕭關隸之。」所述諸寨多與此同，則「靈林」疑是「靈平」之誤。

〔三〕五百：原無「五」字。葉渭清曰：「以下文『本司已支銀、絹、緡錢各五百』證之，『各百』當爲『各五百』。」（《宋會要校記》）按葉説是，據改。

〔四〕葉：原脱。按「葉石悖七」乃譯音，今本《長編》卷五一一此條，清人改譯爲「伊實已特瑪」，《欽定遼史語解》卷二云：「唐古特語，伊實，智慧也。」是「葉石」不可省作「石」，因補。

〔五〕慮：原作「盧」，據《長編》卷五一一改。

〔六〕此文不可通，疑有脱誤，兵部奏之後似應有詔，故末云「今後依此」。

大觀二年二月十六日，上批：「訪聞靖州西路道首領楊秀滿諸蠻有狀乞歸化納土〔一〕，總管司既久未報。不勞民窮兵，緣其投誠，因而撫納，亦足以爲新邊藩翰。」

三年三月二十八日，尚書省據兵部狀：「度支開唐州龍興寺北界歸明僧行慈狀〔二〕：『元歸明僧行慈狀：元歸明，准朝旨於有常住寺院居住，逐月破錢二貫五百文省，春冬衣絹四疋、綿二十兩，每月米麥兩石。至元符三年正月内指揮，依舒州歸明僧李智廣例，罷支常住錢帛，於軍資庫逐月支錢一貫文。日費不能給，却乞賜元舊常住錢絹。』等事。（木）〔本〕部契勘上件北僧行慈所乞，緣已有每月支錢一貫文朝旨，更乞取自朝廷指揮。」詔每月支錢三貫文。應歸明北僧支錢者，並依此。舊多者從多給。

八月二十日，樞密院奏：「勘會歸明蕃部及因過犯編配或羈管之類，元係外界人，近來逐處不切關防，或有失安存，致走失，散在諸處，深爲不便。」詔逐州勘會，内有上件之人，仰當職官檢察巡守，不管輙有走失，違者以違制論。仍今後每旬具見管及開收因依，申樞密院。

政和元年正月十日，詔：「應諸處見在鄉村歸明人，並改正，令依條州縣城内（若）〔居〕住。令轉運司每季具見管歸明人姓名申樞密院。」以（穎）〔潁〕昌府長社縣頓家村居住北界歸明人張潛私走上京，8 整會分田，故有是詔。

二十五日，詔：「訪聞陝西、河東諸路州縣有元係歸明人數内有別無請給者，雖有給賜田土，緣州縣失於檢察存恤照管，多被本屬縣分吏人承佃，往往減刻租課，致（以）〔養〕贍數少，食用不足。可下逐路轉運司契勘，有從初歸漢，口眷衆多，而身分別無請給，所賜土田數少、養贍未得周足者，據的確數約定合給田土頃畝，申朝廷相度多寡給賜。如歸明人不願自辦力耕種，即令佐當面取詣實狀，許召有物力户立定租課承佃。至收成，將租課赴官送納，當官給付，所（責）〔貴〕有以防猾吏侵漁歸明人，因致贍養不足。仍令州縣存恤照管，及仰户部立法，嚴行禁約州縣人吏，不得巧作名目，移轉租佃歸明人田土，庶可杜絶姦弊。」

三年正月二十一日，兵部尚書俞桌奏：「伏見歸明遠人以州縣失於機察，或致逃竄。近者樞（察）〔密〕院申請令改正，並居城中，繼而（異）〔累〕降指揮，除中國所生子侄。然一門之中，未必皆遠人也，未必皆中國所生也。其在野外居者，或二三十年，亦既安土樂業，各得其所。今使凡歸明者居城之中，子姪居城之外，其父子兄弟且別籍而異居。若子孫並令入城，則虚其室，蕪其田，僦居以學商賈，又皆失其業矣。伏望聖慈特賜詳酌，居城外十年以上已皆安土者，聽從便，餘依前降朝旨施行。」從之。

四年二月十一日，中書省言：「勘會新民子弟初被教

〔一〕西路道：疑「路」字衍。《宋史》卷四九三《西南溪峒諸蠻傳》上，徽宗時有「靖州西道楊再立」，可證。

〔二〕開：疑當作「關」，即關報。

養，故立法稍(憂)〔優〕，以爲激 9 勸。若歸明已久，自當依州縣學法。緣未有立定年限。」詔新民歸明後，經十五年，並依縣學法施行。雖限未滿，而能依州縣學法呈試者依此。

六年正月三十日，中書省言：「勘會諸路歸〔明〕新民向化未久，若止限一年〔一〕，慮抵犯法禁，在所矜憫，宜寬其限。續建州縣，亦合一體。」從之。

八月十五日，詔：「播州管界都巡檢楊光文等，已係歸明，身爲王民，受爵命，自當遵守令法，尚敢擅相讎殺。光文且貸命，并惟聰並除名勒停〔二〕。今後如敢違犯，並行處斬。似此歸明人，並依此。」先是，夔州路轉運司奏：「光文令楊文泰射殺惟(聽)〔聰〕家人口，燒倉穀，取牛馬。惟(聽)〔聰〕復將帶人馬燒光文米倉，遞互讐殺，不曾侵犯州縣。恐別致引惹生事。」故有是命。

七年正月七日，歸朝官承議郎、右文殿修撰李良嗣賜姓趙。良嗣遼人，嘗爲光祿卿，政和五年四月歸朝，初授直秘閣。

七月九日，詔：「諸路歸明官已授漢官差遣，仰所在處知、通等常(功)〔切〕體認朝廷待遇，優加存卹，無致失所。具合支破供給料錢、廨舍、接送當直人從、田土等，仰即時應副。如違，並以違御筆論，人吏決配廣南。仰廉訪使者覺察以聞。仍令尚書刑部遍牒施行。」

八年三月二十六日，樞密院言：「契勘諸路見管、編管、羈管西界歸明及捉到人不少，其無職名、田土之人，州郡止依乞丐例支給口食，別無請受錢米，難以存活，至有逃竄作過之人。」詔：「令諸路州軍，如有編管、羈管 10 到西界歸明及捉到人無職名、田土者取問，如願投本處廂軍，即許收刺，仍令本處當職官及本營將級關〔防〕機察，不管走失疎虞，不得差使出城。月具存在及具已刺過人數，申樞密院。」

四月八日，朝奉郎、新差權發遣利州路提點刑獄公事黃潛善奏：「臣竊見諸路所管歸明人，各有父祖元授官資、田土、錢米，至子孫皆許陳乞，而歸明後所生，不復拘籍。人數既多，散處州縣，歲月滋久，(安)〔案〕牘不全，遇有陳乞，止合驗父祖元受付身，召保保奏，即未有立定年限，亦無關防重疊之法。至有自陳於數年之後者，有非同時歸朝而(忘)〔妄〕陳請者。有司勘會，動經歲時，僞冒者難於檢察，當得者困於留滯。若令比附敘述勞績及陳乞恩例之法，寬立年限，過限不許受理，已經收使者將元授付身批鑿用印，不唯可絕欺妄，亦使應法之人早霑恩典。」奉御筆依所奏，〔令〕尚書省立法。今立到：諸敘歸明乞推恩及給田土、錢米之類得收使者，所屬取父祖元授文書批鑿用印。即過七年而方敘述者，官司不得受理。

〔一〕此語文意不明，蓋《會要》節引不當。
〔二〕惟聰：按，此當是名，而脫其姓，亦《會要》節引忽略。

宣和二年十一月十六日，樞密院言：「勘會日近諸州軍歸明人，本處官司並不寬恤供給，多是積壓，往往私走上京陳(訢)〔訴〕。」詔兵部遍牒諸州軍，今後常切存恤照管。更私走上京，引惹詞訟，當議重(刑)〔行〕黜責。

三年二月二十八日，〔詔〕：「勘會歸明人合破供給、人從、請受、田土、舍屋等，累降處分存恤應副。訪聞州縣尚不依 11 時支撥，累有陳訴，可令諸路州縣遵依累降處分，常切存恤，依時支撥應副。仍仰監司嚴行覺察。」

三十日，樞密院言：「歸順蕃官武翼大夫、康州刺史董承有，自政和六年内率領族屬納土得官，至今已經五年，並不曾請俸廩。嘗言：承有已(戚)〔感〕謝國家異恩，優加官爵，情願更不請受，未有功効報答國恩。」詔董承有特於使額，遥郡上各轉一官。

八月二十五日，樞密院言：「荆湖南路安撫、鈐轄司申，邵州狀：『見管歸明蕃蠻官七員，連家屬八十二人。本州沿邊去處接連湖北、武(罔)〔岡〕軍蠻洞，今來諸處編配移送到蕃蠻，衆聚語言，情僞不辨，難以關防。乞將見管蕃蠻人與蕃官分移本路僻遠不係沿邊州軍拘管，仍乞免將帶配移送蕃蠻人等前來本州羈管。』樞密院送荆湖南路鈐轄司相度申。本司(勘契)〔契勘〕，本路管潭州、邵、永、道、郴、衡、全州、武(罔)〔岡〕軍、桂陽監各有見管并朝廷移配到蕃部及歸明蕃官，數内唯潭、邵二州人數稍多。今若更行分配前來逐州，實見難以關防。今來邵州所乞將見管蕃蠻人等分移本路僻遠不係沿邊州軍，難以施行外，今相度，潭、邵州權行住配，今後有移配之人，即乞分送道、郴、衡、永、全州、武(罔)〔岡〕軍、桂陽監羈管施行，所貴不致疎虞。欲望朝廷更賜詳酌，特降指揮施行。」詔依所申。

四年二月十五日，詔：「鄭州趙從議、亳州劉安甫等竄去都下，訴其窘闕，及陵犯事端，殆非存撫遠人之意。12 自今應歸明人合得請給，仰按月同本州官一等支給。如合破舍屋、田土及差當直人，並如法給差。依前違期不支請給，或不爲撫存，以至逃逸，其知、通、當職官並一例重有行遣。仍委廉訪使者覺察，每季具有無上項事跡報宣撫司聞奏。」

五年五月六日，絳州奏：「先奉聖旨，歸明人内有習文武學藝者，並依條法許赴科舉。如所難得保識，有礙引試，委自所居州縣審驗保明，依條收試，庶幾説豫向化之心。今據歸明進士李匆狀：元係北界中京惠州刺史、金州防禦使李德麟親孫，自來應詞賦進士舉，兩次得府解，一次御試外，有男裔孫亦習進士舉。今來歸明聖朝，念匆父子是詞賦舉人，未曉當今取士文範，欲乞住本州學聽讀，修習見行規矩文義，以預將來選舉。本司契勘：遠人嚮化，志在務學，當格其習，使知經訓，已權令入學聽讀訖，更合取自朝廷指揮，如更有似此之人，依此施行。」詔依所乞。

八月四日，詔：「歸明有官人應舉，許於所在州投狀，送轉運司收試。依燕山府、雲中府進士近降指揮，權試策、論兩場，後次科舉合試經義，仍與應就試人依公參定。如更有似此之人，依此。」以濟州申到承信郎趙炳元係北界中京人，隨父歸明，陳乞收試，故有是詔。

十七日，河北、河東、燕山府路宣撫使譚稹奏：「臣契勘，虜人設官無度，補受泛濫，惟吝財物而不惜名器，雖有官之人類無請受，止是任職[13]者薄有俸給。臣謹參照立定比換補授格目，伏望更賜睿察施行。今定到歸明人補授換格下項：未撫定以前歸朝人補換格，王師入燕後歸朝人補換格。文資僞官：六尚書、尚書左右丞、侍郎、給事中、直學士、諫議大夫、少大監、大卿、少卿、殿少、將作少監、少府少監、左司郎中、郎中、員外郎、檢校常侍、殿丞一等官，洗馬一等官，司直、秘書郎試評事、校書郎試崇文館校書郎，太子校書郎、正字、文學同。比換朝散大夫、朝奉大夫、朝請郎、朝散郎、朝奉郎、奉議郎、通直郎、宣教郎、承事郎、承奉郎、承務郎、修職郎、迪功郎、將仕郎、文學、助教。武資僞官：金吾衛上將軍、節度使大將軍、節度使留後、觀察使、觀察留後、遥防、遥團、洛□商三州刺史、禮賓、洛苑、六宅使、奉宸、諸衛將軍、小將軍同。禮賓、洛苑、六宅副使、率府率、〔率〕府副率、左右翊衛校尉、東西頭供奉官、左右承制、左右（直殿）〔殿直〕、閤門祗候同。東西班小底、三六班奉職、在班祗候，比換武功大夫、遥刺武德大夫、遥刺武德郎、武顯郎、武節郎、武畧郎、武經郎、武義郎、武翼郎、敦武郎、從義郎、忠訓郎、保義郎、承節郎、承信郎、進武校尉、進義校尉。」詔並依譚稹措置到事理施行。

十二月八日，中書省、尚書省言：「勘會昨降指揮，歸朝官添差在京及外路差遣，並許釐務。其請給、〔人〕從，依見任人條例施行。契勘內有不願釐務及不識字之人。」詔：「不願釐務（言）〔者〕聽，內不識字人，更不釐務。請給、人從等，並依已降指揮。」

十[14]八日，河間府奏：「勘會已降指揮，未撫定燕山府已前及撫定後投附百姓，（今）〔令〕所在州縣依見行居養法給錢米，候滿一年，具狀申尚書省。情願投充厢禁者聽。其有功合推恩人，令所屬疾速申尚書省。」詔：「內僧道，並仰所在州軍於有常住宮觀寺院養贍，餘依已降指揮。」

六年閏三月二十八日，工部狀：「京東東路提刑司申，據登州申，歸明官釐務，乞摽撥職田。」詔：「燕雲路歸朝官係正任窠闕有職田外，應添差釐務差遣，並不合給職田。」

四月十五日，中書省、尚書省言：「今擬修諸歸朝僧道欲行遊者，齎已換度牒或公據，赴州呈驗給憑，指定所詣，即不得往川、陝、三路沿邊。其自燕山府路詣河北接連新疆沿邊及雲中府路詣河東接連新疆沿邊者聽。諸歸朝僧道未經換給度牒或公據，欲行遊而官司輒給憑者，杖一百。應曾立功歸朝僧道及白身人并歸朝官，不願換官，願補換僧道，已降指揮，聽宣撫司參酌比類補授。」詔依。

三十日，延安府奏：「據兵馬司申：契勘客僧智圓，係契丹上京路分慶州慧化寺，今來本人到府居止。緣智圓隸屬別路，並無行遊文憑，亦無於本府居止指揮。」詔發遣赴在京僧録司。今後新邊僧不許判憑至川、陝西、河東沿邊。

七月二日，詔：「應歸朝官差隨行（撲）〔僕〕使、莊客之類，往諸處勾當，並令所在州縣給公據前去，令所在官司及關津渡口驗實放行，事畢繳納。諸路依此。」

15 二十五日，〔詔〕：「歸朝官散處諸路，以丁憂去職者，或至無歸，可將宣和三年已後歸朝官應合解官持服者，特給本官俸，仍令所居州縣存恤。選人亦給。」

七年二月六日，詔：「燕雲歸朝官非素習法令，免釐務，丁憂人免解官持服，以稱撫懷之意。」

四月十三日，詔：「昨降指揮，歸明人初被官使，未（曾）〔習〕中朝法令，見授職任，權令不釐務。其或有明健通於吏治、具曉法令，可試以事之人，許逐路帥臣、監司保明申尚書省取旨，特聽使任。」

十四日，詔：「自今應歸明官陳乞換官，並須依式開具虜中元出身歷任因依、脚色，及繳納出身已來至見今職位（爲）〔僞〕命付身，召非（總）〔緦〕麻以上親并相容隱人本色保官二人，委保正身，別無冒僞，經所在陳乞。如無元出身僞命文字，即不許換官。所有詐稱亡失、轉與他人、妄託姓名，及將付身增改，或詐承物故人僞命敕告、宣劄冒濫補換之人，許限一月經所在官司首納。如違，許人告，賞錢一百貫，犯人徒二年，不以赦降原減。如未經補換，事發，徒一年，賞錢五十貫。」

二十五日，詔：「應歸朝僧尼，只於見居寺院就便寄攢僧帳，所貴各得安存，免致失所。」

六月八日，詔：「訪聞楚州全不存恤歸朝官，如士曹（椽）〔掾〕劉方、兵曹（椽）〔掾〕王福，各累月不支供給酒并食錢，當直人亦不差破，顯是並不遵稟已降優加存恤指揮。其當職官可各降一官。所有未支錢、酒，限一日支。仍遍行下諸路（軍州）〔州軍〕照 16 會，廉訪所覺察以聞。」

九月十五日，詔：「應歸朝道士、女冠，許於見居宮觀就便寄攢道帳。」

七日〔一〕，詔：「昨降指揮，歸朝官免釐務，不任吏責，蓋示特恩。訪聞州縣多不應副請給、人從，供給酒醋，致或失所。可疾速行下逐路，州委通判、縣委縣丞，專一照管，依時應格差破請給、人從并本州合破供給等，毋令稽優恤之意。仍許監司、廉訪使者所至點檢具奏。」

十月八日，詔：「河北東路發運養濟歸朝人，往諸併在一州〔二〕，有及千人者，深慮人數太多，錢糧闕少，養濟不足。可令逐路安撫、鈐轄司、轉運司官，見養濟人從長措置，量度州軍大小、豐熟去處，可以存泊照管人數，分（璧）〔擘〕往逐處安泊，務要養濟足備，即不得併在一州，亦不得令遠去。仍分明說諭，不管張皇生事。遣行日，差有心力使臣兵級先後伴送，不得別致疎虞。仍具分定人數聞奏。」

〔一〕七日：疑是「十七日」。
〔二〕諸：疑誤。

欽宗靖康元年十月十四日，赦：「歸朝官久在郡縣，訪聞官吏過有猜疑，非理拘囚，或擅行殺戮，興言嗟痛。應天下自燕山或山西歸朝官、歸朝人、義軍，並令所屬照管存恤，優給盤纏，差人（訪）〔防〕護，發遣至河北新邊州軍交割。」

五月二十日，歸朝人朝奉郎、直秘閣、通判湖州趙民彦乞詣政事堂獻破虜機畫。詔令赴闕。

光堯皇帝建炎元年十二月二十三日，詔：「昨降指揮，罷添差官。訪聞諸路却將宗室及歸明官一例罷去，可令逐路將州縣已罷添差宗室及歸明官各還 17 舊任。」

二年六月一日，詔：「諸軍有歸明官并羈管部落子，發赴行在，委知、通看驗。如有老弱殘疾之人，依舊存留養濟，不得一例發遣。」

十一月十五日，樞密院言：「劉光世申：近被旨，應諸州軍歸明官并編、羈管部落子，（今）〔令〕差使臣軍兵管押赴行在。其部落子係熙河路吐蕃稱呼，所有其餘陝西、鄜延等路逐州，並無吐蕃，止有夏歸順蕃官，因罪犯斷遣赴諸州軍羈管、編管。今來逐州軍爲見朝廷所降指揮內不曾該載，未肯發遣。」詔：「諸州軍見管夏國歸順編管、羈管蕃官蕃部，並發遣赴劉光世下，餘並依發遣部落子已得指揮施行。內元編、羈管情重不可發赴行在，仍具因依申樞密院。」

四年七月一日，知揚州張績言：「捕盜官馬佺等巡綽到蕃人千人長李委波、百人長張馬佐。千人長手下軍李永壽、高菩薩、李得壽、張波乃田興兒投順，差使臣管押前去，所有乘騎到鞍馬六疋及隨身弓箭等，送揚州甲仗庫寄納。」詔：「投降蕃人李委波等，元乘騎鞍馬及弓箭等，取押赴行在。李委波等補修武郎，張馬佐補承信郎，李永壽、高菩薩、李得壽、張波乃，並補進義校尉，田興兒補下班祗應，並神武中軍收管使換。」

同日，詔特差歸明官朝奉大夫趙四臣充合州通判，不釐務，依舊權主管赤心軍馬。

九月二十日，神武右軍統領、淮南招諭軍民楊忠憫奏：「招到漢兒、簽軍共一百六十五人，內漢兒歸明人共 18 三人，簽軍一百六十二人。」詔並送辛企宗，選堪出戰人收管外，餘撥與浙東都總管司收管。

同日，詔：「歸朝、歸明白身効用無差使人，并歸朝、歸明官、効用等身故之家，老小（人）無倚人，仰寄居州軍計口數，大人每口月支錢八伯文省、米八㪷。內十三歲已下，各減半，仍每家不得過五口，並依時支給，無致失所。」

二十六日，臣寮奏：「前日劉光世等處解到降羌，有旨分隸五軍，出入自如，更無疑阻。非我族類，其心必異。望與執（臣）〔政〕大臣熟議，別有以處之。」詔令諸軍常切覺察。

十一月十六日，劉光世奏：「招到女真、契丹、渤海、漢兒一十八人。女真撒哥主係千人長，契丹屈烈係糺官，渤海高質係百人長；漢兒千人長于坤，糺官劉公亮，百人長呂祥，隊首張寬、李用，隊下鄭進、盧順、于安仁、張彥、楊蓋、寇春兒、宋彥、崔興、李寔。乞補授官資，却發付光世使喚。」詔：「女真撒哥主與補秉義郎，契丹屈烈補承信郎，渤海高質補進武校尉，漢兒于坤補承信郎，劉公亮、呂祥補進武校尉，張寬、李用並補進義校尉，鄭進、盧順、于安和〔一〕、張彥、楊蓋、寇春兒、宋彥、崔興、李寔並補下班祗應，僉軍張青、元通並補進義校尉。並送劉光世收管使喚。內女真撒哥主、契丹屈烈，仍賜姓趙；并先解到招降女真三竇、胡都、胡束、永壽四人，已賜姓李，並改賜姓趙。」

紹興元年正月二十一日，劉光世言：「招降到女真等。自去年十二月二十三日至[19]今年正月三日，又節次招收到六百六十六人。內簽軍頭首申解前去，乞驗實，依例補授名目，優賜犒設及支賜盤纏月糧。乞付光世使喚。」詔：「女真等補官，自中訓郎至下班祗應有差；簽軍糺官並補効用甲頭。內無姓人賜姓趙。仍並送光世收管，軍前使喚。」

六月二十四日，劉光世言：「據知（連）〔漣〕水軍吳誠申：節次招諭到女真、契丹、漢兒、簽軍共一百六十七人，已得指揮，更不申解，令子細辨驗，開具姓名，保明申樞密院。乞依例犒設，補授官資。」詔從之。

七月十三日，詔劉光世兼海泗州宣撫使〔二〕，所有海、泗州歸明官吏，令光世一面便宜與官資差遣，申尚書省。

九月一日，劉光世言：「今年六月十六日以後，節次據知楚州祝友并光世遣人過淮探事，因便招收到女真、渤海、契丹、漢兒、簽軍等共一百九十四人，乞依例推恩。」詔（待）〔特〕補官資有差。

二十八日，樞密院言：翟興解到歸順契丹歸奴等。已等第補官、賜姓外，詔歸奴賜名懷順，毒擷名懷義，㨂裹八名懷忠，擷烈名懷明，澀臘名懷信，怪臘名懷節，月一名懷德。

二年閏四月十六日，樞密院言：「勘會劉光世節次招納到蕃軍、漢兒及淮北州軍人民不少。今又據葉得申，差官招誘到宿州解首領陸清等，將帶老小前來歸本朝，事體非便。」詔今後不許招納，令逐路帥臣常切遵守，各具知稟以聞。

二十四日，劉光世奏：「臣聞順蕃之地，日思王化。臣自[20]前歲密遣人結約到五十餘寨，已嘗彩畫圖本進呈，續又招到二十四寨。其餘屯聚寨柵，尚有未盡從順者，欲乞降詔書真本一道付臣，遇有合用去處，許臣用黃紙謄録前去。」詔：「光世所奏，備見忠力。可且依今月十六日已降指揮施行。」

二十五日，光世又言：「今月十六日指揮，臣已遵依外，如後來有虜中走出前來投拜蕃人、漢兒、簽軍及順蕃人

〔一〕于安和：按上文作「于安仁」，二者當有一誤。
〔二〕「海」上原有「鎮」字，據《建炎要録》卷四六刪。按下文亦只言「海、泗州」。

民等，復歸本朝，臣未審合與不合令把隘官司收接，唯復却令約回。」詔如有自從虜中走出前來投拜蕃人、漢兒、順蕃人民，許令收接。餘依已降指揮施行。

九月二十六日〔一〕，樞密院言：「已降指揮，蕃軍、漢兒今後更不許招納，令逐路帥司遵守。如有自虜中走來投拜蕃人、漢兒，許令收接。今劉光世接納到人數不少，深(虜)〔慮〕錢糧闕乏，有失撫存之意。」詔劉光世遵依已降指揮，今後有自虜中前來投附之人，仰審驗來歷，申解赴樞密院取旨收管。

二十三日，添差通判建康府史愿言：「伏緣本朝與遼國修好之日，遼國進士及第，至宣和四年納土歸明後，蒙朝廷注授中山府司録、衢州通判及今任。自出身以來，並無贓罪，乞依出身人帶『左』字。」從之。

三年三月六日，樞密院言：「楊忠憫係未收復燕山府已前歸明補官，累經隨軍使喚，忠義可嘉，幹辦職事，備見宣力。」詔特與落「歸朝」字。

六月二十九日，右宣義郎董澤狀：「元係歸明人，累立戰功，家貧累重，乞陶鑄添 21 差差遣。」詔添差温州軍事判官，不釐務，任滿更不差人。

十二月八日，知潭州折彦質言：「右承議郎周襟係歸明朝官，昨充武安軍簽判，係添差不釐務，即不差替人，三年爲任。今已罷任，別無所歸。乞本路州軍一添差(差)遣。」吏部檢准《元豐令》，諸歸明及蠻傜人應就注而無闕，願再任者聽。詔周襟令再任。

十日，右朝奉大夫、鎮江府建康府淮南東路宣撫使司中軍第一將、准備差使酈元吉狀：「自歸明從軍，累立戰功，乞添差不釐務差遣一次。」詔酈元吉添差處州僉判，不釐務，依舊從軍，餘依樞密院劄子已降宣命特差。

四年三月二十一日，神武右軍都統制張俊言：「張樞密帶到歸明女真萬户孛堇羊哥等一十八人。詔萬户羊哥依衙官七人例，千户傅懷等依衙官五人例，五百户郭枝等依衙官三人例支破券錢，並送神武右軍收管。

十二月七日，隴右郡王趙懷恩言：「自親兄隴拶納土歸朝，蒙賜姓趙，封安化郡王、雄武軍節度使、河南蕃兵都總管，於熙州安泊，支破請受。兄没後，臣蒙朝廷授武功大夫，因功轉封隴右郡王。昨來金賊侵犯熙河，蕃漢官盡降，臣棄離部族田宅，驅攜老小前來川中，蒙宣撫司將臣請受盡行(細)〔紐〕折川錢。念臣納土歸朝，全家失所，乞將臣請受依故兄例送下宣撫司放行。」詔令宣撫司依條勘給，不得紐折，務要優恤，無令失所。

五年正月十二日，知樞密院事張浚 22 言〔二〕：「漢兒千户趙期等率衆歸(趙)〔朝〕，顯屬忠義。兼數内投拜人李明累差硬探，事皆信實，委有勞効。乞千户趙期、李明各補承

〔一〕二十六：按，下條爲「二十三日」，此疑是「十六日」。
〔二〕張浚：原作「張俊」，據《宋史》卷二一三《宰輔表》四改。

信郎，百人長陳景、禹之祐各補下班祗應。」從之。

十五日，内降淮南路德音：「應投降女真、漢兒、渤海、奚家頭領甲軍，除已等第補轉官資外，其生擒萬户長以下，已行寬貸，亦與支破請給。仰諸軍並加存恤〔一〕，以稱朝廷愛惜南北生靈之意。」

二十三日，張浚奏：「解到投降漢兒頭首萬户程師回元係安州團練使、知遼州、管押山西路漢軍都統，萬户張延壽元係銀青榮禄大夫〔二〕、兼監察御史、武騎尉、溟州刺史、知解州，張（議）〔儀〕元係銀青榮禄大夫、兼監察御史、洛苑使，張忠荼元係銀青榮禄大夫、檢校國子祭酒、禮賓使，王從元係銀青榮禄大夫、檢校國子祭酒，率副。」詔：「程師回補武功大夫、忠州團練使，張（建）〔延〕壽補武翼大夫、貴州刺史，張儀補武功郎、兼閤門宣贊舍人，張忠荼補武德郎，王從補武顯郎。並令所屬日下給降告命，并料錢文曆。」

五月六日，隴右郡王趙懷恩奏：「乞依兄安化郡王趙懷德例，别帶一職，或乞依前帶舊官恩州觀察使。」詔懷德可特除正任觀察使，餘依舊。

七月四日，詔：「諸州并諸軍，將應歸朝、歸明官，依時支破請給，無致失所。或有諸州得替流寓無差遣之人，仰守臣相度，先次權與合入差遣，抄録出身以來付身，具職名申樞密院差注。如有能通兵機及武藝出 23 衆之人，具名聞奏。其見在諸軍并今後遇到軍及三年無過犯、未有差遣人，亦仰具（申名）〔名申〕樞密院。餘依紹興四年六月已降指揮。又寄居歸明、歸朝養濟人，依時支給合破錢米，無令失所。内再娶妻口之人，亦仰支破錢來，即不得過元計口數。」

六年三月二十六日，成都府路制置司乞收管趙懷恩事。已見《蕃（西）〔夷〕》下〔三〕。

五月十三日，户部侍郎王俣言：「歸朝、歸明白身効用無差使并身故之家，老小無依倚人，依節次指揮，每家不得過五口，每州不得過十户。大人每月支錢八伯文、米八㪷，十三歲已下減半。近承樞密院劄子，故廣南西路歸明人蒙世兩男文仲，乞改撥廣德軍或湖州養濟。其元降指揮止爲養濟北界歸明、歸朝之家，申明行下。切縁未降指揮已前不曾分别北界，并廣南、荆湖南北等處歸朝、歸明身故之家老小，並依（乞）〔已〕降節次指揮，一槩支給錢米了當。續降止合養濟北界歸朝、歸明之家指揮，遵守施行外，深慮其餘遠來歸朝、歸明，别無支破錢米之家，無以爲生，未應朝廷存養之意，乞依節次已降指揮施行。」從之。

二十八日，樞密院言：「北界歸朝、歸明官添差差遣，已降指揮，每州不得過六員。今來諸官司往往却將西界及

〔一〕存恤：原作「生恤」，據《建炎要録》卷八四改。
〔二〕張延壽：原作「張建壽」，據《建炎要録》卷八四、《中興小紀》卷一八、《宋史》卷二八《高宗紀》五改。
〔三〕按，見本書《蕃夷》六之四一。葉渭清《宋會要校記》認爲「蕃西」乃「西蕃」之倒，亦可通。

蠻傜人通行差注，委是闕少。」詔：「北界歸朝、歸明每州不得過六員，餘依已降指揮。其西界并蠻傜人，每州不得過二員。」

十一月二十一日，樞密院言：「隴右郡王趙懷恩已 24 降指揮，都總領河南諸兵。緣前件差遣之任未得，其將帶老幼，見在成都府居住，理宜存恤。」詔令四川安撫制置使司每月支供給錢一百貫。

七年正月二十四日，川陝宣撫使言：「吳璘申：舊來所管西蕃部族不少，後各逃避山谷，及有迫脅從僞之人。今説諭招誘到二十八族近上首領趙繼忠等，蒙前陝州宣撫司恭依便宜，補授官資，並未曾承受朝廷告命。」詔蕃官修武郎趙繼忠可特授武翼郎、兼閤門宣贊舍人，其餘特與補授官資各有差。

八年二月九日，吏部言：「武翼郎李彦隆係歸明人，節次立功顯著，乞换給付身。」詔依已行事理，與轉三官，特授撫德郎〔一〕。

三月十六日，兵部言：「吳玠申：武經郎屈立訛元係蕃弓箭手，因功補授前件名目，乞改作漢官王超姓名，出給付身。本部即無似此條法。」詔特依。

四月二十日，樞密院言：「檢會紹興五年七月内指揮，應北界歸朝、歸明官見任諸軍并今後遇到軍及三年無過犯、未有差遣人，具名申樞密院，餘依紹興四年六月已降指揮。若有過犯，終身不許添差差遣。緣其間已有經甄（叙）〔叙〕及累該恩赦見在軍出戰之人，若不别行措置，無（人）〔以〕優卹遠人。乞除犯贓罪徒以上人外，如曾犯贓罪杖以下、私罪流以上，在軍更展五年；曾（法）〔犯〕私罪杖、公罪徒以下，更展四年；曾犯私罪笞、公罪杖以下，展三年。内曾經戰功轉官，每一官理當一年。如曾降官，並須依 25 舊復元官了，具名申樞密院。」從之。

九年九月五日，李世輔越典起復〔二〕，賜名忠輔，差充樞密院都統制，帶到一行官兵各與轉歸正一官資。内鄜延立功人，令忠輔等（等）〔第〕保明聞奏。

二十二日，明堂大禮赦：「應北界歸明、歸朝人見在諸州軍養濟者，仰所在州軍應時支給錢米，多方存恤，無致失所。」

十年六月十八日，詔李顯忠下將官崔臯、崔贇、拓跋忠、王全、武世雄等，昨立功還朝，可特賜金帶。

七月二十五日，詔淮南宣撫司降到契丹千户耶律温，特賜姓趙，補武翼大夫，除遥郡刺史，充殿前司將官，仍賜袍笏、金帶。

〔一〕撫德郎：按職官中無此名號，疑「武德郎」之誤。

〔二〕李世輔：原作「劉光世」。按，《建炎要録》卷一三三紹興九年九月戊寅（一日）條言，李世輔乞待罪，「後四月（按：「月」當爲「日」之誤，「後四日」即九月五日，與本條合），引對便殿，上諭曰：『卿忠義歸朝，立功顯著。』乃起復故官，賜名忠輔，除樞密院都統制，俄又賜名顯忠」。是此條乃李世輔事，與劉光世無關，因改。

十一年三月七日，内降德音：「壽春府、廬、濠、滁、和、舒州，無爲軍應投降女真、契丹、渤海、奚家、漢兒家頭領、甲軍，除已等第補轉官資外，其生擒不殺見在軍下者，亦與支破請給，並加存恤，以稱朝廷兼愛南北生靈之意。」

七月二十二日，樞密院言：「歸朝并校副尉、下班祗應等，陳乞添差再任，或就移差遣，並經所屬取索出身以來付身、家狀、脚色，保明供申。其間有初補付身内無歸朝來歷、因依，歸朝十資格法轉授，所屬執據，近降指揮並未放行差遣。又緣有自歸朝後來以經注授差遣三兩任，及家狀供稱本貫北界人事，兼節次補授轉官，並在近降指揮已前改轉之人，理宜重别參酌。」詔將上件曾經任歸朝、歸明官，初補付身内無歸朝因依，不依十資格法改轉之人，(今)〔令〕召一般歸朝 26 官初補付身内有歸朝因依保官二員，結除名編置罪狀，批書印紙，委保歸朝來歷、因依，勘會詣實，令所屬給據，依條銓注。内不依(十依)十資格法之人，仍候遞減月日及具初補付身内有歸朝因依，止是依(八)〔十〕資格法改轉之人，先次遞減訖，放行差遣。

九月十八日，吏部侍郎魏良臣言：「勘會選人磨勘改官，在法承直郎至修職郎六考，迪功郎七考，有改官舉主五員，内職司一員，方爲應格。若歷任雖多，舉主未足，或無舉〔主〕，終無改官之望。本部契勘：昨承紹興五年十一月四日敕，歸明、歸朝官選人無公私過犯，自降指揮日爲始，三考循一資，至承直郎；更五考便改宣教郎，係爲歸明、歸朝官選人，監司、郡守薦舉不及，無緣改官，故以三考無過犯循一資。謂如元得將仕郎，歷一任三考，與循一資理算，至承直郎，前後歷六任一十八考，更滿五考，便改宣教郎。即係自降指揮之後，歷任二十三年，不用舉主，得改宣教郎，不爲(倖)〔僥〕倖。今據歸朝官右承直郎馬中吉乞用五考改官。契勘本官自歸朝之後，並緣賞循至承直郎，即不係用考循資至承直(鄉)〔郎〕人，雖自降指揮後來，任承直郎已及考，通歷任才方一十一年，未應元降指揮，兼比常法用考第舉主改官人事體大優。今欲將歸明、歸朝官選人歷任無賞，用考循至承直郎，仍依元降指揮改官外，其餘有賞之人，自降前項指揮之後及十考，通歷任十五 27 考，與改宣教郎，庶免(倖)〔僥〕倖之弊。」從之。

十三年十一月八日，南郊赦：「諸軍發遣揀罷使臣及歸朝、歸明官添差諸州不釐務差(還)〔遣〕，節次約束逐州軍按月支行請給。尚恐州軍財賦不足，又令取撥經總制錢及將合破供(約)〔給〕别作一項措置，應副給散。前後戒飭，非不丁寧，可令諸路監司常切約束，務欲按月放行。如違，按劾以聞。」

二十年六月十三日，樞密院言：「武德大夫、忠州刺史、添差浙東安撫司准備將領黃仕成，昨隨李顯忠自西夏擒王樞，萬里遠來歸朝。今來添差將欲任滿，乞依例再任一次。」從之。

二十三年七月七日，詔：「熙州觀察使、特差充都總領河南蕃兵將、隴右郡王趙懷恩，可改授鼎州觀察使，添差成都府兵馬鈐轄，不釐務，成都府駐劄。」

二十六年五月八日，詔：「李顯忠昨緣歸朝，全家被害，理宜優恤。已除恩澤外，(五)特與五資。」

三十年正月二十四日，田師中奏：「鼎州觀察使、添差成都府兵馬鈐轄、隴右郡王趙懷恩，係納土歸明忠義之人，蒙添差前件差遣，不釐務，已及一年，乞令再任。」從之。

紹興三十二年十月二十三日，壽皇聖帝即位未改元。詔：「張子蓋招降契丹，令江淮宣撫司厚加優恤，無致失所。候頭領入見，等第廩給之。」

十一月一日，詔自本國來歸契丹蕭中一，特贈常德軍節度使，男穎特補武翼(夫人)〔大夫〕，妻妾並加封邑。中一(仲)〔在〕虜任奉國上將軍、武勝軍節度使，〔率〕枝屬歸 28 國，道被殺。京西招討使以聞〔一〕，故優以恩命。後又擢穎榮州刺史，賜錢二千緡，促鄧州建中一廟。

二日，金國偽驃衛大將軍(將軍)、西南路(討招)〔招討〕使蕭鷓巴，左驍衛上將軍耶律适哩，節度使耶律秃謀、蕭邈舌及千户、謀克等百餘人歸順，皆契丹首領也。

十四日，詔蕭鷓巴、耶律适哩各補武功大夫、遥郡團練使，耶律秃謀、蕭邈舌各補武翼大夫、遥郡刺史，及千户、謀克等以次悉官之。從江淮宣撫使司奏擬也。

壽皇聖帝隆興元年正月十八日，臣僚言：「宣撫司解遣招降、捕獲金人百餘人，詔撥隸殿前司。竊謂非我族類，其心必異。漢、晉、唐嘗處夷狄於外郡，尚皆生患，而況行闕之下，周衛之中哉！伏望特加睿斷，以今所招并自今歸附人盡撥歸都督府處分，庶幾銷患未萌。」詔依，仍分撥江上諸軍使喚。各家丁壯給閑田耕種，常加伺察，即不得令接近居住。

五月十四日，江淮都督府言：「建康諸軍統帥邵宏淵攻圍虹縣，偽知州蒲察徒穆及同知大周仁、千户趙受、李公輔等，率軍萬餘人歸順。」

十九日，江淮都督府言：「偽右翼軍都統蕭琦將帶家屬、奴婢、親信赤山千户、尖山千户、馬尾山千户、石盤千户、蕃軍等，自宿州歸順。」

二十七日，上語輔臣：「蒲察徒穆、大周仁、蕭琦並除節度使，恐賞薄，無以勸後故也。」

六月九日，詔歸朝千户李公輔特補武德大夫、果州團練使，薄彝、趙受、任壽吉、李元、烏延謾 29 都罕並補武德大夫、忠州刺史，蒲察徒穆男鉞〔二〕、大周仁男思忠，並特補修武郎、閤門祗候，司吏六人悉補保義郎。

七月八日，詔蕭琦，宣撫司摽撥宅一所，及於淮東係官田内撥賜二十頃。其後琦卒，贈太尉，家陳恩澤甚衆，葬事

〔一〕京西：原作「京北」，據《建炎要録》卷一九六改。

〔二〕鉞：原作「越」，據本書兵一六之一二、又一六之一六改。蒲察徒穆即蒲察久安。

百須，致仕、遺表恩澤，以(名二)〔二名〕補異姓，二名换度僧牒，諸子次第仍管父兵，子婿移便家職任，舊破白直兵士仍留驅使，凡所陳類格於法，詔特從之。蓋念其遠人歸順，故恩有加焉，非常制也。大周仁卒，恩數亦略倣此。

十二月十二日，詔歸朝官、僞明威將軍僕散烏煞特换補武義大夫，男敦武校尉僕散汝翼特换補保義郎。

乾道三年四月十五日，詔建康府駐劄御前後軍都統制耶律(括)〔适〕哩每月支錢三百貫。适哩援蕭鷓巴等例，乞月支千緡，故有是命。

六年閏五月十四日，四川宣撫使王炎言：「見管義勝軍二百餘人，係招納契丹、女真、漢兒等，雖日與舊管官兵一等教閲，緣北人風俗情性不同。竊見金川都統制下所管武翼大夫、忠州刺史、添差中軍統領蕭奪里懶，武翼大夫、忠州刺史、添差前軍統領蕭爲也，元係契丹寓幹下萬户，添差别無職事，已差蕭奪里懶權興元府駐劄義勝軍統領，差蕭爲也權興元府駐劄義勝軍同統領，專一訓練義勝軍及諸軍見管歸正北人。亦乞許臣選擇抽差，團結作義勝軍一將，所貴人情相諳。」從之。

二十三日，詔故隴右郡 30 王趙懷恩覃恩許回授。懷恩申請稽期，於吏部法有礙，男寧國自陳歸明，特有是命。

二十四日，詔故隴右郡王趙懷(德)〔恩〕家於成都府，安撫司撥賜錢二千貫。以懷(德)〔恩〕妻自陳家貧，夫未葬也。

七年正月十八日，龍神衛四厢都指揮使、和州防禦使耶律适哩言：「昨在虜地聚兵起義，有元帶諸(刺)〔衛〕千户耶律(造)〔适〕提兵攻擊數城，誅戮金賊不知其數，委係忠義，欲望特降睿旨，將耶律适更與量行陞補。」詔耶律适與轉一官。

同日，詔龍神衛四厢都指揮使、和州防禦使耶律适哩男忠除閤門祗候。以适哩自陳與蕭鷓巴同歸朝，援鷓巴姪從仁除職例自乞也。

五月十一日，蕭鷓巴妻耶律氏特封國夫人，中書舍人趙雄以爲濫，繳奏。詔：「婦爵從夫，固是常典。鷓巴向化遠來，耶律氏大遼宗族，理宜優異，可依前旨。」

二十八日，西戎蕃部阿令結妻包氏特封郡夫人，令宣撫司賜帛百疋。初，包氏之夫阿令結任虜僞洮州鈐轄，紹興三十二年王師至洮州，令結往彼界軍前未歸，包氏率官吏軍民開門來歸，特封令人。後居西和州，趙彦博到宕昌買馬，令包氏招誘洮、疊、熙、鞏一帶蕃商，以致歲額增羡。宣撫司以聞，故有是命。

八年四月一日，詔所屬取會歸正契丹、女真、渤海、漢兒名下元帶私身家人即今確實見在人數，並特補守闕進(男)〔勇〕副尉，支効用錢米，候立新功，依官資請給。

五月六日，詔新除檢校少 31 保、大同軍節度使、提舉萬壽觀蒲察久安，特令張蓋。

六月二十三日，權馬軍司職事蕭鷓巴言：「蕭祁哥、姚查等昨乞推恩，蒙與武勇効用請給。緣蕭祁哥係北界團練，姚查僞地宰相之姪，今靈壁、虹縣招降之家奴婢等屬尚補進勇副尉，蕭祁哥若止付一武勇名目，恐失懷遠之意。欲望詳酌，量與補授官資。」詔蕭祁哥、姚查並特與補守闕進勇副尉。

九年閏正月十三日，輔臣言：「蕭〔鷓〕巴元同起事人有自荆南來歸者，欲補轉，仍乞陞擢，引靈壁、虹縣歸正有任統制官，而此獨爲統領并准備將。」上曰：「若彼此攀援，何有紀極？」梁克家曰：「差遣當視其才，固難以例求也。」

二月四日，樞密院言：「蕭鷓巴一行官兵等七十一人，向化遠來。」詔改作歸正。

三月四日，權侍衛馬軍司職事蕭鷓巴言：「歸正官郭樂、高不迭二人，其郭樂元係契丹官諸衛小將軍，管西路達靼部。竊見靈壁、虹縣歸朝千户薄彝目今任武功大夫，蕭整目今右武大夫，並統制官。郭樂、高不迭二人皆隨鷓巴同來，欲望比擬靈壁、虹縣來歸薄彝、蕭整等，量加補授。」詔郭樂充殿前司忠毅軍額外正將，高不迭充額外准備將領。（以上《永樂大典》卷八二一〇）

【宋續會要】

32 紹熙二年三月十四日，宰執進呈楚州申，住押王敢僧。葛邲奏曰：「王敢僧亦好人物，曾在虜中做謀克。」上曰：「此等人著在軍中，方有拘管。」葛邲又奏曰：「欲送殿前司剌効用。」上曰：「甚好。」

三年七月二十五日，詔：「歸朝、歸明、歸正、忠順等官，朝廷念其遠來，前後添差不釐務差遣，優恤備至。紹熙元年，又特添差一任。今第八任亦有已滿者，依節次已降指揮，合注正闕。深慮其間有不能久待遠次，不願注授正闕之人，今更特與添差前任一等不釐（物）〔務〕差遣一次。其合得請給，令有司接續幫勘施行。」

同日，詔：「歸朝、歸明、歸正、忠順官子弟，身材彊壯、武藝過人、無以自奮者，可並赴所居州軍自陳，令守臣審驗人材武藝，解赴本路安撫司。如是身長五尺五寸，射一石力弓、三石力弩爲上等，日支食錢三百文、米三升；身長五尺五寸，射九斗力弓、二石八斗力弩爲次等，日支食錢二百文、米二升。委帥躬親拍試及格，補充本司効用，與免諸般雜役及防送差使。」

四年九月十六日，樞密院言：「歸明添差十任以上之人，從累降指揮，任數已滿，願就宮觀嶽廟差遣者聽。竊慮居住州郡，多以無闕，未令赴上，恐致失所。取會到諸州郡各有歸朝、歸明蓄官添差見闕，理宜措置。」詔：「歸朝、歸明任數已滿、差宮觀嶽廟之人，願就居住去處，令吏、兵部通使歸朝、歸明蓄官添差見 33 闕，仰本州便令赴上，批放請給，毋得留難違戾。」

十月十九日，詔：「歸朝、歸明添差已經十任以上之人，更與添差前任一等不釐務差遣一次，其請給依紹興三十一年以前歸正人例，減半支給。願就宮觀嶽廟差遣者聽。內供給錢一項十貫以下者，並免減。」以樞密院言：「吏部指定已經一十任已上，已降指揮，願就宮觀嶽廟，令吏、兵部通使添差見闕。令(有)尚有陳乞添差之人，念其忠義來歸，理宜優恤。」故有是命。

十一月十二日，樞密院言：「福建路安撫司申，準指揮歸朝、歸明、歸正、忠順官子弟効用數內，乞立定人額，并窠撥錢米。續奉指揮，令浙東西、福建、江東西、湖南北路安撫司照已降指揮，委守臣措置招收。其合用錢，令逐路總領所并安撫司各管認一半。不隸總領所州郡去處，仰安撫司截撥上供經總制錢一半，合用米於置司所在州軍禁軍闕額米內應付。本司照對，所招子弟未曾立額，竊恐其間有不係歸正等官子弟，假借亡歿歸正等人，付錢詐冒子弟投充，官司無由辨別。乞行諸州出榜曉示，如有投充之人，先(詔)〔招〕承節郎以上保官一員保委，索投募人父祖出身文字照驗，別無詐冒，合與招刺，即批上保官印紙。若有詐冒不實，重作施行。乞行下，以憑遵守施行。」從之。

慶元四年四月十二日，樞密院言：「歸正、歸朝、歸明並忠順官已經十一任添差、任數已滿之人，若令到部注授正闕差遣，竊慮難得遠次，因而失所，理宜存恤。」詔：「歸朝、歸明并紹興三[34]十一年以後歸正官、忠順官，如已經十一任添差、任數已滿之人，委自守倅從公審量人材年貌，參驗付身脚色，別無詐冒，委是正身，保明以聞，特更與放行前任一等不釐務添差一次。或十一任添差任滿，已授正闕差遣之人，如願就(令)〔今〕來添差，亦許赴州軍陳乞，照應改授。其請給並依紹熙四年十月十九日指揮減半支給，內供給錢十貫以下免減。願就宮觀嶽廟者聽。仍仰逐州軍每季置籍開具見任人職次、姓名、所支錢米等，並已(並)下人申樞密院，遇有改差事故，隨即銷落。及將事故人真本付身公據繳申吏、兵部，分明批鑿給付。如無本宗親屬，即行毀抹。」嘉泰元年五月，詔更特與放行前任一等不釐務添差一次。其請給並依紹熙四年十月指揮減半支給，十貫以下免減。願就宮觀嶽廟者聽。並委自守倅審量人材年貌，參驗付身脚色，委無詐冒等，仍照近降指揮置籍，更令互相保明，委係正身，申樞密院。餘從慶元四年四月指揮施行。

嘉泰二年八月十九日，詔：「訓武郎、殿前司中軍額外統領李賞，忠義歸朝，應奉歲久，可與依一般歸朝人張德元例，特轉一官。後人不許援例。」

三年二月十六日，詔：「蕭拱爲係忠義歸朝頭目之人故蕭奪里懶之子，理宜存恤，特與放行呈試。餘人不得援例。」

十一月十一日，南郊赦：「歸朝、歸正、歸明、忠順官雖添差任數已多，緣其任滿，深慮失所，可[35]照應第十三任指揮，更特與放行前任一等不釐務添差一次，以示優恤。所有請給，依紹熙四年十月指揮施行。仍仰守倅保明，委無詐冒違礙，申樞密院。」開禧二年明堂放行第十五任〔一〕，嘉定五年南郊放行第十六任，八年明堂放行第十七任，十一年明堂放行第十八任，十四年明堂放行第十九任。

嘉定十一年正月十日，詔李全特補武翼大夫、充京東路兵馬副都總管；劉全特補武翼郎、充京東路兵馬副總管；楊友、季先各特補修武郎〔二〕，並充京東路兵馬鈐轄。以樞密院言：「勘會京東路李全、劉全、楊友、季先率衆歸附，尅復東海、漣水等縣，備見忠義。」故有是命。

十三年八月三日，詔王福特補武畧大夫。以京東節制司言福忠勇自奮，挈地來歸，故有是命。

同日，詔忠義軍統制孟春特補承信郎，同統領曹平進武校尉。以京東節制司言其各備糗糧，保守山崗，（急）〔忠〕節可嘉，故有是命。

同日，詔王用、陳明、張貴、王成各補承信郎，並權忠義軍統制。王用兼青州壽光縣令，陳明兼青州樂安縣令，張貴兼淄州高苑縣令，王成兼齊州禹城縣令。以京東節制司言用等慕義來歸，究心捍禦，安集流民，俱有勞効，故有是命。

同日，詔武昭特補承節郎，充忠義軍統領。以京東節制司言昭能奮忠勇，戰禦有勞，故有是命。

十三日，詔楊在特補〔武〕經大夫、知大名府。以京東節制司言在忠勇自奮，金石不渝，故有 36 是命。

九月二十一日，詔吳佐特補武功郎、知景州、兼河北東路兵馬鈐轄。以京東節制司言，佐克奮忠節，挈地來歸，本司便宜借補武義郎、權知景州。緣係極邊之地，本人屢與虜戰，驍勇無前，數獲雋功。故有是命。

二十九日，詔武畧大夫、閤門宣贊（合）〔舍〕人、知滄州、兼河北東路馬步軍副總管王福特除吉州刺史。以京東、河北節制司言福繳到僞告牌印者，倡義歸附，備見忠誠，捍禦邊方，益著勞効，故有是命。

十四年正月二十三日，詔王裕特補承信郎，楊璘下班祗應，張公裕、趙鋭德進義副尉，李顯進勇副尉，蘇沂、牛清、李順、張世興、齊歸、張進、魏璜、馬威、王宋興、王永興守闕進（勇頭）〔義副〕尉，張文通、于端同進勇副尉〔三〕。以四川宣撫安丙言：「裕等各係北界永寧寨主首、頭目并歸附人。或首先造謀，糾合徒旅，勦殺僞官；或於利路都統司請領旗榜，唱義去賊；或奮勇隨義，殺戮蕃軍。皆能捨逆歸朝，委見忠順，合行旌賞。」故有是命。

同日，詔張憐僧特補進武校尉，駕壽〔四〕、薛忠、王和、王浩下班祗應。以四川宣撫安丙言：「憐僧等係河中府人，事虜中僞官，久欲歸附，乘機奮發，棄家率衆，去逆歸

〔一〕此注原作正文大字，另作一條。按，此實爲前條之注文，單作一條則文意不明，今改。
〔二〕季先：原作「孝先」，據《宋史》卷四七六《李全傳》上改。下文亦作「季先」。
〔三〕「進勇」上應有「守闕」二字，否則與前文重。
〔四〕駕：疑是「賀」。

朝，委見忠順。」故有是命。

同日，詔蕭圳特補承忠郎，張泰稷保義郎，蘇鐸進義副尉。以四川宣撫安丙言：「圳、泰稷祖宗以來，元係大宋臣子，雖受僞官，未嘗一日忘本朝。圳係金國都統，受僞明威將軍、守終南（懸）〔縣〕令；泰稷（僞受）〔受僞〕威 37 武將軍、馮翊校尉；鐸係北虜千户，先因戰西夏立功，（爲受）〔受僞〕進武校尉，當夏兵會合之時歸朝。各思欲自（技）〔拔〕來歸，爲志已久。今乘機會捨逆歸朝，且材傑膽勇。」故有是命。

二十四日，詔程瑭特補承信郎，王忠進勇副尉。以四川宣撫安丙言：「瑭、忠久係北界秦州成紀人。瑭素懷忠順，願歸聖朝，與弟僞都機察琮常來邊上報説金虜事宜。昨來王師進發，結約二千餘衆謀爲内應，被首虜中，全家與元約徒黨悉遭屠戮，獨瑭拔身來歸。丙照得瑭久抱忠懷，灼明大義，家既遭刑於逆裔，身當受賞於本朝。忠昨來官軍入界之時，乘機奮發，捨逆歸朝。丙照得忠曾受僞官進義校尉，遥授夕陽巡檢。大軍入界，曾與程琮結集人衆，勦殺蕃賊，緣被告訐，拔身來歸。委見各人忠順，若不優加旌賞，無以激勸。」故有是命。

四月二日，詔孫昱特補承信郎。以京東節制司言：「泰安軍管下魏安寨統制孫昱，赤心守節，不肯從僞，固護本寨，又能捕殺逆黨，忠赤可嘉。」故有是命。

二十六日，詔忠勇軍統制、權知登州衡穩（時）〔特〕補忠翊郎，通判萊州孫才成忠郎；忠勇軍統制兼棣州陽信縣令張榮、權通（州）〔判〕濰州劉海，並承節郎；忠勇軍統制兼齊州兵馬都監王揖、忠勇軍統領兼濱州判官麻侃、忠勇軍統制劉全，並承信郎。以京東、河北節制司言各係京東東路郡縣頭目，安集居民，捍禦日久，故有是命。

七月十六日，詔張禧、房仙 38 特補修武郎，特差充河北路兵馬鈐轄。以樞密院言禧、仙各係僞界頭目，慕義歸順，屢戰有功，合議旌擢，故有是命。

十六日，詔：「京東、河北路歸復州軍應歸順立功已補轉至武翼大夫以上之人，特與放行該遇嘉定十四年九月十日明堂大禮蔭補親男一次。令京東、河北節制司日下照應，從實契勘，仍依條式，逐一保明，奏申施行，不許泛濫。先具知稟申樞密院。」以吏部言：「准令，諸通侍、右武大夫已關陞每遇、未關陞兩遇大禮，聽蔭補；又令諸衛大將軍、武翼大夫入官二十年，理親民資序，聽蔭補子承節郎。照得京東、河北路新歸復州軍内有已補轉正使之人，該遇嘉定十四年九月明堂大禮，各入官未及二十年，若依條法，未該蔭補，合議指揮。」故有是命。既而吏部又言：「准令，諸衛將軍至武翼郎，謂親民資序兩遇大禮，軍班换授一遇親民滿三十年，聽蔭補武功至武翼郎子承信郎。照得京東、河北路新歸復州軍内忠義頭目顯立軍功之人，已補轉武翼郎以上，亦以年限、過數拘礙〔一〕，並未該蔭補，合與照應，

〔一〕過數：似當作「遇數」，謂遇大禮之次數。

特議指揮。」又詔京東、河北路歸順忠義頭目人，顯立軍功已補轉武翼郎之人，特與放行該遇嘉定十四年明堂大禮蔭補親男一次。

十月三日，詔汝舟特補修武郎，特差京東西路兵馬鈐轄；王用特補從義郎，特差京東西路兵馬都監。以樞密院言汝舟慕義來歸，故有是命。尋又詔汝 39 舟特轉武義郎，帶行(合)〔閤〕門宣贊舍人、權知應天府；用特轉訓武郎、帶行閤門祗候，權通判應天府。

十六年正月七日，詔陳存補授成忠郎，依舊知(勝)〔滕〕州；秉義郎、權通判(勝)〔滕〕州兼管忠義軍事夏鐩，仍舊管幹職事；忠義軍鈐轄文義轉修武郎。以京東、河北節制司言：「忠義都統李全申，青崖寨屯守總管彭義斌據(勝)〔滕〕州知州陳存、權通判夏鐩，賫到僞金銀牌、虎頭素金牌、僞札二十道，及差鈐轄文義剋復滕、兗二州，招獲人兵等僞牌印，乞與推恩。」故有是命。

七月六日，京東、河北節制司言：「忠義都統李全據均州防禦使、京東路馬步軍副總管、知濟南府、兼管内安撫崇贇申，證應贇本姓崇，昨授均州防禦使，告上作『种』字，乞改正换給。本司昨據青州忠義都統李全申：齊州知郡种贇追勦叛賊，張林北遁，前來歸順。本司證得本人自張林捨順從逆，常懷憤恨，只候李都統提兵前來，以爲内應，遂遵便宜指揮，將發下空頭均州防禦使告書填，差种贇充京東路副(管總)〔總管〕、知濟南府，給付祗受。今种贇本姓崇字，乞行改正，换給崇贇告名，給付施行。」詔令吏部日下换給，繳申樞密院。

十七年六月二十八日，詔蘇椿補授武功郎、河北東路馬步軍副總管、兼知大名府；蘇元補授從義郎，充河北東路兵馬鈐轄、兼提舉本路諸軍人馬；張俊補授訓武郎，充河北東路兵馬鈐轄、兼通判大名府；谷廣補授承信郎、 40 天雄軍節度推官；李寬特授保義郎，充濮州兵馬鈐轄、兼知濮州；劉成補授承節郎、通判濮州；梁仲補授保義郎，充開德府兵馬鈐轄、知開德府。以京東、河北節制司言：「京東西路副總管彭義斌申，蘇椿等係北京大名府僞行首，舉城歸順。」故有是命。（以上《永樂大典》卷八二一一）

宋會要輯稿　兵一八

軍賞　一〔一〕

❶真宗景德元年閏九月四日，詔河北諸州軍曰：「國家重慎戎事，每誡邊臣，常令固守封疆，不得侵越境土。蓋欲安民息戰，豈思黷武窮兵？而契丹唯務貪殘，不遵理道，有志但同寇賊，無名輒犯邊陲，想於人神，皆所憤怒。今已遣上將，大益精兵，命諸路齊驅，尅期盡戮。其間竊慮有漏其戎寇，劫掠居民，其逐處如有强壯及諸色人能爲首領，糾集願殺蕃賊者，并仰所在官司策應照管，覓便掩殺。如活擒到契丹，每人支錢十千，斬其首級，每人支錢五千。如生擒十人已上、梟十人已上首級，計數賜與外，仰所在給公據，當議更加酬奬。其俘獲之物，并給本人，所在官司更不得輒行訊問。如得近上首領、職員者，除行恩賜外，仰官司以聞，當議量所擒殺到蕃戎職位，優與録用，無致疑慮。即不得緣此詔旨，將不是契丹及北界賊人以(邊)〔邀〕旌賞，輒便殺害。并仰官司子細驗認，犯者并仰依法斷之。若官司不切明辨，致有枉害平民，因事彰露，應干繫官吏，重寘之法。」

十一月，環慶等路總管張斌等言〔二〕：「沿邊熟户蕃部有活捉得賊人，割到耳鼻并奪得馬，及收陣之後，赴本屬呈納，官中(倒)〔例〕納下，却量支價錢。其捉到人并斫到耳鼻，亦(倒)〔例〕支賞賜。其衣甲納官。乞自今如蕃部與蕃賊鬭敵，得馬却給與，活捉到❷人、割到耳鼻，亦別定賞給。所有奪到衣甲器械，即納官，據色件多少支茶綵。」從之。

三年八月二十七日，詔：「自今沿邊斬獲蕃寇首級，須辨問得寔，當行殺戮者〔三〕，許依前詔給賞。如其非理〔四〕，即以軍法論。」先是，真宗謂知樞密院王欽若等曰：「累有人言西路沿邊州軍有能梟取爲惡蕃族首級者，賞賜等級素有條約。然恐因此害及平人。朕思之〔五〕，逐處雖有次第部轄之人，豈容枉濫。然言者既多，亦宜過慎，可遍指揮沿邊諸處。」故有是詔。

四年七月十二日，詔曹利用等：「將士立功者，不須給帖付之，第據功狀遷補。内殊異者以名聞。」先是，雷有終平西川，給立功人數僅七千，帝以行賞既廣，即失於懲勸，故申條約。

〔一〕原無編碼，今添。以下二卷同。

〔二〕張斌：按，據《長編》卷五二及本書方域一二之一八，截至咸平五年八月，環慶路部署（《會要》避英宗諱改爲「總管」）仍爲張凝，疑此處「張斌」乃「張凝」之誤。

〔三〕行：原作「於」，據《長編》卷六三改。

〔四〕理：原作「禮」，據《長編》卷六三改。

〔五〕朕：原無，據《長編》卷六三補。

仁宗康定元年十二月四日，中書、樞密院言：「請令陝府西都總管司，今後應與賊兵鬭戰，有乞覓首級以冒恩賞者，當行軍法。」從之。

二年正月，知慶州范仲淹請給樞密院空頭宣及宣徽院頭子各百道，以備賞戰功。從之。

八月，鄜延路總管司言：「近詔逐路總管司，自受降下行軍賞罰敕命後，如有捉殺西賊立功或（所）〔斫〕到人頭耳鼻及有傷中，并入賊界打奪人口、燒蕩族帳，但係得功者，并仰（柝）〔析〕以申陝西都總管司。緣本路至都總管司急遞亦往還踰旬，乞依詔命外，其傷中人數只就本司旋定輕重。内禁軍人員、兵士，依近降例支給；蕃、漢弓箭手，即依舊例，更不申都總管。所貴傷中之人，早得支3賜。」詔陝府西都總管司詳所奏指揮。

二十二日[一]，詔：「河東元昊入寇麟、府，所過城寨有能出奇設伏掩擊者，量功優奬之。軍馬或致傷折，亦勿加罪。」

慶曆三年二月，樞密直學士楊偕言[二]：「竊見新定行軍約束，貪爭財物貲畜而不赴殺賊者斬，又合戰而爭它人所獲首級者斬。是知臨戰之際，恐其錯亂行伍，故爭財物與爭首級同。然又有斬首受賞之條，使其衆必爭之。古者雖有斬首幾千級，蓋是槩舉斬獲之數，非賞所獲首級以誘士卒之亂也。自劉平、石元孫之敗，多因爭首級之故。請自今殺賊之後，計所獲首級以本隊論賞。」從之。

八年正月，降空名告敕、宣頭子三百道下河北宣撫司，以備賞戰功。

神宗熙寧元年正月，詔環慶經略司：「自來豪富之（之）民及官員子弟、門客、舉人等，依倚兵官，倖此邊事，託名効用，欲求恩賞。令陝西沿邊諸路每有戰獲，并須體量寔狀，結罪保明以聞。如有諸色人潛行賄賂，於兵官、戰士處收（賣）〔買〕首級、虜獲，或稱臨陣得力之類，妄僥求恩賞者，并須覺察聞奏，乞行重斷。亦許諸色人陳告妄冒之狀，如得寔，其告事人當優加酬賞。」

二月十二日，宰臣韓琦言：「訪得延州東路都巡檢燕達等敗賊於懷寧，其蕃官及首領等例各以親（所）〔斫〕到首級論功，皆不知官員將校與蕃官首領并統計手下人殺獲與輸折人數，較計賞罰。所是人員兵士殺到首級，惟得支賜，其轉資4者只該説臨陣對賊、先鋒馳入、陷陣突衆爲奇功，及生擒賊人、斫動賊寨之類，方得此賞，即不載主將親見陣前効命得力及全隊入賊，因而得勝，各與轉資明文。望再申明，增立賞格，下逐路經略司，庶得兵官將校與蕃官首領各知只以率衆破賊，手下人都得首級計功，長行、兵士等亦以敢戰効命、陣前得力、全隊勝賊者各得轉資，不爭首級，動取勝捷。」從之：一、使臣、人員、兵士陣首用命，出於

[一] 按：《長編》卷一三三繫於八月四日庚辰，與此異。
[二] 直：原作「院」，據《長編》卷一三九改。

衆人、主將親見者，具功狀姓名聞奏，當議優與轉資。一、全隊率先用命入賊、主將親見者，具功狀聞奏，全隊人員、兵士竝與轉資。若因而破賊者，優與轉資。一、臨陣對賊，矢石未交，先鋒馳入陷陣，突衆賊徒，因而破敗者爲奇功。或寇賊堅鋭，城池險固，山林阻隘，道路遥遠，又救兵不繼，若此之類，既勝(勝)尅敵，難易相遠，竝不可以常格酬叙，委主將臨時録奏，不次遷轉。

二年二月十六日，詔：「今後陜西諸路沿邊兵校，如有因與賊闘敵、斫到人頭、合該轉補者，竝可於奏到三日内出給宣頭。」

三年十月二十五日，陜西宣撫使司言：「近來諸路有得功將士多是不依元降賞罰格，疾速依公定奪聞奏，朝廷只憑逐處奏狀推恩，慮逐路淹遲啓倖。」詔本司指揮逐路經略司，竝依《行軍賞格》施行。立功將士應合酬叙者，皆令主將於賊退後諸軍未散時，對衆叙定〔一〕，直言斬獲中傷次第，務從簡速。一、將士得功，主將即時對定，明 5 具姓名申奏，不得以隨身牙隊及親識移換有功人姓名，致抑壓先鋒遠探及臨陣効命之人。如士卒顯有功効，爲人移易抑壓者，許經隨處官司自言。

六年七月十六日，詔：「諸色人殺熟户以邀功賞者，竝斬訖奏〔二〕。仍許人陳告，每名轉一資，賞錢百千；無資可轉，更支三十千〔三〕。竝先以官錢給，後於犯人催理入官。如軍人陳告、事干本營者，送別指揮。」先是，邊吏多殺熟户，詐爲首級，吏不能知，而無辜死者衆，故爲之禁。

十月二十九日，詔樞密院重脩《行軍賞格》，與中書詳定進呈。

十二月三日，詔：「諸奏賞功内，將官、使臣并具元將出戰兵甲若干隊，每隊若干，獲到首級及輸失之數聞奏。」

七年三月二十九日，熙州王韶言：「今月十七日，走馬承受公事張佑齎到敕字黄旗付本司，告諭熙河路將士，如能協力一心，用命大破賊衆，廣有斬獲，當比收復河州倍加酬賞〔四〕。士皆感(舊)〔奮〕，軍聲大振。」

七月三日〔五〕，詔：「破蕩踏白城一帶作過蕃部押隊使臣，各計所部人數并獲到首級，以十分爲率，九分以上爲優等，五分以上爲第一等，三分以上爲第二等，一分至不及分若無獲者，竝爲第三等。優等遷六官，餘推恩有差。」

十月一日，中書、樞密院言：「今年九月二十八日同奉詔，取索諸軍自來出戰有殺獲功勞該轉資之人，委隨處當職官子細呈驗。如委是少壯，各具姓名、得功次數，置簿抄録訖，仍別開坐，保明以聞。」

6 八年五月十二日，詔：「諸功賞未經酬叙逢格改者，

〔一〕叙：原作「遂」，據《武經總要》卷一四改。
〔二〕訖：原脱，據《長編》卷二四六補。
〔三〕三十千：《長編》卷二四六作「五十千」。
〔四〕比：原作「此」，據《長編》卷二五一改。
〔五〕七月三日：《長編》卷二五四繫於七月八日甲辰。

若新格輕，聽依立功時；若重，聽從重賞。入《編敕》。」從中書刑房所定也。

元豐二年八月二十二日，審官西院言：「磨勘供備庫副使劉希奭歷任，兩以邊功遷官，在格當異常調。」詔希奭與轉七資，仍詔自今身經戰鬭，酬奬遷官方理爲戰功，著爲令。

三年五月二十一日，權發遣鄜延路鈐轄曲珍乞德順軍界祖父弓箭手地，改正户名，不可則乞輸錢。詔曲珍累有戰功，其地四頃半特賜之。

四年三月十一日，詔瀘州將官等第遷官，或減磨勘。諸軍弓箭手、義軍勇敢效用、招安將等獲級、重傷遷資，輕傷賜帛有差，獲首領者遷兩資，獲乞弟叔目募級遷三資，賜絹五十。以韓存寶（年）〔申〕明功狀也。

五月二十七日，都大經制瀘州夷賊林廣言：「差借職史利言齎文字付乞弟〔一〕，以取王宣下落蠻兵士，及以説諭爲名，陰視進兵之路〔二〕，勇勁可嘉。」詔史利言遷一官。

七月二十一日，詔：「在京每年秋差官閲賞軍銀器，宜以去年所用數爲額。自今更不差使臣，止付管軍臣僚，令於年内親依畫一閲賜，所支銀器并以群牧司封樁支〔三〕。」

二十三日，詔：「鄜延、環慶、涇原、熙河、麟府路各給諸司使至内殿崇班敕告百，東頭供奉官至三班奉職宣頭二百，鄜延路别給三班借職至殿侍軍大將劄子百。如軍前有効命奮力，可以激勵衆心者，隨功大小補職，書填給付。」

八月六【7】日，上批：「西賊犯綏德城，本城殺逐退散，其有功之人，速依格推賞外，獲級者每級加賜絹十匹。自今應邊寨殺獲準此。」

二十二日，詔中書降勅牓：「西南蕃羅氏鬼主下蠻首領沙取，若能諭乞弟早降，朝廷當厚加爵賞。如未肯降，能掩殺赴官，即賞真金五百兩、銀五千兩、錦五百疋、綵絹五千匹，更當優加官爵。其下得力蠻兵，賞鹽一萬斤〔四〕、羊百頭〔五〕。如殺到乞弟下蠻兵，每級賞絹二十匹，夷兵十五匹，小頭領三十匹，大頭領六十匹。其逐處部族都大頭領亦重賞。」

十一月九日，内降《賞功格》：一、主將計功大小，聽裁。一、走馬承受公事計主將成功大小，聽裁。一、軍中掌機宜官計主將成功大小，聽裁。一、逐軍將副通計所部之兵除亡失外，以所獲分五等：即斬級計分及一千以上，仍每百級加賜銀絹五十匹、兩。官各轉〔資〕，銀絹共賜。九分以上第一等五官，七分以上第二等四官，五分以上第三等三官，三分以上第四等兩官，一分以上第五等一官；七釐以上減四年磨勘，五釐以上減三年磨勘，三釐以上減二年磨勘，一

〔一〕職：原作「者」，據《長編》卷三一二改。
〔二〕進：原作「近」，據《長編》卷三一二改。
〔三〕司：原作「同」，據《長編》卷三一四改。
〔四〕萬：原作「百」，據《長編》卷三一五改。
〔五〕羊：《長編》作「牛」，當是。

鼇以上減一年磨勘，不及鼇支賜絹十匹。一、部隊將、押隊諸色人，應手下有漢蕃兵馬，計分推賞加賜准將副例，惟賜不共。賊中任事首（首）〔領〕，聽裁。大首領（調）〔謂〕正監軍、僞置郡守之類。四官，賜絹五十疋；次首領謂副監軍及賊中所遣僞天賜之類。三官，賜絹三十匹；小首領謂鈐轄、都頭、正副寨主之類。**8**兩官，賜絹二十匹；蕃丁一級轉一資，賜絹二十匹。（二）〔一〕、當戰重傷一次，轉一資，賜絹一十匹。一、鬪敵捉獲（疆）〔彊〕壯蕃丁一名，轉一資，賜絹二十匹。一、當戰輕重傷一次，非鬪敵獲賊强壯蕃丁一名，各賜絹一十匹。一、新歸順之人立功，隨狀依格倍賞。一、五等雜功，凡減年者，并依條比折。下項爲一等，轉一資：臨機獻謀，致軍兵獲勝；身先士卒，摧鋒陷陣；率先入賊，衝陣破賊，苦戰力敵；先鋒引路，争險奪隘，設伏邀截，殺退賊衆，最爲得力；率先奪渡過河，率先登城用命鬪敵；偷亂賊寨，首先得力之人；躬親督勵兵衆入陣破賊，陣前賈勇士卒，破賊得力；催驅陣隊，攻破城池；逢賊引人，撞陣破賊；驅擁人馬，向前破賊。下項爲一等，減四年磨勘：無磨勘人支絹二十匹。能獲賊窖，濟接糧草，供饋不乏；能預探賊馬下寨去處，致大軍掩擊成功；燒蕩不順族帳首先得力之人。下項爲一等，減三年磨勘：無磨勘〔人支絹〕一十五匹。陣前及馬前使唤，破賊得力；管押般運，裹送催驅，給納糧草，別無不前；應副軍期事件，隨軍諸般幹當事件得力；陣前帳前主管金鼓，傳呼號令、排布陣隊；陰陽官占望尅課，能獲應驗；隨軍主簿。下項爲（第）一等，減二年磨勘：無磨勘人支絹十匹。親兵使唤，最是得力；管幹下營壕寨，製造攻城器具、橋梁、舩栰管幹官及作頭；隨軍醫人出取箭頭；并醫過人數。隨軍行遣人吏、隨軍幹當事衙校主管隨軍器甲**9**什物別無散失，部領照管運糧人夫別無逃避。下項爲一等，減一年磨勘：無磨勘人支絹五匹。踏白白旗子，卓望賊馬無虞；小壕寨親兵、急脚子傳送機密文字無虞；獸醫隨軍醫療鞍馬，不致死損。

二十五日，种諤言米脂川敗西賊有功人。今學士院降詔，賜諤銀、絹各二千匹兩。其獲級諸軍等，依格酬獎。遣幹當御（學）〔藥〕院劉惟簡往延州，賜行營經畧副使以下茶藥，傳宣撫問漢蕃將士，及等第支賜禁軍都指揮使錢七千、絹七匹，都虞候以下有差。其下軍卒支絹或紬一匹。

十二月二十六日，涇原路經略司言：「右侍禁魯福隨彭孫至嗚沙川遇賊，凡三戰，皆重傷，乞優賜推恩。」上批：「授閤門祇候，賜絹百匹。」

五年三月二十三日，樞密院都承旨張誠一言，今後諸軍因功或捕賊換大小使臣者，許帶舊請受。從之。

四月二十七日，詔討乞弟將校依本等推賞，兼功人并累賞。初，中書樞密院言：「姚兕當減磨勘四年，緣皇城使改官不用減年，當至元豐六年七月遷遥郡防禦使。內殿承制秦世章當遷三官，先坐打誓不實被（刻）〔劾〕，及破乞弟，當遷一官〔一〕。如京副使張仲安、劉甫各當遷一官，不能戢士卒，殺人夫爲賊級，候奏功取旨。王光祖當減磨勘三年，坐打誓不實被(刻)〔劾〕，及咋破乞弟，當減磨勘四年。供備庫使高遵治、西京左藏庫副使張壽當減三年，東頭供奉官杜議當減四年，各坐殺降人級作鬪敵被[10]劾。」詔姚兕遷遥郡防禦使，秦世章、張仲安、劉甫并如前詔。王光祖通用減磨勘七年遷一官，更減磨勘二年〔二〕。高遵治、張壽、杜議候案上取旨。

同日，降告七十五道、敕三十道、宣四百八十七道、劄子八十六道付沈括，賞曲珍出塞時立功將官，有輕重未當者以聞。

五月四日，詔：「引戰環州弓箭手都指揮使王隱舊病右目〔三〕，因奪隘力戰，箭中左目，與三班借職，給俸禄終其身，并與引戰支賜，仍許子孫承襲。」

五月七日，都大經制瀘州夷賊林廣上討蕩蠻賊軍員等部領獲首級并權隊將獲首級人功狀。詔成隊二十分與轉六資，内一資支絹十五匹，其餘分鰲，并依部隊將例；不成隊人依陝西格推賞。

六月十四日，林廣言：「準御前劄子，封付臣賞軍功告身、宣劄等〔四〕。臣契勘隨軍出入與不顧死亡用命之人，恩賞即無等差，并引戰、擁隊將校等隊下獲級所得酬獎，比韓存寶奏功推賞不同。」詔引戰、擁隊七級與遷一資，每加等推賞，至五資止，餘資止賜絹。

十九日，詔：「將兵皆計所部多寡，所亡所獲，比折分鰲定賞。比聞諸將討賊，多率衆以自衛，及至奏功，即減數以就賞，顯屬僥冒。自今出戰，先以所部兵多寡奏。若上功狀，即計所部人所獲級以聞。」

七月八日，尚書司勳言，梓州路轉運司保明瀘州應副軍期官等出界冒險，以至蕩平，實有勤勞。詔：「入箐逐等并依林廣下幹當公事、軍主簿例。優等不理選[11]限試監簿，依特奏名同三禮推恩攝官。出界比入箐第降一等〔五〕，第三等升半年名次，界首逐等升一季名次。軍大將并比折減磨勘年，内勒停人候叙用日準此。入箐在夷界死各賜絹百匹，入箐回死六十疋，出界回死四十匹。」

二十三日，詔：「彭孫功與罪相當，其賞罰各不行。」時孫出界亡失正軍，當降兩官，斬獲首級，當陞兩官，以功贖過故也。

二十九日，詔：「應緣支給軍賞物帛乞取者，論如河倉法，與者不坐。」

八月二日，涇原路制置司行營總管劉昌祚言：「昨本路兵出界，每遇大敵，常獲全勝。後諸將聽高遵裕節制，但

〔一〕當：原作「會」，據《長編》卷三二五改。
〔二〕減：原脱，據《長編》卷三二五補。
〔三〕「使」原無，「右」原作「在」，據《長編》卷三二六補改。
〔四〕劄：原脱，據《長編》卷三二七補。
〔五〕比：原脱，據《長編》卷三二八補。

聚爲一軍，不往來外援，致師老退還。臣蒙恩薄責，累及諸將，蓋各有亡失分數。緣内有攻城傷殘、飢殍拖後人數不少，即非戰敗亡失〔一〕。伏望矜察，量推恩賞。」詔磨嘞隘得功將副，朝廷於賞格特加一等；其亡失人兵，會計分數等第降罰〔二〕。

九月十五日，熙河蘭會路經略司言，定西城遺譯語彭保六人入界刺事得實〔三〕，有勞。詔并遷一資，人賜絹二十匹。

六年三月二十一日，河東路經略司言，左藏庫使薛義出界，敗賊於葭蘆西嶺。詔遷皇城使。乙屈先降引路〔四〕，遷兩資，賜絹五十。奪印諸軍依輕傷格。門下繳覆，義所部三千三百四人，除折亡失并老小外，計獲六十九級〔五〕。詔義止減磨勘三年。

五月六日，詔：「供奉官郭惟賢部九十騎，獲級五十六，身重傷，及先鋒破賊左藏庫副使高永翼部五**12**十二騎，獲級一百二，各遷五官。」餘遷官賜絹有差。賞從訾虎部兵出界功也。又詔高永翼以兩(員)〔資〕官遷皇城使、貴州刺史，餘三資許回授五服内親。

閏六月五日，詔：「熙河蘭會路安撫司近遣楊吉等出界討賊，冒險過河，兵少而斬獲多，令制置司於賞格外優賜之。其沈溺人厚加撫卹，給馬外賜絹十疋。」鄜延路經畧司上戰功也。

十四日，涇原路經畧使盧秉上姚麟去月乙丑部諸將討堪哥平功狀〔六〕。詔斬獲一級遷一資，重傷遷一資；獲(疆)〔彊〕壯蕃丁一名遷一資，賜絹二十匹。主將東上閤門使、英州刺史姚麟降敕獎諭，賜銀絹六百；陣將崇儀使張世矩等八人〔七〕，四人遷一官，三人減磨勘三年，一人減磨勘二年〔八〕；走馬承受二人，各銀絹五十；管勾機宜文字官一人〔九〕，銀絹三十〔一〇〕；諸班直各絹十匹，諸軍敢勇、效用、弓箭手、蕃兵等絹五匹；部隊將四十二人，十一人遷一官，三人遷兩官，一人遷三官。餘減磨勘年、賜絹有差〔一一〕。

九月十八日，知延州劉昌祚言：「第二將彭孫所請獲級傷中賞絹，準朝旨相度等第裁減事，乞且依元立賞格施行。」上批：「軍賞之行，所加者衆，患在數易，以惑士心。如昌祚之言甚允，宜依所奏，他路可并準此。」

十二月三日，蕃官左侍禁朱泥唛遷四資，賜絹五十匹；悖乜乩尾遷三資，絹三十匹；乙麥乙唛遷兩資，絹二

〔一〕亡：原作「計」，據《長編》卷三二九改。
〔二〕第：原脱，據《長編》卷三二九補。
〔三〕實：原作「賞」，據《長編》卷三二九改。
〔四〕降：《長編》卷三三四作「鋒」。
〔五〕獲：原作「履」，據《長編》卷三三四改。
〔六〕去月：原作「胠」，據《長編》卷三三六改。
〔七〕人：原作「十」，據《長編》卷三三六改。
〔八〕二：原作「三」，據《長編》卷三三六改。
〔九〕勾：原脱，據《長編》卷三三六補。
〔一〇〕三十：原作「二箇」，據《長編》卷三三六改。
〔一一〕絹：原脱，據《長編》卷三三六補。

十四。輕重傷并依格。奪得馬給馬外，賜絹十匹。鄜延路經畧司上戰功也。

七年 13 二月一日，熙河蘭會路經畧制置使李憲上蘭州城守追敗西賊功狀。詔：「保全一路有勞〔一〕，降敕獎諭，賜銀絹三千〔二〕，將校等（遺）〔遷〕資有差，餘以格推賞。陣亡諸軍賻絹，軍員三十匹，下至遞鋪二十匹。」

三月十一日，詔劉（祚昌）〔昌祚〕：「本路士氣自永樂不守以來，折索摧喪，非往日之比。近聞諸將互出，頗獲賊級，軍氣少振，宜有旌別，特以氣作之。今賜卿緊絲戰袍、紅絲勒帛、金線烏梢弓、虎紋韔靬、銀纏桿槍〔三〕、朱漆圓排、金（渡）〔鍍〕銀裝手刀各五十，宜擇衆與之人，量所宜賜之。」

十二日，詔支内藏庫絹十萬付環慶路經畧司，爲軍兵賞。

五月一日，詔鄜延、環慶、涇原、熙河蘭會、河東路各給空名宣頭〔四〕、劄子二百。

四日，詔知延州劉昌祚：「去月癸巳西賊犯安塞堡，第五將以少擊衆，獲其酋豪。除朝廷已特支外，可以經撫庫金帛或御前降去銀器先賞衆所親見用命有功之人，其諜知賊馬信驗者優予酬奬。」

十九日，皇城使、忠州刺史呂真領嘉州團練使，西京作坊使米贇爲内園使〔五〕、雄州刺史，内殿崇班張仲元爲内殿承制、閤門祗候。以上批：「安塞敗賊，寔由呂真斥候明審，米贇得以收漢蕃入堡〔六〕。安塞被圍，即領所部應援，與副將合力驅除。雖斬獲不多，亡失過甚，存心忠勇，不以彼我爲念，宜奬之以勸協力國事者。贇等單孤一寨，守兵不滿千人，却賊數萬，斬獲著名兇悍酋豪十數。賊喪氣逃遁，與前後出寨俘斬老弱不同，14 可優厚推恩。」故也。

七月九日，鄜延路經畧司言：「种諤上：本軍出界進討〔七〕，分遣諸將收夏州、至上書平、白池等處有功人，内第一等將副乞推恩。」詔李浦遷一官，趙守忠、李思古已死，還官恩賞每資賜絹五十，趙守忠百五十、李師古五十，給其家。

二十三日，給空名宣劄三百，付熙河蘭會路經畧司。

八月一日〔八〕，右侍禁杜能自陳有邊功〔九〕，御延和殿引見，賜人馬甲一聯。

九月一日，給李元輔經制絹五千，付秦鳳路經畧司以賞功。

〔一〕全：《長編》卷三四三作「守」。
〔二〕賜：原脱，據《長編》卷三四三補。
〔三〕桿：原作「捍」，據《長編》卷三四四改。
〔四〕頭：原脱，據《長編》卷三四五補。
〔五〕米贇：原作「米斌」，據《長編》卷三四五改。下同。
〔六〕堡：原作「保」，據《長編》卷三四五改。
〔七〕本：原作「大」，據《長編》卷三四七改。
〔八〕八月一日：《長編》卷三四八在八月三日庚午。
〔九〕右：原無，據《長編》卷三四八補。

二十二日，環慶路經略司言：「殿直柴植等三人同討吴八章等寨，獲三百級，無亡失，蕃官例各轉資。」詔令減磨勘二年。

十月十二日，詔：「定西城守城漢蕃諸軍并百姓婦女，城上與賊鬭敵者，人支絹十匹，運什物者七匹；城下供饋雜役者，男子五匹，婦人三匹。」

十一月一日，詔涇原、熙河、蘭會路賞功宣誥入急遞。

八年七月二十八日，前熙河蘭會經略制置使司言：「昨朝廷所降空頭宣誥等，有未書填，乞回納。」從之，河東、陝西諸路經略司依此。今後得功人，并自朝廷推恩。

哲宗元祐元年閏二月六日，樞密院言：「武臣戰功酬獎，不以諸司使副、大小使臣，每一資於見任官上改一官，内皇城使一資遂轉遥郡刺史。或除入横行，并閤門使以上，每一資亦轉一官。比之使臣，輕重未均。」詔：「閤門副使、左藏庫副使以上，每兩資轉一官㈠；客省副使及皇城使以上，每三資轉一官。以【15】上應減年者，并回授有服親；應轉資者㈡，每資轉一官或循一資㈢，不得轉至朝奉郎。及諸司副使并幕職州縣官改官、應減年人，對減磨勘年限不同者，依賞格準折。」

同日，樞密院言：「元豐四年陝西、河東兵進討，權宜重立賞格，誘激將士。獲（給）〔級〕、重傷等第轉資外，重加賜絹，及捕獲分鹵、雜功五等之賞，并特優厚。昨自還塞後來㈣，遇巡綽探事之類，逢賊鬭敵，尚用此格。除所立功狀尤異，合臨時取旨推恩外，今别脩立捕獲賞格。」并從之。

八日，樞密院言：「走馬承受近年遇軍行，多以親戚請託，僥倖功賞，欺罔百出。欲乞隨軍出入人，不以將帥功効大小㈤，並不得陳乞推恩㈥，違者以違制論。有能覺察軍中將帥賞罰不當，申奏功狀不寔，并密具聞奏，朝廷根究得寔，當優與推恩。及走馬承受親戚、門客、親隨等，并不許隨軍効用，雖著功勞，亦不在酬賞之限。如故隱匿、因而酬賞者，犯人決配，走馬承受若知情官司并除名。許人告，以犯人所受恩澤充賞。」從之。

二十四日，詔：「今後蕃官立功優異者，方取旨差充本族巡檢，仍當三資，令樞密院遵守。」

三月五日，樞密院言，脩定監司按土兵賞格。從之。

二年六月十二日，熙河蘭會路經略司言：「西賊寇定西城，權監押吴猛等戰死。」詔猛及死事兵校等第推恩加賜。其輕重傷中人，令經略司依條施行。

七月四日，樞密院言：「殿前、馬、步軍司每年按閲諸軍，支賞銀未有定【16】限。」詔以十分爲率，選應賞人無過三

㈠兩：原脱，據《長編》卷三六八補。
㈡者：原無，據《長編》卷三六八補。
㈢資轉：原倒，據《長編》卷三六八乙。
㈣自：原作「日」，據《長編》卷三六八改。
㈤帥：原脱，據《長編》卷三六八補。
㈥並：原無，據《長編》卷三六八補。

分，歲止一次。

八月八日，河州南川寨戰守有勞漢蕃官兵遷官資〔一〕、賜帛有差。

九月十五日，涇原路經畧司言夏人夜遁，賜將帥兵民銀、錢、絹、袍、帶有差，仍(捉)〔促〕具功狀以聞。

三年五月十六〔日〕，詔賜熙河蘭會路銀、絹各五萬，鄜延路絹八萬，涇原路絹七萬，環慶路絹五萬，秦鳳路絹八萬〔二〕。并以防秋備軍賞也。

四年八月六日，詔：「戰陣立功人犯罪應追降及準例入重者，品官并轉三官，文臣與换武臣，選人與改官，未授品官人得奉職知令、録，將校并轉三資，軍人得正副指揮使，爲第一等；併轉兩官及循兩資，白身人得判、司、簿、尉，借差已下得借職，殿侍、大將已下得差使，將校併轉兩資，軍人轉軍使、都頭，爲第二等；轉一官、循一資，殿侍、大將轉借職，借差轉差使，白身得未入官名目，文臣減三年，武臣減四年磨勘，將校轉一資，軍人轉副都頭，兵馬使，爲第三等。第一〔等〕人三次、第二等人兩次、第三等人一次有犯，各取旨。其逐等人即犯公罪徒已下、私罪杖笞情輕者，不以次數，並準此。」

五年三月四日，荆湖南路安撫、鈐轄謝麟言，處置邵州管下蠻賊畢。詔第其功爲五等，轉官、減年磨勘、支賜有差。所部人獲級，更不推賞，器械估價給直。

九月二十二日，措置荆湖北路邊事司言，渠陽寨主李備申，蠻賊犯邊，借差楊晟經等掩獲有功。詔與等第轉資及補軍校。應該賞 17 人，其借職已下，令給降付身文字，依陝西例。

七年二月六日，樞密院言：「諸探報多不寔，緣賞輕無以激勸。欲令陝西、河東經畧司各以本司封樁或軍賞錢物給充探事支用。其沿邊州城、堡、寨將副舊得支用者，亦約數均給。若探報有功，或報不以寔，并量事輕重，隨宜賞罰。事理極重，合從朝廷賞罰者，奏聽指揮。」從之。

紹聖二年十月二十九日，詔西(經)〔京〕左藏庫副使賈宗元有戰功，與轉七資。

三年正月二十八日，詔户部於内藏庫支銀絹各五千匹兩，度牒二千，付鍾傳，除賞激漢蕃弓箭手及往來幹邊事，佗毋得闕給。

三月二十二日詔：「今後陝西、河東路賞功，并依元豐賞格推恩例，經畧告諭漢蕃將士等。」

五月二日，詔：「陝西、河東路經畧司探事人所報有寔，優與支賞。如止於近邊探聽，撰造事宜，規圖恩賞，嚴行懲誡。」

八月四日，詔：「西賊寇順寧寨，諸將獲級，其合該賞人内尤異者，當於新格外更與優恩。」

〔一〕南：原脱，據《長編》卷四〇四補。
〔二〕八萬：《長編》卷四一一作「五萬」。

八日，樞密院言：「元豐朝旨，不得以老少婦人充級，已録送陝西、河東經略司照會。日近諸路累有斬獲首級，竊慮猶有夾帶，致誤朝廷推賞，無以激勸寔効之人。」詔逐路經畧安撫司子細識驗保奏，違者依法施行。

四（月）〔年〕二月二十九日，詔：「皇城使已上因戰功試轉資者，許回授五服内有官親屬轉一官。如功狀優異，即取旨，許回授白身親屬與借職。」

三月八日，呂惠卿言：「敕牓内（招）18招到鈐轄、都頭、正副寨主之類與左侍禁，事體未便。今欲於鈐轄、都頭下隨所管或將帶人户多少，於右侍禁以下至副兵馬使，相度等第安排。仍依元豐年例降空頭宣劄赴本司，候有投降，一面書填給付。」詔：「今後應有似此之人，仰經畧司（勘）〔斟〕酌合得名目，等第安排。并其餘招納到合該推恩首領，除東頭供奉官以下至都頭兵馬使，共賜空名宣劄二百道，委帥臣一面書填給付訖以聞。河東、陝西諸路亦依此。」

十一月十五日，詔：「自今陝西、河東路隨軍官員、使臣等，非有經畧司文移差借者，雖立功應賞者勿推。如在軍顯有武勇人，從經畧司審察有功効者，依格推賞。」

元（祥）〔符〕元年六月九日，詔：「應輕重傷，并令諸路走馬承受依條點檢覺察施行。應以首級詐作首領〔一〕、鈐轄之類妄求恩賞，據所冒合轉資數，并依以老幼婦人首級妄冒施行。」

十月四日，鄜延路經畧〔使〕呂惠卿言：「將兵入界，或受降，或戰殺，全繫兵將官臨時處分。若於陣前生降到人户，不優與推恩，即恐他日討蕩之時，不肯全活，却致族帳盡爲仇敵，不肯歸降。欲將出界陣前生（慮）〔虜〕到老小婦女，每五人理一級轉資，其生降到壯人，每名依斬獲例推恩。」從之。

二年三月十八日，引見殿前、馬、步軍司揀到散祗候王貴，射弓加力應法，换左班殿直，仍減磨勘三年，賜袍帶。貴自陳曾隨軍入西界，眼下中箭，得輕傷酬奬，乞改作重傷。上謂李19憲等曰：「眼下中箭，可得爲輕傷邪？」詔送樞密院改正。

四月二十四日，樞密院言：「漢蕃官、弓箭手并諸軍蕃兵等有功未賞，而身亡或陣亡，子孫若兄弟之子合皆承襲推恩者，舊例漢弓箭手承舊職名，蕃弓箭手、蕃官承新職名，理有未均，欲自今悉因舊職名推恩。應承襲準此。其未授賞者，每一資賜絹二十匹，功狀優異者取旨。」從之。

三年四月九日，詔：「諸路賞功有大轉官資，許舉覺改正人吏而支賞錢。」

二十二日，詔：「熙河、秦鳳（西）〔兩〕路冒賞功例降兩官外，并與叙復，路分以上降一等差遣。」

徽宗建中靖國元年八月二十九日，鄜延經畧司奏：

〔一〕作：原脱，據《長編》卷四九九補。

「本路自紹聖以來，前後所奏功賞，例多妄冒。其間有冒二十資至一十資已上，至有小使臣轉皇城使，効用轉諸司使副者不少。及環慶路勘會到自効用之類推恩，最高者止於右班殿直。上件詐冒功賞，并係帥臣保奏不寔，致誤朝廷推恩。」〔詔〕呂惠卿可落觀文殿學士，劉安降充東閤門使、饒州刺史，張誠降充左藏庫使、衡州刺史。

崇寧三年八月七日，樞密院劄子：「王厚奏去年十一月内河南蕃賊攻圍作過，尋差兵馬前去，逢賊鬬敵，逐次斬獲，乞推恩。」詔：「内減年人年限不同，依條比折。其蕃官未有磨勘年限人，令經略司寄籍，候再立功，通計推賞，仍先次告示知委。」

四年二月二十一日，詔王厚：「夏賊不恭，自陝以西，兵未得解。諸路斬級，動以千計。雖□虜離叛〔一〕，[20]義所當誅，然四海生靈，皆朕赤子，鋒鏑之下，各爲其主，膏身草野，朕所盡傷。累降指揮，不吝金繒爵賞，廣行招(約)〔納〕，庶保生全。而有司論賞，招降之格輕於斬獲，是使人樂於殺人而怠於生致，甚非朕好生不殺之意。其令諸路，每遇出兵，先以招納賞格説諭，差人俾之投順。自今招納到一名，依斬獲一級推賞，不分首級及蕃丁〔二〕。」

大觀二年正月二十七日，詔：「武士能立戰多，以功次至使副者，吏部尚(書)循常格，未得親民，甚失勸奬之意。自今雖未歷監當，并與親民以上差遣。」

政和六年四月二十五日，詔：「邊庭之士，有觸鋒冒矢、義不及顧，與敵人争一旦之命，獲級陷陣，拓地伐國者，自祖宗以來，功居上游，著爲甲令，即與恤養惸獨，收藏遺骸，重輕有間矣。今夏羌弗庭，西陲震武，介胄之士，宜有激勵，所有前降因臣僚奏請民功在戰功之上指揮，更不施行。」

七年八月二十日，詔：「瀘南城寨招安、把截將之類，以年勞累遷都史，并蕃官夷界巡檢等，舊法須候立功，方得遷轉及出官。若不生事，功何由立？甚非綏靖之策。今後如寔歷五年滿日，能彈壓邊界，别無生事，招安將合出官者特與出官〔三〕。其蕃官巡檢等與轉一官，量增鹽綵。稍有生事，重行典憲。」

八年六月二十六日，詔：「淮西捉殺盜賊并擒獲賊首，生致闕下，一行捕盜官等，經述冬夏〔四〕，宣力勞苦，可依逐項推恩。内見任人差遣依舊第一等統領捉[21]殺官。」

宣和三年二月二十九日，尚書省言：「江浙淮南等路宣撫使童貫奏：『臣措置兩浙兇賊，應遣發將兵，并係宣撫司授以方畧。所有逐路監司、守倅并州縣官、巡尉捕盜應合推恩人數浩瀚，務要行賞均當。若不經由宣撫制置司考驗諂(賞)〔實〕，竊慮諸司將目前小効張大事體，便行保奏，

〔一〕所缺一字，原抄作「兇」字。
〔二〕首級：不可通，疑當作「首領」。
〔三〕招：原作「將」，據本書方域一九之二一改。
〔四〕述：疑當作「歷」。

有害用命寔立功効之人，兼恐泛濫，别有夾帶，希冒賞典。伏望特降睿旨，應諸司申奏今來捕賊功狀，并從宣撫司覈寔保奏推恩。如宣撫司巡歷别路措置，即本司牒制置所保奏。或諸司已有保奏，見在朝廷者，亦乞降下本司考驗施行，所貴革去冒賞之弊。』」從之。

同日，尚書省言：「威武軍承宣使、同知入内内侍省事、制置譚稹奏：『契勘青溪群賊燒刼州縣，自大兵下江浙，分布討殺，隨賊所向，朝夕暴露，用命（舊）〔奮〕身者，蓋以今來賞典甚優，平日撫養之厚，激勵所致。比年諸司多以纔見少有殺獲，便即鋪陳次第，奏乞推賞，先及守臣或職事官。臣竊謂官有常職，而士卒寔皆効命。以今賊勢兇逆，動即拒敵，若有殺獲，理宜先賞戰士，庶幾激勸衆心。臣欲望聖慈特賜睿旨，將今後有司應奏乞殺獲賊徒推賞之人，并令宣撫、制置兩司同共覈寔，先賞戰士。所有守臣命官等，并次第具的寔取旨施行。若有勞績顯著，即令兩司先次保奏，聽旨施行。所貴爵賞不濫，兇孽早平。』」詔從之，令三省、樞密院遵守。

閏五月十五 22 日，詔：「江浙方賊等作過，其官員、軍兵并効用諸色人獲級、重傷、捕獲等功賞，并依陝西、河東見行條格體例施行。」

六月二十二日，福建路轉運司奏（乞）：「準尚書省劄節文，福建路提點刑獄俞向奏：『爲本路不住分擘官兵於界首把隘，及出界前去衢、信州策應捉殺，有獲功人，乞出給空頭告勑下本司，候事畢推賞。所有已降賞格，合給錢、絹、金銀，乞下轉運司以諸司錢樁辦。』勘會立功人自合從宣撫司、制置所保明推賞，其合用錢、絹、金銀已降指揮，委鄭可簡專一應副，本官自合那融支撥。契勘本路差那官兵，召募槍仗手，於本路界首把隘，及出界前去，所有在衢、婺州獲功之人，多是就近（甲）〔申〕信州出給公據之類。蓋緣該處官司惟貪己功，務殺獲數多，更不審寔，例皆給與照據。若盡憑外路給到公據，令本路依數支，不唯見在錢物有限，應副不足，兼恐他路官司以支費不係本處財用，各無勒借，多有僞冒不寔。除已奏聞，欲乞應本路差出在别路立功之人，并從元給據官司路分給賞施行。」詔：「應獲功人，令所在官司子細勘驗詣寔給據，不得稍涉詐冒。如違，當議重行典憲。」

九月二十九日，江浙淮南等路宣撫使童貫奏：「近據劉韐申：『自睦寇猖獗，杭州失守，越州止隔一水。有本州貢士錢則忠、學生林知言陳狀，乞部轄巡防，召募到一千六百人，自部領分頭守禦巡防，使居民安堵，顯見逐人用 23 心有勞効。』錢則忠擬補承信郎，差充新昌縣尉兼主簿；林知言擬補承信郎，差充嵊縣尉。」詔依所奏施行。

四年七月十五日，詔東南功賞及陣亡恩澤，限十日結絶。

二十二日，樞密院言：「宣撫司申：統制王涣申，前去收復處州，其獲級有功合轉資、别作施行外，其餘一級合支絹七匹。劉儀、張彦忠各三級，今比擬支絹共二十匹；何擇五級，今比擬支賜絹三十五匹。關請施行。」從之。

五年六月五日，兩浙提刑王仲閎申：「伏覩昨收復樂清縣日，拘收到賊人遺下耕牛五千六百餘頭，給與人户，每頭錢一十貫文，計錢五萬六千餘貫，於條即係贓罰之物，欲將上件錢取會本路，(予給)〔給予〕應陣亡軍民。」詔依。

十五日，陝西河東河北路宣撫使童貫、河北河東路宣撫副使蔡攸奏：「勘會河朔自兵興到今來撫定燕地，寔周一載。委監司等分等應辦，并無闕悞。今分定等第，伏望特賜推恩。」奉御筆：「第一等陞一職，轉兩官，無職可升人轉三官；第二等陞一職，轉一官；第三等轉一官。已上無職人除初品職，有止法人轉行并轉可陞者，比附施行。內不曾入燕官與比入燕官輕重稍異。」

十二月二十九日，樞密院言：「比來諸路差赴河北統押兵馬將官，多指射官司人吏充吏職。使臣以管勾文字爲名，兼充陣前使唤，冒濫恩賞，於軍情未便，實害軍政。契勘其河北及諸路自來未有條禁，兼使臣充吏職之人，亦未有 **24** 該載不許差隨軍使唤約束。」詔：「遇軍行，其人吏及使臣充吏職之人，止許隨軍行遣文字，銜校隨軍勾當外，即不得差充陣前使唤，部轄人馬。雖立到功勞，亦不得奏推賞。」

六年四月三日，樞密院奏：「諸軍出戰被傷，合保奏推恩。訪聞將司隱落，不爲保明，甚非勸功激勵之意。」詔今後戰傷人并據實以輕重開具，違者以違制論。

十八日，詔：「比年禁軍出戍，因戰亡歿及有未知存亡人，本轄官司牒報住營去處，只稱收身不到，不即指定戰歿或係逃走。如委實戰歿，其家合該支賜贈之類，既無明報，使官司不能依條例支給。昨雖降御筆處分，(令)〔令〕依舊接續支破一季，緣季限之外，家屬即便失所，誠可矜恤。可今後應戰歿之人，并須以寔勘驗戰歿或逃亡，關報住營去處，更不得稱收身不到。如違，以違制論。」

八月十八日，收復燕雲赦：「應昨收(覆)〔復〕燕雲路命官等被差把隘口之類，别無透漏疎虞，與比附部押兵夫等例推恩。應昨撫定燕雲將佐、官屬、軍兵等立功，應合推賞而有司漏落之人，仰赴所在自陳。如有據驗，并疾速保明聞奏。」

七年五月九日，德音：「京東、河北路州縣，昨平燕日充効用人，河北逐路各有立到功勞累及三資已上，其所補名目，緣有司不通知，秖各於効用上出給公據，致隔歲月，未被恩澤。許經所在自陳，仰逐路帥臣互相關會姓名，具實審察，類聚逐次所立功勞，分明開說，申樞 **25** 密院，當議一併推恩。」

六月十四日，詔：「比緣攻討西賊，及江浙、河北調發軍馬立功者衆，雖已推賞，尚慮其間有本路功狀未到，攢造差舛，會問稽留，已隔歲月，致竭力効命之人久阻陞遷。可下逐路帥司，詳具有功軍兵三年未經推賞者，依元攢功狀别保奏。有傷中未請支賜者，限一月令逐州軍依數支給，不得留滯，庶稱勸獎激勵之意。」

十二月二十二日，詔減掖庭用度、侍從官以上月廪，罷諸兼局。有司據所得數撥充諸路糴本及募兵、賞軍之用。

欽宗靖康元年二月十二日，赦書：「應將佐、使臣、軍員、兵級有功或能著顯效者，仰守禦、宣撫使司疾速保明聞奏。應今來召募差發人兵，州縣官有率先辦集併人數最多去處，及曾被攻圍州縣鎮寨官吏、將佐等，能防護城池糧草，并安存民户，不致散失者，并仰逐路監司保明聞奏。京城守具樓櫓脩全了當，官吏作匠等(今)〔令〕所屬疾速保明奏聞，並議推恩。京城守禦官兵，仰守禦使司具有功人保明推恩。」

三月五日，詔：「正月七日夜，金賊攻宣澤門。九日，攻安肅、通天、景陽、安泰門。二月二日至八日，攻咸豐門。其逐處官吏當日分守禦者，增倍推恩。」

十四日，詔曰：「朕初嗣歷服，適丁艱難，賴天之靈，敵人悔禍。永惟士夫，擐甲冑，冒矢石，捍寇勤王，朕甚嘉之。其令有司寔録立功將士，以名來上，毋以愛憎爲高下，務在必當，庶幾賞不踰時，感勵思奮，協 26 圖康功。今後非有軍功、戰功及實有勞績外，并無恩倖非泛轉官賞賜。布告遠邇，使明知朕意。」

二十一日，詔：「扈從行宮將校、軍兵，齎銀絹前去等第支賜。內在泗州駐劄人仍各與轉一官資，扈從往還渡江人轉兩官資。」

九月十四日，樞密院言：「諸路立功將士，祖宗舊制，并係帥臣或主將等畫時具將佐、使臣下至兵卒所立功勞，開列等第保奏。樞密院既得旨，即據職次給降付身。比年以來，多因先以統制兵將官奏捷狀便行推賞，逐官既已遷官，其餘動經歲月，方以上聞。樞密院又將其間使臣劄下吏部，副將下刑部，軍人下軍馬司，弓箭手之類下本路，再行勘會，或致經歷一二年間，方以三兩名申院。不唯寔立功者久不霑恩，慮亦别生姦弊。」詔：「今後應戰功酬賞，并仰帥臣等限五日内將應干立功人自將帥下至卒伍，逐一開具所立等第、職次、軍分，一時保奏，即不得用情，致有漏落不實。候到，令樞密院所奏功狀〔一〕，以立功等第取旨併推恩，給付付身、宣劄、告命等，類聚，差使臣齎往軍前給賜。」

十八日，樞密院言：「陝西、河東立功將士，自來諸路帥司具到功狀，朝廷已降推恩指揮，下吏部勘會。緣本部各隨官分關諸案行遣，多致散漫。是以動經歲月，有失朝廷激勵將士之意。」詔令吏部内選各摘那人吏，專一置案行遣，仍仰自今後每旬具承受到文字及給降過付身、公據數目聞奏。河北 27 逐路依此。

閏十一月十三日，選間使齎蠟書往諸道召勤王兵，白

〔一〕「所」上似有脱字。

身及有官人皆招募，與官或帶閤職〔一〕。書詞云：「宜疾率衆，不限萬數，倍道前來。南道總管張叔夜率先勤王〔二〕，至之一日而除延康，又二日除資政，又三日除樞密院簽書〔三〕。諸路兵若能速來，不以官職尊卑，亦當優加勸賞。監司、帥守能奮力爲國之人，即速團結軍民，以救國難。其所用資糧，逐急權那應副，雖於法有礙，亦許支用。有能糾集、善部轄之人〔四〕，許以便宜，隨功等第借補，文官自迪功郎至宣教郎，武官自副尉至從義郎。候到闕，給告正授，有官人令加借。」

十五日，虜以洞子屋負土填壕，募能焚之者，賞絹二千疋、銀五百兩，白身補秉義郎，有官人轉七官。

高宗建炎元年六月十四日，詔：「自今有能收復河北、河東兩路州郡及救解危急〔五〕、保全一方、功効顯著者〔六〕，除本處節度、觀察、團練、防禦使，依方鎮法。」

九月十八日，詔：「近來軍兵多因潰散及避（逃）罪逃竄，却緣（請）〔諸〕處召募，並不顯軍額，逐急投充効用，以應一時之選。偶因功賞，補授副校尉及使臣了當，陳乞稱元係某處軍分職名，情願不就校副尉及使臣名目，只乞於已前軍額名目上一併改轉。可將應今日以前似此投充（校）〔効〕用、獲功補轉之人，願依舊軍額者，每兩資止當一資收使，其一資人更不許換。如日後更有如此投充効用獲功之人，更不推恩。」

十月七日，臣寮言：「累年以來，28保奏功賞類多不實。如江浙、山東之捕盜，關陝、兩河之邊事，有司出給文據，冒濫不一。今若一槩止絶，恐有實立功績之人或生怨望；若盡行推賞，又恐冒濫既衆，名器益輕。願自建炎以前應干功賞照驗未經釐革、未經施行者，累遷不得過三官；合循資之人，亦以五資爲限。其餘建炎以後並依條例施行。」從之。

二年正月十三日，臣寮言：「自數十年來保奏功賞，例多不實，或親戚之私，或權貴之薦，或醫巫卜祝之徒，或工商皂隸之賤，未嘗臨陣遇敵，輒冒功賞，軍士怨憤久矣。乞戒諭差出并見今統兵將官，務在體國盡忠，如敢循襲前例，輒保奏不實者，官員坐欺罔之罪，軍曹司等編配遠惡州軍。許御史臺覺察彈奏。所有沿邊州軍及應干保明功賞去處依此。」從之。

二月十三日，詔權發遣濮州楊粹中除直祕閣。以粹中率官吏、軍兵守城禦賊故也。

〔一〕閤：原作「閣」。按《三朝北盟會編》卷六八云：「白身及有官人各先授數官，帶閤門宣贊舍人、閤門祗候而行。」知是帶閤門之職，而非館閣之職。因改。
〔二〕張叔夜：原作「張叔平」，據《宋史》卷二三《欽宗紀》改。
〔三〕樞密：原作「資政」，據《宋宰輔編年録》卷一三改。
〔四〕善：原作「差」，據《三朝北盟會編》卷六八改。
〔五〕危：原脱，據《三朝北盟會編》卷一〇八補。
〔六〕者：原無，據《三朝北盟會編》卷一〇八補。

三月十二日，詔知江州陳彥文除龍圖閣待制〔一〕。以彥文遭賊兵張遇攻圍，極力守禦故也。

七月十六日，詔：「諸帥臣并應統制、統領兵將官，今後遇攢功狀內有一名累次立功之人，於本名下只作一項開排立功次數，因依，保明陳乞。」以兵部尚書盧益言，功賞文字內有一名累次立功者，却作數項開說，致行遣差（牙）〔互〕，推恩名目重疊故也。

三年二月十六日，德音：「應州縣今來曾經金人攻圍，能堅守不去，致一州一縣保聚無虞，仰帥臣或監司具狀 29 保明申朝廷。元守城官吏等，並各特與轉三官資。若金人經過去處，雖不被攻圍，而能保守不致殘破，亦各與轉一官資。」

四月八日，赦書：「應舊行賞典除捕（資）〔盜〕、軍功、戰功、陣功歿於王事之家恩澤外，並權住行遣一年。其未經推賞之人，候到駐驛處，委省官四員，限一月施行。今後功賞，應經歷處各限三日與決行下。」

四年正月十五日，詔：「兩浙東路制置使張俊本軍人馬在明州，率先出城與金人迎敵，殺死金賊不知其數。奇功軍兵，各與轉七資，餘各有差。」

五月十七日，臣寮言：「樞密院每遣討賊，即給印（薄）〔簿〕一面，號曰功罪簿，以授將臣。凡有功罪，悉書于簿。回日奏功，即以其簿繳納于樞密院。後不得續有添差姓名。」從之。命尚書省行下諸路帥臣根究死事之臣、殺賊之民，考驗詣實，類申朝廷，以加勸恤。詔令三省條具，以次施行。

二十九日，詔金房州安撫使王彥特補正右武大夫、忠州防禦使。以宣撫使司言，永興軍路部將似達結連軍兵〔二〕，殺害本將張順不克〔三〕，部領人兵作過，至五月二十六日侵犯金州界。王彥於黃岡嶺活捉似達等三人，并叛兵四百餘人，故也。

七月八日，詔：「武經大夫、榮州團練使孔彥舟生擒到僭號妖賊鍾相等，與落階官，除利州觀察使。」

十一月一日，詔：「諸軍今後保明無照驗功賞，不得更有保明。令三省、樞密院遵守。」從臣寮請也。

八日，詔四川宣撫司參議官劉 30 子羽轉三官，新除禮部侍郎指揮更不施行。以臣寮言：「夫春官貳卿，自非文學優長、練達典故者不在茲選。今子羽以（募）〔幕〕府軍功得之，於事不類，望追寢，優進子羽階官。」故有是命。

紹興元年正月二十五日，詔：「京畿提刑、兼權京城副留守趙倫及京西南路提刑、權知唐州胡安中，并在境內措置保守，一方軍民安堵，及奏報金人動息，各特轉三官。內趙倫於橫行上轉兩官、遙郡上轉一官。令學士院降詔

〔一〕閣：原無，據《建炎要録》卷一四補。
〔二〕達：《建炎要録》卷三三作「逵」。
〔三〕克：原作「捷」，據《建炎要録》卷三三改。

奬諭。」

二月二十四日，詔：「今後將士立功，量高下擬定合轉官資，或初補名目，先次給與照會文字，申朝廷審度遷轉補授，庶得信賞，有以激勸。」

五月十日，詔新差知廬州王亨除兼閤門宣贊舍人。以和州無爲軍鎮撫使言其奮發忠義，生擒賊首李仲故也。

十九日，兩浙西路安撫大使劉光世言：「忠勇統制張榮與金賊大戰，勦殺萬餘人，并奪到衣甲等，乞優異推恩。」詔管轄、修武郎李横等二十四人各轉三官，次頭首有官借補從義郎；呂莊等二百六十七人各兩官，將佐等無官借保(保)義郎；陶仙等三千七百三十八人各一官，并于正職名上收使；白身人依効用法。

八月三日，山東統制忠義軍馬范温言：「金賊渡河，温等遁居牢山。繼聞本路從逆，遂率衆船入海，據守福島，每遇金賊接戰獲功，無以激勸，固當隨宜借補加轉。望給降告勑，補正官資。温不敢自行借補官資外，元有正官加借 31 官資三員、借補官資三百七十五人。今差統領官王交、參議官李植等齎表赴朝廷投進。」詔特依，范温補武翼郎、閤門宣贊舍人，李植補承務郎，杜伯材補秉義郎，曹綱補忠翊郎，張千等七人並補忠訓郎，喬信等三人並補忠翊郎，李進等二人並補成忠郎，劉旺等四人並補保義郎，范晟等五人並補承節郎，劉彦等四人並補承信郎，段偉等三人並補進武校尉，范雎等九人並補進義校尉，劉勳等二十一人並補下班祗應，韓存等以下一百四十人並補進義副尉，陳通等以下一百六十五人並補守闕進義副尉，劉德等一十二人並與補正，仍降敕書奬諭。

十八日，兩浙西路安撫大使劉光世言：「〔今〕來防江委曾宣力及出戰立功人，輕重分爲三等，乞推恩。第一等二千六百八十人，兩處立功人各與轉三官，一處立功人各與轉兩官。內王德除遥郡(戰)〔觀〕察使，依前拱衛大夫。第二等七千九百七人，各轉兩官。第三等九百八十九人，各與轉一官資。內重傷人及陣亡，并依格推恩。」詔特依，選人比類施行，礙止法人依條回授，白身効用〔軍〕民義兵、簽軍等，并依陝西効用法遷轉；陣亡軍民、義兵等，令本路帥司依自來條例施行。

二十八日，兩浙西路安撫大使劉光世〔言〕：「昨遣發統制官王德等前去揚州以北討殺金賊，到邵伯以來逢金賊，鬬敵殺敗，棄頭不斫，殺死掩入河湖，不知其數。再遣王德、酈瓊等 32 過江，令直入承州，金賊知覺，前來迎敵，殺死金賊二千餘人，及活捉到女真等。」詔第一等各與轉三資，第二等、第三等各與轉兩資，(今)〔令〕劄付尚書兵部，疾速指揮施行。

十月十八日，都省言：「近降指揮，權住收接常程文字，其新立功賞，自建炎三年十月以後實有軍功、事狀明白無可疑者，自合收接行遣外，其餘不急之賞，并無文書照驗，難以取證於保任者，并候來春考覈實僞行遣〔一〕。」

十一月二日，詔令尚書省出榜都門曉示：「應有勞績功賞、整會叠轉授之人，今後并仰經所轄官司陳訴，從本處勘會詣實，關申所屬施行，即不得依前越訴。如違，重行典憲。」

十二月十四日，詔兩浙西路安撫大使劉光世可特與恩澤三資，奏補本宗或異姓有服親。以招安賊盜，保護浙西一路故也。

十七日，制置山東忠義軍馬范温言：「有登、萊、濰、密四州差發大兵，會鑿、小高、畢郭參寨北軍人馬來相攻擊。温親手斬獲蕃官首領一名，敵人驚潰，奪到甲馬，差官屬李植等五十九人同齎謝恩表，管押北軍千户田幹并甲馬等詣行在。」詔：「范温忠節顯著，特與轉武功大夫、遥郡刺史，依舊兼閤門宣贊舍人。其管押到蕃人，參議、統領官、使臣各與轉一官資；忠義長行、梢工、水手合轉兩官，蕃人田幹送神武中軍收管。」參議軍事李植、統領官楊闢、使臣王保等一十九人，忠義長行使臣王政等七人，梢工姚士寧等二人，[33]水手于世等三十四人。

二十三日，詔：「今後應保明功賞及陳乞恩澤之類，并仰保奏官司取索初補及見任真本告敕、宣劄等勘驗，委非僞冒，及借補人分明開説逐次借補因依及是何官司借補，并漢蕃歸明使臣、効用，各隨名色聲説。如不依今來開具，未得推恩，退送元保明官司，重别開具。若隱匿不寔，當職官重行竄責，人吏刺配。仍令進奏院（鎮）〔鏤〕板遍牒應干合屬去處，今後每月檢舉行下，説申三省〔二〕、樞密院。」

三年二月一日，詔均房州鎮撫使、知金州王彦特除龍神衛四厢都指揮使。以宣撫處置使張浚言彦勦殺董先賊衆，收復商州，撫定功也。

三月十二日，詔襄陽府鄧隨郢州鎮撫使李横鎮撫有功，特與轉行右武大夫、遥郡觀察使。以横提兵汝州、（穎）〔潁〕昌府界，敗蕃賊功也。

九月十九日，詔：「鳳翔府和尚原立功統制將佐等，并以節次除授官職，尚慮無以激勸，令宣撫處置使司於逐路無人識認地土内摽撥給賜。如今後更立奇功，當議增數。撥賜都統制吴玠一十五頃，永興軍路經畧使郭浩一十頃，統制官以下一等各七頃，統領、鈐轄、路分等各五頃，將官一等各三頃。」

十一月七日，詔：「統領官武經郎高道、脩武郎司全各轉一官。將官、使臣、校尉、（尉）下班祗應劉廣、孫遇等各與減三年磨勘。年限不同人依五年法比折。効用公據甲頭、白身人、民兵、弓手、士兵各與轉一資，於正職名[34]上收使。白身人依陝西効用法補授。」以江南西路安撫大使司言，道等破分寧縣群賊甯鐵龍故也。

〔一〕「行遣」下似脱「從之」二字。
〔二〕「説」字疑誤或衍。

十二月二十七日，詔程昌禹除集英殿修撰。以樞密院奏昌禹掩殺王善、劉超功也。

四年十月七日，沿海制置使司言：「防秋之際，把截海道，唯藉舟師，以遏奔衝，義當優立賞格，以勵戰士。緣獲級雖有陝西効用格法，理合增重，激勸効命之人。」詔：「遇緩急賊人侵犯，如能生擒賊徒及斬獲首級，并當等第推恩。有立到奇功之人，格外優異加賞。其奪到賊船錢物之類，并給所獲人。若逢賊退避，并依軍法。（乃）〔仍〕給降黃榜曉諭。」

二十六日，詔董旼特除正任觀察使〔一〕，陳桷特轉三官〔二〕、除祕閣修撰，仍賜紫。以韓世忠言承、楚獲捷功也。

十二月三日，樞密院言：「知樞密院事張浚前往江上措置軍事，緣諸將見與大敵對壘，緩急會合軍馬，遇立功即與尋常不同，理宜優賞。」詔諸將士能（戳）〔戮〕力用命立功之人，令張浚保明聞奏，當議優異推恩，仍令樞密院牓示諸軍。

五年五月二十九日〔三〕，詔令諸將帥：「今後保明功狀，須管將出戰并不入隊雜役人各立項分明，開說的實功効因依，即不得衮同滅裂保明。稍有違犯，其受賞人并保明所部統領將佐，并一等重作施行。」

二月十一日，詔：「荆湖南北襄陽府路制置使岳飛下統制官徐慶、牛皐人馬，廬州以來，與蕃賊鬬敵勝捷，奇功各與轉五官，第一等各與轉三官資，35 第二等各與轉兩官資，第三等各與轉一官資，并於正名目上收使。選人比類施行，白身人依陝西効用法補授。」

十二日，浙西江東宣撫使張俊言〔四〕：「近分遣統制、〔統〕領、將官將帶軍馬節次過江，追襲掩殺賊馬，獲捷立功官兵見行斟量功力高下，置策保明，申奏推恩。」詔張宗顔落階官，特除正任防禦使；楊忠憫、王進、李瑋、張宏、項展、田泰璋、張元、顧暉、鄭滿各與轉五官資，王再興、戚方、盧師迪各與轉三官。

十三日，詔拱衛大夫、康州刺史潘義與轉兩官，一官於横行上轉，一官依條回授。以都督府言遣發潘義至天長軍，與金人七斤太師見陣，獲捷故也。

十九日，詔收復襄陽府等處六州軍立功官兵，將第一等立功異衆之人，各更轉一官資，于正名目上收使。

二十二日，詔：「江南東路淮南西路宣撫使劉光世下統制官王德等，過江前去滁州地名桑根，與賊血戰，寔曾向前立功官兵等，立奇功人各轉五官資；第一等各轉三官資，內係都虞候人令樞密院特與換授；第二等各轉兩官資；第三等各轉一官資。并於正名目上收使。」

三十日，詔：「武功大夫、吉州團練使、統領軍馬孫琦，

〔一〕董旼：原作「董取」，據《建炎要録》卷八一改。
〔二〕陳桷：原作「陳桶」，據《建炎要録》卷八一改。
〔三〕葉渭清《宋會要校記》：「『五月』或是『正月』之誤。」
〔四〕張俊：原作「張浚」，據《建炎要録》卷八一改。

武功大夫、權淮南西路宣撫使司統領軍馬王存，敕授福州助教、權淮南西路宣撫使司準備差遣劉哲，忠訓郎、部將王寧，下班祗應楊渥，各與轉兩官資，於正名目上收使。內孫琦、王存、劉哲各用上件兩官，孫琦特 36 與轉行橫行一官，王存特除遙郡刺史，劉哲補中州文學。」以淮南西路宣撫使司統制官酈瓊言收復光州，琦等首先入城說諭故也。

閏二月十八日，知廬州、兼淮南西路安撫使仇悆言：「蕃僞賊兵入寇淮西濠、壽二州，官吏軍將同心備禦一百餘日，晝夜防守。今來解嚴，乞保奏推恩。」詔第一等各與轉一官，減二年磨勘；第二等、第三等各與轉一官資，於正名目上收使。白身人依陝西効用法補授，選人比類施行。

三月八日，詔吳玠保明階州楊家崖等處把截捍禦金賊官兵共二千八百三十七人，推賞有差。

四月四日，淮西安撫司言：「本司差撥兵將收復壽春府及安豐縣了當，乞推恩。」詔：「奇功各與轉一官資，更與減二年磨勘，軍兵與轉兩資；第一等各與轉一官資，第二等各與減二年磨勘，無磨勘人及軍兵增倍犒設一次；第三等各與減一年磨勘，無磨勘人及軍兵犒設一次。內轉官資人于正名目上收使。借補人先次出給公據，候有名目日收使；白身人依陝西効用法補授。以上犒設，并令本司支給。內磨勘年限不同人，依五年法比折。」

五月二十五日，殿中侍御史張絢言：「比來諸軍保明到奇功之人，止是開列姓名，不曾詳具立功之狀，雖朝廷依所申給文曆，往往輿(義)〔議〕不平，多謂冒濫。乞下有司或差密院檢詳，或委檢正都司，各令親加參考，而吏勿預其事，差別高下等第優劣，37 拔其尤異者，具名申三省取旨，付之户部，然後出給文曆，以寵其勞。」詔依，三省委都司檢正，樞密院委檢詳。

六年四月十七日，詔統制官呼延通除正任防禦使，諸將王權、劉寶、岳超〔一〕、魚澤并特除遙郡觀察使，許世安、劉鋭并特除遙郡團練使；趙潤於階官上轉三官，仍特除遙郡刺(州)〔史〕；李儀特除(遙除)遙郡刺史，王勝、王升、崔德明、呂超、單德忠各於階官上轉行三官，吳超、杜琳、巨振、石世達各于階官上轉行兩官；解元與轉三官，依條回授。以淮南東路兼鎮江府宣撫處置使韓世忠言：「僞邳州女真都統訛里孛堇與劉冷莊都統太一孛堇等會合女真、契丹、漢兒，同僞知邳州賈舍人侵犯淮南作過。世忠總率諸軍兵馬渡淮，離僞鎮淮軍南三里聖女壑有山寨拒抗王師。遣發官兵力敵，破城獲捷。所有諸軍見行別攢功狀外，通等身先將士〔二〕，直前破賊，立到奇功。」故也。

二十六日，詔令都督行府支銀絹各五千匹兩，應副淮南東路兼鎮江府宣撫使韓世忠支俵，激勵將士。從世忠

〔一〕岳超：原作「樂超」，據《建炎要録》卷一〇〇、《三朝北盟會編》卷一六九、《宋史》卷三六四《韓世忠傳》改。

〔二〕通：原作「延通」，按此即前文所云「呼延通」，「呼延」爲複姓，此處單稱名，不應有「延」字，徑刪。

請也。

五月十五日，詔：「吴玠賜錢一十萬貫，充隨軍激賞等使用，令趙開于賣到户帖錢内支給。」

二十五日，詔副統制王師晟特與除遥郡團練使，仍更于横行上轉行一官。以劉光世言師晟引兵渡淮，至僞劉龍城〔一〕，率先破敵故也。

十二月一日，内降淮南路德音：「訪聞自來保明功賞，間以無功之人冒列其中，致無以38激勵士氣。可令逐路宣撫司聚集將士，(摧)〔推〕排功狀，具實以聞，不得泛濫。近者賊馬侵犯，其光世下女真、契丹、漢兒訪聞内有用命出戰之人，仰疾速保明聞奏，當議優異推恩。」

二十二日，詔知光州、敦武郎王萃與轉一官，除兼閤門宣贊舍人。以淮南西路兼太平州宣撫使劉光世言賊兵孔彦舟等數萬衆攻打光州，保護一城無虞故也。

七年三月二日，詔湖北京西路宣撫副使岳飛下統制官王貴特除正任防禦使〔二〕、龍神衛四廂都指揮使，牛皐特除正任觀察使。以樞密院言飛近遣貴等總領官(共)〔兵〕掩殺逆賊五大王劉復、李成等，累立奇功故也。

十一月二十一日，上謂輔臣曰：「諸軍使臣猥多，歲增俸廩。」因曰：「大將奏功，率以所愛偏裨多轉官資，而出戰士卒往往不及，不惟無以勸有功，兼亦蠹國用。朕常謂行賞當先自下，行罰當先自上，且以諸將不能如此爲歎。」宰臣趙鼎等曰：「聖慮高遠，豈諸將可及。」

十二月十八日，詔知泗州、起復武功大夫、兼閤門宣贊舍人劉綱特除遥郡刺史。以京東路宣撫處置使司言蕃僞賊馬衝突泗州，保全無虞故也。

九年正月五日，内降新復河南州軍赦：「應兩淮、荆襄、川陝新舊宣撫使及三衙管軍，并特取旨，優異等賞〔三〕；統兵官及將佐，委逐軍開具，等第推恩。」

十年六月三日，詔：「比以金賊侵犯東京，已策用兵征討。應諸軍將領有能建立奇功者，推賞至于39使相、建節，仍不次任以職事；將校士卒，不以資級高下，但能立奇功，并依前件推賞，仍(陛)〔陞〕近上職任。令吏部别選一等官告，旌别功賞，自節度使至横行以下并空名，臨軍給授，不待保明申請，不礙止法，并與轉行。所有將來合得戰功恩數，亦已於告前明白開説，不須節次整會，仍比舊法更加優異。仰將佐士卒等各思奮勵，用命殺敵，以赴功名之會。」

十五日，詔：「今後應將士臨(軒)〔陣〕戰鬬捐軀之人，并仰一一着實具奏。有官人賻贈官及子孫恩澤，軍兵依舊支破請給，存恤其家，并比舊法增重。其重傷人合得支賜，亦仰日下支給本色。内有官人因此不堪披帶，與添差近便

〔一〕劉龍城：原脱「劉」字，據《建炎要録》卷一〇〇、《三朝北盟會編》卷一六九、《宋史》卷二八《高宗紀》五補。
〔二〕京：原作「荆」，據《建炎要録》卷九九改。
〔三〕等：疑當作「給」。

差遣，軍兵不任征役願放停及改换軍額者，各聽從便，仍支破請給，以終其身。不得循襲前弊，仍作名目，使忠義之人有功不報。」以樞密院言將士戰陣捐軀，只作逃亡，不霑恩典故也。

九月十日，明堂赦：「應命官因戰陣或捕盜傷中不堪釐務之人，仰經所在自陳，驗寔保奏。承務郎、大使〔臣〕以上，當議特加優恤；選人、小使臣，與差充嶽廟一次。」

十一年五月十四日，淮南西路宣撫使張俊言〔一〕：「金賊屯兵宿、亳，本軍官兵迎冒暑雨，奔涉長途，深入賊境。其統制官王德等雖蒙推賞，乞更賜優異推恩。王德欲陞充侍衛親軍馬軍都虞候〔二〕，馬立欲除防禦使，田師中欲除龍神衛四廂都指揮使，劉寶、李横欲各除正任觀察使，張淵欲除正任團 40 練使，唐汴欲與轉武功大夫，王友欲與轉右武大夫。」詔并依擬定。

十二年三月十一日，詔令户部支銀絹一萬匹兩，付田師中充激賞。

十六年九月二十七日，詔殿前司後軍統制官張淵與轉行一官，第一等各與轉行一官資，第二等各與減三年磨勘。以淵等將帶軍馬前去福建措置盜賊，今招捕盡靜故也。

十九年五月十七日，詔殿前司統制官劉寶特與轉承宣使，陞軍職一等；統領官劉順許用今次第一等功，并檢舉昨淮西立功一官，特與轉遥郡團練使。本軍立功將官、使臣、効用、軍兵、義兵，第一等各與轉一官資，減一年磨勘；第二等各減四年磨勘，第三等各減三年磨勘。年限不同人依五年法比折。寶等勦殺福建盜賊妖孽殆盡故也。

二十三年二月二十二日，知贛州李耕言：「統率軍馬措置贛州叛兵，將勦殺盡靜，推賞統兵官九員：江西副總管劉綱，鄂州駐劄副統制張訓通，池州駐劄統領官崔定，殿前司統制、知循州張寧，殿前司統制陳敏，統領官郭蔚、呼延迪，副將權江西安撫司統領周成，右宣教郎、統押池州土豪鄉兵鄧酢。」詔劉綱等九人各轉行兩官，奇功各轉兩官資；第一等各轉一官資，減三年磨勘；第二（第）〔等〕各轉一官資，減一年磨勘；第三等各轉一官資。内礙止法人，並與轉行。

二十五年正月二十三日，鄂州駐劄都統制田師中言：「武岡軍徭賊楊再興父子累年 41 作過，差統制官李道領兵前去（撥）〔措〕置收捕，並已盡靜，乞優與推恩。統制官李道欲特與落階官，除龍神衛四廂都指揮使。奇功一十三人：李勝、王宣欲特與轉行一官，使臣馬儀等九人、軍兵張青等二人，欲各與轉兩官資。第一等李思齊、張進并使臣王青等、効用李政等、軍兵王寶等，欲各與轉一官資，減三年磨勘。第二等使臣宋德等、効用范政等、軍兵樂進等，欲各與轉一官資，減二年磨勘。第三等使臣温宏等、効用趙辛等、

〔一〕張俊：原作「張浚」，據《建炎要録》卷一四〇改。
〔二〕充侍：原作「元侍」，據《建炎要録》卷一四〇改。

軍兵黃順等，欲各與轉一官資。」從之。

二十六年十月九日，宰執言：「紹興四年給降空名官告、綾紙、補帖等付王瓌、折彥質，招收黃誠、楊么等用。自後并不曾申到書填過數目。」上曰：「此非良法。將士有功，自合開具姓名聞奏，候朝廷給降，付見空名官告只爲大將照顧親戚而已。激賞將士合用財物，何用告？可令吏部取會書填過數目，要之存在并事故之數。」

三十一年七月二十二日，詔令禮部給降空名度牒五百道，仍遣樞密院使臣一員管押前去淮南、浙西、江東西路制置使司交(轄)〔割〕，應副犒設戰士使用。

八月二十二日，兩浙西路馬步軍副總管李寶言：「乞給降空名守闕進勇副尉、守闕進義副尉、進義副尉、下班祗應帖，進義校尉、進武校尉綾紙，承信郎、承節郎告二道，付寶開具立功因依，書填給付。」從之。令所屬疾速出給付身。樞密院差使臣一員管押前去李寶處 42 收管，專充激賞使用。候有勞効人，即行書填給付，仍不得將無功之人妄行一例書填。

二十五日，權發遣濠州劉光時乞給降空頭守闕進勇副尉、進勇副尉、守闕進義副尉、進義副尉、下班祗應、進義校尉、承信郎付身各一道，開具立功因依，書填給付。從之，令所屬疾速出給付身，充激賞使用。候有勞効人，即行書填給付，仍不得將無功之人妄行一例書填。樞密院差使臣一員管押前去。

十月九日，宰執進呈犒賞事，上曰：「朕囊于內帑儲備邊錢，士大夫不喻朕意者，至指爲瓊林、大盈之比。顧朕雖積此，亦何嘗妄費一錢。向來撥一千萬緡付外府，而近日遣發軍馬及諸處犒設，皆于是乎出，豈不正資今日之用？況方用兵，國賦亦須得人經理〔一〕。士大夫恥言財利，多事之時，艱于選任，亦今時之一病也。」宰臣陳康伯等奏曰：「誠如聖喻。」

十六日，御史中丞、充湖北京西宣諭使汪澈言〔二〕：「訪聞諸軍有前者累與金人見陣及于諸處收捕賊盜節次立功，係逐處各自保奏推賞，所轉官資致有重疊。後來朝廷立限行下，令于限內經本軍陳乞申朝省改正。而于限內陳乞者，或拘礙一時申請格法，或省部阻難，而立功之人身在軍旅，無由到省部理會，至今未與改正；并有合改正，而類多行伍，不能通曉法意，却失于陳乞者。如此之類，往往各有公據照驗。經今二十餘年，未霑恩渥之人甚衆。望令吏、兵、刑部疾速別行 43 措置，立條限格法行下諸軍，分明曉示。如向來重疊轉受官資、未曾改正者，候事定日，具狀經本軍陳乞保明，供申朝廷改正。其今日以後立到新功恩賞，即不相妨。」從之。

十一月四日，左軍統領官員琦特與轉十官，仍賜金帶。

〔一〕賦：原作「賊」，據《建炎要録》卷一九三改。
〔二〕汪：原作「任」，據《建炎要録》卷一九六改。

以劉琦言琦在揚州皂角林與金人見陣，身陷重圍，下馬死戰二十餘陣，首立奇功故也。

五日，詔權統領、東南第二將向琪與于階官上轉行一官、遥郡上轉行兩官。以淮南西路安撫司公事龔濤言琪在巢縣掩殺金賊，併力血戰功也。

十四日，詔：「御前諸軍都統制李顯忠累獲勝捷，令學士院降詔奬諭，差中使一員前去賜金合茶藥，一就傳宣撫問。仍令李顯忠開具實立功人，等第保明聞奏。」

十七日，詔御前遊奕軍統制張振與轉翊衛大夫、定江軍承宣使，護聖軍統制王琪與轉拱衛大夫、宣州觀察使。自餘立功將士，令逐官開具保明申行府。以督視江淮荆襄軍馬葉義問言振等采石渡有功故也。

十二月二十六日，詔御前遊奕軍統制官張振、時俊並特除正任承宣使。以昨在采石親與虜(士)〔人〕見陣功也。

三十二年正月二十一日，詔四川安撫制置使司統制官、知文州向起轉三官，特用一官除正任觀察使；吳挺特除正任刺史，同統制梅彦、高海各轉兩官；統領三員各轉兩官；內劉海傷中，又攻打秦州立功，共轉四官；賈士元攻打秦州，共轉三官；杜寔兩【44】官。以四川安撫制置使司言起等德順軍治平寨有功故也。

二月十二日，詔宿州、亳州朱家村忠義人、左軍統領孟希特與補承節郎，副統領謝師顔與補承信郎，淮北忠義人蔣均、李迪、梁經、謝江、孫景五人各特與補守闕進義副尉，元賫旗牓幹事人董文、胡銓二人特與補守闕進勇副尉。以樞密院給降旗牓，結連到忠義人一萬八千餘人，與金人見陣，累有功故也。

十六日，詔侍衛馬軍司中軍統制趙樽除正任防禦使，成臯正任團練使，焦元正任刺史。以樞密院言樽等近於蔡州殺退金賊立功故也。

閏二月二十五日，浙東西通泰海州沿海制置使、京東東路招討使、江陰軍駐劄李寶言：「將帶一行官兵入海內，前去密州膠西縣界港口，殺死女真、渤海不計其數。奇功承節郎李寔等一十二人，第一等承節郎魏尚等五百五十五人，第二等守闕進義副尉陳蕃等七百三人，第三等効用黄招等二千六百七十九人。」詔奇功各轉五官資；第一等各特與轉四官資，內白身効用補下班祗應；第二等各特與轉兩官資，白身効用補守闕進義副尉。并與于正職名上收使。

三月四日，京畿河北西路淮北壽亳州招討使李顯忠言：「采石見陣立功之人，建康府駐劄諸軍欲奇功各特與轉四官資，第一等各特與轉三官資，第二等各特轉兩官資，第三等各特轉一官資。」詔並依，于正職名上收【45】使。

四月五日，京畿河北西路淮北壽亳州招討使李顯忠言：「昨來統制官戴臯等一軍在尉子橋，首先賈衆與賊血戰。奇功重傷統制官、武顯大夫張榮，第一等統制官舒州觀察使戴臯、副統制官武略大夫王儀。佐領兵，奇功武功大夫張辛等二百五十六人；重傷一百六人，輕傷六十九人，無傷八十一人；第一等守闕進義副尉郭弼等二千八十人：重傷二百八十人，輕傷四百七十二人，無傷一千三百二十八人；第二等張武、都虞候路立等八百六十七人，重傷十人，輕傷二十七人，無傷八百三十人；第三等并無傷，承節郎（大）曹宣等二百五十八名。」除陣亡人已降指揮推恩外，詔奇功特各與轉兩官資，餘并特各與轉一官資，重傷人特各與轉一官資，并于正名目上收使。礙止法人依條回授，白身人依陝西効用法，輕傷人令本路總領所犒設一次。

十三日，京西北路招討使吳拱言：「統制官李勝、張進等賈勇官軍，水陸進發，過江掩擊，收復光化軍。立功官兵史俊等一十八人，已書填空名告劄、綾紙，補轉官資給付，候申照會外，今李勝等乞推恩：第一等副統制、左武大夫、兼閤門宣贊舍人李勝等六百四十五人，第二等訓練官、忠訓郎安清等二千二十四人，第三等統領官、武功大夫、兼閤門宣贊舍人董巽等一千一百六十人。」詔第一等各與轉四官資，第二等各特與轉三官資，46第三等各特與轉兩官資，并于正職名上收使。礙止法人許將一官轉行，餘依條回授，白身人依陝西効用法補授。

十五日，四川宣撫制置使司言：「將官彭清等會合軍馬，打破方山原，部押官彭清等三人各擬轉兩官資；首先上城都虞候王德等一十一人各擬轉兩官資，有傷中人更與轉一資；一擁經戰王鼎等八百二十二人各擬轉一官資，有傷人更轉一資。」從之。

二十二日，都省言：「勘會諸軍功狀，多係數處立功之人，攢類不一。或所稱立功去處，各色異同，前後難以照應，却致差互重疊。兼今來止是據憑本軍所稱前銜官資，擬立下項，便行給降告命付身，即不見聲説逐人（依）〔係〕與不係真命、有無隔間借補、書填去失、不該收使官資，委是無以稽考。今欲諸軍將合攢類功狀，須管着實于功狀内逐一聲説前項因依，并逐人係幾處立功，各合如何累賞，今來即無重疊詐冒，保明并是詣實，方得依已降指揮開具供申。」從之。

五月十八日，三省、樞密院機速房勘會吳璘收復陝西州軍，備見忠勞，除諸軍已令總領所支激犒外，詔令學士院降詔奬諭，仍賜金合茶藥，令入内内侍省差官前去傳宣撫問。（以上《永樂大典》卷一一八六六）

宋會要輯稿　兵一九

軍賞 二

【宋會要】

1 紹興三十二年六月十三日，孝宗皇帝已即位，未改元。赦：「勘會沿邊諸州軍置立山水寨拒捍金人，其間曾有經戰立功之人，仰逐州軍并(師)〔帥〕臣、監司保明聞奏，當議參酌推恩。昨起發兩浙東(路)西、江東西、湖南北、福建路諸州軍出禁軍、弓弩手，赴江上諸軍使喚，後來并發歸元來去處休息。竊慮內有曾立戰功陣亡之人，仰逐州軍從寔開具，申諸大帥，疾速保明推恩施行。近緣軍興，立功將士除已節次推恩外，尚慮有在遠方未曾保明之人，仰主帥疾速開具聞奏。內已申奏到者，疾速定賞。勘會金人侵犯州縣，在任官有能結集屯聚、保護居民及應副軍期錢糧無曠闕之人，仰本路監司保明以聞，當議旌賞。」

三十日，檢正諸房公事余時言、檢詳諸房文書馬騏言：「得旨：『昨者視師江上，應扈從及隨逐一行官吏軍兵諸色人等，除扈從禁衛軍兵已推賞外，餘依已降指揮，并特與轉一官資，仍令檢正、檢詳審量實有職事之人，依此施行。』勘會今來該扈從推賞之人，若有該御營宿衛司推賞，委是重疊，欲依樞密行府已降指揮，從實推賞，仍令所屬照依除豁，不得重疊。」從之。

七月十三日，詔御前右軍遊奕軍統領劉端特與於見任右武大夫上轉忠州團練使。以端言：「先准本司水軍統領日〔一〕，金人軍馬至瓜洲鎮，端統率軍馬，自鎮江府西 **2** 津渡江前去，却見金人下馬，報虜主(元)〔完〕顔亮已被殺，有大金都督府牒大宋三省、樞密院并押到先虜去使臣張直前來投牒。端拘收張直及所齎文牒渡江復回，蒙楊存中特喝與端於見任右武大夫上轉忠州團練使。緣行府無空頭告劄，未曾書填祇(授)〔受〕。」故有是命。

同日，淮南西路安撫司言：「據知安豐軍、兼沿邊都巡檢使孫顯忠申，躬率官兵前去沿淮等處掩殺金人。又據水寨孫立等申，於(穎)〔潁〕河內燒毀糧舡二百餘隻，及招奪到人舡，又兩見陣立功。乞賜推恩第一等十八人，第二等一百三十六人。」詔并特與轉一官資，白身人與補守闕進勇副尉。

二十八日，主管侍衛馬軍司公事成閔言：「中(中)軍統制趙樽、遊奕軍統制張彥達、統領皇甫倜等前去迎捍金賊，已於十月十八日收復光州。開具官兵等職位、姓名，乞推恩。」詔出等各特與轉兩官資。第一、第二、第三等並官屬〔二〕、醫官、人吏轉一官資，並於正名(自)〔目〕上收使。

〔一〕准：疑當作「任」。

〔二〕並：原脱。按下文第二「同日」條云：「第二、第三等並屬官、人吏轉一官資。」與此相類，據補。所謂一、二、三等指作戰有功官兵，非指屬官、人吏，故不可無「並」字。

同日，主管侍衛馬軍司公事成閔言〔一〕：「得旨，令保明清河口及皂角林并再復泗州日，在龜山夾淮實立功官兵，開具等第聞奏。今科量功力高下，分爲四等，委係過江立功之人，乞推恩。出等二百二十一人，第一等三百四十八人，第二等三百一十二人，第三等十四人。」詔出等各特與轉兩官資，餘并轉一官資。

同日，主管侍衛步軍司公事李捧言：「將帶策應軍馬於淮西追殺金賊過 3 淮及收復壽春府。其官兵委有勞効，乞推恩。」詔第一（第）等并鄉義兵各特與轉官資，第二等、三等并屬官、人吏轉一官資，並於正名目上收使。

八月九日，京西北路招討使吳拱言：「今年二月内，金人再攻汝州，爲官兵敗走，及官兵深入北地，結集忠義人收復永安軍并永寧、福昌、長水等縣。又金人攻蔡州，發統制王宣等前去確山縣爲聲援，於二月二十七日接戰解圍。保明開具到實立功官兵共二萬五千五十人〔二〕，奇功一千四十八人，第一等三千二百六十八人，第二等八千九百八十七人，第三等一萬一千七百四十七人。」詔奇功各特與轉兩官資，第一、（等）〔第〕二、第三等並各轉一官資，於正職名上收使。

十三日，御前（詣）〔諸〕軍都統制邵宏淵言：「得旨，視師江上，虜騎遠遁，諸軍合行推賞。應扈衛人令御營宿衛司、出戍暴露人令主帥開具的實人數聞奏。今開具到諸軍出戍暴露官兵等共一萬四千四百三十九人。」詔特依已降指揮，各與轉一官資，於正名上收使。

十九日，詔左武大夫、忠州團練使盧士閔特與階官上轉行一官。以士閔言：「建炎間三立戰功，蒙樞密行府出給公據。除解圍環州已轉三官外，有（却）〔劫〕寨奪到將官郝端及生擒金人首領郭浩翼等兩項功賞，乞推恩。」故有是命。

二十一日，詔張進、董江各特與轉三官，并依條回授。以御前諸軍都統制李道言：「光化軍對岸茨湖出戰立功人數内，統制官左武大夫張進、武 4 功大夫董江各捐軀戮力，身先士卒，致劉萼全軍不能侵犯，乞特推恩。」故有是詔也。

同日，詔翊衛大夫、破敵軍統制郝通特與轉兩官，依條回授。以京西北路招討使吳拱言：「今年二月内，汝州、蔡州及收復永安軍實（力）〔立〕功人數内，郝通於黄州、武昌以來照應淮西一帶防扞江面，及應辦軍須無闕，乞優異推恩。」故也。

二十七日，詔武功大夫、御前後軍統制賈淵特與轉右武大夫。以賈淵自陳屢出入行陣，建立奇功，大將劉錡、張子蓋皆嘗給據保奏，故有〔是〕詔。

十月七日，知荆南李道言：「開具到收復汝州節次見

〔一〕成閔：原脱「成」字，據《建炎要録》卷一九九補。
〔二〕「五十」下原有「四」字，據下各等之和刪。

陣及蔡州確山縣立功，解圍蔡州并該出戍暴露賞一萬五千九百四十四人：奇功効用白身鍾延壽等九十人，內鍾延壽已書填承信郎，周忠顯等二十八人各已書填轉五官資；第一等後軍統制董江等三千七百三十三人；第二等右軍第八將正將聶青等四千五百五十六人；第三等中軍副統制張進等七千五百六十五人。一、止該暴露賞六百三十八人：軍兵韓德等八十九人，中軍第三將副將郭忠信等四百五十六人，訓練官孟忠温等九十三人。」詔書填人依已行事理。餘該出戍暴露人并特與轉一官資，內奇功、第一等特更與轉兩資，第二等、第三等特更與轉一官資。

九日，御前諸軍都統制張子蓋奏：「五月十四日，石湫堰先次衝虜陣掩殺。十五日，海州西北三里堰、(沙)[5]沙河及新橋、高橋見陣解圍海州。立功官兵，出等立功并傷中人各特與轉三官資，內礙止法人特與轉行一官，餘依條回授。第一等人各特與轉兩官資，內礙止法人特與轉行一官，餘一官依條回授。第二等、第三等人並各特與轉一官資。」從之。

十一月十五日，江淮東西路宣撫使張浚〔一〕、江淮東西路宣撫判官陳俊卿言：「臣契勘去歲和州雖曾留選鋒軍耿卞、策選鋒周宏言兩軍於楊林渡與賊接戰，緣係退師，難以一槩推賞。欲乞將兩軍奇功六百三十五人各轉一官資，第一、第二、第三等五千六百四十五人犒設一次。其餘官兵，更不推賞。」詔依奏，已降推恩指揮更不施行。以右正言周操言：「去冬虜騎退歸，淮上諸將節次奏功，數目浩瀚。采石推賞，尉子橋、和州(却)[劫]寨推賞，三項總六萬七千七百七十一人，大將之子數人，皆各叨十數官資。今月二日，李顯忠再申到和州城下立功人及西采石楊林渡立功一萬五千三百人〔二〕，並行推賞。契勘去歲十月內，乃王權主兵，顯忠此時未曾交割軍兵。王權失陷和州，既已貸命編管，忽於半年之後無故添此一萬五千餘人再行陳乞，其意謂何？欲望將淮西采石推賞指揮特賜追寢。」詔令張浚、陳俊卿覈實聞奏，故有是命。

十二月五日，京東東路招討使李寶申：「昨於膠西及海州與金人見陣，左從政郎、主管羽檄軍書文字曹岠乞優異推恩。」得旨，特與改[6]合入官，仍更轉兩官。楊存中申：「御營宿衛使司一行官屬等防托江面，并依葉義問等例給賞。數內左迪功郎衛博、右迪功郎陳玿各轉兩官。」吏部勘會：「比類軍功捕盜格，衛博將一官改轉左承奉郎，陳玿將一官改轉右承務郎。」繼而中書舍人周必大言：「臣按曹岠以財雄於江陰，方李寶膠西之捷，蓋潛師涉險所致〔三〕，曾何羽檄軍書之有？衛博、陳玿并爲宿衛使司准備差遣，

〔一〕東：原脱，據《宋史》卷三三《孝宗紀》一、卷三六一《張浚傳》補。下句同。

〔二〕西采石：原作「西禾古」。按王應麟《通鑑地理通釋》卷一三：「紹興三十一年，金人率大軍臨西采石楊林渡，虞允文督舟師拒敵於東采石，却之。」原注：「楊林，西采石之渡口也。」據改。

〔三〕險：原作「除」，據周必大《文忠集》卷九九改。

閱日甚淺〔一〕，勞効可見。吏部輒引葉義問續取到特與改轉指揮〔二〕，曲爲申明，比類軍功捕盜格，何以勸有功之士？」從之。

十二月〔三〕，詔：「令吏部、兵部牒下三衙及諸路總領所，開具自紹興三十一年十二月一日立功推賞之後，至今降指揮日，逐〔軍〕離軍人數、官位、姓名、年甲申朝廷照驗，仍將今來臣僚奏議牒下逐處，逐一子細開説的實因依，結罪保明，申取朝廷指揮施行。」以樞密院檢詳諸房文字沈樞奏：「去歲諸軍保明到扈衛并暴露諸色功狀，毋慮三十餘萬，乞考其軍籍而爲之覈實。在內三〔衛〕衙下吏、户、兵部，在外駐劄諸軍下諸路總領司，取索諸軍自去年十二月內立功推賞之後，給與公據離軍人姓名，逐名開具〔元〕到軍年月，係與不係入隊帶甲人數，曾無立功以前經本軍曆內收請幫勘，并〔名〕〔各〕於甚處立功，乞保明作第幾等功賞，所有離軍之時，係與不係年老疾病不堪披帶之人。」故有是詔。

孝宗隆興元年正月九日，詔 7 右承奉郎劉蘊古特與轉一官。以蘊古自陳昨隨樞密行府督視江淮、荆襄軍馬結局，未推恩也。

二十二日，詔：「將諸軍加轉官資之人，開具已給付身，出榜分明曉諭，仍令糧審院自揭榜日先次接續勘行合添請給，不得妄有除尅。主兵官嚴切覺察，尚敢違，重作行遣。」以都省言，紹興三十一年以後立功將士轉官請給，被合干人隱匿留滯，故有是命。

二月五日，詔：「前中軍第七正將許章等管押招撫及捉獲金賊一百人并家小五百九十三人口赴行在訖。萬里防護，委是艱辛，各特與轉一官資，并於正名目上收使。」以利州東路安撫使司申，故有是命。

同日，詔右修職郎周洽再轉兩官、左迪功郎劉甄夫添差指揮更不施行。以臣寮言：「昨者江上諸軍功賞，皆以施行，其間屬官選人周洽自右修職郎改承務郎，又轉承事郎，劉甄夫自左迪功郎循從事郎，又添差紹興府觀察推官，則是循資之後，又得陞等差遣也。況洽端坐於家，遥領醫藥飯食官，比之親冒矢石者，固有間矣。甄夫不由銓部，不待闕次，遂得轉藩〔藩〕僚，啓士夫躁進之念，開選人添差之塗。」故有是詔。

十三日，詔：「劄下三衙并駐劄諸軍，仰日下出榜曉示。如將校、軍兵等有重疊功賞付身，并限一季經本軍陳乞，牒所屬改正，自祇受日爲始。仍約束本軍合干人不得亂有阻節，非理掊斂，乞覓錢物。如有違犯，在外許經都督府、在 8 內經樞密院越訴，當重作施行。」

二十三日，詔：「去年海州三次立功人各特與轉三官

〔一〕日：原作「月」，據周必大《文忠集》卷九九改。
〔二〕特：原作「時」，據周必大《文忠集》卷九九改。
〔三〕十二月：疑當作「十二日」。因本門自哲宗以下所有條目均記至日分，不應此條獨異；且按本書通例，前條已爲十二月，若本條仍爲十二月，則當書「是月」，不應書「十二月」。

資，內已書填兩官資人更與轉一官資，已書填一官資人更與轉兩官資。兩次立功人各特與轉兩官資，已書填一官資人更與轉一官資。一次立功人各特與轉一官資。并於正職名上收使。」以樞密院申：「去年閏二月初六日，金賊侵犯海州，見陣獲捷王剛下三等立功人，自統制官以降二千四百五十一人，張琛下一千六百四十五人。四月十二日番賊圍合海州，攻打城壁，城上守禦，出城鏖戰，保守無虞，三等立功并奇功，王剛下三千七百三十三人，張琛下三千六百八十九人。五月十五日，兩軍出城會合，張子蓋與金賊見陣掩殺，解海州圍，三等立功并奇功，王剛下一千七十二人，張琛下二千八十六人。」故有是詔。

二十九日，詔權發遣閬州吳擴特與轉兩官。以四川宣撫制置司言，昨虜人犯邊，兩司官屬應辦軍須，協贊邊事，而擴亦有勞故也。

三月二十三日，詔忠義、忠勇軍保明（劉）〔到〕的實立功孫諒等三百八十一人，內借轉兩官資人并特補正一官資，餘一官資亦與補正一官。以馬軍司中軍統制趙樽申：「前年十月，統押忠義人過淮，到蔡州東地名涔堰村，逢金人蕭總管，鬭敵收復蔡州。十二月一日，再收復蔡州。去年正月，有裴滿相公圍攻州城，遂行殺退。及忠義軍副統制孫顯等前年十一月到 9 上蔡縣百赤村，及去年正月劉棚村，與金人血戰立功。」故有是詔。

四月十二日，都督江淮軍馬張浚言：「契勘御前諸軍都統制邵宏淵昨引兵三千人於真州六合縣迎遏金賊數萬之衆，致揚州闔境百姓並獲濟渡。本州見立生祠，望賜褒嘉，以爲激勸。」詔邵宏淵特除正任承宣使。

十九日，詔江陰縣主簿姚椝特與循一資。以沿海制置使李寶申「昨將帶海舡到海州膠西縣唐島，逢見金賊船六百餘隻，焚毀賊舡，大獲勝捷，姚椝總轄海舡委是勤勞」也。

二十二日，詔江南東路計度轉運副使向子忞特復直祕閣，淮南路轉運判官鍾世明特除直徽猷閣，提舉常平茶鹽等公事莫濛、江南東路轉運判官陳良弼、戶部郎中總領淮西江東軍馬錢糧李若川、總領淮東軍馬錢糧洪适、總領湖廣江西京西財賦王珏各特轉一官。以都督江淮軍馬張浚奏宣撫司結局，所有得力官吏，今作優、平兩等申奏，量與減磨勘推恩，故有是詔。

二十四日，樞密院言：「勘會諸軍立功將士所得轉官，內礙止法人緣經戰與雜功，事體輕重不同，若令一例回授，委是無以激勸。今措置下項：應（經因）〔因經〕戰內被賞所得轉官，並合將所轉官重輕轉行，有收使不盡官，候別立新功日收使，如願回授者聽。武功大夫三官轉行橫行一官，舊用兩官轉。五官轉行遙郡一官。舊係三官轉，已是防禦使即臨時取旨。右武大夫并 10 見帶遙郡，兩官轉行橫行一官，三官轉行遙郡一官。已是防禦使即臨時取旨。一、應該暴露普轉、隨軍幹事、把隘不經戰所得轉官，並合回授。一、因戰功落階官，武功大夫、右武大夫以上、見帶遙郡人，合量功力重輕除授。謂如遥郡承宣使(君)，若落階官，却合自正任刺史以上除授，緣除正任係特恩旌賞，臨時取旨，不可爲例。一、陳乞收使回授轉官人，自合繳連回授公據陳乞，其公據並合毁抹。一、逐次功賞已經轉行人，自合依元降旨揮。謂如一賞元得指揮轉兩官以上，已經行，餘官自合依已降指揮回授，將來即不合陳乞轉官。一、今來措置係紹興三十一年已後立功之人。」得旨依擬定。其後二年正月十二日，吏部狀：「武功大夫王世旦乞將解圍海州立功重叠武功大夫，依指揮轉行一官。本部勘會：昨據步兵司申，王世旦元係武節大夫，因該出戍暴露扈衛賞，准告轉武功大夫。又因解圍海州，出等轉三官，又於武節大夫上兩官轉武功大夫，一官回授。公據委是重疊，乞改正，挨排出給回授施行。本部備前項因依申朝廷改正，出給轉官依條回授公據。指揮未下間，又據本人狀，乞依指揮，將一官於見授武功大夫上轉行，内兩官乞依條回授。本部照得元降指揮内無本人姓名，難以一例轉行，又據本人將繳到回授一官公據，并將重疊兩官依隆興元年四月二十四日指揮，於階官上轉11行。本部照得本人重疊兩官，已承指揮改正，本部出給公據。今來本人乞將回授一官并改正重疊兩官，依指揮於階官轉行，伏乞指揮施行。勘會吏部近申，武功大夫朱進係將三(百)官於遥郡上轉行一官。」得旨，王世旦與依朱進例轉行遥郡一官。今後一(切)(功)轉三官人依此施行。乾道六年閏五月八日，詔：「今後并依隆興元年四月二十四日立定格目指揮，其續降一功轉三官方與轉行指揮更不施行。」

五月十九日，詔：「王宣汝州立功，可特除正任團練使，依前主管荆湖(御)前諸軍統制職事。」

二十八日，詔興元府提點刑獄李邦獻特與轉行一官。以陝西河東路招討使司言：「金賊侵犯本界，利州路提刑李邦獻調發本路義士，分屯守把，並無透漏，又應副糧運，不擾而辦。」故有是詔。

二十九日，督視湖北京西路軍馬汪澈言：「契勘全州軍兵擅劫兵杖，刃傷守臣，一路震恐。臣於出戍選鋒軍内揀選百人，委步軍第一正將牛信將之，授以方略，止以廣西取馬爲名，掩賊不備。其牛信措置審密，將首亂之人一夕俱擒，欲望特賜旌賞。」詔牛信可授吉州刺史，依前武功大夫。

六月十九日，宰執進呈臣僚劄子：「近宿州戰士宜被優賞，如統制、統領官不念推恩[一]，庶慰敢死之心。」上曰：「當歸功於下，可催促張浚條具推賞。」

二十八日，詔：「昨虜酋大軍臨遏江面，水軍統制周明教閲人舡，紀律嚴明，未曾推12賞，可特與出給料錢文曆。」

七月二十四日，詔：「左軍後部帶甲軍兵孫俊攻取宿

[一] 不念：似當作「不必」。

州，率先用命，執統領官范卞認旗涉濠，首先登城，用旗四向招呼官兵，一發上城，與賊血戰，收復州城，特授修武郎，差充本軍准備將。」

九月十九日，詔：「宿州靈壁、虹縣諸軍立功官兵，已降指揮等第推賞，其五月二十四日以前先次回程人更不推恩。訪聞其間有出力苦戰曾立奇功之人，竊慮無以激勸，可特與轉一官資，餘依已降指揮。仍令江淮都督府取索姓名，覈實聞奏。」

二十五日，吏部言：「主管殿前司公事成閔奏：『金人侵擾湖襄，直擄淮甸，諸將捍禦宣力，欲乞將統制官等四十八員并出等人合得恩數，令礙止法人特與轉行。』得旨，該賞日礙止法人特用一官轉行，已給回授公據，令吏部繳申毁抹。數内陳敏欲於階官上轉行，又近降指揮，因教閲葺治有勞，於遥郡上轉行一官，即於右武大夫、成州團練使上轉拱衛大夫。」從之。

十月六日，户部言：「江淮都督府關：『勘會已降指揮，諸軍靈璧、虹縣立功官兵先次等第推賞。今來諸軍見調發出戍，欲乞朝廷給降付身，赴逐軍俵散。其已授轉官資付身人，不候科降，先次放行添破請給。』本部欲下淮東西路統領所，將立功官兵轉添請給之人，如委是詣實，即先次放行合添破請給。」從之。

十五日，詔：「令諸軍主帥將重疊補轉之人取索付身，開具保明，繳申尚書 13 省，給改付身。其合得請給，在内令户部，在外仰統領所照驗付身，不候科降，先次放行。」以都省劄子言：「軍事立功官兵，並據憑元保明功狀推恩，給降付身了當。其間有因别賞補轉及磨勘重疊出給付身之人，有司拘文，致礙批放請給。」故有是詔。

二年二月二十五日，樞密院言：「勘會鎮江府駐劄御前後軍統領王佐，昨於皂角林策應員琦，與金人戮力鬭敵，立功異衆。雖已轉兩官，尚慮未稱旌别之意。」詔王佐特與於横行上轉行一官。

三月二十七日，德音：「應盜賊竊發，逐處軍民曾因捕盜實有勞效，帥守、監司未曾保奏，或雖保奏而未經推恩，及應官吏、軍兵等因捕賊勢力不加，殁於王事，並仰本路安撫、提刑司保明詣實以聞，當議量功力推恩，或給復其家。」

五月十七日，兼權中書舍人何俌奏：「比年諸軍奏功人數十萬計。臣謂暴露一切推賞，最爲無謂。」上曰：「朕近日(曰)不推暴露賞，所以犒賞，正欲親勞將士，給散錢帛。」

七月八日，臣僚言：「去夏符離之役，士卒効死，屢以捷聞。八月下詔，俾有司第士卒之功行賞有差，而隊將以上則曰候過防秋取旨，蓋(貫)〔貰〕其前愆而責其後効。欲望特降詔旨，凡將佐之在符離有不曾遁逃，檢會推賞後來秋間别無勞効者，一槩寢賞，候立到新功而後加寵奬。」從之。

二十七日，詔諸軍整會重疊功賞已納綾紙錢者，今來别給告命，可免再納。

九月十九[14]日，詔李進特與横行上轉行一官，郭剛特與除遥郡刺史。以進等昨於皂角林戰陣，緣係奇功各轉七官，無合填告命，止給公據轉兩官。至是，淮東宣諭使司保明來上，乞行貼轉故也。

十月五日，詔陳敏與遥郡上轉行一官，改差知高郵軍；范榮與轉一官；魏勝轉兩官，改差知楚州；胡明、夏俊各轉一官。拱衛大夫陳敏可特授成州防禦使〔一〕，右武大夫范榮可特授忠州防禦使，武功大夫魏勝可特授右武大夫，武翼大夫胡明可特授武經大夫，武經郎夏俊可特授武節郎。皆以控制外侮，軍聲甚張，故有是命。

十一月十五日，詔：「自隆興元年七月以後至今年四月以前，諸軍差發出戍官兵，暴露勞苦，除已曾因功轉兩官資人外，并特與轉一官資，於正職名上收使。礙止法人依條回授。白身〔軍〕民、義兵依陝西效用法補授，歸正人依自來條例施行。仍令逐軍主帥開具職位、姓名，保明申三省、樞密院。」

十九日，詔：「令三〔省〕衙并在外諸軍主帥子細契勘，除已供申陣亡人數外，如實有漏落未保明之人，開具申三省、樞密院推恩，不得重疊泛濫。仍令吏部將已申到人數疾速照應新格擬申，及出榜曉諭。」

閏十一月二日，詔後軍統制官崔皐特除正任觀察使。以主管侍衛步軍司公事郭振申：「番賊大隊人馬侵犯六合縣，崔皐率先引衆破敵，大獲勝捷。已特（文）〔支〕金一百兩、銀一千兩，給賜牙牌，特除正任觀[15]察使，乞給降告。」故有是詔。

十四日，詔：「左軍第二將借補進義副尉李成、白身忠義効用秦飛，告首王世隆作過，各特與轉七官資，令總領所各支錢五百貫文，仍與本任陞擢差遣。」

乾道元年正月一日，赦：「應賞給除諸軍已先次支給外，其餘未經支賜人，可依格例指揮支給。」

七日，詔郭振因守六合，忠勇可嘉，特與轉奉國軍承宣使。

二月二十六日，陝西河東路宣撫招討使司言：「都統任天錫分遣統領張延等與金人交戰，捉到女真驃馬等，乞推賞。」詔任天錫於階官上轉翊衛大夫，依前遥郡〔防〕禦使。

三月九日，主管兵馬司公事張守忠申到官橋立功官兵出等奇功統領官劉進等二十一人，第一等正將王成等一千四百八十八人，乞推恩。詔出等奇功各特與轉兩官資，第一等各特與轉一官資。

十七日，廣南東路經畧安撫司奏：「去年（湖）〔廣〕南英、韶州管下莽山峒等處兇賊作過，韶州通判、權英州盧沂統率官兵，用弓箭攢射，其賊遁走，保全一州，欲望特與優

〔一〕成：原作「忠」，據《盤洲文集》卷一九改。

加旌賞。」詔盧沂特與轉兩官，差知英州，填見闕；　立功人令廣東帥、憲司開具保明聞奏。

四月二十五日，詔知肇慶府王衣與轉兩官。　以廣東路經略保奏捉獲兇賊劉十二等，故有是命。

六月八日，詔：「內外諸軍立功官兵有重疊轉授官資付身之人，雖有指揮，許立限陳乞改正，緣有司取會留滯，動經歲月，未能早霑恩命。　並仰類16聚申乞改正，仍令所屬催督給（附）〔降〕付身。　合給告并降宣命人，亦仰所屬即時申奏，仍依揀汰官兵三衙差使臣管押，赴逐軍主帥，當官給散。」

八月二十二日，詔：「諸軍功賞付身，今後令樞密院差使臣管押赴總領所交割。　仰總領官同主帥當官點名給散，將不係本軍或改撥軍并事故無家屬及逃亡人付身，開具單申姓名，繳申三省、樞密院。　其陣亡人贈告恩澤公據，如家累已離本軍，依此施行。　不係總領官置司去處，即仰總領所差人分送逐州〔守〕臣，同主兵官依此給散。」

二十七日，湖南路提刑司言：「鄂州駐劄御前水軍統制楊欽統率大軍討捕宜章兇賊，至莽山何家洞，生擒到賊首李金等。」詔楊欽特與轉三官，內兩官於遙郡上轉行，一官於階官上轉行；　湖南安撫司統制官田寶、陳海各轉兩官，內一官轉行遙郡，一官回授。　其後二年三月十四日，詔楊欽特更於橫行上轉行兩官，田寶、陳海各特更轉一官，并將回授一官並於橫行上轉行。　其餘官兵出等與轉三官資；　第一等兩官資；　第二等一官資，仍減三（歲）年磨勘；　第三等一官資，仍減二年磨勘；　礙止法人轉行。　是月三十日，執政汪澈等奏：「郴寇已平〔一〕，官兵功賞已差人發去，如帥臣、監司，亦合推賞。」上曰：「知潭州劉珙可與敷文閣直學士，廣西提刑鄭安恭可與祕閣修撰，王彥洪、石敦義各與初等職名。」

十月二十九日，詔：「命官殺獲賊二名，17減一年磨勘；　五名，減二年磨勘；　七名，減三年磨勘；　十名，轉一官。　諸色人二名與補一資，五名轉兩資，七名轉三資，十名轉四資。」

二年正月十日，詔：「武顯大夫邊元昔在宿州力戰，忠勇可嘉，特除貴州刺史。」

二十一日，詔壽春府守臣吳超於橫行上與轉行一官。　以總領楊倓言：「淮西諸州出戍軍馬錢糧，惟濠州、壽春府道里回遠，最爲勞費。　吳超和糴米斛，應副支遣。」故有是詔。

四月十二日，臣僚言：「諸軍功賞內有漏落、差錯、重疊，陳乞改正換給之人，其當行人沮難留滯，以致遷延歲月。　欲乞立限五日，置簿勾銷。　如有違滯，許從糾舉施

〔一〕郴：原作「柳」。按，據《宋史》卷三八六《劉珙傳》，此所謂「寇」，即指上文之李金。李金乃郴州宜章縣人，其被擒之莽山亦在宜章西南（見《明一統志》卷六六），此地距柳州甚遠，是「柳」爲「郴」之誤。因改。

行。」從之。

八月二十四日，詔：「諸軍將士曾與金人接戰及守禦立功之人，離軍到部，一槩注授差遣。其間功効顯著之人，例皆衮同差注，委是無以甄別。今將戰功顯著去處共一十三項，立定格目：明州城下、大儀鎮、殺金平、和尚原、順昌府，已上共五處，依紹興十年九月二十二日指揮。李寶密州膠西唐島，劉琦（楊）〔揚〕州皂角林，王琪、張振等（逮）建康府采石渡，邵宏淵真州胥浦橋，吳拱、李道光化軍茨湖，張子蓋解圍海州，趙樽蔡州，王宣確山，已上八處，依紹興三十一年十一月十七日指揮。」紹興十年九月二十二日指揮：明州城下、大儀鎮、殺金平、和尚原見陳立功人，并依戰功材武。紹興三十一年十一月十七日指揮：應諸軍等將士，但與金虜戰鬬并守禦立功人，并 18 與理爲戰功。

三年六月二十一日，詔：「四川見從軍官兵未換付身，昨已展限一年换給。合將限滿，更與展限一年。陣亡之家收使恩澤，合赴行在陳乞，多有無力之人，理宜優恤。令繳公據，經宣撫陳乞，從本司將所陳承受之人，照所得恩澤，先次出給照劄，與補合得名目，繳申朝廷，給降付身。若本家無本宗人承受，依行在諸軍見行指揮，與不理選限將仕郎、助教、紫衣師號對换。」從四川宣撫使虞允文之請也。

十一月十三日，四川宣撫使虞允文奏：「四川駐劄御前諸軍官兵昨來於諸處經戰立功，所授付身姓字、官資、職名往往差錯。欲乞將上件大轉官資合行敦減及偏傍姓名差錯付身之人，從本司驗實，一面批跨付身改正，遞減合得官資，給付訖，類申朝廷，庶幾積年無力赴訴之人早得明白，於日後補轉不致有礙。」從之。

乾道四年二月七日，吏部侍郎周操言：「本部昨據江州申：『據武功大夫高力狀，乞將隨戚方出關南陽崗、春秋山等處立功得轉一官，礙止法，吏部公據乞回授與男彥歌，於見今承節郎上收使轉行。』照得該賞日已轉武功大夫，係礙止法之人，其公據内不曾聲説依條回授。今來若不行回授，又無許轉行之文，乞特賜指揮，下部遵守施行。」詔許回授。今後礙止法人依此。

六月十五日，詔：「（放）〔故〕履正大夫、安德軍承宣使傅忠信，於紹興三十二年三月德順軍與金人見 19 陣立功，得轉一官。緣礙止法，於元降推恩指揮合行回授。日後更有似此生前見陣立功、已得旨轉官許回授之人，亦依此施行。」

五年正月三日，詔殿前司水軍統領官夏聚部帶兵船入海，捕獲海賊，特與轉一官，更減二年磨勘。從知明州張津請也。

三月二十八日，詔脩武郎鄭遠可特授敦武郎。以本人自備海船一隻，面闊一丈三尺，自備梢手、工具、器械，於乾道二年七月内前去（江平）〔平江〕府許浦擺泊防托，乞依賞格轉官，故有是命。

十一月一日，權發遣隨州胡明申：「先措置擒捕桐栢山賊首謝璋等一十七人，所有捕賊官兵實曾戮力戰鬭，四十七人分作三等，伏望推恩。」詔第一、第二等各特與補轉一官資，其借補人令所屬先次出給公據，候將來補正日依今來資數收使；白身人依陝西効用法補授。第三等令本州犒設一次。

六年四月二日，詔：「諸軍暴露立功等轉資，大教拍試轉資，將校拈香恩澤，川廣買馬賞，兩淮捉獲私渡賞，人户起發海船賞，軍兵防托海道賞，諸州軍造鐵甲賞，土豪召募彊壯賞，應前件賞格比附勞績應賞，并以三年爲限，川廣展一年，仍以文字到省部日爲限。」以樞密院檢詳諸房文字張敦實言：「國家推恩立賞，又爲年限之法。如大禮奏薦，在京以一月、在外以二月爲限；陣亡恩澤，以十七年爲限；遺表、致仕，以十年爲限；勞績應賞，以三年爲限；歸明恩澤，以七年 20 爲限；非遇大禮應蔭補陳乞恩澤，以五年爲限。出限釐革，不在受理。惟中興以來，諸軍立功等賞，未有立定年限。」故有是命。

同日，兵部申：「勘會先因軍興立功補授，動以千計。其所授付身，空下鄉貫、父名，令本軍一面書填給付。近來有續陳乞轉資差遣之人，繳到元給付身，其間鄉貫、父名依舊并不書填，兼恐有同姓名之人湊合收使，接脚承代，既無鄉貫、父名、年甲，本部無從勘驗。兼目今在部陳乞功賞，已得指揮許與轉補之人，欲乞取索家狀書填，出給付身。如陳乞人身不在此，即先次出給公據，繳牒本處收管，取索本人鄉貫、父名、年甲，開具保明供申，以憑換補付身施行。一、今後諸處保明到功賞，並要連粘家狀。如或功狀内人數稍多，難以一一連粘家狀，欲令逐名下畧載本貫、父名、年甲供申。一、本部日前已給過空闕鄉貫、父名、年甲付身，如目今未曾書填之人，欲令所在官司以指揮到日曉示，各令賫所授付身經官批鑿陳乞，書填月日給付。自後應官司，並不得將空闕文帖供申。已上三項，或有忘記父名之人，即將父行第書填。兵級亦欲依此施行。」從之。

七年正月三日，詔令三衙并所屬曹部，今後遇官兵收使轉資及改正重疊差錯，并仰先次取會元承授申到功狀及降下敕黄去處，子細點對於内有無姓名同異職次。候報到，從官吏保明所繳文帖、公據委無(昨)〔詐〕冒，申明朝廷，21 追篆文官辨驗印記真僞，方得施行。仍自今降指揮始，日前功賞，限一季行遣盡絶，出限更不收使。其日後功賞，有合出給轉資公據、文帖之人，并未得便行給付，仰繳申樞密，委都承檢詳，置合同簿立號，用印押訖，行下所屬給付，候收使日，鑿簿銷鑿，方行出給付身。内合授文帖之人，仰所屬照驗，都承檢詳已批鑿印、押字號，方得施行，請給、職次、人數申樞密院。如稍有違戾，取旨重作施行。以樞密院言：「勘會諸處申到官兵收使日前功賞，給到轉資公據，并改正重疊及錯差文帖，止據所申，便作使行，往往年歲深遠，並不照對元申功狀及敕黄内有無姓名同異職次，又無立定期限。近緣步軍司人吏僞造軍兵文帖，已送所屬根究施行外，理宜措置。」故有是詔。

二月十四日，赦：「勘會諸軍將校緣功賞合轉承信郎，偶不曾繳到付身及綾紙錢、米鈔及差滿三代名諱，致妨給告，止出職官公據。後來因覃恩或他賞已轉承信郎以上，方行陳乞，吏部却引用八資法比折減三年磨勘，甚失當時立法之意。如有似此之人，仰吏部特與作一官資轉行。」

三月三日，詔：「昨來戰鬭立功戰士，隨其功賞次數，等第推恩。今累年，而内外諸軍所授付身尚有陳乞重疊者。在内令三衙、在外委逐軍主帥，限半月躬親根刷本軍所授付身重叠之人，畫一類聚，不得漏落，保明申朝廷改正。如限内不行申發，仰被賞之22人赴朝廷越訴，將當職官取旨施行，合干人吏重行決配。」

四月二日，詔部押神武人兵郭諝、王彥，并將司蹬人白直王鐸等二十三人，各特與轉一官，於正名目内收使。内諸色人軍兵並比附不因本職轉資條例，減半支賜，令户部支給。以王琪言，郭諝等部押神武三百人并老小共七百餘口，赴殿前司交割了當，乞推賞，故有是命。

六月八日，詔：「殿前、馬、步軍司、江上諸軍、四川諸軍、諸路州軍將收使轉資人數，令所屬契勘元陳乞日在限内，並一月行遣盡絶。其有未陳乞人，内三衙再限一季，江上諸軍并諸州軍厢、禁、（止）土軍再限半年，四川諸軍再限一年，陳乞施行，出限更不收使。」以樞密院言：「已降指揮，三衙兵、江上諸軍收使轉資，定限一年内類聚，一併保明，繳申樞密〔院〕，出限更不收使。續承指揮，限一季，今已限滿，尚不住據三衙等處申到乞收使改正之人。其間多是元陳乞日在立定限内，緣道路往來，所屬取會遲延，致出元限。」故有是詔。

二十四日，詔將一十三處戰功顯著之人，已經添差滿罷，未（著）〔曾〕注授嶽廟，與差注嶽廟一次；已曾差注嶽廟，别無差遣，與差破格嶽廟一次。其破格嶽廟，依正差嶽廟請給料錢並行減半。仍令吏部分定逐州軍員闕施行。後九月二十四日，吏部分定逐州員闕，十三處經戰并守禦立功得轉官資之人，並與差注嶽廟差遣，除見循環使闕差注大小使23臣、嶽廟窠闕，即無破格嶽廟窠闕。今措置，每州軍更各添置破格嶽廟窠闕二員，專差曾經十三處戰功大小使臣、校尉指射，減半請給，依條到部較量差注，從本部使闕。今來係創置前項嶽廟窠闕，候已差下人到任，再行使闕，召官指射，餘乞本部見行條法指揮施行。從之。

十月三日，宰執進呈殿、步司增加斗力激賞人數。虞允文奏曰：「兩司事藝升進者千餘人，所費不過七千餘貫。昨有賜金椀者，軍中歡呼，無不歆艷。」上曰：「聞其載椀乘馬而歸，道路聚觀。如此，見者必（勤）〔勸〕矣。」

八年二月四日，樞密院言，四川宣撫司差郭棣〔一〕、成光延并一行人兵，部押西兵到行在。詔各特與轉一官，於正名目上收使。內諸色人、軍兵並比附不因本職轉資條例減半支賜，令户部支給。

三月二十三日，詔：「時俊按閱西路禁軍，職事有勞，特與復龍神衛四廂都指揮使。」

四月八日，詔：「春季拍試，事藝最高(疆)〔彊〕人王守信、王臯(合)各特與補轉兩資，蓋良臣、蔣允中、曹安、繆立、王周、劉辛、王允各特與補轉一官資。」虞允文等曰：「除事藝最高之人外，尚有增加斗力四千餘人。若果有許多人，須將本司兵官等畧與推恩。」上曰：「所奏甚善。軍中既有激賞，人人肯學事藝，何患軍政不脩。若更本軍官亦復推賞，尤見激勵。若拍試了日，以此遍劄在外諸軍，咸使知之。」

五月二十六日，詔：「荆(開)〔門〕軍解發到義勇總首王昇、副總首孫奇、副撥發馬 24 紳，依元解發弓弩斗力試驗合格，王昇特與補進義副尉，孫奇、馬紳各特與補守闕進勇副尉。」

六月八日，詔：「軍班換授，有立功干照之人，與依軍功格法補授，于軍分職名上除豁八資功出身外，後來立功去處，與比附作使臣立功次數施行。」以吏部申：「據武功大夫、殿前司部將賀福狀：元係白身，節次立功，轉授武經郎。今來合該陞改外任，將任軍職日立到戰功，比附轉承信郎以後挨排立功次數施行。照得元(除)〔降〕指揮，乞陞帶用自轉承信郎并以後立功轉官，理(非)〔作〕次數，以立功多寡，合入路分，從朝廷依格注擬。竊詳係効用格法轉授小使臣之人，其軍班換授出身之人，所有未換授以前與金人見陣立功轉資，即無許理作次數之文，本部以換授使臣立功次數陞帶。今來若將軍班出身未換授以前立功勞効，不作立功次數，又緣亦係與金人見陣或討蕩賊馬等立功。」故有是命。

九月二日，樞密院言：「勘會諸軍將佐在軍陞帶差遣，若遇罷軍，合隨元帶路分改作添差前去之任。緣諸軍駐劄去處與所帶路分雖有格法，其間立功最多，却有地理遥遠不一，理宜别行措置。」詔並依，今後諸軍陞帶差遣，依此施行。其已有隨帶離軍人，令本軍開具立功次數，同歷任脚色録白付身，申樞密院給降付身。〔以樞密院申〕：「今措置下項：一、三衙平江府御前水軍同〔二〕。立功五次以上，兩浙西路；立功四次、三次，兩浙東路；立功兩 25 次以下，福建路。一、建康府駐劄御前軍池州駐劄御前軍同。立功五次以上，江南東路；立功四次、三次，江南西路；立功兩次以

〔一〕「棣」字原缺，天頭原批：「『郭』字下《大典》原缺一字。」今按，《古今事文類聚遺集》卷一〇載：「郭觀察棣初爲興元、利州正將，樞密使王公炎入蜀，奇公材，留寘帳下。乾道中部秦兵及鎧甲赴行在所，因密薦之，即日召入。」正與此條事合，因補。

〔二〕此注與後兩注，原作正文，據文意改。

下，荊湖北路。一、鎮江府駐劄御前軍立功五次以上，兩浙西路；立功四次、三次，淮南東西路；立功兩次以下，福建路。一、江州駐劄御前軍立功五次以上，江南西路；立功四次、三次，江南東路；立功兩次以下，荊湖南路。一、鄂州駐劄御前軍荊南駐劄（御）前軍同。立功五次以上，荊湖北路；立功四次、三次，荊湖南路；立功兩次以下，并廣東路。一、武鋒軍立功五次以上，淮南東路；立功四次、三次，淮南西路；立功兩次以下，荊湖北路。」故有是命。

十八日，四川宣撫制置使司奏：「昨金賊與官軍對壘，節次調發軍馬大戰，並獲全勝。隨軍轉運司官屬孫顗等二十九人應辦大軍錢糧，乞特賜推恩。」詔特並依，內趙不器特與改合入官，其餘選人并未出官人比類施行。右迪功郎楊楙減一年磨勘，比類合循一資。

九年三月六日，宰執進呈福建路安撫司差修武郎、本路都監周忠厚等管押八州軍第一番起發禁軍〔一〕、弓弩手二千四十八人，已到赴忠鋭軍收管，沿路並無搔擾，理（官）〔宜〕激賞。上曰：「若使職事不前，宜即被罪；今既無擾，當推恩，庶幾可以激勵後人。福州守臣是誰？」梁克家等奏曰：「見係提刑呂企中兼權知，起發軍兵盡是企中津遣。」上曰：「亦宜旌賞。可于職名上陞轉。」有旨：統轄官與轉一 26 官，正副將各減三年磨勘，并候任滿與陞等差遣；撥發、訓練官并減二年磨勘；統轄將司都教頭、押教、指教并與依押兵人例，令左藏南庫各支犒設一十五貫文。

【續會要】

淳熙二年閏九月十六日，宰執進呈收捕江西茶寇陣亡官兵。上曰：「可依乾道二年收捕李金陣亡人例推恩。行下合屬去處，限五日契勘，開具的實陣歿因依及人數、職次、姓名，結罪保明以聞，不得重疊、漏落，徇情泛濫。」

同日，詔：「武功大夫以上，因與金人見陣或收捕盜賊立功，并控扼、暴露恩賞等，礙止法轉官，給到吏部回授公據人，許于見今遞減官上收使改轉。」從吏部請也。

二十四日，上謂輔臣曰：「江西茶寇已勦除盡，皇甫倜雖（有）有節制指揮，未及入境，辛棄疾已有成功，當議優與職名，以示激勸。自餘立功人，可次第推賞。」

二十六日，詔：「兩浙、福建、江東路諸州守臣，因起發禁軍、土兵赴逐處教閱，並等第轉官及遞減磨勘。內礙止法人特與回授。」是日，因進呈諸處〔起〕發人數，上謂輔臣曰：「諸郡帥守應副錢糧，整備器械，部轄在道，不擾而辦，宜與遷官推恩。」乃有是命。

二十七日，詔：「江東路諸州軍所差管押禁軍、土兵赴建康教閱官共二十七人，沿路並無騷擾，各與減磨勘有差。內礙止法人，令（在）〔左〕藏南庫支會子二百貫。」從樞密院

〔一〕軍：原脱。按本書禮六二之七七：「詔浙東七州禁軍、弓弩手……合行交替，發歸元來去處。」兵一九之一：「昨起發兩浙東路、江南東西、湖南北、福建路諸州軍出禁軍、弓弩手赴江上諸軍使喚。」即起發禁軍、弓弩手赴外路州軍之例。此條亦同，知「禁」下脱「軍」字，因補。

請也。

同日〔一〕，降授武功大夫、吉州刺史、充荆鄂[27]駐劄御前諸軍都統制、鄂州駐劄李川叙復團練使。是日，因執政進呈李川奏劾統制解彦詳、統領梁嘉謀、張興嗣等收捕茶寇，弛慢不職，上謂輔臣曰：「人多庇其部曲，不能盡公。李川奏劾之章，獨能體國，此爲可嘉，(興)〔與〕叙復團練使。」蓋欲激勵諸將，使之赴功也。

十一月二日，詔：「昨因收捕茶寇陣亡有家累官兵，依收捕李金陣亡人例，并與批勘(金)〔全〕分請給一年。其中重傷栅中身死官兵，特與批勘全分請給半年。」從御前諸軍都統制李川請也。

三年六月三十日，詔：「江西收捕茶寇官兵將，當陣手戮賊級并親捕獲賊徒及隨黄倬入賊寨説諭人，各與轉一官資，于正職名上收使。餘令帥司各支折資錢三十貫文。陣亡人依例推恩。」

七月十七日，詔：「摧鋒軍昨捕茶寇經戰官兵共七百五人。首先入賊寨立功并當陣首戮賊級及躬親捕獲賊徒人，各特與轉補兩官資；曾經戰陣殺退賊徒第一等官兵，特與轉一官資。並于正職名上收使。陣前金鼓手、第二等官兵各支折錢三十貫文。内陣亡人依例推恩。」從知廣州周自强請也。

九月十四日，詔：「殺獲傜賊姚明敖等官兵，立奇功人各特轉補兩官資；第一等特轉一官資，白身人依陝西効用法補授；第二等有官資各特減三年磨勘，無官資不願轉資人各支犒設一次。」從湖北提刑周嗣武請也〔二〕。

四年五月二十五日，詔邕州巡檢朱興祖轉一官，傅克復[28]減二年磨勘，並與陞等差遣。以獲邕州洞賊凌謚功也〔三〕。

十一月七日，詔：「殿前兩軍統制、統領官六人各特轉一官，更減二年磨勘；正副將二十二人各賜一十兩金椀二隻、銀五十兩；準備將一十一名各賜銀一百兩；步軍司三軍統制、統領官十人各特轉一官，更減二年磨勘；正副將一十五人各賜一十兩金椀二隻、銀五十兩；準備將六人各賜銀一百兩。其金銀并自内降出。」以軍政嚴肅，故有是賜。

五年八月十七日，詔文州經戰官兵二百四十五人，内竇彦賜等三人、張順等二人減二年磨勘；土軍義兵張歡等二百四十人犒設一次。從四川安撫使吴挺奏也。

六年七月十二日，詔湖南安撫司收捕陳峒等賊徒官兵馮湛以下十四人各等第轉官：出等奇功人轉兩官資，奇功轉一官資，減三年磨勘，軍効磨勘比類折錢；第一等與轉

〔一〕按，此條事，《宋史全文》卷二六上繫於十月二十五日壬寅。又本書兵一三之三一載十月二十七日詔解彦詳等追兩官勒停，疑此條爲十月二十七日事，而非閏九月二十七日。

〔二〕湖北：原作「湖州」，據《名賢氏族言行類稿》卷三一、雍正《福建通志》卷四七改。

〔三〕凌謚：原作「凌謚」，據程卓《竹洲先生吴公儆行狀》(《新安文獻志》卷六九)改。

一官；第二等支錢三十貫；第三等土軍弓手犒設一次。從知潭州王佐請也。

九月十八日，詔光州捕獲蔡州確山賊人曹斌等統領官張孝忠等九人等第轉資，賜錢銀有差。

七年正月十二日，詔收捕李接賊徒立功官兵沙世堅以下等第推恩〔一〕，犒賞有差。從知静江府劉焞請也。

九年二月二十八日，詔掩捕鹽賊許浦水軍將官王彥舉特減三年磨勘，効用林壽特補進勇副尉，輕重傷人令殿前司等第犒設。

六月二十七日，詔收獲沈師左翼軍立功人賴顯等 29 七人各特轉補一資，白身人依八資法補授。從福建帥、憲司請也。

七月二十五日，詔張(善)〔喜〕特轉兩官。先是，右諫議大夫黄洽言：「廣東經畧司已將沈師等賊徒處斷訖。兇徒嘯聚，至殺官兵，固當萬死，然誘而降之，降而殺之，二者皆非也。且以數千之兵躡數十之窮賊，方其困蹙時，果能併力擒滅，國有常典，賞在必行；今也不然，豈容輕賞？乞將官軍之暴露若殺傷者及死事者，當依次第優恤及褒贈恩澤。其鞏湘、張喜但可貰罪，欲更不議賞。」從之。其後，殿前副都指揮使郭棣言〔二〕：「統制官張喜昨收捕沈師，緣張喜不敢失旗榜之信，所以解赴帥司，其帥行遣，于喜無與。今因鞏湘殺降，一例未蒙推恩，竊慮緩急無以勸効死之士。」故有是命。

十年五月二十五日，詔福州興化軍都巡檢使姜特立特轉兩官，沿海制置使司水軍統制林文特與遥郡上轉行一官，水軍副將董珍等一十一人各轉資有差，王彥〔等〕三百九人各與犒設。內明州水軍令本州于上供錢內撥錢四千貫充賞。先是，海寇丁大等作過，兩軍殺獲有功，至是，因經畧制置司之請，乃有是命。

十一年六月十四日，詔延祥寨副統領高石特轉兩官。以捕獲海寇，從知福州趙汝愚之請也。

八月二十七日，詔沙世堅特轉一官，減三年磨勘；官兵李道等推賞有差。廣西經畧安撫司言：「宜州管下安化蠻人蒙先漸等出犯省地作過，遣發官兵措 30 置收捕，殺死蠻賊，生擒蒙〔先漸〕，續收復思立寨。所有立功官兵權發遣廣西兵馬(銓)〔鈐〕轄〔沙世〕堅等及陣亡中傷將士乞推恩。」故有是命。

十月九日，詔鎮江前軍步軍第二將正將康寧、馬軍行司中軍副將仇宗約、建康右軍副將楊法各特減二年磨勘，支犒設銀三十兩；鎮江左軍步軍第一將準備將張興忠、馬軍正將杜顯祖、建康府水軍正將李明各犒設銀五十兩。以樞密院審察承旨司拍試合格故也。先是，六月一日，詔：

〔一〕沙世堅：原作「沙世聖」，據周必大《吏部尚書鄭公丙神道碑》（《文忠集》卷六五）改。

〔二〕棣：原缺，據周必大《文忠集》卷一四六《殿步帥推恩擬批旨》補。

「諸軍陞差，蓋擇將之根本，必有智勇勞效，乃能服衆。今後宜精加選用，毋得循習苟且。仍令樞密院自準備將以上至統制官，每全軍各爲一籍，逐月揭貼進入，朕當間點三兩名，審觀識畧事藝，隨其能否，議主帥之賞罰。」

十二年正月十一日，詔江州右軍正將梁皐支犒設銀三十兩。以樞密院審察拍試合格故也。

同日，詔權發遣福建路提點刑獄公事延璽與帶高州刺史。以汀賊姜大老平定推賞故也。

二月一日，詔高進特減二年磨勘，商世安減一年磨勘。〔以〕江州駐劄御前諸軍副都統制趙永寧言：「諸軍入隊馬步軍官兵，并各輪摘射射。比類得後軍弓弩手射中箭數最多，及槍手、牌手事藝精（疆）〔彊〕。本軍統制高進、統領商世安教練有方，乞賜旌別。」故有是命。

五日，詔鄂州選鋒軍正將韓忠顯支犒設銀五十兩。以樞密院審察拍試合格故也。

五月七日，詔福建左翼軍訓練官、隊將[31]朱勝等一十五人各特與轉補一資，其效用軍兵並令安撫司犒設一次。以收捕汀賊姜大老立功推賞故也。

七月二十二日，詔權興州駐劄御前後軍統領、兼成都府路兵馬都監王宗廉轉一官。以制置使留正言宗廉生致奴兒結有功故也。

十月十一日，詔鎮江前軍正將張顯忠、前軍準備將程霆瑞並支犒設銀三十兩，內霆瑞特轉兩資；江陵前軍統領傅汝楫、遊奕軍權統領陶貴、後軍正將成和並特轉一官資，各支盤纏錢五百貫。以樞密院審察拍試合格故也。

十九日，詔建康府駐劄御前軍正將劉全、遊奕軍副將陳邦傑、右軍準備將陳克勤各特轉一官，支銀三十兩。以樞密院審察拍試合格故也。

十三年二月十一日，詔摧鋒軍將領吳亮等轉資推賞有差。以廣東經畧安撫司言擒獲潮州桃山市賊徒故也。

三月三日，詔淮南東路安撫司準備將領、楚州駐劄羊友諒水軍寨措置有勞，特與轉一官。

十日，詔：「殿前、馬、步軍司將來射射鐵垛簾人，弓箭手一石二斗力，如射中鐵垛簾箭五隻，與一石力射中五隻賞一同；弩手四石力，如射中鐵垛簾箭四隻，與三石力射中四隻賞一同。」

四月三日，詔金州駐劄御前諸軍前軍正將穆永昇特轉一資，支犒設銀五十兩，候統領官有闕申差。以樞密院審察拍試合格故也。

八日，樞密院進呈四川制置使留正言：「前夔州瞿塘峽口駐劄兵馬監押成[32]鏞昨授敘州管界同巡檢，因彊寇大婆浪打刼，轉戰群賊中，力盡血迷，仆于戰地，頭面、手臂、兩腿面共有重傷三十二處。頤頷拆裂，唇口被傷。乞下樞密院驗視録用。」上曰：「戰雖無功，其忠勇敢前，豈可不賞以勵戰士？」特與轉一官，與都統制司計議官差遣。

同日，詔：「中垛簾弓箭手一石二斗力十箭，弩手四石力八箭，依格補兩官資外，各特賜錢一百貫；弓箭手一石力十箭以上，弩手〔三〕石力八箭以上，各特補轉兩官資。内弓箭手一石二斗力六箭、五箭人依一石力，弩手四石力四箭人依三石力推賞。餘并依格補轉。内未填闕并額外効用，並特與依川陝効用十資格法補轉一次。其付身令所屬日下出給，并所賜錢繳申樞密院，委都承〔旨〕同主帥就教場一併點名給散。」工部侍郎兼樞密都承旨李昌圖、殿前副都指揮使郭棣〔一〕、步軍都虞候梁師雄言，拍試過殿前、步軍司諸軍並馬軍司弓弩射射鐵垛簾合格官兵共一千八百四十三人，故有是詔。十月七日〔二〕，淮西總領趙汝誼、侍衛馬軍副都指揮使雷世賢言，按拍到馬軍行司諸軍合格二千三百八十七人。十三日，知平江府王希呂、浙西提刑王尚之等言，按拍到許浦水軍合格二百六十三人。十六日，淮東總領吳琚、鎮江都統制張詔等言，按拍過鎮江諸軍，弓弩手合格五千三百一十人。二十七日，湖廣總領趙彦逾、鄂州都統制郭杲、淮東安撫 33 趙子濛、武鋒軍都統制嚴先、知池州潘景珪、池州副都統制李思孝、知江州趙善悉、江州副都統制趙永寧等言：按拍過合格鄂州駐劄諸軍二千五百三十人，池州駐劄諸軍六百五十七人，淮東安撫司强勇軍効用効士七千十七人。十一月七日，淮西總領趙汝誼、建康都統制郭鈞等言，按拍過建康諸軍合格一萬八百五十六人。八日，知明州耿秉、湖南安撫林栗等言，按拍到合格明州水軍二百二十八人，潭州飛虎軍一百八十三人。二十五日，知襄陽府高夔言，按拍過江陵諸軍、襄陽神勁軍合格五百八十八人。十二月十五日，知泉州林枅言，按拍到殿前左翼軍合格九十五人。二十五日，湖北安撫使趙雄、江陵副都統閻世雄言，按拍過江陵在寨諸軍并神勁軍合格九百三人。十四年正月一日，廣東提刑管鑑、知韶州鄭公弼、摧鋒軍統制關璿言，按拍到摧鋒軍合格一十一人。十八日，興州駐劄都統制吳挺、總領馮憲、逐州軍知州楊緝、統制官秦世輔等言，按拍到興州等處屯駐軍合格共二千一百一十四人。二月二十七日，金州都統制田世卿、權知金州秦嵩言，按拍過本州屯駐諸軍合格二百五十七人。五月二十六〔日〕，興元府都統制彭杲、總領馮憲、逐州軍知州閻蒼舒、統制張詵等言：「按拍到興元府等處屯駐諸軍合格一千六百八十四人，並依已降指揮推賞施行。」

二十一日〔三〕，詔：34「射射鐵簾令下未久，殿步諸軍

〔一〕棣：原缺，據周必大《文忠集》卷一四九《殿步帥推恩回奏》補。

〔二〕按，自此以下至十四年「五月二十六日」條均與上文同屬一條，接叙各地所奏自校射鐵簾令下之後拍試諸軍合格人數，但省去推賞之文，明非獨立條文，故原稿俱與上文連書，是也。嘉業堂本不知此，皆作爲單獨條文編排，故造成下文年代錯亂（見下）。

〔三〕二十一日：按，此條承上「同日」條，乃淳熙十三年之四月二十一日，周必大《文忠集》卷一四九《殿步帥推恩御筆》一文内録此詔原稿（周必大所擬），注明時間爲淳熙十三年「四月二十二日」，較此處「二十一日」相差一日，二者或有一誤，但證明此條爲十三年事，而非十四年，《輯稿》仍與上文連書，非是，今予改正。嘉業堂本將以下條文均作爲淳熙十四年之事，更是大謬。

應格者多，已令等第推賞。郭棣〔一〕、梁師雄訓齊有素，可特與轉行一官。」

五月十三日，詔興州駐劄御前踏白軍統制劉大年賜錢二百貫。以樞密院審察拍試合格故也。

二十四日，詔：「建康府駐劄御前中軍統制劉忠特轉兩官，左軍正將趙臯特轉一官。建康府駐劄御前諸軍都統制郭鈞陞差得人，可轉行遥郡一官。」以郭鈞津發到劉忠等赴樞密院審察拍試合格故也。

同日，詔：「鎮江府駐劄御前武鋒軍統制嚴先馭軍有方，武藝精熟，特轉一官；前軍統領劉震、右軍準備將党松，特支犒設銀五十兩。」以樞密院審察拍試合格故也。（以上《永樂大典》卷一一八六七）

【續宋會要】〔二〕

35〔淳熙十三年〕六月十四日〔三〕，詔池州駐劄御前右軍統制劉定轉一官，中軍正將孔居仁減三年磨勘。以樞密院審察拍試合格故也〔四〕。

七月九日，詔鄂州右軍統領王欽減三年磨勘，支犒賞銀三十兩；前軍副將梁執中支銀五十兩。以樞密院審察拍試合格故也〔五〕。

八月十七日，詔金州中軍統制李言特轉一官，仍支犒設銀五十兩。以樞密院審察拍試合格故也。

九月二十八日，詔知太平州張子顔減三年磨勘。以江東安撫司言所管禁軍事藝精熟故也。

十月十七日，詔興州都統司選鋒軍統領李爽減三年磨勘，支犒設銀五十兩。以樞密院審察拍試合格故也。

十一月七日，詔馬軍行司右軍統領馮世顯特轉一官，仍支犒設銀三十兩。以樞密院拍試合格故也。

九日，詔建康府駐劄御前左軍統領郭師彦特轉兩官，支犒設錢五百貫。興州駐劄御前後軍統領米忠慶特轉兩官，差充殿前司護聖步軍統領。以樞密院審察拍試合格故也。

十五日，詔興州駐劄御前踏白軍統制劉大年特轉一官。以生擒黎州土丁張伯祥等推賞故也。

十二月二十六日，詔江陵府駐劄御前後軍統制趙晟特轉一官。以樞密院審察拍試合格故也。

十四年四月八日，詔金州駐劄御前軍統領田寛特轉一官，支錢二百貫。以 36 樞密院審察拍試合格故也。

二十四日，詔興元府駐劄御前中軍第一將準備將周仲

〔一〕棣：原缺，據周必大《文忠集》卷一四九補。

〔二〕此下原有「軍賞」標題，此乃《永樂大典》原題。《大典》上文爲卷一一八六七「軍賞三」，此下則分爲卷一一八六八「軍賞四」，實則兩卷文字緊相連接。今《輯稿》此門分卷已與《大典》不同，因删。

〔三〕淳熙十三年：原無，按此條，《會要》原文本是緊接上文，故不另標年分，《大典》另分爲一卷，應標出年分，但編者疏忽，未予重標，今補。嘉業堂本因上文已誤作「十四年」，故此條及以下各條亦編於十四年内，大誤，十四年自在下文。

〔四〕此注原作大字，天頭原批：「『以樞密院』至『故也』止，係小注。」今據改。

〔五〕此注原作大字，天頭原批：「『以』字至『也』字止，亦係小注，下類此皆同。」今據改。

義減二年磨勘。以樞密審察拍試合格故也。

九月十七日，樞密院進呈承旨司拍試到鄂州統制官田皐等武藝。上同田皐□賦〔一〕，點到審察，武藝俱高，可轉一官，更減三年磨勘；郭（呆）〔杲〕陞差得人，特於遥郡上轉行一官。

十月四日，樞密院進呈建康都統制郭鈞奏到高彊弓弩手王興等事藝，上曰：「郭鈞留意訓練軍兵，逐人帶甲射硬弓（拏）〔弩〕各一百隻箭，斗力如此，是亦難得，可令承旨司拍試，與補官資，以示激勸。」二十三日，承旨司言：「拍試建康統制郭鈞選擇到弓（拏）〔弩〕高彊子弟弓箭手王興等二十人，弓（拏）〔弩〕斗力、箭數并各合格。」詔王興等各特補一資，更支錢二十貫；部押副將馮世顯支錢五十貫；郭鈞訓練有方，士卒精鋭，可特與轉一官。既而郭鈞言：「本司副都統制閻仲，職雖正副，事實同寅，乞將閻仲特賜推恩。」詔：「閻仲特減三年磨勘，統制官每員支破五百貫，統領官每員支錢三百貫。餘依。」

十二月四日，詔左衛將軍趙濟特與帶遥郡刺史。以前任鎮江府御前遊奕軍統制日射中鐵垛簾，特轉一官，緣礙止法自陳，故有是命。

十五年五月十三日，詔趙汝誼、閻仲將（官）〔宮〕旺等五百四十七人帶兩重甲射一石三斗力并一石二斗力弓，各射箭一百隻，同共按拍，將合格人每名支犒設錢五貫。〔以〕殿前副都指揮使郭 37 鈞言「建康諸軍馬軍精鋭甚多，於內按拍到宮旺等有此武藝，乞下所屬拍試，庶幾有以甄別」故也。

七月二十一日，詔建康諸軍事藝高彊弓弩手劉信等二十人，各特補兩資，支錢二十貫。以樞密院審察拍試合格故也。

八月十三日，詔：「諸軍弓箭手八斗力能升一石力射箭三十隻，犒賞錢五貫；九斗力能陞一石力射箭三十隻，犒賞錢三貫〔二〕；弩手兩石五斗力能陞三石力射箭三十隻，犒賞錢五貫；兩石七斗力能陞三石力、兩石八斗力能陞三石一斗力射箭三十隻，各犒賞錢三貫。」從侍衛步軍都虞（侯）〔候〕梁師雄之請也。十二月二十三日〔三〕，詔：「諸軍弓弩手射遠箭，每人箭六隻、一百七十步，每隻支犒賞錢一貫五百；一百八十步、一百九十步，每隻支錢三貫；二百步，每隻支錢四貫。内有最遠者優賞。一百七步以下爲不合格〔四〕，每人支錢一貫五百。弩手一百步射鐵簾，每人箭六隻，一隻二隻，每隻支錢一貫五百；三隻四隻，每隻支錢二貫；五隻六隻，每隻支錢三貫。白脚，每人支錢壹貫

〔一〕原稿「賦」上一字筆畫不明，似是「穎」。此句疑當作「上因田皐殺賊」。

〔二〕三貫：原作「五貫」，則與上一等獎賞同，不合情理。參考後文弩手賞，知有五貫、三貫兩等，此處「五」當是「三」之誤，因改。

〔三〕按，此條與上條俱言弓弩手射箭賞格，《會要》原文應是一條，今合。如作二條，則與下條月日次序錯亂。

〔四〕一百七：疑當作「一百七十」。

五百。」從殿前副都指揮使郭鈞、侍衛步軍都虞（侯）〔候〕梁師雄之請也。

十一月十一日，詔步軍司後軍正將何守道支犒設一百貫。以樞密院審察拍試合格故也。

十四日，詔四川制置司總轄諸寨軍馬党惠、常顯、魏大壽各轉一官，餘人推賞有差。以收黎州羌賊，故有是命。

二十一日，詔興州遊奕軍正將馮興與轉兩資。以興州38都統司言收捕黎州作過土丁張伯祥等，乞推賞故也。

二十九日，詔鎮江都統司諸軍事藝高（疆）〔彊〕胡允文等二十五人各特補轉兩資，支錢二十貫。以樞密院審察拍試合格故也。

十二月五日，詔建康都統司右軍統領雷彦雄減二年磨勘，更支犒設錢。以樞密院審察拍試合格故也。

十四日，詔臨安府、嚴州津遣到弓箭（年）〔手〕將兵王俊等三人合格，各特補一資，支賞有差；餘不合格人，令本處依格施行。

二十三日，詔：「衢州津遣到揀中（中）軍兵弓箭手江貴等一十人，承旨司拍試，江貴一名合格，特補一資；餘不合格人，令本州依條施行。見任路鈐皇甫貴、州鈐轄王珂各降兩官，守臣袁説友展三年磨勘，前任守臣福建運判沈作礪降兩官，路鈐權發遣江南西路兵馬鈐轄孟守忠、權發遣常州兵馬鈐〔轄〕潘俊卿各降一官。」

二十五日，詔：「明州津發到揀中軍兵弓箭手張安等二十人，承旨司拍試合格，張安特補兩資，苗阜等各特補一資，支賞有差。」

二十九日，殿前司步軍言：「欲將逐司槍牌、刀手搭對擊刺格打，贏人支錢二貫，輸人支錢一貫。」從之。

三十日，詔趙思減二年磨勘。樞密院言：「勘會摘點諸州將兵拍試武藝，數内湖州人數並皆合格，前任守臣理宜旌賞。」故有是命。

十六年正月二十日，詔彭椿年、柳大雅各減一年磨勘。樞密院進呈處州解發到將兵，拍試並合格，兵官量與減磨勘。上曰：39「兵官既已推賞，守臣亦不可不賞。」故有是命。

二十五日，詔張子顔、李師顔各減二年磨勘。〔以〕樞密院進呈承旨司申，鎮江府解發到將兵帶甲拍試弓弩並合格。上曰：「鎮江府將兵拍試，乃帶射，推賞更宜稍優。賞外，每名特支犒設錢十貫。其守臣、兵官，亦合推賞。」故有是命。

十六年七月二日，西和州奏〔一〕：「祐川縣所管地分〔二〕，界外洮州鐵城界訥廝結族及疊州隴逋、青廝、逋心拶等三族蕃部，累次出没（過）〔作〕過，掩殺（五）〔立〕功官兵乞行推賞。」從之，以統領孫忠鋭、將官成世忠、寨官來晟各減三年

〔一〕西和州：原作「西河州」，據《宋史》卷八九《地理志》五改。

〔二〕祐川：原作「祐州」，據《宋史》卷八九《地理志》五改。

磨勘，右軍統領田世榮、副將王鉞各轉一官。身死人兵，依金人見陣陣亡減半推恩，輕重傷人犒賞有差。

十月九日，内殿進呈大閲犒賞，上曰：「今次大閲所有犒賞錢，可比舊例（曾）〔增〕十（禹）〔萬〕貫，以示朕優卹之意。」詔郭鈞同趙濟公共照應已合教等第則例，逐一（鈞）〔均〕定增支錢數，申尚書省，以憑給降施行。既而殿（師）〔帥〕郭鈞、步帥趙濟增支錢數，開具下項：馬步軍司諸軍舊司應管人二萬七千二百四十六人，犒賞錢乞降一十二萬二千八百九十貫。馬軍司一千八十一人，計四千四百九十貫。在寨一千五十二人，計四千四百三十八貫五百文。擺列五百八十八人，計三千三百五十二貫。正帶甲五百一十六人，計三千一百貫：準備將一員，錢一十貫；軍兵五百一十五人，各元五貫，今增一貫，計三千九十貫。輜重火頭七十二人，40各元三貫，今增五百文，計二百五十二貫。不赴教存留在寨潛火等四百六十四人，計一千八十六貫五百文。準備帶甲一百人、輜重火頭七十人，計一百七十人，各元三貫，今增五百文，計五百九十五貫。（墜）〔隊〕外二百九十一人，各元一貫，今增五百文，計四百三十六貫五百文。屬官三員，計錢五十五貫：幹辦公事一員，錢二十貫；點檢醫藥飯食一員，二十貫；準備差使一員，錢一十五貫。差出二十九人，係押會子綱等，計五十一貫。輜重火頭八人，各元二（員）〔貫〕，今增五百文，計二十貫。隊外二十一人，各元一貫，今增五百文，計三十一貫五百文。

二十三日，詔封樁庫支會子二萬貫，付（淅）〔浙〕西提刑袁説友，等第支散平江府許浦水軍；支會子一萬貫，付（淅）〔浙〕東提舉鄭湜，支散定海水軍。如有散不盡錢，仰均給士卒。候畢，具已給散文狀申三省、樞密院。

紹熙元年七月七日，詔池州右軍統制劉定特與轉武顯郎，依舊歸軍。以殿前副都指揮使郭鈞考試到武藝合格，故有是命。

八月十一日，前知横州孟舜良言：「兩廣去朝廷萬里之遠，往者姦人猖獗，調發騷動。及妖孽既平，帶甲荷戈萬死一生者俱無寸賞，而居列肆、曳華裾，或主將（因）〔姻〕親之族，或帥臣狎熟之吏，目未嘗覩旌旗，耳未嘗聞金鼓，皆冒奇功而受上賞。介胄之士鬱鬱不平，至今未釋也。乞下廣西經畧司，如日後遇有收捕盗賊攢功奏賞之時，嚴加41覈實。或主（師）〔帥〕將、當行官吏輒敢仍前爲己私恩，竄名奏功，許人陳首，皆以欺君罔上論其罪。」從之。

十二月十二日，宰執進呈郭杲奏收人材從軍，葛邲奏云：「自不用兵後，無非泛推賞，軍中有官人極少。如訓練官等，皆不得差白身人。」胡晉臣奏曰：「見諸軍（流）比年因用射鐵簾推賞，往往多轉得一兩資。此亦是作成人材之一端。」上曰：「鐵簾不難射，此法亦甚濫。若專以武藝精熟推賞，却庶幾。卿等試以措置將上。」

二年八月十六日，宰執奏事，上曰：「昨所引兩兵官，其侯興在軍中年深，頗能諳練；董世興亦平平爾。侯興與轉一官，賜五百緡；董世興只賜錢五百緡，候本軍有統制官，與陞差。」

三年四月七日，詔：「殿前步軍司拍式弓弩、鎗手合格人，已降指揮，補轉兩資。其額外效用，特與依射鐵垛簾作川陝効用十資格法補轉一次。內有元係白身額外効用，今已撥充正額効用，合依正額効用八資法補轉。如元係額外効用，因射鐵簾賞作川陝効用十資法補轉守闕進勇副尉上轉守闕進（勇）〔義〕副尉，今來已撥充正額効用，格法，於守闕進勇副尉上轉兩資。」

十一月二十四日，詔：「瀘州軍兵聚衆作過，殺害帥臣張孝芳等。殺獲賊首軍兵卞進等，各特補轉官資，犒賞有差。」從四川安撫制置使京鏜請也。

四年九月十七日，詔：「特添差東南第二副將、楚州駐劄魏昌特轉一官，其招到効用，常切如法教閱，務要武藝精熟。」以守臣陳損之言其教習効用，紀律嚴，乞加旌擢故也。

（以上《永樂大典》卷一一八六八）

軍賞 三

1 (淳)〔紹〕熙五年九月十日〔一〕，詔：「江陵副都統司左軍旗頭王虎特補承信郎，差充本司準備將，候有闕日，先次撥填。」以京西安撫司言虎首説陳應祥等欲結連軍人作過〔二〕，事有其實故也。

十月十四日，詔：「進勇副尉劉存特與轉三資，張亮等各特與補轉兩資，陳禮等各特與補轉一資，李惠等(令)〔令〕轉運司等第犒設一次，譚愛等令吏部照見行格法合得恩賞開具申樞密院，王智等令轉運司等第優支犒設，以給其家。從事郎、宜州司户兼録參(注)〔汪〕楚材特與循三資，候任滿與屬官差遣一次；進義校尉、宜州思立寨同管轄兵甲公事王圭特與轉承節郎，與陞擢差遣；忠訓郎、天河縣令對移宜山縣尉鄭達之特與轉一官，與陞擢〔差〕遣；從事郎、新南雄州始興主簿李南强循(其)〔一資〕，與占射差遣一次；借補承信郎、權宜州河池縣尉張世明特補進義副尉〔三〕；宜州守臣沙世堅特與轉遥郡團練使。」以廣東經畧安撫司言存等收捕猺賊有功故也。

閏十月二十一日，詔神勁軍權統領劉信特與轉兩資，使臣劉松、韓誠各特與補資，差使並舊。以京西安撫使言信等捕獲賊徒陳應祥等故也。

慶元元年正月十九日，湖北安撫使王藺、提刑陳謙言：「辰州猺人侵犯省界作過，已差逐處官兵、土丁等討捕悉定。乞將神勁步軍副將、守闕進勇副尉王守忠特與轉進2武校尉；神勁馬軍準備將、進勇副尉孔孝忠，神勁馬軍訓練官、守闕進勇〔副尉〕于忠信，神勁步軍部將、進勇副尉李再立，並特與轉進義校尉；鄂州都統司正將、承節郎丁順，副將、降授成忠郎馬謹，各特轉一官，減二年磨勘；江陵副都統司正將、進勇副尉張顯，特與轉進義校尉；副將、承忠郎賈興，特與轉忠翊郎；鄂州都統司訓練官黄皐暴露身故，特與一子進勇副尉恩澤。第一等功神勁步軍守闕進勇副尉王全、陳發、效用吴建三人，内王全獨自手擒猺賊二人，特轉三資，吴建特與補兩資，陳發特與轉兩資。第二等、第三等功，神勁馬步軍隊將、進勇副尉喬横等一十二人，各特與補轉一資；李定等四十八人，鄂州都統司許欽等八人，江陵副都統司范琪等十人，各特與補一資。内軍兵特補將虞候。隨逐將官入山討捕官兵神勁馬軍一十八人，神勁步軍六十二人，鄂州都統司一百二十八人，江陵副都統司三百二十六人，令安撫司各特犒賞。敘浦縣義兵都

〔一〕紹熙：原作「淳熙」，嘉業堂本卷四二〇改爲「紹熙」，是，以下文「閏十月」可證。本條陳應祥謀爲變事，據《宋史全文》卷二八，亦在紹熙五年。
〔二〕祥：原作「詳」，據《宋史全文》卷二八改。
〔三〕河池縣：原作「河朔縣」，據《宋史》卷九〇《地理志》六改。

總轄石子慶特與補承信郎，副總轄黃汝爲特與補進武校尉；鄉導官軍入洞義兵、土丁一千六百人，節次軍前隨輕重支犒外，及内有死事之家，令安撫司斟酌，各特支犒賞。其死事之家，於衆例支犒外，各更倍支。」並從之。

（二年）三月四日〔一〕，詔：「黎州守臣王聞禮特轉一官；義勇軍正將楊師傑、準備將王全各特轉一官，與陞擢差遣。新榮州提 3 督軍馬趙鼎特降一官放罷，移近裏州軍居住；知安静寨魏大壽特降一官，（今）〔令〕制置司斟酌移近裏州軍差遣，今後不得於黎州注授。仍令制置司行下黎州，精察賊情動息，嚴爲備，約束官兵，不得邀功生事。」以四川制置司言，鼎、大壽啓釁生事，以致蕃賊曳夫索等入寇，師傑等率衆殺退，聞禮究心邊事，乞行黜陟故也。

十一月七日，浙東提刑司言，台州寧海縣臨門巡檢黃立獲到賊首水軍指教官胡德首級，乞行獎勵。詔黃立特轉兩官，候任滿，與陞等差遣。

二年正月十一日，詔：「摧鋒軍第二將正將蕭輝特轉承信郎；下班祗應經略司効用部將祝憲、進勇副尉効用隊將彪暉、效用白身充撥發宋執中、效力白身充都教頭江先首先破敵，各特補轉兩資；進義（效）〔校〕尉、權瓊州水軍副將林彦等一百一名各特轉一資；承直郎、象州推官符昌言特減二年磨勘；奉義郎、通判瓊州劉涣特減一年磨勘。」〔以〕廣西經略安撫司言輝等前征討黎州勞績有差故也。

五月七日，詔摧鋒軍統領成世忠特減三年磨勘，軍兵李炎等六人並與軍中合入優異差使。其過伏、駐隊等，都統司斟量再與支給犒設一次。以四川制置司言世忠等收賊使張淵等有功故也。

〔開禧〕元年三月四日〔二〕，樞密院言：「已降指揮，三衙、江上、四川諸軍令激犒射射一次，並已支降數去訖。所有楚州武鋒軍見管效用軍兵約三千二百餘人，係 4 用鎮江大軍闕額招置，理合一體激犒。」詔令淮東安撫司於元支降糴米本内支使未盡官會内支撥三千貫付楚州守臣，專充武鋒軍射射激犒使用。

二年五月十六日，詔：「諸道官兵出戰立功，自〔有〕推恩體例。今後忠義等人立到戰功，並與大軍一體施行。如與官兵同力勞效，亦一等推賞。」

〔一〕「三月四日」上原有「二年」二字。按，《兩朝綱目備要》卷四記此條事較詳，云：「慶元元年春正月……壬寅，黎州蠻寇邊。」注云：「羌人薄安静寨，義勇軍正將楊師傑及將佐王全等八人與戰，却之。……三月己酉，詔知黎州王聞禮特轉一官。……六月甲戌，詔師傑等九人特轉一官。」據此可知，此條乃慶元元年事，「二年」二字爲衍文，二年事自在下文。「三月己酉」乃三月二十四日，日分不同，但亦可能「己酉」乃「己丑」之誤，三月己丑正爲三月四日。師傑等轉官在六月，《會要》蓋連帶記述，稍疏。

〔二〕開禧：原脱，據葉渭清《宋會要校記》説補。按下文各條所記事，其可考者皆在開禧。如鄧友龍除御史中丞、陳孝慶復泗州均在開禧二年四月，籍蘇師旦家在開禧二年七月，安丙除端明殿學士在開禧三年三月，以上並見《宋史》卷三八《寧宗紀》二。可證此「元年」爲開禧元年無疑。嘉業堂本因上文爲慶元，遂以此條及以下各條均作爲慶元事編排，大誤。

六月十四日，御史中丞、充江淮宣撫使鄧友龍言〔一〕：「漣水縣界海口土軍管營王臯等殺死海口楊巡檢夾古阿打并巡〔檢〕夾古尚叔，及（提）〔捉〕到婢夾古阿海并器甲等。照得王臯、康源當王代之初，能背戎嚮華，爲首率衆，（補）〔捕〕殺夾古阿打等，忠憤可嘉。今欲各與補承節郎。」從之。其後，三省、樞密院計算開禧用兵前後屬出給過立功官轉官、轉資告命、宣劄、綾紙、文帖、公據、贈告并借補下項：一、官告院：文臣一百三十六人，武臣三萬八〔千〕七百四十三人，計三萬八千八百七十九人。一、樞密院：承信郎一百二十四人，進武校尉八十四人，計二百八人。一、吏部右選：進武校尉一萬二千九百七十四人，進義校尉三萬九千五百二十六人，計五萬二千五百人。一、兵部：下班祗應一萬五千二百七十二人，進義副尉二萬二千三百八十七人，守闕進義副尉三萬一千一百七十六人，進勇副尉四萬一千七百四十二人，同進勇副尉二萬五百四十四人，攝進勇副尉二萬六百八十三人，守闕進勇副尉一十萬二千二百四人，守闕進 5 武副尉四人，計二十五萬四千一十七人〔二〕。都指揮使六百八十人，都虞候四千六百六十七人，指揮使八千九百二十七人，副指揮使一萬五千一百三十九人，都頭九千九百四十九人，副都頭一萬三千二百五十四人，軍使五千九百二十三人，副兵馬使四千七百三十六人，計六萬三千二百七十五人。十將一萬四千九百六十五人，將虞候七萬六百一十三人，承局二萬四千四百一十人，押官七萬七千四百七人，計一十八萬七千三百九十五人。一、兵部：十資一人，八資四人，七資一十九人，六資二百五十八人，五資二千一百七十九人，四資三百七十八人，三資三千二十九人，二資二千三百六人，一資五千七十五人，計一萬三千二百四十九人。殿前司〔轉〕資公據一千八百五十八人，步軍司出給未圓公據七百三十五人，官告院借補公據進義校尉三十人。一、官告院：文臣六人，武臣四萬六百七十三人，計四萬六百七十九人。一、司封：承信郎至守闕進勇副尉四萬三千四百七十六人。通計六十九萬六千三百一人。詳見《開禧功賞總類》。

七月七日，詔忠翊郎呂渭孫特轉三官，仍令宣司更與陞擢。以湖北京西宣撫司言其誅戮私作過（點）〔黥〕徒蔡飛等三十八人故也。

二十八日，詔〔武〕經郎、安豐軍墢澗鎮沿淮巡檢汝霖特轉一官〔三〕，弓兵令本軍優支犒設一次。軍言汝霖收（補）〔捕〕結集攔路劫奪之 6 賊，乞加旌賞，故有是命〔四〕。

八月十五日，詔：「臨安府抄（佑）〔估〕蘇師旦物業約及

〔一〕鄧友龍：原作「鄧友」，據《宋史》卷三八《寧宗紀》二補。

〔二〕按，據本條末通計之數計算，此二十五萬四千一十七人不誤，而以上各分項之和爲二十五萬四千一十二，少五人，分項之數內當有一誤。

〔三〕汝霖：按，此當爲名，而脱其姓，疑即下「九月二十八日」條之何汝霖。宋代名汝霖者不少，但遍查史籍，亦唯何汝霖年代與身份與此較合。

〔四〕此注原作大字，天頭原批：「『軍言』至『是命』係小註。」今據改。

百萬貫，多繫饋遺所積，令封樁庫先次各兑三十萬貫付三宣撫司樁管，專充激犒立功〔將〕士使用。以金、會中半支降。內四川宣撫司全金給降，並照元納色及價直紐計。」互見「贓估」門。

十六日，湖北京西宣撫司言：「出戍大軍多闕衣，遂逐急計置，責令鄂州水軍統制、秉義郎柳〔世〕脩穿脩舊甲，打造刀、鍋。一月之內，穿脩人甲一萬一千四百五十四副，打造提刀五千口，皮□全〔一〕，熟鐵鍋八百口。已接續發赴軍前了當，委是効力辦事，乞量行推賞。」詔柳世脩特轉一官。

二十一日，詔左軍統制、兼知安豐軍王大才特轉一官。以山東京東路招撫使郭倪等言〔具〕〔其〕昨壽州城下應援，親冒矢石，委有勞効故也。

九月二十八日，詔武功大夫、左驍衛將軍、殿前司選鋒軍統制畢再遇特帶行遙郡刺史，武〔藝〕〔翼〕大夫、殿前司中軍統制何汝霖特轉武功大夫，武翼郎、殿前司前軍〔制〕〔統〕制耶律域特轉武功郎，忠翊郎鎮江前軍統制劉元鼎、保義郎鎮江前軍同統制郭僎各特轉兩官〔二〕。以山東京東路招撫使郭倪言其昨於鳳凰山掩截番軍，見陣立功，內劉元鼎、郭僎該暴露賞，併行推恩故也。

同日，詔武功大夫、忠州刺史、鎮江武鋒軍統制陳孝慶特轉遙郡團練使。以郭倪言其〔技〕〔收〕復泗州，又在鳳凰山獲捷故也。

同日，詔秉義郎、山東京東路招撫使 7 司參議官吳衡特轉兩官。以郭倪言其前知盱眙軍，悉力應助陳孝慶等收復泗州，及進取靈壁、虹縣等處故也。

十一月二十八日，詔：「江陵副都統制魏友諒身先士卒，力戰拔圍，特轉三官；統制官馬謹、統領官宋琮各特轉兩官，雍政特補承信郎。」

十二月十七日，淮南運判、兼淮西提刑、提舉李洪言：「無爲軍治素無城壁。近者濠州安豐水寨丁壯老小數萬奔潰雜〔還〕〔遝〕而至，所〔至〕未免焚掠。其他流〔徒〕〔徙〕之衆，亦復因以假劫，〔寢〕〔寖〕及近境，闔郡駭懼。亟委本司鐵冶幹〔辨〕〔辦〕公事、儒林郎王漢往撫諭，慨然肯行，匹馬深入其屯聚之窟，諭以赤心，開以禍福，誠意孚感，舉皆退聽。及詢其衆所歸心者，民兵統制夏瓊、曹智通二人，皆以爲使，臣已隨宜給以糧米，責以保守闕庭，人心賴之以安。臣頃被隨軍之命，檄漢偕往，忠義自許，略無難色。今所遇出於倉卒，易於生變，而漢能抗志自往，奮身敢爲。其舉員雖未及格，已爲工部職司，乞將漢特賜旌擢，以示褒勸。」詔王漢特改合入官。

同日，詔承直郎、淮南轉運司幹辦公事黃□特轉一官，候改官了日收使；從政郎、添差監真州造船場趙希蔡特循兩資。以淮南運判、兼淮東提刑孟猷言其於楚州道梗之時，津運糧食，得達

〔一〕所缺字當是「鞘」。
〔二〕郭僎：原作「郭撰」，據下文及本書職官七四之二六改。

石梁，應副支遣，遂無闕(之)〔乏〕故也。

十九〔日〕，詔招撫司主管機宜文字、從政郎、(楊)〔揚〕州推官陳壁特轉儒林郎，準備差遣、迪功郎、楚州州學教授應鏞特轉文 8 林郎。以山東京東路招撫使郭倪言其合該暴露賞。數內應鏞礙(正)〔止〕法，緣軍功暴露，與捕盜、運糧事體不同，乞特與轉行，故有是命。

二十二日，詔：「德安府守臣李師尹特與轉行右武大夫，通判王允初、統轄李誼各特轉三官；立功人并守城官兵各令宣撫司開具軍分、職次、姓名，保明申三省樞密院，以憑推賞。」

三年正月四日，詔：「知楚州、節制出戍軍馬李郁堅壁禦虜，智勇可尚，特轉遙郡觀察使。仍疾(連)〔速〕開具禦戰功兵將官等人職位、姓名及已唱轉過官資，申三省、樞密院推恩。」

二月八日，詔：「鄂州江陵府駐劄御前諸軍都統制、兼京西北路招撫使、兼知南陽府趙淳保守襄陽，屢獲勝捷，忠節顯著，備見勤勞，特轉忠州團練使；武經郎、江陵副都統制魏友諒特轉武翼大夫。」

二十五日，詔右軍統制、武翼郎王大才特轉武功大夫、忠州刺史。以權知楚州、節制出戍軍馬李郁言，虜城衝突清河口〔一〕，侵犯本州，大才節次立功，共唱轉一十六官，開具月日，申乞施行，故有是命

三月五日，詔：「彭輅特轉正任刺史，依舊金州副都統制、策應荆襄軍馬；隨行軍兵各補轉三資，各支犒設錢二十貫，令湖北、京西宣撫司支給。內兵將官開具職位、姓名

申三省、樞密院，優異推恩。」以輅係知金州、兼管內安撫、金州副都統制，以吳曦謀叛，欲招輅用之，故輅棄城及全軍，獨率帳下三百人從興山路出歸州，夔路運判 9 李亶同至江陵府，自歸於朝廷。時荆襄宣撫使吳獵具以奏聞，故有是命。

十三日，詔：「李淳堅守圍城，忠節采勵，不假外援，破賊立功，特轉武安軍承宣使。」

十六日，詔：「右武大夫、知德安府李師尹，武德郎、知郢州王宗廉堅壁禦虜，備見忠勞，李師尹特轉遙郡防禦使，王宗廉特轉三官。」

二十四日，詔承議郎、京西隨軍轉運、權運司職事邵衮特轉三官，別與監司差遣。以衮自陳：「去(各)〔冬〕虜騎圍閉襄陽，衮親率官隸，擐甲執兵，堅守城壁，群虜退散。今衮年踰五十，心志早衰，當此驚憂，筋力彫耗。虜騎既退，流民、盜賊正賴撫集，誠非養痾之所，欲乞陶鑄一宮觀發遣。」故有是命。

二十五日，詔朝請郎、隨軍轉運、權四川宣撫副使、兼陝西河東招撫使安丙特轉中大夫，除端明殿學士、知興州、兼四川宣撫副使。以誅吳曦之功故也。

四月十二日，詔興州中軍副將李好義、踏白軍統制王喜各特轉正任防禦使。以三省、樞密院言其與安丙同謀剿殺逆曦之人，理合先次推賞，故有是命。

十七日，詔訓武郎、興州駐劄御前踏白軍統制王喜特

〔一〕城：疑誤。

除轉武軍節度使〔一〕、興州駐劄御前諸軍都統制。以安丙言其〔物〕〔與〕謀〔謀〕〔誅〕劉逆曦，備罄忠勞，乞賜優異推恩，故有是命。

開禧三年五月一日，建康都統、權發遣廬州、節制淮西軍馬田琳言：「廬州被虜圍閉之時，在城見任州縣文武官未霑恩賞，乞各量行循轉官資，庶以激勵。」詔奉直大【10】夫、淮西安撫司參議官轉元老〔二〕，武功大夫、權發遣淮西馬步軍副總管張玘，奉議郎、通判解邦俊，奉議郎、添差通判何中實，武節郎、駐泊兵馬都監柴安國，各特轉兩官；淮西安撫司指揮使、進武校尉李良臣，承節郎施昌祖，承信郎梅檜，承直郎、節度推官吳千能，迪功郎、司理參軍祝寬夫，脩職郎、司户參軍趙昌，武經郎、東南第二副將李杓，武經郎、兵馬都監沈鋭，脩武郎、添差兵馬都監范堅，武翼郎、添差兵馬都監魏肇，承信郎、監在城都酒務李熹，保義郎、準備差使沈勝、洪濟、陶榮、吳昌、林茂，承節郎、前安豐軍安豐縣尉丁松，各特轉一官。內選人比類施行，礙〔正〕〔止〕法人依條回授。

二日，詔：「進士楊巨源特補朝奉郎，仍賜緋，與通判差遣，兼宣撫副使司參議官；成忠郎、中軍馬軍正將李好義特轉承宣使，敢勇軍士李貴特補武功大夫、遙郡團練使；進士安焕、安蕃特補承務郎，安癸仲特補通直郎，賜錢三千貫；馮興、李好古等四百一十四人，無官者與官，有官者增秩，賞錢物有差。」以權四川宣撫使、兼陝西河東路招撫使安丙言其各係元與同謀誅劉叛將吳曦之人故也。

九日，詔從政郎、和州歷陽縣令謝德輿特改次等合入官。以權發遣和州周虎言其自受〔闌〕〔圍〕閉之日，應〔辨〕〔辦〕大軍糧食，日逐帶甲上城，同爲守禦故也。

二十一日，詔從政郎勾龍公永、秉義郎楊叔虎、忠訓郎陳昕各特轉兩官。以金州副都【11】統制、權發遣金州彭輅言其於逆曦僭叛之始，與之同謀出蜀故也。

六月十日，詔：「儒林郎、總領湖廣江西京西路財賦所幹〔辨〕〔辦〕公事、兼户部分差襄陽府糧料院唐愨特改合入官；從事郎、添差京西安撫司幹〔辨〕〔辦〕公事章時可特改次等合入官；借補承信郎、特差京西招撫司準備差遣徐之紀特補文學；借補登仕郎、權鄂州都統司主管機密文字蔡武子特補下州文學；奉議郎、通判襄陽府周思謙，迪功郎、京西北路招撫司主管機宜文字陳師文，各特轉三官；文林郎、監襄陽府户部大軍庫錢大鼎，從事郎、監襄陽府户部大軍倉李如瑩，脩武郎、權發遣襄陽府兵馬鈐轄黎炳，成忠〔節〕〔郎〕、襄陽府排岸王環，從義郎、襄陽府兵馬監押張資，脩武郎、添差襄陽府兵馬都監高〔鐘〕〔鍾〕，修武郎、鄂州江陵府副都統司計議吳沖，忠訓郎、鄂州江陵府副都統司主管機宜文字程元鼎，武經大夫、鄂州江陵府副都統司幹〔辨〕〔辦〕公〔字〕〔事〕張鈞，忠訓郎、鄂州駐劄御前前軍副將、兼

〔一〕轉武軍：「轉」字當誤。本書職官七五之一六載嘉定十年王喜爲建武軍節度使，此處或亦爲「建」字。

〔二〕轉元老：「轉」字當誤。

京西北路招撫司進差遣趙(高)〔萬〕年[一]，承節郎、鄂州江陵府都統司隨〔軍〕提點醫藥飯食張遂安，各特轉兩官；從事郎、京西安撫司幹辦公事朱儕，承直郎、奏辟添差京西轉運司幹辦公事王佐，從事郎、襄陽府學教授姚朝佐，從政郎、觀察推官兼司户楊堯，迪功郎、司法參軍劉益之，脩職郎、穀城縣尉、權司理參軍折思學，迪功郎、録事參軍孟叔獻，迪功郎、監在 12 城酒税晏世臣，脩武郎、前峽州兵馬都監呂慶祖，承信郎、襄陽郢州光化軍巡轄馬遞鋪夏晟，各特轉一官。内選人比類施行。」以鄂州江陵府都統制、兼京西北路招撫使、知襄陽府趙淳言：「慤自虜人圍城，勾稽錢糧，應(辨)〔辦〕無闕；時可嘗出城與虜人打話，而虜人語言不遜，時可以大義責之而去；之紀日夕擐甲上城守禦，衝冒矢石，備極勞苦；武子嘗掌機〔密〕，議論有取；思謙自虜人圍城，凡需攻具，隨即應辦，措置賑糶，流民得安，及運司委以督運，悉無遺闕；師文(作)〔昨〕自虜人侵犯襄陽，請出求援，往(數)〔返〕數千里，勞苦備殫；大鼎、如瑩自虜人圍城，恪守本職，出入錢米，一意公勤；炳、環招集水手，照管舟船，凡百措置，悉得爲用；資、鍾覺察姦細，巡警備勤；冲、元鼎、釣分察四隅盜賊烟火，驅磨官兵券曆，〔日〕夕究心，恪勤職務；萬年被甲上城，身冒矢石，凡委職事，悉能(辨)〔辦〕集；遂安醫治官兵，留意藥餌；儕等守禦圍閉，各能效職，未嘗少怠，俱有勞績。」故有是命。既而隨軍轉(軍)〔運〕邵袞、李直養及湖北京西宣撫司言：「慤公勤盡職，遇事有謀，虜人侵犯襄陽，能展盡所長，應(辨)〔辦〕措置，略無闕誤，協助爲多，乞賜優賞。」故有是命。

七月十一日，詔鄂州都統司主管機宜文字、保義郎趙淏，江陵府都統司隨軍提點醫藥飯食、承節郎張遂安，京西北路招撫司準備差遣、借補承信郎徐之紀，京西北路招撫司主管機宜文字、迪功郎陳師文，鄂州 13 都統司主管機密文字蔡武子，各特(準)〔轉〕兩官資。以鄂州江陵府都統(司)制、兼京西北路招撫使趙淳言其合該暴露賞，故有是命。

嘉定元年九月十二日，詔秉義郎、鎮江府都統司書寫機宜文字畢勝之特轉兩官。以其兄都統再遇言其嘗〔掌〕機密，裨贊軍事，及參謀解圍楚州，(令)〔今〕來結局，乞行推賞，故有是命。

二年二月十日，詔：「義井寨忠義頭目人統制官、承信郎楊敏，統領官、承信郎謝思，各特轉一官；副將、守闕進勇副尉秦順，進勇副尉路顯，各特轉一資；借補官資人王憲等十一人，並特補守闕進勇副尉；無借補官資人周潤等三十六人，令淮西安撫司斟量借補名目。仍具申樞密院。」以淮西安撫司言：「已降指揮，見今忠義頭目之人雖是部伍，多有歸農，亦且存留，(令)〔令〕守舊職。乞將有官之人各與轉官，借補之人量與補授。」故有是命。

七月十四日，詔保義郎、武定後軍統制(下)〔卞〕興特轉脩武郎，仍賜金帶一條，許令服繫。以淮西安撫司言其買率官兵，擒殺賊首王泉，委有勞效，乞行推賞，故有是命。

三年三月二十四日，樞密院言：「諸軍戰陣立功合得恩賞，經隔日久，陳乞收使，源源不已，多是故意遲留，公然貨賣，作弊不一。」詔：「諸軍有戰功合得補轉官資已給公據之人，不以内外遠近，除程並限一月，於所屬陳乞，結罪保明，申樞密院。限外更不施行。」

二十五日，沔州都統司言：「權選鋒軍統制、秉義郎 14

[一] 進差遣：疑當作「準備差遣」。

張威，元係誅戮吳曦及隨李好古收復西(河)〔和〕等州立功。承宣撫司節次陞差摧鋒軍統領，又陞權選鋒軍統制，乞給降逐項付身。」詔特給摧鋒軍統領付身。其統制官候管幹年限及日保明，取旨施行。

四月四日，詔進勇副尉、鎮江府前軍準備(借)〔將〕班世興特補忠翊郎，給賞錢五千貫。以鎮江都統、淮東安撫畢再遇言其在嵐門生擒賊首胡海，功績顯著，乞依元降募賞指揮推恩，故有是命。

二十三日，詔：「義勇軍副將主父清特補忠翊郎；小旗軍呂昇特補承節郎，減二年半磨勘；敢勇軍兵承信郎孫勝特轉兩官，減二年半磨勘；義勇軍正將劉緒特補承信郎，賜錢有差。」以淮東安撫畢再遇言清於亂軍中生擒賊首王傅，令緒斫之，昇等於都梁迎殺餘徒，故有是命。

五月十三日，詔：「安慶府討(補)〔捕〕兇賊軍張大立功官兵第一等三百五十人，各特補轉兩資，內準備將周才等三人各特更轉一資。第二等四百六十一人，各特補轉一資。仍於江淮制置司支撥會子五千貫，付淮西安撫司等第支犒一次。第三等八十人，各特補轉一資。」以淮西安撫司斟酌等第，乞行推賞，故有是命。

二十三日，詔進勇副尉、前光州忠義軍統制朱明特轉兩資。以知光州傅誠言其捐萬餘緡招集忠義，隨逐王師進取；繼回本州守禦蕃兵，排日出戰；不受兇賊軍張大之餉遺，遂力戰，潰散其徒；及嘗剔肝救知州武舜忠之疾。故 15 有是命。

四年十二月十二日，詔討捕嵐門、宮家莊(疆)〔强〕盜胡海等立功官兵，第一等孫興等一萬五千一百七十三人，各特補轉一官資；第二等董珍等五千四百九十二人，第三等湯德等八千二十六人，各賜錢有差。從樞密院之請也。

五年正月二十四日，詔雅州碉門寨免解進士部押鄉丁副將山鳴鳳特補進義副尉。以本州言蕃部寇掠邊面，鳴鳳率領鄉丁折伏蕃賊，坐致告降，乞與推恩，故有是命。

二月二日，詔許定遠特與補承信郎。以節制江淮軍馬李珏言池州副都統制許俊有子定遠，嘗隨其父討捕李元勵等，與賊鏖擊，擒捕賊衆，乞借補受官資，故有是命。

五月四日，詔借補將仕郎閻仲友特與補下州文學。以四川制置大使安丙言其差隨副帥李好義領兵收復(四河)〔西和〕州，充隨軍措置糧運，并措置沿邊(闕)〔關〕隘及建置(門)〔關〕內屯田，首尾三年，功績顯著。故有是命。

九月一日，臣僚言：「往者江湖之寇皆深據溪洞峻絶之地，緣崖觸石，人跡罕到。惟有比近土豪隅官之家所養義丁與之相習，故能上下山坂，闖窺巢穴。連年官軍雖暴露于外，而每每假土人以爲鄉導。至於死損人丁，喪失生業，亦可憐憫。間有一家父子兄弟之間連遭屠戮，又因冒寒暑、染疾癘，與其隊伍相斃於軍中者。今上自主帥，下至將校，皆次第蒙賞，而土豪隅官之徒捐軀於兵間者尚有所遺。乞下江西、湖南安撫司 16 廣加體訪，仍許各人自陳，選委清彊有心力官覈實。應土豪隅官除曾係(補)〔捕〕賊立功已(摧)〔推〕賞外，其餘實因討捕受害陣亡之家，並與保明，具申朝廷，量與賞犒。」從之。

同日，詔：「左翼摧鋒軍統制王津特轉兩官，副將王廷、準備將王達、朱彦輔、主將畢安世、同巡檢蘇顯祖，各特補轉一官資，每人更支錢二十貫； 準備將尹建、主將巡檢昌堯佐各特轉一官資，每人更支錢一十五貫； 準備將周世顯、魏孝義、姜仁各特轉一資，每人更支錢一十貫； 隅官譚鄂飛、姚興祖各特補一資，仍各支錢二十貫； 同巡寨兵蒙先等一十六名，各特補一資。 鄂州等軍立功官兵，奇功一十四人，各特補轉一官資，各支錢一十貫； 第一等九百六十二人，每名特支錢三十貫； 第二等一千九十九人，每名特支錢二十貫； 第三等六百二十三人，每名特支錢一十五貫。 暴露官兵，副將邵斌特支錢三十貫，官兵八百三十九人，每名特支錢一十貫； 摧鋒軍正將林政、準備將彭添、麥逵、林真各特轉一官資，每人更支錢一十五貫； 正將周興、副將朱烈各特轉一官資； 左翼軍副將蕭忠顯、準備將王大同，額外準備將張宗顯各特轉一官資；(擢)〔摧〕鋒軍準備將曾彦、陳煥各特補轉一資； 迪功郎、樂昌縣尉陶崇，迪功郎、新廣州録參蘇應龍，各特循兩資； 進武校尉、隨軍機(丙)〔宜〕官、肇慶府指揮使蘇可仁特轉一官； 待補太學生余樞特補一資； 親效【17】撥發劉明等一十名，各特補一資； 隨軍弓箭手劉飛等一十九名，各特支錢一十貫。 官兵義兵第一等一百五十九人，各特支錢三十貫； 第二等二百三十六人，各特支錢二十貫； 第三等五百六十八人，各特支錢一十五貫； 不分等第一千九百四十五人，各特支錢一十貫。」以廣東提刑司言收捕李元勵等立功推賞故也。

十一月二十日，南郊赦：「官兵昨因出戰陣亡等人，除已節次推恩外，其間尚慮主帥不肯從實盡數保明申奏，或因一時漏落，以至一等死事之人未霑恩賞。 仰主帥更切契勘詣實，盡行(限)〔根〕刷，開具保奏。 如違，許陣亡人家屬越訴。」八年十一月明堂赦並同。

十二月十一日，臣僚言：「應軍官及行伍以陣亡而得恩澤者，許子孫或女婿承受。 近年受賞之家不體此意，或無子孫親婿者，以所得恩澤公然鬻賣。 同姓之人則作子孫，異姓之人則作親婿，多以資財計囑軍將經由去處，遞相保明，即補之官。 彼其冒受之人一受告命，即赴部參(註)〔注〕，是致爲弊愈衆。 乞下諸軍，凡以陣亡軍功陳乞恩澤者，應(彼)〔被〕受人除親子親孫(計)〔許〕令赴部照條參(註)〔注〕外，其女婿只許從軍支破請給。 若從軍及二十年後，如筋力果衰，不堪任使，方許揀汰，赴部注授離軍添差遣。 其已參部注授之人，或已參未注者，或有未到部者，並仰元來保明軍分照籍拘回前後所保明已得官人，各在本軍執役差使。 仍令吏部開【18】具已參注姓名，銷落名闕，及照元是何處軍分保明申到者，分項行軍分，照應施行。」從之。

七年二月二日，〔詔〕進勇副尉蒙文謂特轉兩資，餘人等第犒設一次。以宜州守臣劉湛之言其捕獲傜峒賊徒韋顯故也。

四月二十六日〔一〕，樞密院言：「昨來誅戮逆曦立功補

〔一〕二十六日：疑誤，下條爲二十五日，此條應在其前。

授之人，竊慮有司未曾放行差注，有失朝廷優恤之意。」詔將應誅戮（送）〔逆〕曦立功補授人，特與照嘉定五年十二月二日指揮，并嘉定六年七月十三日指揮，召保放行，參部注授施行。

二十五日，臣僚言：「曩者兩淮之圍，西蜀之變，或以豪領統率民兵捍禦，或以小官結習忠義俘斬逆賊，茂著偉績。事定之後，命爵策勳，理宜優厚。然兩淮民兵之賞，始以濫予，而終以濫格，使畢力用命與夤緣僥倖者例無一品一級之升。朝廷雖旋（如）〔加〕考核，表實去僞，而奉行（減）〔滅〕裂，遺恨尚多，豪傑英雄，誰不解體！至若誅曦之功，厚薄輕重，尤有未稱。竊以爲兩淮、西蜀立功之人，除有功受（責）〔賞〕已登顯任外，其餘宜加褒奬。或崇其官資，厚其禄秩，録其子孫，表其門閭，圖形定謚，立廟賜額，隨其功之輕重，以爲報之隆殺。乞下兩淮、四川州軍，更與從實保（保）〔明〕先來立功之人，再議褒奬施行。」從之。

二十六日，臣僚言：「比自邊陲息戍，凡荆襄、兩淮、關外等處曾立軍功補（役）授官資之人，並免呈試，參部注授諸路州軍添差使喚等闕。賞非不當，柰何姦弊百出，頂名僞冒者有之，19 故不得不爲之限制。然懲創太過，真僞混殽。元在軍者自有格法，已無可議；至於白身及忠義等人，初令就本貫陳乞，召文臣陞朝官、武臣大使臣以上各一員，責追勒文狀，保其非僞，而知、通亦結追勒之罪，保明申部，然後放行。今以嘉定六年七月續降指揮觀之，則令今後所召保官并知、通止照舊甘伏朝典保明，即前日之嚴，今固以寬之矣，而臣猶慮限制尚嚴。蓋保官以陞朝、大使臣及知、通，仍拘本貫，則新立功之人有係泗州、開封府等處户貫，則何從而保明？有襄、漢間僻小邊郡，素無陞朝以上官，則亦何從而保明？乞下吏、兵部遍牒諸路州軍，照元降指揮，軍功名色合該赴部參注人，依舊法保明申部。所有保官，只用小使臣。若本貫開封府等處，即經見今所居州軍召保。使天下軍士知真賞之可慕，莫不竭忠盡力，以報效國家矣。」從之。

八年七月十六日，詔守闕進勇副尉陳朝卿特與加轉兩資。以朝卿招集義丁收捕峒賊李元勵故也。

十年十一月二十七日，江淮制置司言：「北寇直犯光州，武鋒軍放散統制王辛，以廬州兵鈐自請于淮西帥司，首往安豐，糾集武定忠義等共二百四十餘人，到光山縣以來，迎見番軍鏖戰，殺死統軍（元）〔完〕顏俺定，及斫到首級二十二顆，與他立功不同。除王（莘）〔辛〕以蒙推賞外，所有一行人兵，乞議旌賞。」詔上等一百三十八人内有資人特轉一資，無資人特補 20 一資。仍令江淮制置司更支錢三千貫，給付王辛，等第犒設一次。

嘉定十一年正月十日，詔從義郎沈鐸特轉兩官。以樞密院言鐸統馭歸附人兵防拓勞，故旌賞之。是年四月，以捍禦有勞，特轉武節郎；八月，以淮陰獲捷，特轉武翼大夫。

同日，詔李全特補武翼大夫，充京東路兵馬副都總管；劉全特補武翼郎，充京東路兵馬副總管；楊友、季先各特補脩武郎，並充京東路兵馬鈐轄。以樞密院言全等率衆歸附，尅復東海、漣水等處，備見忠義，故有是命。

三十日，詔鎮江都統司前軍統制王明特轉一官，差充殿前司神勇軍統制，仍令封樁庫（結）〔給〕賜錢一千貫。以樞密院言明在楚州淮陰縣八里莊監督官兵築城，捍禦有勞，故有是命。

二月二十三日，詔承信郎、信陽軍指揮使、兼部轄義士輯捕盜賊袁海，更特與轉一官，特添差東南〔第〕七將，信陽軍駐劄，仍釐務。請給、人從，並依正例支破。先是，京湖制置司言海嘉定十年節次立功，詔特轉兩官，賜錢二千貫。至是，三省、樞密院復以爲言，故有是命。

三月四日，詔：「忠翊郎、前棗陽軍使、兼知隨州棗陽縣事、彈壓戍守官兵、總轄忠義大保捷趙觀〔一〕，從義郎、權鄂州前軍統制、部押棗陽守禦官兵（部）〔邵〕彥，各特轉三官。第一等立功官兵張俊等各特轉兩官資，無資人各特補兩資；第二等傅顯等特轉一官資，無資人特補一資，更各特支官會五貫；第三等郝清等各特 21 支犒一十五貫，內兩次立功人添支五貫。」以京湖制置司言觀等節次部押人兵出城，在三清岡北八里及五城門外河南泰山廟、劉琪塚等處與虜賊見陣，獲捷立功，故有是命。

十四日，詔：「忠義統制劉世興特與轉三官，更特賜二千貫。第一等韓興等各特轉兩官資，無資人各特補兩資；第二等王安國等各特轉一官資，無資人各特補一資；第三等劉康等各特支犒官會一十五貫。」以世興等解圍棗陽，於荆蕩落湖陂與虜見陣立功故也。

四月三日，守闕進義副尉、忠義軍統領夏端仁特與承信郎，仍賜錢五百貫；民兵統制王雲、歸正統領周虎各特與補下班祗應，仍賜錢三百貫，並令江淮制置司樁管會子內支撥。以光州言端仁等設伏剿賊，斫到番官統軍首級，及過淮燒毀彼界黃崗等處寨（稱）〔柵〕，前後出戰（志）〔忠〕勇，乞行推賞，故有是命。

七月十一日，詔：「忠義統制吳彥特與補承信郎，令四川安撫制置司於降下空名告命內書填給付。其統領杜孝忠等一百一十一人各特轉兩官資，無資人特補兩資；李顯等三百二十八人各特轉一官資，無資人各特補一資。」以金州副都統制吳政言彥等部領（志）〔忠〕義，深入北境，殺獲虜賊，燒毀寨柵，乞行推賞，故有是命。

二十二日，詔知泉州真德秀特轉一官。以德秀遣發兵船，出海擒捕賊首及徒黨百餘人，海道寧静，密院言其功，故有是命。

八月十二日，詔武經 22 郎、京東路兵馬鈐轄季先特與轉修武郎〔二〕。以樞密院言先（舊）〔奮〕勇獲（提）〔捷〕，故有是命。

同日，樞密院言，楚州申忠義等人剿退虜賊、解圍淮陽縣得功人數，乞賜推賞。詔：「陳秀等三千八百二十八人各特轉三資，無資人各特補三資。內重傷、輕傷人更各與等第優加犒賞。所有合支犒錢銀，亦仰於朝廷降下樁管錢

〔一〕大：疑當作「人」。保捷，軍名，以忠義人組成之保捷軍，故曰「忠義人保捷」。魏了翁《鶴山集》卷八九：「數調大軍及忠義保捷分道夾擊。」

〔二〕修：原無，據劉克莊《後村集》卷四三補。

銀内，斟酌支撥給散。」

嘉定十二年正月十八日，詔：「武翼大夫、京東路兵馬副都總管李全特轉三官，賜金帶一條。仍令楚州於椿管銀絹内支銀五千兩、絹一萬匹，充激犒人兵。」以樞密言全等收復密州，乞加旌賞故也。五月七日，又詔武德大夫、密州刺史、京東兵馬副總管李全特授右武大夫、利州觀察使。九月，特除廣州觀察使、左驍衛將軍、京東忠義諸軍都統制，楚州駐劄。

同日，詔武翼郎、京東路兵馬副總管劉全特轉兩官。以京東節制司言全不從僞地招誘，備見盡忠。故有是命。

二月二日，詔：「京西路鈐轄、兼棗陽軍使孟宗政特轉五官，與帶行閤門宣贊舍人，仍賜金束帶一條。奇功何文虎、彭興特補四資，内彭興與改刺效用補授；第一等各特補三官資，第二等各特補兩官資，第三等各特補一官資；在城捍禦各特支犒官會一十五貫；本軍差職事官鄭天彝、韓獻臣、劉澡各特轉兩官資。」以宗政等在城捍禦，節〔次〕與虜賊見陣故也。

同日，詔統領花遇春所部正將借承信郎郭彦〔一〕、借承信郎[23]王悦，副將借下班祗應茅文智、守闕進勇副尉崇仲彬，準備將守闕進勇副尉段成，各特與補轉五官資。以虜〔入〕〔人〕侵犯盱眙青平山寨，彦等分布四門，戮力死戰，殺退番軍，勞效議賞，故有是命。

三日，詔京西神勁左右軍統制扈再興特轉四官，仍賜金帶一條。第一等各特轉三官資，第二等并醫官楊師孟各特補轉兩官資，第三等各特補轉一官。以京湖制置司申：「保明到嘉定十一年正月九日至三月二十二日終，在棗陽城北三清觀桐栢廟等處，節次與虜賊見陣立功官民兵共五千九百九十二人，乞行推恩。」故有是命。

同日，詔權鄂州左軍統制、隨州屯戍李珪特轉四官，仍賜金束帶一條。官兵四百五十人，内第一等各特補轉三官資，第二等各特補轉兩官，第三等各特補轉一官。以京湖制置司言，珪同所部軍馬於隨州鐵山追襲虜賊，節次立功，故有是命。

二十日，詔保義郎、利州都統司右軍同統制張政等九十三人各特補轉一官資，官兵一千五百八十八人犒設有差。以四川安撫〔制〕置司言政等深入〔比〕〔北〕境，攻破鐵窟堡等處，乞行推賞。故有是命。

三月四日，詔從義郎四川總押諸關右軍統制陳立、統領蕭建、準備將元阜、忠義總轄秦貴、馬真各與補轉一官資，立功官兵三百五十人各等第犒設。以四川安撫制置司言虜賊侵犯大散關，立等與之血戰獲捷，保守無虞，故有是命。

同日，詔[24]忠義正將趙宣、劉換、馮世忠各特轉三官資，官軍副將等各特與補轉一官資，軍兵秦雄等〔等〕第支犒。以興元都統司言宣等戰虜獲捷，乞賜優賞，故有是命。

二十一日，詔利州都統司準備將楊檜、忠義統領路德、許大椿、李興、正將黄鉞各特補轉三官資，隊官李勇等一十

〔一〕承信郎：其下王悦之階官亦爲承信郎，按行文慣例，二人以上職名全同，職名下連署姓名即可，故疑此處有誤。郭彦列名在前，或許職名稍高，而承信郎之上階爲承節郎，則此處「信」似當作「節」。

五名各特補轉兩官資，其餘官兵、忠義等人各等第支犒。以四川制置司言檜等攻打彼界，剿敗金賊，故有是命。

二十六日，四川制置司言：「據利路安撫丁焴（中）〔申〕：『利路副總管李好古妄稱朝省指揮，正除沔州都統，誘説兵官蔡佑、李大享、張鄂、李義、李世昌、上官榮、郭千、質俊等擅斬統制張斌，發總所魚關官錢徑自喝犒，妄作威福，領兵二千餘衆前來沔州，仍出榜文謀害張威、張彪等事〔一〕，意謀不軌。焴已將好古斬首，號令撫定諸軍，遣回元來守把去處。』本司照得李好古妄立事端，輒擅殺戮，又驅引軍兵徑下沔州，驚擾一城，若非焴就近區處，則必有意外之慮。」詔丁焴特轉朝奉大夫，除直龍圖閣，依舊知沔州〔二〕，主管利州西路安撫司公事，節制本路屯戍軍馬。

閏三月十一日，詔沔州都統制張威特與轉武功大夫〔三〕、忠州團練使。以樞密院言威節次調遣兵將，前往大安軍金牛鎮等處剿敗虜賊，剋復立功，故有是命。 五月七日，推行功賞，又詔特轉右武大夫、揚州觀察使。 十三年六月十五日，以威討捕潰兵張福、莫簡，賊徒就擒，特落階[25]官，除揚州觀察使，依舊沔州都統制、兼知沔州。

四月三日，詔京東忠義統制李福、彭義斌、劉慶福並特與補脩武郎。以樞密院言福等出戰立功，故有是命。 十三年六月，李福又以制司調遣立功，詔轉武經郎、兼京東路兵馬鈐轄。

二十四日，詔忠義于洋特補武義郎，差充忠義統制、兼京東路兵馬鈐轄。以樞密院言洋累立戰功，故有是命。

五月二十日，詔借訓武郎、京東路鈐轄、權知海州王琳特補脩武郎，借從義郎、忠勇軍計議官、權通判姜琛特補保義郎。以琳等忠義來歸，收復州縣，屢戰立功，從京東節制司之請也。

六月十八日，詔脩武郎、京東路鈐轄楊友特與轉武翼郎，忠義軍統制徐福、周旵並特補承信郎，統領王弼、于水、劉贇、葛祐、王全、孔揮、姜孝忠各特補進武校尉。以京東節制司言友等屢與番軍鬭戰獲捷，故旌賞之。

七月二十日，詔淮東路鈐轄梁昭祖特轉兩官，軍兵李椿等一百六十四人各特補轉一資，薛威等一千三人各特支犒官會一十五貫。以淮東提刑司言（照）〔昭〕祖領兵攻打三夾溝寨等處，燒毀望樓鋪屋，見陣立功，乞賜推恩，故有是命。

八月二十一日，詔石珪特轉武義郎，依前京東鈐轄，都提舉諸軍事；統制夏全、時青各特轉忠翊郎。一行忠義人兵，令京東節制司等第支犒一次。以樞密言珪等近在嘉山剿虜獲捷，乞議推賞故也。 十月十日，以珪等揀刺三軍忠義了當，又（照）〔詔〕[26]珪特轉武略郎、京東鈐轄，全、青各特轉修武郎，並特陞差充京東路兵馬鈐轄，各統率本部軍馬。

九月十九日，詔沔州中軍步軍第一將正將、權統領、下班祗應李虎特轉保義郎。先是，叛卒張福、莫簡嘯聚巴州作過。招安免罪，發遣上邊，復於中途糾合徒衆，突入利

〔一〕張彪：原作「張虎」，據《宋史》卷四〇三《張威傳》改。
〔二〕知：原作「制」，據《後村集》卷四四改。
〔三〕都統制：原作「利都統」，據《宋史》卷四〇三《張威傳》改。

州，殺害總領楊九鼎，劫奪公(松)〔私〕錢物。至是，虎(卒)〔率〕部下捉獲。制司乞以元立賞格推恩，故有是命。

十月十一日，詔漣水統轄人兵季先特轉武顯大夫，特陞差充京東路馬步軍副總管，仍特賜銀絹三百匹兩。本部下人兵共犒交子一十萬貫。以京東路節制軍馬司言先捍禦邊面有勞，部下人兵各守紀律，乞賜旌賞，故有是命。

十二日，詔忠義統制兼京東路鈐陳孝忠、鎮江遊奕軍統領張明、范成進、李世雄各特補轉三官資，其部下軍馬人兵特支犒交子五(禹)〔萬〕貫。以淮東提刑、京東節制司言孝忠等往滁州解圍及淮西策應勞效，故有是命。

十一月十三日，詔武節郎張林特轉武翼大夫、閤門宣贊舍人、權知青州。以從京東節制司之請也。〔十三〕年六月，又以林倡義歸附，戰守有功，特除忠州團練使、知青州、京東路安撫、馬步軍都總管。十四年三月，京東、河北節制司又言，林忠勇知義，李信反側，遣總管邢德誅戮，委有勞效，詔除均州防禦使。

十七日，知閤門事李慶宗特與帶行武翼大夫。以樞密院言慶宗昨任主管馬軍行司公事，統率官軍 27 出戍濠州，戰禦有勞，未曾推賞，故有是命。

十三年五月八日，詔泗州中軍統制、承節郎董炤特與轉脩武郎。以都統張威言炤在雙林子、夕陽鎮、白壁堡等處，經戰獲捷故也。

六月二十四日，詔武義郎、忠勇軍統制、兼知鄆州嚴實特轉武節大夫、達州刺史。〔以實〕(昌)〔倡〕義歸順，戰禦有功故也。

同日，詔宣教郎、京東安撫司幹(辨)〔辦〕公事張亞夫特轉奉議郎，特差充京東東路安撫司主管機宜文字；儒林郎、京東安撫司幹(辨)〔辦〕公事馮垍特與轉宣教郎。以樞密院言其贊畫有勞故也。

二十五日，詔訓武郎、通判青州、兼京東路兵馬鈐轄邢德特轉武畧郎。以德(暮)〔慕〕義歸順，屢立戰功故也。十四年三月，京東河北節制司言德誅戮李信勞效，詔特轉武翼大夫，差知淄州、兼京東東路馬步軍副總管〔一〕。

同日，詔承節郎、京東安撫司帳前統制崔欽特轉修武郎。以欽慕義歸順，任責運餉故也。

十二月八日，詔：「武翼郎、京東路兵馬鈐轄、統制本部軍馬時青，近因剿虜，屢曾獲捷，忠勇可嘉，特轉一官。」十六年正月，京東河北節制司言青不時過淮，剿虜破寨，屢獲勝捷，又詔特轉兩官。

十四年二月九日，詔朝奉郎、四川茶馬鄒孟卿，承議郎、四川宣撫司參議官張已之，各特轉兩官。以叛賊張福、莫簡作過，孟卿任利州，已之任普州，皆能隨宜措置，賊徒迄就擒戮，故有是命。

十一日，詔朝奉郎、直(閟)〔祕〕閣、成都運判范仲武特轉一官。以叛 28 賊(作)〔張〕福等作過，制司委仲武督捕，委有勞效故也。

六月十一日，京東河北節制司言：「契勘于潭、生輝、鄭祥、姜孝忠、武德見在淮陰守禦，累次與賊鏖戰，殺獲甚多，清口寧謐。欲將于潭特與轉保義郎，陞充京東東路兵

〔一〕京：原脫，據《兩朝綱目備要》卷一六、《宋史》卷四〇《寧宗紀》四補。

馬鈐轄；生輝特與轉承節郎，陞充忠義軍統制；鄭祥特與轉承節郎，陞充忠義軍同統制；武德、姜孝忠各特與轉承信郎，仍舊忠義軍統領。内于潭陞充淮東制置司帳前路鈐。」並從之。

十六日，德音赦文：「蘄、黄州諸軍捍禦官兵及武定忠義人等，剿逐賊虜，立到戰功。其有用命率先，斬獲首級，賈勇出奇，剿蕩殘寇，委是戮力效忠，合行優加官賞。仰淮西制置司從實保明申上，當議旌别施行。」又赦文：「應蘄、黄州并管下縣鎮官吏士民及鄉村總首保伍，赤心爲國，剿殺虜寇，立到奇功，忠勇顯著者，令本州從實具申淮西制置司，保明聞奏，當議優加旌賞。」

七月二日，詔江陵副都統扈再興特與先次轉行右武大夫，帶行忠州團練使；趙范特與轉通〔直郎〕、直秘閣，依舊京湖制置司主管書寫機宜文字；趙葵特與轉承事郎，特免銓試，特差充京西安撫司主管書寫機宜文字。以樞密院言：「虜犯蘄、黄，驅策未退。制置趙方遣再興同監軍趙范、趙葵率兵至蘄州(久)〔及〕黄州神馬崗，連日繼夜鏖戰獲捷，邊面平静，乞加旌賞。」故有是命。

十一日，詔承節郎、淮西制置司帳前統制，兼總轄歸附忠義祝文 29 蔚特與轉脩武郎〔一〕，添差淮西路兵馬鈐轄，廬州駐劄，仍釐務，請給依正官例支破。以文蔚統兵直趨蘄、黄，與扈再興擊虜敗潰故也。

十五年十月二日，樞密院言，京東忠義都統李全近親提所部將士人兵前去收復京東州軍等處〔二〕，一行立功之人合議賞犒。詔：「應立功頭目人内總管、路鈐、計議、統制、統領以至將佐、訓練官等，各特與等第補轉官資。令京東河北節制司疾速從實契勘有無官資人數，并職位、姓名，等第保明具申，推恩施行。仍仰本司日下先次於朝廷見樁管錢内取撥交子五十萬貫，將今來立功忠義人兵特與支犒一次。」

十七年七月十日，樞密院言：「武經郎、右驍衛中郎將焦思忠昨在淮西等處，屢經剿虜，戰功居多。今見任環列之職，忽因箭瘡發動，服藥無效，申乞守本官(到)〔致〕仕。」詔焦思忠特與轉武翼大夫、閤門宣贊舍人致仕。

淳熙元年四月二十六日〔三〕，宰執進呈興州駐劄都統制吳挺奏：「到任點看軍馬，乞依例犒設一次。」三省擬定支錢一十萬貫，上曰：「恐支散諸軍太少，可依員琦例支二十萬貫。」

二年九月十一日，詔建康府於樁管銀内依省則紐支三萬貫文，付馬軍都虞候王明，犒設馬軍行司支用。以到任點看軍馬故也。

〔一〕蔚：原作「尉」，據《宋史》卷四〇三《趙方傳》改。下同。
〔二〕都統：原脱「統」字，據《宋史全文》卷三〇補。
〔三〕按，以上爲軍功旌賞，以下則爲犒設、添支、雪寒錢等其他賞賜。蓋《大典》録自《會要》之不同門類。

二十二日，詔於建康府椿管銀、會子內中半支二萬貫，付池州都統制魯安仁本軍犒設，內銀依省則紐折。以到任激賞官兵也。

二十四日，詔鄂州[30]於椿管會子內支六萬貫，付荆鄂駐劄御前諸軍總制李川支用。以到任點看馬軍犒設也。

閏九月十四日，執政進呈江西茶寇官兵〔一〕，江州軍令皇甫倜、鄂州軍令解彥詳統押歸軍。諸路禁軍、弓兵令帥憲司各發歸元來去處，並令歇泊。土豪、鄉義丁等，日下放散，仍令都統、帥、漕司等第優支犒設。以剿除茶寇故也。

二十四日，執政進呈兩浙、福建路起發禁軍、土兵赴行在忠鋭、忠武軍教閲。上曰：「可量地里遠近，依例支犒設一次。差編脩官一員傳旨給散。其福建路道途遥遠，與依例倍支。」

二十五日，詔諸路起發禁軍、土兵赴行在建康府。其管押官並與等第減年推賞，內礙止法人特與犒設。以部轄整肅故也。

三年正月七日，詔：「明州擺泊諸處發到海船，令統制官林文犒賞一次。押船主、梢碇、招頭、水手各給錢有差。」以到岸日久故也。

二十三日，詔：「忠鋭軍人兵內教已畢，發遣歸逐州，可依初發到行在日犒設一次。忠武軍依此。」

五年六月二十三日，詔：「內外諸軍士卒有家累重大之人，可於朝廷封樁錢內，每處各撥錢，委兩浙漕臣、總領所措置營運，將趁到息錢，每月令諸軍開具的實人數，各與添支。除軍中合添支外，更與添支。以殿前步軍司、御前水軍共二十萬貫，馬軍行司、建康府、池州諸軍共二十萬貫，興州、興元府、金州諸軍共二十萬貫，鎮江諸軍、武鋒共十五萬貫，江州、鄂州、荆南諸軍[31]共十五萬貫。」

六年正月六日，宰執進呈武功大夫、平江府許浦水軍都統郭大用奏到任，乞支犒軍錢。上曰：「郭大用似麤勇而能謹細，舊曾在水軍立功，可令左藏庫支會子一萬二千貫充犒軍使用。」

三月十七日，詔淮東總領所支四萬貫錢付李思齊。以到任點看軍馬并新併到武鋒軍犒設也。

二十八日，詔岳建壽差權馬軍司職事，令南庫以銀依省則紐支錢一千五百貫犒軍。從所請也。

四月二十一日，鄂州江陵府都統制郭鈞言收捕陳峒等賊陣亡官兵，乞令湖廣總領所批勘全分請給一年。從之。

七月十九日，詔兩淮總領所支降錢付馬軍行司、建康府、池州、鎮江府都統司，兩浙轉運司支降錢付平江府許浦御前水軍，令各添支五口以上人外，更於御前椿管錢內降錢付逐處軍，給賜口累重人一次。（以）〔又〕八月十四日，詔湖廣總領所支降錢八萬一千貫，付鄂州、江陵府、江州，給散諸軍五口以上人。十一月二十六日，詔四川總領所支降

〔一〕「江西」上疑脱「收捕」之類字詞。

錢五萬九千貫，付興州、興元府、金州司，委主帥給散諸軍五口以上人。八年五月十八日，臣僚言：「朝廷比年支降緡錢，賜内外諸軍口累重者，然其間有入隊不入隊〔勞〕逸之殊。乞將諸軍入隊自五口以上，依數支給，不入隊並減半。」從之。

十二月十四日，詔廣西經畧司收捕賊徒李接，所遣官兵、弓兵、土豪、義丁等，令劉焞先次等第犒設一次。

七年五32月七日，詔廣州統領劉安、統制張喜所將官兵一千九百九十六人，令廣東安撫司犒設一次。以知廣州周自强言收捕郴寇陳峒有勞也〔一〕。

八年正月二十一日，宰執進呈諸軍犒設錢。上曰：「此内外諸軍射射精熟人數也。鄉來諸軍只習右手射，近又教習左手射頗精，各支犒設，以示激勸。」

七月十三日，詔左藏南庫支降會子一萬二千貫，付殿前司，委官前去犒設許浦水軍。以其初撥隸本司故也。

十九日，上謂輔臣曰：「江州副都統劉光祖極精細，好兵官。聞財賦甚窘乏，無以激賞士卒，可於鄂州總領所支錢三萬緡與之。」

十一年二月二日，詔：「今後因病身故官兵，本司具軍額、職次、姓名，保明有無家累，關報所屬，即時大曆内開落名糧，隨曆批勘請給兩月，趁次旬宣限支給。」以樞密院言「已降指揮，殿前、馬、步軍司官兵因病患身亡，其家累特與支破請給兩月。訪聞所屬以會門爲名，動經月日，方始批放，有失存恤之意」故也。

五月二十七日，詔：「四川駐劄御前諸軍將士戍邊滋久，常軫朕懷，可令總領所支撥椿管錢三十萬道，特與犒設一次。」

六月二十四日，詔兩浙轉運司、淮東西、湖廣、四川總領所，依淳熙十一年上半年已支過錢數，付逐軍主帥，充淳熙十一年下半年添支諸軍口累重大之家。十一年十二月二十三日至十五年十二月終，上下半年添支諸軍錢皆如之。

十二年九33月十九日，淮東總領吴琚言：「本路先準已降指揮，内外諸軍差出牧馬并更戍官兵，免分擘口券，特令每人支鹽菜錢三十文、米二升半。照對鎮江屯駐諸軍，每遇差出盱眙、高郵軍、海〔二〕、楚州守戍，所支鹽菜錢米，自來糧料院直(侯)〔候〕到戍守處方起支，比其更替，又自離戍日即便住支，往回並無支破錢米。竊見步軍司差出六合縣守戍人，自出門日起支，其更替到寨日方始住支，理合一體。」從之。

十三年正月一日，詔：「殿前司、馬軍舊司、步軍司官兵、諸班直軍兵、皇城司親從、親事、輦官等人，並依則例，令主帥并所隸官司，各日下從實開具所管人同合支錢數，報提領封椿庫所，以椿庫所(以)椿管會子降付逐處，即時當官支給。其出戍人，依赦文，仰主帥將降到則例報所在州

〔一〕郴：原作「柳」，據《宋史》卷三五《孝宗紀》三改。
〔二〕海：原作「梅」。按，此處所記諸州均屬淮南東路，梅州遠在廣東，風馬牛不相及。以字形推之，決爲「海」之誤，因改。

軍，候到，令知、通同部轄兵將官給散。馬軍行司主帥開具所管人同合支錢數，報建康府，即時於降去第七界會子內支給。屯駐大軍於屯駐州府仰知、通同兵將官據合支錢數，以本處應椿管朝廷會子支給。如不敷，或無椿管會子去處，於上供并諸司不以是何名色窠名內取撥給付。州府軍監禁、廂軍等準此。」以尚書省言：「慶壽賞給則例：殿前司、馬軍舊司、步軍司統制七十貫，統領四十貫，正將二十五貫，副將十五貫，撥發官同副將例，準備將十二貫。額外比正員下一等，謂如額外統制支統領四十貫之類，至準備將不減。使34臣至帶甲入隊官兵九貫，傔人、輜重、火頭五貫，隊外官兵三貫。班直、行門二十五貫，餘人十貫，班直下軍兵三貫。皇城司親從、親事官五貫，院子三貫，輦官五貫。後苑厨子、御厨、儀鸞司、翰林司將校兵級四貫，軍頭司將校兵級四貫。御藥院工匠、御酒庫、御絲鞋所、內東門司、內藏庫、內軍器庫、脩內司、御馬院、騎御馬直、左右騏驥院將校兵級、德壽宮擺鋪將校兵級并造作人三貫。步軍司、廂軍并行在百司軍兵，逐處自行招刺人一貫五百。差出人準此。馬軍行司統制五十貫，統領三十貫，正將二十貫，副將十五貫，撥〔發〕官同副將例，準備將十〔員〕〔貫〕。額外比正員下一等，至準備將不減。使臣至帶甲、準備帶甲人入隊官兵六貫，傔人、輜重、〔大〕〔火〕頭四貫，隊外官兵二貫五百。殿前司摧鋒軍、左翼軍、許浦水軍，興州、興元府、金州、鎮江府、鄂州、江陵府、池州駐劄大軍統制四十貫，統領二十五貫，正將二十貫，副將十五貫，撥發官同副將例，準備將十貫。額外比正員下一等，至準備將不減。使臣至帶甲、準備帶甲入隊官兵五貫，傔人、輜重、火頭三貫，隊外官兵二貫。諸州府軍監揀中禁軍二貫五百，禁軍、土軍、水軍二貫，廂軍、鋪兵一貫。諸路安撫司忠義軍親兵二貫五百。」

十九日，鎮江府駐劄御前諸軍統制張詔言：「出戍楚州、高〔郵〕軍官兵請慶賞給錢，以楚州四千八百九十一人，計請錢二萬三千一百一十八貫；高郵35軍六百八十七人，計請錢三千二百八十七貫。今據楚州申：本州自來不曾有朝廷椿管錢物，兼係全行展免上供去處，亦無諸司合撥窠名等錢，本州別無那兑支撥去處。又據高郵軍申：本軍目今未有錢支給，申轉運司、提舉司，取指揮行下支撥。已上二項共二萬六千三百九十六貫，乞下鎮江府於椿管會子內支給，本司差官押發前去逐處布押官交割，點名俵散。」從之。

二十四日，詔：「平江府顧逕港擺泊當番海船，適輕雪寒，可令守臣到岸，〔依〕則例將總轄官、船主、梢工、招頭、矴手等特與犒設一次。據合用錢數，日下於椿管會子內支撥，差官同主兵官給散。」

十二月二十一日，詔：「積雪沍寒，軍人不易。其行在殿、步司及諸軍可依已支雪寒錢體例，再支一次。令主帥并所隸官司各日下將見管人數從實保明，報提領封椿所，並即時以見錢降付逐處，當官支給。」（以）〔又〕二十四日，權侍衛馬軍司職事梁師雄言：「所有諸處差出并在軍半分請給等共五百八十九人，糧料院以無體例，不肯批放。竊詳逐人亦隸兵籍，各有家累，比之在寨全分請給之人，尤（不爲）〔爲不〕易。乞下所屬，將前項差出等有家累官兵，自今歲爲頭，每年特與依例批放雪寒錢，及下提領封樁庫所，再支一次，給付他家應付使用。」從之。二十八日，詔：「殿前司差出有家累及在軍半分請給等官兵共一千六百四人，依馬軍司已得指揮施行〔一〕。」

36 十四年正月二十三日，詔弓弩手、槍手並於鎮江府樁管錢內各特支犒設一貫。其槍手攏數，仰本軍斟酌審驗訖，開具聞奏。以鎮江府都統制張詔等言：「準御前劄子：『鎮江府駐劄御前諸軍，今春所進兵帳等一一躬親審驗，並要實年甲、斗力，以備抽摘，發赴行在引呈。恐須薄犒設，却具奏來。』本司諸軍應管如右：弓箭手正帶甲一萬六十二人，準備帶甲二千三百八十六人。弩手正帶甲八千八百四十二人，準備帶甲一千八百二十八人。計二萬三千一百一十八人。諸軍見管（搶）〔槍〕手正帶甲五千六百八十人，準備帶甲一千四百六十四人。除審驗年甲外，未審合與不合審驗攏數。」故有是詔。又，三月六日，侍衛馬軍副都指揮使雷世賢言：「已將本司兵帳内弓箭手八千三百六十一人、弩手四千三百一十七人躬親審驗的實年甲、各人斗力外，有見管槍手共三千八百七十人，亦行審驗年甲，攏數了當。委實各人少壯，武藝精熟，所有犒設，合取聖裁。」詔弓、弩手、槍手並於建康府樁管錢內各特支犒設一貫。

二月十三日，詔封樁庫支會子五萬六千五十八貫四百，西上庫支會子二十四萬八千四百六十四貫六百，充殿前、馬、步軍司教閱犒設。

六月十九日，殿前副都指揮使郭棣言〔二〕：「今年下半年累重官兵六千七百四人，合用添支錢四萬八百六十六貫。三萬一百七十四貫年例漕司科降，37 一萬六百九十二貫未有支撥去處。乞將四千八百二十六貫令漕司貼科，餘令本司自備。」從之。

十二月十五日，詔歸正忠義人兵添支米，特更與展支一年。以殿前司言：「昨承指揮，遠來充軍，理宜優恤，每月添支米數相兼養（瞻）〔贍〕。續準（備）指揮，更特與展支一年。今來將及一年，緣並皆家累重大，指擬添支米相兼養（瞻）〔贍〕。乞下所屬照應見請券曆，依舊勘支。照得遞年各降指揮，更特與展支。」故有是詔。

〔一〕馬：原無，按上條爲馬軍司申請，詔從之，本條當是依此而行，因補。

〔二〕郭棣：原無「棣」字，旁批「貼黃缺名」（按：「名」字影印本脱，據葉渭清《宋會要校記》補）。按《永樂大典》通例，因避明成祖諱，凡遇「棣」字，皆空格或改字，故本書中「郭棣」之「棣」皆空格，前已屢見，因補（據周必大《文忠集》卷一四九，至淳熙十三年四月，殿前副都指揮使仍爲郭棣。又據本書兵一九之三六，至淳熙十五年五月，殿帥已易爲郭鈞，惟十四年未見記載，然若爲郭鈞，則無須空格，故應爲「棣」字）。

淳熙十六年六月二十一日，詔：「兩浙轉運司、淮東西、湖廣、四川總領所，依淳熙十六年上半年已支散錢數，付逐軍充當年下半年添支口累重大之家，仍委主（師）〔帥〕一併點名支散。」紹熙元年至紹熙五年終，每年各分上下半年，預於一月前樞密院檢舉取旨。 添支諸軍錢亦如之。

紹熙二年二月三日，詔：「爲雪寒，行在殿、步司及諸軍，可依已支雪寒錢體例，更支柴炭錢一次。 令主帥并所隸官司，各日下將見管人實數保明，報提領封樁庫所，並即時以見錢降付逐處，當官支給。」

十二月二十五日，詔：「馬軍行（司）官兵連日排立，可依淳熙十二年郊祀大禮體例，使臣各特支錢三貫，効用軍兵各支二貫，令户部支給。」

二十六日，詔：「爲天寒，應從駕諸班直、親從、親事官并諸軍指揮軍兵、將校等，並特依淳熙六年郊禮例，增三分給賜柴炭。 願依例折錢者聽。」

慶元元年七月二日，樞密院進呈建康都統制 38 吳（義）〔曦〕乞錢二十萬緡，以爲營運贍軍之資。 先是，又乞全支到任犒軍錢，御筆已依所乞。 余端禮、鄭僑同奏曰：「舊例，朝廷只是減半與犒軍錢。」上曰：「今若全支，便爲成例，後來必有攀援者，宜別作名色與之。」端禮等曰：「陛下聖明，洞見他日利害。」於是別降指揮，借撥并按例，共支十五萬貫。

六年九月十七日，詔：「馬軍行司軍兵連日排立，可依紹熙五年明堂大禮體例，使臣各特支錢三貫，効用軍兵各支二貫，令户部支給。」

開禧元年十二月三日，詔行在諸軍依年例支雪寒錢。內被差出戍官兵之家，特與（信）〔倍〕支一次。 自是歲有此命。

二年正月十一日，詔：「雪寒，軍人不易。 行在殿、步司及諸軍，可依自來雪寒錢數，再支柴炭錢一次。 令主帥并所隸官司，各日下將見管人數從實保明，報提領封樁庫所，並即時以見錢降付逐處，當官支給。」自是歲有是命。

五月十四日，詔：「內外諸軍各有調發戰守之人，並已支犒外，在寨及自餘差出未經支犒官兵，令户部四總領所日下每人各特支犒設錢二貫，毋致漏落。」

六月九日，詔：「諸軍因出戰間有陣亡及因傷歸栅身亡、并出戍暴露病患身故之人，除推恩外，陣亡人可並依舊放行全分諸般請給一年；因傷身死於栅中人，支破半年；曾經出戍暴露病患身故人，支破一季。 並令所屬按月幫勘，給付各家。」繼而樞密院言：「竊慮所立限滿，老幼失所，理宜存恤。」詔：「諸軍 39 陣亡等人請給，除今來已立年限幫支外，候今限滿日，內陣亡人更特與展支半年；因傷死於栅中人，展支一季；出戍暴露病（患）身故人，展支兩月。」

三年正月十五日，三省、樞密院言：「節次已降指揮，隆冬已支出戍官兵犒設，又倍支戍兵口累雪寒錢，并降錢賑給都城貧民外，行在諸軍不曾差出官兵，亦宜優恤。」詔令封樁庫每名特支犒設錢兩貫，並(巳)〔以〕見錢支降。

五月十四日，詔：「三衙所差更替屯戍官兵，當此備邊之(降)〔際〕，即與常年更戍事體不同，起發犒設，合行優異，權依開禧三年殿司已支等則數目支給一(以)〔次〕。以後更戍官兵，却依舊例支給。」

六月五日，三省、樞密院言，諸處戍守軍兵當此隆暑，宜加優恤。詔每人各特支犒設錢兩貫。兩淮令行府，湖北、京西、四川令宣撫司，各就便取撥有管官錢，目下照數分撥，付逐軍主(官兵)〔兵官〕，點名給散。

十五日，三省、樞密院言：「諸軍擺鋪及諸路擺鋪兵級，當此邊事未寧，時方暑伏，傳送軍期文字，(季)〔委〕是有勞，理宜支犒。」詔令户部并四總領所各隨所隸地分，每人特支犒設錢三貫。

十二月十三日，中書門下省言：「諸路宣撫都、副統制及行在三衙、馬軍行司、諸路都統司統制官以下，並已各賜金兩、戰袍、緡錢外，所有同、權、額外、未填闕、降授統制以下兵將官，亦合等第支犒。」詔令封樁庫將同、權、額外、未填闕、降授統制以下兵將，依正官例，減半支給，内戰袍 40 不減。外路都統制司、馬軍行司等處，依此施行。不曾被受朝廷付身之人，止依本等，給賜合用戰袍。

嘉定三年三月二十二日，詔：「收捕峒寇陣亡官兵錢米，已支半年，更特支半年。内傷歸栅身死，已支一季，更特支一季。暴露因病身死，已支兩月，更特支兩月。」從臣僚之言也。

四月十一日，詔：「兵興以後，旱蝗相仍，物價踴貴，都城尤甚，行在諸軍宜加優恤。可於内藏庫撥錢會共二十萬貫，支犒一次。照雪寒例倍支，錢會中半給散。如不敷，於封樁庫貼降。」

七年十月一日，詔：「雨水連綿，三衙軍人内有口累重大之家，理宜優恤。令封樁支撥官會一萬二千貫付殿前司，一百二十貫付馬軍司龍衛等指揮，一千五百貫付步軍司。各仰照應嘉定七年下半年添支口累重大錢則例，日下給散一次。」八年四月十二日，以時雨未霽，亦有是命。

同日，樞密院言：「雨水連綿，殿前司、步軍司各有昨來陣亡并孤遺妻口老小，及目今病患官兵，理宜存恤。」詔令封樁庫支撥會子一千五百貫付殿前司，六百貫付步軍司。仰各司取見的實孤幼病患人數，斟酌照等例給散一次。

八年五月八日，樞密院言：「近因時雨未霽，令封樁庫支撥官會付三衙，照應嘉定八年上半年添支口累重大錢則例，給散一次。已將見請累重官兵人數逐一點名俵散訖。今來竊慮各司尚有不該請添支累重錢官兵，其間豈無老小重大 41 貧乏之人，合議矜恤。照得近據殿前司有散不盡錢一千一百一十六貫，馬軍司有支不盡錢三十四貫八百。」詔令封樁庫日更支降會子一萬貫付殿前司，一百二十貫付馬軍司龍衛等指揮，並通揍見樁管散不盡錢數，并支降會子二千貫付步軍司。仰各將見管不該請添支累重錢貧(之)〔乏〕官兵，特與斟量支犒一次。

九月十一日，知真州六合縣劉昌詩言：「本縣屯戍歲一更替。去年蒙撥到人馬，逐名點揀，並無老弱殘疾；兼日逐教閱，頗諳事藝，亦熟地里，軍民之心，上下和協。今若循例更替，不唯徒廢兩項起發錢米，且又往來迢遞，動涉月餘。乞權留人馬在縣守禦一年，緩急可使，誠爲利便。」(照)〔詔〕權行存留一年，統制官特支錢五十貫，統領官三十貫，正、副將五員各一十貫，準備將七(員)〔貫〕，入隊官兵每(各)〔名〕兩貫，不入隊人各一貫五百。令尚書省日下於户部窠名錢内照數科降。

九年閏七月五日，京湖制置趙方言：「江陵都統制史(志)〔忠〕辛苦奉職，明效可數。今不幸遂爲病人，忠又至廉，家無餘財。乞褒賞而錫賚之，不特施恩於忠，且將以爲奉職至廉者之勸。」詔令京西湖北制置司於本司見樁管行在會子内支撥三千貫付史忠，充起發盤費。

十二月九日，樞密院言：「淮東西沿邊州縣各有見出戍官兵，目今隆冬，合議支犒。」詔：「統制官特支錢三十貫，統領官二十貫，正將一十貫，副將七貫，準備將五 42 貫，撥發、訓練官三貫，部隊將合干人兩貫，官兵每名一貫。仰各州於有管官錢内以一色會子照數日下一併點名給散。續(其)〔具〕的實支散過人錢數目，申取指揮科降，撥還元借窠名，不得稍有泛濫減尅。仰更切契勘，如有見差開壕燒窑等的實工役、別項官兵及民兵、忠義等人，並照今來所降指揮等則，更切斟酌，特與支犒一次，不得泛濫。續併具實支用過人〔錢〕數目各項，保明開具，申樞密院。」湖北、京西沿邊州縣亦頒是命。

十年四月二十一日，樞密院言：「諸處出戍官兵，舊例係分擘口券前去。訪聞在(塞)〔寨〕家口，却至贍給不敷，合宜優恤。」詔諸軍見出戍官兵，特與並免分擘口券，全給其家。所有本身每日合添支錢，並與添作一百文。自今降指揮日爲始。內更願依舊分擘者聽。

十一年三月十二日，樞密院言：「諸軍擺鋪官兵及諸路擺鋪兵(給)〔級〕，承傳往來軍期遞角，委是不易，理宜支犒。」詔令户部并淮東西、湖廣、四川總領所各隨所隸地分，將見在鋪執役人數，每人特支犒設錢三貫。

十二年六月十七日，樞密院言：「京東劉全首先倡義，率衆來歸，念其忠節，實可嘉尚。今雖見任淮東總管，宜加優異。」詔劉全特與轉武翼大夫，特賜金帶一條，許令服繫；更特賜錢五千貫，於淮東轉運司朝廷樁管錢内支破。

十一月一日，樞密院言：「殿前司見行擇日教閱本司諸軍馬軍官兵呈使器械，并呈試驍騎。」詔 43 除本司自行支犒外，令樁庫日下支降官會二萬貫付殿前司，更特等第支犒一次。

十二月八日，詔：「盱眙軍、楚州、光州、濠州、安豐軍、淮陰縣、光山縣、固始縣、安豐縣、霍丘縣出戍、戰禦、築城、開濠等工役大軍，并武定諸軍人兵，又差出沿邊往來巡逴雄勝軍人兵內，統制官特支錢五十貫，統領官三十貫，正將二十貫，副將一十五貫，準備將一十貫，撥發、訓練官七貫，部隊將合干人四貫。官軍、武定軍人兵每名二貫。其逐州縣屯駐兵效并淮陰縣屯駐水軍內，統制官特支錢三十貫，統領官二十貫，正將一十貫，副將七貫，準備將五貫，撥〔發〕、訓練官三貫，部隊將合干人二貫，官兵每名一貫。合用錢仰各州縣於有管官錢內以一色會子照數日下一併點名給散。續行開具的實支散過人錢數目，申取指揮科〔降〕，撥還元借窠名，不得稍有泛濫減尅。」以樞密院言久戍極邊，隆寒暴露，乞議支犒故也。十五年十二月亦有是命，併入海州。

十四年三月七日，侍衛步軍司言：「殿前司去歲令收回司騎軍等帶甲教閱陣隊，并呈試驍騎，輪使器械，蒙降官錢二萬貫應副犒賞。本司今歲差發下菰西溪牧放人馬，遞年於三月內呈有〔二〕。欲照例將騎軍教閱陣隊，呈試驍騎及使器械一次。所是入教人兵合支犒設，實緣本司財計素窄，別無寬餘錢物勞賞，乞降指揮下所屬支降官錢，付本司按教騎軍激犒。」詔除本司 44 自行支犒外，令封樁庫日下特支降官會七千貫付步軍司，更特與等第支犒一次。

十二月三日，樞密院言：「汀、贛州解到寄招叉钂手共三百人，見在殿、步兩司權管。今來合行試驗支犒，部押發遣前去淮西安撫司交管。」詔：「叉钂手每名特支官會一十貫，殿前司、步軍司部押將官每員三十貫，訓練官每員一十五貫，隊將每員一十貫，教頭、旗頭每人七貫，將司醫人每人五貫，白直每人三貫。其錢令封樁庫日下照應支撥，仍令承旨司檢詳所於試驗日逐一點名給散發遣。」十五年七月十二日招發到一百人，起發前去(楊)〔揚〕州。十月八日九十一人，起發前去(楊)〔揚〕州。七月十四日，慶元府招發到水軍一百五十人，起發前去池州，並如之。

十五年正月十六日，皇帝受恭膺天命之寶赦文：「應內外諸軍將士等，及忠義官兵并沿邊創置軍分，及拘集見今守禦民兵等，并諸路安撫司神勁、忠義軍親兵，諸州府軍監禁軍、土軍、水軍、廂軍、鋪兵，並特與犒設一次。仍令户部檢照淳熙十三年正月一日赦文則例，行下合屬去處。」既而户部檢具則例：內外諸軍并見今出戍軍兵、忠義官兵并沿邊創置軍分，及拘集見今守禦民兵去處，統制五十貫，統領三十貫，正將二十貫，副將十三貫，撥發官同副將例，準備將十二貫。額外比正員下一等。謂如額外統制只支統領三十貫之類，至準備將免減。使臣至帶甲、準備 45 帶甲入隊官兵各十貫，傔人、輜重、火頭各六貫，隊外官兵各四貫，諸路州府軍監揀中禁軍在寨人各兩貫五百，禁軍、土軍、水軍各二貫，廂軍、鋪兵各一貫。諸路總領所忠義官兵及民兵等，令制置司、總領所並各照則例支撥，付部轄兵將官給散。所有諸路安撫司神勁等軍，并諸州府軍監廂、禁軍、土軍等，並

〔二〕呈有：疑當作「呈試」。

令所在州郡知、通照則例給散。其合用錢，許於逐處椿管或上供及諸司不以是何名色官錢内取撥兑支，具數聞奏。令詔：「忠義官兵并沿邊創置軍分及拘集見守禦民兵等，令並照三衙、内外大軍一體支犒。其諸軍統制、將佐等，已該赦轉官外，併與(詔)〔照〕赦支給犒設。三衙、江上、安撫司忠義、親兵各二貫五百，班直押行門三十貫，餘人十二貫。班直下軍兵各四貫，皇城司親從、親事官各七貫，院子五貫，輦官各七貫。後苑厨子、御厨、儀鸞司、翰林司將校兵級各五貫，軍頭司將校兵級各五貫，御藥院工匠、御酒庫、御絲鞋所、内東門司、内藏庫、内軍器庫、脩内司、御馬院、騎御馬直、左右騏驥院將校兵級、壽慈宫擺鋪將校兵級各四貫，樞密院親兵各三貫，省馬院、軍器所、牛羊司、金吾街仗司各二貫。令户部今來立定則例，遍牒合屬去處，支犒施行。」

十七年三月七日，詔：「紹興府五攢宫見管防守將校軍兵四百九十三人，并諸色祗應人一百七名，每歲雪寒錢，與照臨安府體例，於本府經總制錢内支46給。具已支散數目申尚書省。」以檢察宫陵所言：「昭慈、永祐、永思、永阜、永崇陵五攢宫軍兵等，元係步軍司差撥赴宫防守祗應，分擘文曆，在紹興府經總制庫支請諸般請給，並依步軍司禁軍體例支破。數内每次雪寒，各人一貫，未蒙支給。」故有是命。(以上《永樂大典》卷一一八六八)

宋會要輯稿　兵二一

馬政　一〔一〕

監牧

【宋會要】

❶牧養上下監二監。大中祥符四年十一月，羣牧制置使（奉）〔奏〕請以在京諸坊監及諸軍病馬就京城西開遠門外草地，分作兩監，量破草料牧放。詔以爲牧養上下監，馬重病者送下監，輕者上監。

太宗雍熙二年〔閏〕九月〔二〕，太宗幸天駟監閲馬，詔宰相、樞密、三司、節度使、上將軍、翰林、樞密直學士、軍校自選名馬。既而帝親選賜之，歷四監而還。

真宗景德二年二月，以鄭州養馬務病馬於京城置坊養飼之。

大中祥符元年六月，羣牧制置司言：「內外廐牧月供馬籍，未有懲勸之法。今爲定式以付之，違者欲差置其罪。」從之。

二年五月，詔：「在京養馬院務坊監槽頭、刷刨，各依元舊軍例支給請受外，槽頭每人日別支口食米、豆各一升，刷刨日支米一升。如闕刷刨，於長行內揀差；闕槽頭，於刷刨內不拘名次選小心勤勞者，依例奏補。其節級即於槽頭內揀差。委提調使臣常切覺察，如有慢易不得力者，申群牧司勘斷訖，勒充長行。」

九月，詔：「左右騏驥院及諸坊監馬數，自今旬奏月比〔三〕。」省日奏之繁也。

三年正月，詔：「左右騏驥院及諸❷坊監馬官，自今並以三年爲滿。如篤知馬事欲留者，羣牧司保薦以聞，當徙涖他監。」

四年十二月，詔：「羣牧司在京兩院、坊監，自今病患馬數，令醫獸人逐匹當監官使臣前看驗，排所患病名輕重，分作兩等記號，委羣牧司官員點檢過，轉送與養馬務養放、醫療。如本務人少，即於坊監（押）〔抽〕那差撥。其醫較抛死馬數〔四〕，並令養馬務一面（官）〔管〕認，比較施行。每年所管醫療馬，至年終，據本務應管病馬內抛死數目比較。其使臣勾當二周年，即將前界醫較抛馬比較分數開坐。以抛馬一分至三分，乞與改轉。二分已下，賞錢五十貫；三分已上，一十六〔貫〕；四分、五分已上，不支賞；六分已上，罰一月俸；七分已上，罰一季

〔一〕原無此題。按，《輯稿》自兵二一之一至兵二六之二三，內容均爲馬政，其文亦大部分出自《大典》卷一一六七一至一一六七七「宋馬政」目，且後文有「馬政雜録」一題，是則此處應有「馬政」大題以總括諸細目，因補。

〔二〕閏：原脱，據《玉海》卷一四九、《宋史》卷五《太宗紀》二補。

〔三〕比：原作「日」，據《長編》卷七二改。

〔四〕抛：原作「拋」。按字書不見此字，後文兵二一之六「抛死」字作「抛」，知此「拋」亦當作「抛」，因改。

俸，八分已上，勘罪以聞，乞行嚴斷。又兩院、坊監止養好馬，如有轉却病馬并在坊監抛死數目，候至年終比較，一處算數。如比諸坊監最少，即給賞錢。若是數多，即相度第等科罰。仍委兩騏驥院監官或羣牧官員逐時點閱病患馬數，逐旋轉送，無致積壓。候至十二月終，須管盡轉與養馬務醫療，即不得公然啓倖藏隱，留在坊監，致有隔年方始轉送。如違，其干繫人並劾罪科斷。其使臣三周年一度磨勘，及獸醫人比較，將轉却病篤與死數一處紐算分數，並依元勅施行。」

五年四月，羣牧制置使言：「左右騏驥、六坊監見飼馬萬七千匹，所費芻粟四百萬。今請止留馬二千，餘悉遣就淳澤監放牧。或官 3 有急用〔一〕，可信宿而至，歲省芻粟三百餘萬。」從之。

七年九月，詔：「自今坊監兵士有會諸作工藝，並令止絶，不得更於諸處交陳文狀，有所規避。」

天禧二年六月，詔：「應内外臣僚，自今有差出勾當公事，若經馬監州軍路分過往，如不係管轄，不得輒於坊監内安下。如違，仰羣（藝）〔牧〕司具職位、姓名以聞。」

神宗熙寧三年三月六日，詔以左右天駟四監併作左右天駟兩監。

八年二月十一日，詔權廢罷左右天廄坊。

八年三月，詔：「牧養監裁減兵員，其將校委步軍司比類軍分移隸，兵士依廢左右天廄坊例施行。」從羣牧司所請也。以上《國朝會要》。

高宗建炎三年四月十三日，詔左右騏驥院官吏減半。

紹興四年三月二十日，詔：「左右騏驥院今後入殿供進（秖）〔祗〕應御馬，每匹每分支破十分草料。」

二十一年三月三日，詔：「交阯郡王大禮，給賜馬二匹，令廣南西路經略安撫司一面應副。」

二十六年八月二十一日，詔：「騏驥院左右教駿四指揮，每指揮通見管人數，權作一百人爲額。」先是，在京日共二千九百四十八人。紹興八年十月十日，詔每指揮權作五十人爲額。至是以本院言差使不足，故有是命。以上《中興會要》。

孝宗乾道九年五月十八日，詔左右騏驥院、御前馬院：「近年諸處進馬數多，闕人照管養馬，限一月創招刺教駿一百五十人。今後遇闕，於御前馬院、馬監揀刷諳練鞍馬子弟招刺；如不足，4 一面收刺。御馬院同此制。」以上《乾道會要》。

諸州監牧〔二〕 諸州牧馬監附

河南府洛陽監。舊曰飛龍院，太平興國五年改牧龍坊。景德四年十一月，陳堯叟奏請以東京右養馬務人員、

〔一〕「官」原作「言」，「急」原作「給」，據《職官分紀》卷一九改。

〔二〕牧：原作「務」。葉渭清曰：後文「牧地」門紹聖「四年五月十四日」條注云「詳見『諸州監牧』」，則此亦當爲「諸州監牧」，徐本作「務」，蓋誤（《宋會要校記》）。按葉説是，據改。

兵士送河南府牧龍坊，牧養在京送去少嫩馬，仍改爲洛陽監。天聖六年十一月，羣牧司言廢監，見馬支配諸軍兵級，充本京厢軍，其地募民耕佃。景祐二年五月復置。

大名府大名三監。太平興國三年内置養馬務，改牧龍坊。景德二年五月，分爲二坊。七月，改爲大名第一、第二監。大中祥符二年，又置第三監於洺州境。

洺州廣平二監。建隆二年置養馬務，改牧龍坊。景德二年七月，改爲廣平監。大中祥符三年閏二月〔一〕，羣牧制置使言河北孳生馬多〔二〕，可更於邢、洺、趙州境標地萬頃，以廣放牧。因詔增置第二監。景祐二年廢其一。

衛州淇水二監。周顯德中，置牧馬監。建隆初增葺，後改東西牧龍坊。景德二年七月，改爲淇水監，後又分爲第一、第二監。熙寧七年四月，合併爲一。

管城原武監。舊曰馬務。建隆初增葺，後改爲牧龍坊。景德二年二月，分爲第一、第二牧監。七月，改爲廣武監。大中祥符二年，改原武監，仍合爲一。熙寧七年四月廢併，分擘羣馬於洛陽單鎮兩監牧放。

同州沙苑二監。建隆初葺故地爲監，後改牧龍坊。景德二年七月，改爲沙苑監。咸平六年十一月〔三〕，分爲二監，每監牧馬四千五百匹。

5 相州安陽監。周顯德中置馬坊，建隆初增葺，後改牧龍坊。景德二年七月改今名〔四〕。

澶州鎮寧監。建隆初，濮州置養馬務。開寶八年移於澶州，後改牧龍坊。景德二年七月，改今名。乾興元年十二月廢。

白馬靈昌監。舊龍馬監。後改牧龍坊。景德二年七月，改爲靈昌監。天禧三年河決，羣牧司請以監馬送大名、淇水五監牧放，候水落别爲規畫，後遂廢。

邢州安國監。大中祥符二年，河北諸監言邢、趙草地甚廣，宜置監牧。遣羣牧判官括視閑田，得萬餘頃，可牧馬萬匹。其年八月，置監養放，孳生鞍馬。景德二年春廢，後給充天慶觀莊田。

鄆州東平監。大中祥符元年十一月置，天禧五年正月廢。羣牧司請以監馬分配諸處，其地募民分佃之〔五〕。熙寧七年二月六日廢。

中牟縣淳澤監。大中祥符四年置，乾興元年四月廢。

許州單鎮監。大中祥符六年七月，羣牧制置使言單鎮有牧地，詔置監。（自）〔至〕天聖五年，凡再置而再廢〔六〕。

同州病馬務。景德元年置。初以沙苑監官兼主之〔七〕，

〔一〕二：原作「三」，按此年閏在二月，因改。
〔二〕制：原脱，據《職官分紀》卷一九補。
〔三〕咸平：原作「治平」，據《職官分紀》卷一九、《長編》卷五五改。
〔四〕二年：原作「三年」，據《職官分紀》卷一九改。
〔五〕「募」上原有「分」字，據《職官分紀》卷一九删。
〔六〕再廢：原無「再」字，據《玉海》卷一四九補。
〔七〕「以」下原衍「以」字，據《職官分紀》卷一九删。

別養本監及諸處病馬。天聖二年，別差使臣勾當。

真宗咸平六年十二月，羣牧司言牧龍坊兵士乞給皮毛裘牧放。上曰：「迥野苦寒，賜之可也。若郊野之内被毳牧馬，有類胡服，可令以皁紬表之以賜。」

景德二年七月四日，羣牧司言：「按唐《六典》，凡馬有左右監，仍以土地爲名。欲將諸州牧龍坊改爲監，以 6 本州軍土地爲名。先是，諸坊借用奉使印，今請各鑄印給用。」從之。

大中祥符二年二月，帝謂知樞密院王欽若等曰：「諸州(防)〔坊〕監各有提點使臣，唯京師監牧，本司官員無暇糾察。可差使臣二人提點坊監，仍隸本司統轄。」又羣牧制置使上言：「提點坊監使臣，相度同州沙苑監自來祇養牝馬，乞改充孳生監。緣無四時草地，初冬即須還廐，與河北諸監不同。自前亡失馬數甚多，生駒皆不壯健。欲令羣牧副使閤承翰等相度，如別有草地，可四時牧放，即具以聞。如須初冬還廐，即罷經度。」從之。

仁宗景祐元年三月二日，定奪所言：「臣僚起請乞廢河北馬監等事。今勘會河北諸監所管鞍馬不少，即未見逐色有無歲數過大及病患、孳生馬數。乞差官往彼揀選編排，各別立項申奏。」從之。

四月二十五日，河北都轉運使杜衍等言：「準敕，同羣牧判官邊調相度，將大名、廣平兩監見管馬數撥併，就便牧放。已將廣平兩監馬數内第一監撥赴大名兩監。其廣平第二監撥與安陽淇水第一監，就草地牧放去訖。今點記下三歲大馬三千一百四十匹，乞令便撥赴左右廂大馬監收管。」從之。

二年二月七日，羣牧司言：「洺州廢罷廣平兩監。緣此監興置年深，自來少有抛死。今揀到好骨格馬一千九百餘匹，欲乞且存留廣平監，以就養牧。」詔存留一監。

慶曆五年閏五月二十八日，羣牧司言：「同州沙苑一監見 7 管草地一萬一千四百六十餘頃，所管馬才及一千八百餘匹，請自本司那官一員檢案。」從之。

皇祐元年四月二十五日，羣牧司言：「許州長葛馬監乞更不令知縣并都監管勾，專令許州知州、通判今後要兼同監牧事，仍令通判逐季往本監點檢諸般官物。」從之。

治平四年神宗即位未改元。六月十七日，詔同州沙苑監令隸陝西提舉監牧司。本監使臣，亦令選舉，更不屬左廂提點。

十九日，羣牧司言：「欲令河北、河東、陝西有都總管〔一〕，各於本路近環慶係官草地置監一所，令陝西監牧司將馬約定年額牽送上京外，據餘數逐旋分撥與諸路馬監。久遠既成倫序，即本路馬軍可以自辦。」從之。

十一月十四日，環慶路經畧使李肅之、鄜延路經畧使陸詵、陝西制置解鹽判官李師錫並言：「本路無係官草地，

〔一〕有：疑衍。

又密邇西界，難以興置馬監。其同州沙苑監近割屬陝西監牧司，可以增添牧馬〔一〕。」詔陝西四路都總管司更不興置馬監，仰陝西監牧司廣市善種，務令（審）〔蕃〕息，以備逐路諸軍闕馬。又詔河東路都總管司於太原府交城縣置馬監。先是，遣尚書（北）〔比〕部員外郎崔台符往河北東路按官田，將以牧馬。汾州得故牧馬地三千二百頃，其中有民先佃者，令納芻豆，以備寒月馬上槽秣飼。仍俟明年春，於沙苑監移牡牝五百匹，往本監牧養。

熙寧元年，詔河南諸大馬監爲孳生監。仍量度宜畜牧地土。在 8 外諸監馬地分屬兩使。時分置河北、河南監牧使，仍有是旨。

八月五日，羣牧司言：「係牧馬監縣令、逐縣主簿乞兼令本監主簿同管勾帳籍官物〔二〕。」從之，仍令轉運、提刑司不得差出。

二年五月，河北監牧使崔台符言：「諸馬監各有奇巧工匠及有會奇藝者不少，欲乞盡揀送本監，換廂軍入監。」從之。

八年閏四月五日，詔沙苑監令復屬羣牧司，餘北京、元城等八監並廢罷之。時廢河南、河北兩監牧司，故有是詔。

九年三月七日，詔河北已廢諸監廨宇、草場等，並許人户租賃。以上《國朝會要》。

高宗紹興二年十月四日，臣僚言乞置牧馬監，詔令三省、樞密院措置。既而樞密院言：「欲專委饒州知、通於四望山東西岸等處踏逐係官堪充孳牧羣馬地（士）〔土〕置監，孳養蕃息羣馬。知、通專一提領，每月各給茶湯錢十貫。令樞密院取旨，差曾經馬事使臣五員前去饒州，與本州提領官同共措置。其孳生馬母，令神武諸軍并諸路州軍剗刷係官馬，先次具數申樞密院，差人管押前去饒州交割。候綱馬到，却令支填。其合行事件，令提領官疾速條具，申樞密院。」從之。

三年六月二十三日，三省、樞密院進呈置監牧養馬事，上曰：「馬政不可緩，然須擇人而任之。殺馬之禁，尤當嚴切。」〔呂〕頤浩等曰：「殺馬之罪與牛等，顧民間未知之。」上曰：「可令有司舉行，犯者必捕之，則姦可戢矣。」

八月十九日，提舉饒州孳生監牧事郄 9 漸言：「朝廷遵倣祖宗舊制，置監鄱陽，推行孳生之利。牧地不可以不廣，棚井不可以不備，草料不可以不儲，林木不可以不植，烽堠、壕塹不可以不置。務在當職之吏公共辦集。今主管監牧已委知、通，而責令佐未有明文。」樞密院勘會：「雙港置孳生監牧地，去州不遠，已降指揮，專委知、通兼行主管，難以更責令佐。」詔孳生監牧司棚井及應合用物色如闕，仰郄漸一面移文知、通應辦。

九月二十二日，郄漸言：「近降指揮，監牧地踏逐係官

〔一〕牧：原無，據本書兵二一之三補。
〔二〕此句疑有脱誤。

地土，緣雙港近下難得全係官田，如有民田，將係官田撥換；如不足，即支還價錢。切詳所降指揮，蓋欲使地土寬廣，以便出牧。緣創置之初，務在早獲就緒。今來内有合行撥換官田，肥瘠高下，事須相當；兑置民田，所估價直，理須優厚。以至給還之間，無令減尅留滯，方始易於兑買。仍出給公據，付人户收執照會，庶幾公私平允，無掻擾之患。」兵部勘當，欲下江南東路轉運司，依郄漸所乞事理施行外，户部右曹契勘：「常平司所管田産，依法並估價出賣。如未售，即量立租課，權召人承佃。其賣到錢并所收租課，並係充常平賑濟等支用。欲乞下江東提刑司及常平司，取見置監牧地内有常平司所管田産，令本監依（賣）〔實〕直價錢兑買，并行下提舉饒州監牧司照會。」詔依户部勘當到事理施行。

四年四月二十七日，樞密院言：「提點臨安府孳生牧馬監楊志惆申：『得（有）〔旨〕，臨安[10]府置孳生牧馬監，差志惆兼充提點官，所有合行事件，條具申樞密院。（令）〔今〕先次條具下項：一、契勘更令諸處官馬甚多，若不別立印號，切恐無以辯別。欲乞行下所屬，打造篆文『牧』字火印，於羣馬左跨上烙印記號。仍乞本監添置如意郡記，於馬尾靶上烙號。所貴與諸處號記不同，有所辯別，亦隔弊倖。一、合用等仗（星）〔并〕拍子，乞下所屬製造四尺一寸至四尺七寸七色等仗并拍子，給降應付行使。』」詔依，工部行下所屬製造，繳申樞密院給降。

八月十八日，詔於餘杭縣南上下湖置孳生牧馬監，知州充兼提舉官，通判充兼同提舉。

二十一日，詔孳生牧馬監已差官外，其餘杭縣知縣、尉並兼主管牧地。

十三年六月二十八日，吏部言：「都大主管成都府、利州、熙河蘭鞏秦鳳等路茶事、兼提舉陝西等路買馬監牧公事賈思誠契勘：『成都府裏外兩馬務監官，依元祐六年勑，令從本司辟差小使臣充。自建炎三年，宣司改差文臣主管，今乞將上件員闕，依法專差能幹事小使臣，仍從本司選擇奏辟。所有其他州府馬務監官，亦乞依此。』本部勘當，欲乞依本官所乞施行。」從之。

十二月二十一日，江東安撫大使司參謀官馬觀國言[一]：「瀕江沿海水草寬美之地，皆可分置馬監，以廣孳生之利。然牧養之道，亦必有方。宜擇精明强幹之人，先備行在馬監使令，俾令習知其事，然後委用，分典監牧，必能審寒暑之節，[11]適飲飼之宜，羈剪調御，皆得其所。量勞績等次，以加旌賞，人人得盡所能，馬必至於蕃息矣。」從之。

十六年九月十六日，宰執進呈四川茶馬司等處相度到馬監利害，上曰：「太祖皇帝初有天下，沙苑置監牧馬，就渭州水草，後來京師亦於門外置監。南方與北地水土不

〔一〕馬：原無，據《建炎要録》卷一五一補。

同，難得牧馬去處，更宜詳究利害。」

十九年四月六日，詔：「孳生牧馬以五百匹爲一監，差置監官二員。每牝馬一百匹、牡馬二十三匹爲一群，零匹付群。每群差軍兵、醫獸七十人，將病〔馬〕别置監，差官一員，軍兵、醫獸據馬數差破，醫治養喂。如倒（弊）〔斃〕一釐以下、生駒五分，監官轉一官；倒斃三釐以下、生駒四分，減三年磨勘；倒斃六釐以下、生駒三分，減二年磨勘。軍兵、醫獸全無倒〔斃〕，節級、槽頭、醫獸各轉一資，軍兵支錢一十貫；倒斃一釐以下、生駒五分，節級、槽頭各轉一資，仍支錢七貫，醫獸支錢一十貫，軍兵支錢一十五貫，選牧放歲久，依名次補二人充槽頭；（頭）〔倒〕斃三釐以下、生駒四分，節級、槽頭各轉一資，仍支錢五貫，醫獸支錢七貫，軍兵支錢一十貫；倒斃五釐以下、生駒三分，節級、槽頭各轉一資，醫獸支錢五貫，軍兵支錢七貫。倒斃及二分、生駒三分，監官罰俸一月；倒斃及三分、生駒二分，展一年磨勘；倒斃及四分、生駒一分，展二年磨勘；倒斃及五分、生駒不及一分，展三年磨勘。軍兵、槽頭、節級、醫獸倒斃及二分、生駒三分，杖六十；倒斃 12 及三分、生駒二分，杖七十；倒斃及四分、生駒一分，杖八十；倒斃及五分、生駒不及一分，杖一百。」從樞密院承旨司所請也。

八月二日，詔：「牧馬監孳生蕃息，官吏推恩下項：武節郎、閤門宣贊舍人崔良輔特轉一官；武經大夫、閤門宣贊舍人班毅，從義郎、閤門祇候黄思齊，各特轉兩官；白身人華安道、莊思永並特與補承信郎。」以上《中興會要》。

孝宗隆興元年九月十六日，樞密使、都督江淮軍馬魏國公張浚奏：「承中使鄧從義傳旨，令置孳生馬監。欲乞於（楊）〔揚〕州踏逐水草穩便去處，起蓋監屋，就委守臣向子固提舉，許差監官文武臣共二員。内先差一員幹置，餘候措置就緒日差。」從之。

十月十四日，詔支錢五萬貫與向子固，措置馬監使用。

十二月三十日，詔：「茶馬司將歲額川陜綱馬，差人管押至漢陽軍驛歇泊，仍令三衙及江上諸軍將合得綱馬，差人前去就漢陽軍取押。委虞允文提領措置。合用錢糧等項，仰湖廣總領所應副。合行事件，令兵部看詳，條具申樞密院。」

二年二月十二日，知揚州向子固言：「准指揮，於本州踏逐水草穩便處，起置到孳生監了當。今相度，且以一千匹作一監。近緣江淮都督府拘刷過户馬計四千餘匹，即目無可收買。今諸路大軍春揀，欲乞下鎮江、建康、江、池州駐劄軍，於揀退馬内，選無肺疾四尺四寸以上堪充馬公、馬母，發付本監。」詔：「馬雖有疾，不妨孳生，但將不中披 13 帶發付揚州監。」

五月十四日，户部侍郎、淮東宣諭使錢端禮言：「契勘揚州孳生馬監有名無實。見今牧養馬一百二十八匹，皆駑駘下駟。設有孳生，亦不堪用，枉費官錢。欲委本路招撫司相視堪披帶者，分撥諸軍，不堪者估價出賣，錢同見在錢椿管，聽候指揮。所有監屋，乞存留應副軍馬安泊。」從之。

乾道三年十二月二十四日，樞密院言：「勘會川陝綱馬經由水路，已降指揮廢罷。所有陸路，合行置監歇泊。」詔令方滋踏逐措置，申樞密院。

四年正月二十九日，詔：「令趙撙於漢陽軍踏逐地段，修蓋馬監，令綱馬歇泊。專委趙撙提領，以收發馬（盜）〔監〕爲名。仍於鄂州諸軍揀汰軍兵内選差五伯人養喂，及於統制、統領官内選差一員提轄。所有修蓋監屋、槽具、請給、草料等，令總領所應副。餘合行事件，令趙撙條具申樞密院。」

五月十四日，兵部言：「茶馬司差使臣自成都府及興元府押馬至漢陽軍馬監。全綱至，倒斃不及二分，減二年半磨勘；倒斃寄留及二分至不及三分，展二年磨勘；倒斃寄留及三分，降一官資。每增及一分，更展一年磨勘，餘分數准此遞展。若綱中有瘡疥瘦瘠者，亦合除豁。已行約束，今寄留倒斃，猶自數多。」詔：「今後綱馬到監，將寄留倒斃及四分以上押馬使臣并所押綱馬，令趙撙差人管押赴樞密院，聽候指揮。」

十二月七日，四川宣撫使虞允文奏：「京西、荆南之地，宜置孳生監。於陝、蜀 14 買騾馬四千，歲率以二馬計一駒之數，不五年，可得萬馬。況草地豐餘，馬食自足。臣頃使京湖，見荆南、鄂州軍亦以騾馬爲用。臣已撥錢十萬與張松年額外計置，不數月間，已買到五百餘匹。若得旨奉行，不三數年，可足四千之數。」詔令張孝祥、司馬倬、趙撙、張青同共相度措置，條具利害，申樞密院。

五年四月十四日，樞密院奏：「勘會近降指揮，於漢陽軍〔置〕收發馬監，已選差統制官趙宏提轄，并漢陽知軍同提點，合立賞罰，以示懲勸。」詔令趙撙歲終開具到監并倒斃綱馬匹數，申樞密院，比較賞罰。醫獸合干人，一就具申施行。

六年三月八日，知荆南軍府劉珙言：「得旨，於荆南管下踏逐到地名龍居山措置牧馬，養五百匹，合差官兵二百四十人。已行下荆南等一十州軍，於揀（大）〔汰〕離軍人内依數刷差，尚慮不足。今又承鄂州都統趙撙備坐指揮，所置馬監二（十）千匹，合用養馬官兵二百二十人。切慮差撥不行，必致誤事，欲望行下隣差（淅）〔浙〕西州事〔一〕，於揀汰人内選差。」從之。

六月七日，樞密院奏：「勘會昨趙撙於德安府應城縣置孳生馬監，乞用騾馬二千匹，令茶馬司計綱起發前來。」詔令茶馬司將〔令〕年應付趙撙軍騾馬十綱盡數起發，赴應城縣馬監，仍令趙撙照會，措置施行。

九月八日，三省、樞密院奏：「勘會三衙戰馬，見於（淅）

〔一〕此句疑有誤。

〔浙〕西州軍牧放。緣地氣熏蒸〔一〕，并餵飼茭草，多致病瘦。已降指揮，移去建康府。所有 15 〔三〕衙日後取到綱馬，理合一體。」詔令三衙行下取馬官并（闕）〔關〕沿路州軍，徑赴建康府。委總領同統制官審驗印烙，日下放行草料，交付逐司牧馬官。其賞罰，並依綱馬到建康府體例施行。仍具收到馬毛色、尺寸、齒歲、數目，申樞密院。

九年閏正月二十三日，鄂州駐劄御前諸軍都統制吳挺言：「本司承準應城縣孳生馬監，自置監至今三年，收到監馬六百三十疋。除倒斃外，見管三百三十疋，占破養馬軍兵三百三人，用過錢米草料添支共約十萬餘貫；收到駒子五十一疋，除倒斃外，見管三十五疋。不唯委是虛費財用〔二〕，欲乞將本監截日廢罷，馬撥歸軍中，軍兵各歸元來去處。」從之。

二月二十三日，樞密院言：「勘會昨置漢陽軍收發馬監，遇茶馬司發到綱馬，並許歇泊一月，將肥壯者撥發。其病瘠者，責令養餧醫治。今來到監日久，病瘦者甚多，而方到監者有臕無病，顯是本監提轄有失督責。已降指揮，委鄂州都統制提領，並差統制提轄，漢陽知軍同提點。切恐都統制軍務至重，漢陽知軍權輕，難以責辦，理宜措置。」詔更令湖北漕臣每旬輪差到監提督。依立定格法，每旬與見今提領、提點、提轄官同（御）〔銜〕具申樞密院，仍關牒茶馬司照會施行。有每歲比較賞罰，照應前後素降指揮施行。

五月六日，樞密都（丞）〔承〕旨、兼知荊南府華衡言：「照得荊南龍居山馬監見在騍馬等一百二十疋，置監數年，止生 16 到駒子十餘疋，不堪披帶乘騎。見今差破官吏軍兵一百五十餘人，歲費萬緡，誠爲無補。乞將馬監廢罷，馬撥歸荊南神勁軍，官吏、軍兵發歸元來去處。及見管錢物、草料、馬監、屋宇之類，委自安撫司拘收，申樞密院。」從之。

十九日，詔：「御前南蕩孳生馬監可罷。見管馬令（丞）〔承〕旨司驗火印訖，均撥付殿前、步軍司，官兵發歸元來去處。其所占地，令轉運司拘收，召人請佃。內有侵占民地，照契給還。」

二十日，詔李楷：「馬監駒子內選留騎成大駒子二十疋，撥付御馬院收養，并合發軍兵內存留一百人。」

二十四日，宰執進呈御前馬院開具到罷南蕩孳生馬監官兵并見管馬及草料等數，上曰：「馬監所占田地極廣，今既還之於民，甚便。」宰臣梁克家奏曰：「此事出自聖慮，斷然行之，民受其利。」

十一月十二日，樞密院言：「勘會四川綱馬，已降指揮令三衙并江上諸軍差人前去取押。所有漢陽軍馬監係歇泊去處，將病馬權留醫治，後痊可附綱起發，全藉監官專一管幹醫牧排發。」詔令吳挺於本軍統兵官內選差官一員專

〔一〕熏蒸：原作「黑蒸」，據文意改。本書兵二一之三四、《補編》頁四一八載同奏此二字作「卑濕」。
〔二〕「不唯」下疑有脫文。

一措置，歲終比較賞罰。以上《乾道會要》。

17 估馬司

【宋會要】

18 在建隆坊，咸平元年置。掌納諸州所市馬估直、驗記、置牧養〔一〕。以諸司使副一人勾當。

真宗咸平元年十一月十（十）三日，西京左藏庫使楊允恭言：「準詔估蕃部及諸色進貢馬價，請印一（鈺）〔鈕〕。」詔以「估馬司印」爲文。

六年七月，詔：「自今蕃部中賣騾馬及諸班格尺者，量與添錢收市。」

景德元年九月，詔估馬司收到蕃部省馬，將良駑中分，與兩騏驥院收管。

大中祥符二年十二月，詔估馬司：「每省馬到京，若軍士慢易，失於擡舉，不（甚）〔堪〕者量行區分，或與免放。」

三年正月，詔：「諸州差押蕃部省馬到京，令逐處具肥瘠分數公文付之。令估馬司據以交割點檢。」

四年五月，詔：「應臣僚進馬，委本司看驗。如無病堪支遣，即分送騏驥院。若有病患及十五歲以上不堪支配，即迴賜本官，仍具因依牒報訖奏。」

八月，詔：「估馬司每收蕃部鞍馬，須依久例相度，兩平估計，不得虧損官司。」

七年八月，詔定押省馬上京綱（宮）〔官〕殿侍抛死寄留決罰條例。

天禧元年十一月，詔估馬司：「今後收納臣僚謝恩并節序進奉馬時，監勒獸醫人子細看驗。」以上《國朝會要》。《續會要》以下無此門。

牧馬官

【宋會要】

19 監牧使：河北、河南各置一員，以朝臣二人充。舊有羣牧制置使，以樞密使領之。嘉祐五年八月，以權陝西轉運 20 副使薛向專領本路監牧及（賀）〔買〕馬公事，相度原州、德順軍置買馬場。其同州沙苑監并鳳翔府牧地勾當使臣，更不下羣牧司舉官，並令薛向保薦。熙寧元年，詔河南、河北置監牧使統領外監，不隸羣牧制置。八年，詔廢河南、河北監牧司，沙苑監復屬羣牧司。

政和五年五月二十五日，樞密院言：「專（功）〔切〕提舉京畿監牧司狀：『准令，祠廟獻馬，限一日申所屬州。本州二日具牡牝、毛〔色〕、齒歲、尺寸，差人依程牽赴提舉監牧司納。本司契勘，自來止是據憑諸處差人牽送到獻馬匹數，送孳生監牧養，即未有約束關防。深 21 慮逐處及至京沿路不顧公法之人，與差牽送馬人得以作弊，隱匿貿易，難以檢察。本司相度，欲乞今後合送納祠廟獻馬，輒敢隱匿

〔一〕置：《職官分紀》卷一九無此字。

貿易者，依條斷遣外，並不以去官、赦降原減，庶革姦弊。』今檢會大觀三年十二月十四日樞密院修立下條：諸州納到祠廟獻馬，送孳生監牧養。《政和令》：諸祠廟獻馬，限一日申所屬州。本州三日內具牡牝、毛色、齒歲、尺寸，差人依程牽赴提舉京畿監牧司納。本司看詳諸祠廟獻馬，若盜詐或貿易，雖有條斷罪，誠恐未足禁戢，況關防亦未嚴備，理宜增立約束及注籍拘管。其在官之人有犯，既非緣公，無用去官之理，不須修立去官。若以隱匿爲文，亦似未至詳顯，合明立盜詐之文。今擬立如後：諸盜詐或貿易祠廟獻馬者，不以赦降(厚)〔原〕減。諸承報祠廟獻馬計程不到者，移文勘會。諸祠廟獻馬，本州依限差人牽納外，別具馬記驗去處，記驗謂吊星、玉面、前後脚白之類。入馬遞預報。專切提舉京畿監牧司仍歲終具獻馬人姓名、逐匹字號，供報本司。」詔依條修定。

宣和二年九月二十二日，兵部奏：「檢會已奉御筆，罷給地牧馬，置監去處並如舊制。剳付兵部，遵依已降御筆處分，具今來合置監及官吏、人兵等具狀申。本部檢准政和三年四月二十日三省同奉聖旨，罷鄆州東平監。宣和二年九月二日，三省、樞密院同奉御筆：『政和二年十二月以後給地牧馬條法可並 22 不施行，應租佃牧地及置監去處並如舊制。應合措置事件，令逐路提刑司措置以聞。』勘會給地召人養馬，係自政和二年十二月二十五日推行，時只管同州沙苑監〔一〕、東平府東平監。至政和三年四月內，因給地牧馬，廢罷東平監一所。今承指揮，給地牧馬條法更不施行，應租佃牧地、故置監去處並如舊制。竊慮合以政和二年十二月未行給地養馬舊制置監去處施行。所有差置官吏、人兵等，伏乞令本路提刑司依已降指揮疾速措置施行。」詔復置東平府東平監，餘依兵部所申。以上《續國朝會要》。（以上《永樂大典》卷一一六七三、卷一一六七四）〔二〕

禱馬祀〔三〕

【宋會要】

23 太宗太平興國五年十一月十日，帝親征河東。出京前一日，遣右贊〔善〕大夫耿振就馬祖壇用少牢行禱馬之祀。

真宗景德二年六月二十五日，群牧司言：「按《周禮》：仲春祭馬祖，天駟也。仲夏祭先牧，始養馬者。仲秋祭馬社，始乘馬者。仲冬祭馬步，災害馬者。既載國經，實助馬政。雖有司常祀，然而監牧之內，因識舊儀。望令騏

〔一〕時：原作「日」，據本書兵二一之三二所載兵部奏改。

〔二〕《大典》卷次原缺，但可確定在《大典》卷一一六七一至卷一一六七七「馬」字韻「宋馬政」目內。其中卷一一六七一爲唐、宋合卷，宋代應很少；卷一一六七二之文見下文；卷一一六七五至一一六七七爲《馬政雜録》，亦見後文。據此，以上四目及後「涼棚」一目當在卷一一六七三、一一六七四兩卷。

〔三〕此題原作眉批，爲嘉業堂整理者所批。又此門之前有手批「馬政」二字，爲《永樂大典》原有事目，今刪。

驥院諸坊監務各置廟，設四神像，每四仲月，委本司官以公錢致祭。冀遵典禮之文，用集宜主之禮。」詔崇文院檢閱故事以聞。檢討官杜鎬等上言：「四神各有本壇，以時奉祀，難別建廟。但古禮用羊一，今止用羊豕肉一斤八兩。」詔罷置廟，祀用一羊。（以上《永樂大典》卷一一六七二）

牧地

【宋會要】

24 太宗淳化五年十二月，詔閱視通利軍等數十處牧馬草地圖。先是，太宗以國馬多地窄，慮公私互有侵冒，遣中官與使臣同往檢責。洎進地圖，指諸牧地甚寬，不爲民害也。

至道二年閏七月，詔：「邢州先請射草地，並令撥歸牧龍坊。自餘荒閑田土，聽民請射。」先是，詔應荒閑田土許民請射，充永業，其間多有係牧龍坊草地者。州與本坊互有論列，久未能決，乃遣中使相度，而有是命。仍俟秋收畢，乃得取地入官。

真宗景德元年四月，命殿直宋垂遠乘傳往原〔一〕、渭、儀等州及鎮戎軍案視放牧草地。先是，垂遠上言四州軍界有白草〔二〕，可歲刈取百餘萬束，以秣飼戰馬。真宗曰：「西鄙未能罷兵，飛芻最費民力。儻如所言〔三〕，甚濟民費。」故有是命。

七月，知并州王嗣宗言：「西面諸州軍所市馬可以給戰士者，並即時送北面軍前，瘦弱者並牽赴闕。汾州地涼，接樓煩，諸監美水（章）〔草〕，望令於此處放牧。暑月道遠，免致死損。」從之。

十月，群牧判官王（曉）〔曙〕言：「准詔，諸州不堪放馬閑田，召牧户耕種，不可許有田輸税户棄業分房請占。又緣浮客户多苦貧乏，應募者少，請依州縣職田例，招主客户種蒔，以沃瘠分爲三等輸課。其州縣官吏、使臣，如招得民力，依元詔批曆爲勞績。」從之。

二年八月，以開封府學 25 究鄭麟言，衛州新鄉縣東有牧龍鄉，草地百餘里，爲户民所占，不輸租税。乃詔殿中丞祖昌世、内侍高班石惟清同往按視，凡得六百九十餘頃，冒佃者三之一，並伏還官。以麟補三班借職。

三年八月，令河北沿邊不得焚牧馬草地。

四年十月，群牧司言：「諸監以草地充屯田，遣卒種蒔，所入不充其費。今馬數益多，闕人牧放，請廢屯田，仍爲草地，委所屬州縣標其疆畛，免公私侵占。」從之。

大中祥符二年正月，群牧制置使陳堯叟等言：「准詔旨，群牧歲息馬及萬，則分爲兩監，監標牧馬地，令臣等規畫以聞。望下京東、京西、河北、陝西轉運使并知鄆州馬元

〔一〕宋：原無，據《補編》頁四一四、《長編》卷五六補。
〔二〕州：原作「川」，據《長編》卷五六改。
〔三〕儻：原作「償」，據《長編》卷五六改。

方，除舊係官草地外，應古來坊監、舊牧龍坊草地、係官閑田，即標立封堠。其遠年逃土及今閑田有與民田相接者，官利市之，或易以沃壤，無妨農種。仍令判官李克勤、田穀往來巡視，俟標定訖，本司上其勤課，請行旌賞。」從之。

三月，群牧制置司言：「內外監牧所管草地，雖已各起立封識，委隨處檢校。自今欲令每季具帳付群牧司管係。」從之。

（三月八日）〔三年八月〕〔一〕，詔曰：「汶上奧區，東巡所出。比從行慶，用慰來蘇。苟芻牧之是資，慮農桑之失業。特敷朝旨，永惠斯人。其令侍御史裴宗元、比部郎中袁逢吉、群牧判官李克勤等，所標鄆州牧馬草地，並特給與見佃户爲主。所要牧放草地，別經度以聞。」

四年十一月，（言）〔詔〕：「西窑務停廢，空閑地據元係官步畝封標，26 充牧馬草地。仍計會本係檢量，起立封堠。」

七年三月，侍衛馬軍司言，雍丘等縣牧馬地多爲民所盜耕。詔遣官於本縣按籍參定，立堠以表之。

八月，詔：「兖州管勾充牧馬草地，並給還本主。其係官閑地，亦許人請射耕佃，群牧司不得指占。」

仁宗景祐元年六月二十五日，三司户部副使王沿言：「乞令邢州更不供申群牧司洺州廣平監牧馬草地文帳。其洺、趙州先許人户佃牧馬草地，亦依例施行。」從之。

慶曆二年正月，詔權以同州沙苑監牧馬地爲營田。

嘉祐四年五月十九日，差都官員外郎高訪往河北路，先與逐監官員標定合召人耕佃牧馬地土，不得多占頃數。凡得剩田三千三百五十餘頃，歲課一十萬七千八百二碩、絹萬三千二百五十一匹、草十萬一千二百三十束。

七年三月，詔洺州廣平監牧地聽民請佃之。以上《國朝會要》。

神宗熙寧元年二月四日，群牧司言：「樞密副使邵（兀）〔亢〕乞將監牧馬剩地各立田官，仰專管耕種之政，以成牧養之利。勘會左右廂馬監草地，實管四萬八千二百餘頃。今約以馬五萬匹爲額，每匹占地五十畝。大名、廣平四監共一萬五千餘頃，剩地不多。并原武監所管鳳凰陂八百頃，係自來與諸坊監共占牧放。欲並且依舊外，所有原武、單鎮、洛陽、沙苑、淇水、安陽、東平等監地三萬二千四百餘頃，馬三萬六百匹，額數占放外，可以擇良田一萬七千餘 27 頃，召人租佃，收草、粟以備寒月支用，委是利便。」從之。

十二月，權河北監牧使崔台符言：「乞應係牧地，人户已占佃者，並令供析所出租稅，今後盡歸本路監牧司支用。」從之。

二年十月十四日，詔令群牧司檢尋牧地祖帳〔二〕。

三年六月二十三日，群牧司言：「知扶溝縣姚闢乞自

〔一〕三年八月：原作「三月八日」。按《宋大詔令集》卷一三六八、《長編》卷七四、《宋史》卷七《真宗紀》二均繫此詔於祥符三年八月辛酉（十五日），據改。

〔二〕牧地：原作「故也」，據《補編》頁四一五改。

今永占馬牧地權給草。欲(令)〔今〕後院、坊、監牧永占草地，如去坊、監地遠，即令使臣等驅喝，於近便州府縣鎮鄉村係官屋宇，或寺觀、祠廟安泊，支草七分、糧五勝。候晴霽依舊。所須什器，所在官司應副，仍同(供)〔共〕照管。」從之。

四年正月十九日，樞密〔院〕言：「諸路見行根括牧地，頗聞搔擾，春耕失時，慮妨農務。欲權罷根括，候將來農閑，別聽朝旨。」從之。

五年四月二十七日，相度諸班直諸軍牧地司言：「乞依勾當官董鉞狀，將侵耕牧地分爲三等出租。」從之。

七年二月四日，詔廢鄆州東平監，以其牧地聽民出租。

元豐元年六月四日，詔：「牧地租課，諸路委提點刑獄、開封府界委提點司催納。每年秋料限滿〔一〕，次季具納、欠數，上群牧司。任滿無欠或欠不及二分，令本司保明取旨；即及三分以上，並奏劾。」

三年正月二十八日，詔：「(郡)〔群〕牧廢監及諸軍班牧地租課積年逋欠〔二〕，遣太常博士路昌衡、秘書丞王得臣與逐路轉運司、開封府界提點司按租地，依鄉原例定租課。據歲輸之物，酌三年中價爲準〔三〕，及合納見錢，付逐司爲年額。若催趣違滯，以[28]擅支封樁錢法論。」

六月十五日，都大提舉淤田司請以雍丘縣黄西等十棚牧地爲官莊田。從之。

六年六月十三日，提舉河北路保甲狄諮言：「衛州遠年牧地，乞並撥屬牧地官司拘籍，以租課責轉〔運〕司。」從之，仍令自元豐元年管認送納。

哲宗元祐元年二月十六日，永興軍等路提刑司言：「昨民庶狀，興平縣靈寶鄉諸村地土約二百四十餘頃，並納二稅。熙寧五年，本縣逼(勤)〔勒〕退爲牧地，乞依舊耕種。令本司定奪聞奏，如本路更有將民户税地改爲牧地，亦依此。今看詳，欲免納租錢，令依舊。」從之。

四年四月二十二日，詔：「在京院、坊、監牧馬草地近係太僕寺拘收者，聽民間仍舊承佃。」從文彦博請也。

紹聖元年六月二十六日，右正言張商英言：「先朝廢河北、京西等處馬監，募民租佃，而議養馬於涇、汧、隴之間，未及施行。元祐初，收已租之田，復置監牧。行之九年，死生羸壯，不足相補，而又買馬官曆本失陷，殆無文書可攷。太僕卿少牽制恩舊，謬悠行遣。望選官會計虧贏，熟講馬政，以修武備。」詔送太僕寺。

三年七月六日，權知邢州張赴等言：「據知任縣韓筠等申：『請應有牧地縣分，許〔等〕第人户投狀指請上色一頃，給付人户，自得耕佃，而蠲其租，令養官馬一匹。各於所屬縣籍其毛色、尺寸、齒歲給付。每歲分番就縣令佐點

〔一〕料：原作「科」，據《長編》卷二九〇改。
〔二〕牧地：「牧」字原作「物」殘畫，據《補編》頁四一五改。
〔三〕中：原脱，據《補編》頁四一五補。

集〔一〕。若馬有死失，許即時申縣，自備印給。非點集日，許私自乘騎，不得出本州界29若干里。如元佃地人户願養馬者，秖令將文契批鑿，除其租數。若請不盡并不願請者，依條召人租佃。』赴等看詳，陝西沿邊置弓箭手，授田不過一頃，養馬一匹，又役一丁，一年之間，備邊之日雖平時亦當過其半，與今所陳事理相類，而又無身丁之役，有利無害。望朝廷詳酌施行。」樞密院言：「先廢罷鄆州東平、鄭州原武兩監，及併衛州、淇水兩監爲一。至熙寧八年，詔河南北見管九監，内沙苑監令屬群牧司，餘八監並廢。後盡以牧地募民租佃，所收歲租計百餘萬。元祐初興復監牧，所費不貲，殊未見効。議者或欲以牧地召人租賃，官給草料，令百姓畜養。或欲責以蕃息，或欲令逐月赴官司閲視決責，或欲分配義勇保（申）〔甲〕，或欲分配等第人户。以此，終不可行。今據張赴所稱，體究得民間願得牧地養馬，但與蠲其租課，仍不責以蕃息，俾養馬人户無追呼勞擾之患。并不願者，不得抑勒，可以施行。今欲具爲條畫牓示，令太僕寺雕印施行。應有監牧地分州縣曉諭人户，如第四等以上願請佃，免納租課，爲官養馬者，聽（賞）〔實〕封於本縣投狀。逐縣置曆收接，月終，具若干狀送州。州縣並不得開拆，具數申送太僕寺開排，申樞密院看詳，取旨施行。」從之。

四年五月十四日，詔：「衛州、（穎）〔潁〕昌府馬監並廢罷。所有牧地，仰太僕寺措置以聞。」詳見《諸州監收》。

徽宗大觀元年二月二十五日，提舉熙河蘭湟路牧馬司30奏：「據通判會州王大年申：本城迂僻地土，據人户陳狀，情願遞相委保，各養馬一匹。只乞就撥見佃迂僻地土充養馬田土。本司檢准《崇寧牧馬令》節文，該説閑田若已請射而無力耕，許募人給養官馬，即無人户已請佃見出給租課地土，亦許就撥充養馬明文，本司未敢施行。契勘給地養馬，與出納租課，其利略等。今來若將人户見納租課地土，亦許人情願回充養馬，必當早見就緒。」詔給地養馬，一取人願，當不限已佃未佃之數。

四月二十八日，都省劄子：「提舉熙河蘭湟路牧馬司奏：檢會《崇寧牧馬令》節文，即是孳生戰馬，皆合牧養。行下諸州點檢養馬官，取漢蕃人情願收養逐等官馬去後，今據諸處點檢養馬官申：召募到蕃漢人户，往往願養騍馬，出駒納官。本司契勘，熙河最出産戰馬之地，若取人户情願，養騍馬收駒者，聽從其便。每匹收三駒，以（勘）〔堪〕收養二駒納官，一駒給與馬户充賞。其孳生到駒，先撥充養馬户死損之數；有餘，配本路闕馬兵士。如係騍駒，本司別無支配，即取朝旨，撥付近裏孳生監。有不堪披帶出戰及不孳生騍馬，乞就近撥與馬舖，充填遞馬。」貼黄稱：「兼體訪得諸州願養馬户例（合）〔各〕疑慮，恐養戰馬，緩急朝廷別有差撥。今若令願養騍馬者聽從其便，即人户不

〔一〕集：原脱，據《補編》頁四一六補。

疑，出息亦厚，牧馬早就緒。伏望詳酌施行。」詔依所奏，仍每三駒以〔二〕駒納官，一駒充賞，不限每匹之數。其騍 31 馬户不得過堪出戰之半。

二年四月一日，詔：「追述先王寓馬於農之意，募人給地，免租收馬。行之期年，熙河頗就緒。然徒法不能自行，要在州縣協力赴功，以底成績。可令縣、鎮、城、寨、關、堡官銜内並帶『兼管句給地牧馬事』，佐官同管句，庶使人各知任責。」

五月一日，詔：「昨降給地養馬之法，雖以推行，而地之頃數尚少。訪聞多緣土豪侵冒，官司失實，牙吏欺隱，百不得一。自今被差括地之官，限一日起發，親詣地所。如違及不實不盡，杖一百；故隱落者，以違制論。」

六月十八日，臣僚上言：「河朔沿西山林木茂密，爲逋逃囊橐。良以經界未明，州郡推避。乞應諸路州軍有迂僻山林、沮洳、濼淀、牧馬監地、叢祠等，並令監司遞相關會，明立封界，各以圖上，剖析利害以聞。」從之。

政和四年十月二十三日，刑部奏：「據秦鳳等路提點刑獄司狀：今擬牧地人户久來租佃，若已典當與人，只以見今租佃人爲業。即元典當人以元錢收贖者，聽仍依法養馬。若業不離户，却係元業户租佃者，令業户與佃户共養。」從之。

五年八月二十五日，尚書省劄子：「勘會河東給地牧馬，尚中行施行一年，方奏到文字，尚未足備〔一〕，及申乞改用鄰縣人户給請，復只乞上三等，擅欲改給地牧〔馬〕之法。」詔提舉河東路給地牧馬尚中行，送吏部與遠小處監當。

宣和二年九月四日，詔：「給地（收）〔牧〕馬，議者本以蕃息國馬爲言。今諸路倒失，率以千計，32 自行法至今，即無申到出駒匹數。歲縻激賞，既已浩瀚，馬户輒蠲租稅科差，致賦役日益不均。因緣搔擾，爲害不一。所有政和二年十二月以後給地牧馬條法，可更不施行。民户見養官馬，令樞密院相度拘收，支填見今（關）〔闕〕馬禁軍。仍令逐路守臣、兵官專一鈐束應租佃牧地及置監去處，並如舊制。内牧地先問舊佃人，如不願佃，即令見佃人依舊法租佃；又不願，即依條別召人承佃。應合措置事件，逐路提刑司措置以聞。」

二十二日，兵部奏：「召人養馬，係自政和二年十二月二十五日推行。當時只管同州沙苑監、東平府東平監。至政和三年四月内，因廢罷東平監一所。今承指揮，置監去處，並如舊制。竊慮合以政和二年十二月未行給地養馬舊制置監去處施行。」詔復置東平府東平監，餘依兵部所申。

六年九月八日，中書省言：「河北西路提點刑獄司申：『奉聖旨，給地牧馬路分勸誘召人養馬。自降指揮至今年三月終，召養數多去處牧馬官吏宜與旌賞。』」州府官

〔一〕未：原脱，據《補編》頁四一七補。

通所管縣分及一千匹以上〔一〕，縣官及三百匹以上，並各與轉一官；六百匹以上，各更減三年磨勘。令提點刑獄司保明合該賞官吏職位、姓名申。以上《續國朝會要》。

高宗紹興十七年五月一日，上謂輔臣曰：「川、廣騍馬自來付王勝軍，可令鎮江府、（進）〔淮〕南運司標撥官地美水草處放牧，數年間便見蕃息。此在軍政，所當留意。」

十九年 33 三月二十三日，宰執進呈牧馬賞罰格，上曰：「牧馬孳生，爲利甚博。朕於近地親令牧養，今已見效，每歲進呈馬駒皆是好馬。若得萬匹，分與諸軍牧養〔二〕，數年間便可濟用。既免綱馬遠來死損，又無官兵賞給之費。」以上《中興會要》。

紹興三十二年九月三日，孝宗即位未改元。詔：「御馬院放牧馬草地，除承買、承佃并係官地並依舊存留外，應侵占（鹽）〔監〕地民産、寺觀等業，並取干照，日下給還，勿縱官吏因事苛擾。」

孝宗隆興元年五月十四日，都督江淮軍馬張浚言：「殿前、步軍司諸軍戰馬，見在湖、秀州等處牧放。緣淮甸水草利便，望並發遣前來，就（楊）〔揚〕州牧放。」詔除未出戍諸軍戰馬外，餘從之。

十二（年）〔月〕三十日〔三〕，詔：「漢陽軍收發馬監，委本軍知軍選擇寬廣平易好水草處充牧放之地。」

乾道四年七月十六日，詔差左親衛上將軍王權往淮西，與淮南運副沈夏〔四〕、權發遣和州胡昉同措置不係民田荒坡水草地，牧養御前騶馬。其後權等言：「相視到和州含山縣東十家亭西地名烏土衝一段約十餘頃，並係荒坡草地，可作監地。內止有營田陸地五十畝。迤西至昭關，約二十餘里，可作牧馬放場。東南至瀝胡草蕩約五里，監地前有華陽洞，澗水通流，亦可以用船般運馬草。含山縣西地名天公徭一段〔五〕，約五頃，可作馬監。迤西至昭關，約十餘里，可作牧馬放場。東至縣河二里及至瀝〔胡〕草蕩二十里，可以用船般運 34 馬草。上（頃）〔項〕田段，並不係民田。於內山衝有零小熟田，妨礙牧放往來路徑去處共約計有民田二頃有餘。如措置馬監日，即乞依市價收買，作牧馬往來路徑。」詔令淮西轉運司將相視到條段，盡行從實打量，標立界至。內民田估價承買，並撥與御前馬院。仍令所屬州縣照管，勿令侵占，不得因事苛擾。

五年二月四日，詔令殿前、馬、步軍司各差統制官一員，前去建康府，同江東帥、漕臣於本府近便寬閑去處踏逐牧放馬五千匹并牧馬官兵寨屋地段，措置修蓋。所有永豐圩收到稻穀，令淮西總（令）〔領〕所椿管。

六年九月八日，樞密院勘會：「三（衛）〔衙〕戰馬，見於

〔一〕「州府」上似脱「詔」字。
〔二〕軍：原作「庫」，據《群書考索》後集卷四四、《群書會元截江網》卷二五改。
〔三〕十二月：原作「十二年」，據《補編》頁四一八改。
〔四〕沈夏：原作「沈復」，據《補編》頁四一八改。
〔五〕徭：原作「䅌」，據《補編》頁四一八改。字書不見「䅌」字。

浙西州軍牧放。緣地氣卑濕，并餵飼茭草，多致病瘦。已降指揮，令就移前去建康府，就水草豐美去處牧放。所有三衙日後取到綱馬，理合一體。」詔令三衙行下取馬官并關牒沿路州軍，取徑路前去建康府，委統領同統制官審驗印烙，日下放行草料，交付逐司牧馬官，如法養餵。其賞罰並依綱馬到建康府體例施行。仍具收到馬毛色、尺寸、齒歲、數目，申樞密院。

七年正月二十四日，詔令張松將三衙牧放馬候青草月分，分撥往逐内殿前司、(楊)〔揚〕州馬軍司、和州步軍司、六合縣一帶，就青牧養。

同日，主管殿前司公事王琪言：「本司諸軍戰馬共四千八百餘匹，日食草數浩瀚。其建康府界多是沙田、民産蘆蕩菜園，少有湖濼出草去處。伏見(楊)〔揚〕35州至高郵軍邵百鎮一帶，多是湖蕩茭草茂盛去處，望將二千五百匹改移前去(楊)〔揚〕州牧養。」從之。

二月十三日，主管侍衛步軍司公事王友直言：「本司依已降指揮，牧馬於六合縣，就青牧養。照得六合縣一帶平陸熟田，即無草蕩。今見得真州管下團窩一帶頗有青草〔一〕，水路便於般刈，與六合縣相去不遠。乞改撥三兩軍就真州牧放。團窩至(楊)〔揚〕州二十餘里，竊慮殿前司及鎮江牧放人兵前來界内打刈青草，别致争競，乞令總領所委官同鎮(州)〔江〕摽撥，立定界至。」從之。

六月一日，鎮江府駐劄御前諸軍都統制成閔言：「鎮江府艱得草地，乞發戰馬七百一十六匹、馬軍并傔兵等共一千二十人，前去(楊)〔揚〕州就草地(收)〔牧〕養。」從之。

九年六月二十一日，馬軍司言：「本司諸軍官馬未起發往建康府日，逐年於下姑城牧放。今來步軍司指占，牧放綱馬。緣本司别無所種草地，望下兩浙轉運，將元本司西溪所置草地盡數撥還。」詔令兩浙轉運司將權借撥與步軍司草蕩地内摽撥千畝，毋令互有争訟。已上《乾道會要》。（以上《永樂大典》卷一四一九九）

涼棚

【宋會要】

36太祖建隆四年五月，詔：「諸州有戰馬涼棚、露井，並令本縣官管勾。」

真宗景德二年二月〔二〕，詔：「河北諸州牧馬涼棚乏材木者，當以閑散官廨、軍營及伐官木充用。不足，即市木以充，不得率民及伐其園林。」先是，轉運司上言當賦棚木於民，真宗曰：「河朔戎寇之後，民力凋弊，不可輒有賦率。又屯兵多罷，戰馬太半歸河南，不須廣有營葺。」故有是詔。

三年八月，提點府界凌策言：「中牟縣今年計度增修馬棚二十七。去年牧馬，止用棚十一。望下監牧，來年定

〔一〕團窩一帶：原作「團二帶中」，據《補編》頁四一九改。
〔二〕按：《長編》卷五九繫于三月一日。

合用棚數修蓋，庶無枉費。」從之。

四年四月，詔：「聞鄆州科率馬棚大木於民，而掌納者復多選退。遣使罷其事，仍劾官吏擅賦之罪。」

天禧元年五月，群牧司言：「贊善大夫傅蒙請於邢州鉅鹿縣南漳河長盧渡造橋〔一〕，以便放牧。今檢本渡課利錢歲止五六十千，望廢渡造橋。」從之。

仁宗慶曆八年十月二十六日，開封府界提點諸縣鎮公事李舜元言：「府界一十三縣，牧馬棚計一百二十六座。每春初，計料修蓋，於鄉村等人户税錢上預先科配椽箔材料等，令本户送納。百姓糜費甚大，追呼催督，搔 37 擾不絶。諸縣據逐棚井，便一例修蓋，及致人馬到棚，内有差出軍分不來牧放，虚開棚井十有四五，經夏風雨，復爲損壞。臣欲乞今後每遇年終，令諸縣行移公文，計會殿前、馬、步軍司，取索合要棚井數目，候見的確軍分，將在縣馬棚，相度地勢高原、水草近便者，速行添修，準備人馬到棚。其餘更不檢計修蓋，免致枉費財用，疲困民力。」詔送開封府、殿前、馬、步軍司。

神宗熙寧元年四月八日，羣牧判官李端卿言〔二〕：「舊條：内外坊、監委使臣與縣官等，用雜使官錢收買青白楊榆，遶棚界至栽種。欲乞立定賞罰，遞相交割。如青活及萬數，與理勞績。如依前不切用心，其點檢官員并本監使臣，並以違制論。其監牧提點等司不實，亦乞重行朝典。」從之。

二年十二月四日，權河北監牧使崔台符言：「伏覩諸監牧地，甚有難置棚井之處，欲乞委自本司擘畫，召民耕佃。其錢只得收買馬種孳生。」詔令施行，以試一歲之效。

三年十一月二十二日，詔：「司農寺、開封府中牟縣馬棚十七座，召側近人户三兩名看管，許於放牧地耕種上等田三兩頃，免納租課。歲令栽植榆柳，以備棚材。第四等以下，與免本等差役。今後更不以税户棚子祗應。」〔三〕

〔一〕善：原脱，據《補編》頁六補。

〔二〕李端卿：《補編》頁六複文作「李瑞卿」。按，作「端」是，李端卿見文彦博《潞公文集》卷三八、司馬光《傳家集》卷八〇等。

〔三〕《大典》卷次原缺，當在《大典》卷一一六七三或一一六七四，説見前兵二一之二二校記。

馬政　二〔一〕

買馬　上

【宋會要】

1 太宗太平興國四年，詔市吏民馬十七萬匹，以備征討。

六年十二月，詔：「歲於邊郡市馬，償以善價。內屬戎人驅馬詣闕下者，悉令縣次續食以優之。如聞富人皆私市之，致戰騎多闕，自今一切禁之。違者許相告發，每匹賞錢十萬，私市者論其罪。中外官犯者，所在以聞。」

八年十二月，詔：「先是，禁民於沿邊諸郡私市馬，及戎人賣馬入官，取其良而棄駑者，又民不敢私市，使往來死於道者衆。戎人少利，國馬無以充舊貫。自今邊郡吏謹視馬之良駑，駑者刻毛以記，許民市，庶羌戎獲利，而歲驅馬通〔闕〕〔關〕市，有以補戰騎之闕焉。」

雍熙四年五月，以北虜未平，方資戰騎，分遣使臣收買京城及諸道私家所畜之馬。凡勝衣甲者，三等定價，頗優以市之，次弱者不取。有逸羣駬駿，不拘常價，皆厚給其直。

真宗咸平六年二月二日，涇原路總管陳興言〔二〕：「渭州、鎮戎軍皆置市馬務，然鎮戎所須錢帛，皆自渭州輦置，乞廢鎮戎軍市馬務爲便。」帝曰：「朝廷比置鎮戎軍，勞費守戍者，蓋亦欲通戎人賣馬之路。今遽廢之，恐部族惑於聞聽。令但存之，徐爲制置。若渭州優其價直，即戎人皆來渭州，自然免運送錢帛之費，而且無廢鎮戎買馬之名。」

三月，夔州路轉運使丁謂言：「黔南蠻族頗有善馬，請致館設，給緡帛，每歲收市。」從之。

七月，詔：「陝西振武兵依河東廣鋭 2 例，官給直以市戰馬。」廣鋭兵官給中金以充馬價，相與立社，馬死則共市而補之。振武兵願從其例，因而許焉。

景德二年正月，詔：「沿邊諸州所市戰馬，舊自三歲至十七歲者，官悉取之。自今只市四歲至十三歲者，餘勿禁。」

天禧元年八月四日，詔：「戎州市得夷人馬，舊送遂州揀選。自今有小弱不任支配者，委峽路鈐轄司估其直出賣。」

大中祥符四年七月一日，羣牧制置司言：「西路沿邊州軍所賣馬價益高，但欲歲增其數，而多有不任披甲者。望諸州不須增多，但是良馬，本司便不比較。」從之。《續資治

〔一〕原無此題，徑補。
〔二〕陳興：原作「陳與」，據《長編》卷五二、《宋史》卷二七九本傳改。

通鑑長編》真宗帝紀〔一〕：大中祥符八年七月乙丑，禁河北、河東、陝西緣邊部署、鈐轄、都監、知州等私買軍衣絹染彩，博市府州蕃馬。

寶元三年二月十一日〔二〕，羣牧司言和買馬價等第。詔第一等五十千，第二等四十千，(等)〔第〕三等三十千，第四等二十五千。在京以浙絹估實價，外處支見錢。

康定元年二月八日，詔令將三歲已上、十三歲以下堪充帶衣甲壯嫩好馬赴京進賣。經過館驛，支給熟食草料。

二十七日，詔開封府買馬，令權知府鄭戩躬親管勾，仍差同糾察在京刑獄李昭述、三司度支判官王球分置場收買。

五月二十五日，有司上言在京收買鞍馬，切慮擁併。詔差群牧判官沈維温、三司勾當公事任顓於開寶寺，群牧判官周越、三司勾當公事張子憲於錫慶院，各置場收買。

慶曆元年七月，詔：「諸路本城廂軍軍員闕馬，聽自市三歲以上十三歲以下、高四尺一寸者，官用印，附籍給芻粟。」

八 3 月，詔河北置場括市馬，沿邊七州軍免之。

二年三月，詔河北沿邊州軍置場市馬。

六月，詔：「河北都運司籍民間所養馬，沿邊有警，則給價市之。」

五年七月，樞密院言：「咸平初，陝西振武鄉兵許結社買馬，以升填廣鋭軍。往歲河東已有此例。今河東諸軍闕馬〔三〕，廣鋭指揮人數不足。欲聽本路宣毅、義勇、鄉軍結社買馬，官助其價，以升填其闕。」從之。十一日，詔并、代路許宣毅、義勇、鄉軍結社買馬，官助其價，升填廣鋭兵之闕。

二十九日，支内府絹二十萬匹，付并、府州、嵐軍市馬。

六年五月，詔陝西相度興置屯田夏安期與四路經略司招誘蕃部入中戰馬。

十二日，詔保安、鎮戎軍榷場歲各市馬千匹。

(八年)〔治平四年〕十一月〔四〕，環慶路經略使李肅(子)〔之〕、鄜延路經略使陸詵、陝西制置解鹽判官李師錫並言：「本路無係官草地，又去西界咫尺，難以興置馬監。其同州沙苑監近割屬陝西監牧司，可以增添牧馬。」詔陝西四路都總管司更不興置馬監，仰陝西監牧司廣市善種，務令蕃息〔五〕，以備逐路諸軍闕馬。

〔一〕按，「真宗帝紀」謂《長編》之真宗部分，非指《宋史・真宗紀》，此四字宜删。

〔二〕按，寶元三年即康定元年，則本條與下條日分失次，疑有誤。

〔三〕馬：原脱，據《長編》卷一五六補。

〔四〕治平四年：原作「八年」。按，此條事，本書兵二一之七、《補編》頁四一九均繫於治平四年十一月十四日，《群書考索》後集卷四四引《長編》亦記於治平四年；又《長編》卷二〇八，陸詵除鄜延路經略使在治平三年四月己丑。據此，本條作慶曆八年，大誤。想《會要》不至荒謬如此，當是《大典》不知從何處抄來，而脱去年號與年分，誤以爲慶曆八年，而插編於此，今改。

〔五〕務：原無，據《補編》頁四一九補。

皇祐二年八月，群牧司言：「近以河北轉運、總管等相度，權住買馬。勘會河北州軍諸軍闕馬至多，乞依韓琦奏，別降宣命下河北諸州軍，令依舊收買第一等〔至〕第五等鞍馬，相兼配填諸軍闕數。仍乞令逐處官吏設法招誘收買，逐月依例申奏。其權住收買第六等馬，（侯）〔候〕豐稔復舊。」從之。

至和元年七月，河北4安撫使賈昌朝請以河北諸州軍户絕錢并官死馬價錢，令逐處市馬，以給諸軍。從之。

十二月，群牧司言：「舊制，陝西、河東路十七州軍市馬。自西事後，止置場于秦州。今內外諸軍皆闕馬，欲請於環州、保安、德順軍仍舊市馬。」從之。

三年八月十五日，知并州龐籍言：「勘會本路馬軍，例各闕馬。麟府見管買馬物帛數少，乞下三司支撥絹帛五七萬匹。」詔令三司支絹三萬匹，於府州下卸。是月二十二日，詔三司以絹三萬市馬于府州，以給河東馬軍。

嘉祐五年八月，詔權陝西轉運副使薛向專領本路監（收）〔牧〕及買馬公事，仍相度於原州、渭州、德順軍置買馬場。（具）〔其〕同州沙苑監并鳳翔府牧地勾當使臣，更不下群牧司舉官，並令薛向保薦以聞。初，相度牧馬所言：「自古國馬盛衰，皆以所任得人、失人而已。今陝西馬價多出解鹽，三司所支銀絹，又許于陝西轉運（使）〔司〕兑換見錢。今薛向既掌解鹽，又領陝西財賦，一切委之移用，仍令擇空地置監而孳養之。蓋得西戎之馬，牧之西方，則不失其土性，一利也。因未嘗耕墾之地，則無傷於民，二利也。因其材使久其任而經置之，三利也。又河北有河防塘泊之患，而土多（瀉）〔潟〕鹵，戎馬所屯，地利不足，諸監牧多在此路，馬又不堪，未嘗孳息。若就陝西興置監牧，即河北諸監有可存者，悉以西方良馬易其惡種〔一〕。有可廢者，悉以肥饒之地賦民，收其課租，以助戎馬之費。于此，又利之大者。仍請委向舉辟官，及論改舊弊。」故有是命。

九月，薛向言：「祖宗朝，環、慶、延、渭、原、秦、階、文州、鎮戎軍九處置場市馬。涇原路副總管陳興欲廢鎮戎市馬場，併歸平涼。真宗常諭近臣，買馬之法不獨蕃牧國馬，亦欲招來蕃部，以伺敵情，不可輕易。其後歲月寖久，他州郡皆廢，唯秦州一處券馬尚5行。每蕃漢商人聚馬五七十匹至百匹，謂之一券，每匹至場支錢一千，逐程給以芻粟，首領續食。至京師，禮賓院又給十五日并犒設酒食之費，方詣估馬司估所直，以支度支錢帛。又有朝辭分物、錦襖子、銀腰帶。以所得價錢市物，給公憑，免沿路征稅，直至出界。計其所直，每匹不下五六十千。然所得之馬，皆病患之餘，形骨低弱，格尺止及四尺二寸以下，謂之雜支，然於上品良馬，固不可得。至於支近上臣僚及宗室，國信往來及揀填馬軍，歲多不足。請於原、渭二州、德順軍三處置場，舉選使臣專買馬，以解鹽交引召募蕃商，廣收良馬，不支度支錢帛。其券馬且以來遠人，宜存不可廢。歲可別得良馬八千餘匹，以三千給沿邊馬軍，五千入羣牧司〔二〕。」從之。

八年正月，宰臣韓琦言：「秦州永寧寨元以鈔市券馬

〔一〕方：原脱，據《長編》卷一九二補（《臨川文集》卷四二「西方」作「陝西」）。

〔二〕入：原作「人」，據《宋史》卷一九八《兵志》一二改。

之處〔一〕，昨修古渭寨，絶在永寧之西，而蕃漢多互市其間，因置買馬場，凡歲用緡錢十餘萬，苟蕩然流入虜中，實耗國用。請復置場于永寧，而罷古渭城買馬。」從之。《涑水記聞》：〔寶元二年〕八月庚辰朔〔二〕，節度使王德用自陳所置馬，得於馬商陳貴，契約具在，非折繼宣所賣。詔德用除右千牛衛上將軍，徙知隨州，仍增置隨州通判一員。九月丁未，折繼宣責授諸衛將軍，徙知內地，以其弟代之。《宋史・呂公綽傳》：仁宗時，公綽知秦州安遠砦，古渭州諸羌來獻地，公綽却之。時弓箭手馬多闕，公綽諭諸砦户爲三等，凡十丁爲社。至秋成，募出金帛市馬，馬少則先後給之。又《薛向傳》〔三〕，薛向權陝西轉運副使，制置解鹽，兼提舉買馬監牧。向乃置場於原、渭，以羨鹽之直市馬，於是馬一歲至萬匹。《宦者傳》：李繼和，開封人。慶曆中，爲河北西路承受。沙苑闕馬，詔秦州置場，以券市之。繼和領職不數月，得馬千數，而人不擾〔四〕。

英宗治平元年八月十[6]二日，群牧副使劉渙言：「所管御馬至少，乞令買馬州軍用心添價收買。勘會到嘉祐四年下陝西、河東路都總管司揀選少嫩、迭格尺、堪充御馬者，鄜延、環慶、涇原、河東路十一匹，秦鳳路三十匹。」詔令揀選及收買仍依嘉祐四年匹數，下逐路都總管司。

三年七月二十一日，群牧司言：「據陝西提舉買馬監牧司言：每年元定買馬銀四萬兩，絹七萬五千匹。內銀本路自有坑冶，興發銀貨已多，更不支撥外，欲乞下三司一就兑那紬絹。每年從京畿支撥一十萬匹，差使臣管押，遞鋪般運赴陝府下卸，應副買馬支用。」詔令三司於每年合支撥銀絹內，只支紬絹共一十萬匹，充買馬支用。仍支撥堪充軍裝紬絹，責令易爲變轉。其四萬兩更不支。如三司支撥未到，仰監牧司具狀聞奏。以上《宋會要》〔五〕。

神宗熙寧元年八月，群牧司言，乞下河東等路市馬，每五千匹，赴衛州監牧司。詔令陝西、河東各市一千匹，京東三百匹，仍增價錢有差。

二十六日，詔河北馬軍並令立社，依陝西、河東例，共備錢助買馬。其先給官價錢，並等第增加，仍出內庫珠千餘萬，賣以充用。

十月，陝西同制置解鹽李師錫言：「渭州、德順軍今年春季買馬，比額虧少。訪聞秦州界經過道路堡塞，約攔鞍馬，不令放來涇原；兼以西事未寧，不敢於西界極邊族帳過往。又德順軍界延家族蕃部納藥等稱：有販馬蕃客瞎頗等到秦州界，爲賊人劫掠，[7]由是少有蕃部販至軍中。渭州蕃部青羅等稱：秦州界青鷄寨、董家堡等守把人要每匹納税錢百文，鹽(抄)〔鈔〕却計作錢數，每千納十錢足。今已約束，尚慮阻節。欲乞朝廷専委本路經略司覺察，嚴加約束，止絶創於鹽引上紐納税錢，所貴就近指揮、城寨官吏

〔一〕鈔：原作「抄」，據《長編》卷一九八改。
〔二〕寶元二年：原無，據《涑水記聞》卷九補。
〔三〕「薛向傳」三字原無，據《宋史》卷三二八《薛向傳》補。
〔四〕「不」下原有「授」字，據《宋史》卷四六八《宦者傳》三删。
〔五〕宋會要：按本書通例，當作「國朝會要」，指元豐所修《五朝會要》。此類注爲張從祖、李心傳《總類國朝會要》原有，《大典》抄録時沿之，蓋此處偶未注意而改稱「宋會要」。

畏稟，易爲止絶。」從之。

三年十月五日，群牧司言：「陝西宣撫使韓絳等奏：比來官私難得好馬，蓋官價小，乞自今應買馬州軍添價收買。即客人不願中官，毋禁吏民收買。本司定騍馬不添外，其秦、渭、原、階州、德順軍見買大馬，逐等添錢有差。」詔除階州馬不添外，其餘從所請。其價高馬小、客人不願中官者，赴場火印訖，聽諸色人收買。

十二月二十七日，群牧判官王晦言：「乞自今原、渭州、德順軍買馬使臣任内，每年共添置馬一萬匹。如使臣買及年額，乞優與酬奬。所少馬價，乞下買馬司擘劃及支川絹，或朝廷支撥銀絹應副。勘會原、渭州、德順軍三處，三年買一萬七千一百匹。」詔：「今後添買及三萬匹，以十分爲率，買及六分七釐，與轉一官；餘三分三釐，均爲三等，每增一等，更減一年磨勘。令三司歲支紬絹四萬匹，與成都府、梓州、利州三路見支紬絹六萬匹，共十萬匹，與陝西賣鹽錢相兼買馬。年終具買馬數目及支過錢絹等已支、見在，申三司、群牧司。其三州軍提舉買馬等賞罰，自依別降指揮。」

六年五月十一日，涇原路經略司言：「德順軍界 8 蕃部收買馬，每請官錢外，例各添備價錢。」詔令經略司體量，貼還其價。

七年二月十四日，鄜延路經略司言：「德靖寨管下小胡等族蕃兵見闕戰馬，乞於本司封樁錢内借支萬貫，委官於渭州、德順軍市馬，散賣與得力蕃兵。」從之。

八年正月十二日，知成都府蔡延慶言〔一〕，邛部川蠻主苴剋等遣首領〔二〕，願以馬中賣入漢。詔延慶優加犒設，以示招來。議者以成都府路可市馬，特委延慶領其事。原、渭州、德順軍更不買馬，以移熙河路置場故也。

九年三月六日，提舉熙河路買馬司言：「准朝旨，立定起發馬綱日限條約。欲令逐場今後如日逐買馬數多，才及三五十匹，立便計綱起發；若遇買發數少，五日内買未及上件匹數，即據數解赴合屬去處送納。内熙州馬務受納熙、河州并寧河寨買到官馬，如三場日逐納到馬數多，才及百匹，合本務於當日編排，次日計綱起發；若納到五日内未及百匹，即據數撥綱施行。」從之。

四月二十三日，中書門下省言：「勘會川路買馬，所買不多，及不耐騎壓，難爲養飼。兼據逐路官司申報，榷茶、修路等事於邊計、蠻情各有不便。欲罷提舉買馬官，所有買馬、榷茶指揮更不施行，餘如舊條。」從之。

九月八日，詔：「自今應干買馬事，並樞密院施行。」

十年正月十二日，詔：「今後提舉市易司應副過買馬司錢，令買馬司限一年内撥還。其已少下錢二十餘萬貫，令市易司 9 於本路息錢内除破。仍自今三司逐年於券馬

〔一〕「府」下原有「路」字，據《長編》卷二五九删。
〔二〕主：原作「王」，據《長編》卷二五九改。

錢内椿管一十萬貫，應副買馬。熙寧九年已支者，並行除破。」《舊聞證誤》〔一〕：熙寧八年正月，議者謂成都路可市戎、瀘、黎、雅夷人戰馬，詔委知府蔡延慶領之。《實録》：七年三月戊申，詔梓夔路察訪熊本措置戎、瀘、黎、雅州買馬。八月庚午，命蔡延慶提舉戎、黎州買馬事。八年正月乙巳，延慶言邛部川蠻願賣馬，詔延慶招來之。此時延慶領馬事近半年，非事始也。注：八年三月庚戌，延慶併領威、雅、嘉、瀘、文、龍等州買馬事。

元豐元年閏正月十八日，群牧司乞於德順軍置場買馬。從之。

二月七日，詔給鹽鈔三十萬緡，付群牧司買馬。

同日，河東經畧使韓絳言〔二〕：「乞令弓箭手買四尺四寸以上馬，仍勒貼納虧官價錢。」從之，免貼納價錢。

三月十九日，群牧判官王欽臣請買紬絹、錦綺及虎豹等皮博馬。從之。

十二月二十四日，詔：「京東西、開封府界將下馬軍闕馬，委逐將召買四歲已上、十歲已下堪披甲馬，錢於封樁禁軍缺額請受内借支。」

三年八月二十七日，群牧司言：「既許養馬人户赴司買馬，緣陝西買馬司歲發馬數無寬剩，欲乞於歲計外添買驍騎以上馬三千匹，赴本司交納。」從之。

四年正月二十一日，詔：「令經制熙河邊防財用司指揮，許令弓箭手依官價自買及格堪披帶馬，赴官呈印訖給付，關買馬場日内支價錢，仍充買馬司年額之數。」

二月二十八日，京東轉運判官吳居厚乞同李察募慣習航海之人，因其商販，踏行海道之通塞遠近，開諭女真入馬之利〔三〕，詢求海北排岸司所在及其興廢之因，俟得其實，條畫 10 以聞。從之。

四月十八日，上批：「聞同主管陝西買馬司高士言，凡與蕃部交易，動以惡言慢罵之，其儕類每有怨色，亦是阻其來馬一塗。可令郭茂恂體究以聞〔四〕。」

五年正月二十六日，詔：「在先朝時，女真常至登州賣馬。後聞女真馬行道徑已屬高麗隔絶，歲久不至。今朝廷與高麗遣使往還，可降詔與國主，諭旨女真，如願以馬與中國爲市，宜許假道。」

二月一日，涇原路經畧司乞下買馬司，買四千匹赴本路。許買民馬，相兼給諸軍。從之。

十一月二十八日，提舉陝西買馬司言：「本司管認支填遞馬〔五〕，闕數至多，少有及四尺一寸赴官中賣。欲乞依定價權買四尺二寸或一寸牝馬，及十一歲以上，與牡馬相兼支遣。」從之，仍不充額。《續通鑑長編》：宋神宗元豐五年秋，鄜延路經畧司言：「漢户及歸明界弓箭手自買馬，乞依蕃弓箭手例，每匹給撫養庫絹五匹爲賞。」從之。環慶路准此。《宋史長編》：神宗朝，提舉陝西買馬監牧

〔一〕按，此注爲《大典》所加，清乾隆中所輯《大典》本《舊聞證誤》此條失收。又此注宜移在上文「八年正月十二日」條之後。

〔二〕使：原作「司」，據《長編》卷二八八改。

〔三〕開：原作「聞」，天頭原批：「聞，《大典》作『開』。」按《長編》卷三一一作「開」，據改。

〔四〕以：原作「批」，據《長編》卷三一二改。

〔五〕認：原作「總」，據《長編》卷三三一改。

司言：乞免簡發沙苑監捧日馬，留爲馬種。從之。

六年七月二十九日，知延州劉昌祚言：「乞量減監牧司年額馬數，增價買四尺四寸以上堪披甲馬，增置馬軍蕃落。」從之。

八月十一日，提舉經度制置牧馬司言：「已遣官往諸路選買牝牡馬上京，乞逐路專責監司一員提舉。」從之。諸路差提點刑獄官，開封府界差提點官。

九月四日，上批：「提舉河東路保甲王崇拯建議，本路教騎人以十分爲率，從上取二分，依麟府和市馬價，每匹官給錢二十五千，責令買及格馬，作五年買足。據見管人二分當得六[11]千九百一十八匹，價錢十七萬二千九百五十緡。可支京東路元豐六年上半年鹽息錢，不足，即續支下半年錢，付王崇拯，月具買馬數以聞。其請給之際，官私人有分毫取與，並依在京河倉法。」

十月十八日，提舉陝西買馬司郭茂恂言，制置牧馬司於熙河路買牝牡馬，價高於本司所買年額。詔令提舉經度制〔置〕牧馬司裁減以聞。

七年五月二十二日，提舉京東保甲馬霍翔言：「買馬法無過八歲，及十五歲，給公據斥賣。切以牡馬十歲方壯，牝馬十七歲猶生駒。乞許買十歲以下牡馬、十三歲以下牝馬，至十七歲以上，并許斥賣。買馬錢先以提舉司錢代支，民户均助錢令隨役錢納。」從之，仍下京西路施行〔一〕。翔又言：「約京東路齊、淄、青、鄆、密、濰六州産馬最多〔二〕，可減爲五年。濮、濟、兗、沂、徐、單、曹州、淮（揚）〔陽〕軍、南京産馬差少，可減爲七年。登、萊二州馬雖多，往往不及格，可依舊十年取足。」詔五年者展爲六年，七年者展爲八年，餘從之。

二十五日，提舉京西保馬司言：「本路養馬十五年數足，乞每都先買二十匹，限歲終足。許本司較量知佐能否，聞奏陞黜。」詔依元降年限，每年買及一分。六月十二日〔三〕，知河南府韓絳言：「京西保馬，詔限十五年數足。今保馬司遍牒諸縣作二年半。京西地不産馬，民又貧乏，乞許於元限減五年。」詔提舉京西路保馬司遵守元降敕限。

六月九日，詔：「河東、鄜延、環慶路各發户馬二千匹，河東路可就給本路，鄜延路以永興軍等路，環慶路以秦鳳等路，其少數即以開封府界户馬。如[12]尚少，內鄜延路仍以京西路坊郭户馬。所發馬，官買者給元價；私買者分三等：上三十千，中二十五千，下二十千。以解鹽司賣鹽錢、阜財監應副市易錢先借支。開封府界以左藏庫錢，餘以本路錢。專主管官，開封府界委范峋，河東范純粹，秦鳳等路李察，永興軍等路葉康直。其買過户馬，限三年。」

七月五日，詔提舉陝西買馬官展二年磨勘。以有司言歲買馬不及額也。

〔一〕「從之仍」三字原脱，據《長編》卷三四五補。
〔二〕濰：原作「維」，據《長編》卷三四五改。
〔三〕十二：原作「十三」，據本書兵二四之二四、《長編》卷三四六改。

二十二日，上批：「昨尚書省議寬減京畿户馬，人遂有慢令之心。帳内但有馬數，因事調發，乃見其情。開封府界提點范峋及知開封縣李括所奏如可行，宜令兵部條具以聞。」兵部言：「峋奏户馬未買，或乘往別路未回，或有病未發。如當起發，即及一綱乃發。本部看詳：如乘往河東、陝西路者，乞就支。餘如峋請及如括言。馬已起發者，即三年買足。」從之。

二十三日，同主管京西路保馬吕公雅言：「奉詔：『聞本路保馬極苦難買，衆既争市，價亦倍貴〔一〕，至駑者不減百千。深恐本司近奏所責之數過多，民間未悉朝廷取効在遠之意，遂致如此。宜更消息考驗，但如元令，聊增其數可也。』臣今相度，當減每都之數。今約年終，各以八匹爲限，及本路每都一分四匹。今界增倍，若歲買二分，八年可足。其僻縣展爲十年〔二〕。」從之。

十二月九日，詔陝西買馬隸經制熙河蘭會路邊防財用司。

八年二月十三日，詔：「開封府、三路保甲所養官馬生駒，不【13】赴官等量，私自市若藏買，并引領牙保及所轄人，各減盜及貿易官馬法一等。許人告，賞二十千。」

哲宗元祐元年三月十六日，樞密院言，三路保甲有借到人户私馬，並還其直。從之。

五年七月九日，涇原路經略司言：「請自元祐三年五月以後根括違法典買蕃部地土人與免罪，許以兩頃五十畝出刺弓箭手一人，買馬一匹。」從之。

紹聖元年十月二十一日，提舉陝西等路買馬公事陸師閔言：「請自今使蕃漢商人願以馬給券進賣者，於熙河、秦鳳路買馬場驗印，從逐場見價給券，送太僕寺畀其直。若券馬盛行，則買馬場可罷。」從之。

三年十一月七日，樞密院言：「鄜延、環慶路騎兵闕少。已降指揮，專委提舉買馬陸師閔每路要及萬匹以上。切慮將逐路正兵及漢蕃弓箭手見有馬數通及萬匹，兼經畧司所買馬，各未有支配漢蕃人兵分數。」詔陸師閔，見馬外逐路增買各及萬匹以上，并經畧司所買馬權不限分數支填正兵，有餘即以次支配漢蕃弓箭手。

四年二月四日，詔：「涇原、秦鳳路各特降度牒百道，提點熙河蘭岷等路漢蕃弓箭司回易見錢，支借蕃兵收買戰馬。」

六月十三日，樞密院言熙河蘭岷路騎兵闕馬數多。詔：「專委提舉買馬陸師閔於年額外更買三千匹〔三〕，應副熙河蘭岷諸軍并漢蕃弓箭手，令防秋前數足。內弓箭手合自備馬〔四〕，關經畧司，依所買錢數，寬限催納元價，送【14】還

〔一〕貴：原作「費」，據《長編》卷三四七改。
〔二〕《長編》卷三四七「僻」上有「山」字。
〔三〕提舉：《長編》卷四八九作「權提舉」。另，原稿「舉」上有一字不清，似抄「舉」字未成而圈去，但又誤圈「提」字。今「提」字尚可識，故保留。
〔四〕內：原無，據《長編》卷四八九補。

買馬司。」

元符元年五月十四日，詔太僕寺：「自今官馬到寺，四尺二寸以上、六歲以下，並送揀馬所選訖，方許支使。」

二十九日，樞密院言：「河東路買馬，科定州軍匹數，致令市户於別路陪錢收買〔一〕。」詔樞密院直學士、河東路經略安撫使孫覽特降爲寶文閣待制〔二〕。

徽宗宣和二年十二月八日，樞密院言：「管勾茶(司事)〔事司〕、兼提舉買馬監牧司宇文常奏：勘會陝西買馬，自承聖訓，遵用元豐舊法，減省收買。去年八月至今年七月終，買到馬一萬一千六百四十一匹，減省錢一百六十六萬六千二百八十一貫二百文。」詔提舉買馬監牧司具合推賞官吏職位保明申，特差宇文常充提舉。

三年十二月十八日，陝西安撫司奏：「准指揮，令本司計置良馬一萬匹。尋委陝西提舉茶馬官郭思計置數(定)〔足〕。」詔川陝買馬萬匹，郭思、張有極及官屬等陞職、進官有差。以上《續國朝會要》。《宋史通略》：大觀二年冬十月，詔川茶數品，惟雅州名山，羌人所重，其以易馬，毋得他用，餘博糴。《宋史·張若谷傳》：若谷拜諫議大夫、知并州。先是，麟府歲以繒錦市蕃部馬，前守輒罷之。若谷以謂互市所以利戎落而通邊情，且中國得戰馬，亟罷之則猜阻不安，奏復市如故，而馬入歲增。《賈昌衡傳》：瀘州邊夷蠻，故時守以武吏〔三〕，昌衡請由東銓調選〔四〕。蠻驅馬來市，官第其良駑爲二等，上者送秦州〔五〕，下者輒輕估直而抑買，昌衡請嚴禁之。《東齋記事》〔六〕：河東忠烈、宣勇鄉兵結社買馬，以填廣鋭禁軍。陝西振武亦然。其後，宣毅、義勇官助其價，使買馬爲社，亦以升填廣鋭〔七〕。

高宗建炎二年五月二日，臣僚言：「諸路人户家得養馬，不限數目，官司不得拘籍，仍不許差借和顧之類。俟其畜養之久，孳生漸盛，聽於所在官司投賣，即日優還價[15]直。」從之。

紹興元年七月九日，樞密院言，廣西經略司乞支本路逐年未起無額上供錢應副買馬。詔令廣南西路轉運司於建炎三年、四年未起有額、無額上供錢内，疾速支撥應副，通前共不得過十萬貫。如逐項年額錢已有起在路之數，却於紹興元年分合起上供錢内按數貼撥。

二年六月四日，廣西經略安撫司言：「得旨，於韶州未起内藏庫錢内就便樁撥三十萬貫作六料，付本司措置收買四尺二寸以上堪好戰馬。近年以來，馬價湧貴，比年時已過四五倍，承平之時修立馬價，即與今日不同。乞於逐等元立價上，從本司酌度，隨目今時價，量添錢數收買。」從之。

七月五日，詔：「令禮部支降廣西度牒五百道，及本路

〔一〕陪：原作「倍」，據《長編》卷四九八改。
〔二〕待：原作「侍」，據《長編》卷四九八改。
〔三〕以：原缺，據《宋史》卷二八五《賈昌衡傳》補。
〔四〕銓：原作「詮」，據《宋史》卷二八五《賈昌衡傳》改。
〔五〕州：原作「川」，據《宋史》卷二八五《賈昌衡傳》改。
〔六〕按此條，清乾隆中所輯《永樂大典》本《東齋記事》失收。
〔七〕升：原作「外」，據《長編》卷一五六改。

出産鹽七十萬斤，付本路帥臣，許中限一月措置變賣，先次收買戰馬一千匹，交付新本路提舉茶鹽、權樞密院計議官范伯思，押付行在樞密院送納。如限内措置不足，即將本路見存官馬均那起發，續將所買馬數以次撥還。如用外尚有錢數，即續次收買，差官起發。上件馬並係御前要用，諸處不得截攔。」

九日，神武右軍都統制張俊言：「得旨，令本軍差人前去廣西取馬一百匹赴本軍。欲因便令逐官自備錢，令所差去人於廣西産馬去處收買戰馬一百五十匹。乞依所取馬一百匹例，每日支破十分草料，應副沿路養餵。仍乞行下本路照會。」詔依，仰張俊丁寧誡約 16 差去官兵，到彼及在路，不許搔擾生事。

三年正月二十六日，詔：「邕州置買馬司，收買高及四尺二寸以上、口齒四歲以上、八歲以下堪披帶戰馬。並經由邕州邊界出入，及用邕州寨官并効用説諭收買，今後委本州知州專管。每買一百匹，發赴桂州經畧司交割，仍每綱須要上等馬十匹。桂州經略司專一提舉收買。發到馬數，委帥臣看驗，堪充披帶戰馬即行交收。如有不依條法，並行退還，令變轉别買。今來買馬雖已立定格尺、價錢，仰買馬官子細相視。雖稍有不及格尺，而闊壯堪披帶，許量添收買，亦須及四尺一寸以上，仍於綱界狀内分明開説。如有未盡未便，委廣西帥司速具條畫，申請施行。」以樞密院言廣西收買戰馬多是不依格尺，記號不明，或老或怯，不堪披帶，故有是命。

二月五日，詔：「廣南西路置提舉買馬官一員，以『提舉廣南西路買馬』爲名，於邕州置司。請給、序官、薦舉、人從等，並依本路提舉茶鹽官條例。并置屬官武臣一員，以本路買馬司幹辦公事爲名，自邕州至行在，往來催促綱馬、驛程等。請給、序官、人從等，並依提舉茶鹽司條例。所差官，並令三省、樞密院選擇取旨。其經畧司所差屬官，只依舊提舉洞丁，其措置收買戰馬指揮更不施行。餘依近降指揮，令所差官遵守。如有相妨及更有合行事件，條具申樞密院。」以臣僚言：「望明詔有司，於邕州置買馬司，差有風力臣僚一員充提舉官收買綱馬，本路帥臣不得干預。所有 17 起綱發馬等事，乞命有司採訪秦鳳路茶馬司條法，參照施行。」故有是命。是月二十四日，詔令提舉廣南西路買馬於賓州置司，仍從本司踏逐有心力文臣，奏辟一次。至紹興四年二月十八日，提舉廣南西路買馬李預言：「乞依舊於邕州置司。本司招馬官二員，乞依舊從本司奏辟溪洞諳曉蠻情人充應。横山寨并溪洞官並依舊兼管本司招馬，仍帶銜。上件官如係經略司辟闕，即乞下經略司，令臣同銜奏辟。」從之。

八日，樞密院言：「已創置廣南西路提舉買馬官，邕州置司，未有每歲立定支降買馬本錢。」詔令買馬司每年取撥廣西路上供錢七萬餘貫，提刑司封樁錢一十萬貫，韶州年額鑄發内藏庫錢一十萬貫。仍自紹興三年爲始，逐月具已撥到及已未支使帳狀聞奏，并申樞密院。其後十一月二十一日，詔取撥提刑司封樁錢一十萬貫，更不施行。

十五日，樞密院言：「廣南西路邕州効用蒙賜進狀：『伏見逐年蕃蠻將馬至横山寨貨賣，監官將鹽綵絁絹高增價錢準折，蠻人好馬不願博賣。乞行下買馬司常切覺察。逐時收補白身效用妄〔以〕招馬爲名，請出官錢，私作經營。乞行下買馬司，出榜招置有功士人，充本司效用名籍，輪差入界。如招馬及數，即優與推賞。蕃蠻將馬至横山寨貨賣，被洞官并店户等人衆私與蠻人交易。欲行下買馬司，遍下諸州寨約束。如有馬月分，令經過地分預先申聞，令買馬司盡數收買。乞行下買馬司，出榜曉諭，如諸色人有馬赴官中賣，即時支還價錢。及勸誘窮乏之人，小販鹽綵入界，就蠻人博易。若及兩匹至三匹，即許逐旋赴官中賣。左右兩江知州、知洞已次首領，每員有好馬五匹至十匹。乞[18]行下本路及邕州安撫司，踏逐土官二人充幹辦官，輪番經由左右兩江三十六溪洞勸諭知州、知洞及已次首領將馬中賣入官，量行支給價錢。』」詔劄與提舉廣南西路買馬司。

二十六日，提舉廣南西路買馬李預言：「買馬價錢，乞於廣西欽州鹽倉就支撥鹽一百萬斤應副博易。」詔依。其買鹽本錢(令)〔令〕本路提舉茶鹽司於應干上供錢内剗刷撥還。

三月十七日，樞密院言：「廣南西路經畧司得旨，委官去邕州横山寨收買戰馬。其間有出格馬錢數倍多，若衮合解發，支付軍下，竊慮無以分别。已措置，如有格尺高大，稍堪調習，可充御前使用，即揀選付本司，委官專一養餧。類聚成數，别差官管押交納。」詔依。內價錢倍多，買到出格堪好馬，逐旋差得力官兵管押前來樞密院送納。

四月二十三日，詔：「邕州進士昌慤陳獻廣南西路買馬利便可採，特與中州文學，差充廣南西路買馬司準備差使。」以慤言：「伏見大理國管下善闡府有僞呼知府姓高者，稍習文典，粗識禮儀。前提舉洞丁李棫差効用〔一〕，賫牒諭買戰馬，即時繳申本國國王，令備戰馬一千匹，應副朝廷。先備馬樣五十匹，差人呈納，若是中用，請差人使接引上件馬一千匹。差蕃官張羅堅管押，隨効用至横山寨。時李(域)〔棫〕減罷，只令買馬官支還價錢，管設張羅堅，遣還本國。乞指揮買馬司選差使臣、効用有智術之人，入大理國善闡府，重宣朝廷恩信，説諭接引前件馬一千匹。如蕃蠻能備戰馬三百匹赴官中賣者，賜與錦袍一領，銀帶一條。仍令効用遍諭諸蠻，各令通知。由此，蠻情慕賞，有不待其招而自來者。遞年蕃馬之來，其間有出格馬，厥直太高，蠻人不肯一槩售之，有司亦不敢違格收買，溪洞主將或有力之人搭價交易。乞指揮買馬司，如有出格馬，並依溪洞兩平價數收買，不可循其舊例。西南諸蕃并大理國，分遣効用遍諭買馬，[19]不可無(弊)〔幣〕帛以將其厚意。乞下買馬司相度，每去一蕃，約用綵帛幾段，以爲人信，用提舉官銜位封題，付與効用、使臣前去。所貴外蕃見得朝廷禮厚，欽奉其賜，愈加忻慕，則盡招馬之術。自來官司差人入蠻幹

〔一〕李棫：原作「李域」，據《建炎要録》卷六四改。

辦，須賫鹽綵，結託開路，方得前去。伏覩《大觀買馬格》，每招馬一百匹，支鹽一二百斤、綵一十匹與招馬人，充入蠻開路結託人信。乞指揮買馬司，如差効用入蠻招馬，許借官錢充買鹽、綵。俟招到馬數，乞依《大觀買馬格》銷破折會。」詔劄與〔提〕舉廣南西路買馬〔司〕條劃措置，（由）〔申〕樞密院。

八月二十七日，進義副尉、前權廣西路邕州靖遠寨知寨黄迥言：「竊見蕃蠻將馬中賣，其買馬官除支官錢收買數盡，諸州般運錢、鹽未到，無錢可支。蠻人尚有數中賣，官司買之未盡，各依舊牽控，退回巢穴，咸有怨嗟之言。乞自今後許本寨脚店户百姓及溪洞官典、頭首有力之家，將錢物明赴官，專差編攔使臣一員監覷，就蕃蠻博買，各將之寨，等量呈驗，置簿書，具色樣，記其尺格，依舊給付買馬人餧養。俟官中般運錢、鹽、綵帛到庫，即依簿内姓名馬樣，令各牽赴官，重行等量，印賣入官，依格更給價錢。官私兩便，亦不失遠人懷慕遠來之意。」詔令提舉廣南西路買馬司相度，申樞密院。又言：「朝廷舊法，於本路邕州横山寨招買特磨道等蕃馬。元立定等格，自四尺一寸至四尺七寸，逐等各立定價錢收買，只應副本路州軍馬軍調習，備邊緩急之用。竊見蕃蠻巢穴有出等高馬，官司未曾增錢破格收買。乞於格外自四尺六寸以上、五尺以下高等闊壯、齒嫩大馬，增立格價，下措置買馬司官，差招馬官前去羅殿國等處蕃蠻，別行招誘，赴官收買。」詔令廣西提【20】舉買馬官李預措（買）〔置〕，多方説諭蠻人，如有牽到出格好馬及闊壯、口齒嫩者，許於見立格令價直外，更增添價收買。仍具已措置事狀聞奏。

十月十三日，廣西撫諭明槖言大理國欲進奉及賣馬事，上曰：「令賣馬可也，進奉可勿許。安可利其虛名而勞民乎？但令帥臣、邊將償其馬直當價，則馬當繼至，庶可增諸將騎兵，不爲無益也。」

十一月二十一日，提舉廣南西路買馬李預言：「提刑司言，除無封樁錢外，有見在贍學、經制等錢。望下提刑司照會，如無封樁錢，即於贍學、經制錢逐給支撥應副。」詔依，許於本路贍學、經制錢内通融取撥一十萬貫，通其餘見在窠名計五十一萬貫，並應副買馬支用。

二十五日，李預又言：「本司買發戰馬，得旨，不許他處收買。今來竊慮行在諸軍有畫到指揮前來買馬，即與本司相妨，致蕃蠻增長價直，枉費官錢，兼恐別致争競。欲應諸軍有畫降到聖旨指揮前來本路買馬，並從本司一處收買撥付，庶得不致生事。」又言：「本司馬綱全藉逐州應副官兵起發。本司於兵馬不係管轄，竊恐所差押馬官兵州郡別有推托，不肯即時刷那應副，致馬綱留滯。望下本路照會，如州郡承本司差押馬官公文，即仰疾速差撥，不得別有推托占留。如違，並從本司奏劾。」並從之。

二十六日，李預又言：「本司所買馬，全藉沿邊州郡協力收買。今來除邕州知州已得旨專管買馬外，有【21】賓、横、宜、觀等四州，並係接連外界，可以招誘收買。欲令賓、横、宜、觀等四州，並依邕州例專管買發戰馬，庶得及時分頭責辦。」從之。

四年正月十五日，李預又言：「得旨，募土人招誘買馬及三百匹，補守闕進義副尉；每三百匹，轉一官資。今來措置，如能招到出格馴熟良馬，即乞不限招及三百匹之數，許令據所招到數逐旋計綱，差所招人同部押官管押赴行在交納，保明格外推賞。」詔立定今後招誘買及一百匹各高四尺六寸以上、八歲以下、闊壯無疾、馴熟堪披帶馬，就差同部押官管押前來。在路無遺闕，倒斃不及一分，與依前項招買及三百匹指揮推恩。

二月十八日，樞密院言：「提舉廣南西路買馬李預請：『今來置司之初，全藉州郡協力應副，而廣右官吏自來弛慢。乞應緣買馬事務差官幹當、行移文字、取撥錢物，并差發押馬官兵，州軍輒違慢，乞朝廷施行。所貴上下協力，不敢稽緩失事。』」從之。

十九日，李預言：「昨支降欽州鹽一百萬斤，止是取撥一次，未有每年許支撥定額。蓋蕃蠻要鹽，如川陝用茶，止是博易之物。每年許令依已降指揮，取撥鹽一百萬斤，可以當錢七萬餘貫。」從之。

二月二十五日，廣南東西路宣諭明槖言：「前廣西提舉買馬李棫差効用韋玉等十二人[一]，厚齎鹽、綵入外國，計置買馬。雖一時逐急措置，然於邊防未見其便。講究買馬之術，其説有七：不惜多與馬價，一也；**22** 厚其繒、綵、鹽貨之本，二也；待以恩禮，三也；要約分明，四也；禁止官吏虧損侵欺，五也；信賞必罰，以督官吏，六也；馬悉歸於朝廷，而後付於將帥，七也。七説若行，西南諸國所産可以畢至。今來遣人深入蠻國招誘，小必失陷官物，大必引(慝)〔惹〕邊隙。欲行下廣西提刑司，根究諸司鹽剩利錢去著，應副買馬。仍乞令提舉買馬司照應臣前件七説，不須差人計置招誘，自足辦集。」詔令提舉廣南西路買馬司疾速相度聞奏。其諸司鹽剩利錢，仰本司提刑司剗刷，具數申樞密院。

五年正月三日，詔以廣西買馬司起發到馬不堪披帶，提舉李預特降兩官。本司買馬官武翼郎、右江都巡檢蘇述，進武校尉、邕州横山知寨徐大烈，承節郎、横山寨兵馬兼押李循，并招馬官忠翊郎黄光旼、(康)〔秉〕義郎黄洎，各特降一官資。

六年二月二十八日，川陝宣撫副使邵溥言：「乞免於威、茂州、永康軍置場買馬，所貴不致引惹邊事。」從之。先得旨，於三處買馬。以提舉買馬趙開言稍近後蕃，不欲開廣道路，令人馬通行，至是上言。

三月四日，宰臣趙鼎論廣西買馬司空有所費，而實無補，欲相度，止令邕州知州專領，留屬官一員主管錢物。上

[一] 李棫：原作「李域」，據《建炎要録》卷七三改。

曰：「朕於諸事，每思慮必盡。昨計算餘杭監牧，一歲支費無慮二萬緡〔一〕，自可收買戰馬百五十匹。卿等更議之。」

三月七日，樞密院言：「右承議郎范直清充提舉廣西路買馬，拱衛大夫、惠州防禦使劉遠知邕州，其本路買馬事件，合行同共 23 措置。」詔令范直清、劉遠公共協力，措置收買堪好戰馬，計綱起發赴行在。又詔知靜江府胡舜陟同共措置收買。

五月二十三日，提舉廣南西路買馬司言：「富州儂內州儂郎宏報，大理國有馬一千餘匹，隨馬六千餘人、象三頭，見在儂內州，欲進發前來。本司已帖招馬官知田州黄泊遣人前去（就）〔説〕諭，今春買馬已足，別無買馬錢物在寨。」詔：「令廣西帥臣更切相度，無他意，即令提舉買馬官多方措置收買。預行差人體探，如委詣實，可令婉順説諭，據合用牽馬人數隨逐前來。或令節次入界中賣，依例支給價錢，不得阻節。仍令帥司密切旨揮經由沿邊供職官等，至時暗作隄備，不許張皇，引惹生事。具已措置施行狀聞奏。」

六月四日，廣西路經畧司言：「招馬効用譚昂去大理國招馬，經及八年。至去年九月內，滿甘國王差摩訶菩俄托桑一行人賫機密文字與大理國王，具章表匣內，差王與誠、楊賢明等管押象一頭、馬五百匹，隨昂前來。見在儂內佐部州駐劄，令昂先次齎牒申報。乞將上項所稱進奉馬〔二〕，依自來體例，等量估定價直，優與分數，用火印訖，籍記毛齒、格尺，關申提舉買馬司，依所定價支錢物酬答。揀選合格馬，別作一項計綱起發。其起發過數，與準年額合買之數。」從之。其後，翰林學士朱震言：「今日干戈未息，戰馬爲急，桂林招買，勢不可輟。然而所可慮者，夷人熟知險易，商賈囊橐爲姦〔三〕，願密諭廣南西路帥臣，凡是買馬去處，並擇謹愿可信之士，勿遣輕儇生事之人。務使羈縻勿絶，邊疆安静而已。異 24 時西北路通，則漸減廣西買馬之數，庶幾消患於未然。」詔劄下廣西帥臣、提點買馬官常切幾察，不得因此致生邊患。

八月二十七日，知瀘州何慤言：「西南夷每歲之秋，夷人以馬請互市，則開場博易，厚以金繒，蓋餌之以利，庸示羈縻之術，意宏遠矣。管內叙州置場之始也，條法具存，閲時既久，本司弗虔，其弊滋甚。故互市歲馬，虧損常直，沮格揀退，減落元數，致馬不得售，則或委棄、殺食而去。深恐因緣積忿，邊隙寖開，可不爲之慮？望申敕有司，悉循舊規，革去宿弊。」從之。

十一月二十七日，提舉廣西路買馬司言：「本司招馬官黄光旼發過馬共三千五百匹，皆是自備鹽、綵充信招到，各未曾霑受恩賞。」詔黄光旼與轉一官。

七年閏十月五日，詔：「川陝茶當轉以博馬，聞吴璘軍前尚或以博馬價〔易〕珠及紅髮之類。艱難之際，戰馬爲

〔一〕「算」原作「并」，「牧」原作「收」，據《建炎要録》卷九九改。

〔二〕馬：原作「象」，據下文云「估定價直、用火印、籍記毛色格尺」，均指馬，而非指象。又《宋史》卷一八六《食貨志》一八云：「詔償其馬直，却象勿受。」蓋廣西經略司亦只言估值收馬，而未言受其象。據改。

〔三〕賈：原作「買」，據《建炎要録》卷一〇五改。

急，可劄下約束。」十一月九日，又喻吳玠，以茶博易珠玉、紅髮、毛段之物，悉痛禁之。

十一月十八日，詔廣南西路經略安撫使胡舜陟特轉一官。以樞密院言本司買發紹興十年分綱馬敷額，故有是命。

十年四月二十八日，樞密院言：「陝西買馬舊法：主管馬事官，階、岷、鞏州、德順軍長吏、通判，熙、秦州通判專切提舉。今來創行之初，理宜措置。」詔熙州專差帥司提舉買馬。

十二年四月五日，詔：「廣西路經略安撫使胡舜陟，提點買馬降授武顯大夫、吉州防禦使、權發遣邕州(愈)〔俞〕儋，措置支撥錢物左(孺)〔儒〕林郎、準備差遣、權幹辦公事賈叔願，招馬官保義郎黃汴，守闕進義副尉黃逑，降授敦武郎、25提舉右江都巡檢使蘇述，降授從義郎、橫山知寨王伸，降授承信郎、橫山寨兵馬監押李肇，各特與轉一官；點檢起發綱馬右承奉郎、幹辦公事王次張，右從事郎、書寫機宜文字胡仔，右從(郎)〔事〕郎、幹辦公事趙伯樫，右迪功郎、監經撫犒賞庫收支買馬錢物宋許，各減二年磨勘。內選人比類施行。招馬官四員，內忠翊郎農案存、承信郎農意，各招馬不及五百五十匹，更不推恩。」以舜陟言，歲額買馬一千五百匹，所有紹興十一年共買發二千四百五十匹，其一行官員有勞，故有是命。

十五年十月十八日，通判黎州張松兑轉一官。以任內市馬及額故也。

十八年十月二十三日，都大提舉茶馬司言：「乞將利州錢帛庫監官窠闕移就成都府，專一管幹出納買馬錢物，從本司奏辟。」從之。

二十一年八月十二日，詔西和州管下宕昌馬場添買馬官一員。從本路諸司請也。

二十六年九月二十八日，權發遣文州魯安仁言：「文州每歲所收綱馬多不敷元額，其弊在所屬發茶綱沿路稽緩，遂致貨馬人户守待，動經旬月，皆憚其來。乞下所屬，令專遣官屬催督茶綱，經由道路，每遇往來，不得時刻稽遲，庶免留滯人户，便於博馬。」

二十九年七月二十一日，樞密院言：「殿前司、馬、步司輪差兵官往(與)〔興〕元府馬務取押綱馬。緣所買九歲、十歲馬到行在養餧得成，已是齒歲過大，不堪披帶。乞下茶馬司督責買馬官收買八歲以下齒嫩、及格尺、堪披帶好馬，團綱26起發。」詔令茶馬司相度，如可行收買，即依所申施行。

三十年八月四日，詔：「訪聞廣西經略司所買歲額馬，緣格尺拘礙，今歲約回四千餘匹。可令本路帥司措置，來歲據蠻人牽到馬並與收買。仍差諳曉鞍馬屬官一員，就地頭相度，收買闊壯、齒嫩、堪披帶馬，更不限格尺。(侯)〔候〕買一年，別取朝廷指揮。除依年例分送諸軍外，其餘並發赴行在。」

三十一年三月九日，詔：「令茶馬司嚴切約束諸場官吏，今後買馬，須管盡還償直，即時支付，不得減尅積壓，及不得虛用文券折當。如有違戾，按劾聞奏。仍多方説諭蕃夷，每將齒嫩、堪披帶馬中賣。先次開具見今買馬則例，申樞密院。」以上《中興會要》。《嶺外代答》云：自元豐間廣西帥司已置幹辦公事一員於邕州，專切提舉左右江洞丁、同措置買馬。紹興三年，置提舉買馬司於邕。六年，令帥臣兼領，令邕州守臣提點買馬，經幹一員置廨於邕者不廢也，實掌買馬之財。其下則有右江二提舉：東提舉掌等量蠻馬，兼收買馬印；西提舉掌入蠻界招馬。有同巡檢一員，亦駐劄橫山寨，候安撫上邊，則率甲兵先往境上警護諸蕃入界。有知寨、主簿、都監三員，同主管買馬錢物。産馬之國，曰大理、自杞、特磨、羅殿、毗那、羅孔、謝蕃、滕蕃等。每冬以馬叩邊，買馬司先遣招馬官賫錦繒賜之。馬將入境，四提舉出境招之，同巡檢率甲士往境上護之。既入境，自泗城州行六日至橫山寨〔一〕，邕守與經幹盛備以往，與之互市，蠻幕樵門而坐，不與蠻接也。東提舉乃與蠻（酉）〔酋〕坐于庭上，群蠻與吾兵校博易，等量于庭下。朝廷歲撥本路上供錢、經制錢、鹽鈔錢及廉州石康鹽、成都府錦付經略司，爲市馬之費。經司以諸色錢買銀及回易他州金錦綵帛，盡往博易。以馬之高下視銀之重輕，鹽錦綵繒以銀定價。歲額一千五百疋，分爲三十綱赴行在所。紹興二十七年，令馬綱分往江上諸軍〔二〕。後乞添綱，令元額之外〔三〕，凡添買三十一綱，蓋買三千五百疋矣。此外，又擇其權奇以入內廄，不下十綱。馬政之要，大略見此。馬産於大理國。大理國去宜州十五程爾〔四〕。中有險阻，不得而通，故自杞、羅殿皆販馬於大理，而轉賣於我者也。羅 27 殿甚邇於邕，自杞實隔遠焉。自杞之人强悍，歲常以馬假道于羅殿而來。羅殿難之，故數致争。然自杞雖遠於邕，而乃邇於宜，特隔南丹州而已。紹興三十一年，自杞與羅殿有争，乃由南丹徑驅馬，直抵宜州城下。宜人峻拒不去，帥司爲之量買三綱，與之約曰：後不許此來。自是有獻言于朝，宜州買馬良便。下廣西帥臣議，前後帥臣皆以宜州近内地不便。本朝隄防外夷之意，可爲密矣。高麗一水，可至登、萊，必令自明州入貢者，非故迂之也，政不欲近耳。今邕州橫山買馬，諸蠻遠來，入吾境内，見吾邊面闊遠，羈縻州數十，爲國藩蔽，洞丁之强，足以禦侮；而橫山敻然，遠在邕城七程之外，置寨立關，傍引左右江。諸寨丁兵會合彈壓，買馬官親帶甲士以臨之，然後與之爲市，其形勢固如此。今宜州之境，虎頭關也，距宜城不三百里〔五〕。一過虎關，險阻九十里，不可以放牧。過此即是天河縣平易之地，已逼宜城矣〔六〕。此其可哉！《名臣言行録》云：當時買馬路久未通，吴璘首開之。貿以茶綵，撫以恩信，招致小部族首領四十二國，馬道行而人賴之。《邕州志》云：紹興五年指揮，每歲正額一千四百疋。以十分爲率，建康、鎮江、鄂州每處三分，各九（綱），池州一分三綱。隆興元年指揮，於買到綱馬數内選出格良馬，每三十疋爲一綱，押赴行在，投進十綱。二年指揮，於歲額外收買六綱，發赴襄陽府。乾道元年指揮，於歲額外更買二綱，應副建康府。三年指揮，於歲額外更買二綱，應副鎮江府。五年指揮，於歲額外更買一綱，應副池州。又當年指揮於歲額外收買三十綱赴行在。

紹興三十二年十二月二十四日，孝宗即位未改元。詔：「廣西買馬，係撥定本路上供錢七萬貫、經制、贍學錢五萬貫、静江府買鈔錢八萬貫，及每年撥定錦二百匹、鹽二十萬斤，令經畧安撫司取撥，衮同應副支使。又廣西收買戰馬一千五百匹爲額，並要四尺二寸以上、八歲以下、闊壯堪披帶馬數。其買馬係橫山寨收買，價直晝時支給。昨來已將提舉買馬司官吏添置幹辦官並罷，令本路帥臣兼提舉，邕

〔一〕泗城州：原作「四城州」，據《嶺外代答》卷五、《明史》卷三一九《廣西土司傳》三改。
〔二〕江：原作「綱」，據《嶺外代答》卷五《經略司買馬》條改。
〔三〕之：原作「立」，據《嶺外代答》卷五《經略司買馬》條改。
〔四〕宜州：原脱，據《嶺外代答》卷五《宜州買馬》條補。
〔五〕不：原作「下」，據《嶺外代答》卷五《宜州買馬》條改。
〔六〕逼：原作「副」，據《嶺外代答》卷五《宜州買馬》條改。

州知州兼提點，及幹辦公事一員，於邕州置廨宇。仰廣(西南)〔南西〕路經畧安撫司依見行條法，常切檢察。有違法處，具當職官吏姓名，申取朝廷指揮施行。」28 以士庶封事言市馬之弊：「每與蕃蠻博易，則支與鋌銀，或要器皿，以鋌銀打造；今者多集銀匠，以鋌銀鉟銷，夾入赤銅。元法每鹽一籮計一百五斤，算銀五兩，折與蕃蠻，今則以二籮分作三籮，折銀壹拾伍兩。元每馬四尺一寸，算銀三十六兩，每高一寸，加一十兩；今市馬作兩樣赤度等量。舊每銀一兩，折錢二貫文足，唯(時)〔特〕磨不曉銀價低昂，只取見錢，以高補低，是以每歲有出剩之數，闇將入己。馬口齒在六、七、八歲，方可收買；今來逐官計囑獸醫，有騎退老馬，印過支銀。馬場官吏作弊，遂別差經幹一員兼提舉。逐司公吏取善織水紬，又買典没舊錦，支與蕃蠻。」故有是詔。

孝宗隆興元年二月十三日，都督江淮軍馬張浚言：「朝廷每歲於川廣收買戰馬，計綱起發，每匹不下三四百千。近措置於兩淮買到戰馬七十四匹，每匹通不過二百千，非惟價例差小，且無道塗(例)〔倒〕斃之患。」緣所管錢物不多，詔令買到馬，總領所逐旋支給價錢。

四月二十三日，詔管幹御前馬院蔣宗和差同措置廣西收買御前馬。

六月二十四日，詔：「廣西經畧司每歲買發戰馬三十綱，合一千五百匹。買馬官吏溢額，並與推賞。所有蠻人販到馬雖不及四尺一寸，如委是(疆)〔彊〕壯可以披帶，許額外買發。價錢就提舉茶鹽司賣鈔錢及提刑司經總制錢內截撥。」從知静江府方滋之請也。

同日，知静江府方滋言：「得旨，條具白劄子陳請廣西買馬利害事。契勘廣西先置提舉官一員，措置買馬事務，廢罷今已近三十年，只就邕州置買馬司，令知州兼領；又差經畧司幹辦公事一員兼提舉買馬，帥臣總提其事，經久已是利便。今來白劄子乞依舊復置，竊恐復置一司，官吏費用不貲。乞候到任，如見得在任之人不 29 堪任職，亦許依舊制舉辟施行。廣西買發綱馬，多是西南諸蕃羅殿、自杞諸國蠻將馬前來邕州横山寨，兩平等量，議定價直。從蠻人所願，或用綵帛，或用鹽、銀等物，依彼處市價博易。其合破買馬錢，係朝廷分撥本路逐州合起上供錢物截撥，赴經略司應副支用。今來白劄子乞支撥度牒、紫衣、師號，召人入馬，竊慮臨時發泄不行，有誤指準買馬，欲乞量行給降度牒一百道、紫衣師號各五十道，如變轉得行，即接續申乞支降。」從之。

二十九日，詔差殿前司統制湯尚之前去四川等處買馬。其合用錢，令四川總領所取撥銀二萬兩、絹五千疋、錢引一十萬貫，專充買馬使用。

十月二十六日，都督江淮軍馬魏國公張浚言：「近措置兩淮諸州所買户馬合用價錢。據諸州發解到馬內，多有堪乘騎出戰及壯實可充馳負馬，等第支給價錢，乞令總領所支還。」從之。

十一月七日，詔都督府准備統制李澤特轉一官。以樞密〔院〕言澤措置買馬，首先買到五十八匹，欲示鼓勵故也。

十七日，樞密院言：「南平軍買馬，權行立定額數。如知、通每歲買及四百匹，與減半年磨勘；及五百匹，減一年磨勘；不及四百匹，展半年磨勘。如每歲買到及額馬數，須管子細開具格赤、齒歲及團發往是何去處交納，保奏推賞。」從之。

二十七日，都大茶馬司言：「得旨，令本司於今年額外添買馬二十六綱，應副江淮宣撫使司創添神勁武騎等支用。契勘夔 30 路管下珍州，係與南平軍接連界分。本州夷人多出好馬，緣爲未曾置場，遞年止是見任官、形勢户私買。今相度，欲乞行下珍州，委自知、通措置，收買三綱，應副趁辦起綱。」詔依，須管收買及格赤、齒嫩堪好馬數團綱，毋致將齒老、低矮、怯薄馬夾帶在内起發。

二年正月二十四日，湖北京西路制置使虞允文言：「被旨收買戰馬，承朝廷支降（恭）〔茶〕引十萬貫、度牒三百道。緣本路總領所茶引前後請降數目至多，見今發泄不行，望改給淮鈔或乞併支度牒，庶幾易爲變賣。」詔於已降茶引十萬貫内，將一半紐計，改降度牒一百六十道，差小使臣一員管押前去交付。其餘一半茶引，令本司多方招誘出賣，專充應副買馬支用。

二月二日，詔：「廣西買馬官於歲額外買到溢額馬，及二百匹，招買官各通減一年磨勘；四百匹減二年，六百匹減三年，八百匹減四年磨勘；一千匹轉一官。每買及二百匹，更增減一年磨勘。如買不及一千五百匹，各展一年磨勘。或有文臣，比折施行。其招馬効用，每人依招買及三百匹與轉一資，依八資法轉補，至承信郎止。仍差招馬官不得過兩（資）〔名〕，招馬効用不得過二十名。内如買到四赤以上，不及四赤二寸，計數攢申，（訴）〔許〕以溢額：每三百匹，當溢額及格赤二百匹之數。令廣西經略司，今後遇有保明上件綱馬酬奬，須管分明（問）〔開〕具若干及格赤，若干不及格赤，團發起綱數目，逐 31 一具發往是何去處，并招買官、効用職位、姓名及（校）〔效〕用每名下招買到馬數，保奏推賞施行。即不得依前泛濫違戾，及不得於招買官、効用額外別有妄亂攙雜他官申明乞賞。」以權發遣静江府余良弼言，方滋所條具買馬推恩等事，未能一一曲當，故有是詔。

五月二十七日，鎮江府駐劄御前諸軍都統制劉寶言：「昨於兩淮州縣刷買户馬四千五百一十二匹，乞於内存留堪好馬一千七百匹外，將不堪披帶馬發往元科州縣，給還人户。内已支價錢，令拘收發付總領所。」詔依，仍令兩總領所措置，分送諸州出賣。

六月一日，主管殿前〔司〕公事王琪言：「本司隆興二年分合得馬七十一綱，已差統領官孟慶孫前去宕昌等處同共監視買發。望令孟慶孫依向昌務已得指揮，與買馬官具買到馬數并支過茶帛等數，同銜申樞密院。」從之。檢准紹興三十年殿前司差向昌務前去宕昌監視買馬，有旨，令與買馬官具買馬數，同銜申樞密院故也。

八月七日，廣南西路經略、提刑司言：「邕州提點買馬司每年買馬，以金銀等與蠻人從便折博。自知邕州、武德郎光盛到任，不依舊例，虧剋蕃蠻，致今歲不肯將馬前來中賣。契勘紹興十六年買馬二千三百四十匹，支過金銀等，係酌中數目，與蠻人折博不相虧損。乞只用紹興十六年則例，委是經久利便。」從之。

十一月十六日，詔令階文龍州經略使、兼沿邊屯駐軍馬吳拱買馬〔一〕，發御前披帶闊壯馬一千五百匹。所有價錢，令四川總領所先次應副，32兌使銀、絹三萬匹、兩，候買足日，具出豁限帳申尚書省，御前依數支降。中書門下省奏：「四川總領所見有樁管契稅錢四百餘萬貫，理合就便支撥。」有旨，令四川總領所於見樁管上件錢內扣數兌使應副，餘依已降旨揮。候支降到撥還數目，却令左藏南庫樁管。（以上《永樂大典》卷一一六六九）〔二〕

〔一〕吳拱：原作「吳挺」，據本書兵二九之一二、選舉三〇之一五、職官七一之九改。
〔二〕按，原稿此卷次乃旁批於本卷卷首。

宋會要輯稿　兵二三

馬政　三[一]

買馬　下

[1]乾道元年正月七日，詔：「茶馬司買發隆興元年、隆興二年分（馬）西馬，比之遞年虧損數多，顯屬不職，令具析因依聞奏。」

六月二十一日，建康府駐劄御前諸軍都統制劉源言，諸軍見管戰馬大段數少。詔令茶馬司、經畧司於每歲額外各收買二綱應副。

二十九日，樞密院言：「勘會四川宣撫使吳璘赴行在奏事，將帶馬二千匹前來。」詔令吳璘措置，自行收買，補填元起馬數。其合用博買錢物，令四川總領所應副。

二年二月八日，宰執進呈廬州進士劉惟肖獻利便事十件。上曰：「第八件止絶停留買馬之人，朝廷可劄下帥司，申嚴約束，庶幾免得生事。」

三年二月八日，大理少卿陳彌作言：「四川茶馬司每年合起江上諸軍馬八十綱，并行在殿前、馬、步三司馬七十一綱，宣撫司二分馬七百二十匹，總計一百五十一綱零七百二十匹。稽考得有拖欠未起隆興元年江上諸軍馬九十三綱，并三司西馬五十五綱，并隆興二年、乾道元年分宣撫司二分馬六百二匹，係累政收買，不敷年額。緣蕃蠻中馬有限，僅能敷足本年之數。竊恐前後循習，徒有掛欠。乞特賜蠲放，仍令茶馬司從乾道二年爲頭，須管買足一年歲額。所有[2]日前年分未買馬，已收簇攢那到錢，展計錢引四十四萬餘道，令項椿管，專充還前項累政欠買馬價之數。望行下茶馬司并三衙諸軍，遵守施行。」從之。

六月五日，樞密院言：「勘會茶馬司近來起發西馬，例皆低小瘦瘠。」令茶馬司今後須管收買及格赤、齒嫩、堪披帶馬，仍不得虧損歲額。

七月二十四日，詔：「令淮東西路安撫司行下沿邊州軍，嚴切立賞，禁止私渡買馬人。如有違犯，具姓名取旨，重作施行。」

十一月二十一日，四川宣撫使虞允文言：「依年額收買朝廷馬數足日，欲收買額外馬三二千匹，庶幾三都統下馬政復修，可以爲戰守之備。所有買馬本錢，望更給降度牒四五百道，逐旋變賣錢物支用。」詔爲係買戰馬，可特依，給降度牒三百道。

十二月十八日，鎮江府駐劄御前諸軍都統制王友直言：「本司諸軍戰馬昨自虜人侵犯之後，累經戰陣，委是闕少。」詔令茶馬司、廣西經畧司於每歲額外各收買二綱

[一] 原無此題，徑補。

應副。

四年二月十四日，提舉茶馬監牧公事張松言：「見措置，將宕昌馬場買到馬赤寸，於馬項下印烙引賣人姓字火印，排綱起發。若將來到行在内有短寸匹數，及齒歲不同，乞看驗火印姓字降下，責憑根究，追理短寸虧官價錢。」從之。

三月二十二日，户部言：「茶馬司申，宕昌、峰貼峽買馬以前立定賞罰，止是該説順政、長舉兩縣收發茶數外，餘將利、福津兩縣不係茶運經過地，所以未有賞[3]罰。今來本司自紹興初運茶博馬，係於西和州管下宕昌寨、階州管下峰貼峽置場，其茶運却從興州置口以去擺鋪運發，係經由興州順政、長舉縣，階州將利、福津縣，前去臨江茶場交納，應副博馬支用。其逐縣知縣若不申明，一例立定賞罰，竊慮無以激勸。乞參照政和三年六月七日旨揮推行榷茶賞罰行下，庶幾有以責辦。本部尋下都茶場指定，今勘當，欲依指定到事理施行。」從之。時户部下都茶場指定，檢准政和三年六月七日旨揮，户部狀：「都大榷茶司申：『乞應成都府排岸司、興州長舉縣裝(御)〔卸〕庫、鳳州轉般庫監官，綿州巴西、利州昭化、三泉、興州順政、長舉、西縣，興元府南鄭知縣任滿，收發過茶無失陷欺弊，提舉司保明，每四萬馱與減磨勘二年。如不獲收附，失陷一分，展磨勘二年。其承直郎以下賞罰，並各比類施行。二分以上，依舊差替人例。』本部勘當依，巡轄般茶鋪使臣任滿，減磨勘一年，先次旨射家便差遣。」

八月一日，兵部侍郎陳彌作言：「祖宗設互市之法，本以羈縻遠人，初不藉馬之爲用。故駑駘下乘，一切許之入中。蕃蠻久恃聖朝寬大，一拂其意，必起紛争，官吏亦懼生事，無敢誰何。黎、叙、南平軍等州，每買綱馬五十匹，内良細馬不過三四匹，中等馬不上二十匹，餘皆下下，不可服乘，發以充數，則必倒斃。蓋緣博馬茶錦所入有限，公吏旁緣爲姦，寧取下乘，以敷綱額，不鬻上駟，以虧茶錦。望約束川馬州軍，每綱以五分爲率，一分良細馬，餘四分依舊收買。仍令茶馬司汰其不中發綱者就賣，拘錢增置茶錦，以貼支諸州良馬之直。不惟上不失祖宗羈縻之德，下不誤諸軍緩急之須矣。」詔令茶[4]馬司從長相度，申樞密院。

十九日，都大主管成都府利州等路茶事張松言：「武節郎劉時敏權知叙州，到任未及半年，已買足乾道四年分歲額馬數，揀選得口齒輕嫩、及格、堪起綱駁騍馬僅五百匹，貼綱應副鄂州等軍支使，委見本官措置有方，了辦職事。乞將劉時敏正行差知叙州，專一措置增買起綱駁騍馬。」從之。

五年二月五日，池州駐劄御前右軍統制王世雄言：「右軍所買戰馬不多，望將川、廣發到綱馬，許令截留兩綱。」詔令茶馬司、廣西經畧司於歲額外各收買一綱，應副王世雄。

十九日，詔令都大茶馬張松於歲額外，通融收買川西馬二十綱，應副建康都統郭振，即不得虧損歲額。

四月八日，詔給降度牒三百道付宣撫司，專一椿充買馬使用。

七月八日，權發遣靜江府張維言：「邕州守臣係提點買馬官。本司幹辦公事一員，係邕州置廨宇，每歲十二月同到橫山寨親與蠻人爲市，至四月回州，委是有勞。欲乞將邕州守臣及幹辦公事一員，每增買二百匹，各與減一年磨勘；一千匹，轉一官。其餘官屬，更不推賞。契勘廣西經畧安撫司遞年收買戰馬，各用本錢，已降指揮取撥。若招馬益多，慮恐闕用。今照得靜江府乾道五年合發折布錢六萬二百八十餘貫，係赴湖廣總領所之數。今欲就内取撥三萬貫樁管，通已撥窠名錢物，衮同應副收買。」並從之。

十二日，詔令張維於歲 5 額外收買齒嫩、及格赤、闊壯堪披帶馬二十綱，起發赴行在。如錢數不足，許於合起發官錢内先次截撥。

八月八日，户、禮部言：「茶馬司申：『承指揮，於歲額外通融收買川西馬二十綱，應副郭振。約計馬本并起綱等用錢引二十萬貫。本司見有空名綾紙、度牒四百三十二道，公據内照應得係紹興四年朝廷給降淮西、川陝宣撫使司，撥赴本司樁管，未曾出賣，與見賣者度牒、綾紙式樣一同。今欲將上件度牒許本司書填批跋，依見買價例拘收價錢，應副收買額外馬綱使用。緣本司年計買馬除支遣外，尚闕錢引二十八萬貫。今來所乞，係充額外馬本，所有歲闕錢引，乞別賜支降。』得旨，送逐部指定。禮部勘會上件度牒，即不見得堪與不堪行使。欲別造新法綾紙、度牒四百三十二道，并公據合同號簿關吏部，差大使臣管押前去茶馬司，却將元降度牒、公據仍付使臣管押赴部，下度牒庫樁管。度支指定，欲下茶馬司照應禮部指揮定事理，將價錢專充收買額外馬本錢，餘數令樁管。仍據買到馬數，每匹格赤高下、齒歲、毛色并實計合用錢數，開具細帳，申四川宣撫司覈實。如歲額馬本錢委有闕數，即具申朝廷施行。」從之。

十一月二十一日，詔令茶馬司自乾道六年分爲始，每歲於叙、珍州額外收買馬兩綱，付高郵軍駐劄御前武鋒軍。

六年二月九日，侍講胡沂言：「比年置監漢陽，以休養馬 6 力，較其損斃之數，殆與前比。自四川經至行在數月，初亦不（堪）〔甚〕相遠，馬之受病不在今，而在乎博買之初。博買之際，皆先期繫馬于廄，絶不與食，使之甚饑。伺其明日，將相視而就易也，始以糜粥豆飲乘熱飼之。馬以飢渴，自然倍食，雖得一時色澤鮮明〔一〕、膚革脹飽。又從而（棄）〔奔〕驟馳騁，竭力以試之，既饑飽失宜，又勞逸過度。望行下四川茶馬司，委提舉官親行檢察，不爲估客牙儈所欺。如諸軍醫獸亦宜籍定姓名，重立賞罰。每歲醫過病馬若干，其賞幾何，損斃多數，罰亦隨之。」從之。

七年二月三日，宰執進呈御筆，四川買騍馬一千匹、廣西二千匹。上曰：「四川千匹，不難辦否？」虞允文奏曰：「西邊騍馬甚多，以官中不買，故不來爾。誠措〔置〕招誘，

〔一〕雖：疑當作「遂」。

雖二千匹亦可辨也。」上曰：「騾馬誠有益於用，無事則孳生，出軍則令披帶。若果易辨，令四川亦買二千匹。」於是詔令四川宣撫司、廣西邕州，每歲於額外各買發騾馬二千匹。

十六日，詔令禮部給降空名度牒五百道，應副四川宣撫司買馬。其見管封樁度牒錢，不得取撥支用。以四川宣撫使王炎言買騾馬一千匹，欲於見管封樁度牒錢內取撥，故有是命。

三月二十六日，宰執進呈吏部侍郎王之奇乞令諸軍於宣撫司置場處收買出格馬劄子，上曰：「茶馬司歲額外，更有馬可買否？」允文奏曰：「馬司自四月閉場後，宣司可以收買。但馬司近撥到西馬綱比去年一般月日大段數少，乞且令宣司措置。」上曰「可」。

【7】五月二十五日，江南東路轉運副使張維言：「據知南丹州莫延葚劄子，乞爲招買蕃馬，以報國恩。又備羅殿蕃羅鄉貢等狀，有出格馬，欲赴宜州中賣。即牒報莫延葚，且令措置，只就南丹置場。至春月，蕃馬到來，即差官前去，同共博馬。契勘靜江府至南丹州，比邕州地里減半，又無險阻路，馬力不耗。邕州守臣每到橫山博馬場，必調發兵丁彈壓。今南丹置場，只差宜州副將及准備將領并收支錢物官前去，畧無煩費。往年帥臣以爲蠻人深入內地不便，今置場於南丹，即無蠻人深入之患。」詔令廣西帥臣李浩日下措置，先具已措置事節申樞密院。仍委宜州准備將陳泰，於南丹州收買合用物帛。令帥司先次應副，具已應副過數目申朝廷撥還。其後十二月二十九日，權發遣靜江府、提舉廣南西路買馬李浩奏：「張維所乞南丹州買馬，係是更易，難以施行。竊詳廣西每年收買歲額戰馬，依已降旨揮，於邕州置司。自置司之後，經及三十餘年，委是利便。況年歲深遠，事皆就緒。」詔將已降南丹州買馬指揮更不施行。

十一月八日，樞密院言：「四川茶馬司遞年所發綱馬，元降指揮令收買四尺四寸以上馬，近來多係四尺四寸以下至四尺一寸，不堪披帶，理宜約束。」詔令四川宣撫司嚴行約束。如更違戾，將提舉官取旨，重作施行。

十二月二十九日，四川宣撫使王炎言：「准指揮，令四川宣撫司、廣西邕州每歲於額外各買發騾馬二千匹。契勘川蜀及關外所產騾馬不多，兼蕃蠻例皆收養，藉以孳生，委是少有前來入中。竊慮元【8】買之數，將來難已敷趁。」詔將乾道六年已前買騾馬並與蠲免。其乾道七年分騾馬，依已降指揮疾速排發。

八年正月十一日，詔：「令廣西提舉買馬李浩將七年分合發綱馬，比六年分已起數目，疾速依數措置收買，排綱起發，赴諸處送納，不管依前違戾。仍自令依乾道五年七月指揮，每歲收買闊壯額外馬二十綱赴行在。」以樞密院言廣西經畧司乾道七年合起發馬綱比乾道六年大段虧少，故有是命。

十五日，樞密院言：「進武校尉、前邕州上思知州事黃彬劄子：『蕃蠻之地，歲有馬出賣，橫山寨收買不絕。如小蠻家地，多有牝馬。若作孳生出產，一年買千匹，十年買萬匹計之，十年可出孳生數萬騎，以應大軍披帶。比之戰馬價例至少，稍不費朝廷財賦。情願收買一年牝馬一千匹，仍令邕州於上郭地場置監牧養。三年爲一界，押赴行在交納。如有牝馬孳生數多，併乞推賞。』」詔差監行在左藏庫中門尹昌前去，同黃彬措置收買。內黃彬與借閤門祗候，許繫紅鞓帶。候買及二千匹，即行補正閤門。繼而尹昌等言：「蠻人每歲於橫山寨賣戰馬，係招馬官進武校尉、知田州軍州事黃諧，進義副尉黃球，自當年十月將帶兵丁、効用深入蠻界招誘，委是有勞。望給錦段，賞賜銀絹。仍乞出給照帖與黃諧、黃球二人，同黃彬買及一千匹，增及二千匹，即與黃球、黃諧酬賞。」詔尹昌差充樞密院准備差遣。其黃諧、黃球同共收買，令廣西經畧司量[9]支錦段銀絹賞賜。仍候今來買牝馬及額，令本司保明，優與推賞。

二月十七日，樞密院准備差遣尹昌言：「竊聞自來買馬場遞年雖用黃諧等招誘博馬，自今後如蠻人每名中賣到馬三百匹者，乞賞錦段一匹、鹽一百斤。乞劄下買馬場遵守施行。」從之。

六月一日，禮、工部言：「都大茶馬司申：『西和州置添差通判一員，以本司幹辦公事兼之，專任宕昌監視買馬。上件窠闕，係是創置。年額買馬，幾近萬匹，出納錢物浩瀚，乞鑄銅印。并宕昌買馬所支馬價錢，舊在臨江置場支給。於乾道四年內，本司措置，就宕昌置庫，收支買馬錢糧，茶絹數百萬貫，乞鑄銅印。』今欲乞擬以『西和州宕昌買馬之印』九字爲文，(人)〔又〕欲依本司已擬到『茶馬司宕昌茶帛庫記』九字爲文，鑄造施行。」從之。

七月二日，詔：「令諸軍於沿邊熟户等處收買好馬，不得私相販賣。仍經由河池縣茶馬印驗，發付諸軍，申宣撫司照會，覺察施行。」以臣僚言，四川諸軍於宕昌及熟户處買馬，私販出川界，於襄陽一帶轉買銅錢，致使諸軍馬數虧少，故有是命。

同日，臣僚言：「竊見祖宗以來，馬政係茶馬司專用茶、錦、銀、絹博易，蕃漢皆以爲便。近來茶馬司不以茶、錦，專用銀(弊)〔幣〕博買，甚非立法之意。況茶、錦外界必用之物，若不依舊以茶貨及綵段博易，則銀寶多出外界，甚非中國之利。」詔令四川宣撫司參照祖宗舊法，更切詳審，措置經久可利便，申樞密院。

九年二月十八日，宰執進呈次，上曰：「新差[10]知邕州姚恪頗開爽，但未知能辦買馬事否。」梁克家奏曰：「恪既開爽，於政事必有可觀，買馬亦爲政之一事也。」上曰：「然，當更訓諭遣之。」

四月二十八日，兵部言：「勘會川陝、廣西收買歲額綱馬，皆有立定齒歲、格赤，並要輕嫩闊壯、堪披帶戰馬，分撥諸軍使用。近來諸軍多有申到，每遇交割到綱馬，看驗得內口齒過大，以(致)〔至〕不及格赤，矮小怯弱，不堪披帶，充數起綱前來，不惟(往)〔枉〕費官錢，竊恐有誤諸軍支配指準，乘騎使用。今欲乞行下茶馬司、廣西經畧司，督責買馬官司遵依已降指揮，今後須管收買口齒輕嫩、及格赤、闊壯、堪披帶戰馬，排綱起發施行，毋得依前違戾。」從之。

十一月十二日，樞密院言：「四川茶馬司排發綱馬，訪聞內有買到病瘠馬充數起發。」詔令四川茶馬司開具因依，申樞密院。仍行下買馬去處，今後須管買及格赤、無病瘠、齒嫩馬排發，毋致違戾。繼而樞密院言：「已降旨揮約束。所有廣西買馬，理合一體。」詔令廣西經畧司依四川茶馬司已降指揮施行。

十二月十六日，持節南丹州諸軍事、南丹州刺史、知南丹州公事、武騎尉莫延葚言：「竊見朝廷買馬，全藉羅殿諸蕃將馬前來邕州博買。或遇春雨連綿、溪水暴漲之時，阻絶馬路，蕃人將馬復回，是致博買不登歲計之數。兼出馬之地，至邕州横山寨五十餘程，自横山至静江府二十餘程，加之路途險阻，水草不利，馬多瘠瘦，未至静江，往往倒斃。兼諸蕃出馬之處，至本州一十程，道路 11 平坦，水草豐足，兼無險阻。自本州至静江一十三程，比之邕州路近三十餘程，止將路途比較，已爲利便。頃歲本路經畧張維已曾陳奏，乞於本州買馬。雖蒙省部行下，緣宜州避創事之勞，巧陳利害，其議遂罷。今因宜州沿邊溪洞都巡檢使常恭赴闕，謹將買馬利害附託上進。」詔從義郎李宗彦特差充廣南西路提點綱馬驛程〔一〕，宜州駐劄，填尹昌兼權闕，專一相度措置買馬。仍先次條具利害及合行事件申樞密院。以上《乾道會要》。《宋史》本紀：孝宗紹興三十二年五月辛卯，詔罷四川市馬。《袁抗傳》：抗爲益州路轉運使。黎州歲售蠻馬，詔擇不任戰者却之。抗奏：「朝廷與蠻夷互市，非所以取利也。今山前後五部落仰此爲衣食，一旦失利侵侮，不知費直幾馬也。臣念蜀久安，不敢奉詔。」尋如舊制。《程之邵〔傳〕》：(徐)〔除〕主管秦蜀茶馬公事，革黎州買馬之弊，歲以仲秋爲市，四月止，以羨茶入熙、秦易戰騎，得良馬益多。《南軒語録》：静江買馬，恐馬不時至，求《易》卦，得晉康侯用錫馬蕃庶，更不須看爻。雖使某自擇一卦，不過如此。已而馬果至。《宋史·韓肖胄傳》〔二〕：韓(蕭)〔肖〕胄擢工部侍郎，時川陝馬綱路通塞不常，(蕭)〔肖〕胄請於廣西邕州置司互市諸蕃馬。詔行之。《中興小曆》：紹興二年初，五路既陷，馬極難得。韓(蕭)〔肖〕胄建議宜即邕州置市馬場，取馬嶺表，以資國用。又李心傳《朝野雜記》云：廣馬者，建炎末，廣西提舉峒丁李棫始請市戰馬赴行在。紹興初，隷經畧司。三年春，即邕州置司提舉，市於羅殿、自杞、大理諸蠻。未幾，廢買馬司，以帥臣領其事。七年，胡(制)待制舜陟爲帥，歲中市馬二千四百匹。詔賞之。其後馬益精，歲費黄金五鎰、中金二百五十鎰、錦四百端、絁四千疋、廣州鹽二百萬斤，而得馬千五百疋。必四尺二寸以上乃市之，其直爲銀四十兩，每高一寸增銀十兩，有至六七十兩者〔三〕。土人云〔四〕：其尤駔駿者，在其出處，或博黄金二十兩，日行四百里。但官價有定數，不能致此耳。然自杞諸蕃本自無馬，蓋又市之南詔。南詔，大理國也，去自杞國可二十程。而自杞至邕州横山寨二十二程，横山寨至静江府又二十餘程，羅殿國又遠自杞十程〔五〕。宜州溪洞巡檢常恭者赴闕，持南丹州莫延葚表來，乞就宜州中馬，比之横山，可省三十餘程。張説在樞筦，以其表聞。李壽翁時爲檢詳文字，爲説言：「邕遠宜近，人(熟)〔孰〕不知？前 12 迂其塗，豈無意？況今莫氏方横，乃欲爲之除道，而擅以互市之饒，誤矣。小吏妄作，將啓邊釁，請論如法。」説不聽，命從義郎李宗彦以提點綱馬驛程往宜州措置〔六〕。既而説罷政，密院乃奏宗彦等所言邊防不便，罷之。時淳熙元年也。《宋史·占城國傳》：乾道七年，閩人有浮海之吉陽軍者，風泊其舟，抵占城。其國方與真臘戰，皆乘大象，勝負不能決。閩人教其王當習騎射以勝之。王大悦，具舟送之吉陽，市得馬數十匹歸，戰大捷。明年復來，瓊州拒

〔一〕義：原作「議」，據《建炎雜記》甲集卷一八改。
〔二〕史韓肖胄傳：此五字原無，徑補。下文見《宋史》卷三七九《韓肖胄傳》。
〔三〕「七」下原有「兩」字，據《建炎雜記》甲集卷一八删。
〔四〕土：原作「士」，據《建炎雜記》甲集卷一八改。
〔五〕「遠」下原有「如」字，據《建炎雜記》甲集卷一八删。
〔六〕命：原無，據《建炎雜記》甲集卷一八補。

之，憤怒，大掠而歸。淳熙二年，嚴馬禁，不得售外蕃。三年，占城歸所掠生口八十三人，求通商，詔不許。

淳熙元年九月二十一日，詔住罷宜州買馬。先是，樞密院言知南丹州莫延葚乞自備錢糧於諸蕃招馬，至宜州博賣。尋差李宗彥充廣西提點綱馬驛程，宜州駐劄，專一措置買馬，仍令同宜州知、通相度。既而宗彥等言於邊防利害不便，及與邕州買馬有妨，故有是詔。

十月九日，臣僚言：「叙州歲買七等馬八百五十一匹爲額，更令歲買騸馱馬三百疋。(令)〔今〕本州申乞(往)〔住〕買騸馱馬，迺以歲買七等馬額收買十歲以下者。其十歲以上至十三歲馬，令本州措置出賣，拘收本錢。竊慮有失招徠遠人之意，乞依自來條法外，有騸馱馬，責令本州依應收買，但不過三百疋元科之數。」從之。

十一月九日，詔四川所買西馬並依廣西已降指揮施行。先是有旨，廣西自淳熙二年收買四尺四寸馬，經略使范成大言：「其間四尺三寸及三寸帶分之馬，齒嫩闊壯，一切棄之可惜。乞令邕州於内揀選壯嫩權奇者收買，入常綱起發外，四尺二寸帶分、二寸以下，即更不印買。」既從其請，故令四川依此。

二年正月十六日，興州都統吳挺言〔一〕：「本司諸軍【13】戰馬，除茶馬司得歲額綱馬六百五疋外，例用諸軍青草錢，歲於宕昌以來自行收買。自張松變更馬政禁之，合得歲額之數亦支撥不及。乞許本司以青草錢依舊宕昌、威遠鎮等處收買。」詔茶馬司逐旋補發數足，餘從其請。四月又言：乞於皁郊、威遠鎮、東柯、太平監等處北馬驛許相兼收買。詔許每歲買七百疋。

五月八日，湖廣總領劉邦翰言：「相度忠訓郎劉琛乞依舊將荆鄂都統司(馬)青草錢買馬，補填倒斃。青草錢歲買馬七十匹，撥付闕馬官兵。」以金州都統于友言：「本軍自買馬半年，只得三疋。乞從都大司收買。」故有是命。

十一月二十日，侍衛步軍都虞(侯)〔候〕田世卿言：「三司買發綱馬，昨於漢陽軍住程十日。竊謂金、房州界山路險惡，乞於住程十日内那移六日，於險惡處各住程一日，於泥濘處一日，實爲利便。」詔京西轉運司行下住程州縣，委守令督責所屬，修整驛舍，排辦槽具。其草料錢糧，令湖北轉運、總領將現應副漢陽十日程内就撥七日，付京西轉運司均撥逐處支遣。自金州至平利縣住程一日，次女媧山至寶豐驛住程一日，次碓臼山至竹山縣驛住程一日，次房州之東至故郡驛住程一日，次八坳九疊至干平驛住程一日〔二〕，次歷外朝内乾峻嶺至梅溪驛住程一日，次涉陂澤泥濘至郢州住程一日，至於漢陽軍三日，共十日。

【14】三年正月十四日，權四川茶馬司朱佺言，漢陽軍、郢、房州及金、洋州、興元府、興、成、西和州抵宕昌馬驛狹隘弊陋。詔逐路漕臣選委有才力官躬親前去，逐驛檢視，疾速措置督責，務要整肅，不致闕誤。如敢違戾，按劾以聞。

〔一〕吳挺：原作「具梃」，據《宋史》卷三六六《吳挺傳》改。
〔二〕干平：原作「于平」，據後文兵二三之二〇及《文獻通考》卷一六〇改。

二月五日，茶馬司言：「收買舊宣撫司闊壯馬一千疋，數內五百疋撥付三都統軍，內興州都統司二百八十五疋。緣吴挺近申明每歲自行收買馬七百疋，更有茶馬司合均撥歲額馬數，委是重疊。」詔興州軍與支撥二百疋，餘八十五疋自淳熙三年分排發赴御前投進。

四年二月二十七日，詔：「茶馬司拘收金州都統司內應干買馬價錢窠名、收支見在，并綱馬毛色、齒數、尺寸、每匹價錢若干，及發納去處，開具夾細帳狀，每歲於次年春季申尚書省。」

五年二月五日〔一〕，詔：「御前降到量馬尺樣付茶馬司，令收買戰馬，須四尺四寸以上。其兩齒馬聽低二寸，四齒馬聽低一寸，足齒馬依已降指揮收買四尺四寸以上闊壯，堪披帶馬，計綱排發施行。」（從之）

二月十四日〔二〕，詔：「自今綱馬到來，並先經主帥子細契勘確實齒數、格尺，有無低小、病瘠、狹瘦，報審驗官司覆實印留，仍具不及齒歲、格尺、堪充騙負馬匹數申樞密院。」以樞密院言：「已降指揮，令四川茶馬司、廣西經略司行下買馬去處，收買兩齒及四尺〔三〕〔二〕寸以上、四齒及四尺三寸以上、五齒及四尺四寸以上，並闊壯、無病，堪披帶馬，計綱排發。歲終，委兵部開具賞罰，及令內外審驗官司并主帥子細契勘〔口〕齒格尺，方許收接〔即〕〔印〕留。」故有是命。

閏六月十八日，詔關西四州民間依舊從便買馬孳養，不得禁止拘籍。頃因張松有請禁之，至是弛其禁。

十二月二日，詔四川茶馬司自今年爲始，將本年數目〔三〕，已與荆〔南〕都統王琪議，每年留一半貼買戰馬。兼江州都統皇甫倜議，每年留一萬貫雇人收打青草，餘錢盡數收買戰馬於各軍。從之。

六年 15 四月二十四日，四川都大茶馬吴〔總〕〔揔〕言：「本司買馬，全藉幹辦公事官招徠幾察，任滿止得減二年磨勘。其西和州知、通絶不干與買馬事務，止是隨例應辦糧草、馬驛等事，而任滿得轉兩官。今乞將西和州、宕昌場買馬，每歲買及五千二百疋以上，其西和州知、通及本司幹辦公事官三員任滿，各與轉一官。本司幹辦公事四員，內一員差兼西和州通判，專住宕昌買馬。其賞格乞依舊外，今來更不增賞。」從之。

七年二月二十一日，四川總領李昌圖言：「乞權住茶馬司添買興元府都統司戰馬二千五十三疋。」上曰：「興元府都統司所管馬舊額幾何？」趙雄等奏：「紹興年間以二千匹爲額。」上曰：「可令茶馬司將興元府都統司馬據見管數揍買成二千匹，補填元額。」

〔一〕以下四條原在上文淳熙二年「十一月二十日」條之後，年代順序顛倒。考此條及下條所稱「御前降到量馬尺樣」，據本書兵二六之一四乃是「淳熙四年十月十七日指揮」，則此二條爲五年事不誤。而年月失次，當是《大典》編録時錯簡。又下條「閏六月」亦在五年。今按年月順序移正。
〔二〕此條原在「十二月二日」條之後，今移此。
〔三〕按，此句與下文文氣不貫，文意不明，疑此句之下有脫文。

三月二十四日，詔：「茶馬司將黎州蕃馬并文州馬並買四尺二寸五分以上、齒嫩向長、堪披帶馬起發，餘遵依已降指揮。」五月二十八日〔一〕，詔：「黎州蕃部輒敢侵擾省地作過，意欲逼脅邊郡，將不及格式馬中賣入官。令茶馬司下本州，今歲且依淳熙五年二月五日指揮口齒尺寸收買。其近降減作四尺二寸五分以上指揮，俟蕃部畏服，可自淳熙八年分爲始。仍更切審度蕃部作過情理輕重，隨宜措置施行。」

七月四日，臣僚言：「黎州市馬，專委通判，慮守臣不預馬政，理宜申飭。」詔黎州知、通均任其責，仍須不失事體，賞罰依見行條法。

八月三日，宰執奏事畢，上語及黎州邊事，令宰執以書諭胡元質、吳(總)〔摠〕等：「如蠻人以市馬邀我，則且住一兩年，使權常在我，彼無能爲，自然安帖畏服。」趙 16 雄等奏曰：「聖諭可謂明見萬里矣。」

九月十七日，詔：「廣西經畧司行下邕州，自今每歲買馬，止令通判前去，仍輪差將副一員，量帶將兵彈壓。守臣依舊銜帶『提點買馬』，只在本州治事，不妨檢察。」以樞密院言守臣往邊上彈壓，有妨郡事故也。後八年九月一日，廣西經畧王卿月言：「守臣臨邊，不專爲馬政，溪洞事宜不一，正在酌情調護。一但易以通判，事權寖輕，不能號令溪洞。」詔令依舊。八年五月，都大提舉茶馬吳(總)〔摠〕言黎州買馬，乞依邕州指揮，令守臣依舊帶銜。從之。十年十二月，敘州亦依此。

八年二月四日，知興國軍朱晞顏言：「茶馬司所買馬，並四尺二寸以上、十歲以下，方許起綱。自四尺一寸以下，或十歲以上，雖四尺五寸亦不收買。其間多骨相驍駿而馳驟超逸者，例以不及格棄之，又不許民間收買。乞於茶馬司所買外，不堪撥發起綱之馬，不拘軍民，並聽從便收買。」詔茶馬司契勘十歲以上、四尺五寸馬，見今曾與不曾收買；其不及格尺之馬，令買馬官等驗用退印給據，令民間從便交易。

六月十一日，詔：「關外四州民間孳養到馬，從便賣買，不得拘籍禁止。」

九年五月二日，都大茶馬王渥言：「黎州買馬，舊額二千一百二十四疋，一年計用絹二萬三千匹。乾道九年，趙彥博以青羌作過，優支馬直，始用絹三萬四千匹。至淳熙八年，龔總到任，欲買馬三千三百八十一疋，將數内不及格尺馬一千九百八十八疋陞作良細馬，共支絹七萬六千餘匹，與乾道八年買馬相類，而支絹加一倍以上。今乞以十年買馬支用數目，取一年酌中 17 之數，立爲定則科撥。仍立定每綱五十疋，止許以十五疋爲良細，使買馬官吏從實互市。所有淳熙八年買馬官，乞朝廷重作施行。」詔：「龔總已放罷，特降三官；通判孫醇、監押楊仲禮，各特降一官放罷。仍令陳峴、王渥參照紹興年間一歲酌中之數，立爲定制聞奏。」既而，峴等言：「黎州馬政循習既久，爲弊已極，至有全綱作良細者。蕃蠻所得馬價既優厚如此，若依(來)〔今〕來所降指揮，以紹興年間酌中之數立爲定則，乃是一旦革去十分之九，却恐蕃蠻别致生事。今取酌中年分。如淳熙六年共買馬一千一百二十九疋，内良細馬只計五百四十疋。若以此年爲則，庶從中制，於邊防、馬政兩便。乞行下黎州，照淳熙六年酌中之數漸行

〔一〕句首原有一字，僅存殘點，據文意，似當作「後」。

更革，令及此類。如將來蕃蠻馴服，從實互市，其所減又不止此。」從之。

十年六月二十四日，臣僚言：「江、池二州阡陌狹隘，深溝斷塹，而又津梁不修。況石溪、冷水馬驛有二，相距六十餘里，狹隘泥濘。冬日差短，馬行至暮，方能抵驛。望令江、池二州重修馬路，石溪、冷水添置馬驛。」詔江、池州守臣相度聞奏。既而知池州岳甫言：「石溪驛至冷水驛計五十五里。若於中間添置馬驛，每驛不及三十里，地程促近，別無合置驛去處。今相度，將地里高低迂曲去處，牒巡尉重行興築高壯平闊，及開渠道，無致泥濘。」從之。

十一年四月十二日，興州駐劄御前諸軍都統制吳挺言：「鄂州江陵府副都統制郭杲乞下川秦買馬司及興州都統制司，各應副騍馬五綱。仍乞於御前闊壯良細馬內截撥兩綱，以充脚馬。緣户民所養騍馬稀少，艱於收買，今止買得一百五十匹。排足三綱，起發兩綱，竊恐未能便得辦集。」詔令一面接續收買。

七月二日，興元府駐劄御前諸軍都統制彭杲言：「所部馬軍見以二千匹爲18額，又有倒斃。乞許令依興州、金州兩都統司例，每歲除合撥二分馬外，差官齎椿收青草錢於四川茶馬司宕昌馬場摘買馬二百疋，逐旋補填闕額。」從之。十二年五月九日言：「依已得指揮，每歲就宕昌馬場摘買，更不援例自行置場。」從之。十三年四月二日言：「近准茶馬司奏，乞候買發闊壯馬日，照(與)〔興〕州例對減。得旨，各與應副一年。契勘本司馬軍近年揀退倒斃積壓數多，今乞行下，每歲買一百五十疋。」詔令茶馬司每歲將本軍納到青草錢收買一〔百〕疋。

十二年正月二十三日，建康都統制郭鈞言：「本軍先用官錢買到叱白大馬，堪充披帶，已將補填闕額。若不印烙，竊慮無以關防。緣從來即無承降到指揮，除已權行印烙外，日後如有似此買到之數，乞令照前項已降指揮施行。」從之。

七月六日，四川茶馬司言：「每年買發闊壯馬七百疋。先準尚書省劄子，自淳熙十年爲始，住買三年。其淳熙十三年分如依舊收買，乞早降指揮下本司，預期説諭蕃客興販入中。仍乞下總領所，照例科降本錢施行。」(照)〔詔〕依年例收買，特應副鎮江軍一次，須將及格尺、齒嫩、堪披帶馬起發。候到，委官覈實。

八月十六日，詔湖北轉運司移石牆馬驛於京山縣曹武市驛舍，令京西運司修蓋。其每歲錢糧草料，仰湖北運司依舊應副，毋致闕誤。

十二月五日，四川茶馬司言：「乞將興元府都統司所買馬二百疋，依興州都統司例，於本司合買闊壯馬或三衙馬內依數對減施行。」詔令應副堪好馬一次。

十三年四月二十九日，四川茶馬司言：「宕昌買歲額馬自遠蕃來，太19半瘦瘠。既已入中，便行排發。若至大澤縣瘠驛，經涉橫水汨水驛，乞住程一日，實爲利便。」從之。

十一月十五日，詔：「四川茶馬司每歲市馬若干，價直增損若干，收支茶、綵、銀兩若干，並令制置司通知。」

十四年五月十四日，都大主管四川茶馬李大正言：

「西和州買馬係本司選辟差官前去，通判畧無干預。乞（令）〔令〕後西和州通判更不推買馬之賞。」從之。

二十五日，宰執進呈趙汝愚等奏，相度到邊場用銀買馬利害。上曰：「所買闊壯馬與綱馬何異，却用銀二萬餘兩？可行下，權住買闊壯馬，仍令茶馬司每歲用銀買馬不得過乾道五年以前之數。」

七月十六日，樞密院進呈四川（置制）〔制置〕司申虛恨蠻乞自來黎州中馬事〔一〕，上曰：「虛恨蠻既是久例附帶邛部川出漢中馬，難以許其自來。可令趙汝愚行下黎州宛順説諭，仍令嚴飭邊備，以防不測。」

八月十一日，樞密院進呈趙汝愚、李大正奏到增添銀兩買馬事，上曰：「用銀買馬，宜以漸革。使諸蕃互市，由之而不知。當以此意諭與兩司。」

十五年二月十五日，詔：「四川茶馬司權住收買淳熙十五年分闊壯馬。其銀兩令項椿管，不得妄用，歲終具數聞奏。」十六年五月二十四日，詔更住一年。

五月十一日，詔州郡互市去處，每歲買馬銀兩，可更措置減省以聞。

二十四日，殿前副都指揮使郭棣言〔二〕：「茶司牽馬官兵係諸州抽摘厢（宜）〔軍〕，類皆游手，押綱使臣初非 20 遴選，不諳馬（姓）〔性〕，綱馬多斃，其實由此。乞只從三司選差官兵前去取押。仍乞自川路至國門，相度道里遠近，〔分〕定地分，令逐處都統司各選差將官一員，點檢驛舍草料。遇有覺察到作弊等人，許牒赴所屬懲治。仍以一年一替。所過綱馬，全無倒（弊）〔斃〕少〔三〕，量與等級酬賞。或前弊不革，罰亦如之。」侍衛步軍都虞候梁師雄言：「乞行下所隸州縣相視驛舍，量加修葺；及將合用草料常切應辦，各就馬驛附近椿頓，綱馬到日，隨即支給。仍乞更令沿路都統制司分定驛程，各差素有心力將官一員，逐司量給盤費，與諸州軍所委官同共提點。自宕昌至興州一十五驛，屬興州都統司；自大桃至漢陰一十五驛，屬興元府都統司；自衡口至干平一十三驛，屬金州都統司；自梅溪至石牆一十四驛，屬江陵副都統司；自應城至石田一十四驛，屬鄂州都統司；自邊城至楊梅一十一驛，屬江州都統司；自紫巖至廣德軍一十二驛，屬池州都統司；自段村至臨安府餘杭門六驛，屬殿前、步軍司。各令所差將官用心巡視，務要驛舍、草料應辦齊整。如有違戾去處，從提點將官具申所屬都統司等，移文州縣，將本驛不職官吏依公責罰。若更（減）〔滅〕裂，備申朝廷。逐司所差將官，歲一更替。如實有勞効，即與支給犒賞。」從之。以上《孝宗會要》。

紹（興）〔熙〕元年十月二日，宰執進呈茶馬司申綱馬格尺，上曰：「馬只要齒嫩。若齒嫩，自會長進，不可拘格 21

〔一〕虛恨：原作「虛狠」，按本書「蕃夷」類及諸史籍俱作「虛恨」，據改。下同。
〔二〕郭棣：原作「郭某」。按，據周必大《思陵録》淳熙十五年殿前副都指揮使爲郭棣，因補。
〔三〕此句似當作「全無倒斃，或倒斃少」。

尺。」繼而茶馬司言：「承殿前司申，乞下本司將四尺二寸馬日後不許買發。本司照得昨於淳熙五年二月内準指揮，令本司照元降到尺樣買發，品類均分，揍綱排發。竊詳邊場買馬，自準指揮降到格尺，見今諸蕃執爲久例。今若將四尺二寸馬盡數退出，恐阻遏蕃情，別致生事。乞下殿前司，於本司發到馬綱，逐匹應得元降歲數、尺寸，即遵淳熙五年指揮施行。」從之。

十二月三日，樞密院言：「殿、步司申：舊例，宕昌買馬，本司自差使臣、兵夫短送至興元秦司。其三衙人就興元秦司領馬，長押歸司。緣茶馬司短差綱官，止是寄居待闕使臣，其短送人諸州所差軍兵不足，多是雇夫牽送，皆烏合游手。自宕昌雇夫應數，冒請雇錢，出門之後放散，却與興元近地借人應數，赴秦司納馬，沿路偷盜草料。自宕昌至興元二十驛程，養飼失節，因而受病，到務相繼倒損，弊害非一。欲令三衙官兵徑赴宕昌取馬，將雇費量與添助券食。乞下有司詳酌施行。」殿、步司看詳〔一〕：「照得差官兵去宕昌取馬，緣宕昌窄狹民稀，艱得舍屋安泊。又是極邊，慮恐積留官兵在彼歇程，因而與西夏賣馬蕃客博易物貨，引惹未便。乞自紹(興)〔熙〕二年以後，本司官兵到興元，從排馬將官於每綱二十二人内，差綱馬官、醫獸、軍典各一名，牽馬軍兵五人，前去宕昌本司監視買馬統領官處，先次識認本綱馬毛色、齒歲、尺寸。候茶馬司發回，乞令就茶馬司批支券食、錢米，仍令茶馬司差能部轄押馬使臣一員、牽馬人夫一十七名，揍本司所差綱官等八人，通二十六人，同共沿路提督飲餧。至秦司，將本司所差綱官等入務守馬，止宿照管。如一綱五十三疋，内有損斃病患馬，許從綱官陳乞退換，令秦司貼揍作五十疋，排發前來。若五十三疋全到，其茶馬司押馬使臣，乞支短綱賞。本司綱馬官等不預賞罰，止 22
令不以疋數準備馬揀選五十疋團綱，庶得不致別司馬衮同交雜，亦無趲換之弊。其餘小管押二十四人，止在興元住程，伺候排發綱馬，一就起發歸司。不唯戰馬飲餧便得其宜，又且茶馬司得本司所差軍人提督照管送馬人夫，實爲便當。本司官兵自興元取馬至行在，賞罰並乞依見今條格施行。」詔依殿、步司相度到事理施行。

二年十月二日，宰執進呈四川總領司申權住買闊壯馬價錢，上云：「闊壯馬亦須間歲與買一次，恐今後蕃人只將低小馬來賣。前數年住買價錢，令別司樁管，防其他用。」

十二月二十六日，湖廣總領詹體仁等言〔二〕：「昨準指揮，江陵副都統率逢原奏荆襄民間土生馬蕃多，格尺深類西馬。令本司措置，每歲收買二百疋，發付江陵軍收管，其價錢總領所支給。奉旨，令相度經久利便聞奏。相度襄陽一帶土產馬低小〔三〕，雖有及格尺馬，數亦不多，止可入隊披帶，蓋與陝西不同，馬之優劣，相去遼絶。然襄、郢地土相接，易於養飼，不甚損失，又無四川遠路辛苦之弊。緣不增官買，是致馬數不甚蕃息。今若限以尺寸，又(無)稍優其直，則人知養馬之利，皆養及格尺牡牝，日益滋多，他日爲

〔一〕「步」上原有「馬」字，據此注末句删。
〔二〕詹體仁：原作「張體仁」，據《宋史》卷三九三《詹體仁傳》改。
〔三〕「相度襄陽」以下至段末，原作小字注。按，若如此，則詹體仁之奏語義未完，「令相度」亦不知令何人相度。今細審此文，「令相度」即令湖廣總領所相度，「相度襄陽」以下即詹體仁等相度後之意見。是「相度襄陽」以下仍應爲正文。因改。

國家之利。若以優劣較之，終不如西馬道地。若每年添撥得馬，更令湖廣總領所於朝廷樁管錢内出備價直，收買襄陽格尺馬付鄂州都統司，改撥步軍及收子弟以充其軍，則兵官及諸軍騎兵皆得好馬出戰乘騎，實爲經久利便。仍乞下京西、湖北帥司，約束沿邊所屬州縣，常切禁戢過界盜馬無圖之人，庶革生事之弊。」詔令鄂州都統司逐旋收買土産格尺堪披帶馬二百。其錢總領所關支，仍常切關防盜馬中賣。

三年三月十九日，户部言：「都大提舉茶馬、夔路安撫、提刑、運司申：『紹興元年十二月四日，權發遣大寧監郭公益奏，所領監實處峽外，所管大昌一縣賦入甚微，而每歲買發茶馬司撥馬銀數四千四百二十九兩，比本路州縣爲額獨多。嘗契勘官破本錢支俵民間，每兩不過支〔一〕引半，而在市 23 銀價却當五引半，民間每一兩而遂有四引虧折。其名下科敷數少者亦自難辦，而敷多者其困可知。乞下茶馬司與本路諸司相度，量行減免。逐司照會夔州路管下大寧監，祖宗舊法每年額理應副二千九百五十兩。今欲將大寧監日後合撥銀數再與裁減錢引半道，止理四道五分。每兩除發監本錢一道半外，止理民間三道，委是經久可行。』本部看詳，欲下大寧監，從茶馬司、諸司相度到前項事理施行。」從之。

六月七日，詔：「鎮江都統司於淮東州軍、建康都統司於淮西州軍參酌荊襄已行事理，措置收買土産格尺壯嫩、堪充披帶馬，解赴總領所，審驗來歷分明，發往各軍乘騎，理充逐年綱馬之數。合用錢於淮東西總領所先次兑支，却令茶馬司將拖下逐司馬價錢内對數撥還。仍仰主帥嚴行約束，不得容外界馬中賣。」以樞密院言：「昨江陵副都統率逢原乞買荆襄土産馬，竊慮邊民偷盜中賣，别致生事。湖廣總領所、京西安撫司相度，乞依神勁軍例，只就本處收買土産馬，委安撫司審問來歷，發下所屬，令所屬具實直價錢關報總領所支給。今據張詔、劉忠申：兩司節次買到土産格尺馬堪充披帶，已發付逐軍外，所有鎮江、建康都統司緣近年茶馬司拖欠綱馬數多，竊慮軍士闕馬乘騎。」故有是命。

五年二月二日，詔：「西和州、黎州買馬賞，並以實起發過綱數委及元額，方許理賞。内茶馬司催督諸場買馬幹官並依舊法，淳熙六年四月指揮，更不施行。」

十一日，四川制置司言：「興州都統司申：『向來吳挺申獲指揮，每年買馬七百疋，即不聲説令都統司買馬。照得本司互市，24 惟宕昌一處，每歲收買供進并三衙及諸軍戰馬，總計六千餘匹，最爲重大。若從例於宕昌買發，必將狹小馬科撥，令本司收買，有誤諸軍填闕。乞依元降指揮，令本司差官於宕昌從舊自行收買七百疋。』制置司竊詳：四川買馬，自有茶馬一司專主其事，今欲依興元府等例，自軍差官赴宕昌，同茶馬司簽廳官監視收買五百疋，餘令都統司自行收買，庶幾事權歸一。」從之。

六月五日，四川茶馬司言：「叙州申，買馬乞從黎州體例，除知州不預赴場外，止令通判與監押量驗收買。所有邊防、馬政但干事務，知、通均任其責。」從之。以上《光宗會要》。《宋史·光宗本紀》：紹熙四年六月壬寅，詔市淮馬充沿江諸軍戰騎。《蘇寀傳》：文州歲市羌馬，羌轉買蜀貨，猾駔上下物價，肆爲姦漁。寀議置折博務，平貨直以易馬，宿弊頓絶。

慶元元年正月九日，詔：「令殿前司量差將官、軍兵於襄漢州軍收買土産馬二百五十疋。合用價錢，先次於總領所借支，却令茶馬司於拖下綱馬所管錢内對數撥還。仍仰約束買馬官兵，毋得收買外界馬。合行事件，條具申樞密院。」以本司有請故也。

二年三月十三日，四川制置趙彦逾、茶馬楊經言：「紹熙元年至五年，黎州買過良細馬數，照得四年所買一千一十四疋，在五年之中最爲酌中數目。欲令本州依額收買。」從之。先是，茶馬司言：「黎州買馬，自紹熙五年八月至慶元元年五月，買過馬内却有良細馬一千五百二疋。看驗除充上號外，餘止是尋常綱馬，致多過馬本，侵動本司歲計。乞下本州，照紹熙三年例買發。」至是兩司相度四年所買之數爲便，故從之。

同日，詔令興州都統制司，每歲止 25 許於宕昌自行收買馬七百疋。依近降指揮，不得於邊上及威遠鎮等處置場收買。仍令茶馬司將每歲合起發三衙西馬依數排發，毋致拖欠闕誤。〔先〕是，都統（置）〔制〕司言：「乞依元降指揮，差官於宕昌，每年自買戰馬七百疋。」四川制置茶馬司詳所奏，相度欲從淳熙二年指揮，令都統制司自行置場收買七百疋，赴茶馬司買馬場印烙。除買七百疋外，若更衷私買馬一疋，兩司重立賞典，許人告首，當職官吏並重作施行。又都統制司自開場全用銀絹、錢引收買，則馬歸戎司必多。所有拖下三衙綱馬，却須稍寬期限。勘會昨茶馬司、興州都統制司各行收買西馬，已有定額。既茶馬司買價高，其都統制司亦無攙買之弊，所有每歲合排發三衙西馬自不相妨。故有是詔。

三年五月九日，殿前司言：「本軍差撥正將馬興祖等前來襄漢，買到馬九綱，乞行推賞。」詔令殿前司斟酌等（弟）〔第〕，自行犒設。

嘉泰三年六月十八日，樞密院言：「江陵副都統制司每歲截撥廣西綱馬錢二萬貫，收買土産馬。據申到去年分已買馬四百匹，每疋五十餘貫。竊慮所買馬間有不及格尺或齒老病患、不堪披帶。訪聞民户將堪好壯闊、及格尺土産馬往外處就高價出賣，誠爲可惜。」詔令湖廣總領所樁管會子内支二萬貫付江陵副都統制司，貼助收買土産馬使用一次。每疋以一百貫爲率，並要及格尺、齒嫩、堪披帶，委襄陽守臣如法看驗，印烙字號。每及五十疋，䌽畫毛色，聲説尺寸、齒數，係幾年分買到馬，具申樞密院。

四年三月九日，樞密院言：「建康都統制司地分，乃淮西之衝要，廣野用騎之所。乞於歲計廣馬二十綱内減五綱，換撥西馬。」詔令廣西經畧司自嘉泰四年爲始，每年減 26 發廣馬五綱，委四川茶馬司收買西馬五綱，赴建康都統制司交納。

五月十一日，廣西經畧司言：「近準指揮，今年第一綱添買馬内四尺三寸已下者，不理爲數。日後低小，定議責罰。（令）〔今〕第四綱添買馬，令揀選四尺四寸者，補發本司。元準指揮，常綱馬收買四尺二寸已上，增添綱馬四尺二三寸已上。唯出格馬係於綱馬中揀選四尺四寸以上者供進，與增添常綱馬不同。至於增添馬，又是於歲額常綱及格馬之外。若蠻馬到寨數少，常綱馬尚且不足，今欲盡買四尺四寸以上馬，必是歲額不敷。兼諸蠻已將馬到寨，不爲即買，必大失遠夷之心。乞照元許買四尺二寸馬累降指揮收買。」詔令廣西經畧司照應淳熙二年三月指揮内齒數、格尺，每綱權以十分爲率，内四尺二寸并四尺三寸馬共不得過四分。權許排發嘉泰四年分歲額及額外添買綱馬一次，並要壯嫩實堪披帶，不得仍前將低小瘦瘠馬揍數起發。

十八日，〔詔〕：「諸路綱馬驛舍多有損壞，并什物不備，草料闕少，甚者蕩然無有。仰諸路漕臣提督州縣措置。内合行修葺去處，各要如法責立近限了畢，具申樞密院。如各處守令措置（減）〔滅〕裂，從漕臣按劾施行。」從給事中蕭逵之請也。

二十六日，樞密院言：「殿前司申，諸軍戰馬以一萬七百疋爲額，見闕二千餘疋。蓋茶馬司有發未到馬二十綱，兼疫死數多，縱日後排發輪流，終是不能敷足元額。乞照慶 27 元元年體例，差撥將官二員，將帶獸醫、白直等人，分頭前去襄漢州軍，收買土産馬六百疋，逐旋團綱，差人取押歸司，赴承旨司等量火印，批放合得草料，撥付馬軍闕馬官兵著脚，趁赴教閲。其買馬價錢，乞於湖廣總領所就便借支會子四萬貫收買。候買到日，具疋數、支過價錢，却下茶馬司撥還。」詔令湖廣總領所支降會子四萬貫付江陵副都統制李奕，收買齒嫩、闊壯、堪披帶，及格尺土産馬。每及百疋，關報殿前司差將官、牽馬軍兵管押歸司，解赴承旨司審驗印烙。

八月十四日，四川都大監牧司言：「本司歲起三衙西馬七十一綱，專仰宕昌一處收買。逐綱編類，交付三衙差到取馬官兵押發歸軍。竊緣所買之馬來自外境，多寡遲速難以預度，而三衙官兵萬里遠來，亦難約期，令人馬齊到，至有留人待馬、留馬待人之弊。乞照前茶馬丁逢所請體例，令三衙於歲額七十一綱内，減發一十綱，使本司如遇蕃馬出漢擁併，則自差官押發，庶幾一舉兩得，於馬政實爲良便。」從之。

十一月九日，茶馬司言：「近準指揮，令廣西經畧司自嘉泰四年爲始，每年減發廣馬五綱，委茶馬司收買西馬五綱，赴建康都統制司交納。契勘邊場買馬，歲額有限，又歲計買馬錢物，止有諸州應副博馬絹一色外，別無所入窠名，止仰茶司賣茶引息錢應副支遣。乞依舊例，於年額合起三衙馬綱數内，對減買發。」詔令 28 茶馬司自嘉泰四年爲始，於未發闊壯馬内支撥五綱，赴建康都統制司交納。

嘉定十五年十月十五日，詔：「令湖北轉運司於寄樁行在會子内，取撥二萬七千貫付鄂州都統司，專充收買土産戰馬九綱，補填歲額綱數。仰本司日下差人前去請領，仍具已買到馬數，委廣西經略安撫司保明申樞密院。」從本司申請，故有是命。

十一月十八日，樞密院言：「昨降官會一萬貫，付濠州收買土産馬。據申到，已節次買到戰馬七十九匹。更乞科降會子一萬貫，接續收買。」詔令鎮江府於椿管交會內支撥一萬貫，專充措置選買闊壯、齒嫩、及格尺、堪披帶良馬。委淮西總領所從公審驗，印烙字號。以上《寧宗會要》。

蘇黃門《龍川略志·江東諸縣括民馬》：予爲績溪令，適有朝旨，江南諸縣市廣西戰馬〔一〕。江東素乏馬，每縣雖不過十餘匹，而諸縣括民馬，吏緣爲姦，有馬之家爲之騷然。予謂縣尉惇愿曰：「廣西取馬使臣未至，事忌太遽〔二〕，徐爲之備可也。吾邑孰爲有馬者？」惇愿曰：「邑有遞馬簿，歲月遠矣，然有無之實，尚得其半也。」即取簿封之。又曰：「何從得馬？牙人乎？」曰：「召猪牙詰之，則馬牙出矣。」果得曾爲人賣馬者，辭以不能。曰：「吾不責汝以馬〔三〕，但爲我供文書耳。」曰：「諾〔四〕。」州符日至縣督責買馬，乃以夏税過期爲名，召諸鄉保正、副問之曰：「汝保誰爲有及格馬者？」相顧，辭不知。曰：「保正、副不知，誰當知者！第勿以有爲無，無爲有，則免罪矣。汝等所具，吾將使衆人訴其不實，而陳其脱落者，不可不實也。」人知不免，皆以實告。復諭之曰：「買馬事止此矣。廣西取馬者至郡，則馬出；若不至，則已矣。」皆再拜曰：「邑人幸矣。」然取馬者卒不至。（以上《永樂大典》卷一一六六九）

川馬綱

【宋會要】

[29] 孝宗乾道元年五月十九日，臣僚言：「川蜀綱馬程驛迂路，經由州縣山嶮，有損無補。如宕昌寨所買西馬，欲自本處排綱，陸路至利州上舡，順流而下，不過一月，可到荆南，出陸赴行在。成都府路所買川馬，欲自合州上舡，順流而下，不過二十日，亦可到荆南出陸。其經由水路，合用馬舡及諳識水脈梢工、草料等，令所屬州縣預先約度計置，仍委逐路監司提舉。乞自朝廷立格推賞，以爲激勸。」詔令吳璘看詳提領，疾速措置。其後九月二十一日，知夔州張震言四川綱馬改移水路〔五〕：「一、竊見茶馬司一處每年合發歲額馬及宣州所買馬約計二百三十五綱〔六〕，每綱五十匹，共計一萬一千七百五十匹。每一綱要得舡三隻，每一隻頓放一十八匹。每舡摇櫓六枝，水手三十六人，梢工四人，計舡三隻，合用一百二十人。每人日支雇錢二百文、食錢三百文。自夔州順流至歸州三日，泝流雖是空回，係上水，梢工、水手依舊銷得上件人數，且約十二日可回，共計十五日，計支破錢九百貫文，止係一綱。二百三十五綱，計支破錢二十一萬一千五百貫文，止係一州之費。其餘十州，可以類推。所有起蓋馬驛及一行官兵批支錢糧、草料數目在外。一、川蜀無載馬舡，今若製造，每一綱舡三隻，一年內，除四 [30] 箇月半水漲月分外，每一日發一綱，半月方得往返一遭，必又須更有十五綱舟舡，并每船各要梢工

〔一〕縣：原作「都」，據《龍川略志》（中華書局一九八二年四月版）卷四改。
〔二〕太：原作「大」，據《龍川略志》卷四改。
〔三〕吾：原作「若」，據《龍川略志》卷四改。
〔四〕諾：原作「諸」，據《龍川略志》卷四改。
〔五〕水路：原作「水陸」，抄校者批一「路」字於下句「竊」字旁，顯誤，今據文意改。
〔六〕宣州：疑誤。

水手在岸下，方可循環津載，不致積壓。須要四十五隻舡、一千二百人，梢工水手不輟往來，日破口食若干，州縣每年要一萬二千人，別無差雇去處。船四十五隻，每隻打造縻費八百貫文，共計三萬六千貫文。每一船一年往回十五次，必是敗腐，又須一年一次打造。馬綱一萬一千七百五十匹，每匹日支大麥八勝、粟草十三斤，到發約批支三日，計每綱批支大麥二千八百二十碩(一)，每碩二貫，計五千六百四十貫文；粟草四十五萬八千二百五十斤(二)，委是出產不敷，難以樁辦。一、江道自利至合，春冬淺澀，難以樁重載；自合至歸，夏秋江漲，阻水難行。峽山之間，寸草亦無，何以飼馬？一、且以利、閬、果、合、恭、涪、忠、萬、夔、歸、峽等一十一州計之，每年分外虛費二百餘萬緡。」詔除打造舟船外，其餘事件，並令吳璘管辦。其州船，令王十朋疾速應副。《朝野雜記》云：「又且出產不敷，決難樁辦。大臣進呈，上曰：『第令造舟與璘，他日有損壞，軍自修，其他皆吳璘自辦。』事遂行。汪聖錫時在成都，亦言其不便，不聽。始議馬綱至鄂州遵陸。」

十〔一〕月十五日(三)，知樞密院事汪〔徹〕〔澈〕奏：「川馬既委吳璘用船自峽江發出至鄂渚，若令諸軍以馬船去取，自大江順流而下，似亦爲便。」上曰：「大江風濤或作，即數日不可行，但依舊令出陸。」是月二 31 十五日，執政進呈吳璘奏馬綱經由水路畫一，汪澈等奏曰：「先降指揮，除造船外，並委吳璘管辦。今吳璘條具，卻復委茶馬等司及沿流諸州。若從其請，事決不可辦。」上曰：「只可依元降指揮，別條具上來。」至二十六日進呈，得御筆依。

二十六日，樞密院言：「綱馬由水路，切慮舟船未辦，排發留滯。」詔令三衙且依舊陸路取〔指〕揮，候舟船辦日，依已降旨揮施行。

十〔一〕〔二〕月五日(四)，樞密院言：「綱馬改移水路，勘會打造舟船，分付吳璘掌管。所有撐駕人并草料，並係吳璘管辦。」詔並依，令吳璘催督夔路安撫司打造舟船，先次經由水路發十綱。其餘照應〔元〕降旨揮施行。

十〔一〕〔二〕月十二日(五)，宰執進呈四川〔置制〕〔制置〕汪應辰論馬綱由水路利害，上曰：「可更令吳璘相度，已作如何施行。」

是月十五日，宰執進呈吳璘乞催夔、歸州造馬綱船及修棧道，洪适奏曰：「夔、歸、峽州道路嶮峻，人猶不可行。所謂棧道，非西路棧道之比，馬豈可行也！元降旨揮，係至荆南出陸。」上曰：「可即依元降旨揮行下。」

(一) 綱：原作「三」，據《建炎雜記》甲集卷一八改。
(二) 八千二百：原作「七千五百」，據計算改。
(三) 十一月：原作「十月」，按《建炎雜記》甲集卷一八「綱馬皆陸路」條載此事在十一月辛酉即十六日，知此處「十月」應作「十一月」（十月無辛酉），據改。
(四) 十二月：原作「十一月」，據《建炎雜記》甲集卷一八改。詳下條。
(五) 十二月：原作「十一月」，按下條「是月十五日」云云，《建炎雜記》甲集卷一八載其事在十二月庚寅，即十二月十五日，由此推知前二條亦當爲十二月。

二年五月十九日〔一〕，宰執進呈吳璘奏馬綱經由水路劄子，并録到知歸州周升亨書〔二〕，稱已辦集舟船、草料、什物。上曰：「歸州亦不易皆辦。」适等奏曰：「先來乞歸、夔二州未辦，今辦只歸州，夔州未見申到。吳璘稱先將宕昌西馬由水路排發，如將來水路通行，比較出陸，别無死損，即將所買川馬亦於水路排發。臣等觀吳璘之意，次第亦疑水路有未盡 32 善。」上曰：「吳璘所奏，正依得元降旨揮，先於水路起發十綱。」

二月六日，進呈吳璘等論水路綱馬利害，适等奏曰：「王十朋、查籥等具奏，皆已降出，惟吳璘奏狀未見。」上曰：「此事本責辦吳璘。具今次所申，理會得全然未是。下水用取馬軍兵，不知船如何回？奏狀已專使人持去，令别措置矣。今未須理會，且俟其回報。」是月十二日，宰執進呈璘奏：「水路先起西馬五十綱，逐州合用船、人、草料皆已支俵交子。」上曰：「此回措置得甚好，可依。」适等奏曰：「周時等先理會回船上水，少人牽駕。今吳璘以取馬人帖船下水，不曾及上水一節，莫更備周時等所陳，令吳璘相度措置？」上曰：「善。」

十三日，夔州路轉運判官周時、查籥奏：「綱馬改移水路，竊見本路所隸六州，自恭至涪，水路往回九日；自涪至忠，往回七日；自忠至萬，往回七日；自萬至夔，往回十日；自夔至歸、至峽，正當灧澦、瞿唐、人鮓甕、新灘、查灘之險，往回各一十二日。蓋下水載馬，逐州交替，不過三兩日，而回船上水，或費八九日，灘磧至多，牽挽甚難，所破人夫，正要趁回搯運。今宣司旨揮，每隻用招梢四人，摇櫓四枝；用火兒四名，貼差逐州回船軍兵五人，（舉）〔與〕牽馬人二十五人，同共摇櫓。此特論下水一劑，不知馬船回日，却令何人牽拽？兼回船軍兵并牽馬人皆是上江未曾經歷灘險之人，而欲令摇櫓於驚波怒浪之中，以載騠驁不可測之馬，豈不誤事？」詔吳璘 33 從長相度施行。

同日，吳璘言：「一、打造馬船。近據合州申，創造每隻合用物料、人工、口食等錢共四百四十貫。本司已那支過錢引七萬五千貫，僅可打造馬船二百隻。今來諸馬船及七分已見就緒。一、今乞將川馬由陸路發行外，先次管認發三衙所取西馬五十綱。除馬草已行下諸州應副，具申本司支撥價錢外，有馬料每綱五十匹，日支料四碩，五十綱共料二百碩。以逐州遠近約度支過馬料價錢，利州至閬州三日，今大約四日；閬州至果州三日，今大約四日；果州至合州三日，今（太）〔大〕約四日。已上計三州綱馬五十綱，經過日支料二百碩，四日料共計八百碩，每碩支錢引兩貫。

〔一〕五月：按下條爲「二月」，疑「五月」當作「正月」。
〔二〕周升亨：《建炎雜記》甲集卷一八作「周允升」，云：「有知歸州周允升者，傅會（吳）璘説，即擢爲夔路轉運判官。」本書職官七一之二〇亦載：乾道三年九月二十四日，「夔路漕臣周允升放罷」。但汪應辰《文定集》卷一三《與宰執書》云：「今來（夔路）轉運判周升亨已致仕」，則與此處作「周升亨」合，今不改。

本司已每州支錢引一千六百貫。合州至恭州，恭州至涪州，涪州至忠州，忠州至萬州，萬州至夔州，已上逐州止是一日或一日半可到，今大約兩日。馬五十綱，兩日共四百碩，每碩價錢一貫五百文。今大約支兩貫，每州合支錢八百貫，已每州各支錢引一千貫。夔州至歸州，歸州至峽州，已上逐州各約三日可到。馬五十綱，三日支料六百碩，每碩價錢一貫五百文。今大約兩貫，已每州各支錢引一阡二百貫。已上共計支過馬料錢引一萬二阡二百貫，付逐州收管。如有少數，具申本司支撥，並不令科於民間。一、和雇梢公、火夫。近據閬州申：本州打造七百料馬船二十隻，每兩隻可載馬一綱。契勘若五百料已上船，亦34可裝載。若及七百料，可載馬二十五匹，每隻合銷梢工四人，搖櫓四支，共用搖櫓、火兒四名，貼差逐州所差回船軍兵五人，與牽馬人二十五人同共搖櫓。若是五百料以上船，用三隻載馬一綱，每船一隻，合銷梢工三人，搖櫓兩枝，用火兒二名，與回船軍兵牽馬人同共搖櫓。其和顧梢工、火兒若從多數，每馬五十匹計一綱，用梢工八人、火兒八人，共一十六人。以逐州水路遠近約度，那支過諸州和雇梢工、火兒五十綱錢引下項：利、閬、果、夔、歸五州水路稍遠，約計三日或四日可到，梢工往復各支錢引肆貫，火兒各支錢引兩貫。每綱支和雇錢引四十八貫，五十綱共支錢引二千四百貫。五州計支錢引一萬二千貫，已支撥付逐州收管。令本州相度，如更有少數，令逐州量行添搭，不令科於民間。合、恭、涪、忠、萬五州水路稍近，一日或一日半可到。梢工往復，各支錢引兩貫五百，火兒各支錢引一貫五百。每綱計支錢三十二貫，五十綱計支錢引一千六百貫，五州共計支錢引八千貫，本司支撥付逐州收管。令本州相度，如更有少數，令逐州量行添搭，不令科於民間。已上十州，共計支錢引二萬貫，付逐州應副和雇梢工、火兒去訖。通前共支造船并馬料、和雇梢工、火兒等錢共計錢引一十萬七千二百貫：打造馬船錢引七萬五千貫，綱馬料錢引一萬二千二百貫，和雇梢工、火兒錢引二萬貫。今乞35將川馬由陸路發行外，乞將三衙所取宕昌西馬發五十綱，經由水路前去赴行在。如將來水路通快，比較得所發馬比陸路別無死損阻滯，即乞將西馬經由水路排發施行。」詔依。

〔三〕月二十一日〔一〕，宰執進呈臣僚論馬綱由水路利害，且謂：「造船工役，《朝野雜記》：於是大臣因爲上言，恐璘亦疑水路未盡善，上未以爲然。明年春，夔路轉運司主掌文字潼川任續至行在上言：「今造舟已畢，工役遂事。」灘險山程，利害相當，在所不論，惟篙梢之追擾〔二〕。在巴峽州郡，人户彫瘵，非他路之比。今欲撥陸路之芻秣，以免沿流之煩費；輟四路之軍兵，以免委茶馬司所撥支用，則夔路不患於煩費矣。四路廂、禁軍數目不少，各輟五千，分於沿流十郡利、閬、果、合、恭、涪、忠、萬、

〔一〕三：原缺，按《建炎雜記》甲集卷一八載此事在「三月甲子（二十一日）」，據補。

〔二〕擾：原作「攝」，據《建炎雜記》改。

夔、歸。充水軍屯駐，請給衣糧各從元來處科撥，馬綱行而迎送舟船，馬綱住而訓習水戰，則差募篙梢，亦不擾民，而馬綱無廢事矣。」上曰：「前後論馬綱者不一，而此頗得要領。吳璘已嘗差軍兵，令相兼差撥。」於是詔令制置司分逐路州軍大小，抽差厢、禁軍共三千五百人，於沿路十州屯駐，同吳璘正兵相兼使喚。《朝野雜記》云：三月甲子〔一〕，時真父已去，王龜齡代之，與漕臣查元章皆力論其擾人，不聽也。有知歸州周允升者，傅會璘説，言本郡舟船、草料皆已辦集，即擢爲夔路轉運判官，而任續者亦除知涪州，又易恭州，使行其説。峽江湍險，軍士素不諳習，[36]一遇灘磧，人馬覆溺，於是驅沿流之民爲之操舟，所賫衣糧皆遭劫奪，所過雞犬爲之一空。未幾，璘（夢）〔薨〕，虞并父代爲宣撫使。

七月十二日，提舉四川等路買馬監牧公事陳彌作申：「馬綱經由夔路，取撥錢物，應副本路沿流州縣支遣。乞專委本路漕臣一員兼提舉馬綱程驛公事，庶幾錢糧有以任責，不致闕誤。」從之。

三年十月三十日，四川宣撫使虞允文言：「均、房州一帶馬路多歷嶮嶺，又多亂石，所以多壞馬蹄，以致死損。利州水路至荆南府凡十二郡，計三千餘里，分置船驛，數目浩大，挽而溯洄，用人力至多。若一旦阻風，行船不得，或至三五日，馬失喂飼。今别踏行馬路有二：一者舊係房、金州上京驛路，皆平坦，多係沙地，於馬行相宜。但一段去虜界稍近，二百七十里。恐生邊隙，未敢便施行。一者自金州上船，至浄口，水行五驛，出船至外口，陸行四驛，合舊行房州馬路。馬止歷均、房兩州，不過五百餘里，盡避得金、房州數十重大山。比利州水路減十之九。見一面措置到圖子進呈。」詔令允文擇其利便，一面改易施行。

十一月二十九日〔二〕，臣僚言：「四川糧饟，取給於利、閬之糴買。訪聞糴買之害者曰馬綱。商販之舟遡嘉陵而上，馬綱順流而下，則又却行而避之。押馬官兵怙衆强横，騷擾江村，商販之舟，尤被其毒。此馬船之害於糴買也。使江道有益於馬綱，猶於糴場大有妨礙，而況水路馬數較之[37]陸路，存亡相若，以此妨彼，尤爲非便。」詔川路馬船日下廢罷，使商販米斛之舟往來通快。《朝野雜記》云：自吳璘建請之後，利、夔兩路沿江十餘郡之被其害者，三歲而後得免云。（以上《永樂大典》卷一一六七三）〔三〕

〔一〕三月甲子：按《建炎雜記》此四字原作小字注，乃注明前一事之時間，與下文無涉，《永樂大典》編者誤引。

〔二〕按，《建炎雜記》甲集卷一八記此條事於十一月己巳（五日）。

〔三〕《大典》卷次原缺，但據原稿中縫之編碼及版式，此目之文徐稿本接於本書兵二二之一「監牧」目之前，是《大典》此目亦在卷一一六七三、一一六七四兩卷「馬政」門内。陳智超《解開宋會要之謎》擬於卷一一六九三，當是，今從之。參見本書兵二一之二二校記。

宋會要輯稿　兵二四

馬政　四〔一〕

雜録　一

【宋會要】

1 五代監牧多廢，官失其守，國馬無復蕃息。國初，始務興葺，遣使歲詣邊州市馬〔二〕，自是閑廐始充矣。太平興國四年，太宗閲諸軍戰騎多闕，詔市吏民馬十七萬匹，以備征討。景德因用兵，時或括買，至北戎請和遂罷。是歲，平太原，遂加兵於幽州，得汾、晉、燕、薊之馬四萬二千餘匹，内阜增多，始分置諸州牧養之。孳生（拘）〔駒〕稚，以什四爲率；有病斃者，以多少爲主者賞罰。又西北邊鄜州軍招市不絶。咸平三年，置羣牧司，總内外馬政。其後歲遣判官一人巡行諸監，取孳生駒二歲以上者點印之，歲約八千餘匹。凡京城、諸州飼馬兵校萬六千三十八人，坊監及諸軍馬二十餘萬。每歲京城市草六十六萬六千餘束，麩料六萬二千餘石，鹽藥油糖九萬五千餘觔、石，校諸州軍所費不在焉。左右騏驥院、六坊監止留馬二千餘，皆三月出就放牧，至秋冬而入。其御馬，惟備用者在京。諸班不自放馬，寄兩院羣牧。其牧地自京畿及諸州軍，皆遣使臣檢視水草善地標占，諸坊監總四萬四千四百餘頃，諸班、諸軍又三萬九百餘頃，以爲定制。皆有（京）〔涼〕棚、井泉。所屬縣令檢校之。外坊監亦有四時逐水草以肆游牧者，孟冬别其羸病，就阜棧而飼焉。皆有醫分視乘治，校古之名良藥通用之。凡市馬之處，河東則府州、岢嵐軍，陝西則秦、渭、涇、原、儀、環、慶、階、文州、鎮戎軍，川峽則益、黎、戎、茂、雅、夔州、永康軍。皆置務，遣官以主之。歲得五千餘匹，以布帛、茶、他物准其直。舊運銅錢 **2** 給之，太平興國八年，有司言戎人得錢悉銷鑄爲器，乃定此制。其後諸州市蕃馬，給直漸高，務增數以爲課績。景德中，戎事已息，因詔條約之。景祐三年四月，再定諸州買馬額，比除自前放券時病患馬數各二分。又正額外，更有省買額。秦州蕃部馬萬八千七十匹，省馬五百匹；渭（川）〔州〕蕃部馬二千五百六十匹，省馬二百四匹；府州蕃部馬千一百匹，省馬四百六十匹；階州蕃部馬五十匹，省馬千匹；環州蕃部馬三百一匹，省馬不立額；麟州蕃部馬四百二十匹，省馬不立額；火山軍蕃部馬千五百一十匹，省馬不立額；保德軍蕃部馬三百二十匹，省馬不立額；文州蕃部馬二十匹，省馬七百二十匹；岢嵐軍蕃部馬不立額，省馬三百五十匹；夏州唐龍鎮、豐州、儀州、慶州、涇州、原州皆不立額。凡買馬等仗，自四尺七寸至四尺二寸有六等，每差以一，給其直脚。大馬自絹二十九匹端至十九匹端六等，每差以兩。牝馬自絹十六匹端至十一匹端六等，每差以一。舊馬價有以緡錢計之，爲十等，自三十八千至十八千，每差以兩。又有招馬之處，秦、渭、階、文州則有吐蕃、迴紇，麟、府州則有党項，豐州則有藏才族，環州則有白馬、鼻家、保家、名市族，涇、儀、延、鄜州、火山、保德、保安軍、唐龍鎮、制勝關則有

〔一〕此題原作「馬政六」，乃《大典》原目及編碼，今均據統一體例改。
〔二〕州：原作「益」，據《群書考索》後集卷四四改。

蕃部。每歲皆給以空名勑書，委沿邊長吏差牙校入蕃招買，給路券送至京師，至則估馬司定其價。自三十五千至八千凡二十三等。舊選三歲至十七歲者，景德二年，詔止市四歲至十三歲者〔一〕，餘聽私市。其蕃部又有直進者，自七十五千至二十七千凡三等。有獻尚乘者，自百一十千至六十千，亦三等。凡入馬於官，皆使醫（辯）〔辨〕其不病者取之。腕軟、腕搭甚，偃膝甚，脚不堪，鰕脊甚，槽脚甚，膝喎，肺黃病，額頭指擦，疥瘻，承重骨大，鵝鼻，蒺藜骨、掠草骨大，拽胯，轂暈眼甚，磁膝，單贕，覆贕、熱發、饑瘦慢病，毛焦，腹蘧，蹇節、攢觔，罨蹄骨、越骨大，硬甚，揭骨、天定骨甚大，脚蹇，槍風骨大，膊夥，通膊瘡，疳瘡，透氣，拖清，鼻有黃膿，鼻濕，附骨大，撥踝，燒啓，破筋骨，先開喉已較，已上爲病重者，不買。肺驅，肺牽氣，把腰膊，腰失力，抹硯，拽胯，卒熱，鼻濕白膿，喉骨脹白膿，草結白膿，心黃，心疽帶黃，肝昏不明，黃膊痛，鷹翅骨大，肺毒，疳眼，掌骨跙痛，把膊，低頭難，中風，偏風，烏風，眼赤，已上馬中格，雖有小病，可療者，買之。凡御馬有三等。御馬每日一十五匹，入殿作三番祗應，若駕出，則引駕馬十四匹，從馬二十四。皆鞍勒纓複全。**3** 其次給用，又有十五等：一揀中馬，二不得支使馬，三添價馬，四國信馬，五臣僚馬，景德四年，詔中使簡定廐馬六十匹，以備羣臣合賜馬者取之，賜畢復增，常足其額。又內職出使者多求賜馬。大中祥符三年，以其例或不均，詔（驅）〔樞〕密院定羣臣、出使賜之以馬條例。六諸班馬，七御龍直馬，八捧日、龍衛馬，九拱聖馬，十驍騎馬，十一雲、武騎馬，十二天武、龍猛馬，十三雜配軍馬〔二〕，十四雜使馬，十五馬鋪馬。國初，諸州廐置闕馬，取民馬補之。開寶五年，詔罷。自恩賜外，皇族及內臣、伎術官、要司職掌皆給之。凡馬所出，以府州爲最，蓋生於黃河之中洲曰子河汊者，有善種。出環慶者次之。秦、渭馬雖骨格高大，而蹄薄多病。文、雅諸州爲下，止給本處兵及充鋪馬。契丹馬骨格頗劣，河北孳生者曰本羣馬，因其水土服習而少疾焉。又泉、福州、興化軍亦有洲嶼馬，皆低弱不堪被甲〔三〕，唯以給本道廂軍及江浙諸處鋪馬。福州四牧曰永峭、龍湖、瀝崎、海澶，泉州二牧曰浯州、烈嶼，興化軍二牧曰東越、候嶼。舊十一牧，大中祥符二年廢湄州、⿰山秀嶼、南匿三牧。每牧置羣頭牧户以主之。每歲孳育，本縣籍其數，以使臣一人提點。凡馬羣號十七：左字，左騏驥院捧日馬內瓦倒印〔四〕，拱聖馬內瓦横印，驍騎馬內溝正印。右字，右騏驥院捧日馬外瓦正印，拱聖馬外溝正印，驍騎馬外溝横印，龍猛馬外瓦側正印。千字，左騏驥院龍猛馬內溝正印〔五〕，雜使馬內溝横印，遞馬內瓦倒印，右騏驥院雜使馬外硯骨横印，遞馬外瓦側横印〔六〕。上字，左騏驥院給諸班直、諸軍軍員馬，臨時印，無定所。右騏驥院給諸班直、諸軍長行馬，外人所印。立字，右騏驥院給諸班直、諸軍軍員馬，外人所印。永字，左騏驥院給諸班直、諸軍長行及外諸軍長行馬，臨時印，無定所。右騏驥院外人所印。又諸監三歲〔馬〕亦「永」字印瓦骨。官字，蕃戎所貢及歲時收市之馬〔七〕，初用之，牡印其項〔八〕，牝印其髀。諸監牧駒生二歲亦如之。凡馬骨相應圖法可充御馬者，止以「官」字印其項，令圉師調習之。吉字，兩院諸馬自龍猛馬以上稍

〔一〕止：原作「出」，據《長編》卷五九改。
〔二〕雜：原無，據《文獻通考》卷一六〇補。
〔三〕堪：原脱，據《群書考索》後集卷四四補。
〔四〕倒：原作「側」，據《群書考索》後集卷四四改。
〔五〕馬：原脱，據《群書考索》後集卷四四補。
〔六〕側：原作「倒」，據《群書考索》後集卷四四改。
〔七〕收：原作「牧」，據《群書考索》後集卷四四改。
〔八〕牡：原作「牝」，據《群書考索》後集卷四四改。

騆駿者4印之，以備近臣中謝生日所賜〔一〕，及揀選支用。又坊監馬部送至京，及選配他處，亦以「吉」字印（甘）〔其〕汙溝。天字，國信馬及諸班、拱聖、驍騎馬用「天」字印，大中祥符三年令别以字易之。主字，王字，方字，與字，來字，萬字，小官字，自諸班馬而下參給諸用者，無定額，或以「主」字至「小官」字凡七等號印印之〔二〕。退字。凡諸州軍和市馬不及等及選退斥賣者，皆印之。凡馬毛物九十一種，叱撥之别八，紅耳、鴛鴦、雄花〔三〕、丁香、青騮、騟、紫騮〔四〕。青之别二，純青、護蘭。白之别一，純白。烏之别五，純烏、釣星、歷面、白脚、護蘭。赤之别五，純赤、釣星、歷面、白脚、護蘭。紫之别六，純紫、釣星、歷面、白脚、緑鬉〔五〕、護蘭。驄之别十一，白驄、釣星、歷面、白脚、烏、青、花、黄、荏、鐵、護蘭。赭白之别五〔六〕，純赭白、釣星、歷面、白脚、護蘭。騮之别八，棗騮、金口、鷰子、黄、黑、釣星、歷面、白脚。騧之别六，純騧、繡膊、釣星、歷面、白脚、護蘭。駱之别五，純駱、釣星、歷面、白脚、護蘭。騅之别五，純騅、釣星、歷面、白脚、護蘭。騟之别八，青騟、赤〔七〕、紫、黄、釣星、歷面、白脚、護蘭。駭韓之别六〔八〕，驄、駭韓、騟、騮、紫、赤烏。驃之别七，赤驃、銀鬃、黄、釣星、歷面、白脚、護蘭。駁之别三。駁、起雲、銀繮。凡馬色以叱撥、青、白、紫純色及緑鬉騮爲上，驄、赭、驃、騮、騧、白、赤爲中，荏、騟、騅、駱、駁鬉、駭韓爲下。

太祖建隆二年十月詔：「先是，兩河之民入虜界盜馬，邊吏籍數以聞，官給其直。方務鎮撫，豈容私掠？自今一切禁之，仍悉還其所盜馬。」

開寶四年正月，唐州刺史曹光實言：「黎州兩縣主客户止二百三十九，州司每差送官買馬至雅州滎經縣，山路險阻，往復三百餘里，人得雇脚錢百文、口食米六升，人甚苦之。」詔令發雅州在城軍三十人往備牽送。

十月，知邕州范旻言：「州人罕种粟豆。今（抹）〔秣〕馬草料官中雖不闕支，將來收糴，亦應至少，不足備用。然冬草長青，有馬自可放牧。」詔如實無草豆收5糴，冬常有青草，則依舊牧放。

七年十一月，昇州西南路都總管曹彬言，大敗江南兵於采石磯，獲戰馬三百疋。江表本無戰騎，先是朝廷每歲賜與數百疋，至是驅爲前鋒，以扞王師。及獲之，驗其印記，皆前所賜者。

太宗太平興國八年九月，詔：「臨淮、壽春、浮梁，先禁馬高五尺以上，不得渡淮。今江浙已平〔九〕，吏猶守舊法，

〔一〕謝：原作「諫」，據《群書考索》後集卷四四改。
〔二〕「主」原作「王」，「號印」原作「印號」，據《群書考索》後集卷四四改乙。
〔三〕雄花：《群書考索》後集卷四四作「桃花」。
〔四〕紫騮：原無「騮」字，據《群書考索》後集卷四四補。按此段名目，《輯稿》與《考索》互有異同，不再一一出校。
〔五〕鬉：原作「髮」，據《群書考索》後集卷四四改。
〔六〕五：原作「六」，據注文及《群書考索》後集卷四四改。
〔七〕赤：原作「青」，據《群書考索》後集卷四四改。
〔八〕駭韓：原作「駭驝」，《玉海》卷一四九同，《宋史》卷一九八《兵志》一二作「駁胯」，皆誤，唯《群書考索》後集卷四四作「駭韓」，不誤。《玉篇·馬部》：「駭韓，蕃中馬也。」《廣韻·寒韻》：「韓，駭韓，蕃大馬。」據改。下同。
〔九〕江浙：原作「浙江」，據《長編》卷二四乙。

宜除之。」

端拱元年四月〔一〕，國子司業孔維上言，請禁原蠶，以益廄馬。帝嘉之，令付史館。

淳化二年十二月，詔圉人取善馬數十匹於便殿，設阜棧，教以芻秣。帝以其法親諭宰執，仍頒于諸軍，復以馬醫方書數本賜近臣。其法：馬上槽時，先飼空草，然後加麩料伴喂，不得水多。飼畢，歇一兩時，乃可飲以新水。春夏宜數飲。不明乘騎來，候喘定汗解，方得飲餵。仍不得飼以舊草，多成腸結。冬月勿飲水。水草中無使有沙石、糞土，食之肺及腸胃成病。初乘時，勿便縱走，驟走多肺病，皆由此致也。

五年五月，雄州馬商仇緒等三人獻良馬五匹，帝親臨，命圉人閱試之。四馬皆駑，悉留内閑，優給其直。先是，緒等以市鬻戎馬爲利，供奉官張從吉常私市善馬于緒等，不獲，因誣奏緒等恣横，請徙河南諸州。詔令部送至闕鞫之，無狀，各賜白金五十兩，并其家遣還故郡。至是，緒等感帝辯其冤，以良馬來獻。

（直）〔真〕宗咸平四年十一月，詔河東管内廣鋭兵本軍有逃亡，馬限兩月内，即許闕馬兵士承之。如過限無承者，即配别軍。先是，河東廣鋭兵悉是土人，其馬皆本軍團甲選良馬而置，謂之馬社，故廣鋭之馬壯勇而少亡失。若其人逃亡，即官司以馬配諸 6 軍。時有奏論：廣鋭諸軍率社置馬，人亡而馬配别軍，頗爲不便。又將帥上言：其馬若配本軍，即闕馬兵士不思買置，但冀有闕而承之，亦恐啓倖。故有是詔。（直）〔真〕宗曰：「廣鋭三十指揮各自置馬，甚利國家。若失條貫，尤所不可。今如此指揮，則（闕）〔闕〕馬兵士逾兩月無望，必自置矣。」

景德（三）〔二〕年三月〔二〕，詔：「沿邊州軍歲貢馬，其堪充御馬者，止目爲第一等馬，送至闕下。所買多者〔三〕，論其賞。」先是，帝曰：「諸處所買馬，取其高大者，遣使臣部送，目爲御馬綱。及馬至，閲視之，率皆常品。蓋部送者利以御馬爲名，在道求索供給，頗爲煩擾。」故有是詔。

三年十一月，樞密院言：「（請）〔諸〕州所買蕃馬，歲增其價，蓋沿邊州軍冀爲課績。方今戎事已息，監牧漸蕃，亦宜常爲節制，欲遣使臣劾其增直之罪以聞。」從之。

四年八月，詔：「羣牧司内外坊監累行條約，尚未整齊。如聞出入見管馬數，亦未的確。可選朝臣二人、内侍二人遍詣諸州點檢制置，具數以聞。事有不便，即令條例，與羣牧使同定奪聞奏。」

九月，詔：「自今後諸班直、諸軍馬牧放時，有（任）〔生〕駒馬，内在京者具數牒送羣牧司納换，在外者即令逐處差人牽送往側近州府有馬監處送納，不得隨羣下槽牧放，枉致抛死駒子。仍具納馬軍分指揮、闕馬人數，疾速分析聞奏，支填往彼。其廣鋭等鞍馬，不得隨例納换。」鎮、定等州副都總管王能言：「放馬驍武軍使許澄、雲翼副兵馬使董嗣令節級長行待馬生駒子，隨處打殺。恐已後牧生破死，致不迭分，所負不了，自後生得駒子，即是

〔一〕按，《長編》卷二八記此事於雍熙四年十二月。

〔二〕二年：原作「三年」。按《長編》卷五九載此事於二年三月，並注云「據《會要》」，因改。

〔三〕所買多者：《長編》卷五九作「堪充御馬多者」，文意較合。

節級長行打殺。」澄等具伏〔一〕，詔員僚并殺馬騆長行處（軒）〔斬〕，餘干連人決配本城及牢城。論事長行董贇，令侍衛馬軍司給帖，補充驍武押官。故別有詔令而申戒焉。

十二月，詔：「契丹人使到闕，差賜御筵酒果及勾當使臣所得事例。馬令於左騏驥院送納，每匹左藏庫支與錢二十**7**千。令内侍省依此指揮，更不逐度降宣。其書并謝恩表狀，繳送樞密院。」

大中祥符元年正月六日，羣牧制置使言：「京城坊監馬病，即送養馬務，素無賞罰之格，以故廢惰多死，愈者百無三四。自今望勒本坊監養療，歲終比較，以爲殿最。」從之。

二十一日，羣牧制置使言：「獸醫副指揮使朱峭定《療馬集驗方》及《牧馬法》，望頒下内外坊監，仍録付諸班軍。」帝慮傳寫差誤，令本司鏤板模本以給之。

四月，羣牧司言：「近以養馬務醫養病馬，明立賞罰。今較一季，死損至少，其使臣、將士勤力者，望量與遷補及等第賜賞錢。」從之。

二年七月，羣牧制置司言：「河北、河南孳生監馬，四時在野，不給芻粟。每冬雪，無草齕，多致死損。望令諸州量加秣飼。」從之。

八月，羣牧制置使言：「河北諸州就糧禁軍，闕馬數漸多，乞差官于并州揀選麟、府州蕃部省馬，據合入色額取便路支填。不入京，免爲往復。」從之。

三年正月，帝曰：「沿邊諸州差殿侍押蕃部省馬到京，估馬司驗瘦瘠者，等第責之。如聞殿侍於逐處交割之時，元不開坐肥瘠分數，到京後估馬司裁酌科校，因緣爲弊，人頗不平。可詔自今于逐處具肥瘠分數公文付之，至本司交割點檢。」

二月七日，羣牧司言：「在京養馬務醫治病馬，已令獸醫各上槽，分逐季比較，明示沮勸。其逐坊監醫治病馬及上下槽時，亦約此體例，以定賞罰。」從之。

十四日，羣牧制置使言：「**8**養馬務近已立賞罰條格施行外，其内外諸坊監，令定抛死及一分已上，主者等第科罪；其醫較病馬約以分釐及生駒六分已上，並爲給賞條例，乞頒下。」從之。

七月二十六日，詔：「羣牧司在京及外坊監，自今生駒及五分，死失不及分者，使臣、軍校等第支賜；生駒不及數而死失及分者，差級科罰。其生駒倍多、死益少者，就遷一級。」

八月六日，詔：「沿邊買馬州軍使臣及總管、鈐轄，無得將省馬務買到官馬指射借取乘騎，仍將草料脚下請領。犯者論其罪。」

十一日，騏驥院及坊監言：「喂〔熟〕，一馬日破草七分、料七勝；喂生，一馬日破草七分、料六勝。歲終較之，

〔一〕伏：原作「狀」，不可通，據文意與字形，當作「伏」，此言澄等伏罪也，因改。

喂熟者病死數多。」令閤承翰定之。承翰言：「先差內侍高品王守文往，自府州押省馬百匹赴京，沿路依常給草料分數，糲生秣飼。至京，送坊監別槽養餵，如在路時分數。比及一年，止抛馬四匹。如此，知餵生甚便。今恐料六勝不足，請皆給七分。」從之。

四年五月，宣示：「在京騏驥院、坊監馬，先據羣牧都監張繼能所奏，減支芻粟，並生餵料。內外之言皆稱非便，可詔令依舊例施行。」

十八日，羣牧都監張繼能言：「左右騏驥院、六坊監、養馬務等處常用藥，先據獸醫指揮使朱峭等所定醫馬藥方十道，內二道常使，嚾咯有備，遇闕絶時，即配買。餘八道非常用，自來諸坊監計料預備，久積塵裛，致損官物，虛有擾民。欲令約用時，收買供給。又裹脅馬要足，歲 9 用團紙五萬二千八百張，令減三分之二。唯御馬裹脅仍用團紙，其餘乞以故紙充，一歲可減省麻豆、鷄卵、猪膽合萬餘數。其元計藥物六萬八千八百八十九，亦減十分之七。」從之。

十月，秦州言：「諸蕃族首領乞印老小退馬者，欲令本州量匹數印退給付。」詔：「自今甘州回紇并宗歌族進奉鞍馬到州，告乞印退者，仰看驗，委是老小不堪中官入券，即與相度印退，取便貨賣，不得夾帶不係蕃部者一例上京。」

（以上《永樂大典》卷一一六七五）

雜録 二[一]

【宋會要】

10 大中祥符四年二月[二]，詔以西幸汾陰，沿路病患鞍馬，令行在羣牧司指揮赴同州沙苑監養餵醫療。仍本監(司)〔使〕臣據送去馬數，分擘定獸醫、節級、槽頭、兵士養餵醫療。如是醫較數多，其使臣等當議酬賞；若大段至死，並當勘斷。仍五日一具醫療已較及抛死匹數聞奏。

五年三月，帝謂宰臣等曰：「羣牧馬數，亦當歲較其耗登。諸蕃馬月奏其數，但無比較。且以去歲所奏比日近奏數，約少二萬。」制置使陳堯叟曰：「蓋已給諸軍矣。亦慮去歲遇雪，馬有死損者多。自前牧馬雖經冬，不給芻膏。臣近已指揮坊監，如遇雪，有妨牧，則量給之。」

四月，羣牧制置使言：「近置中牟縣淳澤監。在京自來歲留准備供使馬多至萬七千匹，少亦不減萬餘匹。於左右騏驥院及六坊監養飼，歲費芻粟不啻四百餘萬石。今欲分定色額，在京每歲各止留二千匹[三]，約撥萬五千匹赴淳

[一] 原標作「馬政七雜録」，改從一體。
[二] 按，此下內容緊接前文，只因《大典》分卷而隔斷。上條時間已至大中祥符四年十月，而此條反爲四年二月，時序顛倒；但文中所云西幸汾陰，正在四年二月，則又似不誤，未詳所以失次之由。
[三] 止：原作「比」，據《玉海》卷一四九改。

澤監牧養〔一〕。或京師要馬填闕拘抽，止經宿便到，歲可減草三百餘萬束，粟豆稱是。兼填闕馬在淳澤牧放，必少病患，減得抛失。」

五月四日，詔羣牧司，自今所支填河北諸處馬鋪馬，揀選無病患、低壯堪乘騎馳騾者充。

十八日，詔：「自今臣僚使臣，已有請到合破官馬二匹及曾宣賜并已借官馬見在者，因差使，更不得乞借支。令騏驥院勘會本人脚下見無請到宣賜借支馬，方得借**11**與。候事畢迴日，畫時送納。若脚下已有官馬，即未得支借，具奏取旨。」

七月，詔在京養馬七千匹，淳澤監牧養監馬數在內，分擘養放。左院坊監馬千，五百三十匹常留在院坊監養喂，御馬二百八十七匹〔二〕，親王馬百八十匹，駕頭傳宣馬二百四匹，楚王宮馬十匹，短鐙馬二十八匹，啓聖院十一匹，玄寂觀二匹，復改爲太和宮。四百七十匹留准備支使。如牧馬數多，逐旋送淳澤（院）〔監〕養放；或數少，要馬支配，即却於本監馬内依色額揀取配填，或醫較馬内揀選支使。國信馬二十五匹，諸班馬五十匹，御龍直馬二十匹，臣僚馬三十匹，捧日、龍衛馬百匹，拱聖馬五十匹，驍騎五十匹，雲、武騎馬五十匹，天武、龍猛馬三十匹，諸雜配軍馬三十五匹，雜使馬三十五匹，馬鋪馬十五匹。右院坊監馬千，五百三十匹常留在院坊監養喂，御馬二百匹，揀中馬三百一十匹，短鐙馬二十匹。四百七十匹留准備支使。如牧馬數多，或支馬數少，並依左院例。國信馬二十五匹，諸班馬五十匹，御龍直馬一十匹，臣僚馬三十匹，捧日、龍衛馬百匹，拱聖馬五十匹，驍騎五十匹，雲、武騎馬五十匹，天武、龍猛馬三十匹，諸雜配軍馬三十五匹，雜使馬十五匹〔三〕，馬鋪馬一十五匹。牧養監馬千五百匹，七百五十匹左院，七百五十匹右院。淳澤監馬三千五百匹。千七百五十匹左院，千七百五十匹右院。除（比）〔此〕馬數外，更有牧到馬，並令左右騏驥院依大中祥符五年詔，委自兩院監官勘會，逐時擘畫定合支送去處，申取羣牧司處分。

六年二月二日，羣牧制置使言，淳澤並諸處馬監，每冬寒至，春草未出時，馬羣在野，多因草少，致成瘦弱。遂乞預於七月散差使臣於棚側近刈白草堆積，准備秣飼，頗甚利濟。數内有刈到萬數不少或全不及分數者，令具等第聞奏。帝曰：「可第爲三**12**等：上者與家便差遣，中與依例差使，末等降近下監當。」

二十五日，知河南府言請增市芻糧，以廣儲備。羣牧司因言洛陽監秣五千匹，歲費頗重，已令裁減二千五百〔四〕。帝曰：「大都馬數及十萬可止。」宰臣王旦曰：「若聽民間任便畜養，官有所須，即以本直市之，猶外廐也。況所費芻秣，皆出兩税，少損馬粟，用資軍儲，亦當世之切務也。」

二十九日，詔雲、武騎已下馬頗低小，自今各與增起

〔一〕萬：原作「馬」，按前言總數爲萬七千匹，留京二千，則餘數當爲萬五千匹，因改。
〔二〕按，此注内各項之和爲七百二十二，與正文「五百三十匹」之數不合，疑有誤。
〔三〕使：原脱，據上文及本卷兵二四之三補。
〔四〕「已」原作「只」，「五百」原無，據《職官分紀》卷一九改補。

一等。

七月，詔：「羣牧司坊監兵士盜殺官馬三匹已下，並決配沙門島，仍著爲定式。」先是，有鄭州原武監兵士李凝、劉乂盜馬一匹亡走河陰，復殺其馬以鬻錢。既捕獲，鞠之得實，決隸海島，因有是詔。

十一月，代州鈐轄韓守英等言：「勾當豐州蕃漢公事王文玉狀：『當州進（奏）〔奉〕鞍馬藏才蕃部元在黄河北異山前後住坐，去州約五百里，皆從趙德明北界過往，並無人烟，兼於德明榷場内，每匹納買路絹一疋、大茶十斤。以此艱難，近少有至者。竊緣藏才一路，地接子河汊，所産鞍馬，格式不大，骨體甚良。若官中以天武馬爲格揀選入券，即多不及等樣。況降致勑書，令差人入深蕃勾招，其藏才最居遠地。今若令於府州揀選入券，則又所屬州府不同，慮恐阻隔蕃部，不來進奉。欲乞差獸醫一人至當州看驗鞍馬，依舊例於當州抄劄入券，委得用心當面揀選本産鞍馬。』欲依所請施行，所有獸醫人，仍乞於麟州飛騎指揮内輪差一人往彼，逐年替換。」從之。

七年三月，羣牧制置使言：「乞 13 自今令教駿兵士擡擎馬擡〔一〕、杌子，每日隨至殿門外，别差騎馬小底三人將帶入殿内。候駕起，即於殿門外却交與教駿兵士，隨馬祗應。」從之。

五月，羣牧制置使言：「近點檢羣牧司帳管三歲、四歲、五歲已上雜大馬二萬匹已來，多失調習，致生惡，乘騎不得。已擘畫創置單鎮監，并展（源）〔原〕武、淳澤監地養放。於七月一日，差人先揀取二千二百匹上京，分與兩院坊監，騎習慣熟，即送單鎮、原武、淳澤等監養放。其餘逐旋依此，於外監勾取上京調習，送赴逐監。」從之。

六月十二日，詔軍頭司，今後應權管回忠佐帶到馬，並令送納。

二十三日，羣牧制置使司言：「奉旨，於七月一日勾取外監三歲、四歲已上雜配軍大馬，每（蕃）〔番〕作二千餘匹，上京赴天駟監騎習。乞差内臣一人往鞍轡庫點檢見在或制造第一鞍轡三百副，付騎馬直指揮使蔡興，令分擘與四監，應副騎習鞍馬。所有騎習馬節級、兵士，乞依淳澤、單鎮監例，每月請受外，更特支錢二百文、減月糧五斗，却日支口食二勝。」從之。

九年三月，詔禁臣寮私於沿邊州軍買馬。必有所須，皆先稟朝旨。

九月，詔：「自今唐龍鎮進賣鞍馬，令河東轉運司指揮唐龍鎮、火山軍更不得點檢印記，並令牽送嵓嵐軍。候到，子細揀堪配軍馬，依例印記入券，上京進賣。内些小飢瘦堪擡舉者，亦與印記，上京進賣。即不得將不堪馬入券，及妄有揀退好馬，致蕃部别有 14 詞説。」

十一月，樞密院言：「羣牧司押馬殿侍條貫，不分地里遠近及押過匹數，一例酬獎。乞自今須三年内押過馬六百

〔一〕馬擡：「擡」字疑誤。

匹已上，往來及萬里，如拋死、病患、寄留、減臕飢瘦，總計三鼇并三鼇以（上）〔下〕，並與三班差使；其三鼇以上至五鼇，押馬五百匹已上，更不理往來地里，即與指使差遣。若五鼇以上不及分者〔一〕，並不理押過匹數、地里，特給賞錢十千。」從之。

天禧元年八月十八日，羣牧制置使請以十三歲已上配軍馬估直出賣。從之。

二十七日，帝謂宰臣等曰：「如聞諸處牧地，近緣蝗旱乏草，昨經大雨，皆復生，不妨（蓄）〔畜〕牧。」向敏中因曰：「所議減省廐馬，若止令市十三歲已上者，必慮其數無多耳。況今國家馬數倍多，望廣令出賣。」王欽若曰：「若將所市蕃部馬出賣，即羣議便謂有損武備。」帝曰：「可更酌其利害以聞。」十一月，敏中又言：「近歲邊陲徹警，兵革頓銷。然諸軍戰馬尚未減數，頗煩經費。望加裁損。」帝曰：「已令内廐中精選，止留近上等第馬，其餘令民間貨賣，定價聞奏。」

十一月，（詔）估馬司言：「所（牧）〔收〕臣寮謝恩并節序進奉鞍馬，多是有齒歲及病患小弱，不堪配軍支使，虛費芻秣者。乞自今每進奉馬，須將壯嫩無病、堪配軍支使者充，并下估馬司收納，（時）〔待〕監勒獸醫人子細看驗訖，送左右騏驥院收管，不得縱容啓倖。」

三年七月，詔：「入契丹、夏州使自今所得馬，令雄、延州差使臣部送赴京，具毛齒羸瘠之 15 狀以聞。」

四年閏十二月，詔：「在京院務坊監節級、槽頭、刷刨、長行并諸色公人等，偷拔馬尾一兩至二兩，決臀杖十七；三兩至四兩，臀杖十八。仍於本所榜枷，令衆二日。五兩已上者，臀杖二十，決訖，奏配遠處重役。如只於一匹上取到，即據所犯兩數，依立定刑名施行，若是衆馬上取到，與倍兩數斷遣。」

仁宗天聖元年十一月二十日，羣牧司言：「鄜延路有承受使臣二人，欲乞令兼管句起發鞍馬事。候延州場買下匹數，編揀無病患者，每二百匹爲一綱，催發往同州沙苑監交割。其飢瘦病患者，別作番次，令緩慢牽喝往彼。」從之。先是，沙苑監言，延州馬綱併令人管押至監，有以九百餘匹爲一綱者，病馬相雜，至多損死，故有是命。

二十五日，羣牧判官晁宗慤言：「諸監比較馬，每至年終拋馬及分，本監使臣罰俸，正副指揮使科較。員僚已下至槽頭、醫獸、兵士却用羣牧比較條，有不及者，等第支添賞錢。檢會科罰條支賞條貫，止有正副指揮科罰條，即無賞給之例。若遇拋馬及分，即一例等第科罪；如支賞之際，却獨不該。沮勸之格，似或未均。自今欲乞諸正（監）〔副〕指揮使，如遇拋馬不及分，依員僚賞賜例，等第支賜。」從之。

三年十二月，羣牧司言：「在京諸軍收到馬駒才及周

〔一〕分：原脱，據文意補。「不及分」即不及一分。本卷兵二四之八：「自今生駒及五分、死失不及分者，使臣、軍校等第支賜。」文例與此同。

歲，便即送納。緣其嫩小，多致失所。自今請令及二年，方得送。若未納間，官爲量給草料。」從之。

四年九月，三司言乞收市准備在京馬料，萬數至多。帝問宰臣：「諸坊監牧馬幾何？」王曾 16 曰：「今來比之五代，馬數倍多，芻秣之費，歲計不下數百萬。蓋措置利害，未得其要。若將向西逐次估買入中官馬立定分數，自今取便於民間市易，可三二年，大有蕃育，急緩取之，必無闕用。如此，公私皆便。」帝深然之。

五年二月，詔：「自今從北界却迴思鄉人户，帶到馬堪配上軍者，支錢二十貫；不任配軍者還主。」

景祐三年七月十七日，知江州李溥言：「覩范諷言乞今後止絶官私人不得興販蜀馬入銅錢界，南馬不得過江北。有舉人、客旅乘騎鞍馬到渡口，例不放過，只就江南岸貨賣，步行前去，艱辛道路，甚傷和氣。欲乞今後應僧道、舉人、客旅等非販賣馬者，各許乘騎一匹過江。」從之。

寶元二年七月二十二日，詔今後諸色臣僚更不得於府州買馬。

康定二年七月，詔：「諸路本城廂軍員闕馬，聽自市三歲以上、十三〔歲〕以下、高四尺一寸者，用印附籍，給芻粟。」

八月，詔：「今後邊上臣僚如舊例合該于府州買馬，並許依舊例，具狀聞奏，當議許令府州收買。」先是，寶元二年七月條貫，禁臣僚府州買馬。至是，言者以官中價小，蕃馬不來，故有是詔。

慶曆元年十二月，禁沿邊臣僚私市馬，闕馬者官爲給之。

八年九月，詔羣牧司：「自今殿前、馬、步軍都指揮使落管軍〔一〕，各賜所借馬三匹；殿前、馬、步軍都虞候，捧日、天武、龍神衛四廂都指揮使二匹，軍都指揮使一匹。」舊制，凡管軍皆借馬五匹，至罷猶借留。至是，羣牧司請裁而賜之。

皇祐元年八 17 月三日，知益州田況言：「乞將養馬務見管黎州買到第二、第三等馬，計綱發赴陝西轉運司交割，就近支配闕馬兵士。」詔令陝西轉運司相度，如堪配填諸軍，即分配；如不堪支與諸軍，並支撥與馬鋪。

九月，詔河北兩地供輸民無得市馬出城，犯者以違制論。先是，河北安撫司言，雄州容城、歸信縣民多市馬出入邊城中，近爲契丹籍送幽州，故條約之。

嘉祐四年五月十九日，文思使、帶御器械鄧守恭等言，乞支丁、萬字馬着脚乘騎。詔於合支本等馬内先次揀選馴良者支，別有差遣，不得帶過。

英宗治平元年十二月十三日，令中使選馬賜皇子(穎)〔潁〕王。王言：「聞中使選官馬，將以賜臣，而使人乞選揀中馬。此非臣子所敢乘用，乞止於禮物丁、萬字馬中支賜。」從之。

〔一〕都指揮使：原作「副都指揮」，據《長編》卷一六五改。

二年二月二日，以供備庫副使劉策、內殿承制高昇分往陝西、京西路計會馬遞闕少遞馬匹數，於監牧司或馬監雜支馬內揀撥，等第配填，及八分止，仍開析聞奏。

三年正月十八日，樞密院言：「使臣差出勾當，許乘遞馬，體例不一。欲檢會前後條例，就差本院編例官重行刪定。」從之。以上《國朝會要》。

神宗熙寧元年正月十八日，樞密上文武官合乘遞馬條貫，因言：「先給遞馬者太濫，所在馬不能充足，以致急令有所稽留。檢會祖宗朝臣僚差遣有賜馬者，以帶甲爲名，蓋沿邊要用任使故也。時平既久，僥倖干求，日以滋蔓。今欲應使臣閤門祇候以上充三路州軍路分總管、鈐轄、都監[18]之比，依舊賜馬價錢外，其餘職任文武官，一切罷去。」從之。

二十五日，樞密院言：「雄州自來將入國使、副等所得馬送定州高陽關路總管司，配填諸軍。其間甚有病患瘦弱、不堪披帶者。」（逐路）詔總管司依格式揀選，驗有筋力無病患、堪任披帶者，即得配填諸軍，餘充雜支。

三月四日，殿前、馬、步軍司重定奪到牧放鞍馬約束條貫。詔令施行，仍告示牧放官員，使曉會遵守。

十七日，樞密院言：「昨差供備庫副使高渙提舉牧放諸軍班馬，其死損數不減於舊。」詔以高渙爲大名府路兵馬都監，餘使臣並廢罷。其牧放，令殿前、馬、步軍司依舊差人，仍別立約束條貫，務定牧馬不至損斃。

八月三日，河北轉運司言：「准朝旨，四路都總管司勘會騎兵見管堪披帶馬約及三分已上。」詔令羣牧司於本路諸監擇堪任披帶馬增給之。

二年五月十七日，詔：「今後御馬四直闕馬，如羣牧司闕本等馬，即支驍騎、龍猛馬充填。」

十一月五日，樞密院言：「陝西都轉運司奏：『四路馬鋪盡皆闕額，存者多是臢弱不堪乘騎〔一〕，恐緩急誤事。乞於同州沙苑監見管不堪披帶官馬內，支撥與逐路添填，却將退馬出賣收錢。』本院勘會：涇原路經略使蔡挺奏揀選戰馬，內一項馬軍令逐路經略使親自揀選，內有齒口不堪戰鬭、不及格尺，並送監牧使司，令擘畫支使。所闕額者，便依分數補填。今河南、河北分置監牧使，暨准朝[19]旨，見勾追本路馬軍親自揀選次，即未委送河南或河北，兼所闕額，令監牧司或本路買馬司補填。」詔：「令本司將揀下馬分配馬鋪。如內委的不堪者，估價出賣。仍據揀下合支填馬數，關報陝西買馬司，依條將合留支配本路馬支填。其環慶、鄜延、秦鳳路經畧司准此，將揀下馬送轉運司配填馬鋪。如委不堪者准此。仍下都轉運司，候逐路經畧司送到合分配馬，先從緊急及闕馬多處鋪分添填。如數未足，即令同州沙苑監將合支馬鋪馬支填數足。有剩，即送京西轉運司，方配轄下接連陝西闕馬鋪分。」

〔一〕臢：字書不見此字，疑當作「臢」。臢，腌臢，低劣之意。

三年五月二十一日，羣牧判官王誨上《馬政條貫》，詔令頒行。

十二月，陝西宣撫使司言：「延、慶、環三州義勇節級已上，係第三等人户，如有田土瘠薄無錢買馬者，並官給馬一疋。如有倒死，更不再給，勒令自填。」從之。

四年十月十九日，比部員外郎、集賢校理、同修起居注曾孝寬言：「相度到諸班直、諸軍牧馬乞不下槽牧放，許人户出租請佃牧地，及合立條約等利害。」詔：「馬自來年更不下槽牧放。所有五箇月合支草料，三司預行計置，須管有備。每匹在京支六分草料，外處支五分。」并約束五事，並從之。內外班直、諸軍馬舊以夏初出牧，迄八月上槽。凡軍士之有馬者，利其草粟之餘與傔兵衣糧，舉族護視之。及其出也，數馬一圉人〔一〕，出而未至牧與自牧而歸者常數日，草粟無所給。方其在牧，晝縶之於棚，不得卧休；夕就野而牧，卒有震雷風逸，不知所在，有得之數十百里之外。雨潦霜露之不時而感寒疾，往往而斃者十常三四。被病而歸，死槽櫪與納換者不在數，圉人歲被榜罰者以千[20]數。又牧地多占良田，圉人侵擾閭里棚井，科率無寧歲。公私苦之，故命孝寬比較相度。詔下，人以爲便。計租入以補草粟，猶有羨，百年積弊，一朝而除者，由上斷之不疑也。

五年四月二十九日，詔：「諸蕃所進物色，三司初估，例不盡價，須再添估，方行支賜。馬價亦節次增添。今後初估時，便定實價，將暗添錢一就作添賜。」

六月五日，差檢估諸軍牧地官汲逢與河北監牧司同共揀踠蹋軟、齒高、駑鈍、小弱不堪配軍馬，並估價直出賣。

七年二月十四日，遣供備庫使李希一乘驛往河北東西路，計會當職官揀選諸軍馬，十五歲有病不堪披帶乘騎，十八歲以上不以有無病，其稍堪乘騎者，支馬鋪及廂軍不係披帶軍員，其不堪者平估斥賣。

九月十六日，詔：「羣牧司除椿管不係支使及牧養監病馬外〔二〕，自今後以二千匹爲額。其餘堪配軍及雜支馬，權與闕馬兵士。」

八年二月十五日，羣牧使李師中言，乞立定殿前、馬軍司在京營填馬分數。詔填及七分。

九年五月十四日，權開封界提點諸縣鎮公事蔡確言，乞府界養馬增六千匹爲額。詔中書立法以聞。十月二十七日，中書門下言：「禮房申：删到諸府界養馬不得過六千匹，逐年與免户下體量草二百五十束，更不支錢布。如有倒死及瘡病，並依永興、秦鳳等路弓箭手養馬條施行。」從之。已上《續國朝會要》。

神宗元豐三年二月二十八日，詔：「以國馬未備，令開封府界、京東西、河北、陝西、河東路州縣物力户自買馬牧養。坊郭户[21]家産及三千緡鄉村及五千緡，養一匹；各及一倍，增一匹至三匹〔三〕。止須四尺三寸以上及八歲以下。令提舉司注籍，仍先下逐路，具民户家業等第及合養

〔一〕人：原脱，據《長編》卷二二七補。
〔二〕牧：原作「收」，據《長編》卷二五六改。
〔三〕至：原脱，據《長編》卷三〇二補。

馬數以聞。」從王拱辰請也。

六月二十六日，詔：「開封府界、京東西、河北、陝西、河東以物力養馬户，可依逐路提舉司所具當養匹數施行。開封府界四千六百九十四匹，河北東路六百一十五匹，西路八百五十四匹，秦鳳等路六百四十二匹，永興等路千五百四十六匹，河東路三百六十六匹，京東東路七百一十七匹，西路九百二十二匹，京西南路五百九十九匹，北路七百一十六匹。」

八月十九日，上批：「近立京師、諸路户馬法。既有期會，必爲猾商乘時射利，以高價要養馬户，使良法不得速成。宜令羣牧司簡驍騎以上馬千匹，定價與民交易，毋得市與不養馬户。」

十月一日，環慶路經畧司奏，已令諸將、蕃官等勸誘屬户養馬。詔：「諸部族所買馬，委諸將按驗，及格堪披帶者，每匹於撫養庫給賞絹五匹，更不支銀楪。其鄜延、秦鳳、涇原路準此。」又詔：「當養馬路分人户，如鄉村、坊郭並有家業，計直各不該養馬者，通計從輕收養。其鎮坊郭，依縣坊郭例。」

五年二月五日〔一〕，提點京東東路刑獄霍翔言：「齊、淄等州民號多馬，禹城一縣養馬三千，牝馬居三之一〔二〕。臣近因巡歷，密按視民馬〔三〕，雖土産，亦骨格高大，可備馳突之用。兼齊州第六將騎兵多是東22馬，與西馬無異。雖民間比官中養馬，所費芻秣不多，然而不有所免，則無以爲勸。緣民之所欲免者，在於支移、折變、春夫、賊盗敷出賞錢，保正、保副、大小保長、催税甲頭、保丁巡宿十事。臣即以此事目付禹城縣，勸諭願養馬之家。已應募養馬之家計馬四百四十八：牡馬二百六十三，牝馬百八十五。然而未見所免之利，而願養者已多。乞應諸路鄉村户不拘等第高下，如願養馬，並許經官投狀，除依條分番教閲及覺察同保違犯，並句集追捕賊盗外，與免十事。内有田五頃，許養馬一匹；五頃已上二匹；十頃以上，物力高强，恐妨差使，不在養馬之限。其牝馬須四尺二寸以上〔四〕，牡馬四尺三寸以上。大縣毋過五百匹，小縣毋過三百匹。許養牝馬三之一，及委本州通判春秋呈驗，當日放散外，其餘約束，一依朝廷近降民馬指揮。」上批送吴居厚相度〔五〕，居厚言：「今轉運軍須年計，大半出於折變之物，稍有侵耗，即無從補助。自保甲之法行于諸路，其正副盡得一鄉(村)〔材〕武之士，譏察盗賊，所在衰減。今募民養馬之法，若與免大小保長、支移、催税甲頭、春夫、賊盗敷出賞錢，保丁巡宿七事，實便公私，可施行。」上批：「三省、樞密院可更審詳。若果有害民，必不可施行，所見官具事理論奏；苟無弊也，

〔一〕按，關於此年月，《長編》卷三四三元豐七年二月丁丑條原注有考證，可參。
〔二〕牝：原作「壯」，據《長編》卷三四三改。
〔三〕按視：原作「視按」，據《長編》卷三四三乙。
〔四〕「牝」與下句「牡」原互倒，據《長編》卷三四三乙。
〔五〕批：原抄作「披」，天頭原批：「『披』應改『批』。」據改。

即宜并心一意，協力奉行。」七年五月二十九日〔一〕，稱：除役錢，保内凡巡宿、催税甲頭等依元法減免。

八月七日〔二〕，開封縣23言：「養馬户未審止以屋業爲物力，或通計營運財物？」祥符縣言：「自頒養馬令，民已買馬後，質賣家産，或於市易務拘管抵當，未審合與不合養馬？」詔以屋契錢數、屋租爲物力，隱匿契者以鹽税爲定。如有質賣馬，亦隨之。若已抵當，或因事在官拘管、本户不得課利者，驗實與免。

十一日，鄜延路經略司言：「漢户及歸明界弓箭手買馬，乞依蕃弓箭手例〔三〕，每匹給撫養庫絹五匹爲賞。」從之。環慶准此。

九月十四日，詔：「户馬法以屋契錢爲物力。用住宅計者元契三千緡，房錢計者二千緡，各養一馬。其住宅、房錢相兼者，以分數紐折。」

（十一月一日）〔十月二日〕〔四〕，太僕寺言，御馬三匹，給卒一名，常馬千匹，給卒二百飼養。從之。

十一月三日，瀘南沿邊安撫司言：「乞以戎州所買蠻馬配本路兵外，給義軍人員，令習馬戰。」從之。

六年五月八日，詔：「聞鄜延路新支綱馬，分配闕馬諸軍。彼有新兵未堪出戰，例得善馬，其有武藝舊人往往闕馬，甚非朝廷本意。委劉昌祚按驗有實，即改配，仍具數以聞。」六月四日，權發遣鄜延路經略使劉昌祚言：「乞自今諸軍逃亡事故，其鞍馬許有馬與闕馬人比較武藝，優者與善馬。及監牧司所給新馬，亦准此。」從之，仍下河東、陝西路。昌祚又言：「按試諸將下新招簡投換馬軍十一人，武藝劣等，已改給與將下有馬藝闕馬舊人。」詔以武藝劣等者名下馬，通一路簡試有武藝人，改給。又詔昌24祚（祥）〔詳〕度：每十匹以七匹改給武藝高强人，三匹給第二等武藝上名。

七年二月八日，詔：「京東、京西路保甲免教閲。每都保養馬五十匹，給價錢十千。京東限十年、京西十五年數足。仍專置官提舉。其京東西路鄉村以物力養馬指揮不行〔五〕。」

三月二十三日，同主管京西保馬呂公雅言：「保馬癉瘠，已立備償法，其充肥未有旌賞。欲乞保馬生駒，每匹給絹一匹；其充肥，支銀楪。仍乞借常平錢五萬緡，均付諸州縣，出息爲銀絹費。每歲孟夏之月，聚而牧放，可致蕃息。」從之。

五月四日，詔三路保甲借民私馬習藝者，聽依舊。

〔一〕原稿此句以下另作一條，誤。此數句仍承上文，續叙養馬户減免賦役事，惟史官行文太略，文意不甚明白。「稱」蓋謂詔稱，其事詳見本書下文元豐七年五月「二十九日」條及《長編》卷三四五。

〔二〕按，以下五條仍爲元豐五年事，見《長編》卷三二九、三三〇、三三一。嘉業堂本因原稿上條分條之誤，將此五條均作爲元豐七年事重編，誤上加誤。

〔三〕蕃：原作「舊」，據《長編》卷三二九改。

〔四〕十月二日：原作「十一月一日」，據《長編》卷三三〇改。下條乃爲十一月。

〔五〕東：原脱，據《長編》卷三四三補。

二十六日，詔京西、京東路民以養户馬者免保馬。

二十八日，中書省言：「熙寧二年，天下應在馬十五萬三千六百三十四。」詔尚書兵部取索内外馬數，比較以聞。

二十九日，提舉京西路保馬司言：「體問上等户私馬有三兩匹者，願盡印爲保馬。乞許養至三匹，除役錢、保内巡宿、催税甲頭等依元法減免外，以所養馬，每匹各聽次丁一人準法公私罪杖、非侵損於人者用贖。」從之，京東路準此。

六月十二日，知河南府韓絳言：「京西保馬，詔限十五年數足。今保馬司遍帖諸縣作二年半。京西地不産馬，民又貧乏，乞許於元限減五年。」詔提舉京西路保馬司遵守元降勑限。

七月二日，詔：「陝府西路沿邊諸軍戰馬，並依河東麟、府州例，不以上下槽，支草料各七分。」知延州劉昌祚乞
25 不以冬夏支八分，上批：「戰馬在軍政固已要重，今用兵未已，適當乏馬，所繫實大，特依所乞。陝西、河北、河東、熙河路準此。」

九月重陽節，特御延和殿，閱經制牧馬司進諸路簡買馬并左第一監馬駒。

十二月十三日，同主管京西路保馬呂公雅言：「有官之家守官在外，止出助錢，不均，乞並令養馬。」兵部言：「欲（令）〔令〕有同居親屬自佃田産者〔一〕，依餘户法養馬。」從之。

八年四月八日，哲宗即位未改元。詔：「開封府界、京東、京西、河北、陝西、河東户馬已買填河東、鄜延、環慶路闕馬軍分，自今府界并京東等路養馬指揮並罷。」

同日，詔：「京東、京西路保甲養馬法，初定年限，本易應辦，而有司促期，民用騷擾。故先帝嘗降手詔詰責之，至今猶有不能奉行者。其兩路保馬，宜令依元降年限置買，仍取其贏，充以次年分之數。」又詔提舉京東路保馬兼保甲楊景芬、提舉京西路保馬兼保甲張修乘傳赴京，於三省稟議改廢。其後詔京東、京西路保馬分給諸軍，餘數發赴太僕寺〔二〕，仍以格尺不逮者還民户變易之，納元給錢。

七月二日，殿中侍御史黄降言：「京東、西兩路保馬司管勾公事官乞並權罷，候至買馬年分依舊〔三〕。」詔保馬司各具合留員數、姓名。

九月二十七日，詔：「京東、西路保馬數未足者，更不收買。據見管數，令逐户依舊主養，別聽朝旨。」

十一月十六日，詔：「馬軍所闕馬應給者，在京府界、京東、京西、河東、陝西
26 路無過七分，河北路無過六分。」

哲宗元祐元年正月十四日，詔保馬別立法以聞。

二月十六日，兵部言：「畿内馬監已行廢罷，即合於諸

〔一〕「佃」上原有「住」字，據《長編》卷三五〇删。
〔二〕發：原作「廢」，據《長編》卷三五四改。
〔三〕年分：原作「二分」，據《長編》卷三五八改。按，此謂二路保馬暫停，故管勾官權罷，俟至再買馬之年依舊，作「二分」無義。

路相度置監，乞差官前去經畫。」詔郭茂恂往陝西、河東路按行，相度以聞。

二十八日，三省言：「訪聞前知鄆州（楊）〔陽〕穀縣李抃昨行下保馬指揮，不數月間，本縣買足十年馬數。」詔京東路轉運司檢按李抃如何催促，便得足備，具詣實以聞。

閏二月二日，三省言：「霍翔、呂公雅提舉京東路保馬，不循詔旨，至減朝廷元立年限之半，督責收買，急圖己功，兩路騷然，民力困弊。雖各移任，然其欺罔害民之罪未加絀責，無以懲沮。」詔霍翔差管勾江州太平觀，呂公雅添差監舒州鹽酒稅務。

四月四日，右司諫王巖叟言：「京東保馬尚有餘弊，宜因而變之，盡收退還民間馬三萬餘匹，復置監如故，委轉運使領之。其京西事體既同，乞並賜施行。」從之。

五月四日，詔提舉陝西等路買馬監牧司以川買馬給陝西馬軍，兑陝西所買馬赴京師。

三年四月十三日，詔吏部授兼管買馬官並赴樞密院引驗。

四年七月四日，樞密院言：「新復諸監牧馬，元祐三年經春大雪苦寒，已特免一年比較。其人員、兵級，欲取死亡最多、最少者賞罰。」從之。

紹聖元年正月五日，太僕寺言：「馬政，武備之要，宜講求所以蕃息之方。」詔太僕寺條畫來上。

三月二十六日，樞密院言：「廣西（京）〔經〕畧安撫 27

司奏，乞自四月一日已後，至九月終，將邕州四指揮官馬野牧。」從之。仍令比較移往賓、横州死損馬數，開析以聞。

四月六日，詔户部看詳役法所：「諸路將下公使錢，歲終有剩，並留充買馬支用，勿充次年之數。」

〔三年〕八月八日〔一〕，樞密院言：「太僕寺考會得紹聖元年、二年綱、券馬死損分數，綱馬死者不止十倍。今復行券馬法，係陸師閔建議，其效已見。」詔陸師閔特賜銀絹各一百匹、兩，仍令學士院降勑書。

三年四月二十五日，供備庫副使田良彦言：「陝西經畧司自來令諸將下城寨勸誘蕃部買馬。近不以貧富，例皆抑配。兵官有不堪披帶馬，復彊售蕃部，因是多致流移。請自今許人告，以馬價（賞充）〔充賞〕；有剩利，計贓定罪，當職官以違制論，不以赦降、去官原免。」從之。

七月初二日，詔：「自今後陝西路弓箭手闕馬，願於官價外添備錢收買者聽。或已請官馬，而自備錢買到堪披帶馬，聽經官兑換元請馬出賣。若干繫人因買馬及兑換而留難，乞取錢物，並依重禄公人法。」從本路轉運副使吳安憲之請也。

元符元年十月二十九日，河東轉運司言：「體量到本路州軍爲經畧司科定買馬匹數，多於人户名下配買。至昭德軍，出給公據，令人户往陝西買馬，并抑勒市户結攬馬中

〔一〕三年：原脱，據本書職官四三之七二補。

官有實〔一〕。」詔河東路知州、通判、職官降官、展年、罰銅有差。凡降官，並展兩期敘。

二年五月九日，權通判廣信軍周綍言邊馬不足，請28取近地或西市團綱馬分配諸城。詔令太僕寺相度以聞。

徽宗崇寧二年正月二十四日，詳定一司勅令所劄子奏：「契勘酌詳《省寺監諸司元祐勅令格式》，其間馬政所隸之事，乃全衝改元豐舊法。竊緣馬政合隸尚書駕部，乃先朝官制。自元祐衝改，至元符中，令候邊事了日，依新勅施行，則看詳去取，在於今日，所繫最重。欲望下三省、樞密院詳酌指揮。」詔太僕寺依舊制不治外事，撥歸尚書駕部，應緣馬事，上樞密院。

四年六月十二日，詔：「昨降指揮，令陝西茶馬司支茶五萬䭾，於年額收買戰馬二萬匹，分配逐路。今已收買將足，官吏等頗宣力，可特推恩，庶勸能吏。程之邵、孫鼇抃與各轉一官，鼇抃仍賜章服，餘並取索比附推恩。」

十一月三日，詔：「諸路馬食，儲積頗艱。其令諸城寨乘春發生，分番出牧，就野飽青，晚持草歸，以充夜秣。每名量支草價，以省官芻。」

二十五日，詔：「神宗皇帝勵精庶政，經營熙河路茶馬司，爲勾致國馬之源，其法大備。後來監司意欲侵漁茶利，以助漕司糴買，故茶利不專，馬難敷額。近雖衝改吳擇仁所乞條約〔二〕，（今）〔令〕茶馬司專總運茶博馬職事，猶慮轉運司苟求目前近利，不顧悠久深害。三省可慎守已完法度，不得變亂元豐成法。」

十二月十一日，尚書省劄子：「檢會熙寧、元豐（州）〔川〕茶惟以博馬，不將他用。蓋欲因羌人必用之物，使國馬不乏，騎兵足用。竊慮淺見官司，29趨一時之急，陳乞別將支費，有害熙寧馬政。欲修立下條：諸川茶非博馬，輒陳請乞他用者，以違制論。」從之。

大觀三年六月二十九日，詔罷提舉河北路買馬所及官屬，其恩、冀、邢、趙州買馬場，令逐州知州管勾。

四年五月七日，京東路轉運使李延寧奏：「准詔：『復置鄆州東平監，罷京東西路給地養馬。令專一措置，將支與雷澤等縣人户馬并支送衛州淇水監馬，及借撥與太僕寺等處人吏、兵級與養馬户牧地，並行拘收。監內地土，舊不係本監者，仰依舊召人租佃。其槽桶動使等，依元價收買。應有合行事，仰措置聞奏。』今措置下項：一、鄆州東平監昨廢爲鎮寨，今乞依舊以鄆州東平監爲名。一、今來復監，全（籍）〔藉〕舊日監兵驅使，今訪聞本監有逃走兵卒，欲限一月，許赴所在陳首，遞送本監收管寄役。」從之。

政和五年八月二十五日，臣僚上言：「伏覩陛下復神考牧馬之法，追三代寓兵於農之制。法行之初，三路之民鼓舞而從。有司遵承，日益就緒，曾未期月，已底成績。以

〔一〕此句《長編》卷五〇三作「并抑勒市户結攬軍馬中官狀」。
〔二〕吳擇仁：原作「吳澤仁」，據《宋史》卷三二二《吳中復傳》附《吳擇仁傳》改。

給地之廣、養馬之數考之，動以萬計，周之盛時，所未有也。獨河東、陝西兩路，得以推行，亦既歲矣，尚未見辯驗土色，闕報省部。竊慮因循苟簡，(寢)〔寖〕隳良法。臣愚欲望申嚴詔旨，庶得早見成效。」詔送尚書省。

六年四月三日，知懷州田登奏：「遵奉御筆，推行戶馬法。本州管下三縣，押到養馬人戶共一千一百四十戶，計馬一千八百三 30 十四匹，已集驗支散銀絹了當。」詔田登與轉一官，其協力奉行官屬，具等第保明，申尚書省。

十二月十九日，詔知興仁府王傑可特轉一官。以養馬調習，皆堪披帶故也。

七年五月二十六日，臣僚言：「給地增牧〔一〕，法成令具，諸路告功，實武備無窮之利。乞令逐路春秋集教，以備選用。」從之。

八年二月，樞密院奏：「據定邊軍安撫司公事楊可世申：『今來邊事，臨陣之際，惟藉騎兵禦敵。竊見環慶路自李訛哆作過之後，驅虜却戰馬不少。即今諸將闕少騎兵，深恐緩急步卒難以倚仗。伏乞詳酌，於同州沙苑監支撥堪披帶戰馬三五百匹，赴定邊軍，揀選闕馬精鋭軍兵、蕃漢弓箭手乘騎，庶幾緩急可以驅策。』」詔支三百匹。

五月十五日，知太原府姚祐奏：「本路禁軍馬額一萬二千三百二匹。自西方兵興，累次調發，見闕頗多。緣本路控扼二虜，全藉騎兵，深慮緩急誤事，乞下陝西買馬司買發應副。」從之。

宣和(八)〔元〕年八月二十一日〔二〕，樞密院言：「勘會茶馬司政和六年八月至八年七月終，依元豐舊法，買獲馬三萬四千七百一十三匹，計減省錢一十萬三千三百貫。除本司官吏已推賞外，所有川司官吏未曾推賞。」詔特各與轉一官。

十月二十日，詔：「高陽關路轄下馬軍二十五指揮，見闕披帶馬五千餘匹。邊防所繫，事體不輕，可支降度牒三百道，付詹度措置變轉，買馬填闕，不得別有侵使。違者以違 31 御筆論。」二十一日，詔真定、中山府路馬軍闕額馬數將及二分，每路支度牒付帥司收買填闕亦如之。

三年六月十五日，中書省言：「臣僚進奉馬價錢，乞赴左藏庫送納。勘會左右騏驥院、天駟監向緣闕少屋宇，及所阻節招軍例物、兵士日給食錢，以致逃竄，招置不行，遂具奏請，乞將臣僚進馬價錢赴左騏驥院送納。政和七年六月六日，詔依。上件錢係補還借進馬數，及增葺屋宇，補置沿馬動使，支給人兵食錢，招填兵卒敷闕額。今欲乞特降睿旨，令左騏驥院依舊受納。」詔依舊存留，更不納左藏庫。

〔一〕增：原作「曾」，據《宋史》卷一九八《兵志》一二改。

〔二〕元年：原作「八年」。葉渭清曰：「今按『八年』當爲『元年』。此條雖別無所見，而下文十月二十日、二十一日兩條，證以《宋史·兵志·兵十二·馬政》稱『宣和初，真定、中山、高陽等路乏馬，復給度僧牒，令帥臣就市，以補諸軍之闕』者，即是兩條所載詔書，明此『宣和八年』乃《志》之『宣和初』，則『八年』爲『元年』之誤可無疑矣。」（《宋會要校記》）按葉説是，今據改。

六年四月二十九日，詔：「今後因差使，官司不許奏請諸軍换移他人名下官馬。雖奉特旨，亦許執奏不行。如遇差出，名下馬老病瘦弱不堪乘騎，依條納换。」

七年五月九日，詔：「應昨降指揮，支過河北路人户見養牧馬，應副燕山府路，限一月給還價錢。尚慮有未支還去處，仰提刑司限三日給還訖聞奏。」

十一月十九日，南郊制：「應諸路給地牧馬，其養馬人户所養官馬因病倒死，及昨宣和二年罷給牧馬，偶因官司失於拘收，止在人户名下牧養，致有倒死，見今拘繫監勒備償者，仰所屬勘驗詣實，無情弊並與蠲放。」

欽宗靖康元年二月十二日，詔：「應今來應副軍期，被差管押牧馬，如因在路倒死、别無情弊者，仰所屬勘驗詣實，特與除放。」以上《續國朝會要》。

高宗建炎元年八月十四日，詔：「應官司及[32]諸路軍脚下馬，别立印號。其印號，令騏驥院擬申樞密院。如衷私轉賣兑易之人，決脊配海島，買馬及牙儈並與同罪。許諸色人告捉，每匹賞錢一百貫。先以官錢代支訖，於賣買及牙儈人均償。若内有能自告首，以馬價充賞，仍免罪。」

四年五月二十七日，廣西路左右兩江峒丁公事李棫言〔一〕：「措置收買戰馬，發赴行在。探報江西路各有賊馬，道路阻節。今踏逐得廣東有便路，經自福建入兩浙，赴行在。欲起馬綱，自廣東徑路前去。乞下經由路分監司，預行指揮下州縣，準備草料口食，及嚴責巡尉遞相防護出界。」從之。

九月二十日，上謂輔臣曰：「前日韓世忠進馬一匹，高五尺一寸，云非人臣所敢乘。朕答以朕在九重之中，未嘗出入，何所用之？卿可自留，爲出戰之備。遂却之。」

紹興元年十月二十六日，廣西路經畧司言：「訪聞邕、賓、横州土丁被差牽馬赴行在，每名除官破和顧盤纏錢五貫文省，爲地遠，往復萬里，裹費不足。其土丁各自備錢，每名不下四五十貫足，充盤纏。乞今後馬綱經由州縣，應一行官兵驛券及馬料，並排日支給，不管闕悮，仍令所至巡尉遞相防護出界。如違，許押綱官具事因申所至路分監司按劾。」從之。

二年五月十六日，廣西路經畧安撫司言：「前後所發馬綱並係逐匹開齒歲、毛色、格赤。深慮押馬使臣、兵級人等沿路作弊换易。欲下所屬，今後本司發到馬綱，並比對綱[33]界内馬數逐匹齒歲、毛色、格赤交納。如有不同，即乞推治。仍立賞格，下經由州縣，許人告捉。」詔廣南西路經畧司：「見起綱馬赴行在，若有所犯，罪賞並依川陝路見行貿易綱馬條法。」

十月十四日，樞密院言：「廣西帥臣措置收買戰馬，近來諸軍多行申請支降，及陳乞差人前路一面截留，致令前後不相照應，合行止絶。」詔：「廣西所買綱馬，仰帥臣指揮

〔一〕李棫：原作「李域」，據《建炎要録》卷三六改。

管押官等，今後並須押到行在樞密院交納，分撥支降。雖有朝旨，亦不許截留。仍仰兩浙、江東西、荆湖、福建、廣南東西路轉運司遍行轄下州軍：遇有管押上件綱馬到來，將今降指揮關報押馬官等知委。如被官司截留，不到行在，管押等並不推恩。其管押官輒敢計會官司截留，當議重作施行。」

三年正月二十六日，詔：「邕州置買馬司，收買戰馬。每一百匹爲一綱，每綱差官二員管押，將校一名、節級二人、牽馬禁軍或廂軍五十人、獸醫一名、軍典一名。獸醫許募百姓。其廂、禁軍於一路通差，即不得差寄居待闕官及峒丁、土丁。綱馬逐匹各於兩胯下用火印『綱馬』字，及造木牌雕刻字號，分明標記格赤、齒歲、毛色等事，於馬項如法封記，務要辨驗。及於綱解狀内聲説，實封發遣。預申樞密院，用紙畫逐馬毛色，以憑照驗交收。押綱官如到行在，損失不及一分，依得條法交割了當，與轉一官；將校、節級、軍兵，並與轉一資。失及二分，並降一官資。若有情 34 弊，送大理寺根治。押馬綱官兵等在路换易官馬，許諸色人告捉，所有罪賞，並依川陝馬綱法。」以樞密院言：「廣西收買戰馬，召募押綱使臣無所顧藉，往往在路换易，兵級減剋草料，及差峒丁、土丁自邕、管隨至行在。地理遥遠，回程口券，州縣不肯支給，遂于沿路尋于駐軍去處計會截留。」至是參酌措置，故有是命。

三月二十一日，詔：「廣西起發綱馬到日，委樞密院檢詳、計議官各一員親赴省馬院，當官以元解發綱馬狀并圖畫到毛色、齒歲、尺寸逐一點對，并驗認火印封記、鬃尾訖，具有無異同，日下申樞密院呈驗。仍令省馬院候綱馬到院，即時依數交收，如法餧養。」

四月二十三日，瀘南沿邊安撫使蘇覺言：「瀘州江門寨引領到西南蕃武翼大夫、歸州防禦使、瀘南夷界都大巡檢使何永差的弟雲禮等，進奉馬一百十八匹。契勘何永逐年進奉馬以一百一十二匹爲額。今來外有六匹，與見任官爲信。依近降朝旨，更不收受，送所屬收管。」詔令瀘南安撫司將上件進奉馬差得力將官一員、使臣二人、軍兵據合用人數，管押赴樞密院送納。

四年二月十八日，樞密院言：「提舉廣南西路買馬李預請官馬依條合給草料七分。今相度，除已有養馬（士）〔土〕丁打採外，欲乞綱馬未起發間，支破馬料五分，於所在州勘支，庶得餵養，不致失所。」從之。

三月二十三日，神武中軍統制楊沂中言：「樞密張浚帶到選鋒五將并武騎鋭士、良家子赤心軍，數内一百人見闕官馬，止乘騎脚下私馬。其上件馬一百匹，並堪披 35 帶，情願中官。望看驗好弱，支給價錢，即充官馬，令元主依舊乘騎，應副使唤。」（從之）詔依，令楊沂中看驗，開具格尺、毛色、齒歲、合支價錢，申樞密院。

九月十五日，明堂赦：「應昨緣軍興以來，諸色人支借過官馬，事畢，有隱匿不即送官者，可特與放罪，限一月於所在官司送納，如法養餧，因便差人管押赴樞密院、省馬院交割。」

七年五月十八日，宰執言廣西進出格馬十匹。御批：「留一匹，餘付殿前司。」臣檜等奏曰：「所進馬毛骨皆好，前此所進，未嘗有也。」上謂秦檜曰：「朕所留一匹，幾似代北所生。廣西亦有此馬，則馬之良者，不必西北可知。」

閏十月八日，宰執言：「楊沂中乞三綱馬。」上曰：「川廣馬到，朕未嘗留，盡以均給諸軍。若小不均，則謂朕有所偏。楊沂中馬少，而張俊近以老馬數百匹納樞密院。可以兩綱付沂中，而以一綱付俊。」上駕御諸將，毫髮輕重，皆留聖意。

八年六月二十五日，都大主管成都府利州熙河蘭廓秦鳳等路茶事、兼提舉陝西路買馬監牧公事張深言：「本司起發綱馬赴行在樞密院交納，全藉沿路程驛椿辦人糧、草料、槽具之類。已行得旨，專委逐路漕臣掌管一員兼帶提舉本路綱馬驛程公事。尚慮州縣程驛不切預辦，仍乞將馬綱經過州軍通判，如無通判處，簽判或判官，於銜位内添入『提轄馬綱程驛』六字，候邊事畢日仍舊。逐時遍詣所部檢察，候歲終考較，如無闕誤，從提[36]舉司保明申朝廷，特與推賞。若有稽違闕失，取旨責罷。」詔依，押馬使臣仍添置一十員。

九年四月十九日，後殿進呈，上宣諭輔臣曰：「韓世忠欲獻一駿馬，朕却以『無用駿馬，卿可自留，以備出入之用』。世忠曰：『今和議已定，豈復有戰陣事？』朕曰〔一〕：『不然。虜雖講和，戰守之備，何可少弛！朕方復置茶馬司，若更得西馬數萬匹分撥諸將，乘此閒暇，廣武備以戒不虞，和議豈足深恃乎！』」

十一年五月八日，太保、樞密院使韓世忠言：「節次蒙恩給賜，及私自買到西馬共五百餘匹。見權令諸軍乘騎，謹具進納，望下所屬，繫帳收管。」從之。

十五年十一月二十一日，兵部言：「秦州每歲買馬，舊以二萬匹爲額，合破押馬使臣一百一十員。今來西馬止有五十八綱，合用使臣五十八員，其餘員數，顯是冗長，乞權行減罷。」從之。

十八年四月十五日，領殿前都指揮使職事楊存中言，乞於平江府添蓋牧馬屋。上宣諭輔臣曰：「應干費用，可令支係官見錢，不得于民間少有科擾。」

十月十九日，馬、步軍司言，乞將不堪乘騎馬下臨安府賣。上曰：「若賣與市人，不免屠剥，誠所不忍。其尚堪乘騎者，可發赴省馬院。」

十一月十六日，兵部言：「參酌立定廣南西路經畧安撫司提點綱馬驛程官任滿，能點檢沿路驛舍、槽具、動使，供應草料無闕誤，及綱馬死失、病患、寄留、減膔通不及下項釐數：三千匹以上，不滿半釐，減一年磨勘；不[37]滿一釐，更不賞罰；如任内弛慢，倒斃、寄留滿一釐，展一年磨

〔一〕朕：原作「上」，據《建炎要録》卷一二七改。

勘；通滿二鰲，展二年磨勘；通滿三鰲，展三年磨勘；以上展四年磨勘。」從之。

二十三年正月二十五日，詔：「茶馬司進到綱馬，緣押馬使臣失於看護，多至瘡疥、瘦瘠，僅存皮骨，往往餧養不成。樞密院可委承旨看驗，有似此者，管押使臣更不推恩。仍劄下沿路州軍，令如法應副草料。」

二十四年十二月二日，詔：「西和州宕昌縣、階州峰貼峽兩處買馬場，每歲起發綱馬赴樞密院，押綱使臣往往不得其人，餧養失時，多致倒斃。可自二十五年爲始，循環撥付殿前、馬、步三司。如二十五年並撥付殿前司，二十六年分撥付馬、步軍司，二十七年却撥付殿前司。周而復始，皆循此三年爲例。仍令逐司當撥馬年中，每一綱選差有心力使臣一員，軍兵三十人，就買馬場團綱起發，赴樞密院交納。賞罰依已降指揮。」

二十五年十二月二十一日，尚書省言：「平江府、湖、秀州三衙牧馬寨屋，除步軍司已造瓦屋外，餘係席屋。訪聞歸司隨即毀拆，州縣公吏利于乞取，逐時科率于民，顯屬搔擾。」詔：「令兩浙轉運司同逐州措置，以係官錢改造瓦屋。仍差使臣看管，遇有損缺，隨時修治，日後更不得科敷。如有違戾去處，許人户越訴。」

二十六年十月四日，成都府利州等路提舉買馬李潤言：「綱馬驛頓遥遠，乞下利州等路添置、改移驛舍。」上曰：「修蓋驛舍，所費不38多，令於上供係省錢内支撥應副，免致騷擾。」

十月六日，和州言：「本路轉運司標撥和州城外姚岡地蓋屋，應副王權軍中牧馬，侵占農田。」上謂輔臣曰：「放牧所在，實妨農耕。淮甸曠閑之地甚多，何必逼近居民？可令更切相度，于寬閑去處移蓋。」

閏十月十五日，樞密院言：「茶馬司逐年團發綱馬赴行在，委承旨司看驗。有瘡疥、瘦瘠馬數，其管押使臣等，依寄留、倒斃賞罰。内軍兵牽馬二匹並瘡疥，不推恩；一匹瘡疥，減半推賞支錢。其諸軍於茶馬司取到并廣西起發綱馬，即未該載，理宜一體。」詔：「今後諸軍於茶馬司取馬并廣西起發綱馬，賞罰准此。仍令御前諸軍都統制遇綱馬到，子細看驗，分明開具，申樞密院。」

十二月十七日，尚書駕部員外郎楊偰言：「川、廣各置馬司，所費不貲，而馬以綱來者，皆損耗羸瘠之餘，誠可深惜。蓋牽送皆和顧遊手充代，往往坐視倒斃，甘心逃竄。今欲（取）〔乞〕除諸軍取押外，須遵依舊制，均差諸州在營兵卒，則可無損耗之患。終日奔馳，飢劬生疾，至於暮夜，始得餧啗。今若添芻秣爲日中計，使馬不至甚飢，則可以無羸瘠之患。驛程儲峙不足，所管官吏往往逃避，以致無所批請，人馬俱困。宜申勑提轄驛程官常切覺察。」從之。

二十七年五月十日，前知化州趙不茹言：「欲行下廣西帥司，今後管押馬綱，並於逐州見任使臣内差。如此，則州郡無横費之財，使臣無（户）〔尸〕禄39之憂。」從之。

十七日，樞密都承旨陳正同言：「乞自今後管押馬五十五匹，五十四匹到，轉一官，減二年磨勘；五十三匹到，轉一官，減一年半磨勘；五十二匹到，轉一官，減一年磨勘；五十一匹到，轉一官，減半年磨勘。以上使臣，不支犒設，餘照見行賞格則例施行。」從之。

七月十九日，詔：「成都府每歲合起川馬，更不發來行在。以十分爲率，撥付御前諸軍鄂州駐劄田師中、建康府駐劄王權、鎮江府駐劄劉寶各三分，池州駐劄岳超一分，令逐軍差人前去取押。」

二十八年正月九日，上謂輔臣曰：「平江府改造牧馬瓦屋，合用錢物止令州郡措置，必至科之民間。莫若據間架，每間支與價錢付逐軍，令自管認修蓋，州郡更不干預。不惟便可辦集，亦免科擾之患。如户部闕錢，當從内庫支降應副。」

二十五日，給事中賀允中言：「平江府改造馬屋，殿前司彩畫到圖子兩段。其一在舊寨地傍，西至、南至目今皆係稻田，即非荒閑白地。其一在常熟縣界，係創行踏逐，北枕山，南瞰湖，東西皆百姓住屋，四至之内，皆膏腴良田。既係民間累世久安之業，豈肯輙以售人？望只委平江府及本路轉運司差清彊官親行踏逐係省寬閑水草便利官地，撥付殿前司，依已降自行管認修蓋指揮施行。」詔令平江府委官審實，如不係稻田，即優給價直摽撥，不得抑勒搔擾，務在軍民兩便。

四月十九日，都大提舉茶馬司言：「[40]西和州宕昌寨、階州峰貼硤馬場，舊來買馬，並發在興元府馬務團綱。昨得旨，自二十五年爲始，循環撥付殿前、馬、步三司，令逐司自差官兵就買馬場團綱起發。切緣宕昌寨、峰貼硤寨屋窄隘，難以屯泊取馬官兵。望依舊令三司官兵就興元府馬務團綱起發。」從之。

七月二十八日，殿前都指揮使職事楊存中言：「宕昌寨、峰貼硤馬場至興元府二十程，舊來買到馬，和顧人夫牽送，並不用心養餧，致有損壞。」送户部勘當。「本部欲行下茶馬司，和顧人夫，將所買馬自宕昌寨、峰貼硤牽送五程，交付吳璘所差官兵牽送七程，接連交付姚仲官兵牽送八程，至興元府馬務團綱施行。仍乞下四川總領所，將管押使臣一員，每日添破衙官五人例銅錢券一道六百六十六文；牽馬人兵各添破鐵錢七十五文、米二勝。仍劄與吳璘、姚仲照會。」從之。

二十九年六月二十四日，中書舍人、兼樞密都承旨洪遵言：「川路所遣押馬綱使臣，多是見任大夫者，一歲之間，當轉官者亡慮數十人，積而計之，蓋不鮮矣。此而不革，何以善後？伏覩近制，文臣承議郎以上不得押綱。望下有司看詳，比附文臣條例，今後武臣不得以綱賞轉至武翼大夫以上。仍行下發綱去處，無得輙〔遣〕大夫以上及合轉大夫武臣押綱。」從之。

閏六月五日，兵部言：「三司退馬，並分送宣、嚴、饒、信、衢、婺、處、明、徽、秀州、紹興、平江、臨安府等處出賣。乞行41下前項去處，將已承受未賣馬數，盡行分撥本州寬闊諸營牧放，差厢軍養餧出賣。其賣到錢，發納所屬。如有科擾，令監司覺察。所有日後如遇揀選不堪披帶病患馬，量支草料，從本軍養餧，一面出賣。候賣到錢，發納所屬。」從之。以臨安府收禁錢塘保正，緣不納寄養官馬價錢。詰其由，乃是本府承受馬、步兩司所撥退馬倒斃，須管陪填，監繫經時，無所從出故也。

三十年十二月十七日，樞密院言：「殿前、馬、步軍司每年于茶馬司輪取綱馬，雖經承旨司看驗訖進入，附付逐司交管，並不曾用火印記號，竊慮無以(辦)〔辨〕認。」詔：「令後三衙取押到綱馬，看驗訖，候降出，令都承旨用火印，撥付逐司。其見管馬，亦依此用印。江上諸軍委總領所，江州、池州、荆南委使臣。其後三十一年正月十五日，樞密院言：「欲以殿前司『甲』字，馬軍司『乙』字，步軍司『丙』字，鎮江府『丁』字，建康軍『戊』字，池州『己』字，江州『庚』字，鄂州『辛』字，荆南『壬』字爲文。內戰馬左胯、輜重馬并騾馬右胯，并用印。退馬右胯『出』字印。其火印，三衙令軍器所，江上(軍諸)〔諸軍〕令總領所，江州、池州、荆南令逐州製造。」從之。

三十一年正月二十七日，樞密院言：「知濠州劉時乞：『兩淮所生馬雖低小，名爲淮馬，自成一種，比之江南，尚可蕃息。州縣拘籍户馬，應副過往借使，是以民間不敢蓄養，甘心負擔。望責監司、帥臣嚴禁差籍户馬，庶幾民户皆敢放心置買，滋養蕃息。若州縣合用馬差使者，並各自養一二十疋應副。』」詔依，令本路帥臣、監司常切覺察所部州縣，不得依前科擾差借。稍有違犯，奏劾取旨，官吏重行黜責。

三月二十五日，馬、步軍司言：「望將紹興三十一年分馬綱分撥，付馬、42步軍兩司遣人取押。仍乞將以後年分綱馬以二年爲例，殿前司取押一年，馬、步軍兩司分取一年，周而復始。」從之。

八月二十三日，宰執言：「四川茶馬司每年起發騾馬一十綱，長是補發不足，乞減免二綱，庶幾易辦。」上曰：「此一項馬數雖多，而所收駒絶少，其間倒斃者半之，往往軍中未必得用。可降指揮，自後住買騾馬，亦省官吏草料之費。」以上《中興會要》。

紹興三十二年六月二十六日，孝宗即位未改元。詔四川宣諭使虞允文將已買到馬數，先次疾速具數申樞密院，取旨支(發)〔撥〕。其後，允文言：「收買戰馬，約計一百綱，即目買到已及一千餘匹，見在興元府團綱。除已揀選御馬(馬)見差官管押赴行在外，所有戰馬見逐旋排發十綱。其餘馬數，若接續排發，竊慮科撥與江上諸軍，道路迂迴，乞指揮分撥交納去處。」詔令虞允文將買到戰馬一千匹作二十綱支撥。內荆南諸軍五綱，江州諸軍十綱，池州諸軍五綱，委川、秦茶馬司差使臣、人兵管押，赴逐軍交割。其御進馬不須揀撥。

七月九日，詔：「川陝宣諭使司將起發赴行在綱馬，照應每綱合用使臣、牽馬人兵等，關報都大提舉川、秦茶馬兩司，那融差撥應付。賞罰並依本司團發綱馬體例。其成都、潼川府、夔、利州路、京西、湖北、江東西、兩浙轉運司行下綱馬經由州縣，據起到綱馬合批支口券、草料、錢米，依茶馬司見起發馬體例，於合取撥窠名內批支應副。其新復州軍，未有合發財賦，候將來買到細馬起發日，據合批支口券、錢米、草料，於州縣應有管窠名内應副。」以川陝宣諭使虞允文申：「本司得旨買馬，所有將來買到馬起發赴行在等處，其沿路驛程批支草料，并管押官、牽馬人兵口食錢米，欲下所屬，依茶馬司見起發馬綱體例批支應副。43所有賞罰，亦依例施行。」故有是詔。

八月五日，主管馬軍司公事李顯忠言：「本司取撥紹興三十一年分綱馬三十六綱，已取押到二十綱，其一十六綱乞許於所至州軍截留，關牒總領所火印。如駐劄去處無總領，即關報本州守臣火印，依例批放草料。」從之。

十一月十二日，詔：「廣南西路歲額綱馬合用押綱使臣，許令召募寄居待闕或無差遣小使臣，通行差撥，依條給券外，量支與贍家錢。」以本路經略安撫司言：「年例：綱馬二月已後次第排（撥）〔發〕，至四月間發盡。其春草茂盛，天氣暄和，水草可食，極爲利濟。近因臣僚言廣西押馬使臣于寄居待闕選差，侵耗常費，得旨于逐州見任使臣内差撥。本司雖管見任指使一二員，各差押諸般錢銀綱運，少有見任人可差，遂致邕州横山寨買下戰馬闕官管押，常是積留，至夏秋間起發未畢。」故有是詔。

十二月二十五日，詔：「廣南西路押馬使臣至鄂州，全不倒斃、寄留，與添減一年磨勘，通計四年；軍兵添錢五貫文省，通作二十貫；若願就半資公據，亦更支錢五貫文省。其綱内倒斃分數降罰等，並依已降指揮施行。」以本路經略安撫司言：「押馬使臣差往邕州横山寨領馬，管押至諸軍交納，各有立定賞罰。假如池州比較鄂州，秖爭八程。其池州全綱到，除轉一官資外，更減二年磨勘，占射差遣一次。其鄂州全綱，秖減三年磨勘，委是賞罰不均。乞將池州二年磨勘，裨補鄂州與轉一官資。」兵部契勘：「廣西差人管押綱馬，昨來各以斟量地里遠近，立定分數賞罰起發。除池州減賞一節難行外，所有鄂州押馬官兵轉資，若依所乞，切思太優。」故有是詔。（以上《永樂大典》卷一一六七六）

宋會要輯稿　兵二五

馬政　五〔一〕

雜録　三〔二〕

1 孝宗隆興元年三月二十四日，四川茶馬司言：「本司合起綱馬，先從諸軍自差使臣、軍兵前來取押，往往全綱到軍。近緣臣僚言三司取押西馬，所差官兵職資高大，費耗批請，又取馬官兵二年一次往來道途，棄 2 習武藝，遂令每綱差醫獸一名沿路點檢調護外，令茶馬司依舊差使臣、軍兵管押。照得四川牽馬人兵不諳養馬，沿路偷盜草料，便自逃竄，故近日諸軍官兵取押，損斃已多。欲令諸軍於逐軍揀下不堪披帶、曾經養馬人内選差。其逐軍每歲得馬一十五綱，一年不滿四百五十人，逐旋差撥，循環歸軍，委是易於輟那。將校日給米一勝半、銅錢一百五十文省；軍兵日支米二勝半、銅錢七十文省。至鐵錢地分，紐計支給。本司已用遞年開場月分買到馬數約度，分作六次到司，開坐月分綱數。（令）〔今〕後須得照應本司以前立定期限，節次差撥。若依限到來，自無積壓留滯。」從之。

五月四日，樞密院言：「茶馬司所差牽馬軍兵等，自來各有立定賞罰。緣知瀘州王葆乞將牽馬軍兵止許轉至十將，不許轉至副都頭。自副都頭以上，每一資依條支錢三十貫，即是賞輕罰重。竊慮軍兵在路，不肯用心照管，致寄留、倒斃數多。」詔令兵部遵依自來立定賞格陞轉施行，仍行下茶馬司常切覺察，不得重疊差撥。先是，紹興三十二年十月六日，知瀘州王葆言：「四川諸軍差押馬運，一次到行在，便轉一資，更有借請優厚。」詔茶馬司差撥牽馬軍兵，止轉至十將，更不許轉行副都頭。自副都頭以上資級，并支給賞賜，每一資，依條支錢三十貫文省。其綱内若有責罰降資等，并依已降指揮施行。

六月十八日，樞密副都承旨張説畫一綱馬利害：「一、茶馬司起發綱馬到行在，并送承旨司看驗。其單狀内稱進馬，於鬃下使『進』字火印，闊壯馬於兩胯下使『行 3 在』火印并封記，鬃尾用蠟固護，并用墨漆木牌子雕刻字號、毛色、齒歲、尺寸，於馬項下封繫。今後先次畫所用火印樣製申樞密院。一、押馬使臣往往在路與牽馬軍兵夾帶商貨、禁物，并附私馬隨行，以致換易及侵奪綱馬草料。應到行在，皆是病疥，分往軍中餵養半載，方堪乘騎。今後有似此之人，重賜責罰。其茶馬司如不覺察約束，乞令承旨司取旨黜責。一、綱馬遇到所在驛内州縣，往往數日方關，則草料尚有不足。欲行下逐路提點綱馬驛程官常切點檢，若有違戾去處，具申樞密院，乞重加黜責。一、起發進馬每人牽拽一匹，闊壯馬每人牽拽二匹。近來押馬使臣將沿路逃走

〔一〕原無此題，徑補。
〔二〕三：原作「中」，乃《大典》編碼。

人名下一般毛色馬抵填見到人名下死損數目，僥求推賞。今後許本綱諸色人告首，仍重立賞錢，將犯人送所屬重作施行。一、押馬到行在，沿路有寄留、倒斃馬數，於所在官司給到公據照驗。近來多有公據内刮補馬行第，或改易作逃走姓名。今後有刮補公據之人，送所屬根勘。一、綱馬每遇經過州縣，將合得草料并行折錢均分，却令牽馬人打草，失於飲餵。欲乞經由州縣，不得將草料折錢，須管應辦本色。」並從之。

二十四日，新知静江府方滋言：「白劄子陳請廣西買馬利害，得旨，條具申樞密院。白劄子乞：『一、所發馬綱，係差諸州兵級數少，往往拖延，差撥不繼。乞逐州更互差人，所至輪替，前期關報管押使臣，4 更不别差。見有提點綱馬驛程官兩員，一員在静江府，一員在撫州，别無責委。若差(官)管押使臣及輪差兵級，乞責委幹辦鈐束，嚴降指揮，不管稍有違滯疏虞。』契勘每年買發戰馬，每綱差使臣一員、將校五名、醫獸一名，分隸諸州軍，差撥前去邕州横山寨領馬。所至州，别差兵級一名傳送，逐州交替，至經略司呈驗，排綱分送諸軍交納。依立定賞罰，如全綱交納，各有轉賞；若有倒斃分數，降罰斷罪，以爲懲勸。今白劄子乞逐州更互差人，所至輪替，竊慮傳馬之人既無賞罰，必不能用心。兼馬綱所過，州郡不依時差人替换，深恐留滯，别致死損。欲乞諸州管押兵級依舊例差撥職次人外，今來增買馬數，竊恐臨時闕使臣差撥。今(指)〔措〕置，如有心力使臣，願管押兩綱、止請一綱請受之人，即與併行兩綱賞罰。所有提點綱馬驛程官，欲乞依白劄子所請，朝廷申嚴約束指揮，如稍有違慢，即從本司點檢奏劾。『一、沿路使臣兵級等合支錢米，乞别撥度牒出賣，撥還諸州支過錢數。』契勘押馬使臣、兵級批支口食，緣支省錢米。今來白劄子所乞撥度牒出賣，撥還諸州支過錢數，欲乞朝廷行下沿路諸州軍，契勘每年押馬使臣、兵級經由州縣批支錢米實數，申本路轉運司保明申尚書省，下所屬給降度牒，前去逐州，依數撥還。每一年買發戰馬，依已降指揮，沿路州縣應付草料四分。緣每年並是春間起發，竊 5 恐後時。今欲不以時月起發，竊慮秋冬草枯，不堪餵飼，長途却至瘦損。欲依四川茶馬綱體例，行下沿路州縣。如遇秋冬馬綱經由，即支破本色草料七分應副，不致妨闕。」並從之。

七月十三日，御營使、和義郡王楊存中言：「紹興二十四年十二月二日得旨〔一〕：『西和州宕昌、階州峰貼硤兩處每歲起發綱馬，可自紹興二十五年爲始，循環撥付殿前、馬、步三司。如二十五年並撥付殿前司，二十六年分撥付馬、步軍司，二十七年分却撥付殿前司。周而復始，皆循此三年爲例。』後來馬、步軍妄有申請，改以二年爲例，將殿前司三十一年綱馬取押了當。竊詳三十一年、三十二年兩年馬綱，三司交互取押，所有隆興元年本司合得馬數，馬、步

〔一〕「二」下原有「十」，據後文及本書兵二二四之三七删。

軍司又已取押。今乞更不撥還本司外，望將歲額合起西馬七十一綱，自隆興二年爲頭，令逐司照應紹興二十四年十二月二日已降指揮，皆循三年爲例，各司自行差人取押。并令依例，各差統領官一員前去宕昌馬場監視買發。」從之。

十二月三十日，詔：「令茶馬司將歲額川陜綱馬，差人管押至漢陽軍，置驛歇泊。仍令三衙及江上諸軍差人前去，就漢陽軍取押，令茶馬司不得依前和顧人夫牽送。約度馬到漢陽軍數目，預期申取朝廷指揮，下逐處差人依資次前去，庶免擁併，在彼等候，虚費批請。其賞罰，以地里遠近別行參照，比折輕重擬立。茶馬司收買武騎毅6士、神勁左右兩軍二十六綱并額外措置買馬，係本司差牽送外，所有文州歲額馬三十六綱，合赴荆南，止令茶馬司就便交納。其江州一十綱，依今降指揮，就漢陽軍馬監歇泊，江州諸軍差人取押。行下江州都統制遵守施行。」

二年二月七日，樞密院言：「四川宣撫使吴璘同郭昇申，差使臣趙千等管押御前馬一綱五十匹到行在，看驗得并無瘡疥瘦瘠，送兵部施行。本部契勘：興州即非團發綱馬去處，昨降指揮內亦無賞罰許依茶馬司進馬見行條法明文。緣茶馬司起發御前馬到行在交納，每綱係五十匹，差使臣二員，將校、醫獸各一名，牽馬軍兵五十人。今來本綱比之茶馬司，除差使臣一員、人員醫獸各一名、牽馬軍兵五十人外，計少差使臣一員，却多差節級、先牌旗頭、押請料庫子、曹司、火頭一十人。」詔郭昇買到馬，其綱內多差過人，并依茶馬司進馬賞罰體例施行。乾道元年八月八日，御前中軍統制、權知興州吴挺收買到御前闊壯馬一綱五十匹，差使臣范臯等押到行在。三年六月十四日，四川宣撫司差使臣楊全等管押到進馬一綱五十匹，除沿路倒斃外，見在馬四十八匹到行在，看驗得并無瘡疥瘦瘠病馬。詔依郭昇進馬賞罰例指揮施行，今後並准此。

五月五日，主管殿前司公事王琪言：「紹興三十年二月二十七日指揮，差統領官一員躬詣宕昌、峰貼硤監視買發綱7馬，依舊差撥官兵，起興元府茶馬司團綱，交割歸司，往往稍及臕分，少有損（弊）〔斃〕之數。紹興三十一年指揮，止令本司差醫獸一名，茶馬〔司〕差厢兵、顧夫等送至行在。馬沿路倒斃過多，不堪醫療，利害灼然。今來若仍前差委厢兵衮同人夫牽送，又限至漢陽軍，不無却將瘦病之馬交付本司官兵，委是枉費官錢。所有本司合得隆興二年分馬七十一綱，欲乞權依紹興三十年二月二十七日指揮，本司差統領官一員前去監視買發，繼續差撥人兵就茶馬司團綱處交割，管押歸司。所貴綱馬到司，易于養飼，便得爲用。」詔隆興二年分馬，令殿前司權取一年，餘令樞密院別行措置。

七月九日，臣僚言：「四川茶馬司每歲（置）〔買〕馬一萬匹，截二千應副吴璘外，有八千攤撥三司及江上諸軍。向緣多斃，朝廷下茶馬司於宕昌寨、峰貼硤、黎、文、叙州置場處，委屬官說誘番羌，於價外增支犒錦綵、酒食之類，每疋不下用茶七馱，準絹七十匹，并部押一行官兵資賞口券，馬一匹約銅錢三百貫文，而多斃如故，合行措置。一、州縣批請元降指揮，係截用經總制司錢和買支遣，本州縣違法折支，不惟人馬闕食，又慮欺隱和買價錢，或至擾民。欲下逐路監司就驛置庫，預辦草料、錢米，常令有餘。綱到即時批請，免有折支之弊。一、差厢、禁軍牽馬長行，日支米二勝、銅錢六十文，委是贍給不足，難以責辦。今欲逐人日支銅錢[8]一百五十文，川界折支錢引三分，米依舊二勝半。其餘人員、醫獸，添作一百七十文，川界折錢引三分四釐，米二勝半。回程到川約四千八百里，空行每八十里爲程，欲破六十券。雖有指定州軍支給，例多阻節。今後欲於左藏庫及鄂州總領所各支三十券。乞下逐處，不拘窠名，於應干官錢内即時支給。一、茶馬司買馬到官，并沿路日破料七勝，草十分。到及三月破料八勝，半年方料十勝。今欲乞沿路依舊支破十分草料。一、金、房州一帶，皆崎嶮山谷，路皆曲折。值潢潦雨雪，必須人馬失所。竊見自金州至均州梅溪驛二百八十里，皆淺山土路，更無嶮峻。緣兵火後不曾修葺，乞劄下金、均兩州，重行開廣，改此驛路，比舊路裁損三驛，又道路坦夷，利便非小。乞下本路安撫司及都統制司同相視新舊兩路，令制置司參詳利害，一面施行。其添減程驛批請，令轉運司應辦。」有旨：「第一項令户部申嚴行下，應綱馬經由處，如有違戾，令提點綱馬驛程官申本路轉運司并提舉司，具官吏申取朝廷指揮。（等）〔第〕二項行下應經由處，長行日支銅錢一百文，餘依舊。第三項行下諸軍，并綱馬經由路分轉運司，關報所屬州縣，如遇綱引，須管依數批支，不得稍有闕誤。第四項，令趙樽、王宣看詳所陳事并改移驛程，於邊（房）〔防〕有無利害，具經久利便，申取朝廷指揮施行。」

二十七日，宰執進呈諫官論州郡送馬轉資人多，所至指揮使充[9]滿，只合依條支錢。上曰：「恐此徒益不肯在路照管綱馬。今邊境未寧，特有所不得已爾。」

九月十二日，詔：「添差使臣州軍，令逐州每月轉差五名在界首，每名管馬一綱宿驛，批支草料。自入界，轉交次界，要處處照管，不致損斃。」以湖北、京西制置使韓仲通言：「馬綱經由州縣，無人照管，添差使臣端坐無事。」故有是命。（以上《永樂大典》卷一一六七六）

雜録 四〔一〕

【宋會要】

[10]乾道元年二月十日，樞密都承旨張說言：「廣西邕州横山寨馬每匹價直大約用銀四五十兩，而全綱善達者十無二三。開具利害如後：一、永州界排山驛四望空迴，人煙在數里之外，草木深茂，虎狼出没，最爲危險。尋常馬綱

〔一〕原標作「馬政八雜録中」，乃《大典》標目。

經由，不敢就驛存住，却於道次客店人家寄歇。今乞下永州，將此驛踏逐依傍人煙去處蓋造。一、潭州湘潭縣管下有青石、梅下等四驛，舊來草料、錢糧差人就驛給散。近年却（今）〔令〕押馬將校停住行程，迂路八十餘里，到縣請領所有草料，往往不能般運，遂致馬皆饑餓。乞嚴降約束，依舊將草料、錢糧就驛給散。一、豐城起程分路到曲湖驛，約四十餘里，沿江有篬岸十餘里，路極窄隘，不住頹塌。馬綱經由，常致攧落江中。乞行下常切開修隘窄之處，仍置欄干防護。一、廣西發馬舊例，每綱破官兵五十人牽控，後減去元數，只破將校五人、醫獸一名，經過州郡，貼差兵級十一人傳送，逐州交替。至饒州，止肯差五六人。池州直至鎮江府，雖一名亦不應副。乞行下逐州，須管依數貼差十一人。一、沿路驛舍頹塌傾損，上漏下濕，堆積糞壤，馬入輒病。一馬感疾，衆馬傳染。乞行下逐處州縣官常切點檢，修葺洒掃。」並從之。

十一日，詔：「令茶馬司日後將及格尺、堪披帶、口齒輕嫩、闊壯馬，交付取馬使臣，管押前來。如稍有違戾，當議重行 **11** 降黜。」以樞密院奏，訪聞茶馬司將無膘分病馬衮同支撥元數希賞，是致沿路損斃，故有是命。

十四日，四川茶馬陳彌作言：「契勘綱馬多斃，緣迫於期程，沿路不得停泊，兼芻秣失時。欲於漢上踏逐水草便處置監，少令休（自）〔息〕。擇瘦病者暫留餵飼，肥壯者先次起發。乞委本路漕臣措置施行。兼馬綱經由處，全仰修整驛亭，預辦草糧。訪聞沿路驛亭多是倒塌，及減尅草料，或折支價錢，人馬皆受其弊。今欲乞專委知縣措置馬驛，委巡尉監支草料，依程趲發出界。如界內全無倒死，與依巡尉綱運無沉溺法推賞。或倒死及分，亦乞嚴行責罰。應經由地分，如有官吏應辦弛慢，許本司奏劾。」並從之。

二月二日〔一〕，權馬軍司職事李舜舉言：「今年分綱馬，合當本司取押。檢照得紹興三十一年指揮，係茶馬司差人牽拽前來，人夫不切用心，是致倒斃。所有今年合得綱馬，乞令本司自行差撥慣熟能養馬官兵前去興元府取押，貴得不壞官馬。」從之。

十一日，主管殿前司公事王琪言：「本司差人前去興元府茶馬司，取押隆興二年分馬七十一綱。續承指揮，每綱止差使臣一員，餘差軍兵牽取。緣軍兵往往係新招之人，不諳馬性，欲乞每綱差使臣一員充管押外，餘差（闕）〔闕〕馬効用前去取押。所有添破錢米，止依軍兵例添破，出給券曆，庶得取押好馬歸司。」詔依，馬、步軍司准此。

四月四日，步軍司言：「本司契勘殿前司所乞，差撥（闕）〔闕〕馬効用取馬。緣本司所 **12** 管（闕）〔闕〕馬効用數少，委實敷差不足，又逐綱合要獸醫一名。其（闕）〔闕〕馬効用內少有諳曉馬政之人，竊恐（闕）〔闕〕人調護。今除差使臣一員充管押外，餘於（闕）〔闕〕馬効用及慣熟能養餵馬軍

〔一〕二月：按前三條已是二月，此疑當作「三月」。

兵内通融差撥。所有合用醫獸，亦乞於本司應管軍効用内選差。」從之。

十八日，四川宣撫使、判興州吳璘言：「得旨，令時暫赴行在奏事，可令將帶馬二千匹起發前來。除已下諸軍輟那，便行起發去訖。」詔可下茶馬司，依數撥還。

五月二十七日，鄂州駐劄御前(諳)〔諸〕軍都統制趙樽言：「本司合得綱馬，茶馬司有隆興二年一全年未曾發到。兼令茶馬司收買四尺二寸以上堪披帶、齒嫩騍馬，計綱差人押付本軍，後來止承發到一綱。望下茶馬司，疾早收買騍馬。若四尺一寸，恐難披帶，望(今)〔令〕將四尺四寸以上壯嫩騍馬交付本司所差官兵。」從之。

六月二十六日，樞密院言：「勘會吳璘見行起發戰馬二千匹赴行在，及應有非泛所起綱馬，沿路經過州縣不爲預期椿(辨)〔辦〕草料，深屬不便。」詔令逐路轉運司除椿(辨)〔辦〕歲額綱馬草料外，其非泛起綱馬，亦仰逐司預於經過驛頓椿(辨)〔辦〕應副。如違，重寘典憲。仍下(違)〔建〕康府、江、池、鄂州，委自都統制置驛提領，如遇綱馬到日，令應副草料，歇泊三日津遣。

七月七日，樞密院言：「得旨，(王)〔三〕衙私馬令承旨司權住火印。江上諸軍火印私馬，乞依三衙已降指揮施行。」從之。

十三日，兵部言：「沿邊屯駐軍馬【13】吳拱差使臣郭下管押進馬四匹到行在[一]，送部照應見行格法施行。本部契勘：吳拱於紹興二十四年、二十五年各進馬四匹，係差節級一名、牽馬軍兵四名。今來差郭下管押進馬，計多差四人。欲將節級一名、牽馬軍兵四名推轉施行，并行下四川都統制，今後遇有進馬四疋，并依此人數差撥。」從之。

八月二日，兵部言：「勘會進馬匹數推恩，今將無體例進馬數參酌有體例數目，逐一擬定下項：有體例：四匹，五人各轉一官資。六匹，八人各轉一官資。八〔匹〕，一十一人各轉一官資。一十二匹，一十七人各轉一官資[二]。一十四匹，二十人各轉一官資。二十匹，三十四人各轉一官資。二十五匹，四十人各轉一官資。三十匹，四十二人各轉一官資。五十匹，七十一人各轉一官資。無體例：五匹，六人各轉一官資。七匹，九人各轉一官資。九匹，一十二人各轉一官資。十匹，一十二人各轉一官資。十一匹，一十八人各轉一官資。十三匹，二十人各轉一官資。十六匹，二十八人各轉一官資。十七匹，二十九人各轉一官資。十八匹，三十人各轉一官資。十九匹，三十一人各轉一官資。二十一匹，三十五人各轉一官資。二十二匹，三十六人各轉一官資。二十三匹，三十七人各轉一官資。二十四匹，三十八人各轉一官資。二十六匹，三十九人各轉一官資。二十七匹，四十人各轉一官資。二十八匹，四十一人各轉一官資。二十九匹，四十二人各轉一官資。三十一匹，四十三人各轉一官資。三十二

[一] 郭下：疑當作「郭卞」。下同。

[二] 一十七人：按下文，進十一匹者「一十八人各轉一官資」，今進十二匹，反而只有十七人轉官資，顯然不合理，當有誤。以下數字尚有類此者，無從校正，不再出校。

匹，四十四人各轉一官資。三十三匹，四十五人各轉一官資。三十四匹，四十六人各轉一官資。三十五匹，四十七人各轉一官資。三十六匹，四十八人各轉一官資。三十七匹，四十九人各轉一官資。三十八匹，五十人各轉一官資。三十九匹，五十一人各轉一官資。四十匹，五十二人各轉一官資。四十一匹，五十三人 14 各轉一官資。四十二匹，五十四人各轉一官資。四十三匹，五十五人各轉一官資。四十四匹，五十六人各轉一官資。四十五匹，五十七人各轉一官資。四十六匹，五十八人各轉一官資。四十七匹，五十九人各轉一官資。四十八匹，六十人各轉一官資。四十九匹，六十一人各轉一官資。」從之。

十日，（認）〔詔〕：「吳璘起發諸路進馬二（十）千匹到行在，將諸綱合轉官資之人，并特與免納綾紙錢，仰所屬限十日出給所授告命、宣帖等，並赴樞密院承旨司送納，當官給散發回。」

二年正月二日，詔：「諸軍養馬倒斃，自合依著令。帶甲射弓應法，與免科校。其乾道元年四月内所降指揮更不施行。已經降官展年，并與改正。」先是，乾道元年四月九日指揮，樞密院言：「勘會川廣所起綱馬，管押使臣、人兵全到及倒斃，已有定立賞罰指揮外，交付三衙及江上諸軍之後，其部轄將佐等（從）〔縱〕容合（千）〔干〕人減尅草料，全不用心養餵，往往瘦瘠，（到）〔致〕令倒斃數多，理合措置。兵部今參附馬綱賞罰，隨宜措置，擬立到諸軍逐將部轄將佐合干人等賞罰：全不倒斃，轉一官資，減一年磨勘，軍兵、將校、白身人每一年磨勘折錢一十貫文。倒斃及一分至不及二分，減三年磨勘，軍兵、（劾）〔効〕用、將校、白身人每一年磨勘折錢一十貫文。倒斃及二分至不及三分，展二年磨勘，將校、軍兵、白身人各從杖六十科斷。倒斃及三分，降一官資。每增及一分，更展一年八箇月磨勘。分數准此遞展。內無磨勘人，後理磨勘日展年，將校、軍兵、白身人各從杖八十科斷。乞下殿前、馬、步三司及江上諸軍，責委主帥自今年爲始，將見存及日後收到馬數置籍抄轉，以十分爲率，候至歲終，將見存并倒斃馬的實匹數及部轄逐將將佐等合干人職位、姓名供申朝廷，賞罰施行。諸軍所養馬數，其馬主名下若有倒斃，即合别行攤撥養餵，難以候至歲終壘較賞罰。如遇倒斃，馬主即便科斷，有名目人供申所屬展年。若養餵實及一年，別無損斃，從本軍量支犒賞施行。」故有是命。

四月十一日，利州路轉運判官范南仲等言：「契勘茶馬司所起川、秦綱馬，從來於四川州軍差撥官兵押發。所有隆興二年分馬，殿前司 15 自差八十七官兵前來取押。抵今年八月，節次差發到七十綱官兵，止取發過馬三十九綱外，餘三十一綱官兵只在興元府守候綱馬，坐費券食。又更接續差到取押乾道元年分綱馬一十七綱官兵，若等候資次，須是半年以上，委見虛費錢糧。所有綱馬既於水路津發，自不須更差人前來取押。乞下殿前、馬、步軍司住行差撥，只依舊例，自茶馬司差人押發。」詔并依，如後次綱馬不堪，將茶馬司差到押發人重作施行。

六月十四日，詔四川軍兵（目）〔自〕今十將以上，毋差押馬。十將以上非武藝合格，毋得轉資。以秘書省正字黃鈞言〔一〕：「竊見四川州郡軍員之數最冗，軍員之選最濫，蓋押馬轉資之弊有以致之也。押馬轉資，其弊有二：一曰壞軍政，二曰耗國用。昔者祖宗立禁軍之額，課其武藝而爲排連轉補之法，使之歆慕踴躍，日夜磨礪，而後有得。今也不然，驅馬二駟，平達在所，則轉一資，大率不過五六往返，則爲都頭，爲指揮使。一歲

〔一〕黃鈞：原作「黃鈞」，據《南宋館閣録》卷八改。

馬綱凡三百有奇，所差不啻千兵，遷補軍員，其數不少。蜀郡之兵，多者四五千人，少者一二千人，而軍員之數，大郡踰千人，小郡亦不下七八百人，可謂最冗最濫矣。擊刺、射御之事則不能，坐作進止之節則不知，以道路之小勞，一旦偃然於一軍之上，顧使負材力、習武藝者俛首而下之。此軍政之所以壞也。自押官等而上之，至於指揮使，資級愈高，則衣糧愈增。以衣食數兵之資，而後能給其一人。一郡而軍員千人者，計其資用，雖養數千兵可也，視祖宗之舊，增者十倍。此州郡所以困於供億，而國用所從而耗也。紹興二十三年以後，四川茶馬制置司及普州守臣各有陳請，乞將押馬轉資爲之止法，諸州軍員爲之定額。及省部看詳之際，不知其爲四川之害，止降指揮輪流差撥，不許摺運。沿此轉員日多，省計日侵，其弊滋甚。方陛下修明百度，訓治六師，而使游手無能之人僥冒賞級，壞軍政而耗國用，望嚴立禁令。」故有是詔。

三年二月二日，詔：「今後茶馬司起發西馬到行在，不以年分，輪撥付三衙。内殿前二綱，馬、步軍司各一綱，周而復【16】始。仍自今年三月一日爲額。」以馬軍司李舜舉、步軍司陳敏言，乞將發到西馬以四綱爲率，分撥三司。故有是命。

十月四日，四川宣撫使虞允文言：「契勘宕昌所買西北之馬，産於沙場平川之地，一旦使行金、房州路，固已損壞；草料不（辨）〔辦〕，遂致飢餓，倒斃甚多。又自房州以去行在，馬驛地（理）〔里〕稍遠，每程有八九十里者，盡一日之力，不能得至。既抵驛舍，馬已困乏，芻秣不齊，來日又是催趕前去。若有蹄脚病患，州郡不肯寄留，直至倒死而後已。蓋州縣馬綱草料批請，程驛多是委之縣令、簿尉，守臣殊不干預，事力至輕，例皆不辦。伏望專委知州。所有逐驛程，每驛大約作五十里以下。所有病馬，即權（守）〔寄〕留，如法醫治。每歲若能醫治及五十匹，知州即與減二年磨勘；不及五十匹，分數給賞。」從之。

四年正月十五日，四川總領查籥言：「前宣撫吴璘起發進馬，係於諸軍入隊馬内摘揀，發赴行在，即不係買馬起發。其牽馬（宫）〔官〕兵該賞一半折資錢，合於契税錢内支給。」從之。

十九日，詔：「四川宣撫司所起進馬五百匹，令御前諸軍都統制員琦，第一至第四綱馬二百匹，差有心力官兵管押赴行在，沿路如法養餵。仍齎元發綱解毛色、馬圖前來，不得换易。」

二十三日，提舉四川買馬監牧公事張松言：「本司所買馬，係在西和、階、文、黎州、南平軍置場收買，出自遠蕃。纔買到場，便行起發。徑由道路，多是山坡嶮峻，自早至暮，餵飼失時。雖依元降指揮於房州、鄂州、【17】襄陽府、江州、宣州各有住程歇泊，緣爲十程以上，方得歇泊。今相度，更於房州竹山縣、光化軍卧佛驛、郢州長壽縣驛、漢陽軍漢川驛、興國軍驛、江州石溪驛、池州貴池縣、湖州安吉驛八處，各住程驛歇泊一日。所有草料錢糧，望行下所屬寬剩樁（辨）〔辦〕應副，檢日批支。」從之。

二十九日，樞密院言，白劄子：「馬驛新路，自（令）〔金〕州用船裝運，水路至净口約五百餘里，净口至梅溪一百八十里之間，凡有大小溪水近二百處，恐虚費措置，終不可行。舊路自金州至梅溪一十二驛，若於竹山縣至寶峰，并高水田至長安，各添置一驛，使促其程，將房州山路修鑿巇嶮，便爲坦塗，則爲力不勞。」同日，又白劄子：「近來綱馬疲瘦倒斃，緣宕昌中賣之初，却令元賣之人看養，候五十匹足數，然後排作短綱。押短綱使臣往往多是付身不圓之人，茶司别無請給，挨排守等，只候押綱，止得交子三十餘道。押至興元，全綱無損，方椿收錢四十餘道。間有一匹病患，則被剋罰。交割之後，或有病者，預知必罰，沿路於所請草料偷減入己。又緣西蕃之馬，素不食料，驟爾餵料，皆成蹄注之疾。莫若於本處添置兵級，每遇買到馬，如法養餵。調停草料，須自一升漸加至數升，候見腸胃慣熟，方可盡給全料。」詔令虞允文行下張松，同共從長措置，務要革去舊弊。

同日，詔令逐路提舉綱馬驛程官并逐州知、通，專委清彊官，前去點檢逐處驛舍、18橋道、草料等。如有驛舍窵遠去處，即仰添置；或有疏漏損壞，即行修整；及常切預前椿（辨）〔辦〕草料（狂）〔在〕驛，不得依前滅裂。如有違戾去處，仰提舉官按劾聞奏，朝廷不測差官前去點檢。如提舉官縱容不舉，重作施行。以白劄子言：「自襄陽（王）〔至〕臨安，驛舍疏漏，槽具不全。池州、宣、江間尤甚，或無監官、驛子，村路間草料全無糴處。池州城下雖有馬驛，止許吳璘進馬占下，綱馬不許占泊。橋道亦多狹小，綱馬擁併，多墜落溪澗。」故有是詔。

二月十四日，臣僚言：「自蜀抵吳，道里修阻，馬之得全者十無四五。且如州縣之瀕於江湖者，馬至，給一日券，阻風五六日者以一日之備爲五六日之用。欲望今後綱馬所經州縣，專委通判、知縣置曆，所過開説交割，逐考批其印紙，以殿最陞降之。儻無（遺關）〔遺闕〕，旌以一二年之賞；其敗事者展磨勘。」從之。

三月十四日，樞密院言：「茶馬司每年起發御馬一綱，係差使臣二員，將校、醫獸各一名，牽馬軍兵五十人，每人各牽馬一疋，内（佳）〔加〕備馬五匹，附綱牽拽。如軍兵名下馬一匹到，轉一資；馬一匹不到，降一資。今來綱馬内有牽馬二匹并牽馬一匹到軍兵，及二匹内一匹倒斃之人，欲乞將馬二匹到軍兵更各（興）〔與〕轉一資，二匹内一匹不到軍兵更不推恩。若日後有二匹全不到，與降一資。」從之。

十七日，四川宣撫使虞允文言：「張松爲提舉買馬官，首以京西上京舊驛路檄之，使修治道路。將半，會有以虜境相近爲言，松等議改置水程五驛，即畫圖具奏外，欲且乞從新路發馬一年。或未便利，却改從19上京舊路，浮言自息。」從之。

二十二日，虞允文言：「都大主管茶馬張松昨來乞將每年起發行在馬綱，依御馬例，每綱貼馬五疋，作五十五匹起綱。得旨依。契勘茶馬司逐年所買宕昌西馬，常是拖欠。今來遽然每歲添貼三百五十五匹起發，竊慮買發不前。望且令依舊額馬數排發。」從之。先是，三年十二月六日，張松言：「本司每年起發行在三衙馬綱，押馬綱官少有被賞，多是降罰。今來相度，每馬五十匹爲一綱，依御馬例貼馬五匹。所有賞罰分數，並令依舊格法，更不增減。内貼綱馬，不在比較之數，庶被賞之人稍多。」詔依，仍不得虧損歲額合起綱馬。故有是詔。

四月六日，樞密院言：「漢陽軍置收發馬監。檢會紹興三十一年正月十四日指揮，今後三衙取押到綱馬，看驗訖，候降出，令都承旨用火印，撥付逐司。其見管馬，亦依此用印。江上諸軍委總領所，江州、池州、荆南委守臣。自近及遠，欲以下項字爲文：殿前司『甲』，馬軍司『乙』，步軍司『丙』，江上駐劄御前諸軍鎮江府『丁』，建康府『戊』，池州『己』，江州『庚』，鄂州『辛』，荆南『壬』。」詔令茶馬司將所起三衙并江上諸軍綱馬，先於左胯上各隨逐司并駐劄諸軍字號，用火印訖，仍選差有心力人及能養馬軍兵，管押赴收發馬監交割。其荆南、鄂州所得馬，更不入監，徑押赴逐軍交割。如茶馬司依前滅裂，所差官兵不當，却致倒斃，重作施行。

七(月)〔日〕，詔令茶馬司將三衙西馬内殿前司二綱，馬、步軍司各一綱，輪撥起發，周而復始。其江上諸軍綱馬，並照應歲額合發綱數施行。

二十八日，兩浙路轉運副使沈度、轉運[20]判官劉敏士言：「得旨條具馬驛經久利便，今條畫下項：一、臨安府、湖州管下馬驛修葺並得圓備。欲乞專委通判，每季親詣管下馬驛相視，仍令縣尉每月前去照管有無損壞。一、臨安府錢塘縣餘杭門外馬驛，屋宇大小二十四間，若遇綱馬併至，則無處安着，本驛周回並無地步可以添蓋。今欲令臨安府於左側別行修蓋馬驛一所。一、臨安府餘杭縣跨水馬驛至湖州安吉縣馬驛，計七十里，難以一程趕趁。今欲於中路安吉縣界添置馬驛一所，添差官一員看管。一、管下馬驛每遇綱馬到來，合支草料，其押馬官附帶私馬，却於正馬草料内減剋均養。欲乞令諸處發馬官司，今後遇進納綱馬，嚴立罪賞，約束押馬官兵將附帶私馬，自行計備草料，不得於官馬草料内減剋。一、沿路橋梁、道路低窊去處，如遇雨水，即皆渰没。乞令所屬縣分專委巡尉脩治填疊，取令高闊牢壯，應副通行。一、馬驛合將揀净稻子、大麥及齊頭整草支給。訪聞日來逐驛多是折支見錢，設或支給，又用陳濕糠秕、亂草和夾。乞令所屬縣令，不得仍前違戾。一、所管馬驛，要得人兵打併照管官物。欲乞令逐縣每驛各差人兵五人，日支給食錢五十文省，於係官錢内支，每季一替。」並從之。

五月十八日，兵部言：「今看詳，乞將殿前、馬、步軍司自臨安府至漢陽軍取馬，依昨來興元府發馬至荆南立定賞罰。欲牽馬軍兵，自三衙[21]於漢陽軍取馬至行在，如牽馬二匹到，無瘡疥、瘦瘠、病馬，並與減半推賞；願折資者，支錢一十五貫。内一匹瘡疥、瘦瘠、病，支錢七貫五百文。不願折資者，若兩次押馬該賞，許作轉一資收使。」從之。昨來興元府馬至荆南，立定賞罰，全綱至，倒斃不及二分，謂九匹以下，使臣減三年磨勘，將校、醫獸、執色合干人各轉一資；倒斃、寄留及二分至不及三分，謂十匹至一十四匹，使臣展二年磨勘，將校、醫獸、執色合干人更不推恩；倒斃、寄留及三分，謂一十五匹，使臣、將校、醫獸、執色合干人各降一官資。每增及一分，使臣更展一年磨勘，餘分數准此遞展。其將校、醫獸、執色合干人更別無加罰。牽馬軍兵，二匹到，轉一資；一匹到，更不推恩；二匹到，并瘡疥，更不推恩；二匹到，内一匹瘡疥，減半推賞，支錢一十五貫文；二匹全不到，降一資。已上賞罰外，若綱内看驗得有瘡疥、瘦瘠、病馬，合依寄留，倒斃馬數除豁。若降資軍兵内無資可降人，從杖八十科斷。

七月十二日，鄂州駐劄御前諸軍都統制趙樽言：「諸軍戰馬，舊管萬餘匹，累經戰陣，見管數少。望除本司合得歲額綱馬外，別行支撥綱馬，應副披帶教閱。」詔令趙樽將乾道四年分合撥付三衙馬内截撥十綱。其三衙所闕馬數，聽候御前逐旋支降。

十二月十七日，樞密院言：「茶馬司起發三衙西馬赴行在，每綱依御馬例貼馬五匹，共五十五匹爲一綱。今來止依舊每五十匹爲一綱，趙樽截撥西馬十綱，止以五十匹爲一綱。如趙樽已行截撥，却令據截過綱數報茶馬司，將多收過馬數貼以後起發綱馬，揍作十綱。」從之。

五年二月一日，兵部言：「廣西經略司使臣守闕進義副尉張横押馬五十匹，全綱倒斃。緣從來即無全綱倒斃降罰體例。今來若依格法紐計，不過降一資，展[22]四年半磨勘止。乞別作施行，以爲後來之戒。」詔張横追毁所授三資文書，令本軍行遣訖，降充効用使唤。

五月十四日，張松言：「本司將每歲所起綱馬，並赴漢陽軍新置馬監交納，令諸軍差官兵就監牽取歸軍。照對川、秦之馬，乍入中國，皆非本性所宜，例生諸病，因致傳染。若綱馬到監積壓數多，一馬纔病，旬月之間，即成群皆病矣。欲乞下三衙、江上諸軍，每歲預差將官一員，於當年八月内，將帶本軍取馬一百人，在馬監安泊。每發一綱，申本軍接續差人，候馬綱到監，歇泊十日，先行起發。内有病患，即留本監餵養，免其傳染，亦不致衆綱擁併。」詔依，仍令茶馬司，遇有排發綱馬，約度到監月日，預先關報三衙及江上諸軍，指期接續差人前去取押，不得留滯積壓。

八月十五日，詔：「三衙并江上諸軍、廣西經略司取押綱馬軍兵，今後並不許差十將以上人。」以樞密院言，已降指揮，四川軍兵十將以上不許差押馬，其餘去處合一體施行，故有是詔。

六年三月二十五日，廣西經略安撫司言：「本司每歲起發行在及鎮江、建康、池州軍前馬綱，官校各係轉一官資，使臣更減磨勘二年。内鄂州命官全綱止減磨勘四年，將校只得半資公據外，襄陽府依鄂州已降指揮體例施行，致所差使臣及將校多不願就。乞將押鄂州、襄陽府全綱到軍押馬使臣、醫校與轉一官資。若有倒斃，並依舊例施行。」從之。

閏五月九日，樞密院言：「乾道五年分步軍[23]司諸軍牧放戰馬，數内中軍統領官苗茂、親隨將第一將副將王明、左軍統領官孟俊、第三將張國珍下，各倒斃馬分數最多，理宜懲戒。」詔苗茂、孟俊各特降一官〔一〕，王明、張國珍各特降兩官。

十二日，江南東路轉運副使張松言：「乞行下茶馬司

〔一〕孟俊：原作「馬俊」，按上文作「孟俊」，且《宋史全文》卷二四、二五載有孟俊事蹟，其人正爲乾道年間統領官，因改。

及逐路轉運司，約度全年合用草料，以時計置足備，以馬驛側近堆樁。令茶馬司於行程口券外，别給足備曆一道，付押馬官收執。如到，逐驛支給草料數足，方令驛司批下；如有欠(關)〔闕〕，更不得批。候七日終〔一〕，朝廷差官取足備曆比較，將逐路闕誤最多去處責罰施行。」從之。

六月十八日，主管侍衛步軍司公事王友直言：「本司節次取押到綱馬，并承御前降到馬數合得草料，其糧料院動經月餘，方始放行。欲望日後取押到綱馬，赴承旨司火印訖，依呈刺拍試過人體例，日下放行合得草料。」從之。七年九月二十六日，殿司乞依此已得指揮施行，從之。

二十一日，王友直又言：「每歲差撥官兵前去漢陽軍馬監取押綱馬，内有合該轉半資、願請折資錢之人，往往留滯，動經三兩月，方始支請。竊詳倒斃馬數，所屬便行責罰；其無瘦斃，亦合畫時支賞。欲望日後赴承旨司審驗火印訖，並令日下支請給散，庶幾有以激勸。」從之。

二十七日，詔：「三衙及都統制司於諸軍馬軍逐將内，各創置醫馬院一所，將病輕者作一處，病重作一處，逐將差將官一員，并逐將管 24 事人各一名，及醫獸、馬主在彼，專一提點，灌啗醫治。每半年一次比較痊可及倒斃數目，申樞密院，重行賞罰。」其後九年六月十二日，樞密院言：「殿前、馬、步軍司諸軍各置醫馬院，遇有病馬，不以輕重，盡拘一處醫治，病勢相傳，例有倒斃。乞止令馬主在家養餵，委將官一員巡視提點，勒醫獸用藥嚾啗，令主帥比較賞罰。」從之。

九月二十三日，兵部言：「廣西經略司所起綱馬，每一名牽拽六匹，常綱每一名牽拽十匹。緣人力不勝，致病瘦倒斃數多。得旨，令廣南西路經略安撫司今後起發綱馬，進馬每人牽拽二匹，常綱每人牽拽四匹，其賞罰令兵部參照見行格法比擬施行。本部今將格法體例指揮并地(理)〔里〕參照比擬，立定到因依：一、契勘茶馬司自來於成都府起發御馬，至行在六千一百一十九里，牽馬軍兵每人牽馬一匹。今來廣西經略司自静江府起發進馬，至行在二千八百七十七里，比之成都府至行在地里，雖止及一半，每人却牽馬二匹。一、契勘茶馬司自來於興元府起發常綱西馬，至行在四千八百八十九里，牽馬軍兵每人牽馬二匹。今來廣西經略司自静江府起發常綱馬，至行在二千八百七十七里，至建康府三千五百八十六里，至鎮江府三千七百六十里，至池州三千里，四處地里，比之興元府至行在地里，各及一半以上。至襄陽府二千三百六十二里，至鄂州一千八百八十二里，其兩處地里，各不及一半，每人却(掌)〔牽〕馬四匹。今後廣西經略司起發進馬赴行在，每人牽拽二 25 匹，全到無瘡疥、瘦瘠、病，轉一資；若内有一匹瘡疥、瘦瘠、病，減半推賞，支錢一十五貫；二匹并瘡疥、瘦瘠、病并寄、斃馬一匹，並更不推恩。其綱内通管將校、醫獸全綱至，寄、斃不及一分，各轉一資；寄、斃及一分不及

〔一〕七日：疑誤。

二分，通管將校、醫獸更不推恩；寄、斃及二分，通管將校、醫獸各降一資；若更(不)〔有〕倒死分數，別無加罰。一、今後廣西經略司起發常綱馬赴行在并鎮江、建康府、池州都統司，每人牽拽四疋，全無瘡疥、瘦瘠、病馬，轉一資；若內有一疋瘡疥、瘦瘠、病，減半推賞，支錢一十五貫文；二匹至四匹瘡疥、瘦瘠、病并寄、斃馬一匹，並更不推恩。其綱內通管將校、醫獸全綱到，並寄、斃不及二分，轉一資；寄、斃及一分至不及二分，通管將校、醫獸更不推恩；寄、斃及二分，通管將校、醫獸降一資；若更有倒斃分數，別無加罰。一、今後廣西經略司起發常綱馬赴鄂州、襄陽府都統司，每人牽拽四匹。五十匹全綱到，醫獸、牽馬四匹全(別)〔到〕，無瘡疥、瘦瘠、病，轉一資。若內有一匹瘡疥、瘦瘠、病，牽馬人減半推賞，支錢一十五貫文；倒斃、寄留不及一分，醫獸、牽馬四匹全到，無瘡疥、瘦瘠、病，各支錢一十貫，若有一匹瘡疥、瘦瘠、病，減半推賞，支錢五貫文；牽馬將校名下馬四匹全到，內二匹至四匹瘡疥、瘦瘠、病，并寄、斃馬一匹，更不推恩；寄、斃馬二匹至四匹，止降一資；倒斃、寄留及一分，醫獸更不推賞；倒斃、寄留及二分，醫獸降一資；若 26 更有倒死分數，別無加罰。一、本部契勘廣西經略司自來差使臣管押出格馬赴行在投進，每綱係三十匹，雖有賞罰體例指揮，從來未有立定格法。今參照體例指揮，比擬下項：(一)全綱三十匹到，使臣、通管將校、醫獸各轉一官資，內使臣更減一年半磨勘。(一)倒斃、寄留不及一分，謂一匹至二匹。使臣、通管將校、醫獸各轉一資。(一)倒斃、寄留及一分至不及二分，謂三匹至五匹。使臣展二年磨勘，通管將校、醫獸各更不推恩。(一)倒斃、寄留及二分，謂六匹。使臣、通管將校、醫獸各降一官資。每增及一分，使臣更展半年磨勘。餘分數准此遞展，其通管將校、醫獸別無加罰。一、契勘廣西經略司起發綱馬赴前項去處交納，若看驗得內有瘡疥、瘦瘠、病馬，其使臣、通管將校、醫獸，合依寄留、倒斃馬數除豁。一、契勘廣西經略司起發常綱馬赴行在并江上諸軍，每人牽拽四匹，每綱差一十二人，止牽拽馬共四十八匹外，有零馬二匹未有該載。今欲乞令廣西經略司每綱更差將校一名牽拽，即與減半推賞，支錢一十五貫文。如內有一匹瘡疥、瘦瘠、病，更與減半支錢七貫五百文。若二匹并瘡疥、瘦瘠、病并寄、斃馬一匹，更不推賞；二匹全寄、斃，降一資。」從之。此上《國朝會要》〔一〕。

乾道六年十月九日，四川宣撫使王炎言：「得旨，令於階、成、西和、鳳州選擇水草豐美去處置監〔二〕。竊聞四州之地，山林陵谷，幾居其半，欲求寬閑之地可以 27 牧馬三五百匹，不可得也。且以二千匹計之，養馬人須千人以上，取之軍中，必妨教閱。即今階、成、西和、鳳州見管忠勇軍、

〔一〕此六字似爲衍文。記載孝宗即位至乾道九年之《會要》只有一種，即淳熙六年修成之《今上皇帝會要》，本書中稱爲《乾道會要》，本卷則注於卷末，此處不當有注。此蓋《大典》編者之誤。

〔二〕西和：原無，據下文補。

弓箭手三千餘人，内忠勇馬軍免家業錢有至三百八十貫者，步軍免家業錢有至二百八十貫者，弓箭手官給田土，内馬軍兩頃五十畝，步軍兩頃，從來各家多有鞍馬出戰，無異正兵。近年茶馬司不許私下買馬，今闕馬之家十有七八。欲令茶馬司收買騍馬二千匹，馬翁二百匹，給撥與忠勇軍、弓箭手闕馬人及步軍情願養馬人着脚，養餵牧放，仍與理放有馬家業錢及田畝税課。有孳生騮駒，即時申報官司係籍。候及二年，委官相視，分作三等，上等支錢引一百道，中等八十道，下等六十道，付養馬之家。其馬經官火印，籍充官馬，解赴茶馬司團併起綱，或支付諸軍。若已爲官中生兩騮駒者，即後來所生駒子，不以騮騍，許以一匹與所養人，亦許經官中賣與諸軍。先據茶馬司買到襄、郢置監騍馬五百餘匹，取撥排綱外，見在一百三十二匹，乞將就充給撥之數。」從之。

二十日，主管殿前司公事王琪言：「先降指揮，每遇都大茶馬司差官押到綱馬，據實到監匹數，申殿前司，差撥合用取馬人兵。竊詳自漢陽馬監至行在，往復七十餘日，緣路途遥遠，若馬監候見得馬數報本司，差撥合用人兵，旋行出給券曆前來，須是兩月餘日，是致在監積壓馬數不下千餘匹。乞不候馬 28 監報到馬數，預先接續差撥全綱官兵，依例出給券曆前去。竊見本司逐年合得綱馬，比之馬、步司及江上諸軍綱馬數多，所是醫獸却與諸司一般，止差二人。欲乞貼差二人，通作四人，前去馬監醫治。」從之。

十一月十七日，利州路轉運司言：「四川宣撫司押馬使臣供，沿路馬驛内，有巨陵、米鋪、栗溪、師子隈等處，或有草無料，或有草料而無人糧。得旨，令本司具析違慢因依。照得並係金州洵陽管下新開水路程驛，守臣翟揀、知縣程縝。」詔翟揀、程縝各特降一官資。其後八年六月十九日，四川宣撫使司言：「本司看詳昨來差使臣俞邊等管押進馬一綱，内雖有兩匹倒斃，緣係因卒患水結黑汗，灌救不下。其餘馬數，并各臕分肥壯。其逐人已該轉官恩賞，即見得非因草料不足。竊慮俞邊等沿路以需索不如私意，妄有陳言。欲望將翟揀、程縝降官指揮改正施行。」從之。

十二月二十二日，兵部侍郎王之奇言：「伏見蜀中馬綱之役，四川州郡發牽馬兵士額差四千餘人，又借請之費三十餘萬。後來雖許至漢陽交割，稍有省減，然借請之費尚二十有餘萬，不可勝言。欲乞於成都、興元、襄陽各置司牧營分，將四川州郡分差到人計逐處綱馬數目，均分作兩處住營管幹外，襄陽府司牧營分合用人數，於京西、湖北諸路州軍厢軍内差撥。如不足，許行招收曾經牽馬逃亡軍兵充填，并一年兩次輪流牽喝。所裁損人數，幾三分之一。況地里止是千餘里，往回不出五旬。況襄陽至漢陽，地里尤近，比成都、興元，又易措置。牽馬兵士更不借請，除依舊破券 29 并支回程錢外，每起綱日，更與添支食錢二百文，則州縣無横費之擾。今措置馬綱，畫一下項。」詔令四川宣撫司相度，如於馬政利便，措置申樞密院。「一、總計成都、興元府歲額馬共一百六十一綱，内成都府川馬六十綱，興元府西馬一百一綱。每綱五十匹，計八千五十匹。

每綱用牽馬軍兵二十五人，節級一名，使臣、醫獸各一名。一、成都府馬六十綱：一十五綱係鄂州都統司自行差人取發；四十五綱內一十綱係騾馬，係本府差人管押，經由興元、襄陽府至漢陽軍馬監交割。計三千五百餘里，共六十四程，往回一百二十餘日。除使臣、醫獸外，歲用兵級一千一百七十人。今欲乞令成都府管押至興元府交割，止係一千二百餘里，共二十四驛程，往回只五十日。除使臣、醫獸依舊差撥，更不交替外，其兵級以三分爲率，減免一分，止令差定七百八十人，循環牽押。每隔日起發一綱，周而復始，更輪兩次役使。所有兵士，并於成都府置司牧營收管〔一〕。如有闕額，令茶馬司招填。其請給、衣糧，令元差州軍支移前來，按月支散。一、興元府馬一百一綱，今年指揮，更令起發西馬二綱，往應城縣孳生監，至今未見茶馬司申到。起發二十綱係荆南都統司自行差人取發，八十一綱係本府差人管押。經由襄陽府至漢陽軍馬監交割，計二千三百餘里，計四十驛程，往回八十餘日。除使臣、醫獸外，歲用兵級二【30】千一百六人。若依今來措置，又添承受到前項成都府馬四十五綱，計用兵級一千一百七十人。兩項共用兵級三千二百七十六人。今欲乞令興元府管押至襄陽府交割，止計一千四百餘里，共二十八驛程，往回六十日。除使臣、醫獸依舊差撥，更不交替外，其兵級減免一半，止令差定一千六百三十八人，循環牽押。每日起發一綱，周而復始，更輪兩次役使。所有兵士，於興元府置司牧營收管。如有闕額，令茶馬司招填。其請給、衣糧，令元差州軍支移前來，按月支散。一、今來襄陽府承受到興元府綱馬一百二十六綱，除自有元管押使臣、醫獸外，每綱用牽馬軍兵二十五人，節級一名，計合用兵級三千二百七十六人。自襄陽府至漢陽軍并德安府應城縣馬監，計八百四十餘里，共一十二驛程，並係平川，往回不及三十日。今欲乞令京西、湖北路安撫司，於本路見管係將、不〔以〕〔係〕將廂禁軍內，差撥牽馬兵級，比合用人數，以三分爲率，減免二分，止用兵級一千九十二人。如不足，許不拘等仗，揀選少壯人招置。并許曾經川路牽馬逃亡軍兵限一月令經所在州軍陳首，與免科罪，發赴襄陽府，即與舊軍分職名收管，支破請給。從襄陽府據每綱合用人數，同元管押使臣、醫獸牽至漢陽軍馬監，内騾馬十綱至德安府應城縣交割。並每日起發一綱，周而復始，更輪三次役使。所有兵士，并於襄陽府【31】置司牧營收管。如有闕額，令茶馬司招填。其請給、衣糧，令元差州軍支移前來，按月支散。一、今來襄陽府應辦牽馬人數，竊慮招收未足。今欲乞除騾馬一十綱令本府差人牽押至德安府應城縣交割外，其餘綱馬，欲乞權令三衙并江上諸軍見應副漢陽軍馬監取馬兵級權暫前去襄陽府取撥，候有應辦人數目依舊。一、襄陽府轉發綱馬，其牽馬軍兵賞罰，今欲參照成都府并興元府起發格例

〔一〕牧：原作「依」，據《玉海》卷一四九改。

賞罰施行。一、成都府、興元府發馬并今來襄陽府轉發押馬等人，合得到程、回程等錢，亦合遞減，今欲乞令所屬裁定施行。」

七年二月十八日，詔：「池州駐劄御前諸軍病患馬醫治痊可及倒斃，左軍最優，統制特轉一官，提點將官、管隊事訓練官、醫獸各特減二年磨勘；右軍最劣，統制特降一官，提點將官、管隊事訓練官、醫獸各特展二年磨勘。」以池州駐劄御前諸軍都統制吳(總)〔摠〕言：「諸軍乾道六年七月一日至十二月終，病患馬醫治痊可及倒斃數，以各軍本月終見管馬十分爲率，比較下項：(尤)〔左〕軍最優：病患馬二十七匹，合該一分二釐二毫一絲，倒斃一十八匹，合該八釐一毫四絲。見患二匹。十二月終，見管二百二十匹。統制崔定，提點副將李大椿，準備將于翼，管隊事訓練官冉政、朱進，醫獸田忠、楊玘。右軍最劣：病患馬三十七匹，合該一分八釐六絲。倒斃二十七匹，合該一分三厘一毫九絲。十二月終，見管馬二百五匹。統制趙思忠，提點權正將趙賽，準備將王政、高貴，管隊事訓練官徐立、朱珍，部將韓清，醫獸何進、郜德。」故有是命。

三月一日，詔：「馬軍司取押第三綱戰馬四十八匹，沿路倒斃、寄留外，有馬三十五匹見到，並各瘡疥、瘦瘠。押馬官依格賞罰外，特降兩官，本綱打先牌、醫32獸各特降兩資，牽馬軍兵二匹全不到人各從杖一百科斷。日後諸軍可依此施行。」以馬軍司言：「成忠郎曲用取押本司第三綱戰馬，沿路倒斃、寄留一十三匹外，並各瘡疥、瘦瘠。取到沿路批支草料券曆，照得挨日支給，即無少闕。顯是本綱打先牌、抱券人、醫獸盜賣草料，至得倒斃數多。竊恐以後遞相倣效。」故有是命。

四月二十九日，主管殿前司公事王琪言：「護聖馬軍節次取押馬五綱，共二百一十二匹到建康府。內一百一十五匹揀選着脚外，有九十七匹撥付神勇軍闕馬官兵寄養。竊緣神勇軍所管牧放馬軍九百六十六人、馬九百九十五匹，見闕人養餵，乞將護聖軍馬盡發遣前去秀州本軍牧放。」從之。

五月十三日，詔：「令四川宣撫司行下茶馬司，將未起川馬并騍馬綱數，疾速催促排綱起發，須管數足。」以樞密院言：「乾道五年起發過一百四十一綱，今來川馬尚少九綱，歲額一十綱，共十九綱，并未到騍馬五綱。」故有是詔。

二十六日，詔：「令內外諸軍主帥責委逐軍統制并逐將將官，將見今戰馬并降撥到綱馬，鈐束馬主，以時飲飼，有病即時醫治。仍每年一次比較牧養優劣，各於本軍、本將馬數十分爲率，倒死不及二釐，統制、將官各與轉一官；四釐以下，各減二年磨勘；倒死一分以上，展一年磨勘；一分半以上，展二年磨勘；及二分，降一官；二分以上，取旨重作行遣。馬主令主帥量輕重等第責罰，有武藝絶倫者，與免罪。仍自今年歲終比較。」以樞密院言：「內外諸軍馬，統兵官全不用心，牧養失節，縶維不以時馳騁，疾病不以時醫治，致使倒斃，理宜立定賞罰。」故有是命。

六月十一日，詔寧國府南陵知縣趙傳慶降兩33官放罷，當行人吏各從杖一百勒罷。以傳慶違旨，不預辦馬驛錢米草料。從淮西江東總領張松奏劾也。

十六日，詔：「殿前司取押第二十三綱馬四十八匹，除寄留、倒斃外，見到二十九匹。押馬綱官依格責罰外，更特降三官。其本綱醫獸等各特降兩資，內無資可降人，各從杖一百科斷。日後依此施行。」

七月二日，詔：「四川所起進馬，有牽馬人兵，訪聞經過屯駐諸軍，强行拖拽招刺。今後遇有違犯之人，令同行指定强拖拽人軍分、姓名申宣撫司，備申樞密院取旨，重作施行。」從四川宣撫王炎請也。

二十四日，樞密院言：「鎮江府都統司差使臣周同等，於馬監取到川馬二十八匹，寄、斃一十三匹，見到一十五匹，又病瘦四匹。以見取馬官兵等，將沿路批請草料減剋偷糶，不用心養餵。」詔押馬綱官周同依格責罰外，更特降三資。其本綱打先牌、獸醫、抱券并牽馬軍兵二匹全不到，各特降兩資；內無資可降人，各從杖一百科斷。除降官資人外，餘並令本軍問當。日後依此施行。

八月四日，樞密院言：「勘會三衙、江上諸軍取馬官兵，並不揀擇差撥，往往不切用心，致令倒斃數多。」得旨，令三衙、江上諸軍今後差撥闕馬官兵前去馬監牽取本名下馬歸軍，專差訓練官一員充綱官，賞罰令兵部措置。本部契勘：「闕馬官兵元舊名下止是管馬一匹，今若循例牽拽二匹，又恐仍前不專，却致損斃。今欲乞各人止牽取一匹。尋將從前格[34]法體例參照，重別措置比擬，立定賞罰下項。」詔依。「一、下項去處，管押使臣、執色合干人，皆以實數十分爲率，計理賞罰。殿前、馬、步軍司及高郵軍都統司差人於馬監取馬到軍，五十匹至四十一匹全到〔一〕，至倒斃、寄留不及二分，監官減二年六箇月磨勘，執色合干人支錢一十五貫文。如不願支錢、願出給半資公據者聽。如兩次取馬該賞，許作一資收使。四十匹至三十一匹全到，至倒斃、寄留不及二分，綱官減二年磨勘，執色合干人支錢一十二貫文；三十匹至二十一匹全到，至倒斃、寄留不及二分，綱官減一年七箇月磨勘，執色合干人支錢九貫六百文；二十匹至一十一匹全到，至倒斃、寄留不及二分，綱官減一年三箇月磨勘，執色合干人支錢七貫六百八十文。牽馬官兵名下馬一匹到，無瘡疥、瘦瘠、病，軍兵、將校并內有未理磨勘効用，支錢一十五貫文；如有不願支錢、願出給半資公據者聽；如兩次取馬該賞，許作一資收使。有官使臣并合理磨勘人，減一年六箇月磨勘。若寄留、倒斃，依此對展。一、鎮江府都統制司差人於馬監取馬到軍，五十匹至四十一匹全到，至倒斃、寄留不及二分，綱官減二年零半箇月磨勘，執色合干人支錢一十二貫七百五十文；四十匹至三十一匹全到，至倒斃、寄留不及二分，綱官減一年七箇月半磨勘，執色合干人支錢一十貫二百文；三十匹至二十一[35]匹全到，至倒斃、寄留不及二分，綱官減一年三箇月半磨勘，執色合干人支錢八貫一百六十文；二十匹至一十一匹全到，至倒斃、寄留不及二分，綱官減一年零半箇月磨勘，執色合干人支錢六貫三百三十文。牽馬官兵名下馬一匹到，無瘡疥、瘦瘠、病，軍兵、將校并內有未合理磨勘効

〔一〕全到：原作「金綱」，據下文文例改。

用，支錢一十二貫七百五十文；有官使臣并合理磨勘人，減一年三箇月磨勘。若倒斃、寄留，依此對展。一、建康都統司并三衙差人於馬監取馬到建康府，五十匹至四十一匹全到，至倒斃、寄留不及二分，綱官減一年十一箇月半磨勘，執色合干人支錢一十一貫二百五十文；四十匹至三十一匹全到，至倒斃、寄留不及二分，綱官減一年七箇月磨勘，執色合干人支錢九貫文；三十匹至二十一匹全到，至倒斃、寄留不及二分，綱官減一年三月磨勘，執色(各)〔合〕干人支錢七貫二百文；二十(四)匹至一十一匹全到，至倒斃、寄留不及二分，綱官減一年磨勘，執色合干人支錢五貫七百六十文。牽馬官兵名下馬一匹到，無瘡疥、瘦瘠、病，軍兵、將校并內有未理磨勘効用，支錢一十一貫二百五十文；有官使臣并合理磨勘効人，減一年一箇月半磨勘。若寄留、倒斃，依此對展。一、池州都統司差人於馬監取馬到軍，五十匹至四十一匹全到，至倒斃、寄留不及二分，綱官減一年三箇月磨勘，執色合干人支錢七貫五百文；四十 [36] 匹至三十一匹全到，至倒斃、寄留不及二分，綱官減一年磨勘，執色合干人支錢六貫文；三十匹至二十一匹全到，至倒斃、寄留不及二分，綱官減九箇月半磨勘，執色合干人支錢四貫八百文；二十匹至一十一匹全到，倒斃、寄留不及二分，綱官減七箇月半磨勘，執色合干人支錢三貫八百四十文。牽馬官兵名下馬一匹到，無瘡疥、瘦瘠，軍兵、將校并內有未理磨勘効用，支錢七貫五百文；有官使臣并合理磨勘人，減九箇月磨勘。若倒斃、寄留，依此對展。一、江州都統司差人於馬監取馬到軍，地里最近，若不加罰，無以懲戒。五十匹至四十一匹全到，至倒斃、寄留不及二分，綱官減九箇月磨勘，執色合干人支錢四貫五百五十文；四十匹至三十一匹全到，至倒斃、寄留不及二分，綱官減七箇月磨勘，執色合干人支錢三貫六百四十文；三十匹至二十一匹全到，至倒斃、寄留不及二分，綱官減五箇月半磨勘，執色合干人支錢二貫九百二十文；二十匹至一十一匹全到，至倒斃、寄留不及二分，綱官減四箇月半磨勘，執色合干人支錢二貫三百四十文。牽馬官兵名下馬一匹到，無瘡疥、瘦瘠、病，軍兵、將校并內有未理磨勘効用，支錢四貫五百文；有官使臣并該理磨勘人，減五箇月磨勘。若倒斃、寄留，展一年磨勘。一、前項去處，綱官倒斃、寄留及二分，展二年磨勘，及三分，降一官資；每增及一分，[37] 更展一年磨勘。餘分數准此遞展。執色合干人倒斃、寄留及二分，並無賞罰；及三分，降一資，內江州更令本軍問當。牽馬使臣、軍兵、將校，如有瘡疥、瘦瘠、病，不該推賞。其軍兵、將校，若寄留、倒斃，降一資，內江州更令本軍問當。一、綱內執色合干人，仍止差軍兵，及依自來體例，差撥施行。一、所差効用軍兵，如該降資，若無資可降，於本處從杖八十科斷。一、所差綱官、執色合干人取馬到軍交納，勘驗得有瘡疥、瘦瘠、病，依倒斃、寄留數除豁。」

八年正月三日，詔：「已降指揮，內外諸軍所養戰馬，令主帥每歲比較等第賞罰。可自今後倒斃及二分已上，統制將官展二年磨勘；三分已上，重作施行。馬主如本等弓四箭中帖垜，或願陞加㪷力者，並委主帥即時拍試，與免罪。其賞格，依已降指揮。」

二月八日，樞密院副都承旨王抃言：「每遇綱馬到行在，係承旨司看驗，自來止是係差定省馬院醫獸二人看喝，委是難以據憑。欲乞自今後每遇綱馬到來，報三衙，各輪差醫獸二人前來，臨時依公看喝，庶幾革去預先計囑之弊。」從之。

三月十三日，詔：「漢陽軍馬監遇諸軍合取綱馬，令赴湖廣總領所審驗。如有瘦病馬，發回本監醫治，將堪起綱馬責付取馬使臣管押前來。如致瘦病，重行責罰。仍令四川茶馬司今後須管將及格赤、闊壯、無瘡疥、瘦瘠、病馬，團綱起發。」以樞密院都承旨（案）〔葉〕衡言，漢陽軍馬監將病馬一槩衮同起發，與不置監無異，故有是命。

二 38 十六日，主管侍衛步軍司公事吳挺言：「先准指揮，令諸軍每遇取馬，差撥闕馬官兵前去牽取，專差訓練官一員充綱官。令本司諸軍馬軍見闕之數，於步軍弓箭手內揀摘能騎馬射弓之人，逐旋撥填。所有本司合得乾道七年分綱馬，緣目今舊管馬軍內即無闕馬官兵，止有新刷人數，未敢便行差撥。望令本司於步人內將新刷到馬軍前去牽取，依舊每一名牽取一匹。所有賞罰，乞依已降指揮施行。」從之。

四月十五日，詔：「令四川宣撫司行下諸軍，將牽馬官兵於元半年限外，與展兩月。如押馬到行在日，其合該賞資及請回程折資錢數，令所屬並限十日施行盡絶。如留滯違限，許行陳訴，將當行人並從重斷。」以樞密院言：「四川牽拽馬人，三月方至行在，納馬轉資，四十五日方畢，及回程，又須兩月，計七八箇月方得歸司。訪聞都統司往回只限半年，過期不到，即令住請，老幼失所，歸司又皆斷罪。」故有是命。

五月九日，樞密院言：「諸軍戰馬有病，慮致倒斃，更不醫治，便作『出』字用印（沽）〔估〕賣，損失官馬數多。」詔：「令諸軍今後除齒老、䨼瓚馬外，將病患『出』字馬數與倒斃馬於歲終通理分數，比較賞罰。自後遇有諸軍揀到合用火印『出』字馬，令承旨司、總領所審驗，病患堪醫治者，再令本軍寬限醫治，不得仍前作弊。仰主帥常切覺察。」

十三日，詔：「逐路提舉綱馬驛程漕臣，常切催督所屬修葺屋宇、槽道，寬剩椿辦草料、人糧，仍委逐州通判躬親檢察，漕臣巡歷所部，親至點檢。」以提舉四川買馬趙彥博言，自房州以去，驛 39 舍、槽道并不修葺，減尅草料，故有是命。

六月八日，樞密院言：「照得殿前司乾道六年五月至七年四月終，『出』字馬三百七十九匹，七年五月至八年五月終，『出』字馬六百九十三匹，顯屬情弊。」詔：「令內外諸軍，今後除齒老、䨼瓚馬外，其病患馬發赴醫馬院置籍，令逐軍專一責任兵將官、醫獸，須管究心醫治，以時飲飼，月具痊損數，令主兵官將本軍將官、醫獸賞罰。如實不堪醫馬，令承旨司、總領所審驗，印作『出』字，歲終具印過數目申樞密院。」

七月十六日，御筆：「訪聞安豐軍前後多有人於郡境内外盜馬，以至劫傷人命，殊失責任之意。可嚴行禁戢，仍移文濠州，一依今來處分，禁戢施行。」

八月二十日，荆湖北路轉運司狀：「據江夏知縣唐楠申：有馬軍司取馬訓練官張立等，押馬到本縣驛批支糧料，與驛子理會支草，在縣作鬧。」詔：「張立不能彈壓，特降兩官；唐楠不辦馬草在驛，特降一資，候改官日，更展二年磨勘。」

十一月十六日，詔令建康都統郭剛相度，將本軍戰馬止就建康府牧養〔一〕。繼而剛奏：「本軍戰馬，自來止就建康牧養，昨緣都統郭振乞移往廬州。(令)〔今〕相視，廬州三月末旬尚未有青草生發，若依舊止就建康牧養，實爲利便。」從之。

同日，詔：「三司馬軍(搶)〔槍〕手兼射弓箭人所破名下馬，如倒斃，令步射七斗力弓一十二箭，内二箭上帖垛者，與免罪。數内如實傷手臂，不能兼弓箭者，令本司於進帳内逐人姓名下分明開鑿所患，其破名下馬如倒斃，令擊刺免罪。」

十七日，詔令廣西經 40 略司，今後起發進馬并常綱馬，每軍兵一名止牽馬二匹。

九年閏正月三日，宰執進呈殿前司王友直劄子：「近遣淮備將李宣往漢陽軍排發綱馬，在監倒斃既多，又更在路死損，可謂不職。乞罪李宣淮備將差遣〔二〕。」上可其奏。又曰：「若漢陽軍監牧養得宜，則發遣來者，在路自無損斃，李宣何得不懲！」

二月二日，詔：「令諸軍并漢陽軍馬監，今後遇有取發到綱馬，仰即時將元綱解并沿路倒斃及見到數，開具申樞密院，以憑稽考，無致違戾。」從樞密院請也。

二十日，詔：「令逐路漕臣躬親遍詣所部馬驛相視，依今來降去樣製體式，責委逐州縣守令限一月如法蓋造，置辦什物、槽具，並要如法，不得苟簡滅裂。每驛差撥五人看守，務要潔浄。仍於本州揀汰養老將校内選差知馬政、有心力、稍壯健二人，同老小前去本驛居住，量添鹽菜錢，部轄看管。如馬綱先牌到來，預令人夫剉草磨豆，祗備餵飼。候圓備日，申樞密院，以備差官前去點檢。」其後十一月十二日，詔令逐路漕臣，疾速委官前去點檢。如(來)〔未〕圓備去處，責令日近一切了畢。如尚敢違戾，按劾以聞，當議重作施行。先具已點檢到數目聞奏。

三月十七日，詔：「令三衙并江上諸軍將見差取馬使臣、軍兵，今後徑往茶馬司取押。到監歇泊三日，委本監官審驗，將肥壯馬先次起發。内瘦瘠、病，量留本綱人在監養餵，候及膔分，逐旋隨本軍以次綱馬附押歸軍。其使臣並差七人衙官〔三〕、軍兵十將以下人充。仍令茶馬司先次排

〔一〕牧：原作「收」，據注文改。
〔二〕罪：似當作「罷」。
〔三〕衙：原作「衛」，據汪應辰《文定集》卷一三改。

定綱[41]分，預行關報諸軍，措期差人前去取押，無致擁併，積壓留滯。」以樞密院言，四川茶馬司近來撥發綱馬到監，比之每歲寄、斃數多，竊慮所差使臣不行精選，在路不切用心養餵，故有是命。

二十三日，宰執進呈鄂州諸軍都統制吳挺申：「內外諸軍所養戰馬，令主帥每歲比較等第賞罰。自今倒斃及二分已上，統制將官展二年磨勘，三分已上，重作施行。今年緣有四分已上之人，合行取旨。」上曰：「若自三分減罰，却恐人數稍多，可將四分已上之人，統制將官各特降一官資，庶可警戒。」

四月二十八日，兵部〔言〕：「〔近〕降指揮，四川宣撫司起發闊壯馬并茶馬司御進馬、常綱馬到行在，及江上諸軍綱馬到軍，并廣西經略司排撥常綱馬到行在，及江上諸軍內有全綱到并寄留、倒斃之數，以地里遠近，并牽馬人，已擬定賞罰格法。本部今參照得地里雖有些小遠近不同去處，且立賞罰格法已是酌中，久遠可以遵行外，有該載未盡事件，今條具比擬，立定賞罰，開具下項。」並從之。「一、元劄子內格目：一、三衙往茶馬司取押常綱并宣撫司押到闊壯馬、茶馬司御進馬，各到行在，今擬到下項：全綱到，使臣轉兩官資；寄、斃一匹，轉一官，減四年磨勘；二匹，轉一官，減三年磨勘；三匹，轉一官，減二年磨勘；四匹，轉一官，減(二)〔一〕年磨勘；五匹，轉一官資；六匹，減四年磨勘；七匹，減三年磨勘；八匹，減二年磨勘；九匹，減一年磨勘；十匹，不理賞罰；十一匹，展一年磨勘；十二匹，展二年磨勘；十[42]三匹，展三年磨勘；十四匹，展四年磨勘；十五匹，降一官資；十六匹，降一官資，更展一年磨勘；十七匹，降一官，更展二年磨勘；十八匹，降一官，更展三年磨勘；十九匹，降一官，更展四年磨勘；二十匹，降兩官資。以後匹數，依此展降。全綱到，將校、醫獸等轉兩資；寄、斃五匹，轉一官資；十匹，不理賞罰；十五匹，降一資；二十匹，降兩資。以後每五匹依此更減一資。無資可降人，各從杖一百科斷。本部今乞依已擬定賞罰格法施行。執色將校、先牌、火頭、醫獸、曹司等，全綱到，轉兩資；寄、斃一匹至五匹，轉一資；六匹至九匹，本部今擬定，欲乞更不轉資，止支賞錢一十五貫文；十匹至十四匹，不理賞罰。十五匹至十九匹，降一資；二十匹，降二資。本部(令)〔今〕乞並依前項擬定賞罰施行。所有以後每五匹依此更降一資；無資可降，各從杖一百科斷。及該賞人如不願轉資，每資折錢三十貫文。一、建康、鎮江府、池州武鋒軍往茶馬司取馬到軍，依今來指揮，並依三衙取馬到行在三分減一分賞罰。今比擬：全綱到，使臣轉一官資，減一年八箇月磨勘；寄、斃一匹，轉一官，減一年磨勘；二匹，轉一官，減四箇月磨勘；三匹，減四年八箇月磨勘；四匹，減四年磨勘；五匹，減三年四箇月磨勘；六匹，減二年八箇月磨勘；七匹，減二年磨勘；八匹，減一年四箇月磨勘；九匹，減八箇月磨勘；十匹，不理賞罰；十一匹，展八箇月磨勘；十二匹，展一年四[43]箇月磨勘；十三匹，展二年磨勘；十四匹，展二年八箇月磨勘；十五匹，展三年四箇月磨勘；十六匹，展四年磨勘；十七匹，展四年八箇月磨勘；十八匹，降一官，更展四箇月磨勘；十九匹，降一官，更展一年磨勘；二十匹，降一官，更展一年八箇月磨勘。以後匹數，依此展降。全綱到，將校、醫獸等轉一資，更支錢一十貫文；如不願轉資者，資折錢二十貫。寄、斃一匹至五匹，支錢二十貫文。如不願支給上件錢數，願就半資公據者聽；如兩次押馬該賞，許依轉一資收使。六匹至九匹，支錢一十貫；十匹至十四匹，不理賞罰；十五匹至十九匹，從杖六十科斷；二十匹，降一資。本部今乞並依擬定賞罰施行。所有已後每及五匹，依此更降一資；無資可降，從杖一百科斷。一、荊南、鄂州、江州都統司往茶馬司取馬到軍，依今來指揮，並依三衙取馬到行在減半賞罰。所有茶馬司起發騾馬、翁馬，赴鄂州都統司并荊南、龍居山孳生馬監三處，雖有賞罰格法，於今來指揮內，未有該載。其兩處押馬與本處取馬地里一同。今比擬，欲並依荊南、鄂州都統司取馬立定賞罰，一體施行。今比擬：全綱到，使臣轉一官資；寄、斃一匹，減四年半磨勘；二匹，減四年磨勘；三匹，減三年半磨勘；四匹，減三年磨勘；五匹，減二年半磨勘；六匹，減二年磨勘；七匹，減一年半磨勘；八匹，減一年磨勘；九匹，減半年磨勘；十匹，不理賞罰；十一匹，展半年磨勘；十二匹，展一 44 年磨勘；十三匹，展一年半磨勘；十四匹，展二年磨勘；十五匹，展二年半磨勘；十六匹，展三年磨勘；十七匹，展三年半磨勘；十八匹，展四年磨勘；十九匹，展四年半磨勘；二十（四）〔匹〕，降一官資。以後匹數，依此展降。全綱到，將校、醫獸等轉一資，如不願轉資，折錢三十貫文。寄、斃一匹至五匹，支錢一十五貫文；若不願支錢，願就半資公據者聽；如二次押馬該賞，許作轉一資收使。六匹至九匹，支錢七貫五百文；十匹至十四匹，不理賞罰；十五匹至十九匹，從杖六十科斷；二十匹，降一資。以後每五匹，更降一資；無資可降，各從杖一百科斷。一、契勘昨來殿前、馬、步軍司及江上諸軍自差官兵前去茶馬司取押川西綱馬，並以五十匹爲一綱，每一名牽馬二匹。後來逐處往漢陽馬監，每名只牽取名下馬一匹歸軍。今承旨揮，令逐處自差人前去茶馬司取馬，及（令）〔令〕本部擬定牽馬人賞罰。緣所降旨揮内未有該載牽馬人每名牽取匹數明文，今乞將三衙并江上諸軍、武鋒軍依舊例，每人牽馬二匹，共二十五人。其軍兵止差十將已下之人。今擬定牽馬人賞罰，牽馬人每名牽馬二匹，各理名下賞罰：二匹全到，無瘡疥、瘦瘠、病，轉一資。不願轉資，折錢三十貫。二匹全到，內一匹瘡疥、瘦瘠、病，與減半推賞，支錢一十五貫文；如不願支錢，願給半資公據者聽；兩次押馬該賞，許作轉一資收使。二匹全到，並瘡疥、瘦瘠、病，或內寄、斃一 45 匹，並更不推恩。二匹全不到，降一資；無資可降人，從杖八十科斷。一、廣西經略司起發綱馬至行在并建康、鎮江府、池州都統司，今擬定賞罰，係以五十匹爲一綱。 一、元劄子内格目：全綱到，使臣轉一官資，更減三年磨勘； 寄、斃一匹，轉一官資，減二年磨勘； 二匹，轉一官資，減一年磨勘； 三匹，轉一官資； 四匹，減四年磨勘； 五匹，減三年磨勘； 六匹，減二年磨勘； 七匹，減一年磨勘； 八匹，不理賞罰； 九匹，展一年磨勘； 十匹，展二年磨勘； 十一匹，展三年磨勘； 十二匹，展四年磨勘； 十三匹，降一官資； 十四匹，降一官資，更展一年磨勘； 十五匹，降一官資，更展二年磨勘； 十六匹，降一官資，更展三年磨勘； 十七匹，降一官資，更展四年磨勘； 十八匹，降兩官資。 以後匹數，依此展降。 全綱到，通管將校、醫獸等各轉一官資，更特支犒設錢一十貫。 如不願轉資，折錢三十貫。 寄、斃一匹至三匹，轉一資； 四疋至七匹，支錢一十五貫文； 八匹至十二匹，不理賞罰； 十三匹至十七匹，降一資； 十八匹，降兩資。 以後每五匹，依此更降一資； 無〔資〕可降人，各從杖一百科斷。 （如不願轉資折錢三十貫）牽馬軍兵名下各牽馬二匹，各理名下賞罰： 二匹全到，無瘡疥、瘦瘠、病，轉一資，如不願轉資，折錢三十貫。 二匹全到，内一匹瘡疥、瘠病，與減半推賞，支錢一十五貫； 如不願支錢，願給半資公據者聽； 如兩次押馬該賞，許作轉一資收使。 二匹全到，並瘡疥、瘦瘠、病，并 46 寄、斃（或）〔一〕匹，並更不推恩。 二匹全不到，降一資； 無資可降人，從杖八十科斷。 一、廣西經略司起發綱馬至鄂州、荆南都統司，依今來指揮，並依到行在減半賞罰。 所有廣西經略司起發綱馬至襄陽府都統司，雖有賞罰格法，今來指揮内却未有該載。 其兩處押馬與本處押馬，地里頗同，今比擬： 全綱到，使臣減四年磨勘； 寄、斃一匹，減三年半磨勘； 二匹，減三年磨勘； 三匹，減二年半磨勘； 四匹，減二年磨勘； 五匹，減一年半磨勘； 六匹，減一年磨勘； 七匹，減半年磨勘； 八匹，不理賞罰； 九匹，展半年磨勘； 十匹，展一年磨勘； 十一匹，展一年半磨勘； 十二匹，展二年磨勘； 十三匹，展二年半磨勘； 十四匹，展三年磨勘； 十五匹，展三年半磨勘； 十六匹，展四年磨勘； 十七匹，展四年半磨勘； 十八匹，降一官資。 以後匹數，依此展降。 全綱到，通管將校、醫獸等各特支犒設錢二十貫文； 如不願支錢，願給半資公據者聽，兩次該賞許作一資收使。 寄、斃一匹至三匹，支錢十五貫文； 四匹至七匹，支錢七貫五百文； 八匹至十二匹，不理賞罰； 十三匹至十七匹，杖六十科斷； 十八匹，降一資。 以後每五匹更降一資； 無資可降人，從杖一百科斷。 牽馬軍兵二匹全到，無瘡疥、瘦瘠、病，支錢十五貫文； 二匹全到，内一匹瘡疥、瘦瘠、病，與減半推賞，支錢七貫五百文。 及通管將校、醫獸、執色人寄、斃三匹并牽馬人等，如不願支錢，願給半資公據者聽，仍兩次押馬該賞，許作轉一 47 資收使。 二匹全到〔一〕，并瘡疥、瘦瘠病，并寄、斃一匹，並更不推恩。 二匹全不到，降一資； 無資可降人，從

〔一〕二匹：原作「三匹」，據上下文改。

杖八十科斷。一、茶馬司每歲起發御進馬，以五十五匹爲一綱。其使臣、執色合干人賞罰，欲並依今來三衙往茶馬司取押馬五十匹立定賞罰格法，一體施行。一、契勘茶馬司每年起發天申節并大禮進馬，各四十六匹赴行在交納，雖有推賞體例旨揮，緣從來未有立定賞罰格法，今承指揮内未有該載，本部今依倣茶馬司起發馬五十匹分數，以十分爲率，比擬賞罰：全綱到，使臣轉一官資，減四年磨勘；寄、斃一匹，轉一官資，減三年磨勘；二匹，轉一官資，減二年磨勘；三匹，轉一官資，減一年磨勘；四匹，轉一官資，減半年磨勘；五匹，轉一官資；六匹，減三年磨勘；七匹，減二年磨勘；八匹，減一年磨勘；九匹，減半年磨勘；十匹，不理賞罰；十一匹，展半年磨勘；十二匹，展一年磨勘；十三匹，展二年磨勘；十四匹，展三年磨勘；十五匹，展四年磨勘；十六匹，降一官資；十七匹，降一官資，展半年磨勘；十八匹，降一官資，展一年磨勘；十九匹，降一官資，展二年磨勘；二十匹，降一官資，展三年磨勘；二十一匹，降一官資，展四年磨勘。以後匹數，依此展降。全綱到，將校、醫獸等與轉一官資，更支錢二十四貫文；如不願轉資，折支錢三十貫文。寄、斃一匹至五匹，轉一資；六匹至九匹，更不轉資，支錢一十五貫文；十匹至十四匹，不理賞罰；十五匹至 48 十九匹，降一資；二十匹，降兩資。以後每五匹，更降一資；無資可降人，從杖一百科斷。其不願支錢人，願轉半資公據者聽；仍二次押馬該賞，許作一資收使。一、契勘茶馬司起發每年御座進馬二十匹，并文州進天申節馬二十五匹、會慶節馬一十二匹到行在交納，雖已有推賞體例指揮，緣從來未有立定賞罰格法；今承指揮格目内未有該載，本部今擬定，以匹數十分爲率，立定賞罰：全綱到，至寄斃不及二分，使臣、將校、醫獸等各轉一官資；寄、斃及二分至不及三分，使臣展二年磨勘，將校、醫獸等更不推賞；寄、斃及三分，使臣、將校、醫獸等各降一官資。每增一分，使臣更展一年磨勘。餘分數准此遞展。其將校、醫獸等更別無賞罰。契勘前項茶馬司每年起發御前馬、天申節進馬、大禮進馬、御座進馬、文州進天申節馬、會慶節馬，其牽〔馬〕軍兵，係每名各牽拽一匹，無瘡疥、瘦瘠、病馬，轉一資；如不願轉資，折錢三十貫文。若有瘡疥、瘦瘠、病，更不推恩。寄、斃降一資；無資可降，從杖八十科斷。其牽拽準備馬，係附綱前來，自來即無賞罰。一、契勘金州、興州、興元府都統制司、四川宣撫司每年起發非泛進馬，匹數不等，自四匹至五十匹，各有立定推賞人數指揮。今擬定，逐處今後遇進到馬數，并乞依舊制施行。一、契勘荆南都統司每年差人於茶馬司取押文州馬并川馬至襄陽府，雖已有立定賞罰格法，今 49 承指揮内未有該載，本部今欲依舊制施行。一、契勘廣西經略司每年起發出格馬赴行在，每綱係三十匹，雖已有立定賞罰格法，今承指揮内未有該載，本部欲依乾道六年九月二十三日已降指揮格法施行。一、契勘建康、鎮江府、池州武鋒軍，荆南、鄂州、江州都統司，往茶馬司取馬歸軍，三衙取馬并宣撫司押闕壯馬，茶馬司起發御進馬、天申節進馬、大禮進馬、御座進馬，文州進天申節、會慶節進馬，廣西經略司起發出格綱馬等至行在，并付建康、鎮江、池、鄂州、荆南都統司綱馬，其逐處所差使臣、執色合干人、牽馬兵効，各已有立定賞罰格法外，若逐綱内有瘡疥、瘦瘠、病馬數，於承指揮格目内未有該載，今擬定，欲將逐處所押綱馬使臣、執色合干人，不以匹數多寡，並以十分爲率，如有寄、斃、瘡疥、瘦瘠、病馬，通及三分，依自來體例，並更不推恩。一、契勘昨三衙、江上諸軍自差人往茶馬司取馬，除每綱差使臣一員、軍兵一名牽拽二匹外，其逐軍所差執色合干人，例皆差撥多寡不同。今欲乞令取馬諸軍將執色合干人，三衙各七人，江上諸軍各五人，於十將已下軍兵内差撥。其賞罰並依今來已立定格法施行。一、契勘茶馬司每歲買發綱馬，内西馬在興元府團綱，川馬在成都府團綱。今來三衙并江上諸軍、武鋒軍已承指揮，自行差人前去茶馬司取合得馬數。今欲乞行下茶馬司，將已【50】買到馬數逐一排定綱數，依資次，預行關報合得逐軍到彼月分，依次序差人前去取押。仍自乾道九年分合得綱馬爲始，庶免擁併，在彼等候，虚費批請。如已起發在道，許令本軍差取押綱馬使臣等，就所至去處，徑於茶馬司元差來管押使臣等處，交割見在綱馬匹數并綱解一宗文字等，經所〔在〕州縣陳乞，分明逐一開説因依，出給公據，隨綱前來。候到，參酌匹數，地（理）〔里〕遠近，以十分爲率，比擬賞罰施行。一、契勘川陝、廣西起發綱馬，全在經由州縣點檢，修蓋驛舍、槽具、動使，如法預期椿辦草料，應副足備。其綱馬至驛，既有歇泊去處，又不闕草料，自寄、斃數少。兼近得旨，彩畫馬驛圖本地段、屋舍、間架丈尺、合用槽具、動使什物數目，已行下逐路漕臣，躬親遍詣所部馬驛相視，依降去樣制體式，責委逐州縣守令，限一月如法蓋造置辦。差將校五人看守，打併部轄。如綱馬到來，預令人夫剉草磨踖，祗備餵飼，以備差官前去點檢。本部竊計，雖令逐路漕臣遍詣所部相視，蓋造置辦，慮恐州縣内有奉行不虔，以至蓋造置辦稽遲滅裂去處。今欲乞從本部遍牒逐路漕司并應綱馬經由州縣，須管遵依已降指揮，將合起造驛舍什物等，並限一月如法蓋造置辦，並支破係省官錢應副，毋得别致科敷，不管稍有違戾。」

六月四日，樞密院言：「茶馬司軍兵曾祺狀：昨茶馬司差使臣尹貴管押殿前司馬一【51】綱五十匹至漢陽軍監。尹貴到金州爲〔疾〕患，除沿路倒斃外，見在四十五匹交付王俊牽押到均、房州。節次倒斃，見在止有二十二匹〔一〕，將身逃走。其衆兵夫與曾祺牽至襄陽府，又寄、斃六匹，見在止有二十六匹。其衆兵夫盡行逃走，止有曾祺一名，經襄陽府下狀，陳乞差官管押，馬監官司不肯受理。」詔令兵部

〔一〕二十二匹：據下文，寄留、倒斃六匹後尚餘二十六匹，則此處當作「三十二匹」。或此處不誤，則下文「二十六匹」當作「一十六匹」。

行下逐路應經由綱馬驛程州軍，今後如有似此陳訴，仰所在官司即時受理，仍選差人管押，如法養餵，逐州交割前來。

十五日，新成都府路轉運判官張揀言：「並邊之民，往往有馬，而向來守邊之臣，籍之於官。彼恐爲子孫之患，則殺馬而逃，誰敢有馬！望明出榜文，告示人户，聽任意畜馬，永不拘籍。」詔依，仍更行下兩淮、荆襄州軍一體施行。

十八日，主管殿前司公事王友直言：「得旨，綱馬依舊差人前去四川茶馬司取押。今勘會到下項：一、合於本司差撥諳曉馬性統(令)〔領〕官一員，將帶白直人兵二十人、鞍馬二匹，預期前去西和州宕昌寨、階州峰貼峽兩處(置)〔買〕馬場監視揀選買發。仍令所差統領官照應體例，具買到馬數并支過茶、帛等數，與買馬官同銜申樞密院。一、每馬一綱五十匹，係合用牽馬官兵二十五人，每人牽馬二匹。綱官一員，小管押一名，醫獸一名，軍典一名，火頭二人，先牌一名，通計三十二人，前去興元府茶馬司取押。一、宕昌買馬場止有人户一百餘家，每買馬及五十匹，係和 52 顧人夫二十五人。内一半係十四五歲小兒子，止是趕逐馬行，請到草一半餵馬，一半人夫鋪臥。今欲令差去取馬官兵前去逐處，迎接照管前來。内取宕昌人馬前到西和州，係離宕昌六程，至興元府一十四程；取峰貼峽馬使臣到階州，係離峰貼峽四程，至興元府一十六程。每員令各帶兵士二人、醫獸一名前去，其餘人令小管押彈壓，只在興元府等候，所貴得以照管。一、提點綱馬驛程官地分闊遠，照管不前，并綱馬經過界分，通判雖帶提點綱馬驛程，其實不曾點檢。欲乞每驛於本州添差使臣内差撥使臣一員充監驛，軍兵六人内一名管押，在驛看管打併，洒掃潔凈，祗備綱馬到來。如應付無闕誤，許取馬軍中主帥將監驛使臣保明申乞，再與差遣一次。及(今)〔令〕本州除請給外，每月支供給錢一十貫文。」並從之。

二十三日，宰執進呈：「王炎摘差軍兵十將何皐代使臣管押進馬二十五匹，全綱到來，并無倒斃，合行推賞。兵部告示：『何皐係十將以上之人，不合轉資。』緣當時立法，本謂牽馬人兵，今來何皐係代使臣管押綱馬，使其有倒斃之數，亦當被其責罰，即與牽馬之人不同。合令兵部依押綱馬體例，推賞施行。」從之。

八月四日，詔：「諸處進馬軍兵，令兵部行下所屬，今後不得差効用守闕進勇副尉至下班祗應人充牽馬并執色合干人。」從樞密院請也。

十二月一日，四川宣撫使虞允 53 文言：「今年分三衙取馬人未到，本司逐急先差官兵押發前去外，乞下漢陽軍馬監，如本司官兵押馬到監，時暫將馬存留，仍乞催促三衙就監取押。」詔三衙取馬官兵到監違程，回日更不推賞。如差發稽遲，官吏重作行遣。以上《乾道會要》。（以上《永樂大典》卷一一六七七）

宋會要輯稿　兵二一六

馬政　六

雜録　五〔一〕

【宋會要】

1 淳熙十六年四月二十五日，詔：「三衙及江上諸軍各置馬院一所，專收養揀退老病馬，於元破草料内減半支給。責隊外人看餧，令醫獸常切醫治，仍差將官一員提督。不許擅行宰殺，有倒斃方得出賣。仍月具見管數目申樞密院。」以樞密院言：「馬有老病，不堪乘騎揀退，年例委承旨司、總領所審驗訖，火印『出』字出賣。訪聞承買人便行宰殺，償納價錢。」故有是命。

閏五月十七日，侍衛步軍副都指揮使梁師雄言：「本司諸軍遞年將肥壯馬差往湖州下菰城牧放，其新綱病、瘠、駞負等馬往西溪牧養。照得下菰牧馬官兵内有家累人，除量行擘劵外，又承指揮，各人依出軍例日添口食米二升五合、鹽菜錢三十文，並於湖州按旬幫支。所有差出西溪牧馬官兵即無添破食用，係於在寨本身請給内按旬津發。欲乞下所屬，將西溪牧馬有家累効用官兵，每日止與添口食米二升五合，候今降指揮下日，關所屬入曆批勘，按旬請撥，發往西溪俵散。日後續發牧放有家累官兵及以後年分，亦乞依此，自起發日爲頭支給，至歸司日住支。」從之。

六月一日，詔：「今後諸軍取馬官兵遇有疾患，仰綱官申所至州縣，分擘生券，挨日批支，令本處命醫調治，差人看護。候痊可，給口券，轉牒郡邑，津遣還軍。」以淮東總領趙師羿言：「諸軍歲差取馬官兵，中道疾病，其徒迫於程役，往往棄置窮塗。口券既不可擘，藥餌又無所給，枕(籍)〔藉〕溝壑，十 2 常八九。間有愈者，則飄泛異鄉，或乞丐以歸。」故有是命。

七月十七日，江陵府副都統制率逢原言：「竊見川廣起發綱馬，地頭價直并綱卒請給，或諸軍專差人取撥裹費、賞給之屬，一馬不下五百緡。且更經涉長途，不習水土，太半羸瘠。軍中得之，經年餧飼，不能復舊，可以披帶者十之四五。比年京西民間産馬蕃盛，其間中披帶者極多，如上駟市直，不過二百緡。」詔令(西京)〔京西〕安撫司同本司每年差官就所屬州縣買二百疋，逐時解總領所，呈驗印記，撥付軍中教閲。

紹熙元年二月八日，檢詳諸房文字楊經言：「四川茶馬司每年收買宕昌、階、文、黎、敘州、南平軍等處戰馬，應副三衙并沿江諸軍。緣從來未有一定資次，以致所買之馬久住務中，其取馬人未到司；或取馬軍兵擁併前來，住程

〔一〕原稿無題。今按，前一行「馬政六」據統一體例補。又，下文之内容仍爲馬政雜録，與上二卷似無不同，然《大典》收入卷一一六七二，在「監牧」等門之前，而不與「雜録」諸卷相接，未知原屬何門，今姑歸於「馬政雜録」，因補題。又淳熙十六年之前應尚有闕文，今已佚。

已久，却無馬可發。欲行下茶馬司，酌量道里遠近月日先後，并馬數多寡，立爲資次，結罪繳申。候見允當，乞劄下諸軍，依期差撥官兵前去請領，庶幾整辦，郡縣亦不虛費官錢。」從之。

二年三月一十八日，宰執進呈臣僚劄子多占戰馬。上曰：「軍帥多占馬，非特利其所得，又以好馬奉權貴，此弊不可不痛革。」

五月二十五日，詔：「廣西經略安撫司、四川茶馬〔司〕開具前後拖下鄂州、襄陽府大軍綱馬違(帶)〔滯〕因依聞奏，仍仰疾速先次補發，月具已起發綱數申樞密院。」以鄂州駐劄統制解彦詳奏大軍闕馬披帶故也。

八月十三日，詔四川都大茶馬司撥殿前司馬二綱，馬、步 3 司馬各一綱，應副鄂州都統司一次。以鄂州駐劄御前諸軍都統制張詔言，本司目今自都統制以下，並無西馬乘騎，故有是命。

十七日，前權發遣融州邢紳言：「竊見廣西每歲經略司行下諸州，差官及將校押馬帥馬〔一〕，惟行在、鎮江、池州、建康將校有一資之賞，而襄陽、鄂州部押全綱，緣地里不及，惟綱官有轉官賞，其餘將校只得折賞錢一十五貫，全不用心看守，是致所部之馬沿途病瘠損失。」奉旨，令兵部看詳聞奏。(歸)〔既〕而看詳：「所乞軍兵牽馬至鄂州，令牽馬三疋全到，與轉一資。緣有節次指揮，每名止牽馬二疋，自合遵守。照得廣西經略司至鄂州一千八百八十二里，比之到行在地里十分爲率，止及六分半，難以一例轉資。欲將所差牽馬人至鄂州，名下馬二疋全到，增作支錢二十貫；如願給半資公據者聽，更支錢五貫文；仍兩次押馬該賞，作一資收使，更支錢五貫。若二疋全到，內一疋瘡疥、瘦瘠，與減半推賞，支錢十貫文；二疋全到，並瘡疥、瘦(病)〔瘠〕，(或)寄、斃一疋，不推賞；二疋全不到，降一資，無資可降人，從杖八十(料)〔科〕斷。廣西經略司至行在二千八百七十七里，至襄陽府二千三百六十二里，比之到行在少五百一十五里，難以一例轉資。欲將所差牽馬人至襄陽，名下馬二疋全到，增作支錢二十五貫文；如願給半資公據者聽，更支錢一十貫文；若兩次押馬該賞，作一資收使，更支錢一十貫文。若兩疋全到，內一疋瘡疥、瘦瘠，與減半推賞，支 4 錢十二貫五百文；二疋全到，並瘡疥、瘦〔瘠〕，或寄、斃一疋，不推賞；二疋全不到，照應鄂州體例降罰施行。」從之。

十月十一日，詔：「內外諸軍今後戰馬遇有病患，即時申官醫治，與免斷遣。如或隱蔽不申，失於醫療，致有損斃，却依條斷治施行。」以樞密院言：「諸軍馬軍遇腳下戰馬生病，便將馬軍斷遣。其馬軍畏懼，隱匿不申，坐待其斃，是以近年倒斃馬數頗多。」故有是命。

三年六月十六日，詔茶馬司將紹熙三年分起發御前闕壯西馬內支撥二綱，付池州副都統司。以池州駐劄御前諸軍副都

〔一〕押馬帥馬：疑有誤，或「帥馬」二字衍。

統制率逢原言：「到任點看所部諸軍統制、統領、將佐并隊下馬軍所養戰馬，皆是排發黎、雅、邕州等處常綱川廣馬，往往眼生脚狂，雖極力調習，終是廉薄，非道地西馬之比。」故有是命。

十一月十七日，詔茶馬司將紹熙三年分闊壯西馬内支撥兩綱，付鎮江都統司。以鎮江府駐劄御前諸軍都統制司言：「本司闕馬官兵六百餘人，逐年全仰茶馬司、廣西安撫司買發合得綱馬二十四綱。兩司自紹熙三年九月終，拖下六十一綱，委是有妨乘騎。於紹熙三年二月內，乞下茶馬司將每年合發買宣撫司進闊壯馬内撥二十綱，至今未蒙回降。今來止乞十綱，本司應副戰士騎習教閱。」故有是命。

二十七日，詔：「茶馬司將殿司紹(興)〔熙〕三年分綱馬疾速排發，無得留滯。具已排發綱數申樞密院。」

四年二月十八日，興元府言：「本府係都大茶馬秦司置司所在。紹熙三年十二月二十日終，在府見管三衙、江、鄂等州取馬官兵四十九綱一千六百餘人住程，挨日批支錢糧。內殿前、馬、步三衙取馬官兵三十六綱，並不依樞密院元排綱次期限指揮，仍舊預行差撥，擁併到府住程。本府並與挨日批支券食錢糧外，照得本府省計所日有限〔二〕，諸司應副綱馬 5 券食錢逐年亦有定額，實難應辦。兼逐處官兵空住日久，有妨教閱。乞下三衙，將紹熙四年取馬官兵，照應樞密院已排綱次期限，約度一年所發馬綱資次捋絕，逐旋差發，計程前來。今後亦只依元立期限，截日批支。」從之。

同日，詔：「茶馬司更支撥闊壯馬三百疋，付興元府副都統司補填闕額。餘依已降指揮。」以興元府副都統制王宗廉言，乞依郭鈞元奏，以三千疋爲額，添撥馬三百疋，共作五百疋，教閱使用，故有是命。

七月二十七日，詔令殿、步司揀不入隊稍堪乘騎馬五十疋，撥付許浦水軍。以平江府許浦駐劄水軍副都統制司言闕馬乘騎，乞於發到新綱廣馬内撥一綱使用，故有是命。

十一月二十七日，詔：「令三衙、江上諸軍，今後取馬官兵每綱各先給十日草料價錢，將帶前去，準備(過)〔遇〕住程闕少去處，接續收買草料，如法養餧。或有支用錢物不盡，回納本軍。」從殿前司護聖馬軍統制劉世榮之請也。

五年二月二十五日，殿前都指揮使郭杲言：「本司所管諸軍戰馬，内有齒老、雙瞶及疾久難醫治馬數，年例於牧馬往回揀選，申朝廷送承旨司，於馬右胯火印『出』字。往年令諸軍出賣，將賣到肉臓錢納內藏庫。後來淳熙二年九月指揮，將『出』字馬從本司發兩浙東西路安撫司，分攤付逐州軍，支破草料養餧。淳熙十六年四月指揮，令三衙別置馬院，減半草料看餧。竊詳本司一年兩次揀退不下五百餘疋，虛費日支草料。乞從舊解赴承旨司火印『出』字，發送安撫司交管。」詔依，馬、步軍司依此 6 施行。

三月六日，都大提舉四川茶馬楊經言：「照得本司每歲排發三衙綱馬，并揀十歲以下壯嫩闊實、無病及格好馬排發。今體訪得押綱人輒於漢上一帶沿路州軍，將綱內皮

〔二〕日：疑當作「入」。

毛正、有看相及格馬〔司〕〔私〕自盜賣，却買矮小不堪馬填數起發。竊慮馬到，納官驗出，其押綱官兵必以本司排發藉口交納，雖有法禁，所在官司多不覺察。乞下漢上沿路州軍，委逐處守令措置，嚴切覺察，仍多出榜，許人告首，依條斷罪。」詔湖北、京西安撫、〔專〕轉〔運〕司常切覺察。

四月七日，殿前副都指揮使郭杲言：「本司應管戰馬一萬七百疋爲額，比之元額，見闕二千二百餘疋。蓋緣近一二年間，茶馬司發馬稽緩，況諸軍日有損斃，及每歲牧放，往回兩次揀退，是致補數不敷。〔令〕〔今〕諸軍馬軍正隊内見有闕馬趁赴教閱之人，指擬綱馬到來，攤撥著脚。乞行下茶馬司疾速團綱起發。仍乞指揮，自今後免行截撥付別司軍分。」詔四川茶馬司將殿前司合得綱馬照數排發，毋令稽緩。餘依此施行。

五月二十四日，金州諸軍副都統制田世輔言：「所部馬軍中軍一將，額管入隊戰馬一千疋。至紹熙四年，闕四百八十七疋。每年雖準四川制司均撥二分馬，不過五六十疋。本司自以青草錢每歲于都大茶馬司收買七十疋，一半應副諸軍統兵將官，充脚下驛料馬乘騎。所得入隊馬二項，共不過八九十疋補填，尚未能敷補上年倒 7 斃、揀退之數，委是積歲闕額。乞下茶馬司，於紹熙五年分買發闊壯馬支撥一十綱，差人取押歸軍，調習養餧，應副入隊披帶教閱，以備緩急出入之用，亦可補及元額。」詔支撥五綱。以上《光宗會要》。

紹熙五年九月十四日，明堂赦：「川廣綱馬，沿路自合預辦草料。訪聞州軍臨時科歛百姓及差夫採斫青草。仰轉運司行下州縣，並支見錢收買，不得非理科擾。令提刑司覺察，如有違戾，按劾以聞，仍許被擾人户越訴。」自嘉泰三年至嘉定十四年，南郊、明堂赦并同。

閏十月二十七日，步軍司言：「本司今歲諸軍差往湖州下菰城牧放戰馬二千五百六十五疋，於内倒斃六十一疋，比之淳熙十一年至紹熙四年十年之内，斃馬最少，委見總轄官前軍統制、武德郎高宗周究心職事，牧養有方。」詔高宗周特轉一官。

慶元元年正月五日，詔：「茶馬司權住收買闊壯馬一年。其銀價錢，同日前年分一就樁管，聽候指揮，不得輒行支用。仍先次開具前後已樁收數目奏聞。」

四月三日，廣西經略安撫司言：「乞照襄陽副都統馮湛所請，徑令本軍就便收買土産馬，實爲兩便。」檢詳所擬到：「照得諸軍逐處闕馬，江陵、襄陽猶少，今四年、五年已是不買。若住廣西經略司買馬，將來萬一要用，不可卒置，委是不便。若不許江陵副都統司收買土馬，又有率逢原等申請利害分明。乞下總領所，將每歲買馬錢四萬貫兩處分撥。一、欲將錢二萬貫令經略 8 司買馬三綱起發，赴江陵副都統制司交納。起綱既無迫促之弊，又可以揀擇好馬。一、欲將錢二萬貫令江陵副都統制司揀買及格土産馬，將所買馬赴襄陽府，帥臣審驗及尺寸、堪披帶馬時直價例，置曆印烙，季具有無買到數目，申樞密院，庶幾兩便。」詔依檢詳所擬到事理施行。

九月二十一日，詔：「殿、步司主帥，限三日拘收諸處官司見借官馬，具申樞密院。仍約束諸軍兵官，今後或有違戾，重作施行，必罰無赦。」從臣僚請也。

二十八日，詔：「已降指揮，令殿、步司不許私借戰馬與諸處官司，合行拘收外，其見趁赴朝參及從駕官僚，若一例拘收，却恐有妨乘騎。如委闕省馬，許權暫存留元借馬一疋。已差破省馬人，不得再行占留兩司官馬，仍不得指占踏逐差取及將省馬換易戰馬。如有違戾，重寘典憲。餘依已降指揮。」

十月二十六日，詔：「茶馬司於殿前司慶元元年合起綱馬内除豁五綱，仍依宕昌實買馬價錢，照數發還湖廣總領所。」以茶馬司言：「已得指揮，令殿前司于襄漢州軍收買土産馬二百五十疋，合用價錢，先于總領所借支，却令茶馬司于拖下綱馬所管錢内對數撥還。照得邊場買馬，每疋錢引一百三十四道半，其殿司每疋約一百五十道。今來止合據本司實價應副發納，仍乞于殿前司紹熙五年分未起歲額馬内銷豁。」故有是詔。

十一月十九日，詔：「廣西經略安撫司於額外添貼馬綱内全撥三綱，付江州都統制司。今後令茶馬司將文馬十綱，依數排撥，毋令仍前闕誤。」以都統趙廞有請故也。

十二月三日，茶馬司言：「乞下承9旨司，日後遇馬綱到來，先勒將校、獸醫、軍兵責問綱官有無係是正身，如非正身，馬雖全到，更不推賞。」從之。先是，臣僚言管押進馬官多是代名冒賞，令本司相度措置故也。

同日，詔：「内外諸軍嚴行約束，責委各軍統制等〔狀〕〔將〕收買堪好藥材，監視修合，遇馬病患，勒令醫獸對證醫治。如歲終倒斃戰馬數多，一例重作施行。」從臣僚請也。

二年二月十三日，詔：「今後買馬官陳乞酬賞，諸軍報到馬數，保明圓備放行，與免制置司覈實。餘照自來條例施行。」從四川茶馬楊經請也。

九月十九日，樞密院進呈臣僚劄子：「三衙諸軍，每歲收到馬不足以補一歲倒斃之數。乞明立賞罰，嚴作施行。」鄭僑等奏：「雖有已降指揮，立定賞罰，歲久遂生欺弊。每次奏申，多是將倒斃數逐軍互相均攤，謂不該二分之罰，苟免罪責。」葉翥又奏：「近年馬政不修，極有弊倖，當責之主帥，委自逐軍統制、將官每於歲終，具逐軍倒斃之數申樞密院，比較損失多寡。不許巧作回護均攤，以免罪罰。」詔兵部參照見行條法指揮，申嚴聞奏。

三年三月四日，兵部言：「茶馬司係專一管買馬職事，乞下本司，須管照歲額合買馬數，於歲終排發盡絶，不管依前拖延。仍令制置司每歲取見茶馬司排發過綱及諸場買到馬數，并當職官吏姓名，開具申部，以憑稽考，行下催促。如見得有虧欠元額數多去處，即將當職官吏具申朝廷，取指揮施行。所有在路減剋草料，不切用心10看管一節，欲令諸軍主帥須管依已降指揮，並選差廉謹諳曉馬性之人前去取押。嚴切戒諭，令在路用心擡舉，將批到草料，盡數依時餧飼，不管稍有違慢。如或有減剋草料之人，許互相覺察，歸司陳告。如追究是實，即與支賞，將犯人重行斷遣。其綱官合干人失於覺察，一例坐罪，務在必行，不管違戾。」(照)〔詔〕：「依兵部看詳到事理施行。仰内外主帥、都統常切督責所部諸軍，如法養餧戰馬，毋令瘦瘠，有病隨即醫治。仍令兵部每歲終，依已降指揮，比較諸軍統制已下斃馬多寡賞罰外，參酌臣僚所陳，將各司所管總額馬數，令項稽考倒斃分數，申樞密院取旨，以議賞罰。」

四年正月十五日，兵部言：「乞從江東安撫司所請，下馬軍行司，建康府、池州都統司，將揀退馬仍舊令各軍置馬院，差隊外人兵看養。」詔：「依兵部指定到事理，照應淳熙十六年已降指揮，内外諸軍依此施行。其倒斃馬價錢，並依舊例解發。」

五年三月二十七日，司農寺丞潘子韶言：「唐、鄧榷場監勒牛馬牙人，立賞以招南客，乞行措置。」詔：「湖北、京西安撫司行下守令，嚴切禁止。督責巡尉常切巡警，不許透漏，務要革去舊弊。或仍前違戾，除犯人重作施行外，其當職官吏并地分鄰保，例作行遣。如客旅興販馱載物貨内有及格尺壯馬，並不得輙往沿邊界首。先次揭榜鄉村曉諭。仰帥臣、監司常切覺察，旬具有無透漏，結罪保明聞奏。」

11 五月二十五日，閤門舍人厲仲詳言〔一〕：「乞詔殿、步帥臣，自今呈馬之際，除十分病(發)〔廢〕，不任醫治，別作行遣區處外，應見管馬無問肥瘦，並從牧放。如合量留在寨，亦須壯實可用，以備緩急。不許專養肥馬，以爲冒賞之地。歲終，算計實數，馬軍之馬耗及二分，步人之馬耗及四分，自統制而下，一等鐫秩。」從之。

十月五日，臣僚言：「乞諸路漕臣，凡馬綱經過州縣，必差縣尉及巡檢一員監飼草料，不得循習舊弊，準折價錢。仍令主管綱馬驛程之官往來諸驛，以檢察之。馬或羸瘠，疋數不全，即綱吏與主管驛程者例皆坐罪，(此)〔比〕舊法責罰稍重。如軍中裨將牧馬損折之罪，不以赦原。」從之。

十二月五日，詔：「廣西提刑司將慶元六年分合起發湖廣總領所經總制錢内，截撥買發江陵副都統制司歲額馬六綱價錢四萬貫，於内分撥二萬貫付江陵副都統制司，於襄陽等處權行揀買及格尺土産馬，解赴襄陽府帥臣審驗來歷。如委堪披帶及不係外處盜馬，即與印烙，發往本軍。季具買到數目，申樞密院。餘二萬貫，仍舊解發赴廣西經略司，依數收買堪好齒嫩馬三綱，疾速起發，赴江陵諸軍交納，不管稍有闕誤。」以湖廣總領有請故也。

嘉泰元年二月十七日，臣僚言：「諸軍馬軍今後比較倒斃馬數，有外官差借，因病發遣歸軍倒斃，即仰分明申説豁出，免行比較。」詔依，「令殿、步司主帥，將依指揮合借差

〔一〕厲仲詳：按本書選舉二一之七、《補編》頁四四四及《吳郡志》卷二九亦同，而《赤城志》卷三四、《夢粱録》卷一七等作「厲仲祥」。

馬**12**先次置籍，開説各軍將隊毛色、齒歲，不許頻併踏逐換易。如有發遣回軍病斃馬，即行批鑿委因是何病患、月日倒斃，每歲終，具申樞密院，以憑稽考。如因別患在軍倒斃，依舊例理爲分數，仍不得將軍寨馬作借差之數，避免比較。如是見得稍涉情弊，重作施行。」從之。

二年正月二十七日，鎮江府副總管劉忠言：「伏見頻年以來，北界用兵，日在兩淮、漢上用銀收買淮馬。貪利冒禁者紛紛，我空彼盈，利害不細。乞下帥司禁戢，立賞許告，不問小大，不得透漏。有馬之家地分官司常切覺察。」從之。

四月三日，樞密副都承旨司言：「茶馬司起進御馬到部，押綱官二員各轉兩官。今四川茶馬司押進嘉泰元年分御座打毬馬五十五疋，所差綱官王文正等，止蒙轉一官，減三年磨勘。竊緣所部之馬，若或倒斃數多，責降與御馬綱格法一同，而推賞不當有異。今來軍兵已依押進闊壯馬格轉兩資，其綱官亦合一體施行。」詔各特轉兩官，今後依此推賞。

八月二十八日，樞密副都承旨司言：「已降指揮，川廣遞年買發綱馬，令審驗官司將今後發到馬等量看驗，如有不及格尺、不堪充披帶，並與印留，即不理爲合起發之數。仍歲終總其逐綱低小疋數，申樞密院，行（不）〔下〕補發，不得有虧元數。今據殿司差李舉管押嘉泰二年分歲額第三十一綱馬，計五十疋全到，數内一十四疋低小。步司差張旺管押嘉泰二年分**13**歲額第十三綱馬，除寄、斃外，見到四十五疋，數内一十疋低小。既有已降指揮，候年終行下補發，孰若隨即關報排發官司揀退，庶免虚費官錢收買，徒勞人力押發。」詔：「令茶馬司照數先次補發。今後仰督責買馬官吏，并要收買壯嫩、及格尺、（每）〔無〕疾患、堪披帶馬排綱起發。或審驗官司等量，更有短小不堪馬數，先將茶馬司官吏責罰。其買馬去處，一例重作行遣。廣西經略安撫司依此施行。」

十二月十四日，兵部侍郎虞儔言：「川廣買馬費用，朝廷錢物不貲，其使臣等自當在路留心照管。近日廣西經略司差使臣趙焕等押馬五十疋赴建康都統制司，倒斃四十九疋。本部將公據照對，見得所至縣分，止據押馬官狀陳乞出給。其間有稱差人下所屬鄰保勘會，或止差行人看驗開剥，或將死馬安埋，及公據内姓名有差誤。雖依格降官、展年斷罪，本所竊慮使臣等衷私换易，遂至多有倒斃。雖有繳到公據，不曾委官躬親驗看諳實，批上元給印曆，顯是違戾。今措置，欲令廣西經略司、四川茶馬司今後起發綱馬，須管照應元承指揮，出給印曆付使臣。如有寄、斃馬數，所至州縣委官驗實，批曆給據，同皮、鬃、尾封付納馬官司驗實，如有異同，即將使臣、合干人申取朝廷指揮根究，從條施行。仍令提舉綱馬驛程官逐季檢舉約束。」從之。

閏十二月二十日，樞密副都承旨司言：「殿前、步軍司近於四川茶**14**馬司取到西馬數内，有四歲馬止及四尺已下，公狀內作四尺二寸。印驗之際，例皆瘦瘠，或旋即倒斃。不欲一一陳其弊倖，姑以短小馬不理爲數，行下補發。今來茶馬司録連淳熙四年十月指揮，降到量馬尺樣，內兩齒馬聽低二寸，係四尺二寸。四齒馬聽低一寸〔二〕，係四尺三寸。足齒馬依指揮收買四尺四寸。當時以爲向長嫩壯馬可以養餧，是以減饒寸數。自後發到短小馬養餧，雖臕分肥腯，少有長及四尺四寸，實難作披帶馬，緩急豈不誤事！乞下四川茶馬司，將依淳熙四年十月十七日指揮，遵用御前降下量馬尺樣，四尺四寸已上齒嫩向長、闊壯堪披帶戰馬起發，自餘續降指揮，更不施行。或有收買低小一寸齒嫩向長馬，恐阻遏蕃情，即仰權宜於附近官司收養，候及格尺，團綱起發。仍自今遇起發以前，令監視排發官并押綱使臣同獸醫逐疋等量審驗，同共監視，於左胯上分明火印，交付綱官，沿路養餧，不許瘦瘠。候到，以元發數十分爲率，如不及格尺并在路倒斃之數共虧三分，都大茶馬司并買馬官、簽廳排發官各降一官。如虧二分，與免責罰，更不推賞；或止虧一分，則減半推賞；不及一分，依例施行。庶幾利害切己，不致仍前苟簡。」從之。

三年三月十三日，池州副都統制李燮言：「本司每歲差發官兵前去茶馬司取押歲額川馬五綱，自池州至成都，往回萬里，全藉有心力、諳曉馬性綱官15部轄。所差綱官，止於使臣、校副尉、下班祗應人內差撥。緣使臣多是昨來立功補轉官資，年及六十已上，不能任事。竊見廣西經略司差押歲額廣馬赴本司交納，其押綱官亦有効用進勇副尉、守闕進勇副尉名目之人。乞將本司取押川馬綱官五人，自守闕進勇副尉、進勇副尉、使臣、校副尉、下班祗應通行選差有心力、曉馬性人充，庶幾鈐束軍兵，照管綱馬，不致損斃。」從之。

六月二十六日，江州副都統制李汝翼言：「本司馬軍合用披帶馬一千六百八十疋，目今不及千疋。照得茶馬司拖下本司戰馬一百一十六綱，計五千八百疋。乞添截一十綱，分撥闕馬官兵，緩急庶免誤事。」詔特令茶馬司將慶元六年、嘉泰二年分闊壯馬內支撥六綱，付江州都統制司。

八月二十九日，殿前副都指揮使郭倪言：「昨降指揮，令三衙每歲各差統領官一員，前去西和州宕昌馬務，與本處買馬官同共監視揀選，并差將官一員，前去興元府馬務彈壓取馬。今緣宕昌簽廳官自謂代監司行事，專擅事權，所差統領官不過塊然坐視，聽其自互市，自排發，儹換之弊，牢不可革，徒有監視之名，而無監視之實。却有一行官兵沿路批支，并宕昌等處添給，歲不下六七千緡，虛費朝廷財賦，上駟竟不可得，實爲至弊。乞將三衙差往興元排馬將官減去，免此添給一項，却將監視買發綱馬統領，只差在興元監視排發，16許令(興)〔與〕秦司簽廳官同共收買，選類排綱。內有病患短寸不堪者，許令退換。其監視排發官

〔二〕「四齒」原作「四尺」，「一寸」原作「一尺」，據本書兵二三之一三改。

應有申請，仍許徑申樞密院。所貴與秦司簽廳事體相敵，得以精選上駟。若歲終綱馬敷額，沿路倒斃數少，歸司日仍乞特賜旌賞，庶幾排發盡得好馬，實爲便利。」從之。

九月四日，都大主管四川等路買馬監〔收〕〔牧〕公事彭輅言：「三衙取馬綱兵積壓數多，重費州郡批支券食。乞截自日下將三衙年額合差人數住差一半，候發馬及分數，却行關報三衙差撥。」從之。

十一月十一日，南郊赦文：「川廣押馬軍兵，因倒斃數多，避罪逃竄。可自赦到日，限兩月經所在州軍陳首，出給口券，發遣歸元來去處，免罪，依舊職名收管，支破請給。」開禧二年至嘉定十四年南郊、明堂赦并同。

四年二月二十七日，都大主管四川等路買馬監牧公事彭輅條具馬政合行事件下項：「一、邊場買馬，止有諸州應副銀、絹、綾、紬，餘錢引一色，別無所入窠名。從條係於茶司收到茶引息錢內，每年轉撥七十萬道上下，用充馬本。其間馬司亦有代支茶司窠名錢數，年終兩司會筭。緣今次遵奉朝旨，更不排發格尺低小之馬。所買馬自有久來立定則例，不敢妄增馬價。且格尺高者，價亦隨增。今欲每歲權以八十萬道爲率〔一〕，取撥應副。其錢只於當年四五月間收納七分，限七月十五日以前數足。候年終兩司會筭，具帳申省。一、臣見行前去宕 17 昌措置，目今已是歲終，開春馬來擁併，竊慮馬本不繼。照得川司賣引所庫管見在錢引一百二十二萬餘道，欲先次取撥八十萬道，轉入馬司庫管樁收。其錢仍理作嘉泰四年分合撥馬本。一、興元府見積三衙取馬官兵僅五十綱。照得前官丁逢任内慶元三年一全年起三衙馬九十三綱；錢鍪任内七十一綱；王寧任内九十七綱，次年九十六綱；至王璆任内嘉泰元年七十八綱；胡大成任内嘉泰二年六十四綱。今年正月至十一月終，只起三十二綱。竊詳衙馬頓虧，始自去年。今馬來既少，自是庫管有攢下馬本錢物。臣今措置，戒諭遠人，各令廣販及格尺馬出漢互市。若日後馬來絡驛，可以補發虧下綱次。却合令茶司將嘉泰二年、三年虧買馬本錢物，令項樁管，容臣接續取撥互市。一、茶馬舊爲一司，其合破衙從元係諸州於年額合應副牽馬人外又差白直人數，其一歲總四千餘名。後來三經裁減，比舊不及一半，白直人兵更不取撥。照得上件人兵，係分撥場監養馬及牽押進御馬綱，每歲尚不足用，常是顧夫添貼。今既分爲兩司〔二〕，慮恐過數占破，妨誤養馬。今欲將馬司提舉官衙從只破一百二十名幹辦公事白直人外，每聽破牽馬人十名〔三〕。此外，不許妄有差占。一、馬司事務繁多，所管地分闊遠，舊有指使一闕，向因制置司申明，候辟書下日，方與放請，是致無人願就。照得四川共管八 18 場買馬，内黎、敘、珍州、南

〔一〕萬：原脱，據下文補。
〔二〕兩司：原作「納司」，據文意改，即茶、馬各爲一司。
〔三〕「每」下疑脱「綱」字。

平、長寧軍五場應副江上諸軍，分送裏外兩馬務團養，兩務各差官一員監轄。緣監官係文臣，不諳養馬，遂申朝廷廢罷，止是差官權攝。兼成都府裏外馬務舊有監官兩員，今止乞辟差裏馬務監官一員；所有指使一員，許自本司起辟日放請上件員闕，自此更不辟置文臣，並於大小使臣內選辟有材幹、諳曉馬政人，庶幾協濟國事。」詔並依，仍同趙善宣更切從長詳度施行。

四月二十三日，權發遣信陽軍黄石孫言：「伏見秦司排發綱馬，兵士已至而馬數未足，官司每以多支日券爲憂；馬數已登而兵士未至，官司復以多費草料爲念。幸而人馬俱集，則督促發遣，一不暇顧。且馬産於深蕃，涉遠而至，力猶未充，不問羸病，遽責之以經涉險阻，沿路倒斃，皆此之由。乞下秦司，今後綱馬有羸瘠病患者，且須醫療飼養十分充壯，然後排發。此亦馬政一助。」從之。

嘉泰四年五月六日，樞密院言：「江陵副都統制李奕申：諸軍官兵前去川蜀取馬綱官，元降指揮止許差衙官五人例以上人。緣此等人多係六十歲以上，年老不任遠役。乞將所差綱官，不拘衙官五人、三人例，以至守闕進勇副尉，從本司選少壯諳馬性人通行差撥。」詔依。如取馬綱馬倒斃數多，綱官無官可降，以罰歸之選差官。

開(僖)〔禧〕元年十一月十四日，樞密院言：「乞將襄陽收土産馬綱官兵，照興元取馬例，比折 19 地里，立定賞罰。」兵部申：「襄陽取土産馬，每綱五十匹。興元府至行在四千八百八十九里，襄陽府至行在三千一百里。以興元府地里(細)〔紐〕計，每四百八十八里有零爲一分，襄陽府計及六分有零。照得雖及六分，緣川蜀道路夷險不同，欲與減半推賞。」從之。

二年正月十三日，右衛郎將、管幹殿前司職事郭杲言：「本司歲差人於四川茶馬司取押馬三十六綱，每綱綱官一員，以使臣充；綱兵三十一人，悉以步軍正帶甲人爲之。自臨安至興元，往返萬里，經涉山險，若得諳曉馬性之人在路牽取養餵，庶幾不致瘦斃。今步軍不惟有妨教閲，墮武藝，又且不諳馬性。今相度，自後所差取馬官兵内，綱官從舊選差使臣，餘牽馬軍兵等，除獸醫一名外，並於諸軍闕馬効用及雄効内差撥，必肯在路留心養餧。止依軍兵例添破錢米，出給券曆，賞罰從兵部參照擬定施行。若闕馬人差撥不足，即於馬軍傔兵并步軍準備帶甲人内貼差，庶得取押好馬，敷補闕額。」從之。

十一月二十八日，江陵副都統制魏友諒言：「本司每歲合得四川綱馬，係諸軍差人前去取押。今來見調發軍馬，委是抽摘人兵不得。緣目今緊要騎軍防捍，乞速賜劄下四川茶馬司，將歲額馬綱疾速差人押送前來襄陽軍前交納，候平定日，本司自行差人前去取押。」詔權依。

三年正月二十九日，樞密院言：「内外諸軍比較(到)〔倒〕斃馬及二分 20 已上，合該展年之人，元降指揮，合該罰人遇郊祀赦恩更不原免，如遇非次赦恩，臨時取旨。近來有日前已經展年之人，陳乞引用非次赦免展。」詔：「今後内外諸軍倒斃馬，已有指揮展年責罰之人，雖遇非次赦，並不許叙免。」

嘉定二年二月八日，詔：「三衙、江上諸軍自今應押馬綱官，並差承信郎已上人，不得差校副尉。」從樞密副都承旨韓枤之請也。

十一月五日，樞密院言：「湖南安撫司申：本司飛虎軍舊管馬軍二百五十人，并添宣撫司發回敢勇、効用等軍，委是闕馬教閲。目今馬數截自五月終，止管一百四十二疋，見闕一百八疋。乞下廣西經略司，候來春，先次支撥兩綱馬一百疋，從本司差人前去押發，下軍應副教閲。餘闕八疋，一面措置收買，湊足元額，庶幾緩急可備使用。」詔令廣西經略司將嘉定二年分江陵副都統制司合得歲額綱馬内截撥一綱付飛虎軍，應副軍士，毋致闕誤。

五年七月七日，廣西經略安撫使李訦言：「馬綱之弊，言之者不一。最爲害者，曰以毒藥害馬是也。今年馬自横山至本府，千四百餘里，綱到皆全。比校過押馬官校，則前路往往多斃，而其斃者，又皆肥壯之馬。因綱官陳狀，乞免入馬院安泊，別尋水草便利放牧，以俟發行。窮其所以，秘而弗言。密行訪問，有寘毒之弊。乞遍劄下馬綱經由馬驛、逐路所隸運司立賞，許人告捕，嚴行禁止，庶綱馬道路少斃，官校 21 之賞可全，不誤軍用，不枉官錢。」從之。

六年三月七日，臣僚言：「將佐之馬，往往取之馬軍，則馬軍雖合請三百，止得一百食錢，而主軍者密取其三分之二。又統制官占馬至四五十疋，名爲科馬。豈特占請馬料，每一疋必有一卒以預其名，而盜取其食錢以入己者。今欲措置，立爲定額。」詔：「統制官止許差破戰馬六疋，統領官差破四疋，馬步軍正、副、準備將各止差破兩疋。其減下馬拘收，從公撥付入隊官兵，如法養餧。仍仰嚴切鈐束兵將官，今後不許輒於官兵名下差撥換易。具知稟狀申樞密院。」

二十五日，詔：「今後茶馬司、廣西經略司發到御前綱馬，先經承旨司看驗訖，（今）〔令〕御馬院限三日揀留堪用好馬外，其餘揀退馬，不拘疋數多少，隨即逐旋降付三衙，充戰馬使用。内馬軍行司實不再下舊司養餧，仍不得別將病馬貼數支降，即不許過遞年合降三衙馬數。」以主管馬軍行司許俊言：「逐時蒙御前降賜下馬，緣本司移屯建康府，權前行在馬軍舊司收管。（侯）〔候〕承旨司火印訖，養餧一月，差官兵牽（洩）〔拽〕至本司交管。綱馬多有怯瘦，官兵皆年老不諳馬性，往往水草不節，多有倒斃。今後乞於步軍司差撥諳曉馬政將官一員，部押前來交管，將押到馬數斟量支給犒賞，不致沿路枉有倒斃。」故有是命。

七年十月七日，詔：「令茶馬司今後（名）〔每〕發三衙、江上諸軍綱馬，仰自正月以後，預期排定綱數，申樞密院行下各軍，自七月以後，方得起發前去取馬。」以樞密院言：「各軍差撥使臣軍兵前去取押，或有馬多而人未至，或人到而馬未有。留馬待人，則茶司有芻秣之費；留人待馬，則州郡有券食之（頌）〔頒〕。合行措置。」故有是詔。

八年三月二十七日，樞密院言：「興元府[22]乞權住差取馬官兵，少寬券食之費。已降指揮，令茶馬司預期排定綱數，自七月以後，方得起發官兵〔前〕去取馬。今據茶馬司申：（償）〔儻〕積馬在廐，官兵不來，無可發泄，尤更利害。今兵部供三衙合得綱數，進奏院供相去程途多寡，各司將每年合得綱數目均作四季取押，先次立定官兵起發日分，於半月前期移文茶馬司，計幾綱官兵起發前去，約至某月某旬到，請排定綱數，伺候官兵前來取押。其取馬官兵，各給行程一道，須管照限到彼。有零星者，與當一程；沿路實有故者除之，仍於所在州縣鎮寨等處批書因依。押馬回日程限准此。」詔令殿前、馬、步軍司，照前項立定綱數〔一〕、程限因依施行〔二〕。仍令茶馬司預期排定各司合得綱馬，不得稍有宿留，及照應前項因依施行。各具知稟文狀，申樞密院。

九年七月二十八日，臣僚言：「國家市川廣之馬，以備戰陣，所過郡縣批支草料、錢糧，驛程不過五六十里，初無馱載馳騁之勞，顧乃羸瘦骨立，或在路耗損，良由綱兵兼其利而奪其食也。綱兵率皆中夜起程，黎明至驛，一日之內，無所用心，惟事飲博。所請馬料，隨即貨糶，以資其用，馬之蒭秣，何暇顧邪？無怪乎馬之饑餓羸瘦，以致耗損也。至如川蜀所差進馬綱兵，尤爲恣横。所抵縣邑，百端生事，稍不如欲，則扇摇全綱，縱馬衝撞，或繫之廳事之上，或散之廊廡之下，非得厚賄不徙焉。管押之官利其負販，置而不問；州縣之間，重以進貢，莫敢誰何。所至被害，甚於盜賊。乞下三衙及江上諸軍、四川茶馬司，戒飭綱官、綱兵，今後取押馬如有羸瘠耗損，重加責罰；又令所過州縣，得以節制綱兵，禁其需索，制其蹂踐，或有違戾，許令飛申。應支馬料，預於先牌入境之時先次煮熟；及其餧飼，並與驛官監分。如此，則綱兵無盜糶之弊，而馬有全養之益。」從之。

十二年十一月五日，臣僚言：「竊見茶司之馬，每歲發卒取隸諸軍，積而計之，宜不可勝數，而諸軍之馬曾不加多。嘗訪其故，蓋緣[23]馬生西北，驟至東南，已失其性。兼萬里馳逐，沿塗馬驛止留一宿，不得休息；且官給糧草，多是折錢，吏卒侵用，餧飼失時〔三〕。暨發至諸軍，已勞苦饑瘁，所以倒斃者多，虛費官兵請給，何益於用。臣愚以爲，漢陽當道里之中，舊有馬監，便於牧養，廢罷日久，欲乞行下湖北運司相度，隨宜興復，使川秦之送馬者至監而止，俾之從容飼養。候諸軍闕馬，旋發卒取之。馬既得休息之所，不致病死，而取馬官兵之費亦可減省。」詔依。其興復漢陽馬監事理，仍令湖北轉運司相度，申尚書省。以上《寧宗

〔一〕自「去取馬」至本句「立定綱數」，原錯簡在兵二二六之二三本門末條中，據文意移此。參前「七年十月七日」條。
〔二〕「程限」上原有一「數」字，乃因錯簡之末字爲「數」而衍，今删。
〔三〕「餧飼」上原有「去取馬」至「立定綱數」凡一百八十一字，乃是錯簡，已據文意移入前「八年三月二十七日」條。

會要》。（以上《永樂大典》卷一一六七二）

兵械〔一〕

兵車

陷陣車〔二〕

【宋會要】

24 至和二年二月，汾州團練推官郭固進戰車式。初，知并州韓琦言：「固嘗造戰車法〔三〕，今以固所説，就民車約古制爲之〔四〕，臨陣禦敵，緩急易集。其車前鋭後方，上置七槍，以爲前後二拒。此馬燧戰車，以刺戟於後，行載兵甲，止爲營陣者也。古者鹿角車以戈戟在前，故有『鹿角』之號。今前後俱插槍者，擬此也。又以民車之箱增爲重箱，高四尺四寸，前後二户，高與箱等，用革輓之〔五〕，吳起所謂『革車掩户，輓輪籠轂』是也〔六〕。置床子弩一，車上容五人，弓二，弩二；其一人擊金鼓，以爲一車進止。前轅置蒙幢一，以障牽車者，古所謂陷陣車也。其車週迴悉覆以氈，以備矢石、火箭也。凡一車二十五人，車上五人，前挽後推十四人，執器械六人。凡車十乘，均以步騎多少隨之。三軍所止，横列直布，以爲寨脚。夜則聯制鐵索，以橛陷地，制其兩輪〔七〕。兩車之間，用人五十。其車相去不過五尺，行止挾轅，以爲駐隊，所謂『伍承彌縫』也。唐李靖常引漢魏之法〔八〕：五車爲隊，僕射一人；十車爲帥〔九〕，率長一人。凡車十乘〔一〇〕，將吏二人。以今法準之，則跳盪爲騎兵也。戰鋒隊，步騎相半也；駐隊，兼車乘而出也。臣琦以爲可用於河北平川之地，一則臨陣以遏奔衝，二則下營以爲陣脚。今令固自賚戰車式詣闕進呈。」乃試用之。

五十將兵車

【宋會要】

25 徽宗崇寧三年七月五日，河北路都轉運使梁子美言：「承北京留守司申明：所造五十將兵車，若依許彦圭

〔一〕此下原尚有「兵車、刀制、弓弩諸式、箭、火器」等細目，今分在各類前爲題，此處刪。此爲嘉業堂本整理者所編次並擬題。

〔二〕陷陣車：葉渭清謂當題作「戰車式」（《宋會要校記》）。按，此類細目，原稿或批在天頭者，爲嘉業堂整理者所加；或注於「宋會要」字下者，則多爲《大典》原有。此條原批在天頭。

〔三〕戰車法：《長編》卷一七八作「車陣法」。

〔四〕就：原脱，據《長編》卷一七八補。

〔五〕用革輓之：原作「因革輓之」，據《長編》卷一七八改。按「輓」謂蒙覆，《周禮·輿人》「飾車欲侈」，鄭玄注：「飾車謂革輓輿也。」是也。「輓」訓牽引，非其義。

〔六〕輓輪：原脱，據《長編》卷一七八補。

〔七〕兩輪：原脱，據《玉海》卷一四六補。

〔八〕引：原作「列」，據《長編》卷一七八改。

〔九〕「車」原脱，「帥」原作「師」，並據《長編》卷一七八補改。

〔一〇〕十：原作「千」，據《長編》卷一七八改。

樣造作，費錢物浩瀚，依二十將封椿兵車一般造作，委是省費。又陝西都轉運司狀：近依許彥圭様製造過戰車，每乘轅長一丈九尺，輪高五尺八寸，底闊四尺二寸，輪軸在外，每量費錢一百貫文。昨降勑造二十將兵車，其車至爲輕小，尚慮庫屋少闊，難以安放，今來五十將兵車只合依二十將兵車造作焉。」

寨脚車

【宋會要】皇祐元年四月，知澧州、供備庫副使宋守信獻寨脚車〔一〕，帝御崇政殿閲之。

衝陣劍輪無敵車

【宋會要】皇祐元年四月，知澧州、供備庫副使宋守信獻衝陣劍輪無敵車，帝御崇政殿閲之。（以上《永樂大典》卷一六九二）

刀制

馬軍刀　步人刀

【宋會要】[26]元豐六年九月，上批付劉昌祚：「所進器械具悉。今於京師見作軍仗，賜卿馬軍刀、步人刀各五并弓、甲等，以備出入。卿更省閲，具便否以聞。」

飛梭刀

真宗天禧元年十一月，著作佐郎、知瀘州鄭昭度言：「當州地連蠻界，民家多使飛梭刀，長五六寸，簳可長四五尺，狀類槍而無鑽。其用輕捷，數十步外可傷人命。自來累禁兵器，即不及飛梭，犯者未有明條。欲乞自今後私置者，依大中祥符二年勑，同禁兵器全成斷遣；如有梭頭無簳者，乞作全不成斷遣。」從之。

着袴刀

仁宗天聖八年三月，詔川峽路今後不得造着袴刀，違者依例斷遣。五月，利州路轉運使陳貫言：「着袴刀於短槍簳柱杖頭安者謂之撥刀，安短木柄者謂之畬刀，並皆著袴。畬刀是民間日用之器，川峽山險，全用此刀開山種田，謂之刀耕火種。今若一例禁斷，有妨農務。兼恐[27]禁止不得，民犯者衆。請自（令）〔今〕着袴刀爲兵器者禁斷，爲農器者放行。」乃可其請。（以上《永樂大典》卷五五七〇）

〔一〕宋：原作「米」，據《長編》卷一六六改。下條同。

弓弩

神勁弓

【宋會要】28 高宗紹興五年五月二日，都督行府言：「諸軍缺神勁弓箭，欲令行在軍器所自四月爲始，專打造神勁弓六千張、箭一百萬隻。」

神臂弓

熙寧元年十二月二十二日，入内副都知張若水進所造神臂弓。初，民李宏獻此弓，其實弩也。以檿爲身，檀爲弰〔一〕，鐵爲蹬子鎗頭，銅爲馬面牙發，麻解索扎絲爲弦〔二〕。弩身通長三尺有二寸。兩弭各長九寸有二分，兩閃各長一尺一寸七分，弝長四寸，通長四尺五寸八分。弦長二尺有五寸。時於玉津園校驗〔三〕，射二百四十餘步，仍透穿榆木，没半簳。詔依樣製造，至是進焉。

熙寧八年十一月十六日，軍器監進再造神臂弓蝎尾牙發及箏柱弩牙發等樣，言並可緩急施放。以(常)〔嘗〕奉旨同定奪也。

【宋會要】

黑漆弓

29 嘉祐二年五月二日，北平軍使王世雍言：「臣先充雄州都監，竊見本州甲仗庫闕少好弓矢。欲乞在京創造入陣八斗力黑漆弓一千張，赴雄州甲仗庫封樁，准備緩急支用。」從之。

黄樺弓　截弰弓

元豐四年正月七日，入内供奉官劉友益言：「趙州等八州軍義勇、保甲共九集教場，無黄樺弓，乞并給截弰弓。陝西、河東亦準此。」從之。

白樺皮長弰弓　黄樺闊閃弓

元豐元年九月八日，詔令殿前、馬、步軍司同提舉教習軍馬王中正、狄諮以常用白樺皮長弰弓、隨弓長箭，及新造黄樺闊閃弓、隨弓減指短箭，試驗遺箭勁緩、入物淺深、去步遠近，保明以聞。

【宋會要】

床子大弓　獨轅弓

〔一〕弰：原作「梢」，據《容齋三筆》卷一六改。

〔二〕麻解索扎絲：《容齋三筆》卷一六、《文獻通考》卷一六一、《宋史》卷一九七《兵志》一一均作「麻繩扎絲」，《玉海》卷一五〇作「麻索扎絲」，但《大學衍義補》卷一二二亦作「麻解索扎絲」，與此同。

〔三〕校：原脱，據《玉海》卷一五〇補。

30 神宗元豐六年十月十九日，工部郎中范子奇言：「昨判軍器監，創造床子大弓二張，彊於神臂弓、獨轅弓，較之九牛弩，尤爲輕便，用人至少，射遠而深，可以禦敵。」詔工部、軍器監、管軍官同比試以聞。

剋敵弓

【宋會要】

31 紹興二十六年閏十月十八日，詔：「剋敵弓射遠徹扎，其勁利非弩可比。降樣，令建康府駐劄御前諸軍都統制王權軍製造，給諸軍習射。」

水角弓〔一〕

【宋會要】

32 乾道元年十月二十五日，鎮江府駐劄御前諸軍都統制郭振言：「本軍見於息錢内按月支錢一千二百餘貫，造手射水角弓一百三十五張。」

竹弓

徽宗大觀三年正月二十六日，兩浙西路馬步軍總管司奏：「今創置竹弓，皆可施用，圖樣以聞。」從之。（以上《永樂大典》卷二〇四）

金線烏弰弓

【宋會要】

33 元豐六年九月十五日，上批付劉昌祚：「所進器械具悉〔二〕，今於京師見作軍仗，賜卿金線烏弰弓一〔三〕、神臂弓二〔四〕，并將官甲、馬軍甲等〔五〕，以備出入。卿更省閲，具便否以聞。」先是，上批：「聞鄜延路經略使劉昌（裕）〔祚〕屢諳戰鬭〔六〕，精於騎射，而留心兵仗，所用多窮要理。委走馬承受霍丙諭昌祚，令具所習用馬步戰器并目擊士卒禦賊可用利械，入遞進入。」故有是賜。

插弰弓

元豐五年八月，軍器監尹抃造插弰弓，摹則法度，最爲詳密，乞更不用舊造法。從之。（以上《永樂大典》卷二〇五）

〔一〕此目原批在天頭。按正文「手射水角弓」，似謂手動用以射水之角弓，蓋水軍所用。「角弓」者，以角爲飾之弓，讀爲「水角」則不可解。此題亦似當作「射水角弓」或「角弓」。

〔二〕自「付劉」至「具悉」，原缺，據《長編》卷三三九補。

〔三〕一：《長編》卷三三九作「十」，似誤，《玉海》卷一五〇亦作「一」。

〔四〕神臂弓二：原稿汙缺，據《長編》卷三三九補。

〔五〕軍：原脱，據《長編》卷三三九補。

〔六〕使：原作「司」，據《長編》卷三三八改。

寸扎弩

【宋會要】34 真宗景德二年六月，詔步軍司虎翼兵士並給隨身黑漆寸扎弩，常令調習。舊例止殿前司虎翼除戰陣給隨身黑漆寸扎弩，至是，并步軍虎翼亦給焉。

流星弩　拒馬刀弩

【宋會要】仁宗皇祐元年四月，知澧州、供備庫副使宋守信獻衝陣無敵流星弩及野戰拒馬刀弩，帝御崇政〔殿〕閲之。

筋𥲤子弩

【宋會要】乾道二年五月十四日，詔：「應諸路州軍日前歲額泛抛軍器物料，並與除放。見造降樣筋𥲤子弩及箭，疾速製造。」

木鶴弩

【宋會要】35 乾道九年閏正月二日，宰執進呈知衢州張子顔造到木鶴弩二千張、箭十萬（張）〔隻〕。上言：「外郡於製作有所未工，不若取其材，使軍中自爲之。可更令别置弩材二千發來。」

箏柱弩

【宋會要】熙寧八年十一月十六日，軍器監進再造神臂弓蝎尾牙發及箏柱弩牙發等樣，言並可緩急施放〔一〕。以嘗奉旨同定奪也。（以上《永樂大典》卷一〇八七九）

箭

風雨箭

【宋會要】36 真宗天禧三年五月，京西轉運使臧奎言：「施州弓箭經雨筋膠壞，望（令）〔令〕改製木弩及風雨箭。」從之。

鑿子箭

【宋會要】熙寧七年九月二十一日，軍器監言：「與殿前司、馬、步軍司同定造到一插刃鑿子箭〔二〕，乞依樣製造。」從之。

〔一〕放：原作「政」，據本卷上文兵二六之二八同條改。

〔二〕一插刃：原作「一掙刀」，據《文獻通考》卷一六一、《宋史》卷一九七《兵志》一一改。

木羽弩箭

【宋會要】真宗咸平元年六月，御前忠佐馬軍都軍頭石歸宋進木羽弩箭〔一〕，以木爲幹，木爲翎，長僅尺餘，所激甚遠。中人鎧甲，幹去而鏃留，牢不可拔，蕃人最畏之，願多造以給邊用〔二〕。命衛士試之，益歸（宗）〔宋〕廪給，補其子爲殿侍。

大風翎弩箭

【宋會要】皇祐元年四月，知澧州、供備庫副使宋守信獻兵器八種，有曰大風翎弩箭，帝（時）〔特〕御崇政殿閱之。

出尖四楞箭

【宋會要】熙寧七年九月二十一日，軍器監言：「與殿前司、馬、步軍司同定造到出尖四楞箭，乞依樣製造。」從之。

狼牙箭

【宋會要】熙寧七年九月二十一日，軍器監言：「與殿前司、馬、步軍司同定造到狼牙箭，乞依樣製造。」從之。

鴨觜箭

熙寧七年九月二十一日，軍器監言：「與殿前司、馬、步軍司同定造到鴨觜箭，乞依樣製造。」從之。（以上《永樂大典》卷一六八八五）〔三〕

火器

火箭　火毬　火蒺藜

【宋會要】37 真宗咸平三年八月，神衛水軍隊長唐福獻親製火箭〔四〕、火毬、火蒺藜。（以上《永樂大典》卷一五六七）

〔一〕石歸宋：原作「石歸宗」，據《武經總要》前集卷一三、《群書考索》後集卷四三、《宋史》卷一九七《兵志》一一改。
〔二〕以給：原脫，據《群書考索》後集卷四三、《玉海》卷一五〇補。
〔三〕《大典》卷次原缺。按本門車、刀、弓等條目均在《大典》車、刀、弓等字韻，以此推之，「箭」諸條必是在《大典》卷一六八八五「箭」字韻「箭名」目（見《永樂大典目録》卷三四），因補。
〔四〕水軍：原作「兵器軍」，據《長編》卷四七、《宋史》卷一九七《兵志》一一改。宋代無所謂「兵器軍」。

牌

竹排 〔一〕

【宋會要】

38 元豐六年九月，上批付劉昌祚：「所進器械具悉，(令)〔今〕於京師見作軍仗，賜卿槍、刀、弓甲等，(備)并欒竹步人排、附排各一，以備出入。卿更省閱，具便否以聞。」

牙牌 〔二〕

【宋會要】

宋孝宗乾道元年十一月十四日，執政晚對，上出牙牌一面，鐫吏、户、兵、刑、禮、工贓吏字，疏事目於下方。上曰：「朕已令製造數副。朝廷事，卿亦當依此，以備遺忘。」

紹興五年十一月庚午朔〔三〕，初置節度使已下象牙牌。其法：自節鉞正任至横行遥郡，第其官資，書之於牌，御書押字，刻金填之。仍合同製造，一留禁中，一降付都督府。相臣主其事。緩急臨敵，果有建立奇勳之人，量功勞先給賜，以爲執守。自軍興以來，皆宣撫使便宜給劄補轉。至是，都省有此請。

傳信牌 〔四〕

【宋會要】

真宗咸平六年十月，給軍中傳信牌。先是，石普言：「北面抗敵，行陣間有所號令，則遣人馳告，多失計畫，復虞姦詐。請令將帥破錢持之，遇傳令則合而爲信。」帝以爲古有兵符，既已久廢，因命用漆木爲牌，長六寸、闊三寸，腹背刻字而中分之。置鑿(柄)〔枘〕令可合，又穿二竅容筆墨，上施紙劄。每臨陣則分而持之，或傳令則書其言而繫軍吏之頸，至彼合契，乃書復命焉。

傍牌　鐵蒺藜

【宋會要】

39 皇祐元年六月十七日，殿前、馬、步司言：「同共定奪到楊景宗創置(御)〔禦〕敵傍牌樣、鐵蒺藜，久遠並堪使用。」詔令三司指揮逐路轉運司，據轄下州軍見闕及少處，依此量行製造。

竹牌

【宋會要】

〔一〕排：原作「牌」，據正文改。按，《大典》此條入卷二五四五「牌」字韻，亦非，「排」、「牌」雖同爲盾牌，但當入「排」字韻。

〔二〕按，以下二條之牙牌非兵器，不當入「兵械」門。

〔三〕按，此條乃全抄自《玉海》卷九一，非《會要》文。

〔四〕按，傳信牌亦非兵械，當入「軍制」門（《輯稿》刑法類有「軍制」門，當移入「兵」類）。

仁宗皇祐元年四月，知澧州、供備庫副使宋守信獻衝陣拒馬皮竹牌〔一〕，帝御崇政殿閱之。

【宋會要】

熙寧六年六月十七日，詔涇原路經略司選皮行竹隊牌五百面，送河州景思立。（以上《永樂大典》卷二五四五）

【宋會要】

棍棒〔二〕

40 建炎二年五月十三日，京東西路提點刑獄公事程昌㝢言：「今州縣之間，軍器乏少，乞令諸州縣擇本土堅韌之木，廣置棍棒。其長等身，徑可及握，不勞遠求，指日可辦。（北）〔比〕弓弩則無挽拽之能否，比刀劍則無鍛鍊之工程。用之以禦鐵騎，則出其右，蓋鐵騎非箭鑿鋒刃可害。」從之。

（以上《永樂大典》卷一八二八八）〔三〕

〔一〕按，《長編》卷一六載宋守信所獻爲「衝陣無敵流星弩、拒馬皮竹牌」，此條分引，不當連「衝陣」二字。

〔二〕原題「廣置棍棒」，乃是取文中語，今删「廣置」二字，以適合本類「兵械」總題。

〔三〕按，原稿中縫《大典》卷次原作「卷一萬六千二百八十八」，據葉渭清《宋會要校記》改正。《大典》卷一六二八八爲「觀」字韻，與此無關；卷一八二八八則正爲「棒」字韻。

宋會要輯稿　兵二七

備邊　一

【宋會要】

1 太宗太平興國三年二月，詔：「沿邊諸郡關防守吏謹視蕃商，無許闌出銅錢。敢故縱者，自五百至五千，令有司差定其罪，著于甲令。有能告者，第賞之。」

四年九月五日，詔：「忻、嵐、憲州緣邊諸寨不得縱軍士入蕃界打劫，以致引惹賊衆。如入界打劫，即於要路截掩殺[一]。若須讐殺者[二]，非有宣命，無得出境。」

【宋會要】

七年十月，詔：「應沿邊州軍縣鎮等：爾來金革甫寧，創痍漸復，百姓等各思安堵，勉務力田，不得闌出邊關，侵撓帳族，及掠奪畜産，搔動邊陲。宜令所在州縣嚴加偵邏，違者重論其罪。生口羊馬等，並送於塞外。」

八年二月，詔：「應有蕃部將帶人口入蕃界者，宜令所經歷及次邊州縣軍鎮，常切驗認收捉，不得放去。如有將人口貨賣與蕃人，及勾該居停住，並依格律處死。驗認到人口，便仰根問來處，牒送所屬州府，付本家。仍令逐處粉壁曉示。」

雍熙四年二月，詔曰：「深州管内鄉村人户等：分野罹災，寇戎爲患，鄉州(柔)〔蹂〕踐，生聚流移。朕深切痛傷，遂令改貫，別於津要重建州城。其静安軍令改移爲深州，已選差知州、通判、職官等往彼，務令惠養生民，撫安黎庶，並限別勑處分。自契丹入界，驚移人户等，限敕命到，並 2 令各歸農業。其二税并緣納物色，悉與蠲放，一準正月德音施行。逐處官吏候人户歸業，常加安撫，不得輒有搔擾。」

五月，詔：「訪聞河北、河東沿邊州軍城寨多放斛㪷入北界，累降詔旨斷絶。其兩地供輸人户，止許糴上二㪷供家食用[三]。今知沿邊及兩地供輸人户託此爲名，夾帶將過來，偷買斛斗將去。其沿邊地分巡檢、守把人員并知州軍、通判、監押、寨主等，亦不嚴切巡轄，覺察斷絶，是致透納及造糧食過去。今再下沿邊州軍管屬地分坊郭、鄉村諸色人户，如敢輒將斛㪷一升一合及造作糧食過入北界，及北界人户過來偷買，不計多少，並須用心收捉，赴所屬州府勘罪結案，處斬訖奏。若巡檢、守把人員不切收捉，許四鄰并諸色人陳告。應經歷地分縣鎮城寨巡檢人員等，並當極斷。其巡檢、使臣、知州軍、都監、監押等，別降宣命施行。如或容縱，亦許人逐處陳告。其知情通容放過，即並與所

[一]「截」上疑脱一「攔」字。
[二]殺：原作「賽」，據《長編》卷二〇改。
[三]上：疑誤，或是「二」。

犯人同罪。如四鄰人不切覺察，致有違犯，亦當決配。告事人於逐處官庫支錢百千充賞。其斷絶香藥、茶貨入北界，亦准此。」

端拱元年四月，詔曰：「朕凝命上穹，居尊中土，唯思禁暴，豈欲進兵。至如幽薊之民，皆吾赤子，每聞交鬬，蠢然傷懷。近者已許邊疆互相貿易，自今沿邊戍兵毋得輒恣侵掠，務令安静，稱朕意焉。」先是，國家累行弔伐，千里饋糧，民力疲乏。至是，太宗頗有厭兵之意，故有是詔。

二年正月，**3** 詔興置方田。命八作使竇神興等往北面興功，東壁即令知定州張永德〔一〕，西壁即令知邢州米信〔二〕，各兼方田都總管，仍以七人兵官隸屬幹其事。」

二月，帝與近臣議方田爲戰守之備，内出手詔諭邊將曰：「夫料敵之(疆)〔彊〕弱，古以爲難，前歲之舉，蓋救民塗炭。蠢兹兇羯，敢肆憑陵，蹂踐我士民，攻畧我城寨。朕今考必勝之策，畫必當之計，將以保民安邊，畧舉大意。且(戒)〔戎〕人勝則深入而不相避，敗則逃竄而不相救，固不可力戰也。又皆騎兵，利於平陸，馳逐往來，難於羈制，固不可追奔也。若(乘)〔棄〕小城就大鎮，但屯於鎮、定、瀛、莫之間，其雄、霸緣邊城堡，必苦於寇畧，固不可分兵也。懲艾之謀，在於設險。若乃決大河、築長城，又徒自示弱，爲後世笑。朕今立法，令沿邊作方田，分頒條制，量地里之遠近，列置寨栅，此可以限其戎馬而大利我之步兵也。雖使彼衆百萬，亦無所施其勇。自春至秋，其功告畢，(特)〔持〕重養鋭，挫彼姦黠。如此，則復幽薊、滅林胡有日矣。」

【宋會要】

淳化二年六月，詔：「西路諸州山川路口鎮寨，不得放過販賣人口入蕃，及指揮漢户不得停泊。如有故違，官中察探得知，或被人陳告，勘鞫不虚，所犯人當行嚴斷。」

七月，原州言與使臣及轉運使司共收贖到蕃人所買男女數目。先是，邊境人户飢荒，多賣男女與蕃中部落。帝**4** 聞其事，頗甚憫惻，特遣使臣與轉運使同以物貨收贖，各給還父母。

至道(三)〔元〕年三月〔三〕，内侍楊守斌自府州畫地圖來上，帝閲視久之。先是，西北邊巡路必宿重兵以備之，至是，折御卿大破虜衆。帝訝契丹從何而至，馳使問其故，乃虜由山峽間細逕而入，意以御卿出巡，謀入剽畧。御卿諜知，先遣内屬戎人邀其歸路，因疾擊之。虜敗走，塵起，迷失本路，人馬墜崖谷，死者相枕(籍)〔藉〕，不知其數，戎帥韓德威僅以身免。因圖其地形山川以按視焉。

七月，以鹽鐵副使宋太初充陝府西路諸州水陸計度都

〔一〕德：原作「得」，據《玉海》卷一七六改。
〔二〕邢州：原作「刑州」，據《玉海》卷一七六改。
〔三〕元年：原作「三年」。按，據《長編》卷三七，折御卿大破契丹事在至道元年正月，則太宗閲地圖亦應在元年而非三年。又下條，據《宋史》卷二七七《宋太初傳》、《鄭文寶傳》，太初代文寶爲陝西轉運使亦在至道元年，二年責懷州團練副使。是此處「三年」爲「元年」之誤無疑，因改。

轉運使，代轉運使鄭文寶。李繼遷阻命河西，崛(疆)〔彊〕沙塞，唯靈武一郡控壓西陲。繼遷嘯引叛亡，數謀侵犯。文寶上言，於靈州南界積石嶺建清遠軍。積石當瀚海中，乃不毛之地，無泉水薪蒸。自慶州抵靈州千餘里，既不足爲控扼應接之所，城壘既就，聚兵屯戍，供(領)〔饋〕飛輓，民力尤困。自同、華抵環慶，運粟一㪷〔一〕，用錢七百；就本處買芻一圍〔二〕，計重銀一兩。仍大改青白鹽法，不便於民，或起爲敓攘，或轉死溝壑者，不可勝計。御史中丞李昌齡切言其事，遂詔以太初代文寶。又命内殿崇班、(閣)〔閤〕門祇(侯)〔候〕馮訥與太初乘傳赴陝西，相度減省轉般糧草，擘畫青白鹽法及諸不便於民，悉具利害以聞。帝宣諭訥等云：(云)「陝西轉運盧之翰與文寶見同職任，文寶制置乖當，流毒一方；之翰緘默順從，豈叶謀王事之意！」因令訥就 5 鞫之。

三年七月四日〔三〕，帝語宰臣等曰：「朕欲觀邊防郡縣、山川形勝之勢，可擇其使以往。」乃選左藏庫使楊允恭、崇儀副使竇神寶、閤門祇候李允則將命西行。九月，允恭等復命，以山川、郡縣地形繢圖來上。帝御滋福殿，召輔臣，以圖示之。歷指山川堡壁曰：「朕已令屯兵於内地州郡，而簡其閑冗，冀以省費而息關輔之民也。」

真宗咸平三年六月，詔曰：「天宇所臨，是惟王土，雖或淪於異俗，久隔皇化〔四〕，顧念赤子，孰非吾民？如聞邊隅，頗縱驚擾，殊爽綏懷之義，寧忘軫惻之心！自今沿邊百姓不得輒入北界劫掠，違者仰所在捕繫〔五〕，具獄以聞。」

十月，文思使張從式言：「五臺山西至瓶形寨有獨車形、冉家莊、南倍韮、北倍韮、竹竿形、閻翁柵凡六路通契丹。今虜方侵軼，宜多爲之備。」即遣殿直曹顯按從式所陳六路北出，皆虜至之靈丘〔六〕。其一：獨車形，(谷)〔去〕瓶形東路三十里。由獨車形至查路處五里，查路至靈丘百二十里，凡一百五十五里。其二：冉家莊，去瓶形東南六十二里。由瓶形至石門鋪十五里，石門至查路處七里，查路至冉家莊四十里。莊已在虜中，自莊至羅家平二十里，羅家平至靈丘五十五里，凡一百三十七里。其三：南倍韮谷，去瓶形東南二十五里。由倍韮至查路處五里，查路至靈丘一百一十里，凡一百四十里。其四：北倍韮谷，去瓶形東南十八里。由倍韮至查路處五里，查路至靈丘九十里，凡 6 一百十三里。其五：竹竿形路，去瓶形東北五十里，與虜遠探寨路相通。其六：閻翁柵路，去瓶形東南二百里，在虜界中，與北倍韮路相通。(比)〔此〕從式所言六

〔一〕運：原作「軍」，據《太平治迹統類》卷二改。
〔二〕芻：原作「粟」，據《太平治迹統類》卷二改。
〔三〕三年：原作「二年」，據《長編》卷四二改。按至道三年三月太宗崩，真宗即位，此已是真宗事。
〔四〕久：原作「人」，據本書蕃夷一之二四改。
〔五〕所在：原作「在在」，據《長編》卷四七改。
〔六〕虜至：疑當作「至虜」，其時靈丘爲契丹所占。

路。顯又別言三路：其一：自瓶形南入番家鋪八里，由鋪至查路處七里，查路至羅家平十五里，羅家平至靈丘五十里，凡八十五里〔一〕。其二：自瓶形東南入法直(各)〔谷〕二十里，由法直至查路處七里，查路至靈丘一百里，凡一百二十七里。其三：自瓶形正南入麻窟谷四十里，由麻窟至查路處十里，查路至靈丘一百三十里，凡一百八十里，而麻窟沿小水復可通鎮、定，凡一百八十里。總九路，以爲可備。顯使還，悉圖上之。

十二月，詔：「河北、河東沿邊州軍城寨，自今軍民斬獲虜首級，支錢五千，生擒一人，賜十千；其獲馬堪帶甲者納官，每匹支絹二十匹，不堪者給還之。」

四年十二月，陝西轉運使劉綜言：「鎮戎軍本古原州，前代邊防決守之地。其川原廣衍，地土沃饒。請興屯田，且取田五百頃，差下軍人二千，置牛八百頭，立屯耕種。於軍城近北至木峽口及軍城前後各置一堡寨，約地土分種田兵士，將牛具就寨居泊，使充鎮戍，固不失且耕且戰之理。兼彼處要害，若不置寨屯兵，久必難守。」從之。

五年正月，陝西轉運使劉(琮)〔綜〕等言：「竊聞遷賊、蕃部於赤沙并托駞路各置會貨易，深慮屬朝廷蕃部被虜(問)〔間〕〔二〕，別致奔衝，乞下總管偵候掩煞。」帝曰：「邊界貨易往來，若未 7 條約，便行殺戮，不便。可令明諭緣邊人户，今後不得入賊界置會，尚有違犯，即可嚴行。」

二月，西路總管司言：「准宣，相度陝府西轉運司乞於涇原、環慶州路騎兵內那一半往河北，換步兵防捍。」帝曰：「朕累詢問西頭沿邊山川形勝，皆云山谷高下，非騎兵之地。惟涇原州及鎮戎軍川谷稍寬，此外並可添步軍、減騎卒。此可施行。」

三月十二日，西面總管司言賊遷陷靈州。以侍衛馬步軍都虞候王超爲永興軍駐泊都總管，冀州團練使石普副之；徙永興軍駐泊鈐轄康繼英爲慶州駐泊鈐轄〔三〕，與西面緣邊迭爲應援；入內副都知秦翰爲環慶、涇原兩路鈐轄，與王漢忠、李允正同其事。備賊兵之侵軼也。

四月，帝謂宰相曰：「太宗朝，翰林天文官孫士龍嘗請於北邊置方田，及令民田疏溝塍，可以隔礙胡馬。當時爲衆議所沮。近有殿直牛睿者亦言其事。」呂蒙正等對曰：「此議當時亦以爲便，尋命方田使副。而中外咸以爲動衆勞費，恐無所利，而武臣輩亦恥于營葺，遂罷之。」帝曰：「今若行之，或有所濟，宜令有司經度之。」

七月，石隰路總管言：「本路沿河至蕃界皆山險，請以步卒代廳子軍六指揮。」帝以此軍並綏、夏之民，石州近賊非便，命徙於磁、相州。

九月，詔：「比聞邊廷每至夜出兵，伏截險要，翌日益

〔一〕按，以上里程相加僅八十里，疑上述里程有脱文。
〔二〕此句《長編》卷五一作「深慮誘熟户叛涣」。
〔三〕慶州：原作「乾州」，據《長編》卷五一改。

兵，檢校蓄賊出入道路，謂之搜惡，可以預備不虞。令陝西諸路通行之。」

十一月，北面沿邊諸州上言戎騎悉以8散去。帝曰：「虜境無故聚衆，蓋以朝廷郊祀，動摇邊境耳。」宰臣等曰：「嚴禋前，陛下不令催發押陣使臣，果如聖斷。」

十二月十六日，涇原總管陳興等請併東山、隴山等處兵入(陣)〔鎮〕戎軍，合力以拒賊。詔：「所議賊衆奔突，則併東山等七堡寨入近塞，甚良策也。當遠其斥候，如賊勢稍大，即依所議。其七堡寨芻粟、軍器、防城什物等無得多蓄。」

六年二月，徙并、代鈐轄一員，率兵屯岢嵐軍。初戍嵐州，以備北戎、控河西。或言地非衝要，不若徙就岢嵐，北拒草城川賊路，西援府州，故有是命。

四月，詔沿邊轉餽糧運皆密定日，仍多發卒援送。以虜伺知發日，數有邀掠也。

八月十三日，河東轉運副使鄭文寶言：「忻、代州一路沿邊諸寨，糧草齊整，器甲堅利，城壁亦不住修補。乞下元澄、杜守元，暫令更互量帶領手下兵士，與都同巡檢等徧往諸寨點檢一次，所貴山後諸州軍罔測事宜。」詔代州駐泊副總管元澄等量帶衙隊當直兵士、往諸寨點檢訖，依舊勾當，無事更不得往諸寨。

十七日，對輔臣於便殿，帝曰：「今歲北面已屯大兵，而邊將屢奏虜未有隙，且聚軍虛費，則民力何以充給？朕切思之，宜因大兵在邊，有所制置，以爲控遏。且静戎、順安軍界先開營田、河道，可以扼黑盧口、三臺、小李一帶賊路，亦可通漕，運至極邊。宜令乘此師衆開浚，使及軍城。虜或來撓吾役，即合兵掩殺。」李沆等咸曰：「設險興功，以制胡騎，守邊9之利也。」遂詔内侍閻文慶與知静戎、順安軍王能、馬濟共督其事，徙莫州路總管石普屯順安之西，與威虜魏能、保州楊延朗、北平田敏掎角，以爲防遏。

十月八日，静戎軍王能言：「於軍城東新河之北開方田〔一〕，廣袤相去皆五尺許，東西至順安、威虜軍地界，必能限隔戎馬，縱或入寇，亦易爲防捍。」仍以地圖來上。帝召宰臣李沆等，以圖示之，皆對曰：「沿邊所開方田〔二〕，臣僚累曾上言，朝廷繼有商榷，皆以難於設防，恐有奔突，尋即罷議。今專委邊臣，漸爲之制，故可爲邊防之備，乞與施行。威虜、順安軍亦宜興置〔三〕。且慮興功之際，虜寇或有侵軼，可選兵共五萬人分據險要，漸次興置之。」遂詔静戎、順安、威虜軍界置方田，鑿河以遏胡騎。

是月，徙北面都總管兵屯天雄軍及邢、洺州，其威虜軍兵屯順安軍、莫州，北平寨兵屯定州〔四〕，寧邊軍兵屯平虜城，深州、鎮定兩路兵屯邢、洺、磁、相州，如蓄賊入寇，則會

〔一〕城：原作「賊」，據《武經總要》前集卷一六上、《長編》卷五五改。
〔二〕開：原作「閒」，據《長編》卷五五改。
〔三〕「興置」原作「與制」，其下又有「從之」二字，據《玉海》卷一七六改刪。
〔四〕寨：原作「塞」，據《長編》卷五五改。

而前進。

【宋會要】

10景德元年五月，詔：「自今中國人不得輒隨外國進奉人等出境。邊吏專知伺察，違者論如律，仍縛送闕下。所在粉壁寫詔書以示之。」先是，知夔州巫山縣吳權卿言：「咸平六年十二月十四日，有高、南等州進奉蠻人入津搜〔一〕，襄州樊村人聶廷憲欲隨蠻人入順州，開封府長垣縣人張順隨南州指揮使向萬入南州，並會赦免罰。」帝令黥面配隸鄧、饒、通等州牢城，因有是詔。

八月，詔陝西轉運使等：「應西路緣邊州所管熟户蕃部，朝廷素有條制，官吏不能遵承，蕃部或有争訟，多不依理平決。或自有規求，或遣人搔擾，以兹結釁，致邊鄙不寧。宜令使、副等常加案察，其有不能綏邊勤職者，並以名聞。」

九月十三日，臣僚上言：「山北多作準備，修葺橋道，及數處谷路差夫修持。竊緣蕃賊多生狡計，盛爲鋪排，必却於山東動静。然不可不備。乞下代州，令鈐轄一人量部領兵士三百人，於茹越〔二〕、大石、義興冶、麻谷、梅迴、瓶形寨等處往來體量蕃賊意，或有動静，即使勾抽代州及諸寨(保)〔堡〕三分兵士等截掩煞。如無動静，亦可牽(洩)〔拽〕。」詔代州駐泊副總管等常切差人深入探候，倍設隄備。

十五日，詔河北、河東諸路總管各嚴兵備，仍發廣捷軍五指揮赴忻州，令知火山軍李餘懿領援忻、代諸寨及分守要害，以禦戎人之奔衝。

閏九月十三日，詔河北諸軍曰：「北面寇戎已11有動静，切慮無知之輩接此搔動人户，劫掠資財。仰天雄軍已北州軍及濱、棣、德、博州等處并都同巡檢及捉賊使臣等常切部領軍馬，往來巡檢。如有接此動静之際持杖劫掠并驚擾人民，情理切害難恕者，不問有無贓，更不分首從，並處斬訖奏。内情理不至切害者，即牢固收禁奏裁。」

十六日，命内侍左班副都知閻承翰同制置東西沿邊事。

十月，詔：「自天雄軍至界河已來公私舟船，並隨處安泊，所在官司常切巡邏。」

二年正月十一日，岢嵐軍言：「本軍接北界，舊有方田，欲修治之。」火山軍言：「欲築月堤，以固城壘。」帝曰：「此蓋知朝廷與契丹通好，未敢即興其役。可降詔，諭以違契丹誓約，並罷之。」

十九日，詔：「令河東、河北沿邊州軍，自今北界遣職員齎牒部送生口至者，並給與茶、綵，及遣人部送出境，并答其文牒，咸定式以頒之。亦令官吏等詳其事之巨細，稍增損其數。」

二月，詔：「沿邊諸州軍如擒獲北界姦人，可詰其事

〔一〕津搜：疑有誤。
〔二〕茹越：原作「茄越」，據《元豐九域志》卷四改。

狀，部送闕下，當釋其罪，縻置內地〔一〕。」先是，帝曰：「朝廷雖與北界通歡，減去邊備，而虜之動静不可不知。自來偵事者非可全去，已令沿邊州軍，且循舊制驅使。深慮爲（慮）〔虜〕所獲，以爲曲在於我。朕熟思之，彼亦遣人南來偵察，如擒獲其人，可不加罪，羈於近郡。彼若有詞，引以爲解。」故有是詔。

三月一日，文州請許沿邊諸寨守把人丁置木弓箭以備戎寇〔二〕。從之。

九（日）〔月〕〔三〕，〔詔〕：「令河北沿邊州軍遣人入北 12 界偵事者，除要切須令總管司知者，即如舊制申報；非要切者，不以關報，但以聞奏可也。」帝以通好之後，慮或漏泄，致有猜慮，故有是詔。

十八日，詔河東沿邊州軍：「應北界移牒，事理無疑者，即報之；關機要者，疾置以聞，待報而答，亦勿令知之。」時安肅軍言：「北界移牒，尋捕所失牛畜，本軍報云已具奏聞。」帝以事之小者，不必淹緩俟報，又慮事有非順，難於施行者，不欲出自朝議，故有是詔。

四月七日，順安軍言：「近遣衙前部送擒獲奸盗赴北界易州，其知州（侍）〔待〕衙將以賓禮，饗餼甚厚。慮彼復遣將吏至軍，未審接待之禮。」帝命徧諭沿邊州軍，應北界遣公吏至，並豐以饋餉，或職位高者，即以賓禮接之。

十四日，帝曰：「昨減邊城戍兵甚衆，然恐此後難以增益。其廣信、安肅軍見屯兵及二年已上，悉令更代，並以軍旅人數完足者易其部伍殘缺者，雖實增之，無嫌也。」仍密諭河朔長吏，凡軍士數缺，自當廣務招置，勿以敵境通歡輒怠其事。

五月，詔陝西沿邊州軍，蕃部罰納獻送羊馬，悉著籍以給公費。先是，蕃部有罪，納貲爲贖，及守臣出處更代，多以畜産爲賀〔四〕，並入於長吏，至有生事以徼其利者，使之不寧。帝廉知其弊〔五〕，欲遽止之，復慮蕃戎犯禁，無以爲戒，故有是詔。

三年八月四日，詔河北安撫司沿邊州軍：「如契丹移牒捕罪人，即自擒逐，無得與外境人同詣鄉村〔六〕。」先是，北平寨準北界移文，遣人捕爲盗者，因同 13 往擒獲，故條約之。

六日，原、渭（川）〔州〕、鎮戎軍上新開方田圖，且言：「戎人內屬者，皆依之得以安居。」帝以知鎮戎軍曹瑋等能幹其職，甚嘉之，仍出示輔臣。

八日，詔沿邊州軍：「自今彊竊盗入北界〔七〕，如贓屬

〔一〕置：原作「至」，據《長編》卷五九改。
〔二〕木：原作「未」，據《長編》卷五九改。
〔三〕九日：原作「九月」，據前後月日次序改。據《長編》卷五九，下條爲三月十八日丙寅，可證此條非九月。
〔四〕産：原作「擾」，據《長編》卷六〇改。
〔五〕廉：原作「兼」，據《長編》卷六〇改。
〔六〕外境人同詣鄉村：原作「水境同詣鄉」，據《長編》卷六三改補。
〔七〕竊：原無，據《長編》卷六三補。

北界，並據見存者追還，已費用勿追。」

十三日，禁沿邊河南州軍民於界河捕魚。時契丹民有(魚)〔漁〕於界河，彼國即按其罪，牒報安撫司，因命條約。

九月十九日〔一〕，詔選使臣二員爲長城口巡檢，一沿西山，一東抵順安軍，各給兵百人，分道巡邏。以邊民多齎禁物及盜販北界馬故也〔二〕。

二十七日，詔北界盜賊亡命至沿邊州軍者，所在即捕送之。時邊郡有盜入北境，彼皆即時擒付邊將故也。

十月，河北轉運使盧琰言，契丹諸族酋長欲緣界河放獵，及借西山草地打圍〔三〕。帝曰：「契丹誓約甚明，未嘗踰越，此必傳者誤爾。」乃詔沿邊州軍，如果有此事，則移牒北境，請依誓約。既而邊奏言諸族出獵，屢遣人誡部下無得越境，今已北去。

十一月，詔減河北、河東、陝西諸州指揮使〔四〕、使臣，以邊防無事故也〔五〕。

十日〔六〕，知雄州何承矩上言：「臣聞兵有三陣：日月風雲，天陣也；山陵水泉，地陣也；兵車士卒，人陣也。今用地陣而設險，以水泉而作固，相茲高下，建其陂塘，白浪渺瀰而連滄海，縱有胡騎〔七〕，何懼奔衝。臣早建屯田之利，後戎人犯塞，高陽一路東負海，西抵順安，士庶安居，實免侵掠。雖人役暫勞，亦制匈奴之長策。況今順安以去，地雖跨於數軍，路 14 不遥於百里，縱有丘陵岡阜，亦多川瀆泉源，儻因而廣之，審地勢而制塘埭，自然戢胡騎而息邊患矣。又如榷場之設〔八〕，蓋先朝從權立制，以惠戎人，縱其渝信犯邊，亦不之廢〔九〕，戎退商行，以全大體。更望慎擇疆吏，出牧邊民，則北陲安堵矣。」

十二月，雄州言：「頃者用兵之際，本州每有密事〔一〇〕，不欲漏露，因擇馴謹吏專主行之，號機宜司。今契丹修和，請改爲國信司。」從之。（以上《永樂大典》卷四七一〇）

【宋會要】

15 景德四年三月，詔：「北面沿邊趨境外徑路，自非榷

〔一〕按，《長編》卷六四載此條事亦在景德三年九月十九日戊午，但又注云：「《會要》在四年九月。」而《宋會要輯稿》所録《大典》所輯《會要》，此處及職官四八之一二二兩載此條均在三年九月，不在四年。蓋李燾注所引之《會要》乃元豐增修《五朝會要》原本，而《大典》所録《宋會要》乃是張從祖所編《總類國朝會要》，已將此條改在三年。

〔二〕馬：原脱，據本書職官四八之一二二及《長編》卷六四補。

〔三〕及：原作「反」，據《長編》卷六四改。

〔四〕指揮使：原脱「使」字，據《長編》卷六四補。

〔五〕事：原脱，據《長編》卷六四補。

〔六〕何承矩此奏，《玉海》卷一七六繫於咸平三年十一月十日，《長編》卷四七、《宋史》卷二七三亦繫於咸平三年，此繫於景德三年十一月十日，與諸書異。按，據《長編》，承矩知雄州在咸平中，景德元年十月除知澶州（《長編》卷五八），則《會要》誤也。

〔七〕有：原作「存」，據《玉海》卷一〇六改。

〔八〕按《長編》卷五一以榷場之設一節爲承矩另一疏，繫於咸平五年四月末。

〔九〕之：原作「知」，據《長編》卷五一改。

〔一〇〕州：原作「部」，據《長編》卷六四改。

場所歷，並令轉運使因案部規度斷絕之。」

四月，河北安撫司言：「伏見巡邊使臣宋德交等，以部下兵士散於北鄙山口，控扼商旅道路。乞降詔曰委自州縣差人控扼，其宋德交等只令於官路警巡，免致邊鄙懷疑，緣此生事。」從之。

五月，帝曰：「昨爲霸州修葺城池不依舊，北虜之人有詞，過成憂慮。兼據〔沿〕邊州軍言，契丹界每見朝廷於沿邊興作，皆多差人伺察動静。可令安撫司密行曉諭沿邊州軍長吏，常以安静綏撫。除依誓約修葺城池外，應移易寨柵，開修河道，不以小大，並不得輒興功役，致成事端。所有界河口内創置樁橛，意在隔北鄙舟船，已曾處分楊保用，仰遵稟施行。其不得創蓋亭臺街道等事，即並依二月詔命施行。」

是月，帝宣示宰臣王旦等言：「雄州李允則於州城外決渠爲水田，渠通界河，於理非便，請令罷之。」樞密陳堯叟曰：「今天下和平，忽決渠境上，戎人豈不疑？此誠不便。」帝曰：「可令凡寨柵渠不以大小，無得創造。」

六月，帝曰：「近日河北、河東、陝西沿邊州軍所言邊防事，有全然不同者。樞密院可編次所奏，候歲終，較定虚實以聞，聊行懲勸。」

七月，詔翰林遣畫工分詣諸路，圖上山川形勢，地里遠近〔二〕，付樞密院。每發兵屯戍，移徙租賦，以備檢閲。

大中祥符二年三月，詔曰：「向以邊防不 16 可無備，遂令河北、河東修葺城隍，繕治器甲。樞密院可作條件付邊臣，每季首同閲視訖，以狀聞，遵爲永制。」

八月，詔河東安撫司：「應管内州軍與契丹界往來公牒，並知州軍照管前後條約，只作本處意度施行。常程公事，即依例牒去；稍帶機宜事意，且牒本路，送安撫司看詳，並備録實封進呈。敢有違慢及迴報鹵莽，當議重行朝典。」先是，帝覽代州奏迴契丹公文云：「所勾取投來百姓張醜兒等，已放逐便訖。」帝曰：「明言受而縱之，何失之甚！」遂有是詔。

九月，詔審刑院、大理寺定沿邊逃走及越關防刑名。帝覽邊奏，諸處斷罪各異，故令重詳定頒下。

十月，帝曰：「昨差使臣送定難軍趙德明官告回，言鄜、延州、保安軍絶少林木，可降詔諭逐處，令以時栽植。」

十一月，河北安撫司言：「沿邊巡檢捕得北界民李守明，檢括緣行衣物，押送保州訖。」帝曰：「此輩雖至境上，既非奸詐，又無禁物，不必拘留也。宜令保州給其物，以酒殽犒而遣之。」

十二月二十五日，詔：「河北、河東沿邊安撫司，應近邊不逞之輩，有妄言以惑境外者，嚴加捕詰。」

二十六日，詔：「河北沿黄河先禁採魚葦小舟往來，如聞細民賴以資給，自今勿禁。」

〔二〕里：原作「理」，據《長編》卷六六改。

三年二月，帝詔示樞密院：「訪聞北面沿邊州軍有應係邊機之事，但同尋常事與官吏四散商量，便有行遣，或致漏泄，豈爲穩便。可密諭之，只令知州軍與逐處通判、鈐轄、都監商議施行，其餘官員、使臣 [17] 不得輒有干預。」

四月，内出西面曹瑋、張崇貴所上涇源、環慶兩路州軍山川城寨圖示宰臣，曰：「處置蕃部俱當。至於儲備，亦極詳細。宜令別畫二圖，用樞密院印，一付本路，一留樞密院。」

七月，遣使撫問西面沿邊守將。時鄜延路張崇貴言：「蕃落民以秋成穫田，遣兵戍境。」帝曰：「此蓋慮德明之反覆爾。」故遣〔使〕撫諭邊城，仍訪崇貴防遏之策。使迴，言德明境内歉旱，嘗爲回鶻所侵。德明率所部將刼回鶻種落〔一〕，故遣人守境上也。

十月，帝謂宰臣曰：「先降詔，令河北轉運司只作在彼意度，與逐處同共點檢防城動使物色。今覩轉運司言，稱天雄軍差澶州臨江縣主簿宋利涉依詔點檢，却是帶出朝廷指揮，全不經心。仰降指揮取勘轉運司官吏，仍令諸路轉運(司)〔使〕、副并提點刑獄朝臣、使臣等，今後因宣敕内涉機宜文字，只作在彼意度施行公事，並子細看詳行遣，即不得更帶出朝廷指揮，致成漏泄。如違，當行朝典。」

四年三月，帝曰：「降文字與河北安撫使李允則等，近日沿邊諸處頗聞興造勞役。其本處及逐州軍應有創造及添修閑慢舍屋去處，並令且住，免擾役軍民。」

六年十月，詔：「河北沿邊軍州，每年配置防城鹿角，既無用處，多致損爛，即再行科率，可令逐州嚴行條約。」

七年三月，比部員外郎王允明言：「乞下沿邊州軍官吏并監臨主守之人，今後常切辨認，不得容留北界人入倉場庫務充脚夫。」帝曰：[18]「逐處容之已久，事甚不便，可降詔令嚴禁之。」

六月九日，河北沿邊安撫司言：「民王習於北界買到馬三疋，已牒送順義軍訖。」帝曰：「界首人户於北中買馬，如聞北界(買)〔賣〕馬人名〔二〕，即皆寘極典，全家遠配，兹於可憫〔三〕。自今令安撫司，如北界無文字根究，即差人入夜牽放界首。其捉到人不得令通析賣馬人名、所居處，但云不相識處，免令屠戮蕃民。」

十一日，河北沿邊安撫司上制置沿邊浚陂塘、築隄道條式、畫圖，請付邊郡屯田司提振遵守，從之。又言於沿邊軍城種柳蒔麻，以備邊用，詔褒之。

七月，詔：「瀘州淯井監駐泊并監井使臣〔四〕，今後若在任能撫綏夷人，邊界無事，至得替日，當與酬奬。如不切用心，別致生事，當行朝典。」

〔一〕回鶻：原作「迴」，據《長編》卷七四改補。
〔二〕「名」字疑衍。
〔三〕「兹於」，疑當作「兹爲」或「於兹」。又「如聞」以下，《長編》卷八二作：「如聞彼國每擒獲鬻馬出界人皆戮之，遠配其家，甚可憫也。」
〔四〕井監：原作「井鹽」，據《長編》卷八三改。

十月，吏部員外郎李及上言：「正當邊防，所管弓箭手員寮、指揮使自來無衣甲，乞許量行置辦，以備緩急。又鄜延路界地名押班嶺已來一帶，並與北界山林接連，乞禁止採伐。」並從之。

八年正月，詔：「秦州今後蕃部公事，並總管、鈐轄臣僚共議行遣。如知州巡邊有便宜事，即一面從〔宜〕施行訖，關報總管、鈐轄司。」先是，秦州遣人深入戎境興置寨柵，而州之亡卒有爲鄉導以侵畧邊户者，（鈐）〔鈐〕轄岑保正上言〔一〕，（訖）〔乞〕與知州同巡邊。帝曰：「秦州巡邊事望甚重，今若與鈐轄同往，即慮蕃部稟令不一，久非其宜。」故有是詔。

五月，禁沿邊人收買他州貢奉人所乘馬〔二〕。又令河北轉運司裁減定例所科鹿19角，以其數多擾人也。

十月，詔河東安撫司：「今後如有私過北界偷盜及和同收買鞍馬孳畜物色等，如是已過關寨捉獲，即於法決訖，刺面配淮南界本城；若別罪名未得斷遣，具所犯事情，分析以聞。如未過關寨捉獲，及買者北界衷私過來人鞍馬孳畜物色等，即依法決放，更不配軍。餘依前後條詔施行。」先是，河東安撫司言，代州民有與北界私相交易者，止依從重科斷；岢嵐軍民有與北界私相交易及以貨鬻之物至界首捕獲者，仍於結罪區斷。以其刑名不一，乃命法官詳定而申明之。

九年五月，詔獎知秦州、兼涇源路沿邊安撫使曹瑋。〔以〕開浚濠塹，自弓門、冶坊、床穰、静戎、三陽、定西、伏羌、永寧、小洛門、威遠凡十寨，共三百八里，又添築擁城板橋，皆以寨户〔三〕、廂兵充役，無擾於民故也。

八月，詔河北沿邊州郡所種桑榆，自今許人租課及以擣紙。

九月二十四日，知并州周起言：「嵐、石州並在河東邊上，自來不係安撫司所轄。望自今（今）〔令〕安撫司管勾。所貴凡有邊事，悉得應援。」從之。

二十八日，河北安撫司言：「沿邊官地所種榆柳，望令逐處官籍其數，以時檢校〔四〕。」從之。翌日，內出北面榆柳圖示輔臣，數踰三百萬。帝曰：「此可代鹿角也。」

天禧元年六月五日，曹瑋上言：「南市歸順蕃部都省首領郭厮敦舉家居冶坊寨，管句一帶蕃部〔五〕，望就命爲本族巡檢，月給錢五千〔六〕，米麵五石。」從之。

十二（月）〔日〕〔七〕，曹瑋等言：「近役兵20夫繕葺諸寨及創掘縣鎮城壕〔八〕，凡百三十七萬三千三百六十九功

〔一〕「岑保正」下原衍「安撫」二字，據《長編》卷八四删。
〔二〕收：原作「妆」，據《長編》卷八四改。
〔三〕户：原作「左」，據《長編》卷八七改。
〔四〕時：原脱，據《長編》卷八八補。
〔五〕管：原缺，據《長編》卷九〇補。
〔六〕錢：原脱，據《長編》卷九〇補。
〔七〕日：原作「月」，據《長編》卷九〇改。
〔八〕鎮：原無，據《長編》卷九〇補。

畢。」詔獎之〔一〕。

七月，令府州置納質院。

二年四月，知鎮戎軍張綸言：「原州界屢有蕃夷入鈔，今規度開界壕至車道峴〔二〕，約二十五里，以爲限隔。」從之。

六月，禁止陝西州軍將黑漆〔三〕、朱紅於北界貨鬻。

十月二十二日，河北沿邊安撫副使張昭遠言：「保州等處種到榆柳，藏避逃軍，亦常殺害看守兵士。及河北沿邊諸州軍寨柵城壕内并中彈鹿角〔四〕，馬巷牆内栽種到榆柳不少，若不漸次去除，深慮城邊非便。望令採斫。」詔河北安撫司密切指揮。

二十六日，張昭遠又言：「從北騎馬過來人，如是送本地分州軍，依例施行。若是思鄉過來者，如係私路者，送定州；係東路者，送瀛州，取問詣實，放令歸鄉。其馬於群牧司送納。」從之。

十一月，詔河東州軍：「自今所降文字涉機密，並付機宜司置籍收領，不得便付開（析）〔拆〕司。」

十二月，詔曰：「如聞邠、寧、涇、原等州流民多往秦、隴州故關山及渭州山外鎮戎軍已來逐熟〔五〕，慮無知之輩誘略賣與蕃界，令所在州軍縣鎮、駐泊巡檢、使臣覺察，犯者依律區斷。」

三年三月，内殿崇班韓令琮言：「前知環州，切見民人多將違禁物色、人口偷賣與北界。詢其道路，止於截原寨、柳鎮二路。望差蕃官於逐處緝捉。」從之。

五月，詔：「瀘州淯井監，如夷人動静，選諳會夷情者探候，無得妄有興（廢）〔發〕。」梓峽路走馬承受公事臧滬言：「淯井監每 21 有夷人動静，多據本監人户妄作探報事宜，虚有調發兵馬。欲召三五户有産業、諳會夷情者，給與衣糧，充探刺事宜人。」故有是詔。

六月，詔：「自今諸色人將人口入契丹界貨鬻者〔六〕，所賣人及勾誘人首領並處死。如未過北界彰敗者，決杖刺配淮南州軍牢城。」先是，知雄州劉承宗言邊民誘賣人口于北界者甚衆，乞賜條約，故從之。

七月，令河北州軍：「自今民有越北境收市斛斗及不係禁物數少、爲北境捕來者，並決科一百釋之。」先是，未有條目，諸州決罰各異，安撫司言其事，故有是命。

四年二月，石隰州都巡檢使高繼昇請令投生人户依例各自置弓矢、鎧甲，及上平等寨采木造船。帝曰：「造船事

〔一〕詔獎之：原無，據《長編》卷九〇補。
〔二〕「開」原作「門」，「界」原脱，據《長編》卷九一改補。
〔三〕漆：原作「添」。按《長編》卷九二載：天禧二年六月壬辰朔，「禁陝西民鬻漆於北界」，即此條事，知「添」爲「漆」之誤，因改。
〔四〕中彈：疑誤。
〔五〕「逐」下原有「食」字，據《長編》卷九二删。
〔六〕人口入契丹：原作「入口契丹」，據《長編》卷九三改補。

涉邊上，疑於異俗不許也。自今從之〔一〕。」

五年十二月，詔鄜延路鈐轄司：「自今蕃部販鹽及違禁物，與巡檢兵士鬬敵，殺傷人員、兵士者，其元行器械蕃部並處斬，自餘徒黨依漢法區斷。」先是，鄜延路巡鹽兵士爲販鹽人所殺傷者，止令族衆均納羊馬，其爲寇蕃部全不科罪，則巡鹽兵士頗類虚設，故有是命。

仁宗天聖元年十二月，詔：「自今唐龍鎮申報公事，並令麟府路軍馬司理管。」

二年八月，詔：「斷絶私過渡河西興販違禁物貨及鞍馬人等，令河東轉運司檢詳前後條貫，定奪聞奏。」

三年七月，邊城上言：「體量得涇原路鈐轄周文質非理淩遲蕃部斷鐸論及放却質子等〔二〕，致諸族蕃部傳箭結構【22】作過。」差太常博士張仲宣、閤門祗候丁保衡乘傳往陝府等截，置院推勘，內殿崇班毛昌達監勘。案上，周文質先發意，與總管王謙、史崇信同商量，斬先作過蕃部首領斷鐸論；知渭州馬洵美亦不合與文質商量，放質子往大蟲巉安撫蕃部。及文質有違宣命，修鋥器械，取索諸蕃首領文狀，(到)〔致〕蕃部疑懼作過。於是責文質授率府率，荆湖南路安置；王謙等免勘，仍從別敕處分；馬洵美特罰銅三十斤，移〔別〕處差遣。

九月，陝府西沿邊安撫使范雍言：「沿邊州軍及總管司每蕃部有罪，舊例輸羊錢入官，每口五百文。後來不以罪犯輕重，只令輸真羊。乞自今後令依舊納錢及量罪重輕，依約漢法定罰，免至苦虐蕃部。」從之。

四年六月，三司言：「准詔，令於河北州軍配研鹿角〔三〕，城四面密種桑棗，免逐年科配。已牒轉運司遵稟施行。」中書、樞密院同奏：「河北防城自和好已來，久有定規，乍此改更，恐成煩擾。且令轉運使、副躬親相度，具利害聞奏。」從之。

五年十二月，知環州史方言：「欲乞自今沿邊漢户百姓〔四〕、諸色人於熟户蕃部處賒買羊馬，借貸錢物，並須用文約，立限交還。如違約不還，估贓滿十千已上，從違制斷；曾於限内還錢者，從違制失。若估贓不至十千並不歸還者，亦從違制失；内曾於限内還錢者，不應爲重斷。如有漢户百姓將帶妻口等投熟户蕃族内居住者，從違制斷；若止自身與蕃部合種口【23】苗，從違制失。別犯重法，自從本條。」詔大理寺詳定以聞。寺司檢會：「淳化三年，詔秦州：『自今諸寨監押常切鈐轄將校、節級等，各著地分壕門，守把巡宿，不得擅入蕃界，亦不得輒放百姓入蕃取柴燒炭。仍斷絶軍人、百姓、通事不得與蕃人交易買賣，賒貸脱賺，欠負蕃人錢物，侵占土田。如是蕃人將到物色入漢界

〔一〕今：疑當作「餘」。《長編》卷八八大中祥符九年九月甲寅條：「詔天雄軍、相、衛、貝、博等州物帛依舊輸內藏庫，自餘從之。」是其例。
〔二〕遲：原作「持」，據《長編》卷一〇三改。
〔三〕配研：疑誤。
〔四〕漢户：原作「溪户」，據下文改。

買博，一准先降宣命，並令漢户牙人等於城寨内商量和買，不得侵欺蕃人及賒買羊馬物色，虧欠錢物，别致引惹邊事不和。如有違犯，捉送秦州，依格法勘斷。如諸寨監押不切遵守鈐轄，致引惹蕃部不寧，仰秦州密具申奏，當行嚴斷。』又景德四年詔：『秦州諸人自今或與蕃部買賣，並各將錢交相博買，不得立限賒買及取覓債負，致有交加〔一〕。諸色人公然於蕃部取債，及欠負錢物不還，即追領正身，以所欠錢物多少量罪區分，仍差人監催還足。如欠負蕃部錢物稍多，量情理詐欺者，其正身走避，即追禁親的骨肉，及一面緊行追捉。候獲日，依格法斷遣。若是贓滿，即奏裁。』又天聖四年，涇原路副總管康繼英定奪百姓弓箭手不得典買、租賃蕃部地土〔二〕，許令蕃漢願合種利害聞奏。『檢會先准宣，止絶漢户弓箭手、百姓不得典買蕃部地土，若却令蕃漢合種，未免被弓箭手、百姓姦倖侵欺，引惹邊上不寧。乞嚴斷，不得衷私典買、租賃、合種蕃部地土，任令蕃部取便養種。如有違犯，元典買、租賃、合 24 種百姓、弓箭手並科違制之罪，仍刺面配向南遠惡州軍牢城。』看詳淳化三年、景德四年詔，並只下秦州；天聖四年詔，只下涇原路。内據陝府西轉運司狀，『淳化三年詔斷絶百姓、軍人不得與蕃人交易買賣，切慮蕃部致疑，别生邊事』，久來已不施行外，欲將景德四年、天聖四年詔偏下環慶、鄜延、涇原等三路緣邊州軍，檢用施行。其史方所言，更不詳定。」從之。

六年三月，詔河北沿邊安撫司：「自今有北界思鄉過來人口，若不曾於北界爲官，並依累降條貫指揮。如曾授北界官者，即便不得收接，任（矣）〔其〕逐便。仍令密切聞奏，兼仰安撫司不得張皇漏泄。」

四月，詔：「河北沿邊州軍有北界思鄉歸來人，依河東體例，相地里遠近，於舊例上量添支與盤纏錢。」

五月，邊臣言河朔久旱，民多乏食，煮淖糜以救飢者。當界不敢煮糜，恐流民所萃，以爲民患。

十月，三司户部副使王駿等言：「河北沿界河寨鋪百姓、公人逐月止納一二千錢名額買撲酒税課利，但聚合（疆）〔彊〕惡百姓飲酒，恐生邊事，並乞停廢。」從之。

十（二）〔一〕月二日〔三〕，詔：「雄州歸信、容城縣兩地供輸人户充衙前，稍有過犯，即逃入北界，深爲不便。自今仰於近裏州軍充衙前勾當錢穀場務。」

十一日，詔：「陝西諸路緣邊蕃部使臣、首領、人員等，如今後自作過犯，合斷罪罰羊，令蕃部使臣、首領、人員等親自出辦送納，即不得更於族下户上非理科歛。如違，重 25 行罰斷。仍令逐路總管、鈐轄、軍馬司常切覺察。」

【宋會要】

〔一〕加：疑當作「爭」。
〔二〕賃：原脱，據下文補。
〔三〕十一月：原作「十二月」，據《長編》卷一〇六改。下條亦爲十一月，見《長編》同卷。

明道二年三月十七日，知成德軍劉平言：「安肅、廣信軍并保州各相去三四十里，其間平原廣野。乞自保州已西如稻畦(堀)〔掘〕作方田，每年漸次開展。乞專委西路沿邊巡檢都監楊懷敏相度可否〔一〕，建置方田，必有成績。」詔令楊懷敏漸次興置稻田，仍令劉平常切照管。

十月，詔保州山口置把截鋪，每鋪兵級十一人充巡子，月一易之；仍令長城口西巡檢都大提舉管勾。

景祐元年十二月一日，陝西走馬承受公事言：「趙元昊舉兵攻嗢厮囉，請下陝西，預爲邊備。」從之。【宋會要】

景祐五年二月七日，環慶路總管司言：「訪聞北界金湯等閲兵誓衆，計欲侵疆。」詔下本路，備其不虞。【宋會要】

寶元二年四月，陝西轉運使張存言：「切見涇原、環慶諸州駐劄兵馬不少，其當職之官多務修葺城池，欲爲固守之計，並未見訓厲兵馬，使令精鋭，及未見於蕃賊出入一州道路預爲控阨、防其奔衝。切緣陝西次邊及〔近〕裏州軍如邠、寧、涇、耀、鄜、坊等州，雖有城池，不甚牢壯受敵，復又至邊界地里不遠，恐使蕃賊得知，乘其無備，分頭以勁馬奔衝。(北)〔比〕至沿邊出兵邀遮，其内地鄉川已遭劫 26 掠。内地一擾，人何以堪？乞令陝西諸路兵馬總管司常切訓厲所管兵馬器甲，悉令精鋭。蕃賊出入山川道路，亦須控扼。遇有蕃賊入界，並須晝時會合，掩殺扼截，即不得以守護城池爲名，端坐不出，縱令賊馬奔衝内地，劫掠人民。若有違犯，其出入地分總管、鈐轄、都監、巡檢等，並乞重寘於法。」詔下鄜延、環慶路沿邊安撫司施行。

七月，鄜延環慶路副總管劉平言：「今後沿邊或有不寧，將小寨子内人馬并糧草預前暫移，般入大鎮寨内安泊，早晚强壯人馬就小寨子内卓望探候。寇來，則自内地出兵掩襲，亦不須逐處占留軍馬，過爲隄備。」詔涇原、環慶、鄜延、秦鳳路總管司施行。

三年二月二日，參知政事宋庠言，請於潼關别添使臣兵甲，嚴設守備。詔如其請。

康定元年四月二日，上封者言，請併沿邊寨柵。詔葛懷敏躬親與諸州總管、鈐轄從長相度存廢訖(奉)〔奏〕，仍檢會前後臣僚規畫起請事件，降宣命指揮。

六月，陝西都轉運使龐籍言：「近至延州定奪所廢諸寨，而邊臣之議多欲固留。若諸寨居要害之地〔二〕，首當戎人入寇，將以餌賊而自貽其患。正月中，賊自安遠、塞門二寨引兵入〔三〕，破栲栳寨〔四〕、金明縣，如踐無人之境。昨塞門被圍日久，而延州未嘗發一人一騎往救〔五〕。賊聲言朝

〔一〕楊懷敏：原作「楊懷慜」，據《長編》卷一一二改。下同。
〔二〕若：原作「君」，據《長編》卷一二七改。
〔三〕塞門：原作「寨門」，據《長編》卷一二七改。下同。
〔四〕栲栳寨：原作「拷寨」，據《長編》卷一二七改補。
〔五〕一騎：原脱「一」字，據《長編》卷一二七補。

廷已棄此寨，於是衆皆潰走，糧草器甲無一存者。近承平寨垂破，副總管許懷德與兵馬都監張建侯領兵赴敵，賊始退。若27塞門稍得援兵，亦未致屠盪。今日廢並邊小寨外，其所存皆在近裏道路寬平之處。請嚴戒邊吏，自今逐寨緩急有警，並令互爲應援。」從之。

十一月二十四日，益州路兵馬鈐轄司言：「利州路轉運張宗彝言，西賊自文州有路，直到益州城下，請於龍州清川縣防守。（令）〔今〕相度，只於龍門添（戎）〔戍〕兵三百五人，選武臣知州、逐季量差兵士往清川縣防備巡察，實爲便利。」從之。

十二月五日，中書、樞密院言：「訪聞日近昊賊界令人詐作漢兵，入契丹地分劫掠。請令河東沿邊安撫司密行體量，仍令地分常切（辦）〔辨〕認衆殺〔一〕，不得透漏。如獲人，勘詣實行遣訖，只許本處意牒知北界。」從之。

慶曆元年五月三日〔二〕，代州言：「本州陽武寨有北界人侵耕禁地〔三〕，蓋緣前寨主彌文寶失巡防所致。請自今代州沿邊諸寨有失巡察，北界人户侵耕者，准透漏賊盜條論罪。」（如）〔從〕之。

六月，詔陝西諸路總管司：「自今但嚴備，毋得攻掠賊界。或遇入寇，須牽制者，即臨事裁處之。」

（二年）七月五日〔四〕，陝西安撫使王堯臣乞逐路都總管，如賊兵（燒）〔撓〕鄰邊，即時出師，取徑路策應。及拘束主兵官常切訓練軍馬，遠設探候。詔頒行諸路從之〔五〕。

是月，翰林學士王堯臣言：「昨安撫陝西，體問得延州〔六〕、鎮戎軍、渭州山外三敗之由〔七〕，皆爲賊先據勝地，誘致我師。將佐不能據險擊歸，而多倍道趨利，方其疲頓，乃與生兵合戰。賊始縱鐵鷂子衝我軍，繼以步奚28挽强注射，鋒不可當，遂至掩覆。今防秋是時，望敕主兵之官常訓練軍馬，遠設探候，遇賊入界，先度遠近，俟立定營寨，然後料其衆寡而奮擊之，毋得輕出兵。」從之。

是月，陝西經略安撫招討副使曹琮言：「近招誘堪被甲青鷄川等處戎人内屬〔八〕，請下秦鳳路總管司常存撫之。其酋長能立勞效者，優與補官。」又請三都谷至渭州静邊堡路置堡寨，控扼賊馬。並從之。又詔：「河北、河東近經霖雨，恐城壁摧塹，（互）〔宜〕加完葺。及所部有衰疾不任職

〔一〕衆：疑誤。

〔二〕三日：《長編》卷一三二繫於十一日己未。

〔三〕陽：原作「湯」，據《長編》卷一三二改。

〔四〕「七月」上原有「二年」二字。按，王堯臣爲陝西體量安撫使在慶曆元年初，見《長編》卷一三〇。此職時爲臨時出使，事畢即還，故堯臣同年六、七月即還京。本條文字乃其六、七月兩上奏之綜述，見《長編》卷一三二。則「二年」二字爲衍文，今删。

〔五〕詔頒行諸路從之：此句語意重複，似有誤。據《長編》卷一三二、《宋史・王堯臣傳》，均作「詔以其言戒邊吏」，則本句似可改作「詔頒行諸路以戒之」。

〔六〕問：原作「開」，據《長編》卷一三二改。

〔七〕外：原作「水」，據《長編》卷一三二改。

〔八〕堪被甲：《長編》卷一三二作「堪坡界」，似爲地名。

者，選吏代之。」

十二月，樞密院言：「環慶馬步軍副總管王仲寶等破金湯等城〔一〕，斬首纔二十九級〔二〕，而官軍戰没者四十九人。深慮戎人復來犯邊，欲令鄜延路預爲備禦。」從之。

是月，代州言〔三〕：「契丹舊封界在蘇直等見耕之地，而近輒移文，欲以故買馬城爲界〔四〕，慮有侵耕不便。」詔本州牒諭之。

二年二月，知保州、衣庫使王果言：「聞契丹與昊賊潛相結約，將謀興師。請自廣信軍以西緣山賊馬出入之路預爲備禦。」從之。

三月，環慶路都總管司請於柔遠寨東節義峰、馬鋪寨擇地，益建城寨，以牽制賊勢。涇原路又請於細腰城屬羌地内建寨，以接應兩路出兵。並從之。

九月，詔：「河北隄塘及所在閑田中官所種林木，毋輒有採伐，違者寘其罪。」先是，上封者言：「往歲安撫使賈宗患邊地平坦，不足以待寇，故植榆柳爲塞，以絶戎騎之奔突。其後林木既成，虜人患之，迺使[29]人間説知雄州張昭遠曰，楊可以爲長梯、砲梢。昭遠信之，悉斬以爲用，後復栽植。比年以來，方及拱把，而議者又欲伐取，是又行前日之間矣，誠恐緩急無以禦敵。」故有是詔。

三年正月，涇原安撫使王堯臣言：「至陝西，見鄜延、環慶路其地皆險固而易以守，惟涇原則不然，自漢唐以來，爲戎虜之衝。漢武時，匈奴入寇，燒回中宫〔五〕，唐則吐蕃、回紇再至便橋、渭水，皆由此路。蓋自鎮戎軍至渭州，沿涇河大川直抵涇、邠以來，略無險阻。雖有城寨，多居平地，賊徑交屬，難以扞防。如郭子儀、渾瑊，常宿重兵守之。今賊昊盡有匈奴、吐蕃故地，自叛命數年，凡由此三入寇。今朝廷置帥府於涇州，爲控扼關陝之會，誠合事機。然頻經敗覆，邊地空虚，士氣不振。雖兵馬新集，全未訓練，儒生又多選懦〔六〕。觀其事形，固未可攻取，在於守禦之具，益不及前。願覆視往迹〔七〕，深監近弊，選三路曾經戰鬬將佐三五員〔八〕，及以見戍新兵換舊人五七指揮，於本路相兼訓習。儻一路事力完實，則賊雖欲長驅入寇，必生顧慮之心。臣略論一路五州軍城寨控扼要害及賊徑交通之處、備禦輕重之策，凡五事：其一、鎮戎軍接賊界天都山止百餘里，西北則有三川、定川、劉璠等寨，與石門前後峽連接，皆漢蕭關故地，最爲賊馬奔衝之路。内三川地勢，據險可以保守；定川、劉璠二寨，新經修築〔九〕，而定川城壁不甚完，須

〔一〕「副」下原衍「胡」字，「等」原作「弟」，據《長編》卷一三四删改。
〔二〕二十九：《長編》卷一三四作「二十七」。
〔三〕言：原無，據《長編》卷一三四補。
〔四〕買馬城：原作「買馬域」，據《長編》卷一三四改。
〔五〕宫：原無，據《長編》卷一三九補。
〔六〕儒生：《長編》卷一三九作「將佐」，較長。
〔七〕視：原作「親」，據《長編》卷一三九改。
〔八〕曾：原作「道」，據《長編》卷一三九改。
〔九〕修：原作「條」，據《長編》卷一三九改。

再增葺，及添兵馬糧草之備。30其寨主、監押，當令本路主帥舉辟材勇班行。朝廷若謂昨來葛懷敏之敗〔一〕，定川諸寨不足爲捍〔二〕，遂爲棄地，則鎮戎軍西北兩路更無保障，賊馬可以直趨城下。弓箭手亦無依援，所給土田難以耕作。其東路沿邊有天聖、乾興、東山、彭陽城四寨〔三〕，與原州平安、開邊等寨相接近，亦爲賊馬所擾，恐近界明珠、滅（藏）〔臧〕等族更爲應援。此四寨，亦當如三川等，常須擇人備兵，以防入寇。其東南至渭州瓦亭寨有獅子、欄馬、平泉三堡〔四〕。獅子堡雖城壁隳頹〔五〕，其間甚有居民。昨欄馬爲賊攻破城門，劫蕩人户，柵壘多已平毁〔六〕，唯山城、倉草場僅存。平泉亦嘗經賊火，其中之人蓋十去八九〔七〕。此三處，俟春益當營築，爲涇渭之屏蔽。不爾，其勢不攻而自下，一路隔絶，更無斥堠，鎮戎遂爲孤壘矣。其二，渭州籠竿〔八〕、羊牧隆城、静邊、得勝四寨在六盤山外，内則爲渭州（蕃蘺）〔藩籬〕，外則爲秦隴襟帶，土地饒沃，生齒繁多。内籠竿城蕃漢交易，市邑富庶，全勝於近邊州郡，賊久有窺伺之意。蓋距賊界則路甚平易，去内地則有山川之阻，萬一爲賊先據其要，以兵扼鎮戎軍三川、南谷并摧沙、木峽一帶路口，則鎮戎、渭州難以出兵救應，四寨爲賊攻脅，力不能支，則人心自潰。臣今請建置爲軍，擇路分都監一員知軍，專提舉四寨，及令修濬城塹，添屯馬軍，及時聚畜糧草，以爲備禦。又瓦亭寨，其西則居鎮戎大路，其東則歷彈箏峽，蒿店、安國鎮至渭州，31其東南控六盤來路，其南去制勝關，萬歲寨二十里，與儀州相接。自唐以來，皆宿重兵，爲控制之地〔九〕，當四路走集，最爲衝會，常宜置一將軍馬，以扞其奔軼。又州之東北有小盧新寨〔一〇〕、耀武鎮至潘原界，近亦爲賊騎所掠，全無備禦之具，並須葺之。其三，原州東南由羅交驛至涇州九十里〔一一〕，又西北由開邊、平安、彭陽城〔一二〕、東山等寨，至鎮戎軍一百八十里。其（四）〔西〕有柳泉鎮，路通佛空平、細腰城，至環州定邊寨，與明珠、滅臧及環州蘇家等族一帶蕃部相接。其首領至多，素無保聚，不相維統，向背離合，所守不常。須擇武臣知環、原二州，相爲表裏，使招輯部族，但不爲賊用，則庶幾少減涇原之患。其四，儀州地控山險，制勝關西五里有流江口，東二十里至白喦河，南有細卷口〔一三〕，又有安化峽一帶止隔隴山，並通水

〔一〕葛：原脱，據《九朝編年備要》卷一二補。
〔二〕捍：原作「悍」，據《長編》卷一三九改。
〔三〕陽：原脱，據《長編》卷一三九補。
〔四〕堡：原作「壁」，據《長編》卷一三九改。
〔五〕隳：原作「舊」，據《長編》卷一三九改。
〔六〕柵：原作「棚」，據《長編》卷一三九改。
〔七〕十去：原倒，據《長編》卷一三九乙。
〔八〕渭州：原作「渭川」，據《長編》卷一三九改。
〔九〕爲：原作「馬」，據《長編》卷一三九改。
〔一〇〕東北：原作「北東」，據《長編》卷一三九乙。
〔一一〕由：原作「田」，據《長編》卷一三九改。
〔一二〕「彭陽」下原有「武」字，據《長編》卷一三九删。查諸書此一帶無武城寨。
〔一三〕細卷口：《長編》卷一三九作「細卷口」。

洛城生户八王等族〔一〕，即唐吐蕃出入之路。今逐路隘口雖有小寨栅控扼，然亦備禦未至，近亦屢有生户入寇。又自黄石河、弓門、床穰〔二〕、長山寨至秦州二百餘里，由赤城鎮至隴州不及百里，或秦隴有急，則地界爲最近。若賊馬引大衆旁縱侵掠，則儀州軍馬少，將佐未得人，禦之之計，甚可憂也。又州城低薄，周才四里有餘，壕塹淺狹，三分軍民二分在外。設若賊騎至瓦亭，南趨制勝關〔三〕，或緣隴山假道水洛城，或由秦、隴州直趨州界，皆能入寇。至時，雖能城守，居民必大遭剽掠，亦宜預慮之。其五、涇州雖 32 爲次邊，然緣涇河大川，道路平易，當賊騎之衝。西北八九十里是大蟲前後巉，其東北接原州彭陽縣及本州長武寨，俱有徑路，與明珠、滅臧等族相通。此實近裏控扼之會。其張村直入州路〔四〕，宜營作關寨，或斷爲長塹，以遏奔衝。朝廷近差韓琦、范仲淹於此開置帥府，亦足以建威壓敵也〔五〕。臣今來所請增葺要害城寨，若無丁夫可役處，許以省錢給帶甲兵士，令番築之〔六〕，仍量添守兵，積蓄糧草，繕完器械。如西賊大段點集，沿邊屬户各有骨肉在賊界居住，宜多與金帛探候，預令蕃漢人户入保近裏城寨〔七〕。一則兵少處得人共守，二則免爲驅虜，致邊地空虚。仍先密諭諸寨官吏，或遇圍閉，各令堅守。本路將佐即未得出救兵，慮爲賊誘，枉遭敗覆。既未出兵，則可於邊人及諸軍内召募驍勇敢死之人〔八〕，令伺隙夜擣賊營，俟其潰動，即掩擊之。其圍閉之時，宜令持重觀釁，庶無速戰之禍。議者或曰，若爾則必有深入之患，我師未出，寇必大獲而去。臣以謂昨定川之敗，賊知近裏城寨空虚，遂乘勝而入。今若城寨益屯兵馬〔九〕，又有備禦之具，須防後虞，未敢有長驅之計。縱其來攻，則各堅壁以守之。若散行剽虜〔一〇〕，則其勢自分，可以出奇邀擊。況已經畫諸路常置一將軍馬，於旁近界上緩急應接。賊果長驅而來，則選勁兵，伏截險阻；又路有寬狹，必不能方行而前〔一一〕，首尾差遠，難以相衛，宜自取敗覆也。其一路事形，臣熟 33 與邊臣計議，當如此備預。望下韓琦、范仲淹相度施行。」從之。

是月，詔河北轉運、提點刑獄、安撫司，提舉修完城（疊）〔壘〕。

【宋會要】

慶曆四年正月，陝西宣撫使韓琦言：「今朝廷未能討

〔一〕水：原作「永」，據《長編》卷一三九改。
〔二〕床：原作「床」，據《長編》卷一三九改。
〔三〕趨：原作「移」，據《長編》卷一三九改。
〔四〕州：原脱，據《長編》卷一三九補。
〔五〕壓：原作「厭」，據《長編》卷一三九改。
〔六〕令番：原作「今蕃」，據《長編》卷一三九改。
〔七〕裏：原脱，據《長編》卷一三九補。
〔八〕召：原作「名」，據《長編》卷一三九改。
〔九〕城：原作「威」，據《長編》卷一三九改。
〔一〇〕散：原作「敢」，據《長編》卷一三九改。按，因散行剽掠，故其勢分，於義爲長。
〔一一〕不：原作「有」，據《長編》卷一三九改。

伐元昊，則爲守禦之計，修完城寨。遇賊至，清野以待之，當不戰而自困矣。臣自至涇原路，相視諸城寨，類當營葺。然鎮戍軍及山外弓箭手，去年差役修城，已重勞苦，若今春止令增築所居城堡，必自無辭，如修生户所獻水洛城，頗爲未便。蓋水洛城通秦州道路，自涇原路新修章川堡至秦州床穰寨百八十里，皆生户住坐，止於其中通一逕，須築二大寨及十小寨，方可互爲之援，其工力自以百萬計。仍須採山木以修敵棚〔一〕、戰樓、廨舍、軍營及防城器用，雖即完就，又須正兵三四千人，更歲積糧草，始能屯守之。其費若此，止求一日以通秦、原之援兵，兼去儀州黄石河路才較兩驛。況劉滬昨已降水洛城一帶生户，近李中和又屈伏隴城川蕃部，各補職名爲屬户。若進援兵，動不下五六千人，諸小蕃族，豈敢要阻。是則雖無水洛之援，官軍亦可往來。且近邊城堡切於堡聚人民，尚力有未及，何暇於孤遠無益之處枉勞軍民乎？請就差劉滬、李中和爲涇原、秦鳳路巡檢，令每月互領兵於水洛、隴城川習熟所通之道，以備緩急策應。34 仍下陝西四路總管司、涇原路經畧司，且并力修葺逐處未了堡寨。其水洛城，候向去别奏取旨。」從之。時遣三司鹽鐵副使魚周詢、宮苑使周惟德往陝西相其利害，而諫官孫甫言，乞留兵以畢其役。（毆）〔歐〕陽修請密諭狄青，使釋滬罪。知永興軍鄭戩言尹洙實欲沮壞其功，後城雖成，亦罪滬等。

〔五年〕七月〔二〕，詔陝西四路依近降夏國誓詔，毋得招納西界蕃户。先是，環慶路經畧司招誘西界先作過蕃官浪尾等七百六十二人〔三〕，朝廷恐因而生事，故約束之。

五年正月，樞密副使韓琦言：「朝廷已封册夏國，又契丹以西征回來告，令范仲淹〔四〕、富弼往河東、河北經制邊事，必有所陳。然臣久在陝西，敢復陳陝西合措置事宜。鄜延、環慶、涇原、秦鳳四路，雖罷招討使，而邊備不可弛，請仍選有才望近臣爲之主帥〔五〕，特降手詔委之久任，使其經營一方，以備羌人翻覆之變。又四路所駐兵，十分中宜留六分在邊，二分令東還，二分徙屯近裏州軍。其鄜延路徙屯河中府，環慶、涇原路徙屯邠州、永興軍，秦鳳路徙屯鳳翔府。逐路分鈐轄一員，駐泊都監二員，與逐處知州同行訓練，而本路仍領之，非有事宜，不得輒抽動。其徙屯軍馬處，知州才望輕者，請選人代之。又四路所抽就糧土兵，請委逐路帥臣相度，歲分兩番，一番留在邊〔六〕，一番放歸本處，不唯減節邊上糧草，兼使無久戍之勞。又陝西州軍

〔一〕敵棚：《長編》卷一四五作「敵柵」。
〔二〕五年：原無。按，此條事，《長編》卷一五六繫於慶曆五年七月壬辰，是也。詔云「依近降夏國誓詔」，考宋、夏議和，頒誓詔在慶曆四年十月，則此條不可能在四年七月。今添「五年」二字。此或是《大典》從他處抄來，脱去年分，誤編於此。
〔三〕作：原作「虜」，據《長編》卷一五六改。
〔四〕范仲淹：原作「苑仲俺」，據《韓魏公集》卷一七改。
〔五〕爲之：原作「之之」，據萬曆刊本《韓魏公集》卷一七改。
〔六〕一番：原缺，據《韓魏公集》卷一七補。

經南郊賞給之後，官帑例35皆空虛。今范仲淹若過陝西宣撫，則又有軍間特支〔一〕，徒益所費。若臣策可行，陝西亦別無處置，不必(淹仲)〔仲淹〕更往也。復見諸路昨招置宣毅兵僅十一萬，然朝廷物力未充，何以贍給？況閭里竊發，自有巡檢、縣尉可以捕擊〔二〕；若防群盜，只當益屯一路都會之地，不必每州盡要防守。其宣毅兵欲乞除河北〔三〕、河東外，其京東西、淮南、兩浙、江南、荆湖、福建等路，每指揮可減以三百人爲額，後有闕即招填之。今天下兵冗不精，耗蠹財用。陝西、河東、河北、京東州軍已曾差官揀選，其餘路亦請選近上内臣分往揀選。所貴冗食可蠲，而經費可給也。」帝悉施用其言。

二月，詔陝西河東經畧司：「夏國雖復稱臣，其令邊臣益練軍馬，毋得輒弛邊備。其城壘、器甲，逐季令轉運、提點刑獄按視之。」

二十七日，并代等路經畧司言：「相度到沿邊禁地，岢嵐、火山軍許人户邊壕十里外請射，忻州、寧化軍乞仍舊禁止。」從之。

是月，河東安撫使歐陽修言：「河東之患，患在盡禁沿邊之地不許人耕，而私糴北界粟麥，以爲邊儲。其大利害有四。以臣相度，今若募人耕植禁地，則去四大害，而有四大利。河東地形山險，饋運不通。每歲傾河東一路税賦，和糴入中，博市斛㪷，支往沿邊州軍。人户既不能輦致，遂齎金銀錢就北界貴糴之。北界禁民以粟、馬南入我境，其法至死。今邊民冒禁，私相交易，時引爭鬭，輒相斫射。萬一引惹而搆事36端，其患一也。今吾有地不自耕植而偷糴鄰界之物，若敵常歲豐及緩法不察〔四〕，而粟過吾界，則尚有可望。苟虜歲不豐，或與我有隙，頓嚴閉糴之法，則我軍遂至乏食。是我師餓飽繫於敵人，其患二也。代州、岢嵐、寧化、火山四州軍沿邊地既不耕，荒無定主，而虜得以侵占。往時代州陽武寨爲蘇直等爭界，訟久不決，卒侵地二三十里。今寧化軍天池之側〔五〕，杜思榮等又來爭侵，岢嵐軍亦爭掘界壕，賴米光濬多方力拒而定。是自空其地而誘北人歲以爭界，其患三也。禁膏腴之地不耕，而困民之力以遠輸，其害四也。臣謂禁地若耕，二三歲間可使不糴北界粟麥，則邊民無爭糴引惹之害，我軍無飽餓在敵之害；沿邊田有定主，則使彼此無爭界之害；邊州自有粟，則内地人民無遠輸之害。是謂去四大害，而有四大利〔六〕。今四州軍地可二三萬頃，若盡耕之，則歲可得三五百萬。」詔下沿邊議，而議者以爲岢嵐、火山軍其地可耕，而代州、寧化軍去虜近，不可使民盡耕也。

〔一〕則又：原作「刺史」，據《長編》卷一五四改。
〔二〕捕：原作「補」，據《韓魏公集》卷一七改。
〔三〕除：原作「降」，據《長編》卷一五四改。
〔四〕「歲」字原重，據《歐陽文忠公集》卷一一六刪。
〔五〕天池：原作「天地」，據《歐陽文忠公集》卷一一六改。
〔六〕四：原無，據《歐陽文忠公集》卷一一六補。

六月二十二日，真定府定州等路副都總管狄青言：「昨者西事，沿邊賊馬入寇道路，不拘谷道及轉山（領）〔嶺〕、通人馬行處，（卒）〔率〕是奔衝，使耕種牧放等人無由避閃，致被驅虜。今因邊民稍閑，應係沿邊（則）〔州〕軍城寨地分内開壍地頭方田（稼）〔壕〕子，不拘嶺谷道平地，盡使開淘。蕃部百姓及弓箭手各自地分内，不以日限，漸次開壍壕子，深五丈、闊五尺，37免致賊馬驀來奔衝，抄劫人口、孳畜。不三五年中間，可開邊界至裏三二百里。常令本地分官吏提舉照管各自地頭，漸次修葺，不致勞費。以此禦邊，緩急蕃賊抄掠，有此阻隔，使邊民扶攜老小，備辦得及。此乃久遠之策，仍乞作朝廷擘畫行下。」詔陝西四路安撫等司相度施行。

七月一日，詔陝西都總管司：「若有蕃兵的入漢界驚劫人户，踏踐田苗，即得出兵禦敵，驅逐出界，亦不須遠去襲逐。如蕃兵未致入界侵犯人户，輒出兵馬鬭敵，不以有功無功，並行勘鞫等嚴〔一〕。」

八月，詔：「夏國比進誓表，惟延州、保安軍别定封界，自餘皆如舊境。其令陝西、河東嚴戒邊吏，務守疆土，毋得輒有生事。」

十一月，詔河東、陝西經畧司：「自今内屬蕃部毋得侵擾西界〔二〕，犯者當以軍法論。如西界人馬先犯境，方聽出兵禦捍之。」

六年五月十九日，臣寮上言：「瀘州淯井（鹽）〔監〕有兩界夷人散居山谷，外接生界烏蠻，内連戎、瀘州州縣。竊聞有臣寮乞補烏蠻官爵，彈壓夷人，恐未爲便。今瀘州淯井監、江安縣須藉得力人禦備，欲乞今後知監并都、同巡檢并經選差外，其知監、監押、江安知縣委自本路鈐轄及轉運使於轄下選舉有心機幹勇使臣。」詔今後瀘州淯井知監及監押、江安知縣，（今）〔令〕本路轉運、鈐轄司預先選舉使臣以聞。

二十一日，詔：「環慶路經畧安撫司子細詳酌本路，委的見得見争之地元屬何界，所降誓條、朝38旨詳究。或顯屬漢界，即令地分多方争執。若委是阻絶以前元係蕃界，令更不分定，依舊住坐。選差曉事、言語分明人只作本司意度，諭與西人，明示事理，許令住坐，却與商議開一大壕爲限。更有合設隄防，遮護漢界城寨地土去處，亦便悉心擘畫了當，以盡本處，無至逐一（旅）〔旋〕取朝旨。」

七月五日，（詔）臣僚言：「恐契丹發端（人）〔入〕界，用兵次第不曾設備，須是預設謀策，臨時遵守。河北路坦，不似西邊，用兵須存古法舊規，陣場乞下河北要路相戰處州軍、總管司預爲商量。乞體量鎮、定西山道路近遠，預先分定兵馬准防。懷、衛州乞預選駐泊，河陽、滑州預差鈐轄，准防備設。」詔預設謀策洎踏逐道路，令夏竦相度；預議陣

〔一〕等嚴：疑有誤。
〔二〕今：原脱，據《長編》卷一五七補。

場，令總管司相度，並以奏聞。

二十一日，知雄州王仁旭言〔一〕，乞節（掠）〔略〕誓書内邊臣合知事件一本收掌照會，迴答北界公牒。詔：「昨來誓書内兩界塘淀，除以前開畎者並依舊外，自今後各不許添展。及非時霖潦，別致大段漲溢，並在關報之限。仍令夏竦喻河北沿邊安撫司，並不得緣此將非時霜雨衝潦合修疊去處，別有滯執，失於整齊。」

八月十五日，樞密院言：「鄜延、環慶兩路防秋是時，況爲收納西界歸投人户不少，即慮非次驀至奔衝，取奪劫掠。欲令鄜延、環慶經畧司密諭沿邊〔駐〕泊諸城寨主兵官吏并巡檢使臣、蕃官人員等，不住差人探候，常作准備，不得小有疏虞。」從之。

十二月[39]五日，判大名府、兼河北安撫使夏竦言：「河北沿邊安撫司乞沿邊捕盜官吏如北界賊人深入近裏，即便收捉。今相度，如有外界人入來界内，守把巡欄人輒敢取財物，不捉送官，從違制論。若收捉時器（伏）〔仗〕鬭敵，即許禦捍。」從之。

【宋會要】

七年正月十三日，詔：「陝西諸路諭屬户蕃部首領等，如西界人馬的是侵入漢界作過，許令殺逐出界。仍令都、同巡檢、主兵官員，如有蕃賊入漢界劫掠，與屬户鬭敵，即經畫〔即〕時策應。」

是月，禁河北沿邊居民出漢界。

二月十六日，詔：「夏國近差楊守素等到延州商議邊境事節并河東路豐州地界，並未可從。慮恐沿邊不切預備，是或別致疎虞，令陝西諸路、河東路經畧司巡檢、主兵官員、使臣等，不住選人深入探候，齊整軍馬，常作禦備。」

七月，知趙州張禮一上言：「近者朝廷令河北郡縣民每五家使之相保。當州自行茲法以來，虜中姦覘比多敗獲，蓋保法已有効。昨奉詔，令漸次施行。乞再都諸郡〔二〕，速成前法。」從之。

皇祐元年三月十一日，知定州韓琦言：「本州界以北，乞一槩禁止採斫山林。」從之。

【宋會要】

十月，河北沿邊安撫司言：「請自保州以西無塘水處，廣植林木，異時以限胡馬。」從之。

三年十月，詔：「陝西沿邊[40]毋得誘致生户蕃部獻地，以增置堡寨。」

四年十一月，詔都大提舉廣南經制盜賊事狄青：「本路吏民有與蠻人買賣博易者，斬訖以聞〔三〕，仍徙其家嶺北。」

五年八月五日，臣僚上言：「沿邊諜知北界多年斥言

〔一〕旭：原作「上」，據《長編》卷一五八改。
〔二〕都：疑當作「督」。
〔三〕訖：原作「許」，據《長編》卷一七三改。

用兵，其河東接虜之境堡障，尤宜選將蒐卒，厚爲儲備。」詔河東經畧、都總管司施行。

是月，詔禁化外蠻人過嶺北者。

至和元年九月，詔梓州路轉運司：「如聞戎、瀘知州每遇夷人入寇，領兵至邊，而所過多率民供(醜)〔餽〕糧肉，寇未却而已擾，其行禁絶之。」

十一月三日，知諫院范鎮言兩川備豫便宜：寬假民力，修利器械，宜於沐源川設備。詔送樞密院。

【宋會要】

嘉祐元年四月，詔陝府、河中府差防橋打凌兵士赴麟、府等州防凍。

四年二月七日，詔三班院：「今後文州安昌寨及文州南路鎮駐劄并龍州清川知縣使臣年滿，並令選差使臣。」以當西界之路，謹備禦也。

十一日，河東路經畧使孫沔言：「乞廢罷府州西安、靖化、宣威、清塞、百勝、中候，并麟州橫戎、神木、惠寧、肅定、鎮川、臨塞等十二堡寨使臣〔一〕，兵馬糧草只令鄰近大寨內輪番差人往彼守管，以爲斥候。并乞於麟州西裴家垣創立寨城一所〔二〕，積聚糧草，准備緩急應副麟州，實爲大便。」并畫圖以進。詔存留麟州鎮川，府州中候、百勝、清塞四堡寨，餘皆 41 廢之。

五年十一月，鄜延路經畧司言：「沿邊德靖等十堡寨，頻有賊馬入界開墾生地，并剽略畜産。雖以戍兵扞守，比稍習山川道路，又復代去。欲於十堡寨招土兵兩指揮，教以騎射之法，每處留屯百人。」從之。

六年六月十六日，知雄州曹偕言〔三〕：「信安軍界河有北界人户打魚採葦，又是北岸，難以止絶。若因而不問，又官私船交相往來，深爲不便。乞降指揮。」詔令河北沿邊安撫司常切探候，如的實不虚，即婉順止絶。

是月，太原府代州兵馬鈐轄、供備庫使、忠州刺史、帶御器械蘇安静上《麟州屈野河界圖》。初，麟、府西南接銀州，西北接夏州，皆中國地也。慶曆中，元昊既納款，知麟州、禮賓副使張繼勳奉詔定界至，而文案無在者。乃問州人都巡檢王吉及父老等，皆云繼遷未叛時，麟州之境西至俄枝盤堆及寧西峯〔四〕，距屈野河皆百餘里；西南至雙烽橋、杏子平〔五〕、彌勒、長平〔六〕、鹽院等，距屈野河皆七十餘里〔七〕。咸平五年，繼遷圖麟州，陷濁輪、軍馬等寨；大中祥符二年，始置横陽、神堂、銀城三寨，皆在屈野河東。以衙前爲寨將，使蕃漢義軍分番守之。又使寨將與虜沿邊酋

〔一〕臨塞：原作「臨寨」，據《武經總要》前集卷一七、《隆平集》卷一九《郭恩傳》改。臨塞，堡名也。
〔二〕麟：原作「鄜」，據《長編》卷一八九改。
〔三〕知：原無，據《長編》卷一九二補。
〔四〕「西」原作「而」，「及」原作「乃」，據《長編》卷一八五改。
〔五〕杏：原作「店」，據《長編》卷一八五改。
〔六〕長平：《長編》卷一八五作「長干」。
〔七〕屈：原脱，據《長編》卷一八五補。

長分定疆境。横陽寨西至故俄枝寨四十里，州城西至大横水六十里，西南至浪爽平五十里。神堂寨西至伺候峯三十五里〔一〕，西南至赤犍谷掌四十里，次南至野狸塢三十里〔二〕。銀城寨西至榆平嶺四十里，西南至清水谷掌五十里，次南至大42和拍攢四十五里，次南至洪崖塢四十里，次南至道先谷中嶺上六十里〔三〕。天聖初，州官相與訟河西職田〔四〕，久不決，轉運司乃奏屈野河西田並爲禁地〔五〕，官私不得耕種。自是民有竊耕者，虜輒奪其牛，曰：「汝州官不敢耕，汝何爲至此！」由是河西遂爲閒田，民猶歲輸税不得免，謂之「草頭税」。自此，虜稍稍耕境上，然亦未敢深入也。及元昊之叛，始插木置小寨三十餘所，於道先、洪崖之間盜種寨旁之田。比至納欵〔六〕，所侵才十餘里。是時朝廷以更定誓詔，不欲與虜分明界至，乃修河濱堡。閤門祗候張宗武諭張繼勳曰：「若西人來，即且答以誓詔惟延州、保安軍以人户所居中間爲定，餘路則界至並如舊。未定之處〔七〕，若西人固欲分立，則詳其所指之處，或不越舊境，差官與之築立牌候以爲界。」繼勳遂列前後界至地名奏之〔八〕，且云：「今若以河西爲禁地，則虜益得恣其貪心，進逼河西之地，耕鑿畜牧，或興置寨栅，與州城相距，非便。若用咸平五年以前之境，則太遠難守。請以大中祥符二年所立之境爲定。」詔繼勳與宗武先審定之，即不得明行檢踏，以致生事。繼勳復申經略司，前所議疆境，已得其實，無以復易。乃遣臨塞堡監押三班借職馬寧、指使殿侍康均待西人於境上，又令麟州通判領其事。虜言我馬足所踐，即爲我土，與相辯詰久之。會虜數遣人求通寧星和市，繼勳使均等以此邀之。虜把關太尉曹勉43及管勾和市曹勍謂均等曰〔九〕：「若通寧星和市，其麟〔一〇〕、府疆界請一切如舊。」經略司令詣保安軍自陳。未幾，果詣保安軍。朝廷以爲疆界既如舊，乃許之。及繼勳坐事去，後知州事者懲其多事取敗，各務自守，以矯前失。會有指使過河西，爲（魯）〔虜〕所掠，乃禁吏民皆不得過河西。王吉嘗過河西巡邏，州司輒移文劾之，自是無敢過者。諸（保）〔堡〕寨亦利民不過河，而虜無軼境，歲滿得遷官，故禁之尤急。虜初猶顧望未敢，數歲之後，習知邊吏所爲，乃放意侵耕。然其州西猶距屈野河二十

〔一〕伺候峯：下文作「伺候烽」，疑是，下文又有「埋井烽」，蓋置烽火之處。
〔二〕塢：原作「墕」，據《長編》卷一八五改。下同。
〔三〕道先：《長編》卷一八五作「道光」。下同。
〔四〕訟：原作「沿」，據《長編》卷一八五改。
〔五〕並：原作「普」，據《長編》卷一八五改。
〔六〕比：原作「此」，據《長編》卷一八五改。
〔七〕句首原有「無」字，據《長編》卷一八五删。
〔八〕遂列：原作「烈」，據《長編》卷一八五補改。
〔九〕太：原作「本」，據《長編》卷一八五改。
〔一〇〕其麟：原脱，據《長編》卷一八五補。

餘里，自銀城以南至神木堡或十里〔一〕，或五七里以外，皆爲虜田矣。虜明指屈野河中央爲界，或白晝逐人，或夜過州東剽竊貨畜，見邏者則逸去。既渡水，人不敢追也。及管勾軍馬司賈逵行邊，見所侵田，以責主者，知州王亮懼，始令邊吏白其事。經略司遂奏土人殿直張安世〔二〕、賈恩爲都、同巡檢，以經制之。然虜得耕久，晏然自以爲己田，又所收皆入其酋没藏訛龐〔三〕，故世安等迫之則鬬戰，緩之則不肯去。經畧司屢列舊境檄之，使歸所侵田。訛龐之姊使其親信部曲皆移者來視之〔四〕，還白所耕皆漢土，乃召還訛龐，欲還所侵地。會皆移作亂誅而國母死，訛龐益自得。正月，領兵至境上，比及三月，稍益至數萬人。又自鄜、延以北發民耕牛〔五〕，計欲盡耕屈野河西之田〔六〕。會國人有與之異議者，復召其兵還，衆皆空壁去，然銀城以南侵耕者猶自若也。44 蓋以其地外則蹊徑險狹，杉栢叢生〔七〕，漢兵難入；内則平壤肥沃，宜粟麥，故虜不忍棄也。當是時，經略使龐籍欲築二堡，以制其侵耕，堡未就而郭恩敗〔八〕，虜益肆。其後李思道、孫兆相繼往〔九〕，議不合。至是，蘇安静與其國人輒移吕寧〔一〇〕、拽浪撩黎，始定議。其府州自樺泉、骨堆、望狼堆、埋浪莊、(地)〔蛇〕尾接横陽河東西一帶，築堠九；自蛇尾旁順横陽河東岸土，西界步軍照望鋪間築堠十二；自横陽河西以南，直(理)〔埋〕井烽築堠六；自埋井烽西南直麟州界俄枝軍營，築堠三；自俄枝軍營南至大横水、染枝谷、伺候烽、赤犍谷掌、野(焉)〔狸塢〕西界步人照望鋪，相望築堠十二。其榆平嶺、清水谷頭，有西界奢俄寨二：從北訛屯山成寨一，次南麻也乞寨一，各距榆平嶺四里。其大和拍攢有西界奢俄寨四：從北訛屯遇勝寨一，次南吾移越布寨一，次南麻也吃多訛寨一，次南麻也遇崖寨一，各距大和拍攢五里。其紅崖塢有西界奢訛寨三：從北岡越崖寨一，距紅崖塢二里；次南訛也成布寨二，各(路)〔距〕紅崖塢一里。其道先都隔有西界奢俄寨二，並係訛也成布寨，在道先都隔上。其十一寨並存之如故。寨東西四里〔一一〕，各有西界步人照望鋪，亦築堠十二。乃約自今西界人無得過所築堠東耕種〔一二〕。其在豐州外漢寨，及府州界

〔一〕神木堡：原作「神林堡」，《長編》卷一八五同。按本書食貨二二之五、兵二七之四〇、方域二〇之四、《長編》卷三二五、三二九俱作「神木」，而神林堡自在德順軍（見《武經總要》前集卷一八上），因改。或：原作「城」，據《長編》卷一八五改。

〔二〕張安世：原作「張世安」，據《長編》卷一八一、卷一八五乙。

〔三〕收：原作「牧」，據《長編》卷一八五改。

〔四〕曲：原作「細」，據《長編》卷一八五改。

〔五〕鄜：原作「麟」，據《長編》卷一八五改。

〔六〕盡：原作「畫」，據《長編》卷一八五改。

〔七〕杉：原作「秋多」，據《長編》卷一八五改。

〔八〕郭恩：原作「郭思」，據《長編》卷一八五改。

〔九〕孫兆：原作「孫距」，據《長編》卷一八六、一九三、《宋史》卷四八五《夏國傳》上改。

〔一〇〕其：原脱，據《長編》卷一九三補。

〔一一〕西：原脱，據《長編》卷一九三補。

〔一二〕約：原作「的無」，又「過所」、「東」原無，據《長編》卷一九三改補。

蕃户舊窨俄寨並復修完，府州沿邊舊窨俄寨三十二更不創修〔一〕。麟州界人户更不耕屈野河西〔二〕。其麟、府州不耕之地，亦許 45 兩界人就近樵牧，即不得插立梢圈，起蓋庵屋，違者並捉搦赴官，及勒住和市。其兩界巡綽人員，各毋得帶衣甲器械過三十人騎。

七月八日，河北提點刑獄張問言：「張茂則乞塘濼八州軍於塘裏取土作隄，漸得地澹堤高，包蓄西山并九河夏秋暴漲水，既增塘濼，又免渰澇民田，實爲利便。」從之。

八月九日，臣僚上言：「竊見環慶路沿邊諸城寨樓櫓城壁，久不修完。」詔下本路經畧司常切修完。

七年二月，環慶路經畧司言：「昨討殺環州平遠寨七臼族，而即其地綾子窠修弓箭手營，有夏國蕃民成皆教等輒領人馬争占之。況此地至界首尚十餘里，彼妄以爲本國屬地，請下保安軍移文宥州。」從之。（以上《永樂大典》卷四七一一）

〔一〕三十二：《長編》卷一九三作「三十三」。
〔二〕州：原作「界」，據《長編》卷一九三改。

宋會要輯稿　兵二八

備邊 二

【宋會要】

1 英宗治平元年十二月十三日，樞密院言：「陝西諸路累奏夏國招誘沿邊一帶順漢熟户，脅令歸投。及近日環州界蕃官思順族逃入西界，蓋欲陰壞藩籬。緣鄜延、環慶及涇原路原州接環州界一帶熟户，并明珠、滅藏、康奴三族，與西界蕃部相接住坐，慮失照管。欲下程戡、王素、孫長卿，各令加意安存，及常切測度蕃情，預行覺察，每務先事處置，無令西界誘脅逃叛，事過之後，空致文移。如有合行經畫，仰具利害聞奏。」從之。

二年五月，詔：「鄜延、環慶、涇原、秦鳳路經畧安撫司速將屬户預先團籍定强壯人馬及老少孳畜保聚去處以聞。如將來夏國兵馬侵犯諸路屬户并涇原路壕外弓箭手，即一面令屬户老小入保聚處安泊，其團籍定强壯人馬及弓箭手即會合向前應敵。仍令逐路帥臣量事勢大小，差將官領兵策應，覓便擊煞，即不得以策應爲名，只於側邊觀望。若夏國盛集人馬過邊濠及逼近城寨攻劫，亦仰本路帥臣一面關報諸路，領兵入西界牽制。仍仰宣撫使馮京密與逐路帥臣預議定牽制事理及邊防合先行處置事件，同狀以聞。」

三年七月，詔：「令沿邊居民三家至五家合爲一保，不得含匿奸細及亡背之人。如敢隱藏或同謀該誘，過致資給，並聽保中捕告。應外姦 2 人，若獲一人，賞錢三百千。内姦出告一人，書生、舉子依外姦給賞錢，仍補茶酒班殿侍；其餘告獲，皆賞錢百千。即保内知情不告，減罪人罪一等，配千里外牢城；餘保人不覺察，亦行嚴斷。」先是，進士景珣以不得意亡投夏國，教令爲寇，英宗以邊禁不嚴，故降是詔。

九月，命國信使邵必等，因便諭大遼國，令戒邊吏，自守故約。初，雄州城下挾路蒔柳，至遼界上，後多死。知州李中祐蒔補之，遼新城吏以爲生事，帥數百騎盜伐，至於城下。又初約遼人不得漁界河中，至是漁不止，故命諭之。

治平四年三月，神宗即位未改元。環慶路經略使蔡挺言：「奉詔，如有控扼及合修築堡寨，令逐急相度修置。勘會慶州華池鎮地界西北川四十里，舊有鹽堆城，控扼赤沙、細惠兩川口。差官密行相度到鹽堆城山嶺下臨，不堪修築。次南一里半地名馬藺平，三面險固，可以修建堡栅，已畫地圖進呈。」而宣撫使郭逵方於鄜延保安軍胡經臣、李德平二族亦修堡障。逵以兩路同時營築堡寨，頗爲機會，故奏未報，而令環慶路經畧司修築，請如涇原堡。從之。

閏三月三日，陝西四路沿邊宣撫使郭逵言：「秦州青鷄川蕃官首(級)〔領〕藥厮哥等願獻青雞川土地，乞修展城寨，招置弓箭手。體量若於青雞川南牟谷口修置城寨，則秦州與德順軍沿邊堡寨相接，足以斷賊來路，已發兵夫修築。」又奉詔，具青雞川一帶大小 3 堡寨去處，并四至遠近、合役人工，次第以聞，仍以涇原路揆吳川新修堡障賜名治平寨，青雞川新修堡障賜名雞川寨，仍降詔獎諭。

五月九日，樞密院言：「防秋在近，欲令陝西四路、河東路經略司嚴戒沿邊巡檢堡寨使臣等，常切探候隄備，不致臨時疎虞。」從之。

十月十九日，秦鳳路經略安撫司言：「秦州昨築治平、雞川寨，其内弓門、(床)〔床〕穰、冶坊、静戎四寨古道堡，今非極邊，乞各減罷監押、監酒使臣，留都監、寨主兼監酒稅。仍徙營屯卒還州，以省轉餉，便訓練。」從之。

神宗熙寧元年二月二日，河北沿邊安撫司言：「探到北界燕京留守司指揮永清、固安王田等，爲人户乞入界河打魚，只得船網於河中心，以北岸採取，不得將弓箭隨行。」詔：「令沿邊安撫司，如人入界河打魚，仰巡檢使臣等諭與條約，婉順約回。若縱(鹿)〔麄〕暴，即量勢攔截逼逐，不得入北界河港及上岸追捕。務在執理道，不得自起事端。仍自今後常切覺察，止絶沿邊諸色人，不得興販博買違禁物色與北界打魚人等。如獲，具案以聞。仍許諸色人陳告，得實，優與酬賞。」

四月二十三日，河北沿邊安撫都監王臨言：「臣僚屢議滄州一帶邊海地方，恐胡人可以泛船直抵滄州，請臨岸設備；又請建置滄州爲一路帥府，以扼海道。然覘得界河至海口以北，便是北界，其地皆是泥淤沮洳，並不通行人馬。兼胡人不諳船水，自古以來不曾有兵 4 馬出入。」詔差比部(院)〔員〕外郎杜知雄與河北提刑王亞同往滄州，以相度水利爲名覆驗，而從其説。

五月，詔：「近北界刺兩屬人户充軍，致人户逃避來雄州存泊，及探到事宜甚盛。仰高陽關路安撫司，今後有沿邊安撫司關報到北界事宜及理會兩屬人户、辨正疆封，以至榷場利害、塘水增損，或沿邊安撫司處置未當，淹久未決，並須速行公文，密切商議，不得輒分彼我，務要協心，從長濟務。或所見不同，各有對執，即具利害以聞。亦不得遷延觀望，致失事機。」

七月五日，陝西經略使韓琦言：「已牒秦鳳路經略使，委副都總管楊文廣於櫟珠各修一大堡，於近裏城寨差撥人馬防守。候修前項堡子了畢，即乞廢罷納迷山丹堡、菜園堡、白石堡、了鍾堡等使臣軍兵。及畢利川無主荒閑地土甚多，見行封標，招置弓箭手。」詔並依所請，内納迷山丹堡正係秦州入古渭寨徑直大路，及蕃部往來至永寧寨解賣鞍馬道，仰常切照管，(勾)〔勿〕使向去别致梗澀。

八月二十二日，涇原路經略安撫使司言：「奉詔，令副都總管張玉巡邊點檢，欲令將帶馬軍，於静邊等寨會合本州軍蕃從兵，大教一次放散，及點器甲歸本司。」詔從其請，仍令張玉到大教之處，大張兵勢，務令陣隊嚴肅。

九月十四日，涇原路經略司言：「看詳近詔逐路預先選定兵馬，準備策應鄰路。今來却稱見鄰路舉烽關報，未得起發，徑申本路。然【5】則赴救遲緩，慮失機會。詔陝西逐路經畧司詳議。勘會陝西沿邊四路元差置策應將官兵馬，並鄰路側近駐劄，蓋備緩急，更相援助。然常患稽遲，不應機會。前慶州大順城事宜(曰)〔日〕，賊馬九月十五日早入界，尋牒延、渭兩路，催促策應兵馬。内鄜延西路巡檢以事宜逼近不至，涇原路都監夏元機在原州纔領文牒，即依條起發，至二十一日方抵慶州，而賊馬已於十八日退散。看詳上項鄜延、秦鳳、環慶路所奏，差定策應官員，如見舉起烽火及關報到事宜，即具排擬軍馬，未得起發，徑申本路經畧司，酌量事勢指揮。然則轉更稽留，不能應卒，徒煩往復，僅類虚名。(令)〔今〕相度，應諸路如西賊入界，並依朝旨，舉放横烽。其鄰路差定策應將官纔見横烽，立便排擬軍馬，申本路經畧司。候得鄰路經畧司或州軍關報文字，知賊所在，勾索策應，即火急帶領兵馬前去爲援，更不取候本路經畧司指揮。除依舊詔，且如原州策應將官，雖見來東横烽，然起發未得，蓋未知賊犯鄜延路或環慶路。若是鄜延，即更不起發。如是環慶，即合策應，亦須候得環慶關報公文，知賊甚處。若在慶州東北路，即令兵自彭陽、彭原入慶州；在環州一帶，即領兵自石昌、木波路入環州。餘皆準此。」詔陝西逐路經畧司，其鄰路差定策應將官，並依今來涇原路所請施行。

二年四月二十一日，詔：「據河北沿邊安撫司言，探得北界不住【6】有宣下燕京，整備守城戰具。竊恐是彼界探事人(忘)〔妄〕稱中國有謀用兵，致此驚疑，實亦非便。令諸路邊臣，處事且宜謹重。」

閏十一月〔一〕，臣僚上言：「陝西沿邊熟户自來倚爲藩籬，或聞邊臣有狥私滅公者，以規財利，頗成困擾。蓋城寨官吏受親故請囑，以來貨給與蕃官，責限取直，倍稱其利。蕃族首領可以更行減刻，亦所樂從，受弊者乃族下散户。犯法害人，無此之甚，邊鄙異類，深可嗟憫。乞詔陝西經畧使，應命官并諸色人，如敢將物貨請求沿邊官吏轉賣者，其受囑并物主，並禁勘取旨。賣物不計多少，並没官。仍許知人陳告，支賞錢三百千，以物主家財充。」從之。

十二月四日，涇原路經畧司言：西界起遣人户入近裏住坐。環慶路走馬司亦稱：近日沿邊山寨，並起移往近裏五七十里外去。詔令逐路詳上項事情，過行隄備。

三年二月二十八日，秦鳳路經畧使李師中言：「近者畫下臣僚上言備邊數策。臣竊不自揆，試爲朝廷講畫，伏乞不惜一一裁擇臣愚計，以爲萬世之利。一、前年置熟羊等堡，募蕃部獻地。朝廷録向實功，本爲得地招弓箭手可以備邊。今首尾三年，所招人徒有十指揮虚名，實未及元數；又於其間逃亡有及一半者，有太半者，有三分之一者。

〔一〕十一月：原作「十二月」。葉渭清眉批：「清按，『閏十二月』是『閏十一月』之誤。」據改。

大抵皆浮浪之人，初不曾團結訓練，便與給地（主）〔土〕，至今無力耕墾，利在游墮，與（藩）〔蕃〕部雜處，亦未曾習戰，於邊計不得毫髮力，但與（藩）〔蕃〕部 7 充客户。凡此等事，誰曾慮及？咫尺賊境，乃容此輩於部族中，不早措置，豈得無患？況在極邊，若不得聚，則心孤意怯，難爲存守。今須置屯列堡，以爲戰守計。一、置屯之法，今已選有心力膽勇者，令轉募人充弓箭手，占地分〔屯〕，每百人爲一屯。先團結定，教以武藝及禦敵之計，使人人勇於戰鬭，然後授與器甲，令於沿邊置屯，量人力授地。牛具、農器，並從官給；其器甲候着業，各令自置，却將官給者還官。一、每等第置軍員，節級及總領人就農事。每農事罷，即教閱。仍據本屯合用耕種及雜工作人數，預先制置，各令如法。每收穫，將諸屯比較斛㪷數多少，以察勤惰，明行賞罰。一、諸屯合用旗鼓之類，並從官給。一、所置堡，欲令諸屯併力，自近及遠，自内及外，以次修築。便須深溝高壘，使寇賊攻擊不動。待其氣衰之後，上下應接，悉出勁兵輕騎，或邀其前，或躡其後，彼將逃遁不暇。置屯列堡，利蓋爲此。一、諸屯各置屯將一、副屯將一，擇有材力可以董率人者充，遇（便）〔使〕唤便充本屯將領。一、已招到弓箭手可以備戰者，依此置屯。其軍員有材力可以將領人者，亦令充本屯將領。一、諸屯止以弓箭手巡檢總領，各舉有材力諳練邊事者充。一、舊都虞候□指使，亦簡選，留有武勇者，分管諸屯。」詔以所乞弓箭手百人，併力修築一堡，及官給旗鼓等，並許之。所有招弓箭手并人員等，即依涇原等路 8 招弓箭手舊法施行。其牛具農器，即相度支借官錢，任自置買。仍令人員指揮，常切點檢，不得別將移易貨賣。其所借官錢，候三二年間耕種稍成次第，分作料次催納入官。所乞諸屯比較收穫斛㪷多少，以察勤惰、行賞罰，更切相度，只令官司點檢耕種不盡力者申舉，量立罰格施行。應係雜撥田土，先令蕃部首領指引標定元初獻納入官地界，無致別有爭訟。仍下經畧司，令王韶、劉希奭往彼同共相度，指引標定界至。

四月二十二日，詔樞密院：「累降約束，河東、陝西諸路經畧司嚴行禁斷沿邊蕃漢人户，不得與西賊私相交易。訪聞尚不（尊）〔遵〕稟，可重立賞格告捕。自今有違，經畧司并所管官吏當劾罪重斷，并委轉運司常切覺察。」

七月十八日，詔河東經畧司：「已嚴戒知麟州王慶民，如西賊犯境，即令諸城寨相度有險可恃者，專爲清（夜）〔野〕自守之計；如賊入界，無所得空回，雖不獲一人一騎，亦當賞功等事。更令遵稟前詔，早收田苗、牛羊、老小，點檢兵馬器械，防城動使，勿致小有闕誤。如蕃漢老小願入河裏安泊者，速具船栰濟渡，即不得令强壯一例入城，有誤防守。」以邊臣上言，河外老小以訪聞西賊恐將入寇，皆驚移，乞渡河以避，兼麟、府、豐州屢言探到西賊點集故也。

八月二十日，詔河東、陝西諸路經畧司：「日近西邊諸處探到事宜，急切促令起遣入户，收拾積聚，無令倏有賊至，成因**9**糧驅虜之患。如是大兵入寇，即嚴約束將官，如未見十分便宜，不得貪務小功，致誤大事。且須占地（地）利，扼絕要衝，爲守計戰賊禦〔一〕。」

十一月二十四日，樞密院〔言〕：「欲令陝西、河東經畧、轉運司，今後如有城寨等處官吏申乞兵匠、物件及應干城守備預事件，疾速相度應副，不管（關）〔闕〕誤。如累申無報，許本處直具事由申奏。」從之。先是，手詔：「近以河外城寨守具廢弛，當職官吏已等第責罰訖。訪聞前後不惟城寨使臣因循，縱有勤於職者，亦多爲監司沮止，所乞兵匠、物料不即應副，雖欲自達，勢不可得。今既懲勵因循，俾大小之人必盡其力，須宜開自達之禁，以防壅塞。可議立法。」故有是命。

四年二月五日，樞密院言：「陝西安撫司言，已相度於定胡縣等處修築堡子至囉兀城，以通糧道。勘會所修堡子入生界，首尾一百五十七里，亦須兵馬防護。緩急賊衆驀來攻圍，恐難守禦。或出兵渡河，爲賊先據西岸，軍馬難爲濟（度）〔渡〕，別致誤事。欲諭本司，更切相度彼處山河形勢，一如府州與保德軍及合河津與通津堡，且於定胡、尅胡夾河相對，於河西岸就險近河，各先修堡子一座。所貴易爲功力，早得成就。出師濟河，即西岸已有堡子，賊兵不敢輙來臨河攻禦。若入西面生界還師，萬一有賊馬追襲，即便有歸投自守之處。其與向西展作堡寨，漸次易爲成就。」詔降指揮，而并州呂公弼言，西賊人馬來修寨處**10**衝突，難爲施功，乞且權罷。仍嚴誡邊吏，專爲堅壁清野之計。詔宣撫司速修第一寨，次修中間堡子。其第二寨即以漸計置有備，候第一寨了日取旨。

五月十四日，樞密院言：「勘會環慶路日近頻有屬户蕃部驚疑作過，慮有姦人造作語言，動揺部族，深爲不便。欲令本路常切覺察，如軍民於蕃户處妄説事端，情涉扇揺者，許知次第人密來告官。根究有實，未得斷遣，速具事因以聞，當議法外特行處置。告事人優與推恩。」從之。

（十）〔七〕月〔二〕，詔頒陝西四路防秋之策：「涇原路：賊若寇原州，兵不出，以萬人守平安，控南路趨渭州路〔三〕，以鎮戎軍將兵、弓箭手由乾興徑入靖安，斷賊歸路。賊若寇鎮戎軍，即以萬人并本將軍馬在本軍，以弓箭手五千人爲游兵，別以五千人守瓦亭，更移静邊寨所駐正兵、弓箭手，取三川路合勢。賊若寇德順軍，即別以萬人屯守静邊，兼以弓箭手五千人爲游兵，逐便擾擊〔四〕；移瓦亭五千人入本軍。賊若自武延〔五〕，易藏川而來〔六〕，即移静邊兵駐隆

〔一〕此句疑有誤，似當作「爲守戰禦賊計」。
〔二〕七月：原作「十月」，據《長編》卷二二五改。《長編》原注云：「此據《會要》，乃四年七月事。」
〔三〕渭州：原作「渭川」，據《長編》卷二二五改。
〔四〕「便」原缺，「擾」原作「優」，據《長編》卷二二五補改。
〔五〕自：原作「因」，據《長編》卷二二五改。
〔六〕藏：《長編》卷二二五作「臧」。

德，扼賊歸路，鎮戎軍第四將及弓箭手由得勝路會合。其諸城寨〔抵〕〔秪〕留守兵，不責以戰。渭州只以一將兼義勇防守，其餘兵並屯瓦亭，以固根柢，左右相援，合勢掩殺。環慶路：賊若寇東北兩路，並以正兵萬人屯業樂，扼淮安東西谷、柔遠、大順之會。賊若自華池路深入，則移業樂兵於大順、荔原兩路，斷其歸路。慶州別出兵至合水，與荔原、大順【11】兵相首尾。賊若寇環州，即移業樂之兵截山徑路趨馬嶺。若更相度事勢，進兵入木波，與環州相望，據諸寨中，又可以扼奔衝慶州大路。其沿邊城寨秪留守兵，不責以戰。自餘軍馬並屯慶州，以固根柢。秦鳳路：若賊寇東西路，於甘谷城屯正兵五千，帖以蕃漢弓箭手，扼奔衝青鷄、三陽一帶道路。別以正兵五千，帖本處蕃兵、弓箭手守古渭，更益都巡檢軍馬及三千據通渭，與甘谷、古渭相望。若約此置兵，保護熟户，更相首尾，足以枝梧。其諸城寨秪留守兵，不責以戰。自餘軍馬，並屯秦州，以固根柢。鄜延路：若賊寇東路，宜於永平駐兵萬人，帖以本處蕃漢弓箭手，以扼綏德、黑水、綏平、懷寧、順安、青澗之會，亦斷青化、豐林趨延州大路〔一〕。又恐自永平東循大川至青澗城〔二〕，南出延州，則青澗亦駐兵三千。賊若寇北路，由渾州、塞門川而下〔三〕，則永平更不消駐兵，秪以萬人駐金明縣，扼園林、安塞、龍安、招安、故塞門、安遠之會，斷趨延州大路。順寧路窄，難出大兵，只以三千守軍，貼以蕃兵弓箭手，足以扼賊寇。西路只以三千人守德靖，兼以蕃兵保護胡、李二族，則金明不消人馬，可以那赴萬安，爲保安、德靖聲援。或西、北兩路併兵而來，則金明兵不動，別以五千人守萬安，掎賊之後。其沿邊城寨，並秪留守兵，不責以戰。自餘軍馬，並屯延州，以固根柢。」

十一月四日，上曰〔四〕：「王廣淵言：『知環州种診申，有西界投來蕃部三【12】人，熟知彼國事，自舊來留在本州，詢問敵情。今夏國既通和〔五〕，無所用之，乞發遣於近裏州軍安排。勘會夏國既纔遣使乞復貢獻款〔六〕，朝廷方與之要約，尚未知其向背。今診乃敢輕妄便謂通和，竊恐邊防亦已弛備，緩急有悮國事。』其种診未欲劾罪，可令王廣淵嚴誡，責令依屢降旨揮，謹飭邊備〔七〕。」

五年五月二十三日，秦鳳路經畧司言，通渭等七堡寨割屬通遠軍外，寧遠等依舊屬秦州。詔寧遠等四寨割屬通遠軍，仍於青唐及武勝軍并新招降馬禄族三處地分内各建一堡塞〔八〕。

七月十一日，詔：「雄州歸信、容城縣鄉巡弓手，今後

〔一〕大路：原脱，據《長編》卷二二五補。
〔二〕循：原作「巡」，據《長編》卷二二五改。
〔三〕塞：原作「寨」，據《長編》卷二二五改。
〔四〕上曰：《長編》卷二二八作「上批」。
〔五〕和：原脱，據《長編》卷二二八補。
〔六〕款：原作「疑」，據《長編》卷二二八改。
〔七〕謹飭：原倒，據《長編》卷二二八乙。
〔八〕「及」下原有「并」字，「新」原作「勝」，據《長編》卷二三三删改。

如無事，不令鄉巡，免致搔擾。遇探報有北界巡馬過拒馬河南，即令本縣官相度人數，部押弓手前去，以理約欄。餘依前後約束施行。」始，北人自春以來，月遣巡馬過拒馬河，非故事也。邊臣謂北人因鄉巡弓手，故增巡馬，若罷鄉巡，則彼界巡馬勢自當止。朝廷從之，巡馬亦不爲止，而盜賊滋多，州縣不能禁。

二十二日，管勾秦鳳路沿邊安撫司公事王韶言：「准朝旨，令詳具合要防托人馬。差鎮戎軍定川寨弓箭手巡檢趙普、三川寨張進、德順軍中安堡馬倫、通邊寨魏奇，各領去年所授經略司劄子，團結到防秋第一等弓箭手共三千五百三十三人，馬二千六百六十三匹，常切排擬，準備策應秦鳳路通遠軍。仍差景思立、狄喜都部押〔一〕，并帶領第六將策應秦鳳路人馬。13 候見秦鳳路沿邊安撫司關報，即前去，一聽本司指揮。」

十月二十六日，樞密院言：「勘會陝西沿邊四路先置横烽，遇賊馬入界，遞相應接。」詔熙河路依四路例置横烽，内蕃部地分，即差廂軍守之〔二〕。

十一月十九日，詔：「令皇城使程昉〔三〕、河北沿邊安撫司、屯田司同相度滄州界塘泊利害，及邊吳淀灘地〔四〕，令人户指射〔五〕，栽種桑棗榆柳。」先是，議者以河朔地平，自保塞之東〔六〕，新以塘泊，胡騎不能馳突。唯西至滿城近二百里，無險可恃，向虜入寇，嘗取道於此。今議植榆爲塞，以捍奔衝之勢，異時王師可以保固焉。

十二月二日，有詔差官檢視陝西武備。

六年二月二十八日，延州言：「順寧寨蕃部逃入西界，蕃官劉紹能以兵襲逐不及，反捕西人爲質〔七〕。」上曰：「自許夏國修貢以來〔八〕，近邊逃背生口皆送還，意極恭順。今紹能以兵出界，人情必生憤激。可嚴戒邊吏，自今毋或生事。」

十二月四日，權發遣河北（四）〔西〕路提點刑獄公事李南公言，相度樸樁口添灌東塘等。詔屯田司閻士良專督典修。先是，滄州北三堂等塘泊爲黄河所注，其後大河改道，而泊遂（游）〔淤〕澱。程昉常請開琵琶灣，引黄河水灌之，其功不成。士良建言堰絶御河，引西塘水灌之，今從其請。

七年九月十九日，上謂輔臣曰：「卿等所上邊防畫一，先擇可施行者，更與樞密院議之。」既而，二府奏可行之事，凡十有四。其一曰，自來出戰有功大小使臣未 14 經陞擢者〔九〕，以功狀次數稍多，或一次功狀優異，及知名人作一

〔一〕狄：原作「秋」，據《長編》卷二三五改。
〔二〕廂軍守之：原作「廂守府坐」，據《長編》卷二三九改。
〔三〕使：原脱，據《長編》卷二四〇補。
〔四〕吳：原作「界」，據《長編》卷二四〇改。
〔五〕指：原作「借」，據《長編》卷二四〇改。
〔六〕保塞：原作「堡塞」，據《長編》卷二四〇改。保塞，縣名。
〔七〕反：原作「及」，據《長編》卷二四二改。
〔八〕夏：原作「下」，據《長編》卷二四二改。
〔九〕有：原作「者」，據《長編》卷二五六改。

等，餘作一等，取旨陞用，考其才實。二曰，停閑使臣、降配軍員，年六十以下，武藝及中等，精神不衰，令投狀自首，長吏試驗，如堪戰陣，保明以聞。三曰，令安（府）〔撫〕、轉運、提點刑獄、察訪司，各體驗轄下將官人材智略〔一〕，具緩急任驅策與否〔二〕，內有才之人差遣近下，可以陞擢，及緊要閑慢合對換。文臣有勇略可爲將官，不拘路分，並密以聞。四（月）〔曰〕，近降度僧牒三百與定州安撫司，充訓練義勇、保甲及募刺事人之費。其沿邊州軍宜並依定州例，量賜本錢出息，令鈎致虜人之能知其國事者。或質所愛，使探問虜中任事主兵人姓名、材能、性識，所管兵數、武藝强弱、屯泊處所、城壘大小、糧食多少，及出兵道路，刺其的實，編類成書，准備照用。其邊臣不能使人，致前後探事尤無實者，當移降。五曰，河陽別置水軍五七旨揮，造船習戰，以備賊濟渡者。六曰，既爲堅壁之計，當有清野之法。逐縣預以義勇、保甲、附保甲丁口數寓之籍中，本州密約計人數，至時分入州城。及大縣別爲一籍，令司農寺依樞密院先降造丁產簿條約，一處編籍。七曰，北京城西偏帶沙低薄，已檢計立限修築上下水關。其護關戰橋（井）〔并〕左右引手城未高堅，相度增築，置樓櫓守具。八曰，衛州大河之南，密接京畿，正當控禦之地，其城至小，并黎陽城，亦當要害，未能包山爲固。並展托 15 修築，緩急屯兵，防越軼之患。九曰，分屯兵馬、出戰要害之處，並委察訪使就與逐路安撫使等處置，具防守事以聞。十曰，相度展托城壕及增築縣城。緣城大人少及城小人衆，於法皆在所不可守。宜先計度本州户口若干，除保縣寨外，若干入保州；兵民除上城出戰外，可容若干。若更外來人户，容之不盡，則展托，毋令過大，致難防守。其當增築縣城等，須逐州軍相照應。緣四路帥府分統州軍，其勢當如絡脈之相通，緩急寇至，即候望相及，犄角相應，堅壁出戰，皆合事機，而敵人腹背懷懼，其勢自潰。如此修築，即不枉用工力。十一曰，如遇有警，清野備敵，百姓般糧斛、薪蒭、畜產入（堡）〔保〕城壘，并合積蓄守具及分壁部分。蒼猝之際，常患措置無法，即須計度官私屋宇及空閑地，分配人户居住，及安置所般之物。并內有人力不足，官爲募人般運，寄納出給。如此之類，并應干守拒事件，預爲講畫，詳古今法制，斟酌事宜，具條件以聞。十二曰，敵人出入道路，宜悉知之。先據地利，安置營寨，開掘坑塹，示之以利導，令必趨及。可以設伏處，預知地形高下，水流所歸。如壅決某水〔三〕，即可衝灌某處。若恐敵人用之，即就何處防守疎決或迴避，並悉講求，圖畫以聞。十三曰，河北地利，所出有限，從京師那移錢物，多行糴買，即增起物價，而費本已多〔四〕。宜撥粳米百萬石封樁，每年

〔一〕「體」下原有「察」字，據《長編》卷二五六刪。
〔二〕任：原作「年」，據《長編》卷二五六改。
〔三〕某：原作「其」，據《長編》卷二五六改。下句同。
〔四〕「多」及下句「宜」，原脫，據《長編》卷二五六補。

於汴綱内支撥應副〔一〕。仍令京東轉運司據合上**16**供或酒場剩錢，於有水路州軍糴粟米小豆，計舟車步乘般往河北，分往逐處收蓄〔二〕。於京西路沿蔡河州軍，亦賜糴本錢，計船般運到京入汴。但筭糴本、步乘比本路常平糴價不貴，即行計置，寬沿邊糴買之數，可減撲物價，多蓄斛㪷，以紓邊計。其京東西路合計置事，專委官相度施行。詔皆行之。十四日，河陽置水軍，不行，合仍令樞密院於登州增招刀魚戰船兵團結閱習，準備差使。

（八月二日）〔八年二月〕〔三〕，河北西路察訪使沈括言：「本路防邊重兵皆在定州，言邊備者惟以北平爲兵衝，其保州社城以東有塘水之難，謀者未嘗爲意。臣以爲狄人講求中國邊防虚實向背者非一日，萬一爲寇，必須出於不意，道塗險易，講求不得不盡。近歷視邊境，竊見保州以東、順安軍以西有平川，橫袤三十餘里，南北徑直，並無險阻，不經州縣，可以大軍方陣安驅。自永寧軍以東，直入深、冀，行於無人之地。定州但守社城以西，兵未及移，則虜騎已越高陽矣。或狄人自定州入寇，定兵必依西山扼其歸路，彼則束甲徑趨順安，定人雖衆，兵不及施，而虜已出塞〔四〕，此不可不慮也。通塗曠野，蕩然四達，謀者不此爲慮，而區區過憂北平之衝，臣竊駭之。西山洞道連屬，可以伏奇，進則定州當其前，退則保州、廣信議其後。狄人敢入北平，則不知順安者也。使其知順安之易，則北平雖無備，且當委而不顧，況其有備也。相度得保州西**17**至九頃塘度七里以來〔五〕，及保州東陽村堤以東至臧村堤度三十里，慶曆中皆曾築堤壅水，遺跡尚存。若少加補完，西納曹、鮑諸水，則社城以東，塘險相屬，虜騎出入，惟有北平一路。定州之兵依險爲陣，犄角牽制〔六〕，滹沱、橫灤爲難，則可以制其前；唐河之流可決〔七〕，則足以斷其後〔八〕。有以待敵而致其必來，此必勝之術也。今具圖進呈，其詳悉地步，別具條上。」詔屯田司閻士良馳往相度，而士良言：「檢視保州西至九頃塘，及保州東陽村堤以東至臧村堤，若增接修完，櫃蓄諸河，以成險阻，委實利便。」詔可其奏。内有侵着民間地土，即將係官田土撥還，或給其直。仍先具所占民田頃數目以聞。

三月十九日，沈括又言：「本路烽臺基址，高下疎密，多有未便。乞下兩路安撫司，更選差官子細打量。」又言別立到起納道路并舊烽臺基〔九〕，具畫圖以進。詔從所請，仍

〔一〕汴：原作「計」，據《長編》卷二五六改。
〔二〕蓄：原作「蓋」，據《長編》卷二五六改。
〔三〕八年二月：原作「八月二日」，據《長編》卷二六〇改。《長編》原注云：「據《會要》附八年二月。」下三條亦爲八年事。
〔四〕塞：原作「寨」，據《長編》卷二六〇改。
〔五〕塘：原作「唐」，據《長編》卷二六〇改。
〔六〕犄：原作「椅」，據《長編》卷二六〇改。
〔七〕「唐」原作「塘」，「決」原作「使」，據《長編》卷二六〇改。此唐河即今流經定州市之唐河。
〔八〕斷：原作「繼」，據《長編》卷二六〇改。
〔九〕并：原作「一」，據《長編》卷二六一改。

令定州、真定府、大名府路安撫司據合修去處，未得興功，候的有事宜，即非時修築。

閏四月五日，真定府路安撫司言禁地山土若起遺居人，則愈難巡防，乞仍舊。從之。先是，議者欲禁山，不許民居，下其議安撫司相度，故有是請也。

十二月十三日，熙河路經略司言合修城堡先後次第，內熙州開濠二十六萬八千餘工，董冬谷堡六萬二千餘工，五牟谷堡六萬二千餘工，北關堡一十四萬九千餘工〔一〕，通遠軍三面城壁除役外有三十三萬七千餘工，[18]南川堡八萬七千餘工，撈湯堡六萬五千餘工，珂斫關五萬九千餘工，多能谷堡九萬四千餘工，安鄉城一十八萬餘工。及勘會保寧三千人〔二〕，自今年二月十六日至十月五日終，共役得六十萬餘工。欲乞依先後興修。詔先修通遠軍城壁，餘依次第開修。

九年四月二十八日，御批：「勘會河東地界，非久分畫了當。深慮沿邊守把、居住軍民忿見虜人占據素來樵採之地，衷私遞相糾率越界，依舊取打薪蒭，却致引惹，不得安靜。宜預密下經略司，仰嚴行戒諭城寨地分當職官常切覺察，不管小有違犯。」

六月十九日，高陽關路安撫司言，信安、乾寧軍塘濼乾涸，乞引御河水。上批：「聞近歲塘水有極乾淺處，當職之官頗失經治。可於兩路各選委監司一員，以巡歷爲名檢點，具闊狹深淺畫圖以聞。」已而，河北東、西路提點刑獄韓正彥、韓宗道各具淤澱乾淺處以（以）〔聞〕。詔送河北屯田司相度，當興修，所在計料聞奏。其官吏仍令東路轉運司劾之。

十一月八日，詔：「河北地震州軍城壁、樓櫓、倉庫等損動去處，令轉運、提舉司分頭巡歷，相度緊慢，催促修整。」

十年三月二十六日，樞密院言：「熙寧七年朝旨，沿邊刺事人多互傳報，徼倖賞物，人數雖多，於事無補。可下河北、河東沿邊安撫司，選使臣、牙吏有心力諳識敵情者〔三〕，裁定人數，委長吏同募土著可深入刺事人，每事審實以聞。量事大小給錢帛，候[19]有符驗，再與優賜。」詔申明行下。

元豐元年正月二十八日，主管河東沿邊安撫司劉舜卿言：「北界西南面安撫司自去秋因移文索姦細人李福壽等，妄指占缾形寨地。至今春，漸以人馬並邊，理會疆至。臣竊料虜人覘覦，不過以人馬脅邊，蹂踐苗稼，或强佔地里立鋪屋。欲止作本處意度事勢支梧。」從之。

閏正月二十二日，詔：「據高遵裕所奏，西人理索乙訛等事。此必當有熟户出界，因索不獲，遂於和市縱火，以攄一時之忿。深恐羌人酬賽〔四〕，造成邊隙。見已根究，可移

〔一〕關：原作「開」，據《長編》卷二七一、《元豐九域志》卷三改。
〔二〕保：原作「堡」，據《長編》卷二七一改。
〔三〕敵：原作「有」，據《長編》卷二八一改。
〔四〕羌：原作「差」，據《長編》卷二八七改。

牒宥州照會，庶羌酋知此非朝廷意。」仍令呂惠卿更詳羌情緩急，勿發此牒〔一〕，本州萬一或未嘗侵犯彼界，免虛自認，爲（點）〔黠〕羌窺侮。」

四月十七日，入内東頭供奉官、熙河路都總管司走馬承受公事長孫良臣言〔二〕：「聞夏人於漢界内掘坑畫十字及立草封，恐因循（寖）〔寖〕成邊事。」詔經略司體量，如實，即令鄜延路經略司移牒戒約。

七月十一日，詔河東、陜西路經略司指揮沿邊城寨探刺夏人，過設備豫。以上批：「秉常始親國事，今秋點集甚嚴，又鄜〔三〕、延、麟〔四〕、府界間有遊騎出没，羌情難測，戰守之具宜早有分畫。」故也。

十（一）月一日〔五〕，詔知定州韓絳提舉營置保州等處經制水塘。初，有旨借定州封樁錢萬緡，委同提點制置屯田閻士良買保州東陽等村淤下地種稻作塘，以扼西山路，令安撫使司通管。後士良罷，詔知保州張利一主管，令薛向提20舉。至是，向被召，故以命絳。

十一月二十五日，知定州韓絳言：「北人郝景過南界榷場，闇畫地圖，已密遣人收捕。」詔定州路安撫使司、河北沿邊安撫司指揮所遣人，須察知姦細實狀，方得收捕推鞠，無致引惹生事。

十二月六日，鄜延路經略使呂惠卿言：「宥州牒，請遣官與夏國邊官，以蘇安静分立文字依理識認，并毁廢所侵耕生地，及將西界前後逃背、捕殺人馬命駕等界首交會〔六〕。本司近準朝旨，定寫牒，送馬五匹至宥州，索所虜人馬，及根治作過頭首誠斷。」上批：「宜先令河東經略司檢安静與西人要約文字圓備〔七〕，仍除所差折固外〔八〕，更選諳熟邊事信實使臣一人，牒鄜延路，令移報宥州，與已差官於界首，各出文字，理辨交會。其啗兒一户，〔如〕是未叙盟以前逃背，於誓詔當給還，即具以聞。」

二年二月十三日，梓州路轉運司言：「去年十一月，蠻乞弟率衆犯邊，縱火掠人，雖已遁，慮復來寇。乞增禁軍及召施、黔州義軍赴江安縣納溪寨爲守備，候團結夷人子弟可用及邊事息漸减放。」從之。

三月二十五日，上批：「兩輸户逃移四方，雄州深以爲不便者，不過恐元佃之地全爲北人拘占。今逃者既多客户，則浮寓之民，縱使散之他所，亦無深害。可止令出榜，安慰還業。」先是，雄州言：「北界民户以差配搔擾，併有驚移。涿州乃移文言南界縣官以兵馬遮約，不令應役，請速遣

〔一〕勿：原無，據《長編》卷二八七補。按，《長編》此數句作：「後十餘日再批，令呂惠卿更詳羌情緩急，萬一或未嘗侵犯彼界，即勿發此牒。」
〔二〕管：原脱，據《長編》卷二八九補。
〔三〕鄜：原作「鹿」，據《長編》卷二九〇改。
〔四〕麟：原脱，據《長編》卷二九〇補。
〔五〕十月：原作「十一月」，據《長編》卷二九三删「一」字。
〔六〕命駕：《長編》卷二九五無此二字，疑衍。
〔七〕圓：原作「圖」，據《長編》卷二九五改。
〔八〕「仍除」、「固」三字原脱，據《長編》卷二九五補。

回〔一〕。」詔雄州具創生侵越搔擾因依報【21】之〔二〕，及戒兩縣巡防，候北界差科稍息，即諭驚移民户歸業。既而沿邊安撫司言逃移人多客户，自言若北界未肯罷夫〔三〕，欲往他處營田作力，以爲歲計。樞密院請詔雄州曉諭民户，田蠶及時，不可遠棄家産。候北界差科稍息，有人招呼，各歸復業。故有是命。

二十七日，河北沿邊安撫副使劉瑨乞兩輸人已於近南居者，不得復於兩輸地來往。詔雄州已發遣歸業民户，責鄰保覺察〔四〕。

五月二十五日，真定府路安撫司言，北人侵耕解子平地。詔安撫司遣人候望巡察，毋致更有侵耕。如北界以兵護耕種，候北兵回，悉蹂踐之。

六月一日，樞密院言：「去月二十三日，北界人馬犯雄州界，射傷官兵。欲令雄州諭歸信、容城，如北人再至拒馬河南〔五〕，且令婉順約欄。即深入近南地分，恐虜先以懦兵誘致鬭争，伏精鋭於林木，俟官軍逐利，驟出圍掩。當遠斥候，度形勢捍禦，毋得遠追，自取理曲。仍選精强人馬，以備接應。」從之。

九月二十八日，樞密都承旨韓縝、副都承旨張誠一、檢詳兵房文字范育上《諸路清野備敵法》。詔頒行之。

十月十七日，定州路安撫使（司）韓絳言：「北界崔士言屢至安肅軍刺事，結東京商人蘇文〔六〕，圖寫河北州軍城圍地里，士言爲本軍百姓誘至兩界首執之〔七〕。」詔士言未過兩界〔八〕，遽已捕執，慮別致引惹〔九〕。自今緝知北界姦細，須誘入省地，方許收捕。仍詔告捕獲蘇文，賞錢千緡，班行内安排。

【22】十二月十二日，定州安撫使韓絳言：「大理寺丞楊嬰尋訪得定州界西自山麓，東接塘淀，綿地百餘里，可以瀦水，設爲險固，願得營葺。」從之，仍詔以引水灌田陂爲名。

三年正月七日，河北轉運判官孫迥言：「界河内北人魚船三十餘艘，白晝肆行，未有約束。」詔沿邊安撫司體量，如數稍多，即婉順止約。

十七日，保州言：「北界屢有移文，理會修城。乞自今三兩次移文回答一次。」從之。

四月二十一日，代州言，諜報契丹北樞密蕭克昌等引步騎點檢沿邊鋪舍〔一〇〕。上批：「虜若止是增飾鋪舍，必不

〔一〕遣：原脱，據《長編》卷二九七補。
〔二〕生：原作「坐」，據《長編》卷二九七改。
〔三〕言：原脱，據《長編》卷二九七補。
〔四〕覺：原作「學」，據《長編》卷二九七改。
〔五〕「如」上原衍「賊」字，據《長編》卷二九八删。
〔六〕結：原作「給」，據《長編》卷三〇〇改。
〔七〕士：原作「上」，據《長編》卷三〇〇改。
〔八〕士言：原作「蘇文」，據《長編》卷三〇〇改。
〔九〕引：原作「隱」，據《長編》卷三〇〇改。
〔一〇〕蕭克昌：《長編》卷三〇三作「蕭堯昌」。

遣此重官。恐尚有理（辦）〔辨〕團山子以東地界之意〔一〕，故假此爲名。宜下定州真定府安撫司、太原府經畧司，速募人探虜情，增邊界巡守，及權移易地分内不得力使臣。」

五月十五日，河東沿邊安撫司乞移牒止約北人沿邊創置鋪屋。上批：「如北人於分畫壕堠之北修建城池，即是有違誓書。若止增鋪屋，毋得止約。或於土門以東接真定府界以南侵犯，增鋪屋壕堠，即先諭以理道；不從，即約闌出界。」續詔：「若北人果有創增，本界未有鋪舍、合關防處相度增置〔二〕，畫圖以聞。」

同日，麟府路走馬承受陸中言，聞府州久良津賈胡疃有北人拆界壕石牆取水〔三〕。詔河東路經略司密體量如何處置。其本處斥堠不謹〔四〕，亦按劾之。

七月二十九日，熙河路經畧司言：「西界首領萬藏結逋藥遣蕃部巴鞫等，以譯書來告，夏國集兵，將築 23 撒逋達宗城於河州界黄河之南、洮河之西。」上批：「若如所報，方屬河州之境，豈可聽其修築。可速下本司，多備兵馬禁止之。」

十月三日，河北沿邊安撫司言：「雄州公人雖全屬南朝召募，其田産多與兩輸相接，慮事機因此傳報。欲自今召募，止於在城久居坊郭并易河南岸及塘泊已南村。」從之。

十一月八日，知代州劉昌祚言：「瓶形寨地有北人欲取直路趨團山鋪往來〔五〕。臣已諭本寨使臣回答，不可更令希覬。」詔：「如北人來境上問語言，密諭使臣等，以理道婉順開説，毋得先爲形迹，致虜別起事端。」

四年（三）〔二〕月十二日〔六〕，知制誥王存言：「遼人覘中朝事頗詳，而邊臣刺遼事殊疎，此邊臣任間不精也。臣觀知雄州劉舜卿議論方畧，宜可任此。當少假以金帛，聽用間於繩墨之外。」詔舜卿具所資用以聞。舜卿乞銀千兩、金百兩，詔三司給之。

二十三日，河東經畧司言：「準朝旨，相度代州寧化、岢嵐、火山軍當增鋪屋數。河東沿邊安撫司元奏，覘知北界欲增置鋪堠，起修日，本界亦須增置。臣今詳瓶形寨以東增十鋪，若北人修蓋，亦便增修。緣不係分畫地分，顯似自作事端，乞權罷修創。其寨西欲增二十八鋪，亦恐不須爲北界增置。其檢計數内，若有控扼須至修創，乞候北人修畢增治。」詔河東經畧司，候有北人增置鋪，再奏取旨。其先降即添置旨揮未得遽施行。

三月十八日，上批：「聞賀正北使至恩、24 冀間，從人

〔一〕團山子：原作「圍山子」，據《長編》卷三〇三、三一三及本書方域一八之三一改。
〔二〕合：原脱，據《長編》卷三〇四補。
〔三〕「州」原脱，「拆」原作「坼」，據《長編》卷三〇四補改。
〔四〕本：原脱，據《長編》卷三〇四補。
〔五〕團：原作「圍」，據《長編》卷三一〇改。
〔六〕二月：原作「三月」，據《長編》卷三一一改。下條亦二月事。

于驛舍羣聚，合誦教法，聲聞于外，接伴祇應人有聽聞者。此乃沿邊機防不謹，有闌出亡卒漏泄其事。宜重告捕賞典，并沿邊當職官亦等第別立賞罰。」

七月六日，御批：「今降《涇原環慶熙河路對境圖》并説語，付中書、樞密院，庶知賊中地形曲折，看畢進入。」

八月六日，上批：「陝西諸路見議攻討，然守禦之備亦不可懈。深慮將帥日夜講求出戰之具〔一〕，思慮或有疎畧。宜申勅處分，令日夕戒嚴。其先畫定人兵、戰具，修整畢備，毋得稍有缺弛〔二〕。」先是，陝西沿邊諸路累報夏國大集兵，須至廣爲之備。以种諤爲鄜延路經畧安撫副使，應本司事與經畧使沈括從長處置。以王中正同僉書涇原路經畧、總管司公事，如遇出界，令同第一將劉昌祚往。發開封府界、京東西諸將軍馬，分與鄜延、環慶兩路，以姚麟權環慶路副總管。

【宋會要】

（九月）〔七日〕〔三〕，詔河東路轉運司：「河東應干今來軍興所行事件，不得張皇漏露〔四〕。所有邊近北界州軍，如不係干照去處，不得一例行下。及仰選擇吏人行遣，如能謹密，候事了日，優與酬奬；仍覺察體量部吏傳報張皇者，勘劾以聞。」

十二日，詔定州高陽關真定府路安撫司、河東路經畧司、河北河東沿邊安撫司密戒勅沿邊州軍，與北界應干邊防事，一切皆循常，毋得輒創生更改。

二十三日，河東路經畧司言，豐州弓箭手沈與等三人爲西人 25 所執〔五〕，已牒理索。詔諸路已議進兵攻討，其嚴飭邊備，如有虜去人口，更勿行牒。

十一月四日，詔雄州：「自今凡與北人理（辦）〔辨〕邊界小事，不得全無瞻顧，務爲枝詞，致招引虜界移書侮慢。」

五年六月五日，上批：「昨據李憲奏請，涇原路自熙寧寨進置堡障〔六〕，直抵鳴沙城，以爲駐兵討賊之地。朝廷悉力應付。近李舜舉奏財糧未備，人夫憚行。朝廷以舜舉所言忠實可聽信，已指揮放散人夫等，更不追集諸路兵，即是已罷深入攻取之策。若賊犯邊，自當應敵掩擊，則守禦亦有定計。勘會鄜延路止以本路事力於百里之外進築城寨，討蕩屯聚賊馬。今涇原如更兼熙、秦兩路事力〔七〕，即不減七八萬兵。若去邊面不遠進築堡壘，自可止用廂軍饋運，豈須更仰夫力？或賊馬嘯聚，正我所欲，便可討殺。如此舉動，尚不可爲，則憲之初議，直抵鳴沙，萬一夫潰糧絶，取

〔一〕帥：原脱，據《長編》卷三一五補。
〔二〕缺：原作「侵」，據《長編》卷三一五改。
〔三〕七日：原作「九月」，按《長編》卷三一五此條在八月七日辛酉，非九月事，據改。以下二條亦爲八月事，見《長編》同卷。
〔四〕露：原作「落」，據《長編》卷三一五改。
〔五〕沈與等三人：《長編》卷三一五作「沈興等二人」。
〔六〕「熙」原作「西」，「堡」原作「保」，據《長編》卷三一七改。
〔七〕秦：原作「河」，據《長編》卷三一七改。

侮更大〔一〕。令李憲依前詔速具利害以聞。若果難興作，即罷涇原路經畧制置使，歸熙河蘭會路經畧制置司本任，候過防秋赴闕。」去年九月，憲將熙河、秦鳳之師淺攻，得蘭州及西使城，上諸將功，請築蘭州爲帥府，以鎮洮爲列郡。詔憲據軍前事力修治，爲駐兵之所，併力河南諸郡。而憲頓兵蘭州不進，數以糧餉不繼、船筏未備爲言。及涇原、環慶師老於靈州，趣憲赴援，又不能往。既而諸路兵罷，上以憲蘭州猶有功〔二〕，釋弗誅，使圖來効，而憲至是上再舉 26 之策曰：「昨諸路各以一道之師出界，兵勢既分，賊以熟見虚實。將來再舉，須合諸道兵攻其必救，使之莫測。若併兵一道，則有數者之利。如仍舊分路，則利悉爲害。爲今之策，須於涇原會合併攻，自熙寧寨進置堡障〔三〕，直抵鳴沙城，以爲駐兵之地。如此，則靈州不攻自拔，河外賊巢必可撲滅〔四〕。緣鳴沙城西扼靈州口，復據上游，北臨大河，與靈武對壘。臣觀河南故地，惟蘭會至靈州川原寛廣，土脈膏腴。今蘭州西使既已築城，獨靈州未下。然自蘭會至天（部）〔都〕，北入靈州，賊中畜積，悉經官軍開發，所餘無幾。今若扼其川口，據其上游，併出鋭兵討殺，使不得耕穫，則靈州一帶畜積既空，復無歲望，賊黨離析〔五〕，其爲利一也。自熙寧寨至鳴沙城約四百餘里，可置十餘堡，乘時進築，則是天都以至會州，悉在腹裏。其間族落既有保護之勢，必皆内附，其爲利二也。北與靈武對壘，直趨賊巢，復已不遠。兼興州素無城壁，候冬深河凍，審見賊形，即出兵於靈州側，擇據地利，誘致賊衆，併力除蕩，然後乘勝分兵，北趨靈武，其爲利三也。臣觀鄜延進攻，每至吉那，雖稱克復〔六〕，其實一到而已。蓋官軍既去，賊黨躡蹤住坐，與不討定，其實無異。若未拔興、靈，其環慶、鄜延克復之地，雖亭障環列，烽堠棋布，亦難守禦。緣兩處土多沙脈，古稱旱海〔七〕，不可種藝，修置城壘，須近裏輂運。朝廷方卹民力罷困，如諸路併修堡寨，不惟財力愈殫，27 適更生患。以是計之，先於涇原進兵〔八〕，可以困賊，其爲利四也。兼靈州以水溉田，四面泥潦，春夏不可進師。秋冬之交，地凍可行，又城堅有備，卒難攻拔。臣以謂今圖必破興、靈之策，先須計涇原錢帛芻粟，復令河東、鄜延、環慶、熙河四路揚聲攻進。各選步兵一二萬、騎兵六七千，獨熙河更選驍勇蕃兵五六千，以備變號易服，出賊不意。非其行營兵馬，亦令逐路團結，常備出戰，以爲番〔七月〕休及緩急聲援〔九〕。其四路所選兵，合涇原之師爲十萬，先自熙寧寨進攻，築堡

〔一〕侮：原作「悔」，據《長編》卷三二七改。
〔二〕功：原作「分」，據《長編》卷三二一改。
〔三〕堡：原作「保」，據《長編》卷三二一改。
〔四〕撲：原作「僕」，據《長編》卷三二一改。
〔五〕析：原作「柝」，據《長編》卷三二一改。
〔六〕克復：原作「克服」，據《長編》卷三二一改。下同。
〔七〕旱：原作「於」，據《長編》卷三二一改。
〔八〕兵：原作「保」，據《長編》卷三二一改。
〔九〕番：原作「蕃」，據《長編》卷三二一改。

於没煙口以誘賊。臣度夏賊以涇原、環慶之師無功，必有輕侮之心，如分兵合擊〔一〕，決可蕩平。然後進至天都築堡，接鳴沙城，候河凍北渡〔二〕，以覆賊巢。如此，則可往來摺運，不須併起諸路夫役，糧道無抄掠之虞，其爲利五也。臣自至石門，觀兩路措置乖謬，必知無補。顧本司兵勢，又難有功〔三〕，審度事機，須圖再舉，遂以目睹利害，畫爲此策。文墨不能盡陳，乞許臣赴闕，面受成算及悉言諸道進師之害。」故有是詔。

九〔月〕〔日〕〔四〕，上批：「先有《西界對境圖》，興師西討以來，諸處保奏文字中，指畫山川道里，多有異同，無以考證。可令逐路選委昨出界熟知賊境次第使臣、蕃官，差精巧畫工，同指説山川堡寨，應西賊聚兵處地名，畫對境地圖，以色別之，上樞密院。候取到舊境圖及軍興奏報文字，比對考校，繪爲五路都對境圖。」

十二日，詔：「諸路探報西賊人馬處處蟻 28 集，慮乘秋犯塞。令諸路常體測，如大入界衝突，並令城寨堅壁清野，使賊無所得。相度機便，擊其惰歸。」

〔七月〕三十日〔五〕，涇原路經略司言：「諜報西界十二監軍司人馬賫五月糧〔六〕，於葫蘆河點集。國母、小大王七月末過黄河，欲以八月尅日入寇。」詔留李憲且在涇原照管邊面，多遣人深入覘候。如有實狀，即追秦鳳、熙河先團結諸將兵馬，及環慶二萬人騎，令姚兕統領，合力驅逐，毋失機會。又須得其要，乃可進師。令蘭州嚴作隄備〔七〕。并詔環慶、秦鳳、熙河蘭會路經畧司，應李憲追兵，如敢妄有占留，發遣遲緩者〔八〕，當行軍法。

十月十九日，詔：「昨以西賊頻劫漢地，累降指揮，除應時驅逐外，仍伺隙酬復。據臣僚言，德順軍静邊、隆德兩寨九月中西賊過壕虜畧老幼千人，牛羊不在焉。慮西賊自爲得計，因此頻入爲寇，邊民豈得安居！委逐路經畧司嚴切戒約，須先覘賊馬屯聚近遠虚實，度兵力可以取勝，乘隙掩殺。務要萬全，毋得輕易遠出。」

二十六日，詔環慶路團結萬人，河東路五千人，並赴鄜延堡寨戍守〔九〕。以鄜延安撫經畧司言邊圉未固〔一〇〕，援兵還營，戍守多闕故也。

十一月十九日，鄜延路經畧司言：「延州白草等城寨及保安軍等二十二處，守禦未備，乞指揮范純粹應副。」詔録呂惠卿所立鄜延路守禦要急、次急、稍緩三等及據緊緩，

〔一〕分兵：原倒，據《長編》卷三二一乙。
〔二〕凍：原作「東」，據《長編》卷三二一改。
〔三〕功：原作「攻」，據《長編》卷三二一改。
〔四〕九日：原作「九月」，據《長編》卷三二七改。下條亦爲六月事。
〔五〕七月：原脱，據《長編》卷三二八補。
〔六〕「監軍司人」四字原只作一「堅」字，據《長編》卷三二八改補。
〔七〕隄：原作「限」，據《長編》卷三二八改。
〔八〕遣：原脱，據《長編》卷三二八補。
〔九〕堡：原作「保」，據《長編》卷三三〇改。
〔一〇〕「邊」下原衍「備」字，據《長編》卷三三〇删。

計置防城器甲什物分數條約，劄與范純粹。

二十八日，上批付知熙州〔一〕，同經29制熙河邊防財用苗授：「據閻仁武奏，十月二十五日，蘭州北有西賊五十餘人〔二〕，隔河呼曰：『我夏國已勝鄜延路兵，俟河凍，即至蘭州。』卿宜大作枝梧，守禦器具，倍加點檢〔三〕。」

六年（止）〔正〕月二十九日，詔：「西賊渡河，直抵蘭州城下，人數不少，本州並不預知。此乃候望之人全不得力，委李憲一面行遣訖奏。」

三月二日，詔：「定西城已興工，而西賊近在熙河嘯聚〔四〕。慮防托軍馬未足枝梧，委李憲遠置斥堠。」

閏六月十七日，詔鄜延路經畧使劉昌祚：「夏國近雖遣使，乞修誓好，朝廷答詔許通常貢。然新疆封守未正，賊承命逆順，情不可保。漸邇秋防，田稼在野，深慮守臣安於近詔〔五〕，以爲邊事遂寧，忽於隄防，或悮國事，委昌祚詳此施行。」

二十一日，樞密院言：「知熙州趙濟言，捕獲逃軍元德，詐稱使臣郭詡，傳李憲令開熙州城門。勘會熙州極邊，而濟止憑元德詐稱李憲所遣，即開門聽出，何以視察姦細〔六〕？」詔趙濟毋得輕易。仍遍下所轄州軍城寨官吏，亦依此旨揮。其元德慮有隱伏交通外界姦細迹狀，可更劾治。如無他情，即處斬。

七月十七日，雄州言拒馬河溢，破長沙口，南北界例差兩地供輸民夫修治〔七〕。上批：「去年決口，兩界發夫，已嘗興訟。委雄州詳審處置〔八〕，毋致生事。」

七年三月二十日，詔：「熙河一路開創未久，凡百用度，未易供億。其沿邊防城器具，若於禦賊施用未是要急，誠爲枉費。可下經畧安撫、制置司〔九〕，於已頒百步守城法內，據緊急名件裁定聞奏，毋致闕少。」

二十一日，詔鄜延路經畧30（司）〔使〕劉昌祚：「聞夏人以諜妄傳漢家欲城葫蘆河〔一〇〕，遂發河南北人馬十分之九，集於練家流。宜明遠斥堠，知賊所向，清野城守，則爲制賊上策。」上批詔尾云〔一一〕：「本路撓耕之兵數出俘斬，殆以千數。羌人俗重酬報，今所聚人馬不見漢兵，勢不空回，必致諸路抄略。於諸路中，本路且有瑕釁，必恐首攖賊鋒〔一二〕，不可不厚爲之備。」

六月十五日，鄜延路經畧司言：「諜報賊今秋必爲大

〔一〕知：原作「就」，據《長編》卷三一二、三三一改。
〔二〕五十：原倒，據《長編》卷三三一乙。
〔三〕倍加點檢：原無，據《長編》卷三三一補。
〔四〕西：原脱，據《長編》卷三三四補。
〔五〕近：原脱，據《長編》卷三三六補。
〔六〕何：原作「河」，據《長編》卷三三六改。
〔七〕例：原作「則」，據《長編》卷三三七改。
〔八〕詳：原作「軍」，據《長編》卷三三七改。
〔九〕司：原作「可」，據《長編》卷三四四改。
〔一〇〕欲城：原脱，據《長編》卷三四四補。
〔一一〕云：原作「去」，據《長編》卷三四四改。
〔一二〕攖：原作「攫」，據《長編》卷三四四改。

舉之計，乞下諸路爲防戒。」詔陝西、河東經畧司檢會累奉朝旨，選差信實人深入體探，過爲之備，具措置方畧以聞〔一〕。

七月十二日，詔付鄜延路走馬承受李元嗣〔二〕：「諸路諜報賊頗近並邊〔三〕，八九月必入寇。兼聞昨蘭州賊退，頗以併力攻城、不虜掠爲恨。今若入寇，必懲艾前車〔四〕，縱兵四畧，不可不防。其餘更在愛惜矢石，常持重不輕發，固已得勝之半矣。明遠斥堠，最爲大事，可一一宣諭。」

十四日，定州路安撫司言：「軍城寨言，北界兵千人擁牛具過石城南耕黄貫谷地〔五〕，巡歷人不能遏。已指揮當巡官吏，毋得透漏；又牒保州沿邊安撫司，移牒北界止約。」詔圖上北人所争地〔六〕，具前後照據以聞。

八月二十七日，詔：「諸路諜報西賊廣造攻具，竭國點集，聲言欲入蘭州。慮恐守臣將士狃於前勝，輕易待敵，或爲誘戰，别致沮失。宜令康識往蘭州，與當職官經畫爲備，及募人深入刺候。如賊果入寇，務在審重，過於去年。守禦兵將晝夜悉力應副以取勝，31 仍度人情，時與犒給。候大河冰開，方得往他處巡歷。」

九月一日，樞密院言：「夏國欲因董氈遣使乞通和，慮欲以此欵本路邊備。」詔制置司過爲隄備，毋得因此稍弛。

十二月七日，樞密院言：「西賊近寇諸路，方戒嚴時，慮邊民私博易〔七〕，或漏邊機。」詔陝西、河東經畧司嚴約束。

八年六月二十四日，詔：「令河東、涇原、熙河蘭會路經畧司誡約沿邊當職將官，遠布伍候及探伺西賊動静〔八〕，過爲之備。如更致透漏，當重行黜責。」

八月十七日，又詔陝西、河東逐路經畧司嚴守備，不得張皇勞擾。以逐路經畧司言探報西賊點兵故也。

十一月十四日，河東路經畧司言：「北人於火山軍界壘石爲牆，慮蓄姦謀，爲侵占之漸。」詔左藏〔庫〕副使趙宗本詣牆所體訪，畫圖以聞。如侵舊界，即移牒毀拆，仍常爲先備。未幾，復言北人聲言欲争據石牆，乞增兵防托。詔沿邊安撫司密共覘視，若侵占有實，奏聞拆去。

哲宗元祐元年閏二月十八日，河東路經畧司言，火山軍申〔九〕，依朝旨拆毀壘起石牆〔一〇〕。有北人二百餘騎來，射中百姓趙立等。詔河東經畧司暗設隄備，以理説諭，候有再壘下石牆，侵越界至，即便依前毀拆。

〔一〕具：原作「兵」，據《長編》卷三四六改。
〔二〕鄜延路：原作「慶路」，據《長編》卷三四七改。
〔三〕「報」原作「取」，「近」原作「以」，據《長編》卷三四七改。
〔四〕車：原作「軍」，據《長編》卷三四七改。
〔五〕黄貫谷：《長編》卷三四七作「黄貨谷」。
〔六〕人：原作「州」，據《長編》卷三四七改。
〔七〕民：原脱，據《長編》卷三五〇補。
〔八〕伍候：《長編》卷三五七作「斥堠」。
〔九〕申：原作「由」，據《長編》卷三六九改。
〔一〇〕「壘」原作「疊」，「牆」原作「橋」，據《長編》卷三六九改。

〔十月〕二十八日〔一〕，樞密院言：「夏國自秉常身死，諸路探到立嗣未定，酋豪相攻，人情不安，所奏率多不同〔二〕。深慮好功立異之人，緣此復生邊患。」詔令陝西、河東諸路帥臣體認累降約束，精加探探，務在得實；仍誡諭邊 32 吏，毋失禦備。

十一月十四日，荆湖南路安撫、轉運司言：「被旨相度邵州弩手上番事〔三〕。今蒔竹縣臨口等寨鋪所管溪峒近方歸明〔四〕，蠻性未馴，乞依舊輪差弩手防托〔五〕。」從之。

二年(二)〔四〕月二十二日〔六〕，熙河蘭會路經略使劉舜卿言：「鬼章領人馬於洮州生熟户雜居地分以東一帶打虜順漢人户、孳畜，亦羌人常事。已令遵波斯雞齎蕃字説諭阿里骨，令約束鬼章放散人馬，却還虜劫過人户、孳畜。如或聽從，邊事便息。」詔舜卿究心審度賊勢次第，如尚敢深入作過，務在擇利而行，無令賊勢猖獗。

六月八日，熙河蘭會路經略司言：「體訪得温溪心并瓦征聲延等以次首領部落皆有向漢之意〔七〕，請遣人鈎贖虜情，庶緩急應副，不失機會。」詔：「令劉舜卿詳加審察，以前後事按驗得實，果是向順，即以應加賜官職、請受，從宜許訖，條具奏請，降給宣告。如欲併部族投歸，未可輕許，慮變詐未定。止當諭以近邊無地可居〔八〕，毋去邈川，恐爲夏人所據。若阿里骨等非理相侵，即漢家自當與汝爲主之意。所奏緩急應副一節，若阿里骨并鬼章日近却有欵服，依舊通和，止是本蕃與温溪心整會交争，即當與不當應副，更須審度事機措置，無失中國大信，自貽邊患。仍具利害以聞。」

三年三月五日，樞密院言：「西賊屯聚逐寨，各止三數百人，聲言作過，欲我清野，以妨春種〔九〕，或自爲護耕之計。」詔趙卨審量賊計，若止是撓我春種，33 即講求護耕之策；若欲作過，即隨宜應變，深計利害，以取全勝。

四年六月十二日，趙卨言：「夏人近遣使詣闕謝恩，續遣使賀坤成節，請嚴誡邊吏，勿令侵犯。」詔陝西、河東經略司誡約沿邊兵將官，不得容縱邊人以巡綽硬探爲名生事〔一〇〕。

十月十九日，樞密院言：「環慶路經略司奏：『准鄜延路經略司牒，夏國指定十一月十日交付人户，却於同日受領四處廢砦。切度夏國必是於其日放出人馬〔一一〕，逼脅驚擾。所棄地内住坐漢蕃弓箭手散在郊野，皆有窖藏斛食及

〔一〕十月：原脱，據《長編》卷三九〇補。
〔二〕多：原作「以」，據《長編》卷三九〇改。
〔三〕「弩」原作「拏」，「番」原作「蕃」，據《長編》卷三九一改。
〔四〕寨：原作「塞」，據《長編》卷三九一改。
〔五〕乞：原無，據《長編》卷三九一補。
〔六〕四月：原作「二月」，據《長編》卷三九九改。
〔七〕有：原作「由」，據《長編》卷四〇二改。
〔八〕以：原無，據《長編》卷四〇二補。
〔九〕妨：原作「防」，據《長編》卷四〇九改。
〔一〇〕以：原無，據《長編》卷四二九補。
〔一一〕「必是」以下原作「其日於出入馬」，據《長編》卷四三四原注引「舊録」改。

土棚屋室，枉致委棄，雖有護防人馬，豈能周遍？欲令便將棄地內漢蕃人户先次遷移，將呰內官物亦行般運，務在交送人口日前畢事〔一〕。』」詔並依所乞。其葭蘆、米脂、浮圖寨外如有住坐人户，亦令依此施行。

十一月十七日，河北沿邊安撫司言：「滄州巷沽寨收到北界人船，係涿州人户孫文秀等捕魚，值風入海。若依指揮刺充厢軍，緣非賊徒姦細。朝廷推示恩信，綏服四夷，乞令監赴雄州，牒送北界。」從之。

同日，樞密院言，蘭州下臨大河，慮冬深凍合。詔范育檢例，即差兵將往蘭州定西城等處，以備守禦。

五年正月二十四日，鄜延路經畧使趙卨言：「累行指揮，分畫地界。如西人要依綏德城體例修置堡鋪〔二〕，未審許與不許本司方圓商議？」樞密院同三省奏：「昨綏德城分界日，御前處分須打量足二十里爲約，不可令就地形任意出縮。蓋出縮三二里地，不計恩威輕重，但朝廷所堅守不易者約故也。其堡障宜自擇地 34 利修築。後來已於二十里起立界堠，即無十里外作兩不耕地、十里內修建堡鋪指揮。今若指定十里內修築堡鋪及分生熟地，即不惟不依綏州體制〔三〕，兼於已牒過西界相照接連取直爲界事理相戾〔四〕。又元約分畫疆界，以二十里爲定卓立封堠者，爲分別漢蕃界至。界堠內地即漢人所守，界堠外地即夏國自占。其彼此修築堡鋪，各於界取水泉地爲便，豈可更展遠近？所以前來綏州城外鋪有十八里或止有八九里處，夏國堡鋪亦去所立封堠，自便修築。既各不侵出堠封之外，即是並爲本界，不可別生事端，害講和之意。」詔趙卨於二十里相照接連取直爲界，卓立封堠。其堡鋪相度於界堠內三五里，擇穩便有水泉去處，占據地利修建，即不得分立兩不耕地。

六年七月十二日，鄜延路經略司言：「宥州牒：南界於邊界修起封子八，元係鎮戎軍管界，已行毁拆〔五〕，請勿再修。」詔令作本司意，稱委官按視，當俟見實狀，別行關報措置。

十二月二十四日，樞密院言：「昨自元豐軍興已來，御前降下陝西、河東處置邊防機要處分，多是直付邊臣親收。深慮後來替移，有失照據。」詔諸路帥臣親收遵行，不得下司外，每遇替移，親相交付。

七年八月八日，詔：「諸路經畧司密諭諸將，除嚴備以防寇至外，並仰巡護人民，先遠次近，併力收穫。若別無西賊侵犯，不得貪小利、輕出兵。」先是，有詔許諸路擇利淺攻， 35 而邊將頻出兵討虜，多殺老小。慮諸路貪功致寇，

〔一〕人口：原作「人户口」，據《長編》卷四三四原注删。
〔二〕「體例」以下至「分界日」凡三十二字，原作「分果首」，據《長編》卷四三七補改。
〔三〕州：原作「川」，據《長編》卷四三七改。
〔四〕西：原脱，據《長編》卷四三七補。
〔五〕拆：原作「坼」，據《長編》卷四六一改。

故因防秋，復加條約。

二十四日，左司諫虞策言：「西賊萬一大入，一路之力不足枝梧，而諸路帥臣勢均力敵，不能相援。望嚴飭帥臣，凡牽制策應他路，並先精講必勝之策，悉力一心，迭相爲用。如不然，將官依法，帥臣降黜[一]。」從之。

九月一日，熙河蘭岷路經畧（司）〔使〕范育言：「準朝旨，具本路如何應援。今相度，西賊並邊嘯聚，雖未測所向，本路可豫於通遠軍界屯兵爲備[二]。若賊犯秦鳳路，則擇便出奇撓擊。若本路被寇，秦鳳亦爾，則鄰路合勢併力，足以制賊。」呂（太）〔大〕忠言：「方今防秋，熙河既未肯遞遣將兵，若涇原有寇，欲且遣第四將行。其熙河有寇，本路除策應牽制外，亦難別那兵將前去。」詔：「涇原有寇，令秦鳳量事勢遣發軍馬赴援，其雞川[三]、甘谷兩將仍常留一將通管本處邊面。餘依熙河蘭岷路經畧司所奏。」

八日，熙河蘭岷路經畧司言：「探聞青唐聚兵一公城，防托洗納族。兼自來青唐未嘗於河南地分點集，雖稱防托洗納人户，又慮別有他謀。」詔令范育密諭康識、王克平，詳探所添人馬因依以聞。

十六日，韓縝言：「火山軍至石州，緣河邊面闊遠，若賊乘河冰[四]，如履平地。緣慶曆元年、二年、元豐六年皆準朝旨，於火山軍界惹凌下流保德軍、嵐、石州，可使千里不凍，以限賊馬。所用工料不多，本司已差殿侍燕渙等相度，栢子會、掃子口可以惹凌[五]。」從之。

紹聖36元年正月五日[六]，詔高陽關路安撫司、河北沿邊安撫司，應邊防，毋得創於條例之外妄作，以致生事。

閏四月二十一日，左司諫翟（恩）〔思〕言：「先朝經畧西陲，事爲之制，擇將帥，選士兵，時訓練，儲芻糧，邊威雄張，足以屈敵。今邊防之具，名雖存而實已去。請詔樞密院，於逐路取會兵聚、器械、芻糧定數，比日前（關）〔闕〕少幾何，經制取足。請劄與逐路帥臣，常切點檢，毋令闕備。內器甲如實有少闕，即具以聞。」

二年八月六日，三省、樞密院奏事，上謂宰臣章惇、知樞密院事韓忠彥等曰：「熙河路與夏羌分畫地界，來使已供劄目；及再至，又背約，爲遷延之詞，輒虜捉説話弓箭手、指揮使。驕慢如此，宜增邊備，勿復與議。」翌日，罷所遣議疆界高永亨、通判熙州王本。（以上《永樂大典》卷四七一二）[七]

[一] 黜：原作「出」，據《長編》卷四七六改。
[二] 軍：原脱，據《長編》卷四七七補。
[三] 雞：原脱，據《長編》卷四七七補。
[四] 冰：原作「兵」，據《長編》卷四七七改。
[五] 掃：《長編》卷四七七作「歸」。
[六] 天頭原批「備邊三」，蓋原整理者擬於此處分爲「備邊三」，今删。
[七] 按，《大典》於此分卷，殊不合理。此蓋《大典》編者將所據《宋會要》底本拆開，分給不同書吏抄録，甲書吏所抄至此頁而止，以下則歸乙書吏抄録，而乙書吏仍先標「宋會要」。編者疏忽，遂於此另分爲一卷。本書中常見此類情況。

【宋會要】37十二月二十一日，熙河蘭岷路經畧安撫使范純粹言：「準樞密院劄子，蕃官包順、包誠、李忠傑、趙懷義、趙永壽時暫赴闕。臣赴任之初，準朝旨，體探招納邈川、河南人户。自范育在路日，曾有遺納趙醇忠之議。今醇忠之子被召，恐生猜疑。兼懷義、永壽資才無可取，李忠傑見有體量事，輒從宜將行出文字節去李忠傑、趙懷義、趙永壽姓名，止差使臣押伴包順、包誠赴闕。如欲示旌勸，只乞賜以金帛，願留官爵差遣，以責來効。及乞不以邈川、河南情僞詢訪兩人，恐有漏泄。」詔李忠傑等三人別聽朝旨。其體量忠傑事狀，如無顯迹，不得枝蔓，致使懼疑。

二十三日，詔陝西、河東經畧司：「如遇西賊併兵入寇一路，合藉諸路牽制策應。其逐路量留守禦兵馬，照管本路邊面。鄜延路於環慶路，環慶路於鄜延、涇原路，涇原路於環慶路、秦鳳路〔一〕、熙河路，並策應。熙河路於秦鳳路，鄜延路於河東路，河東路於鄜延路，更不策應，止策兵牽制。」

三年三月九日，樞密院言：「西賊近侵鄜延路，塞門、義合（塞）〔寨〕等處地分修築堡鋪已畢。別路探報，對境各有人馬，致諸路不敢解嚴。方今春耕時，如令彼界人户着業住坐，依舊耕種，將來秋成滋長，賊勢轉肆猖蹶。」詔河東、陝西逐路經畧司體探，若對境委有〔人〕38户依舊在近邊住耕收斂，詳元豐中所降擾耕朝旨，但能使並邊人户不得安居耕種，即自困蔽，及知我常有舉動之謀。彼既不敢弛備，則兵勢不得不分，自無併兵寇犯之患。

十三日，樞密院言：「日近多西人投漢，慮諸路失於防察，致有姦細。據鄜延路已得詐投漢界蕃部米喫多通説事宜。」詔逐路經畧司體問投漢事因。如有親戚保認，方許責付住坐，仍嚴戒保認蕃部及本族地分官羈縻之。若迹有可疑，及無信實蕃部保明，即送近裏州軍羈管，仍具聞奏。

二十一日，樞密院言：「（奏）〔秦〕鳳路經畧司奏，喻厮羅恑精龍沿嶺勝驛、高嶺、篤龍峗頭各開撅壕塹。已降朝旨，如西界修立堡鋪〔斥〕堠逼近邊界，或侵入界，綽地分兵毀廢。」詔秦鳳路經畧司相度機便，選差兵將毀廢。

四月六日，知樞密院言：「（詔）〔紹〕聖元年以來，定州路沿邊地分常透漏北界賊人，驚（㧞）〔劫〕人户；及高陽關路有北界人船過岸，射傷把截人兵。」詔（真）定州、高陽關安撫司勘會沿邊北界可以通行人馬舟船入南界要切處，令巡捕盜官等並分布巡防，毋得張皇，侵越邊界。

八月十二日，鄜延路經畧使呂惠卿言：「探報夏國點集人馬，將以八月同國母傾國入寇。本路直綏、銀、夏、宥、横山之境，乃夏國根本之地。元豐四年七月，本路所管東

〔一〕「秦鳳路」下原有「涇鳳路」三字。按，宋代無此路名。以地理觀之，涇原路與環慶、秦鳳、熙河三路接境，故須策應者惟此三路，而與他路無涉，是「涇鳳路」三字必是衍文，今刪。

兵各一百四指揮，內軍馬二千五百餘匹。今存只有五十二指揮、一千三百五十四匹，人馬比舊纔及一 39 半。沿邊軍城堡寨共二十四處，各用守禦人四萬七千八百七十六人，尚闕三萬三千二百五十五人。雖有籍定堡聚人數，既多寡不定，又率未經教習。今且勾一半，約計七千五十二人，尚欠少二萬六千二百人，乞差撥人馬，充填本路，如元豐舊數。」樞密院言：「守城已有不出戰漢蕃及廂軍、馬遞鋪剩員及軍營子弟與人保丁壯〔一〕；又不足，即差（我）〔義〕勇、保甲。今本路未曾計此人數，而邊事與元豐四年大舉不同。欲特差一將兵馬與之。」詔劄下經略司照會。

九月十四日，（經）〔涇〕原路經略司、提點熙河蘭岷等路漢蕃弓箭手司〔言〕：「改原州駐劄第三將、副二員，就第六將軍馬爲第三將，於天聖寨駐劄；第三將人馬分隸逐將。如此，則沿邊諸將勢如連珠，並在極邊要害處。」從之。

十月六日，鄜延路經略使呂惠卿言：「據本路第五將報，金明寨失守，即時遣副都總管吳真將兵掩擊。」詔：「應本寨潰亡士卒，立便招撫。內中傷者，優給錢物；其人户死亡被害之家，並與優恤。仍取會亡失兵民糧草數目并本寨合與不合修復，隨宜措置以聞。」

八（月）〔日〕，呂惠卿言：「被旨，以西賊侵邊，令審議捍禦制勝之方，并以洛河川直鄜州路，令過爲之備，及體國持重。臣自偵知西賊規欲侵犯王畧，蒙朝廷濟師，即備增城寨守禦。不虞賊馬自長城嶺一日馳至金明，列營環之，縱騎四掠。至近府，知我有備，乃移中寨，復還金明，然後騎精鋭 40 （向）〔尚〕留龍安寨間。雖悉兵掩擊，而賊未退舍。環慶覘知賊欲休兵生界，信次復來攻，此必非虚言。觀其陷金明之速如此，深恐所在兵勢不支。望勑諸路，移牽制之兵稍近本路，邀其輜重，使腹背受敵，不至淹留。今本路場圃未畢，西自園林，東至青澗，皆遭焚蹂，將來糧草必乏。乞特發内庫賜銀絹，令轉運司早儲邊備。」詔：「河東、涇原、熙河兵已深入賊境牽制，所請計置糧草，令内藏庫特賜銀絹各二十萬。」

十二日，都總管司走馬承受謝德方言，統制軍馬王文振等已攻破西賊新寨。詔：「陝西、河東路被邊寨（路）城堡壁或未堅完，及勢有不便利、不可守禦處，令諸路帥臣選知邊事文武官各一兩人同行視，增浚城隍，繕治守備。其非要害城寨，或地形不便控扼、形勢不盡，或無水泉合廢併者，亦相度改作要切城寨，庶幾壯邊徼，經久無虞。兩路（師）〔帥〕臣各體詔旨，不得附會，輕議存廢。昨西賊寇鄜延，本路奏稱虜人營陣（其）〔甚〕固，雖强弩衆射，終不亂行，人人皆有奮心。及兵還，諸將尾擊，終整列而去。今賊退之後，諸路各須用心益修邊備。雖已令帥臣選官相度存廢堡寨，繕修城壁，前後詔旨非不丁寧，若乃守戰之備、應變之方，專在帥臣。今除已令與知邊事將佐等講求籌畧外，

〔一〕人保：疑當作「入堡」。

其蕃漢士卒益加訓練；拳勇果敢之人，因事優恩賞以勸勉之。號令欲明，行陣欲整，平居紀律既脩，則緩急必無敗事。其斥堠及兵交 41 之際，全賴偵伺之人，仰帥司比較前後覘敵得實最多者，具以名聞。其山川扼塞之處，可以設伏鈔擊賊馬，及兩陣未交之前，可以出其不意掩擊者，常令習熟其事。至於守城之備，置壘石，布渠谷，與夫乘城之士，須令預定。如或不足，許於近裏州縣抽差。漢蕃馬匆令瘦瘠。糧草除計司應副外，更須別儲。諸邊防事，詔旨有未盡者，並措置訖奏。」

二十五日，樞密院言：「西賊昨寇鄜延，勢甚猖蹶。宜先事伐謀，預爲困賊之計。惟是春乘其人飢馬瘦，未能點集之時，諸路尅期分兵深入，非惟並邊不敢耕牧，且諸路並出，賊勢自分。既不能相爲救援，又所至皆被掩擊，可以坐使困弊不支，又困其兵勢。在外諸路，乘此間隙，可以進築城寨，即於邊計，利便非一。乞自今冬密切選定將佐，整飭兵馬，計置芻糧，應軍行所須，靡不足備，夙夜講求破賊方畧，及體探賊界(都)〔部〕族屯聚衆寡、所在事力强弱，精審得實，然後尅期大舉。除熙河、涇(源)〔原〕、秦鳳已有朝旨，令王文郁、鍾傳相度關報外，其鄜延、環慶路亦合預詳計會講議，并河東路出兵，亦須與鄜延路照應。」(從)〔詔〕逐路經畧司詳具聞奏。

十一月四日，權知岷州、兼都總管岷州蕃兵將姚雄言：「自來知岷州兼第四將，會有警急，率先出兵，前去應援。然軍行事務，全藉蕃兵。請令臣兼統領本州駐劄第四將軍馬，所貴事體專一，彈壓羌(酉)〔酋〕。」從之。

二十一日，樞密院言：「檢(路)〔會〕 42 三路元(佑)〔祐〕中曾給賜夏國城寨，基址見存，可以復行修建，已令河東經略使看詳。其鄜延路元(佑)〔祐〕中給賜城寨，亦合相度修復。」詔呂惠卿預先講議相(親)〔視〕，擇利進築，與河東形勢相照，爲邊防久遠之利，可保萬全，方得舉動。

十二月十四日，樞密院言：「(詔)〔訪〕聞西人最重年節與寒食，兼以十二月爲首歲，多是諸監軍及首領會聚之時。若乘此不備之際，可以密選將佐，團結兵馬，乘伺機便，出界掩擊。」詔孫覽、王愍、折(充)〔克〕行斟酌以行。

四年二月八日，比部員外郎王博聞奏：「比見諸路轉運司移文沿邊州軍，多稱歲計窘乏，甚則或云糧儲闕〔一〕，無可移用，亦有揭榜者。竊恐騰播外夷，非所以示安疆之勢也。望下諸路轉運司，應下沿邊州軍文移，不得爲失體之語。」從之。

三月二日，權發遣熙河蘭岷路經畧使王文郁言：「熙河并秦鳳路應付涇原步騎兵共四萬，合爲一軍，前去涇原要審處會合進築，未爲十全決勝之理。蓋兩路兵寡，若深入生界，則人自齎糧。萬一逢敵，進不能全，或邀歸路，糧盡援絶。比至涇原，則兩路人馬困乏。當防托興工之時，

〔一〕「闕」下疑脱一字。

或有寇撓，何以枝梧？不若候得涇原報，(今)〔令〕逐路兵將近裏城寨前去涇原會合防托，使修築就緒，然後乘機出界討蕩，可保無虞。」詔令章楶、苗履等子細講議，務要捍禦、進築，兩無疎虞。

七日，權知蘭州苗履言：「西夏用兵，多因秋成。深入討蕩，以破併兵之謀。欲豫造 43 浮橋，緩急濟渡軍馬，使右廂常爲備禦。造船止費萬緡。常具圖，議建金城關。因舊基增損，周圓長千步已上，中繫浮橋，矢石不及。洪道須闊，以防火械。仍於蘭州置水軍一指揮，以五百人爲額。夏賊每併兵河南，蓋阻大河，右廂初不爲備。如(問)〔間〕作渡河入討之勢，虛實罔測，庶伐其謀。」詔王文郁、鍾傳詳所申，從長施行。

五月十九日，樞密院言：「去秋西賊舉衆寇鄜延〔一〕，除環慶係鄰路差那兵將前去策應外，其餘路分出兵牽制。内涇原入界破蕩没煙新(塞)〔寨〕，廣有斬獲；熙河乘此進築安西城畢，稍沮賊氣。切慮西賊併兵〔二〕，寇犯一路，其餘路分觀望〔三〕，不出兵牽制，被寇路分難以枝梧。若西賊分兵侵犯諸路，即逐路隨宜應敵捍禦。如併兵寇犯一路，鄰路合行策應。如此，則西賊於分兵、併兵，皆無以得志。此最爲備邊困賊之要。」詔陝西、河東諸路詳具措置方畧以聞。

六月九日，樞密院言：「環慶路累有諜報，賊界七月一日點集。夏秋之交，恐非其時，此必以虛聲疑我，因得稍有休息。諸路爲備，不可不過，但不當輒自勞擾。宜令諸帥〔四〕，陰自爲持重安静之計，而明行文移，令諸將各整兵馬，爲大舉次第。如有利可乘，自不妨隨宜進討，惟以嚴重全養士氣爲上。」詔劄付諸路帥臣。

八月十六日，樞密院言：「近聞河北帥司及沿邊州軍(牒)〔諜〕報，逐州不經報過雄州，即匿不以聞。故奏報闊畧，恐緩急悞事機。」詔定州、高陽關路安撫司，44 應有(牒)〔諜〕報，畫一以聞〔五〕，即不得輒有隱漏。

元符元年正月三日，樞密院言：「孫路奏：金湯、白豹，横山腹心，灰家觜枕横山之麓，環以良田千頃，請皆建築城堡〔六〕。已可其奏。而路復言：定邊川、擦移二處，皆占横山美田萬頃，請悉建城，據賊必争之地。亦降旨，如機會可乘，即先〔於〕要害以次進築。而路復奏言：賊境韋章、巴史〔七〕、骨堆、曲律、三六等處，皆宜進築，其前議灰家觜等處權停。按路前後所奏，未審某處最要，爲邊防經久之利。其曲律、三六等處深在賊境，如何設置斥堠，經久備

〔一〕舉：原作「與」，據《長編》卷四八八改。
〔二〕兵：原脱，據《長編》卷四八八補。
〔三〕其餘路：原脱，據《長編》卷四八八補。
〔四〕令：原作「訪」，據《長編》卷四八九改。
〔五〕一：原作「以」，據《長編》卷四九〇改。
〔六〕請：原作「謂」，據《長編》卷四九四改。
〔七〕巴：原作「已」，據《長編》卷四九四改。

禦，可保無虞。」有詔：「孫路所計度，宜先要害，相視道路通達，水草豐足，良田可耕，險固可令易〔守〕，異時毋煩朝廷饋餉，緩急聲援可以相接，即以便宜措置。」

二年七月二十八日，洮西沿邊安撫司言：「帶領河州漢蕃兵下癸宗、籛南、乞令城、密章、結宗、臕哥堡。其城堡內有王子并不附順首領倉庫金穀，已封閉，備將來軍用。」詔：「孫路依累降朝旨，應所招致部族，更體度蕃情，務先以恩信撫納，毋專以兵馬迫脅。其措置應接溪巴温等，務爲邊鄙經久之計，不得過有所圖，別生邊患。所得城寨，只以誠心向漢有力量首領屯守，或係要害，合差兵戍，審度經久利害，務從簡便，無令廣費財力。」

同日，河東經畧使林希言：「北界六月十三日驅人侵越取水，已爲巡檢何灌約回。今月十八日復來。緣北人自前歲改移東偏頭税場，去歲拆石橋〔一〕，今歲不45受牒便於賈胡疃興建場屋，又過天澗取水，及有分水爲界之語，蓄謀三年〔二〕，發於今日。竊慮其勢未已，除已牒折克行選差使臣前去隨宜應接外，緣方當進築之際，正藉克行及其子可大於生界防托，深慮那移兵馬前去未得間，若〔此〕〔北〕人再來，人馬數多，本地分巡檢兵少勢不敵，已密諭何灌等〔三〕，但嚴兵把截取水通路，不得輕易便與鬬敵。北人所創税場〔四〕，本爲私間相貿鬻，既嚴禁互市，自足以破其謀。俟進築了日，軍馬各歸，沿邊有備，即別措置，隨宜應接。」從之。

閏九月七日，樞密院言：「熙河蘭會路經畧使胡宗回奏：近體問得蘭州西關鋪近西地名把京玉〔五〕，可以繫橋通路，直至邈川。兼於宗河行船漕運，亦至邈川。宗河口岸北舊有邈川管下鵝毛、瓦都城，可以防守夏國，畧行修築，以備守禦。」從之。

十月九日，熙河蘭會路經畧司言：「新收復河北鄯州、湟州寧塞城、龍支城、安兒城、鵝毛城、〔城〕羅瓦抹逋城、廝歸丁南宗堡〔六〕、臕哥城、儦哥城〔七〕，係要切之處，合先次修完外，有河南地已牒王贍〔八〕、王厚相度分城後合修完守禦去處，及下李澄相度合營建洮州利害，候申到，即行相度，及博採衆議，別具奏聞。」從之。

十二月十五日，詔：「雄、滄〔九〕、霸州自今遇有邊防急切事合用將兵，申稟帥臣不及，許知州徑牒本州駐劄將副差發人馬應副〔一〇〕。」

〔一〕歲：原作「處」，據《長編》卷五一三改。
〔二〕蓄：原作「蓋」，據《長編》卷五一三改。
〔三〕何灌：原脱，據《長編》卷五一三補。
〔四〕人：原脱，據《長編》卷五一三補。
〔五〕把京玉：按《長編》卷五一六清人改譯作「把珍旺」，以譯音推之，似清人所據《大典》原作「把京王」。
〔六〕宗：原作「安」，據《長編》卷五一七及本書兵八之三五改。
〔七〕儦哥城：按《長編》卷五一六無此城，當是因上「臕哥城」而衍，又訛「臕」爲「儦」。
〔八〕地：原作「北」，據《長編》卷五一七改。
〔九〕滄：原作「州」，據《長編》卷五一九改。
〔一〇〕將：原脱，據《長編》卷五一九補。

三年十一月七日，徽宗即位（不）〔未〕改元。兵部言：「契勘秦州、岷州、階州舊爲沿邊，今則 46 收復州郡甚多，恐秦、岷、階州不合爲沿邊。其次嵐、石州皆近裏，各無邊面，並合改爲次邊。又據秦鳳、熙河蘭會路經略安撫等司狀：契勘熙河蘭會路沿邊近收復拓創建州城堡寨，展奪蕃土，其秦州合作次邊。并契勘岷州今來見管邊地闊遠，難作次邊，保明是實。本部欲依逐司相度施行。」從之。（以上《永樂大典》卷四七一三）

宋會要輯稿　兵二九

備邊 三

1 徽宗建中靖國元年二月二十六日，尚書省言：「三班奉職葛中復狀：《元符編勑内》一項，《元祐勑》：『諸化外人爲姦細并知情藏匿、過致、資給人皆斬。即藏匿、過致、資給人能自告捕獲者，事雖已發，並同首原。』今勑改云：『能自獲犯人者，雖已發，原其罪。』中復看詳，舊藏匿、過致、資給姦細之人，能自捕獲者，皆許原罪。蓋欲廣開屏除姦細之路，或告捕因而獲者，皆得原罪。今勑止言自獲，若只告而他人獲者，既拘文不免如此，則身力不加或羸弱等人，既不能擒捕，必須自默，不敢告言，甚非設法屏除姦細之意。欲衝改本條不行。」從之。

崇寧元年六月二十九日，詔：「京師從來西北細人甚多，伺察本朝事端。今後如有能用心緝捕，勘鞫得實，支賞錢三千貫，白身更與補三班奉職，官員並與改轉。今降空名度牒一百付府，並行貨易，其錢樁管，止充上項酬賞。」

七月三日，樞密院言：「訪聞河北、陝西、河東路日近甚有外界姦細之人伺察本朝事端。」（訪）〔詔〕：「河北、陝西、河東諸司轄下州軍城寨應干巡捕官司及巡防把截使 2 臣等，如能用心緝獲，勘鞫得實聞奏，支賞錢一千貫文，白身更與三班借職，官員、將校比類遷轉。其知情藏匿、過致、資給之人，如能告捕得獲，與免罪外，亦依此推恩。」

三年二月二十二日，臣僚言：「濱州至海一百八十里，東北去虜境止一水之限，更無城壘以爲捍蔽，獨在海隅，尚爲次邊，屯兵至寡，備禦未嚴。竊聞登、萊、密近海三州，朝廷已選差守貳、兵官。望下有司講議，改濱州充沿邊，謹擇守貳并主兵之官，整飭藩維，絶窺隙之心。」從之。

五月十八日，河北沿邊安撫使王薦奏：「奉詔，禁與兩（城）〔地〕供輸人爲婚姻。竊以雄州爲被邊，在易河之北，與虜人以州北拒馬河爲界。其歸信、容城兩縣兩輸户一萬六千九百有餘，皆在拒馬河南，係屬本朝。自端拱初，蠲其租税，而虜人復征之。朝廷恐其人情外嚮，於是復使歲納馬樁、火牛草以繫屬之。緣此名爲兩屬。皇祐中，宋守約建言，令兩屬户不得結親北界，詔聽之。嘉祐中，臣僚言，爲隸於雄州者多兩屬户，請皆罷。朝廷恐示斥疎，俟其老且死，始以全南人（捕）〔補〕之。熙寧初荐飢，臣僚復請禁兩屬户樵採雄州以南，詔不聽。會虜人刺以爲義勇，復多逃來者，仍使厚加存撫，則是兩屬户蒙國恩厚有年數矣。今茲忽禁不得與爲婚姻，深恐沮其積久向化之心，而生其離畔之意，未見其便。」詔禁絶婚姻指揮勿行。

九月十六日，臣僚言：「竊見避地西陲，峙糧北部，凡 3 制勝威敵之方，無所不至。若夫東南武備，尚或未講。蓋東南諸路州軍，或連接蠻夷，或阻固地險。昨自元豐中，頗有增修城池去處，至今多歷歲時，而士卒訓練不精，器械服習不便，循沿日久，守禦多闕。」詔荆南、兩浙、江南、廣南、福建、淮南、川峽路鈐轄、轉運、提點刑獄司，勘會本路守禦人兵闕與不闕，城池壁壘等應干軍器已未脩完事狀〔一〕，開（除）〔具〕保明聞奏。

五年二月十三日，河東沿邊安撫司奏：「瓶形、寶興軍寨與真定府北寨相連，北人多於此越軼，劫掠人户。又從來禁伐五臺山一帶林木，以遏胡馬之衝。比來頗多盜伐，於邊防所繫不輕。乞許帥臣諳代州管下諸寨及五臺一帶與河北相接被邊處檢視，一歲再往。置人於阻險間，使察捕姦人。」從之。

二月二十八日，高陽關路安撫使張近言：「滄州密邇虜境，自海道出浮河東南濼，由永静南處平原廣野，更無險扼。昨常以滄、永静、恩、冀在河南，而本司在河北，乞密差官併護兩處。」詔令於本路兵將官内推擇以名聞。

大觀三年七月十二日，詔：「京東瀕海州軍修完武備，昨降指揮，以七年爲限。繼有官司建明增立罪賞，頗聞（以）〔州〕縣督責，人民搔擾，有妨農務。可依已降旨揮，限七年須畢工，其賞罰旨揮更不施行。」

政和二年九月十八日，詔：「北虜今歲居燕京，咫尺界河，且慮多詐難信，不可不備。（今）〔令〕河朔帥臣密遣諜者探伺虜中動息，及軍須之務，城 4 守之具，整飭爲備。」

十一月二十九日，詔沿〔邊〕諸路帥臣講究利害，城邑、芻糧、步騎、器械之數以聞。

三年二月十二日，詔：「應河北州軍沿邊城壁有圮壞，樓櫓有損塌，器仗不完具，兵馬不調習，壕有淺淤，仰限旨揮到日，排具修整，廣布耳目，刺探事實，多爲備禦。即不得以一人一騎侵入界外，自爲釁端。兼已降旨揮，轉運司、糴便司，其次邊州軍勘會見在糧草有無三二年之儲。如無，仰漕司與糴便司相度，科移充撥，般運補足。營房有無空（間）〔閑〕舍宇，如無，相度修蓋，大郡約可容五千人，小處三千人，並從官給，計會漕臣應副，不得科配搔擾，以備緩急。應有邊防可爲預備事，令帥臣限十日具條以聞，不得小有稽違，仍不得付司行遣。」

七月九日，朝散郎任元之言：「瀘南一帶，自頃年乞第作過之後，諸部落今既向慕聖化，納土附順，已爲王民，各安其居。竊詳久來疆外輒有生事處，皆緣遐方失業之人私相博易。今欲嚴戒守邊官城寨堡等，及招安將官，常行覺察，無令侵擾。令監司常切覺察。」詔並依崇寧四年六月三十日及大觀元年五月十八日指揮施行。

十月二十一日，臣僚言：「伏覩昨降朝旨，河北、陝西、河東沿邊官司密遣信實之人，刺探西北界動息，旬具聞奏。深慮將要害緊切邊機別有隱漏異同，或先後次第申發，致悞奏報。伏望付有司比類立法。」詳定一司勑令所供到：

〔一〕器：疑當作「備」。

「檢準崇寧四年九**5**月八日詔：『邊界探報事宜，依條(合)〔令〕實封送走馬承受看詳。近日經畧司或有隱漏〔一〕，不送看詳，亦無由見得子細。令經畧司及沿邊安撫司將探到事宜書號印縫，封送走馬承受看詳。如遇出入，回日亦許關借詳照。若故隱匿，並徒三年，不以赦降〔二〕、去官原減。諸路安撫、(鈴)〔鈐〕轄等司依此施行。』」詔比類立法。

五年七月十四日，臣僚言：「近者帥臣上通封表疏，有言及邊防機要者，顯言譁衆，畧無顧忌。萬一或有散落，所繫甚重。伏望聖慈嚴賜戒敕，今後應干邊事，自非實封陳奏，不得妄有稱述。所貴朝廷機事增密，人(之)〔知〕所謹。」從之。

六年三月十九日，詔：「兩川邊面承平日久，夷漢相雜，防鏈不嚴，過越無禁。可令帥司委守臣捕(葺)〔緝〕，越者論如律。」

八月一日，詔河北沿邊安撫使和詵等曰〔三〕：「北虜不道，結釁女真，窮兵毒民。又復練卒選兵，儲糧備械，與夏人合從，意欲恐動中國。(北)〔比〕來帥臣殊無遠慮，聞此探報，輒有所陳，起釁造端，邀功生事，貽過邊鄙，何日弭寧！曾不思百年誓好，明如日星，南北生靈，皆朕赤子。凡百舉措，務當持重，無開邊隙。如違，國有常憲，朕不汝貸。仰帥臣具知委以聞。」

八年五月二日，臣僚言：「登州與北界渤海水路相望，雖稱四百里之遠，緣風順一日可到。今陞爲邊州，所以戒不虞也。竊見熙寧八年朝旨，刀魚戰棹司每季那巡檢一員，將帶兵甲，下北海駞基島駐劄，係以駞基石爲界。自與**6**北朝通好，不曾根究海上北界。今竊慮與渤海人水路相近，緩急作過，則駞基孤外。乞以末島、嗚呼島爲界。自末島之南，又有欽島，逐島各乞添置卓望兵員，往來巡邏。如此，則緩急不致失事。」詔本路安撫司及本州官體究，措畫聞奏，不得希功引惹。

宣和四年二月十三日，河北沿邊安撫使和詵言：「近探報女真兵馬已犯契丹中京，燕人危懼，將老幼南來近邊逃避。臣恐沿邊官吏不度事機，妄行招納。方今之計，正宜廣儲蓄，利器械，練士卒，謹斥堠，静觀其變，徐爲後圖。乞下逐路帥司嚴飭邊吏，謹守封圻，不得妄行招納。」詔(先)〔詵〕從長計議，措置以聞。時女真悉師渡遼西，陷中京，遂陷雲中，屯白水濼〔四〕，其兵到山後平定州縣故也。

三月三日，詔：「河北沿邊安撫使和詵言，比來邊報女真人馬逼近邊境，守禦之備，所當申飭。(知)〔如〕軍兵、保甲、弓箭弩手見管若干，事藝精觕；糧草約支年月，有無腐爛；樓櫓軍器有無損壞缺鈍；城池塘濼有無淤淺乾涸；烽臺材植見在何處堆垛，有無闕少；及頻海州軍，戰艦、蒙

〔一〕近：原作「定」，據本書職官四一之一二五改。
〔二〕「赦」下原有「原」字，據本書職官四一之一二五删。
〔三〕詵：原作「銑」，據下文宣和四年條及《宋史》卷三五〇本傳改。
〔四〕濼：原作「樂」，據《金史》卷二《太祖紀》改。

衝，遊艇之類見如何安頓，有無損弊；砲石曾與不曾增積。應邊防事件緩急施設，仰河北路帥臣開具詣實以聞，當議遣官按察。稍涉詐冒，並行軍法。」

六月六日，臣僚言：「五溪郡縣，闢自先朝，中更元祐廢罷。比雖興復，然傜賊屢肆跳梁。蓋緣荊南鈐轄司去邊稍遠，難以彈壓。政和六年九月内，奉御筆，[7]分荊湖北路荊南府、歸、峽、安、復州、荊門、漢陽軍爲荊南路，帶兵馬都鈐轄，治荊南府；分鼎、澧、岳、鄂、辰、沅、靖州爲鼎澧路，帶兵馬都鈐轄，治鼎州。鼎州置都鈐轄司，以帶職文臣充。至宣和三年十二月，五年之間，並無邊事。今年正月，靖州收到五溪等處楊晟實土人結(諜)〔謀〕作過，雖有湖北帥臣，緣在荊南，相去邊面太遠，又隔大江，難以照應。顯見併爲一路與分路利害，相去甚遠。〔乞〕依政和六年九月十八日已降處分，分爲兩路，及將(領)提舉辰、沅、靖、澧州刀弩手司改爲提舉鼎澧路刀弩手司。」奉御筆：「臣僚所言荊湖北路利害甚明，可並依所奏。」

八月二十二日，詔諸沿邊官吏輒以私書報邊事，以違制論。

六年三月四日，詔：「邊防軍政之類，應屬樞密院事，並合申樞密院。比來内外官司往往有所窺避，匿而不申，或循例却申他司，及有不依條制，直便施行去處。慮官司行遣違戾，或輕重不倫，朝廷無由得知，不惟難以檢察約束，兼恐失於措置，可令尚書刑部遍牒内外官司，將應合申樞密院，仍仰本院覺察點檢。如敢不申，或雖申後時，並取旨重作施行。」

七年十二月十九日，詔：「河北燕山邊事，理宜詢訪利害，選用人材。特許文武臣僚、諸色人經尚書省投狀自効，并獻緊切利害。開封府疾速分明散出文榜曉諭。」

二十二日，詔：「天下方鎮、郡邑守令，各率師募衆，勤王(漢)〔捍〕邊，能立奇功者，並優加異賞，不[8]限常制。其草澤之中懷抱異才，能爲國家建大計、定大事，或出使疆外者，並不次任使。其尤異者，以將相待之。」時女真至蔚州，大點軍兵，而中山府奏其國刷正軍并漢兒，漸次前來雲中府等處。彼界盜賊於並邊出没，皆稱金人，於蔚州并飛(孤)〔狐〕縣等處屯聚軍兵，收積糧草，皆稱欲來侵犯邊界故也。

十二月二十五日，登極赦書：「勘會朝廷與大金國元自海上結約，積有歲年，使聘交馳，歡盟無間。止緣守邊之吏不能恪守誓言，容納叛亡，致悮朝聽，結怨鄰國，以至興師。既往難追，宜尋舊好。除已遣使和會外，仰河北、河東沿邊州軍嚴飭守備，帥司務在持重，毋得先自輕舉。」

靖康元年六月六日，詔：「永興控制陝西諸路，方夏人猖獗，宜疾速繕治(成)〔城〕隍，修飭器甲，選擇將領，募兵積粟，訓練保甲，務要事爲之備。又本路與河東相鄰，金賊見攻太原，亦須明斥堠，張聲援，預爲隄備。」

九月二十三日，詔應邊防文字，所屬並不得下司。

同日，臣僚言：「金賊遊騎侵犯河北，都城備禦，決可無慮，理當更强外援。如今春勤王之師無所統一，沿路作過〔一〕，來不及期，若是臨時遣使，決難倚辦。萬一道路阻隔，朝廷號令不以時達，州縣緩急私自爲計，各相顧望，亦無任其責者。天下之勢，治平則宜治内，遭變則宜重外。重外者，宜假之以權。今將佐、士卒、官吏、財用足以應辦，若擇人分總四道，各付以一面，令事得專決，財 9 得通用，吏得辟止，兵得誅賞，使倉卒之際合從以衛王室，連衡以禦狂虜，不煩朝廷警急措置，可恃以爲救援。此今日備急之計也。謹條具如右〔二〕：一、以三京并鄧州爲四帥，各帶都總管。北京帥總北道：河北東路、京東東路〔三〕。西京帥總西道：京西北路、陝西、京兆、秦鳳、環慶路。南京帥總東道：京東西路、淮南東、西路、浙西路。鄧州帥總南道：京西南路、荆湖北路。仍置副一員，使出則留守，事平日依舊。一、四帥分總四道，止爲警急帥所部勤王，差撥兵馬，移運錢糧，令所部州軍各聽節制，相爲應援。其餘事並依舊法。一、四帥舊非帥府處，幕府官屬依帥府差辟〔四〕，隨府置罷。一、合用兵馬，並令所部州郡召募訓練，以備差發。仍於所差處不限文武，選有才畧忠勇官統制。一、合用錢糧，並於所部州郡不限高卑，選通曉財用官〔五〕，以遠及近，遞儹移運，别項樁管，專充差發兵馬之用。」從之。

光堯皇帝建炎元年七月十日，朝請郎魏龢言：「海州至登州最近，而登州與金人對境。海州城東沿海，舊無巡捕官置司。嘗乞創置本州東沿海巡檢官，招置水軍百人，下兩浙運司造(舫)〔舠〕魚戰船二十隻；又乞修置樓櫓，添置軍器，并依登、萊屯兵三千人，以備緩急。得旨特依外，〔所〕有樓櫓、軍器、屯兵，乞下兩路帥司相度自來登、萊至海州，每十里或二十里置立斥堠，差人守宿。」詔令本州量度合用軍器添造。其樓櫓，仰如法修置。所有合置斥堠，10 并差人守宿去處，令兩路帥司相度施行。

二年七月二十五日，(毫)〔亳〕州言：「本州已增修城壁，創置樓櫓，及隨宜措置砲座、防城器具，開掘濠塹深闊，已可捍禦賊馬。今防秋在近，理宜嚴作隄備。欲乞權宜將本州界應管新舊弓手合爲一軍〔六〕，土軍合爲一軍，河清裝發合爲一軍，逐軍於巡尉内選差實有勇藝材武人充都部押官；如巡尉内無應選人，於本州及諸縣官内時暫選差。内河清裝發不離本地分，應副沿河工役，防守保護隄岸外，新舊弓手、土軍分屯於本州界四面要會處把隘教習，庶得緩急應援，臨時不致悮事。」詔依，令諸路一體州軍倣此措置。

十月三日，詔令揚州先次開撩城壕及措置增修城壁。其教習軍兵，令揚州依法施行。所有江淮水戰州軍民兵，

〔一〕路：原作「邊」，據《靖康要録》卷八改。
〔二〕右：原作「若」，據《靖康要録》卷八改。
〔三〕京東東路：原脱一「東」字，據《靖康要録》卷八補。
〔四〕帥：原作「師」，據《靖康要録》卷八改。
〔五〕官：原無，據《靖康要録》卷八補。
〔六〕舊：原脱，據《建炎要録》卷一六補。

劄與逐路監司檢察。從臣僚請。

三年六月十一日，樞密院言：「江浙、淮南多是瀦水塘濼之地，可以限隔賊馬。今防秋在近，理合措置。」詔令逐州縣守倅，令速密切差官於所管地分，遍詣巡歷積水塘濼，如有水道淤澱或乾旱去處，可與不可措置。勸誘民户，以種蒔爲名，併力開畎，令積水浸灌。仰具圖本供申，仍不得搔擾張皇，别致生事。

四年八月二日，樞密院言：「聞海、密等州米麥踴貴，通、泰、蘇、秀有海船民户貪其厚利，興販前去密州板橋、草橋等處貨賣。若爲金人所虜，定謀轉海前來。欲乞將通、泰、〔蘇〕、秀等處有海船人户與自來曾[11]招頭之人，權行籍定，五家爲保，不得發船前去。(京)〔今〕來嚴立罪賞，許人捕告。候將來收復京東瀕海州軍，方許海船通〔行〕。又聞明、越瀕海(材)〔村〕落間，類多山東游民航海而來，以販糴爲事。正恐因緣爲姦，以泄中國之機。雖以降旨揮，令明、越州止絶外，訪聞福、建、温、台[一]、明、越州嚴行禁止[二]，如有違犯，其船主、梢工並行軍法。州縣官失覺察，重寘典憲。」

紹興三十二年六月十三日，壽皇聖帝即位，未改元。赦：「昨來(元)〔完〕顔亮無故敗盟，太上皇帝不得已興師以應之。天戈所指，城邑以次歸附。近者金國新帝遣使通好，國家答其美意，已行報聘。其令諸路將帥將已得城邑嚴修警備，不得生事輕動。如沿邊姦盜乘間衡二[三]，方許一面便宜從事。應陝西新復州軍有與夏國及諸蕃部接去處，其諸國人民在兼懷之内。仰宣撫司嚴戒邊吏，毋得輙因細故生事。如違，依軍法施行。」

二十七日，陝西河東路招討使吴璘言[四]：「收復秦鳳(路)、涇(源)〔原〕、熙河三路州軍縣鎮城寨，見屯駐將士，全藉逐路帥臣團集軍馬，照管邊面。乞(邊)〔選〕差三路帥臣。」詔令吴璘於統兵官或本處忠義人内一面選差。

十一月三日，陝西河東路招討使吴璘言：「頃罷姚仲都統職事，其東路軍馬，得旨差李師顔權行節制。李師顔今年三月内統率諸軍，與金賊鏖戰，收復德順軍，功効顯著。」詔李師顔除御前諸軍都統制、利州東路安撫使，兼知興元府。以上《中興會要》。

隆興元[12]年四月二十二日，吴璘言：「昨遵依詔旨，罷德順屯戍，將都統制王彦發回金州，并李師顔回歸興元府歇泊，及差吴拱節制關外屯戍軍馬。緣成州與秦州接境，正係控扼緊要去處，本司隨宜那差吴拱於成州屯駐，仍權知成州，節制階、(城)〔成〕、西和、鳳州，照管一帶邊面。」從之。

九月四日，宰執進呈劉光時乞撥李寶、李横下忠勇軍。

[一] 台：原作「方」，據《建炎要録》卷三六改。
[二] 此句疑有脱誤。
[三] 衡二：疑有誤(「衡」字殘缺，但仍可辨識)。
[四] 使：原作「司」，據《建炎要録》卷一九九改。

上曰：「海道緩急要人，邊事寧息日方可（揆）〔撥〕。」

十月十四日，宰執進呈商州事宜。上曰：「商州難守，金州山險可以守。」

二年五月十七日，宰執進呈知揚州周淙劄子：「泗州申，五月八日，有蕃賊馬軍約四萬餘騎前來攻新店寨，臨淮知縣同神勁右軍把隘官兵迎敵敗之。」上曰：「泗州將來止以輕兵守，非屯駐重兵去處。朕已寫與錢端禮、劉寶，恐思量未盡，却教奏來。」湯思退奏：「前日御筆，令劉寶量輕重取舍，已見聖意。」

六月七日，詔：「令兩淮沿邊守臣嚴切措置，若有盜賊侵近本界，即督責官兵須管捕獲，優與推賞。其所差巡綽人馬止於本州界邊面往來照管，即不得乘時過越北界及縱夾淮之人出界，侵擾生事。」

十六日，詔：「夷陵之地，今日爲次邊利害，下湖北、京西路制置使司相度有無利便。又見屯夔路兵聽峽州差撥，於夔州有無相妨，下荊湖北路并夔州安撫司同共相度經久利便，取朝廷指揮。」以知峽州蔡擝言：「觀今之形勢者，皆曰荊州爲國上流，今日之事與三 13 國異。臣觀夷陵，則又荊州上流之重地也。昔陸遜有言：『西陵，國之西門，若有不守，荊州非吳有也。』陸抗亦以謂『西陵國之藩表』。欲望以臣之議，博採朝論，相視今日夷陵之地。或以謂次邊利害一。在法，諸州屯駐軍馬，知州與駐泊官兵同管〔一〕。今所在客寄之兵，往往分擾郡民，本將不加禁戢，間有與民鬭訟而至於訟庭者。守臣亦念其客寄，取鬭訟之民必寘於法，以鬭訟之兵牒之本將，而聽其自爲之區處。奈何兵知肆擾〔二〕，本將從之，郡雖待之以禮，猶不以爲意？朝廷固已令夔兵聽荊南節制矣，然本州去荊南復須旬日，萬一警報不測而至，必待申審荊南，得報而後用，豈不緩失其時哉！欲望將本州見屯夔路兵五百人，亦聽本州差撥，而駐泊兵官階銜之内，乞以『彈壓峽州界内賊盜』八字兼之，庶幾頗有統攝。」故有是命。

十九日，上謂湯思退等曰：「虞允文等論荊襄備預事，甚好。」先是，上詔允文、王宣、趙撙，將來虜人侵犯，合如何備預。允文自爲論，且繳二人之論來上。上批出：「允文、宣議論知其利而不知害，撙論爲長。」思退等奏：「王宣似符同允文之論，然猶恐糧餉不足。撙直以據險爲言，而不敢詳具利害，似有所避也。」上曰：「卿等更加詳慮。」於是思退等發三難、陳二策繳進，上封示允文等曰：「覽卿等所奏，允文欲望堅守唐、鄧，而諸路有可入寇處未見條畫，全勝之策未盡也。宣欲屯南陽、新野。南陽去 14 根本太遠，緩急不相救應。若虜人斷吾糧道，邀其歸路，即將何以制之？此德順所以失利也。趙撙有可採，而未究其說。今以湯思退等奏示卿等。朕再思之，萬一虜人入寇，當以輕

〔一〕官兵：似當作「兵官」。
〔二〕知：似當作「之」。

兵守唐州，重兵在襄陽，鄧州置之度外可也。不可罷將士之力，以争此二空城，但以此餌虜。虜意止在收復舊疆，貪事虛名，其勢必不久留，去而復取之未晚也。制敵之道，不在此二城。其臨時取勝，則在卿等所以處之。卿等以爲然，便當遵守；如有所見，速具奏來。」思退等奏曰：「臣等獲覩所賜允文等宸翰，深照事機，可謂明見萬里之外。」上曰：「卿等謂唐州城小，矢石交過，可見其不可守也。何況糧道艱難。」思退等奏：「誠如明詔。」

七月七日，主管侍衛馬軍司公事張守忠(張)〔奏〕：「被旨，將帶官兵前去淮西措置邊備。内揀選精鋭少壯堪(被)〔披〕帶軍兵二百人帶器甲，應副出戰使唤。乞將各人身分請給，並依見從軍人例，分(壁)〔擘〕批勘。如有立功之人，即於本指揮上陞轉。所有將來合用激賞錢物，欲望支降〔銀〕二萬兩、絹五千匹，應副隨軍支用。」從之。

十二月〔一〕，樞密院言：「今來復議和好，北軍並皆斂退。已降旨，令諸軍各於見屯處所，持重固守，無令生事。竊慮諸軍未能盡知，尚發軍馬抄截畸零，無故引惹。」詔諸大帥行下，曉示兵官，遵依已降旨揮，不得違戾。

乾道元年二月十三日，新差知濠州劉光時奏：「濠州治所係在淮湣，乞於本州界藕塘 15 鎮屯駐軍馬，名爲屯田，彈壓盜寇。其鎮去州止有百餘里，一日可達。其倉庫重積，悉貯已南十里皇甫山，修治嶮阻，實爲至便。」詔木植令淮西總領所契勘見在數目，(目)量行應副；竹竿、蘆葦，令江東轉運司量度支撥。

三月十一日，詔：「楚州北神鎮，令宋肇、夏俊、劉繹各分定地分，專一措置巡捕盜賊，禁止私渡及過界錢寶、私販違禁物色。仍更差使臣二員往來覺察。」以户部言：「淮東安撫周淙并提轄(權)〔榷〕場官劉度申：『今來復創榷場，數内私渡貨賣過界，雖罪賞嚴重，而小人顧利，殊不畏死，朝廷利源，一旦失盡。』今參照周淙等申請外，别行條到事件：一、楚州北神鎮係在淮濱私路河渡紛雜去處，所居之人往往皆是從來騎淮作過、不良跳河之徒，嘯(除)〔聚〕結黨，轉貨寶過淮博易。本州公然以收税爲名，給引通放。緣本軍與楚州係是鄰境〔二〕，不相通攝，難以機察。不唯走失課利，兼作過之人往來出没，引惹生事。及茶貨、錢寶等自楚州差人坐押至洪澤，止行運河，便可稽考。今乃以固水爲名，於淮陰縣列小舟，不下千餘隻。一纔車船入淮，經過北岸，直入清河，無所不往，所失朝廷課利不可數計。今乞選差官三員，專一禁止私渡，巡捕盜賊，劫奪北馬，事無不辦。一員所管地分，南至高郵軍，西至淮陰縣；一員所管地分，東至淮陰縣，西至本軍界秩林；一員所管地分，東

〔一〕十二月：疑當作「十二日」，本門徽、欽、高、孝四朝條目均落至日分。又據史，隆興二年十一月宋、金正式重簽和約，而此條云「復議和好」，則是和議未成之時，不應作「十二月」。

〔二〕按，據文，「本軍」乃是指盱眙軍，但上文並未提及盱眙軍，當是《會要》節略稍疏。

至秩林，西至鐵橋浦，接濠州界。」故有是16命。

四月七日，詔：「沿淮郡邑，令監司、帥嚴密禁戢，不許踰淮買賣。如有尚敢違犯，官員按劾，餘人送獄根治，並寘嚴憲。」以臣僚言：「和議既成，封疆已定，宜杜釁端。向來沿淮郡邑，多是見任官遣人私齎南貨，踰淮買賣，往往夾帶銅錢并違禁之物，公然貨易，至有妄稱御前差委買賣。不唯上玷國體，亦恐引惹間隙。又聞沿邊惡少多以平市買馬爲名，越境作過，謂之騎淮，又謂之跳河，往往出境偷馬，時致喧鬧。萬一馴致生事，其害不(心)〔小〕。」故有是命。

二十三日，知盱眙軍胡堅常言：「朝廷嚴榷寶貨，禁絶私渡，雖沿淮州軍明立罪賞，未曾專委官覺察。欲望依錢塘西興法令，監官給牌，濟渡客旅，庶幾易於覺察，止絶私渡。」從之。

五月二十八日，臣僚上言：「盱眙并楚州界客人裝載物貨，私相博换錢寶，乞禁止施行。」詔令宋肇、嚴寧、劉繹依認地分，晝夜往來，專一緝捕。如能用心捉獲，格外優(典)〔與〕推恩，犯人從軍法施行。

七月十九日，執政進呈湖北京西制置使沈介申：「據探報人劉泉狀，體探得北界人户劉斌稱説：北界金牌、銀牌二人巡邊，欄截客旅，不得過淮買賣，及密説語言。」上曰：「看李若川等回，便見得，此未必實。」臣端禮奏曰：「雖未見審的，但每月探報，不敢不進呈。乞降宸翰，密戒諸將，常使有備。無問外境如何，但盡自治之道。」上曰：「諸軍校閲亦稍精鋭，今則未嘗不備，惟是馬尚少。若二三年間，當又17勝今日。」臣允文奏曰：「凡戰守之用，陛下日留聖念。惟是諸軍衣甲，非一日之力所能辦，臣亦屢嘗奏知。」上曰：「極是。」

十二月六日，宰執進呈陳敏奏：「楚州馬邏等處添差屯兵，今既講和，恐對(鏡)〔境〕生疑不便。」上曰：「此説亦是，可從之。」

二年正月七日，宰執進呈吴璘、王宣探到事宜。上曰：「皆是探人(選)〔撰〕造，不須得看，豈得便有此事。」洪适等奏曰：「邊臣要得如是，恐人易之爾。」

三月七日，宰執進呈胡明乞差臧珪本州緝捕盜賊。適奏曰：「楚州先係極邊，有此寨闕。中間收復泗州，即爲次邊，此闕遂罷。今(故)〔胡〕明引極邊例復創置。」上曰：「既係極邊，可以從之。」

二十一日，宰執進呈濠州申：「對境有過來打劫賊徒，爲總首等人奪回牛馬，趕逐過淮北去。」适等奏曰：「淮上有都巡檢分定地界，今此全不會合，只是總首等人追趕。」上曰：「可往取問，仍發牒本，(今)〔令〕盱眙軍備牒對境。」

五月二十八日，樞密院言：「勘會海船興販貨物等往山東，累降旨揮斷罪禁止，〔非〕不嚴切，訪聞近來公然冒法興販。」詔令刑部檢坐見行條法旨揮行下。如有透漏及裝發，州縣知、通、令、佐、當職官吏，令監司覺察按劾，重行竄責。仍令沿海州軍守臣，旬具無透漏船隻聞奏。

三年二月二十九日，諫議大夫陳天麟言：「近探報虜聚糧儲增戍，以其太子爲元帥居汴。宜預擇將帥，講究備禦之策。」上謂宰臣曰：「此今日急務。昨王琪請築（揚）〔揚〕州，卿等見文字否？」葉【18】顒奏曰：「王琪至都堂，議論尚未定。」魏杞奏曰：「淮東之備，宜先措置清河、楚州、高郵一帶，庶可遏敵糧道〔一〕。」上曰：「若把定高郵，不放糧船過來，則虜不能久留淮上，自當引去也。」

三月二日，宰臣葉顒奏，乞免抽回江州軍馬，上曰：「此豈得已，然事亦要熟商量。近來招兵練兵皆容易，惟養兵最難，此豈有定論。他時財賦有餘，自可增招。」顒又奏曰：「昨日陳敏對，陛下必已分付六合事。」上曰：「亦説來，却欲帶步司人去。」顒奏曰：「若只令陳敏備高郵至楚州一帶絶糧道，其人甚曉地利，且有志立功名。」上曰：「若陳敏守高郵甚好，却別擇一步帥，亦難得人。」

七月十八日，諫議大夫陳良祐奏事，上宣問：「外間有何所聞。」良祐奏：「民間傳邊事動，因論邊事，多是兩下説成。爲備雖不可已，要不可招敵人之疑。惟當愛惜民財，休養士卒，一有警急，則富者（戍）〔輸〕財，勇者出力。如近日修揚州城，衆論以爲無益。」上曰：「正欲爲備，如何無益？」良祐奏：「揚州僻在一隅，萬一虜人衝突，兵不能守，則是爲虜人築也。目今遣二三萬人過江，則虜中間探，却恐便成邊釁。」上曰：「若臨淮則不可，在内地亦何害？」良祐奏：「更願陛下審思之。今日爲備之要者，無過選擇將帥，收蓄錢糧，愛民養士，勿妄用其財，勿妄使其力。如此而後可。」上曰：「卿言甚是。」

閏七月十九日，宰執進呈殿前司申，與鎮江軍分認南北修揚州城，因奏南北分恐不均平。上曰：「北邊乃受敵處。」【19】芾奏曰：「不如令東西分。」上曰：「好。」

十月八日，上宣諭宰執曰：「昨日有從官奏，云邊事規模未定。」葉顒奏曰：「臣等日夕講究，亦且徐徐措置。」上曰：「維揚城築已畢，更得來年一冬無事，足可經畧。」陳俊卿奏曰：「淮上規模，須久任守臣，遲責其効。有不職者，早宜易之。」上曰：「極是。」

四年四月十二日，臣僚言：「淮上客旅多是過淮博易，往往寄附書信，傳報兩下事端，竊慮引惹生事。乞令盱眙軍守臣將往回客旅並五人結爲一保，互相委保，不敢寄附兩下書信文字。許諸色人告捉，賞錢五百貫，更以客人隨行物貨充賞。犯人決配，籍没家財，同保人一等坐罪。其同保人内有能告首，依此支賞。」從之。

二十七日，江南東路安撫使史正志言：「和州沿路多商販牛綱，少者亦不下十餘頭。自江西販往濠、壽、光州極邊去處，而光州爲最甚。其間亦是鰾膠市易銅錢情罪。乞行下沿邊州郡，重立賞格，嚴切禁止。」得旨，令刑部限三日立法，申三省、樞密院。本部看詳：「商旅販牛過淮并知

〔一〕敵糧道：原無，據《宋史全文》卷二四下補。

情，引領、停藏、負載之人，并透漏去處賞罰，欲乞並依已降鰾膠過淮指揮施行。」從之。大理寺契勘：「興販鰾膠之物泛海，不以是何州縣捉獲，及其餘水陸路往次邊州軍捉獲者，徒二年。以物估價及二貫，加一等過，徒三年；三貫加一等。徒罪皆配千里，流罪皆配遠惡州。若於極邊州軍捉獲者，徒三年。以物估價外，二貫加一等。徒罪皆配三[20]千里，流罪皆配海外。十貫絞。已過界捉獲者，不以多寡，並從軍法定斷，仍並奏裁。許諸色人告捕。其知情引領、停藏、負擔乘載之人，並減犯人罪一等，各依犯人配法。經由透漏州縣官吏、公人、兵級，並減犯人罪一等。以上並不以去官、赦降原減。今後興販軍須之物往極邊并次邊及其餘州軍貨賣者〔一〕，除盡給隨行物與告捕人充賞外，徒罪，命官轉一官，（注）〔往〕次邊止減磨勘三年，其餘州軍止減二年磨勘。諸色人錢一千貫，仍補進義副尉，（注）〔往〕次邊止給賞錢。其餘處賞錢及半。流罪，命官轉一官，仍更減磨勘三年，（注）〔往〕次邊止轉一官，其餘處止減三年磨勘。諸色人錢一千五百貫，仍補進義副尉，（注）〔往〕次邊止給賞錢。其〔餘〕諸處賞錢給半。死罪，命官轉兩官，仍減磨勘三年。諸色人錢二千貫，仍補承信郎。知情停藏、同船同行梢工、水手能告捕，及人力、女使告首者，並免罪，與依諸色人告捕支賞補官。」

八月十四日，詔：「令沿邊州軍鈐束縣吏、巡檢、尉，并仰所在地分官、都巡檢使，嚴行關防私擅渡淮。如能用心捉獲，所立賞格外，更與優異推恩。若有透漏，別處官司捉獲，合干地分當職官並取旨重作行遣。帥、憲司不行覺察，亦重寘典憲。仍仰沿邊州軍置立粉壁，帥、憲司多出文榜曉諭。」以尚書省〔言〕：「勘會累降旨揮，令沿邊州軍禁止私擅渡淮及招納叛亡。如捉獲私擅之人，每名支賞錢一千貫，有官人轉兩官，隨行錢物[21]盡給捕人充賞，犯人依軍法施行。并昨來捉獲奸細李那七，其捕人謝彦已補承信郎，賞錢五百貫。今來沿淮又添置巡檢，專委兵官分定地分覺察關防。及令帥、憲司嚴行覺察，旬具無透漏文狀供申，約束立賞斷罪，非不詳盡。近來帥、憲司視爲常事，督責不嚴，亦不每旬開具。切恐官司關防不密，縱令私輒渡淮及招納叛亡并透漏姦細，引惹生事。」故有是命。

九月十一日，荆南駐劄御前諸軍都統制員琦言：「契勘北來客人賈福、賈聚、王進等三人，輒敢擅便過界前來，又與本司歸正女真石遂往來説話飲酒，并於閻七娘家取家信前去以北傳報。不唯將本朝軍期事宜體探前去，又慮本司日後難以差人以北幹當，事繫利害。」詔：「石遂、賈福、賈聚、王進並送韶州駐劄殿前司摧（峰）〔鋒〕軍收管，從軍使喚。令襄陽府差人管押前去，候到，常加存恤，毋令走逸。

〔一〕「販軍」二字原脱。按《宋史》卷三四《孝宗紀》二：乾道四年四月二十七日「戊午」，詔販牛過淮者，論如興販軍須之罪。」即此條事，可知「興」下當有「販軍」二字，因補。

仍具已收管文狀申三省、樞密院。」

五年正月二十九日，權發遣楚州左祐言：「本州正瀕長淮，東西僅四百里，與大小清河相對，最爲控扼。作過徒黨，多是騎淮不逞之輩。竊見(楊)〔揚〕州更戍殿前司遊奕馬軍數多，乞指揮摘差一百人騎，起發前來楚州警捕盜賊。仍乞隨(楊)〔揚〕州更戍人馬例交替。」從之。

四月四日，權主管殿前司公事王逵言〔一〕：「揚州城壁周圍一十七里零一百七十二步，計三千一百四十六丈。昨止係沿城裹周圍作卧牛勢幫築增闊，開22展濠河，將挑(㙭)〔撅〕到土末添築砲臺。緣工役有不如法去處，萬一有警，誠難坐守。所有城身外表磚瓦，今相度，欲乞差委統制官路海量帶白直鞍馬前去，再行子細相驗。如有不禁攻擊，摧缺磚爛去處，打量高低闊狹丈尺，計料合用磚灰應干物料、人工數目，彩畫圖本，逐一貼説前來，容臣重別參酌奏聞，乞賜處分施行。」從之。

五日，左祐劄子：「契勘楚州係極邊重地，路當衝要。本州之東地名凫魚溝、北砂一帶，抵接淮海，與山東沿海相對。乞將本州兵馬(鈴)〔鈐〕轄羊滋移往前去，置廨舍，警察姦盜。緣元管海船二百餘隻〔二〕，搬運海州軍糧〔三〕、間探之類，甚爲濟用。其一帶正瀕淮海，與射陽湖通濟，地分闊遠，誠恐本官出巡，臨時闕官拘轄。今欲創置使臣二員，專充管轄海船，機察淮海盜賊，聽羊滋使喚。」從之。

六年正月十二日，入内内侍省言：「奉聖旨，已降金字牌一面付四川宣撫使王炎，附發邊防文字。其四川安撫制置使司見存留金字牌二面，令本司繳行入内内侍省進納。檢(注)〔坐〕紹興十八年九月二十一日四川安撫制置使李璆申：宣撫司昨奏請，許權留御前發來金字牌子二箇，附發合奏邊防機速文字。今來見存相字號金字牌子一箇，未發回間，承朝旨，宣撫司罷。欲乞將未發回金字牌一箇存留，應副制置司附發申奏機速文字。如後來制置司有承受發來御前金字牌子，亦乞依宣撫司奏請23到指揮，許權留二箇，準備附發機速文字。」從之。

十一月一日，詔：「諸軍及沿邊帥守，依累次約束，並不得輒差間探人。仍分明鏤板揭榜曉諭，各具知稟狀申三省、樞密院。」

七年三月一日，上出馮湛控扼海道畫一以示宰臣虞允文等曰：「馮湛所陳，不可行者一，可行者二。其言淮口一帶置鋪、舉烽火，此不須行；明州神前山差人船卓望，黄魚垛分官兵往來巡綽，此兩事可令馮湛與趙伯圭同共措置。」

二十六日，宰執進呈胡沂具到彭德等盜馬因依〔四〕，虞

〔一〕王逵：原作「王達」，據本書方域九之一、禮六二之七一、《宋史》卷一二一《禮志》二四改。
〔二〕餘隻：原倒，據《宋史全文》卷二五上乙。
〔三〕搬：原作「船」，據《宋史全文》卷二五上改。
〔四〕胡沂：原作「其所」，據《宋史全文》卷二五下改。

允文等奏曰：「曾昭誘山寨人盜馬〔一〕，已而殺其人，人情甚不安，至有逃入山中不敢出者。」上曰：「昭欲自掩其過，乃乖謬至此，須重作行遣。」允文等奏曰：「山寨人以爲須得朝廷黄榜，乃敢復業。胡昕等現在濠州探報。今曾昭有行遣，人情自定矣。」上曰：「然。曾昭可追三官放罷。」梁克家因奏：「邊臣邀功生事，不可輕貸。且如知沅州孫叔傑，以兵攻傜人，奪其地，引惹楊再彤等聚衆作過，驚擾邊民，幾成大患。前日得旨放罷，行遣太輕，無以懲戒後來。」上曰：「可更降兩官。」

六月一日，湖北安撫使姜詵、荆南都統制秦琪、主管京西南路安撫司公事張棟言：「近據邊上探報事宜，已公共商量，荆南更休軍馬盡行勾取，前去襄陽時暫屯駐，以備不虞。乞速賜施行。」得旨，令姜詵、秦琪、張棟更行密切差人子細體(操)〔探〕，未得增戍軍馬。不住具聞見事宜，實封申三省、樞密院，24 別聽旨揮。鄂州駐劄御前諸軍都統制韓彦直奏：「臣據秦琪牒報到事宜，臣已一面整齪軍馬，更看事勢緊緩，即量提軍馬前去襄陽，與秦琪併力措置。及於郢州量增戍甲軍，隄備棗陽一帶捍禦使唤。俟有起發月日，續具奏聞。」詔令韓彦直更切密行差人體探，即未得起發及增戍郢州軍馬。

二十九日，權知襄陽府張棟言：「據權發遣均州延璽申：本州正當荆襄上游，商、鄧、陝、虢要(要)衝，吳蜀襟喉之地，對境密邇，實爲要害之區。今來見屯荆南官兵不滿二百人。照會房州竹山縣尤爲腹裹，見屯金州軍馬一千人。若蒙移屯本州，實爲利便。」從之。先是，得旨檢坐下項：「隆興二年十月二十五日已降旨揮，襄陽與金、房及淮西接境，緩急之際，互爲表裏，遞相策應，協力國事。今任天錫遵依已降旨揮，緩急荆襄有警，竭力策應，不管有悮國事。又乾道二年七月六日旨揮，吳璘相度，差撥軍馬一千一百餘人，前來房州竹山縣就糧。」

九月十六日，宰執進呈呂游問得旨，令措置襄陽寨屋。梁克家奏曰：「將盡徙荆南之屯否？」上曰：「欲盡移去，如何？」虞允文奏曰：「荆南之人歲歲更戍，自此可免道途往返之勞。然有二不便。」上曰：「襄陽極邊，驟添人馬，對境必致驚疑。」允文奏曰：「此正是一不便。自荆南至襄陽，水運千餘里，河道淺狹，艱於餽糧，此二不便。以臣愚見，不如先移軍馬，餘續議之。」上曰：「甚善，可諭此意，令 25 呂游問同秦琪措置。」

八年六月五日，詔夏俊特降一官，陳鋭、孫春、張舜臣透漏户口數多，各特追兩官勒停；嚴宗顔透漏户口數少，特追一官勒停。以淮東安撫司言：「淮指揮，令開具透漏過淮人，分認禁止私渡地分、邊淮透漏巡尉官職位姓名及逐官所管地分内過淮人口户數申。一員，武德郎、閤門宣贊舍人、淮東路鈐轄夏俊。一員，承節郎、山陽縣尉陳鋭，

〔一〕昭：原作「招」，據《宋史全文》卷二二五下改。

一員，秉義郎、添差山陽縣馬邏巡檢釐務孫春，透漏戴全等一十二户，計六十四口。一員，敦武郎、楚州管界沿淮海巡檢張舜臣，透漏羊七婆等十户，計五十二口。一員，承節郎、山陽縣下柳浦巡檢嚴宗顔，透漏高師友等四户，計二十口。勘會昨來高郵軍至楚州淮陰縣，委是夏〔侯〕〔俊〕緣當來安撫司分認地分，不曾分明申説楚州以東邊淮海去處，其地分官姑從輕責罰。」故有是命。

七月二十三日，權知廬州趙善俊言：「近於廬州焦湖、孤姥二山蓋屋聚糧，緩急安存民兵老小等事。今照得焦湖舊有巡檢一員，昨因兵火廢罷，未曾復置。乞將進武校尉馬世忠充廬州焦湖巡檢，兼監孤姥山糧倉。」詔特依。

十二月二十九日，詔：「劄下兩淮、荆襄帥臣、漕臣、諸州郡守，應兩路事宜，合同都統帥臣并諸將會議。應見今屯駐兵馬及應干關隘，合行相度輕重緩急及預先計議：若虜以輕兵侵軼，合如何邀截？若以大兵入，合如何捍禦？合於何處屯駐 26 重兵？將合用某人？何處掎角應援？其虜人糧道合如何燒絶？兼虜人沿淮清野，合如何措置斥堠？」

九年十二月三日，詔：「令沿邊州軍守臣嚴行約束，務在安静。如有騎淮作過之人，重立賞錢，措置收捕。犯人送所司根勘詣實，即從便宜施行。委帥、憲司常切覺察，有奉行違戾去處，即命按劾，將當職官取旨，重作施行。」以樞密院言：「訪聞兩淮沿邊無知小民，近來相結騎淮，往來作過，使邊界民户不得安居，兼惹生事，理宜禁止。」故有是命。

【宋會要】〔一〕

27 紹興二年八月七日，江南東路安撫大使、兼充壽春府滁濠廬和州無爲軍宣撫使李光言：「廬、濠二州及六安軍最與僞地接境，乞兵五六千人并文臣一員，廬州屯駐，假以制置或招撫使、副之名。」詔李光選文臣一員充淮西巡撫使，仍差兵二千人，付所差官將帶前去廬州屯駐。

二十一日，壽春府滁濠廬和州無爲軍宣撫使李光言：「廬州鎮撫王亨稱，報探王彦充自東京會合以北軍馬萬數，並要八月十五日到壽春府，收復未下以南州軍，不可不爲隄備。望許將都督府錢糧通融應副本司軍馬前去。」樞密院勘會已降旨揮，劉紹先差充沿淮防遏使，將帶本部人馬前去廬州以來沿淮要害去處，與王亨同共措置。所有劉紹先一軍合用錢糧，詔令都督府取見實數支降應副。内米於太平州合起上供米内支撥。

三年十一月十五日，詔：「令都督府及諸路將帥加意防守，增修邊備，精練士卒，明審問探，嚴兵待敵，勿致疎虞。」以虜使欲入界，慮邊備稍弛故也。

〔一〕按，以下紹興二年至二十九年條目，《大典》中與上文同在一卷，内容亦相同，且正爲上文所缺之部分，不知徐松抄稿何以單獨抄出。或是先漏抄，後補抄。

十二月二十九日，刑部言：「命官遣人獲化外姦細者，與親獲同。除合依格推恩外，其遣人一節，緣既係本人親自捉獲，即難以不行給賞。今欲將似此有功之人，於紹興格法及續降指揮上，各與減半給賞。如係百姓，無資可[28]轉，及所遣人若係二人以上共獲者，其賞即合依條法旨揮支錢及分受施行。」從之。

五年十一月〔十〕七日〔一〕，臣僚言：「梁、洋沃壤數百里，蜀之襟喉，兩州之民往往逃散。多屯兵則糧不足以贍衆，少屯兵則勢不足以抗敵。宜用文臣爲統帥〔二〕，分宜撫司兵駐焉，而以良將統之。遇防秋則駐兵兩州，過防秋則使就食綿、閬。」詔：「興、洋守臣係屬邊防，邵溥、吳玠相度，一面差官，仍具已差過職位、姓名申尚書省。」

八年二月三日，上謂輔臣曰：「昨日劉(琦)〔錡〕説淮北兵歸正者不絶，廬州今歲度可成四五萬衆。朕常慮江上諸將控扼之勢未備，若上流有探報，岳飛不可下來江〔三〕、池，則數百里邊面虚而可慮，將來錡一軍遂可補此闕矣。」趙鼎奏曰：「他日更措置荆南事就緒，則沿邊形勢上下相接，不同前日。」上曰：「如此經營，人事既盡，若功有成不成，則天也。」

四月七日，詔：「可令王庶暫往沿江及淮南等處措置邊防。」仍令學士院降詔。

四月十日，詔：「内外諸軍聽王庶點差一二將全將軍馬隨行使喚，劄與諸軍照會。」

七月九日，上諭宰執：「促遣烏陵思謀以下行，久留無益。兼令戒邊臣無或弛備，在我者當先自治。古人禦戎之策，不過如此。」

九月十八日，宰執進呈新沿邊守臣王默等，上宣諭曰：「今日邊壘，内則綏撫，外則斥堠，二事至大，未易得人，宜謹擇之。」上之留意政事，不問遐邇，皆得其要。

九年八月八日，僉書樞[29]密院事樓炤言，乞差楊順知保安軍，寇成知環州。上宣諭曰：「陝西沿邊諸堡寨自來控制夏國，最爲利害，尤當遴擇久在軍中、諳練邊事或本土武人，方能保固障塞，沿邊細民得以安業。可劄付樓炤，曉諭諸帥臣。」秦檜等退，竊歎主上留意疆(埸)〔場〕，愛惜生靈，可謂明見萬里之外。

十二日，上宣諭輔臣曰：「吳玠軍馬既移屯熙、秦等路，便當以五百人爲一指揮，令諸帥招填稍足。舊頗與弓箭手參用〔四〕，緩急之際，有足倚仗，庶幾漸復祖宗之舊。金人和議雖堅，安能保其終久無釁？況夏人乍臣乍叛，尤難保恃，今日邊防，尤不可忽。」

十一年二月十二日，樞密院言：「虜寇見侵犯淮南，通、泰二州係鹽利去處，理宜措置。」詔王喚差兼通泰州制

〔一〕十七日：原脱「十」字，據《建炎要録》卷九五補。
〔二〕帥：原作「師」，據《建炎要録》卷一九五改。
〔三〕飛：原作「氣」，據《建炎要録》卷一一八改。
〔四〕手：原作「力」，據《建炎要録》卷一三一改。

置使〔一〕，措置水寨鄉兵，控守二州。

十四年七月十四日，上宣諭輔臣曰：「昨日新知濠州李觀民上殿，朕已戒其不可招集流亡，恐致生事。若至堂，卿等更宜以此語之。」秦檜曰：「當如聖訓。」

十一月二十七日，權廣南西路轉運判官李紹祖言：「廣南西路最處極邊，如融、（邑）〔宜〕、邕、廉、瓊等州，其間生熟黎人與省户雜居，雖或時復出没，不過什伯爲羣，奪禾稼、盜牛馬而已，無大君長，不能深爲邊患。自國家中興之後，長轡遠御，邊隙不開，并邊之臣以至縣寨將吏，意在希功冒賞，不知體國愛民，自非守臣帥領皆得其人，未有不生事者。望下本路帥臣、監司，常切戒約邊吏，謹守疆陲，不
30 得妄意希功。如任滿，邊陲寧息，並與依格〔推〕恩；內有資序不及之人，亦別加旌賞。庶幾小大謹職，仰副陛下安邊之意。」從之。

二十九年二月十三日，詔：「禁止私渡淮人，累降指揮，已是嚴備。竊慮淮北客旅間有因買賣過淮未回之人，可令臨安府及沿淮守臣根刷，限五日盡行發遣。如違限不肯回歸之人，當牒送北界施行。輒敢停藏人，依縱容私渡法，並許諸色人陳告，賞錢五百貫。有官司受任之人，並取旨，重行竄責。」

九月十五日，樞密院令成閔與吳拱從長公共選差一得力兵官，權知襄陽府，統率吳拱舊軍，專一措置邊防。倘有緩急，令吳拱將大軍前去應援。若獨令所委兵官措置防托，竊慮不知吳拱元措劃事件，緩急有失照應，兼以地遠，應援不及。詔令吳拱量度事勢，添那人馬，前去襄陽府屯駐。仍往來同共措置防托，務要固守應變。（以上《永樂大典》卷四七一三）

備禦〔二〕

【宋會要】

31 光堯皇帝建炎元年六月二十一日〔三〕，宰臣李綱言：「帥府、要郡、次要郡，乞朝廷給降度牒、紫衣、師號、鹽鈔之屬，及勸誘民户，命之以官，使出財助軍。帥府常有三年之積，要郡常有二年之積，次要郡常有一年之積。各修城池樓櫓，務令堅險；繕治器用并防城之具，並令足備。瀕水州郡，創造戰船，餘州創造戰車，常切訓習。」從之。

三年二月十六日，户部尚書葉夢得言：「車駕駐蹕杭州，所有鄰近州軍地理險阻控扼去處備禦之策，合博采衆議，并召募土豪，集召人兵。亦恐有情願効力之人，不能自達，望出敕牓，應士庶限五日，有能通知道路，措置備禦等事，並令實封或彩畫地圖，詣都省陳獻。」從之。

〔一〕王喚：原作「王唤」，據《建炎要録》卷一三九改。

〔二〕原無此題。按，下文出自《大典》卷一四四六四「禦」字韻「備禦」目，其内容爲江海等險要處之防禦，今據以添題。《大典》此卷今存。

〔三〕天頭原批：「入兵類備邊。」按，以下此類批語不再一一録出。

二十一日，尚書省言：「浙西路合把隘四處，除吴江一處外，其餘並據嶺。欲每處差近上官一員，充專一統領措置把截統轄事務官。其召募欲就募本處土豪，立定官員，以一月爲期，令各分募，仍自備糧食。一百人：無官（備）〔借〕補進武校尉，有官人借轉一官；二百人：無官人借補承信郎，有官人借轉兩官；三百人：無官人借補承節郎，有官人借轉三官。合用兵器，欲令應募人隨土俗所宜自辦，統領官隨數量給價錢。」從之。

（三）〔二〕月十二日〔一〕，吏部郎官鄭資之除沿江措置防托，監察御史林之平爲沿海措置防托，並許辟置僚屬。所管地分，之平自杭州至太平州，32資之自池州至荆南府。既而之平言：「應海船乞於福建、廣東沿海州軍雇募，分作三等：上等船面闊二丈四尺以上，中等面闊二丈以上，下等面闊一丈八尺以上，並以舡中堵爲（側）〔則〕。上等船募梢工二人，水手四十人；中等梢工一名，水手三十五人；下等梢工一名，水手二十五人。舡合用望斗、箭隔、鐵撞、硬彈、石砲、火砲、火箭及兵器等，兼防火家事之類。募舡候到日，别作旗號，令布沿江，各認地分把隘。如有探報及覘望烽堠，節次應援。舡十隻爲一綜，差所募官一員管押。候到防托去處及半年無散失敗闕，選人與循一資，大小使臣以下減三年磨勘，各與占射差遣一次。其舡約募六百餘隻，分作三番，半年一易。」詔並從之。又，資之言：「欲募江東西、湖北有物力人户及有子本舟舡，本處保明，權行借補，隨舡多寡、子本厚薄，與行補授。舡七隻以上，通載及一万三千石，與補授承信郎；五隻以上，通載一万石，與補進武校尉；二隻以上，通載四千石，與補進義校尉。今具募二十綱，分諸路：江西八綱，江東路七綱，湖北路五綱。候舟船通快日，更行增募。十舡爲一綱，每舡梢工、棹手、招頭募三十人。備戰之具，合用紙甲、手砲、鈎鎗、木弩，箭用紅竹□火。綱舡不必盡用戰艦，只尋常舡亦可。分作二運，一即往來般載上供米，一即居上流把隘。如此，勞逸既均，緩急可濟。今共二十綱，除梢工、棹手、招頭外，其（遇）〔禦〕敵人兵33五千四百人，係無探報時合（舡）〔般〕上供米外，有二千七百人往來江上，雖有蓄賊小寇，則無能爲矣。不惟免長江之患，又無綱運失陷之虞。江南爲岸，臨江縣鎮渡口召募土豪把隘，五百人借承信郎，三百人校尉，二百人副尉，各給券。」並從之。

五月十日，詔：「應措置防江等事，並隸制置使司總行。沿江州軍，上自荆南府、岳州、鄂州、興國軍、臨江軍、江州、池州、南康軍、太平州、江寧府、鎮江府、常州、江陰軍、平江府，委自（通知）〔知、通〕、令、佐，按户籍丁産簿逐一點集，選有物力衆所推服之人充隊長，各認地分。其防托處，務爲便利。仍仰多置弓弩并箭。所有合用統制官水軍

〔一〕二月：原作「三月」，據《建炎要録》卷二〇改。又，天頭原批：「職官類借補官。」

舟舡，並令沿江制置使陳彦文措置。自池州以下，令陳彦文分認地分；其江州向(尚)〔上〕地方，可別差制置官一員。」

七月二十一日，臣寮言：「乞詔有司於江心内，凡有沙有山去處要害之地，多置寨，每寨以五百人、戰船十隻爲率。」從之。

十一月二十一日，詔：「兩浙提刑王翿、江東提刑姚舜明、浙東安撫司屬官郭元，先次將見召募到人一面分布，守把衝要，並聽浙東防遏使節制。」

四年六月二十一日，詔：「令江浙諸州於應合防托把隘安置寨栅去處，隨宜相度，各立硬寨，安泊人兵，收貯糧(倉)〔食〕、器甲，以逸待勞。仍措置，務要過爲隄備。」以三省、樞密院言：「已降指揮，令江浙守臣召募土豪，訓習武藝，據險置栅外，訪聞往往暴露，無屯泊去處，遇有衝突，多
34 致奔潰。」故有是詔。

七月七日，詔：「江浙州縣、福建提刑、建州、邵武軍守臣，將應干險隘合置寨栅防托去處，指揮把隘官，丁寧説諭首領，子細辨認。除姦細自合收捕，送所屬根勘外，即不得阻節商旅，搜奪財物，別加傷害。」

九月二日，建康府路安撫大使、兼知池州吕頤浩言：「建康、太平、池州皆係與金人對岸緊要去處，欲乞兵五萬：内一萬五千人專令在建康府界守禦，一萬人在太平州，五千人在饒州，二萬人在池州。今已差到崔邦弼、李貴、小張俊、王進兵約五千人，韓世清約六千人外，乞朝廷貼足五萬人之數，付臣使喚。除今來已乞之數外，有未足數目，續次踏逐乞差。」從之。

十一月十五日，右正言吳表臣言：「臣僚請，饒、信等南連福建，東接温、台，當賊馬之衝，尤宜嚴備。望申勅信州官吏，於險隘去處防托外，或且依去年例置防遏司，或遴選良將，以爲藩翰。自杭至嚴，自嚴至婺，皆有水陸兩路，尤係緊切去處，乞速賜措置。」詔令王璞常切整齪軍馬，措置防托。

十九日，詔：「越州三江口係通接海道去處，理宜隄備。可令神武右軍都統制張俊日下選(羌)〔差〕近上統領官二員，將帶軍兵三千人，前去防托。」是月二十四日，知越州陳汝錫言：「三江口岸皆係平敞沙地，少有居民。若張俊人到，無以存泊，必致暴露。三江去本州止十八里，望行下張俊，差定人數，依舊在州屯泊。有緊急，即遣前去。」從之。

35 紹興三年十月十五日〔一〕，鎮江建康府淮南東路安撫使韓世忠言：「臣僚乞：明州定海、秀州華亭、蘇州許浦、通州料角，皆海道要地，不可不備。除通州料角係本司所管地分外，有明州定海、秀州華亭、蘇州許浦不隸本司。」詔平江府、江陰軍管下沿海地分並隸韓世忠，令就近措置。

〔一〕本頁及下頁天頭原批：「江海防。」

四年十月十日，詔：「通、泰、真、揚州守臣更切體度本處地利，從長措置，務要限阻賊船，及不得有傷湖泊水寨民社保聚。」從臣僚請也。

十年六月八日，沿海制置使仇悆言：「温、台、明、越四州地分闊遠，海道浩渺。欲自越州至温沿海處，隨宜並置烽火，以相應接。遇有緊急〔一〕。」從之。以上《中興會要》。

壽皇聖帝隆興元年八月三日，宰執進呈：「范榮探報，青州路有虜使到沂州，約七月二十九日船起。又城陽軍一路，國公龍虎大王領大軍到，約三十萬。沿海接連一帶，緩急亦恐李寶無以任責。」陳康伯奏：「近日探報頗急。忠勇軍三千人，宣撫司不欲與李寶。范榮舊亦隸李寶，乞行撥隸。」上曰：「李寶海道，自不相妨。范榮且教隸宣撫司。」洪遵奏：「李寶膠西立功，北方自知名，今虜將蘇保衡，前年李寶曾獲其印。乞增兵與李寶，往來海道，張大聲勢。」周葵奏：「淮上元無一定規模。如海州欲留忠義數千，泗州輕兵數千，虜大至則退保。近又欲般運米斛十萬石去泗州，前後之説如此不同。」上曰：「糧止發去盱眙。海、泗未可輕棄，恐張虜人之勢。」遵 36 奏：「秋風日高，邊報日急，淮上措置，似未有固守之意。如瓜〔州〕〔洲〕置木柵，準備虜騎衝突，便爲渡江計。」陳康伯、湯思退奏：「大軍合在淮上固守，神勁、神勇軍止在江上爲聲勢。」上曰：「已擺布畢，緩急調發過江。」同奏：「緩急恐無及。」上曰：「虜人須備糧，有警可以調發。」思退奏：「古者遣將授方畧，遣使授指意。劉寶、邵宏淵到日，乞陛下授以成算。」

十四日，宰執進呈臣僚言：「去年措置淮西濠、壽積糧，〔盧〕〔廬〕、巢屯兵，初秋皆辦。今兵不滿萬，又不積糧，議者皆以極邊，務要清野。又聞沿江備禦亦未周備，秋風已高，食息寒心。」上曰：「廬州若不屯兵，虜或占據，築城鑿池，爲久戍之計，柰何？可令邵宏淵疾速過江措置，仍發馬軍張守忠助之。」思退曰：「見遣步軍郭振往淮東，欲作御營使司名目遣行，令權聽張浚節制〔二〕。候張守忠行日亦然。」上曰善。

十七日，宰執陳康伯等奏：「淮東有劉寶、郭振，邊防亦備。淮西未有措置。須令邵宏淵、張守忠、時俊大軍在廬州別增兵，於和州應援。」上曰：「恐虜人據廬州，築城開濠，爲屯守計，正當防守。」

九月十四日，江淮東西路宣撫使張浚劄子：「欲行下兩淮〔州〕縣清野馬草，唐、鄧、信陽沿邊一帶依此措置。」宰執陳康伯等奏：「去歲淮上清野，民皆失業，不可先事驚擾。」上曰：「臨時清野，止燒野草，不可驚動民間。」

同日，海州探報虜人侵犯有日，止絶楚州以來綱運。上曰：「前此噭曾理會，海州止用輕兵守，虜以 37 重兵來，須當棄。唐、鄧亦難守，惟泗州緊要。」陳康伯等〔州〕〔奏〕：

〔一〕此句之下顯有闕文。
〔二〕張浚：原作「張俊」，據《永樂大典》卷一四四六四改。

「海州失守，則東海危。虜情不測，恐或窺伺海道。督府遣發鎮江官軍三千應援，人少亦無益，又無兵可增。若大舉則淮上又虚。李寶向在海州有功，可作聲勢。」上曰：「李寶防托海道，自不相妨。」

十六日，知廬州韓璡言：「廬州並無差到一兵一騎。今來探報，番賊逼淮，乞早遣發大軍。」陳康伯等奏：「合淝在今最爲重地，不可不守。軍興以來，虜人入寇，未始不由淮西〔一〕，而廬州常有重兵。乞撥時俊一軍屯駐，却那張守忠軍去巢縣。」上曰：「今日張浚奏來，已調發人馬去廬、壽。」

二年二月一日，都督江淮軍馬張浚言淮上都無事。上曰：「胡昉未有信，北界未見運糧。若動衆，須運糧。」

八日，宰臣湯思退等言，北元帥書已依宸翰改定進入。上曰：「王之望舟船在龜山擺泊，虜人都無消息。書〔云〕〔去〕須見可否。」又進呈張浚視師及措置邊事指揮，上曰：「暫往指揮防托，待朕批出，有警即行，不須擇日。」先是，張浚奏：「虜自〔元〕〔完〕亮之後，民心頗離，兼亦懲艾，勢未能動。長驅江淮，決無是事。今日書不可不答，更半月，恐有報到。有所邀索，亦未可絶。但三月間春草生，須防衝突。乞明降指揮，令臣往淮上視師，免致臨期人情驚疑。無事則不須行。」上曰：「遣使答書，所以欸之。正如弈碁，着數有疎脱處，便可取勝。」浚又奏：「近日外間往往謂臣與宰執議論不和，便欲陛下用兵。今日若能保守 38 江淮，已爲盡善。萬一機會之來，王師得勝，〔膚〕〔虜〕衆潰散，不得不爲進取之計。是時，陛下須幸〔逮〕〔建〕康，亦望宰執協力。」思退奏：「虜人變詐無窮，朝廷規摹要先定。萬一不和，當求機會於他日守禦之後，不可尋機會于和議未分之前也。」周葵、洪遵奏：「今日之舉，當量度國力。」上曰：「浪戰不可，須是機會，不可强爲。卿等同心，事無不立。」

三月十一日，宰執進呈盱眙軍繳到北界榜：「沿邊人户，盡令起移，入居裏地，指射荒田爲業。」湯思退等奏：「虜情不可測，或是示弱，或恐間〔牒〕〔諜〕往來，故徙沿邊之民。」上曰：「都不要管他，自爲守備。」

五月八日，詔：「東海縣係在遠地控扼去處，雖軍士久戍，未可休息。可令范榮、呂旺在東海縣依舊屯駐，並未得起發，嚴切備禦，候將來事平，當與優異推賞。」

六月四日，淮西宣諭使王之望奏，同諸將分定把截關隘戰守屯泊去處。上曰：「可分明劄下王彦、王之望等，雖地分各有所管，然兵不可太分。如要逐處控扼，使虜人不得過，兵家無此理。却要逐人回奏，須要屯大兵于持重要害之地。」又曰：「使諸將各認地分則可，若有緩急，豈宜如此將兵力分在數處？」湯思退等奏：「誠如明詔。」既退，相與言曰：「自虜入寇以來，常用簽軍爲先鋒，多至數十萬衆，而我兵常患乎少。今又自分其兵，則力益弱矣。聖鑒

〔一〕不：原作「自」，據《永樂大典》卷一四四六四改。

如此，洞見今日用兵機要。」

十月二十三日，詔令都督江淮軍馬、和義郡王楊存中，與王琪、郭振 39 同共商議真、揚、六合一帶占據形勢險要去處，措置捍禦，毋致少失事機。

乾道三年七月十九日，上謂宰執曰：「淮東備禦事，此須責在陳敏。萬一有警，却恐推避誤事。卿等宜熟與之謀。」魏杞奏曰：「臣等昨與陳敏約，敏亦自任此事。今朝廷但當稍稍應副之則已。」上曰是。以上《乾道會要》。（以上《永樂大典》卷一四四六四）

邊防

【宋會要】

40 孝宗淳熙元年三月六日，詔四川宣撫司：「緩急邊面有警，斟量事勢，差撥軍馬應副捍禦。」從知成都府薛良朋請也。

六月十二日，詔：「廣西帥、憲司行下宜州溪洞司，常明遠斥堠，過作隄備。仍整齪將兵、土丁等，常爲待敵之計，以備不測，毋令侵犯作過。」以知静江府范成大言，南丹州莫延葚二三年來專作不靖，恐爲邊患，故有是命。

二年四月九日，詔：「昨差武鋒軍官兵二百二十六人，於沿淮喻口等處擺鋪巡綽，已令拘收歸軍教閱。其逐處合差土軍弓手，委楚州守臣疾速措置，招收少壯，分布巡綽。」

八月二十二日，知成都府范成大言：「本路邊防，欲行措置：一則欲精閱一路將兵，添置器械，而無犒賞營繕之力；二則欲葺治保障，修明防隘，而無調度夫役之費。則當講究寨户、土丁之舊，置造軍器給散，與之團結教閱，以省戍役，然須有以助邊州支用給犒。乞給降度牒五百道，付本司轉變，措置上項經畫。數月之間，稍有端緒，逐旋圖寫奏聞。」從之。

三年正月九日，詔：「兩淮州軍及帥臣、監司并駐劄御前諸軍，凡事干邊防軍機文字緊切事，累有約束，止許具奏，并申三省、樞密院，不得關報其他官司。所有四川事宜，其都統司并所屬官司，令具申四川制置司。」

七月二十二日，詔：「四川制置司督責疾速修治整葺城堡，訓練兵丁，毋致因循，稽 41 緩滅裂。如有違慢去處，按劾以聞。」以利州路提刑龍雱言，黎、文州蕃部作過，皆緣備禦不謹，故有是命。

五年二月八日，知成都府胡元質言：「文州在蜀之西北，接連生蕃，知州塗尚友鑿開管下青唐嶺道路，有害邊防。」詔塗尚友放罷取勘。

七年二月七日，知成都府胡元質言：「蜀之邊郡文、龍、威、茂、嘉、叙、恭、涪、施、黔連接蕃夷，各於其界建立封堠，謂之禁山。比年居民墾闢採伐，耗蠹無已。乞約束，禁山不得民間請佃、斫伐販賣。仍專委縣尉躬親以時巡歷，待其攷滿，遞取鄰封保明實跡，方許交替。果無違禁，量與酬賞。除已將治平中呂大防所立封堠，一面以茂州、永康軍稅地更展三里，别立新堠，其他州軍更不寬展，只令各將所管禁山應有封堠及元無封堠去處，委通判、簽判，限兩月别立新堠，仍刻石各書地名及今所立年月。以爲限隔。」從之。

六月一日，知永康軍張武言：「邊防自青城以西與蕃部接連，去成都僅五舍，比他邊利害尤切。然非禁山林木茂密，無以保藩籬之固。自治平、元豐間嘗立界堠，應採伐耕墾，禁之甚嚴。自後無復畏憚，侵開日廣，彌望田苗，幾徹蕃界，乞選差一諳曉邊事者巡行究視。其已開田畝，固難盡行拘收；若於捍蔽有妨，重别封禁，放令草木滋長，有以限隔。并一竹一木，並不許於禁江駕放，則採伐自止矣。」詔四川制置司嚴行禁止。

八年七月十八日，知黔州卑牧言：「瀘、叙一42帶皆接蠻夷，叙州管下石門、馬湖生蠻赴官中賣蠻馬，常操舟順流，直抵叙州城下。朝廷以此遂置横江一寨，蠻江口置鎖水巡檢，南溪縣置兵馬都監，江安縣置都巡檢，各有戍兵，上下相接，控扼蠻人，甚爲良法。比年以來，所差正官多差出他處，至任滿就賞批罷。權官不爲久計，是致職事廢弛。乞自今逐處正官不得輒有抽差，其餘沿邊州軍亦乞依此。」從之。

九年三月九日，知果州馮震言：「乞行下四川制置司，令逐路安撫司及近邊州郡，並要措置關隘。應蕃界私小道路一切禁閉，嚴加守備。如有損壞去處，即時修葺。」詔四川制置司疾速審度聞奏。

十月十四日，四川制置司言：「沿邊州郡應私〔小〕道路，乞盡依舊法，多栽林木，重立賞罰，斷絶往來。」詔本司常切禁約，毋致違戾。

十四年五月四日，樞密院進呈四川安撫制置使趙汝愚言：「馬湖路董蠻與嘉、叙兩州接境，去秋九月，侵犯嘉州籠鳩堡。臣已隨宜處置，調兵防守，〈但〉〔且〕令嘉州住支稿，叙州不得放行互市。近已還到所虜人口二十三名，惟餘兩名稱是已死，并還到鑼鼓各一面。又牽到馬五疋，約價錢一千道，乞倍償所殺人骨價。臣會得本路專法内一項：熙寧七年二月指揮，蕃部作過，不得放令出買入賣。如乞投降，即候送過虜劫去人口及倍還命價，方得和斷。又叙州亦有蠻人犯罪許罰牛之法。檢照前項指揮，皆合遵用。已行下叙43州，受其骨價，許其打誓及抽回戍兵訖。」上曰：「趙汝愚措置邊防適宜，蠻夷屈服，可令學士院降詔奬諭。」

十五年三月二十五日，樞密院言：「臣僚奏，紹興初，吴玠、楊政畫蜀漢之地以守。自散關以西付之玠，梁、洋付之政。蜀中諸邊，以散關爲重，願與二三大臣講求向來蜀中守邊舊迹。」奉旨，令制置司同都統司照應前後所降指揮，公共相度經久利便聞奏。據興元都統制彭杲申：「大散關一帶邊面，係鳳州地界，其鳳州隸屬西路安撫司所管。昨於淳熙二年間，興州都統司奏得旨，鳳州屬興元管認。

見今每年兩司差撥官兵守把。竊詳大散關一帶邊面，係對境衝要來路，最爲重害。(上)〔尚〕慮鳳州附近别無本司所管軍馬，若不測虜人窺伺，闕人接援。兼緣鳳州郡事見係文臣，即與屯守之兵各無統臨，亦非本司號令所及。緩急之際，議論不合，或有乖違，即誤國事，利害非輕。昨來本司已奏得旨，許本司於所部統制、統領官内選擇有材幹可倚仗人奏辟。本司相度，乞將鳳州邊面且從舊管認，依已降指揮，將本州知州令本司選擇奏辟，彈壓戍兵，指揮邊備。若緩急出兵，臨時量度虜兵出没輕重。如合用軍馬捍禦，即關報興州都統司，互相策應破敵，委於邊防經久利便。」詔彭杲於統制官内精選公廉諳練邊防民政之人，具名聞奏。其鳳州緩急應(授)〔援〕一節，即仰照應淳熙二年九月二十六日指揮。44 四川制置范成大言：「相度，乞下興州都統司，如鳳州不測緩急，所有應援一節，一面應機將附近軍馬遣發前去，却申制置司照會施行。」從之。

淳熙十六年八月二十五日，詔：「禮部給降度牒五十道付四川制置司出賣。將賣到錢發付黎州，令項椿管，專充備邊支用。」以黎州守臣李嘉謀奏請，故有是命。

光宗紹熙二年三月十八日，宰執進呈汪捽事宜，上曰：「淮上一望都無阻隔。時下栽植榆柳，雖未便(何)〔可〕用，緩急亦可爲藩籬。」

十月十六日，宰執進呈汪捽事宜，上曰：「虜人要開汴河，其意安在？」葛邲奏曰：「見人説已要開多時，或説以此殺黄河水勢。黄河自去汴河百五十餘里之遠，恐不然。」上曰：「此不過要通運糧。」胡晉臣奏曰：「虜情叵測，須得過爲關防。盱眙相對，便是汴河口。盱眙緣講和之後，不曾屯兵，不曾築城。今則時異事變，須别作措置。」上曰：「彼爲備，我亦當爲備。與日前事體不同，須是理會措置。」葛邲奏曰：「乞更留聖慮。」

三年正月六日，詔：「兩淮、京西、湖北、四川統兵主帥并本路帥、憲，密切差人點檢各處近邊私小便路有礙邊防去處，同共措置斷塞，多種林木，令人防守。州縣常切巡察，不得容人行往。限兩月，先具各處小路有礙邊防去處，畫圖貼説聞奏，及申樞密院。」從漢陽軍守臣王璆請也。

十一月四日，臣僚言：「黔州界接連溪洞，最爲邊患者，夷人冉順多領夷丁，持帶刀弩，往 45 來侵掠，般轉省民，遠入溪洞。照得冉氏來路徑由潧潭、難溪，其難溪寨係創置去處，寨官多是闕員。乞令夔路安撫司行下黔州，將管界巡檢一司移就潧潭隘駐劄，專訓練彭水縣義軍，籍定姓名，與免和糴，於農隙教閲，從公輪差，上番守把。仍令增差戍兵，以爲邊防。遇有夷人劫掠省民，即捕捉，從邊條施行。」詔四川制置、夔州安撫司相度聞奏。既而相度到：「黔江縣自合蓬江口以下至相陽寨置寨隘鋪，已有定法。自相陽寨以下難溪、細竹、油木、小洞、崑崙、潧潭等寨隘，至合蓬江口向東南一帶，與思州安夷堡相接，已於難溪寨張設官兵捍禦。契勘潧潭隘與難溪寨去隔四處寨隘，皆係夷人出没要路，委有把拓。唯巡檢一司，係捕盜官兵，管土軍一十名，在黔江優剩，合行撥赴澧潭把拓。更於兩縣義軍内添差三十名、禁軍一十名，通禁軍共五十名，建置隘鋪，捍禦夷漢。將所管堡分夷人往來諸處私路及過渡舟船盡行閘斷，止許於澧潭一處往來，仍於渡所相對建立一寨。如田、冉差人來省塝上幹事，先於本寨卸下器甲，止放三五人入來，使表裏有所關防。其逐司官三年無透漏，令照應舊格，本州保明推賞。或有不謹，當斟量責罰。所有合破官兵請受，州司隨宜祗備，下所屬起立隘鋪寨柵，撥遣巡檢楊世忠將帶所差軍兵前去駐劄捍禦，委是經久允當。」從之。

寧宗慶元元年二月五日，樞46密院進呈知楚州熊飛言：「去歲本路旱歉，探得北界於沿淮招誘流移及歸附之人，許給還元拋下物業。」上曰：「此事甚繫利害，宜令多方存恤，措置關防。」

十一日，宰執進呈沔州都統制張詔乞點檢關外軍馬等事。余端禮等奏：「近日北虜於邊界添屯聚糧，括户馬，簽民兵，其意不可測。臣等竊謂沿邊不可不爲之防，日夕講究利害，當一一奏稟施行。今日之事，莫急於此，更望陛下常以此事入聖慮，撙節用度，愛惜名器，以爲緩急之備。」上曰：「平時節省愛惜，則緩急可以激勵士卒。」

八月十七日，後殿進呈臣僚劄子：「欲令諸軍主帥各條具目今將佐士卒與夫器（械）船艦果皆可用，所管認地分控扼之地，防守之策宜有一定之説，庶有備無患。」京鏜奏云：「近來金虜被韃靼侵擾，傳聞不一。然虜情叵測，須預爲之備。但兵力未壯，民力未裕，國力未彊，正須講究。」上曰：「近年儲蓄，亦未甚裕。」謝深甫奏云：「誠如聖訓。但恐機會之來，有不可失。儲蓄固當爲備，然鹿臺之財，鉅橋之粟，乃商紂爲武王積。」於是詔内外主帥，照所陳事理密切條具，並除程限半月聞奏。

十一月十九日，黔州守臣言：「乞降指揮，付四川制置并夔路帥司，今後南平軍公吏如有接授夷人賄賂，私與謀議，漏泄機密，欠少買馬錢物，侵冒兵田，妄生邊釁者，許知軍具申所司，重加懲治。」詔依，仍令四川制置司并夔路安撫司常切覺察。

二年47二月十三日，後殿奏事，余端禮言：「近日聞北邊爲韃靼侵擾，已焚了涼亭、金蓮川等處，去燕山纔六七百里。昨日賀正人使回，言與所聞亦畧同。萬一韃靼得志，直犯中原，或虜酋逃遁，逼近邊界，或恐中原有豪傑，皆當爲備，但不可張皇。臣等欲親寫劄子與江上諸軍帥，且令密地整齪人馬及各理會所管界分，設有緩急，免得失措。」上曰：「有備無患。今日若先爲不測之備，則緩急可以無虞。卿等只作私書密諭諸軍帥。」臣端禮又言：「更願陛下愛惜名器，節省財用。儲蓄稍厚，則可以免科率百姓；名器稍重，則可以奔走天下。」上甚然之。

三年十二月二十二日，宰執進呈謝深甫奏：「沔州都統張詔言：『本司邊面去行在最遠，乞給降黑漆紅字牌付下，專一遞發急切文字。』」深甫又奏云：「泗州常時遞鋪五十日方到，惟是密院黑牌，日行三百里。泗州約有五千里，今欲給牌三面，不過十七八日可到。」上曰：「若給黑牌，有雕字，邊報不至遲滯。」

六年七月二十九日，工部言：「淮西總領曾㮚等奏：『竊謂守江不如守淮。今淮西實爲大江蔽捍之地，而和州又爲淮西噤喉之衝，是以守江之計，當以守淮爲先。使長淮一失所守，則江亦未易保矣。和之爲郡，北距虜界二百二十五里，東自横江門至楊林江口二十五里，上流形勢，莫此爲重。故孝宗皇帝臨御，志在規恢，分兵留屯，所以備緩急一旦之用。當時所撥之田，其間雖有 48 遠近高下之不齊，然自創建以來，兵農各安田畝久矣。今程九萬所議，以官田與張莊換易，移軍屯於附郭，是誠兩全之便。但恐張莊經理之素，未必輕捨，驟有更易，或憚遷徙。爲今之計，莫若令張莊租客自結保伍、擇幹甲爲總首，如民兵之法。農隙俾之教閲，緩急之際亦可藉之爲用。又況東、西青陽二莊，正關要衝去處，元屯之兵既不遷徙，緩急自足把扼，且不失孝宗皇帝創始之意。仍於楊林江岸營駐水軍，布列戰艦，以爲聲勢。於瀝湖措置作堰，緩急決水下，路之兩傍皆爲陂池，使舟船不可行，人騎不可涉。於楊林即其要津十餘里爲濠三層，以濠之土就疊爲堤，皆通江潮，往來可爲阻隔。凡四者之議，無非當今急務，備邊大計。必欲次第而舉行之，亦惟所擇。』本部勘當，欲從今來逐司所申，行下淮西總領、淮南轉運、和州遵守施行。」詔依工部勘當到事理施行。

嘉定七年二月一日，起居舍人真德秀、閤門舍人周師鋭賀金國登位奉使回闕進對。德秀等言：「昨蒙聖恩，遣賀金國。去冬十一月至盱眙，伺候日久，竟無取接之耗。傳聞彼國見爲韃靼攻圍甚急，内外（便）〔梗〕絶不通，縱使未即滅亡，亦必不能持久。臣等久在邊頭，輒有備邊數事，具在奏劄，伏望聖慈垂覽。」上曰：「卿等將命出使，適值彼國擾攘，徒勞往返。已令修飭邊備。」德秀等出劄子展讀，至紇石烈執中之死，奏曰：「紇石烈執中乃弑舊酋 49 永濟者。」上曰：「是同謀之人。」

六日，起居郎李臯直前奏論邊防及女真滅亡不久，讀至「中原遺老之語，皆欲身歸大宋」，上曰：「見説盱眙去泗州甚近，此等語想皆卿親聞。」臯奏曰：「皆臣親聞。」又奏乞用祖宗故事，發内帑錢以助邊費，上曰：「卿言甚好，但見今内庫亦闕支遣。」臯奏曰：「此則臣實未知。但臣嘗聞陛下言今日惟要做好事。臣今所奏請，乃祖宗已行，却是一件好事，願陛下力行之。」上首肯良久。

九年十月七日，臣僚言：「竊惟論備邊者，當以淮爲急，而江次之；論守淮者，當以民爲本，而兵次之。夫長江數千里，自古以爲南北之限，憑險制敵，莫要於此。平淮莽蒼，四戰之地，無山可依，其水易涉，故古今之言守禦者，未有不先江而後淮也。賦民〔之〕〔以〕贍兵，資兵以衛民。世之論備邊方，亦未有不先兵而後民。是蓋未知緩急之勢。欲固門户者，當備藩籬。今版圖未復，駐蹕東南，兩淮其藩籬也，而長江乃吾門户。前後謀國者莫不以守江爲上，而視藩籬之地不甚經意，宿大軍於長江，而更戍以守淮壖，豈非以内外爲緩急邪？抑不思嚴外乃所以固内，今沿淮諸城悉皆整備，然江淮之民尚未有安居樂業之心。夫貧富相依，有無相賑，蓋内地之民皆然，不特淮民也。今淮甸所居，皆無富民矣。向之富室，今變而爲中産；向之中户，今轉而爲貧民；貧民日益流移，而僅足之家，亦苟且目前，而不思爲百年生生[50]之計。此無他，爲之牧長不得其人耳。昔范鎮言於慶曆之朝曰：欲備契丹，莫若寬河北之民；欲備靈夏，莫若寬關陝之民；欲備雲南，莫若寬湖、嶺之民。今中原紛擾，夷狄寇盜互相吞噬，此正邊境必備之時。今淮城築矣，淮兵增矣，而淮民之困，可不思所以寬之乎？請下臣此章明示兩淮守令，其不一意恤民者，必痛加之罰。」從之。

十年四月二十四日，禮部侍郎、兼國子祭酒袁燮己見進對，論獎拔忠賢，因奏：「今日夷狄犯順，尤當選擇人才，增重國勢。」上深然之。燮又奏：「須得忠鯁之臣，其言逆耳，有益於國勢者。」上曰：「有言逆于汝心，必求諸道；有言遜于汝志，必求諸非道。此可以觀人。」又論邊防利害，上曰：「開禧間，我先用兵，彼直而我曲。今日虜人叛盟，我直而彼曲。」燮奏：「今日之事，只得向前，要在陛下剛明果斷，振作士氣。」上再三稱是。燮又奏歲幣不可與，上曰：「却可以此賞有功。」燮奏：「乞降詔曉諭北方飢民，向來所以約回不納者，恐開邊隙之故，非是有意拒絶，庶幾此等人不至於深怨。」上曰：「正當分明説與，卿説得極是。」

十一年正月二十二日，起居郎聶子述直前奏事，論邊防利害，不可專爲守禦之謀。上曰：「臨機制變，不當執一，庶幾彼不敢相侮。」子述奏：「聖慮深遠，天下幸甚。」

十五年正月八日，内降詔曰：「朕嗣守丕基，統臨中夏。慨神州之未復，久汙腥羶；念赤子之何辜，尚罹塗炭。諒結南歸之望，每[51]深北顧之憂。雖攬衣而披地圖，思雪百年之恥；然嗜殺以一天下，恐傷列聖之仁。蠢彼游魂，肆行亂畧，稔成暴虐之政，自速滅亡之期。敵讎交攻，生聚蕩析，拊朕心而甚痛，矜再衆之疇依〔一〕。履地戴天，知素明於逆順；尊君親上，果自決於從違。山東奉土以來王，河北連城而向化，不煩兵革，竟脱氈裘。嘉爾忠精，爲時表倡。爰第頒於爵秩，俾仍撫於封陲。安集流離，蠲除征斂，通稼穡漁鹽之利，絶鞭笞敲扑之苛。頃夏正之未承，每歎無歲；逮周疆之甫入，乃克有秋。即天意以監觀，則人謀之允叶。然慮更生之後，未底便安；或當新集之餘，猶須經理。凡爾有欲，皆朕樂聞。尚賴爲將帥者，因兵鋭之可

〔一〕再衆：疑當作「有衆」。

乘，盡振勵激昂之道；爲守令者，念民勞之乍習，極撫摩寬恤之方。叶濟功名，罔渝終始，率遺黎而咸附，與汙俗以惟新。上以應在天之靈，下以恢復古之業。功多厚賞，朕不食言。」

六月二日，樞密院言：「淮東制置司申：『照得楚州内控歸附，外接夷虜，要當固本彊形。具申朝廷，乞劄下殿、步司，選差精鋭馬軍二千人騎，前赴本司，以備調遣。已蒙劄下殿司，差發馬軍五百人騎，令統領彭忔部押到楚州，添貼捍禦。本司已將上項馬軍時加激犒訓習，委是純熟，兼增添馬料餧養，緩急可仗。但數目未多，未足以彊形。乞再劄下殿司，精選差撥，發付本司，以備緩急調遣。』」檢照本司已申事理，詔令殿前司日下更選揀精鋭馬軍 52 五百人騎，并合用衣甲、軍器、什物，仍選差兵將官部押，起發前去淮東制置司、楚州，揍作一千人騎，同共捍禦。仍令統領彭忔通行統轄。（以上《永樂大典》卷六一五〇）

宋會要輯稿　方域一

東京 大内

【宋會要】

1 東京，唐之汴州，梁建爲東都，後唐罷之，晉復爲東京，國朝因其名。

舊城，周回二十里一百五十五步〔一〕，即唐汴州城，建中初，節度使李勉築。國朝以來，號曰闕城，亦曰裏城。南三門：中曰朱雀，梁曰高明，晉曰薰風，太平興國四年九月改；東曰保康，大中祥符五年賜名；西曰崇明，周曰興禮，太平興國四年九月改。東二門：南曰麗景，梁曰觀化，晉曰仁和，太平興國四年九月改；北曰望春，梁曰建陽，晉曰迎初，國初曰和政，太平興國四年九月改。西二門：南曰宜秋，梁曰開明，晉曰金義，太平興國四年九月改；北曰閶闔，梁曰乾象，晉曰乾明，國初曰千秋，太平興國四年九月改。北三門：中曰景龍，梁曰興和，晉曰元化，太平興國四年改；東曰安遠，梁曰含輝，晉曰宣陽，太平興國四年九月改；西曰天波，梁曰大安，太平興國四年九月改。

新城，周回四十八里二百三十三步〔二〕，周顯德三年令彰信節度韓通董役興築。國朝以來，號曰國城，亦曰外城，又曰羅城。南五門：中曰南薰，周曰景風，太平興國四年九月改；次東曰普濟，惠民河水門，太平興國四年九月賜名；次東曰宣化，周曰朱明，太平興國四年九月改；次西曰廣利，惠民河水門，太平興國四年九月賜名；次西曰安上，周曰畏景，太平興國四年九月改。東 2 五門：南曰上善，汴河東水門，太平興國四年九月賜名；次北曰通津，汴河東水門，太平興國四年九月賜名通津，天聖初改廣津，後復今名；次北曰朝陽，周曰延春，太平興國四年九月改；次北曰含輝，周曰含煇，太平興國四年九月改寅賓，後復今名；次北曰善利，廣濟河水門，太平興國四年九月賜名咸通，天聖初改。西六門：南曰順天，周曰迎秋，太平興國四年九月改；次北曰大通，汴河南水門，太平興國四年九月賜名大通，天聖初改順濟，後復今名；次北曰宣澤，汴河北〔水〕門，熙寧十年賜名；次北曰開遠，太平興國四年賜名通遠，天聖初改；次北曰金耀，周曰肅政，太平興國四年九月改；次北曰咸豐，廣濟河西水門，太平興國四年九月賜名。北五門：中曰通天，周曰元德，太平興國四年九月改曰通天，天聖初改寧德，後復今名；次東曰景陽，周曰長景，太平興國四年九月賜名；次東曰永泰，周曰愛景，太平興國四年九月改；次西曰安肅，國初號衛州門，太平興國四年九月賜名；次西曰永順，廣濟河南水門，熙寧十年

〔一〕天頭原批：「舊城。」
〔二〕天頭原批：「新城。」

賜名。

大内，據闕城之西北〔一〕。宮城周回五里，即唐宣武軍節度使治所，梁以爲建昌宮，後唐復爲宣武軍治，晉爲大寧宮。國朝建隆三年五月詔廣城，命有司畫洛陽宮殿，按圖以修之。南三門：中曰宣德，梁初曰建國，後改咸安，晉初曰顯德，又改明德，太平興國三年七月改丹鳳，九年七月改3乾元，大中祥符八年六月改正陽，景祐元年正月改今名；東曰左掖，西曰右掖，乾德六年正月賜名。東一門曰東華，梁曰寬仁，開寶四年改〔二〕；西一門曰西華，梁曰神獸，開寶四年改〔三〕。北一門曰拱宸，梁曰厚載，後改玄武，大中祥符五年十一月改。宣德門内正南門曰大慶，梁曰元化，國朝常隨正殿名改。東西横門曰左、右昇龍，乾德六年正月賜名。正殿曰大慶，梁曰崇元，乾德四年重修，改乾元。太平興國九年五月，殿災，改朝元。大中祥符八年四月殿災，六月改天安。景祐元年正月改今名。殿九間，挾各五間，東西廊各六十間，有龍墀、沙墀。正至朝會、册尊號御此殿，饗明堂、恭謝天地即此殿行禮，郊祀齋宿殿之後閣。東西兩廊門曰左、右（大）〔太〕和，梁曰金烏、玉兔，國初改日華、月華，大中祥符八年六月改今名。右昇龍西北偏曰端禮門，凡三門，各列戟二十四枝，熙寧十年八月賜名。門内廟堂，次北文德殿門，次文德殿，後唐曰端明，國初改文明，太平興國九年五月殿災，改今名，即正衙殿。太祖時元、朔亦御此殿，其後常陳入閤儀如大慶殿，饗明堂、恭謝天地即齋於殿之後閣。熙寧以後，月朔視朝御此殿。殿東西兩廊門曰左、右嘉福，舊名左、右勤政，明道元年十月改。殿庭東南隅有鼓樓，其下漏室，西南隅鐘樓〔四〕。殿兩挾有東上、西上閤門。左、右掖門内正南門曰左、右長慶，乾德六年正月賜名；次北門曰左、右嘉肅，4熙寧十年八月賜名；次北門曰左、右銀臺。大慶殿後東西道，其北門曰宣祐，舊曰天光，大中祥符八年六月改大寧，明道元年十月改今名。門西紫宸殿門，殿門皆兩重，名隨殿易。其中隔門，遇雨雪群臣朝其上。紫宸殿舊名崇德，明道元年十月改，即視朝之前殿。每誕節稱觴及朔望御此殿。次西垂拱殿門，門有柱廊接文德殿後，其東北角門子通紫宸殿。每日樞密使以下立班殿庭候傳宣，不座，即（遇）〔過〕赴垂拱殿起居。每門内東西廊設二府、親王、三司、開封府、學士至待制、正刺史以上候班幕次。垂拱殿舊曰長春，明道元年十月改勤政，十一月改今名，即常日視朝之所。節度使及契丹使辭、見，亦宴此殿。其後福寧殿，國初曰萬歲，大中祥符七年改誕慶，明道元年十月改今名。殿即正寢。殿東西門曰左、右昭慶，大中祥符七年賜名。次後柔儀殿，國初但名萬歲後殿，章獻明肅皇太后居之，乃名崇徽，明道元年十

〔一〕天頭原批：「大内。」
〔二〕四年：《宋史》卷八五《地理志》一作「三年」。
〔三〕四年：《宋史》卷八五《地理志》一作「三年」。
〔四〕樓：原脱，據本書方域三之三一補。

月改寶慈，景祐二年改今名。次後欽明殿，舊曰天和，明道元年十月改觀文，後改清居，治平三年六月改今名。其西睿思殿。福寧殿東慶壽宮，慶壽、萃德二殿，太皇太后所居。福寧殿西寶慈宮，寶慈、姒徽二殿，皇太后所居。福寧殿後坤寧殿，皇后所居。凡禁中殿（閤）〔閣〕，有嘉慶殿，咸平初明德太后居此殿，後徙萬安宮。觀文殿，舊曰延恩，大中祥符元年以聖祖降此殿，因繕完，改曰真遊，奉道像。後改 5 集聖。明道二年十一月，改葺爲內外命婦容殿，名肅儀。慶曆八年五月改今名。延真門，大中祥符七年賜真遊殿西門曰延真。積慶殿、感真閣，大中祥符七年賜真遊殿真君殿曰積慶，前又建感真閣。福聖殿，明道中奉真宗御容于此。壽寧堂，明道中奉太祖御容于此。慶雲殿、玉京殿、清景殿、西涼殿，景祐二年重修，在天章閣東。慈德殿，章惠太后所居，初係保慶殿〔一〕，景祐四年改今名〔二〕。景寧殿，治平二年正月〔三〕，誠內中神御殿〔四〕，賜名景寧。垂拱殿門次西皇儀殿門。皇儀殿舊曰明德，亦曰滋德，開寶四〔年〕改滋福，咸平三年明德太后居之，號萬安宮，（萬安殿）大中祥符七年復爲殿，標舊額，明道元年十月改今名。次西集英殿門。集英殿舊曰玄德，亦曰廣政，開寶二年改大明〔五〕，淳化元年正月改含光，大中祥符八年六月改會慶，明道元年十月改元和，尋改今名。每春秋、誕聖節，錫宴此殿。熙寧以後，親策進士于此殿。後有需雲殿，舊曰玉華，後改瓊英〔六〕，熙寧初改今名。東有昇平樓，舊曰紫雲，明道元年十月改今名，宮中觀宴之所。次西安樂門。門外西北景暉門，天禧五年三月賜名；其東含和門，熙寧十年八月賜名。門內有橫廊，廊北龍圖閣，大中祥符初建，以奉太宗御集、御書。閣東序資政、崇和二殿，西序宣德、述古二殿。又列六閣：曰經典，曰史傳，曰子書，曰文集，曰天文，曰圖畫。其北天章閣，天禧五年三月建，以奉真 6 宗御集、御書。閣東西序群玉、蘂珠二殿。次北寶文閣，舊曰壽昌，慶曆初改今名，以奉仁宗御筆、御書。閣東、西序嘉德、延康二殿，殿間以桃花文石，爲流盃之所。東華門內，次西左承天祥符門，乾德六年正月賜名左承天，大中祥符元年正月天書降其上，詔加其名而增葺之。次西北廊元符觀，大中祥符七年，以皇城司廨舍爲觀，奉天書道場，後罷之，復併入皇城司。直北東向有謻門，舊無榜，熙寧十年始標額。門內南廊慶寧宮，英宗爲皇子所居，治平二年賜名。西華門內次西右承天門，乾德六年正月賜名。南北夾道北延福宮，穆清、靈顧、性智三殿，靈顧以奉真宗聖容。宮中

〔一〕保慶：原作「嘉慶」，據《長編》卷一一五、《宋史》卷二四二《楊淑妃傳》、《玉海》卷一五八改。
〔二〕祐：原作「初」，據《玉海》卷一六〇改。
〔三〕二年：《玉海》卷一六〇作「三年」。
〔四〕誠：此字疑誤。
〔五〕二年：《宋史》卷八五《地理志》一作「三年」。
〔六〕瓊英：《宋史》卷八五《地理志》一作「瓊華」。

又有奉宸五庫。次北廣聖宮，天(天)聖二年建長寧宮，以奉三清玉皇道像，後安真宗御容於宮之降真閣，景祐二年改今名。宣祐門內東廊，次北資善堂，大中祥符九年二月建資善堂於元符觀南，爲仁宗就學之所，天禧四年徙於此。講筵所，舊曰説書所，寓資善堂，慶曆初改今名。次北引見門，次北通極門，熙寧十年八月賜名。次北臨華門，熙寧十年八月賜名。西廊次北內東門，有柱廊與御厨相直，門內有小殿，即召學士之所。次北崇政殿門。崇政殿舊曰簡賢講武，太平興國八年改，大中祥符七年始建額，即閲事之所。殿東西延義、邇英二閣，侍臣講讀之所。閣後隆儒殿，皇祐三年十月賜名。崇政殿後有柱廊，倒座殿。次北景福殿，[7]前有水閣，舊試貢舉人，考官設次於兩廊。殿南延和殿〔一〕，大中祥符七年建，賜名承明，章獻太后垂簾參決朝政於此，明道元年十月改明良，尋改端明，景祐元年改今名。殿北向，俗呼倒座殿。殿西北迎陽門，大中祥符七年建，賜名宣和，明道元年十月改開曜，十一月改今名，俗號苑東門，召近臣入苑由此門。門內後苑，苑有(大)〔太〕清樓，樓貯四庫書。走馬樓。延春閣，舊曰萬春，寶元中改。儀鳳、翔鸞二閣〔二〕，景祐中有瑞竹生閣首。宜聖殿，奉祖宗聖容。嘉瑞殿，舊曰崇聖，後改今名。宣明殿。安福殿。寶岐殿〔三〕。化成殿〔四〕，舊曰玉宸，明道元年改，四方貢珍果常貯此殿。金華殿，大中祥符中常宴輔臣。清心殿，真宗奉道之所。流杯殿，唐明皇書山水字於(右)〔石〕，天聖初自長安輦入苑中，構殿爲流杯，嘗令侍臣、館閣官賦詩。清輝殿。(親)〔觀〕稼殿，景祐二年建，賜名。華景亭。翠芳亭，景祐中橙實亭前，命近臣觀。瑶津亭，象瀛山池。以上《國朝會要》。

西京 大內〔五〕

西京，唐曰洛州，後爲東都、河南府，尋改爲京。梁爲西都，晉復爲西京，國朝因之。京城周回五十二里。南三門：中曰定鼎，東曰長夏，西曰厚載。東三門：中曰羅門，南曰建春，北曰上東。北二門：東曰安喜，西曰徽安。城內一百二十坊：明教、宜人、淳化、安業、修文、尚善、樂和、正平、修行、崇業、修業〔六〕、旌善、尚賢、敦行、崇政、宣範、恭安、勸善、惠訓、道術、歸德、康俗、敦化、道化、溫柔、擇善、道德、仁和、正俗、永豐、修善、思順、福善、惠和、安[8]衆、興教、宣教、陶化、嘉善、通利、樂成、安遠、慈惠、上林、遊奕、集賢、尊賢、章善、賢相、永泰、臨闤、延福、富教、詢

〔一〕殿南：《宋史》卷八五《地理志》一作「殿西」。
〔二〕儀鳳：原倒，據《玉海》卷一六〇乙。
〔三〕岐：原作「跂」，據《玉海》卷七六、《宋史》卷一七三《食貨志》上一改。
〔四〕成：原作「城」，據《宋史》卷八五《地理志》一改。
〔五〕原無此題，據天頭原批補。
〔六〕修業：原脱，據《藕香零拾》叢書本《河南志》卷一補。《河南志》，宋敏求原撰，本目即大體録自此書。

善、銅（馳）〔駝〕、崇讓、履道、履信、會節、綏福、從善、睦仁、嘉猷、里仁、永通、利仁、歸仁、懷仁、仁風、静仁、延慶、寧人、寬政、淳風、宣風、觀德、積善、從政、大同、承義、明義、教義、廣利、通濟、懷義、淳和、南里、北里、承福、立德、清化、道光、道義、道政、永福、思恭、歸義、履順、進德、景行、温洛〔一〕、北市〔二〕、鄰德、敦厚、修義、時泰、時邕、立行、殖業、豐財、教業、毓財、德懋、毓德、審教、積德、賜福、教善、興藝、通遠。

大内〔三〕，據京城之西北。宮城周回九里三百步。舊名紫微城。南面三門：正南曰五鳳樓，國初建名；東曰興教，西曰光政，隋、唐舊名。東面一門曰蒼龍，隋、唐曰重光，後改。西面一門曰金虎，隋曰寶城，唐曰嘉豫，後改。北面一門曰拱宸，隋、唐曰（元）〔玄〕武，大中祥符中改今名。五鳳樓内正内曰太極殿門〔四〕，隋曰永泰，唐曰通天，乾元後隨殿名改易〔五〕，太平興國三年名太極門，景德四年改今名。門東西各有門，唐初曰萬春、千秋，今無榜。太極殿門外東西横門曰左、右永泰門，隋曰東、西華，唐曰左、右延福，後改。正殿曰太極殿，隋曰乾陽，唐初曰乾元、明堂，後改含元，梁曰朝元，後唐曰明堂，晉曰宣德，後復爲明堂，太平興國三年改今名。殿前有左、右龍尾道，日樓、月樓，東西横門曰日華、月華，殿後有柱廊。次天興殿，舊曰太極後殿，太平興國三年改今名。後有殿閣，其地即隋之大業，唐之天堂。後門 9 北對建禮門。太極殿門之西面，南曰應天門，唐曰敷政、光範，後改；次北曰乾元門，唐曰千福、乾化，後改；次北曰敷政門，唐曰武成、宣政，後改。次北曰文明殿，唐曰貞觀〔六〕，梁曰文明。殿東南隅有鼓樓，西南隅有鐘樓。東、西横門曰左、右延福門。殿兩挾曰東上、西上（閣）〔閤〕門，殿後有柱廊。次曰垂拱殿，唐曰延英，太平興國三年改今名。殿後通天門，後有柱廊〔七〕。興教門内曰左安禮門〔八〕，隋、唐曰會昌門。西北曰鑾和，太平興國三年，以車輅院門改今名。左安禮門北曰左興善門，唐曰左銀臺，梁改。其北左銀臺門，唐曰左章善，梁改光政。門内西偏右安禮門，隋、唐曰景運，後改。次西横門曰永福門，後唐之名。右安禮門北曰右興善門，唐曰右銀臺，梁改。蒼龍門之正西有東隔門，次西曰膺福門，唐曰含章，後改。次西接通天門柱廊。金虎門之正東有西隔門；次東曰千秋門，唐曰金鑾，後改；次東接通天門柱廊。建禮門，在天興殿後，南對五鳳樓。北有隔門〔九〕，次北拱宸門。建

〔一〕洛：原作「落」，據《河南志》卷一改。
〔二〕市：原作「帝」，據《河南志》卷一改。
〔三〕天頭原批：「大内宮城。」
〔四〕内曰：原作「南内」，據《河南志》卷四改。
〔五〕「後隨殿名改易」六字原脱，據《河南志》卷四補。
〔六〕貞：原作「真」，據《河南志》卷四改。
〔七〕後：原作「復」，據《河南志》卷四改。
〔八〕「左」下原有「右」字，據《河南志》卷四删。右安禮門自在下文。
〔九〕北：原脱，據《河南志》卷四補。

禮門之西曰廣壽殿門，門内廣壽殿，唐曰嘉慶，後唐改。殿後隔舍即内東門道，其北明德殿，太平興國三年改廣壽第二殿曰明德，第三殿曰天和，第四殿曰崇徽〔一〕。其次天和殿，其次崇徽。廣壽殿門之西曰明福門，其次北(廓)〔廊〕接通天門〔二〕，南對文明殿。明福門内曰天福殿門，門内天福殿，唐曰崇勳，後唐曰中興，晉改今名。其次太清樓，後唐曰絳霄，太平興國三年[10]改寢殿曰太清，第二殿曰思政，第三殿曰延春〔三〕。其次思政殿，其次延春殿。其次面北曰武德殿，後唐曰解卸〔四〕，又曰端明，太平興國三年改今名。明福門之西曰金鑾殿門，門内金鑾殿〔五〕，唐曰太極，又名思政，梁改今名。其次壽昌殿，梁曰雍和，太平興國三年改金鑾第二殿曰壽昌，第三殿曰玉華，第四殿曰長壽，第五殿曰甘露，第六殿曰乾陽，第七殿曰嘉興〔六〕。其次玉華殿，其次甘露殿，其次長壽殿〔七〕，其次乾陽殿，其次嘉興殿。金鑾殿門之西曰含光殿門，門内含光殿，宴殿也。其南廊有裝戲院，殿東(廓)〔廊〕後有紫雲樓，宮中觀宴之所。樓前射弓小院〔八〕。含光殿後洗澤宮一位。建禮門北之東廊曰内東門，其北即北隔門。門南之西廊曰保寧門，門西有隔門。門内面南有講武殿，唐曰文思毬場，梁以行從殿爲興安殿毬場，後改今名。殿後有柱廊，有後殿。無名。隔門，相對西隔門。門西淑景亭，又有隔門。以西入後苑，内有長春殿，後唐建石殿，有柱廊。後殿以西即十字池亭，其南砌臺、冰井。娑羅亭〔九〕，貯奇石處。世傳是李德裕醒酒石，以水沃之，有林木自然之狀，謂之娑羅石，故以名亭。前有九江池〔一〇〕，一名九曲池。其南有内園門，(左)〔在〕含光殿門之西。東宮在蒼龍門之西，(興)〔與〕左銀臺門相對，其門在東池門之内〔一一〕。宮後東池門内有飛龍院，西有散甲殿，梁改弓箭庫殿爲宣威，後改今名。殿後柱廊，有後殿，其北相對有夾道門，在拱宸門内。

皇城〔一二〕，隋曰太[11]微城，亦號南城，宮城之外夾城。南面三門：中曰端門，北對五鳳樓，南對定鼎門。東曰左掖，西曰右掖。東面二門：南曰賓耀，隋曰東太陽，唐曰東明，後改；北曰啓明，西對宮城之蒼龍門。西面二門〔一三〕：

〔一〕「太平」以下三句，《會要》原文當是注文。
〔二〕次北廊：《河南志》卷四作「柱廊」。
〔三〕「太平」以下三句，原文當是注文。
〔四〕卸：原作「御」，據《舊五代史》卷三一《莊宗紀》五、《河南志》卷四改。
〔五〕「金鑾殿門門内」六字原無，據《河南志》卷四補。
〔六〕「太平」以下六句，原文當爲注文。
〔七〕按，此二句次序似與上文先長壽後甘露不同，但《河南志》卷四亦如此，原注云「今宮内次第如此」，則知非有誤也。
〔八〕院：原作「殿」，據《河南志》卷四改。
〔九〕娑：原作「婆」，據《河南志》卷四、《宋史》卷八五《地理志》一改。下同。《河南志》原注云「蓋以樹名之」，可證「婆」字誤。
〔一〇〕江：原作「河」，據《河南志》卷四、《宋史》卷八五《地理志》一改。
〔一一〕其門：《河南志》卷四作「後門」。
〔一二〕天頭原批：「皇城。」
〔一三〕二：原作「三」，據本書方域三之三七改。

南曰金耀，隋曰西太陽，後改。北曰乾通，東對宮城之金虎門。西面外(挾)〔夾〕城又二門：南曰麗景，東對金耀門；北曰開化，東對乾通門。北面一門曰應福，五代以來曰甲馬門，蓋諸班直宿其內〔一〕。次北左軍二門，在興教門之東，門內皆班院。次西右軍一門〔二〕，在光政門之西，門內皆班院及御園。

東城，宮東之外城也，隋築。東面一門曰宣仁，東對上東門；南面一門曰承福，今爲洛陽監前門。北面一門曰含嘉，今不復有門構。以上《國朝會要》。

東京雜録

太祖建隆三年正月十五日，發開封浚儀縣民數千，廣皇城之東北隅。

五月，命有司案西京宮室圖修宮城，義成軍節度使韓重贇督役〔三〕。

四年五月十四日，詔重修大內，以鐵騎都將李懷義、內班都知趙仁遂護其役。

二十四日，明德門成。先是，同州節度使張美來進材木。及成，命翰林學士承旨陶穀撰碑。

乾德三年四月十三日，募諸軍子弟導五丈河水通皇城爲池〔四〕。

四年二月七日，帝親視皇城版築之役。

十一日，修崇元殿，帝召近臣及侍衛軍校觀上梁，各賜金錢酒食、役工錢帛有差。左右街僧道、商賈並於殿前，以金錢果食自新殿上散擲，恣(今)〔令〕爭之。

六年正月十日，發近甸丁夫增治京城，命馬步副軍頭王廷乂護其役。

開寶元年正月甲午〔五〕，發近甸丁夫增修京城。

太宗太平興國四年，改京城門名〔六〕。

雍熙二年九月十七日，以楚12王宮火，欲廣宮城，詔殿前都指揮使劉廷翰等經度之〔七〕。畫圖來上，帝恐動民居〔八〕，曰：「內城褊隘，誠合開展，拆動居人，朕又不忍。」令罷之，但遷出在內三數司而已。

〔一〕班直宿：原作「班宿直」，據《河南志》卷四乙。按「班直」，禁衛軍。

〔二〕「左軍」至「次西」十七字原無，據《河南志》卷四補。

〔三〕按，本條之中，徐松原稿只有「命義成軍節度使韓重贇督役」一句，緊接上條。「五月」及「有司案西京宮室圖修宮城」十三字爲旁批添入，疑是後來整理者據《玉海》所添。以下旁添者仿此。

〔四〕五丈河：原作「五夫河」，據《長編》卷六、《玉海》卷一七四改。

〔五〕按，此條爲旁添，其文實抄自《長編》卷九，而非《會要》文。開寶元年即乾德六年，正月甲午即正月十日，此條與上條實爲一事，旁添者不察，妄爲增入。由此條可推知，本門中凡此類旁批添入之文不但非《宋會要》之文，且亦非《大典》原有。

〔六〕原稿「太宗」二字連下條，「太平」以下十一字爲旁批添入，其文抄自《玉海》卷一七四。

〔七〕劉廷翰：原作「劉延翰」，據《宋史》卷二六〇《劉廷翰傳》改。

〔八〕「恐動民居」四字爲旁批。

至道元年十一月二十五日，詔張洎改撰京城内外坊名八十餘〔一〕，分定布列，始有雍洛之制〔二〕。舊城内左第一廂二十坊，曰太平、義和、安業、通利、寳積、宣平、興寧、觀德、明德、嘉善、崇德、景寧、惠政、興禮、龍華、信陵、昭德、福善、延和、通濟；第二廂十六坊，曰光德、宜春、樂〔三〕、甘泉、崇仁、保和、靖安、昭慶、嘉德、廣福、嘉平。右第一廂八坊，曰興〔四〕、宣化、新昌、常樂、光化、利仁、樂臺、（郭）〔敦〕義；第二廂二坊，曰金順、壽昌。新城内城東廂九坊，曰滋德、永濟、清和、顯仁、睿明、汴陽、崇善、宣陽、安仁；城西廂二十六坊，曰建隆、延秋、咸寧、惠寧、福昌、隆安、慶成、興化、徽安、延禧、永豐、豐安、義康、順成、善利、安遠、宣義、景福、保義、順政、崇節、通義、普寧、通化、歸德、敦化；城南廂二十坊，曰大寧、崇禮、廣濟、敦教、建寧、昭化、永通、景平、通惠、敦化、武成、景耀、永泰、建平、長慶、清平、光慶、永昌、敦信、永安；城北廂二十坊，曰夷門、昌樂、永寧、永平、豐義、崇慶、安興、延慶、（元）〔玄〕英、咸宜、安定、崇化、保安、泰寧、嘉慶、保寧、永順、延昭、福善、安化。太宗以舊坊名多涉俚俗之言，至是命美名易之，唯寳積、安業、樂臺、利仁四坊仍舊名。

真宗大中祥符元年正月十四日，勾當八作司謝德權言：「京城外城女牆圮缺〔五〕，水道壅塞，望籍兵完葺，計六十三萬五千六十二工〔六〕。」從之。

二年三月九日，開封府言：13「准詔，以都城之外人戶、軍營甚多，相度合置廂虞候管轄。」從之。仍詔勿多置人吏、所由，妄有搔擾。又度增置廂九〔七〕：京東第一廂一坊，曰清明；第二廂一坊，曰含耀；第三廂一坊，曰務本；京南廂二坊，曰安節、明義；京西第一廂二坊，曰天苑、天泉；第二廂二坊，曰金城、開化；第三廂二坊，曰乾耀、阜門；京北第一廂二坊，曰建陽、嘉豫；第二廂一坊，曰福慶。

七月八日，廢萬安宮復爲滋福殿。先是咸平初，以皇太后所居滋福殿爲萬安宮，至是復爲殿云。

五年七月二日，詔曰：「重城陽位，通門肇開。特順民心，以壯京邑。仍加美號，式示方來。宜名新開門爲保康，仍名汴河舊廣濟橋爲延安，惠民河新橋爲安國。」

閏十月八日，翰林院學士晁迥等請改延恩殿名，重加興葺，及御製銘頌，以彰聖祖降格之慶。詔名真遊殿。

六年五月七日，改夷門坊曰寧遠，玄英坊曰瑞慶。

〔一〕張洎：原作「張泊」，據《長編》卷三八改。「張洎」、「撰」、「八十餘」六字原爲旁添。
〔二〕「分定」二句爲旁添。此二句見《長編》卷三八、《玉海》卷一七四。
〔三〕樂：按前後所述坊名皆爲二字，又前云總十六坊，而所列僅十坊又單一字，此處當脱十一字。
〔四〕興：此處亦當脱一字。
〔五〕外城：原脱，據《長編》卷六八補。
〔六〕「計六」旁原添「修東京外城」五字，不知添入何處，今删。
〔七〕度增：原作「增度」，據《玉海》卷一七四乙。

七年七月二十八日，參知政事丁謂復請御書真遊殿額，從之。

八年四月二十四日，大內火，命參知政事丁謂充大內修葺使，殿前都指揮使曹璨〔一〕、侍衛馬軍副都指揮使張旻、入內內侍都知秦翰督護其役。

九年七月五日，增築京新城。天禧二年三月〔二〕，工畢，部役使臣、軍校第進一資。

仁宗天聖元年正月，發卒增築京城。

七月二十四日，詔內殿崇班秦懷志、白仲達貼築新舊城牆。

十年八月二十三日，內庭火，延燔長春、崇德、會慶、承明殿。命宰臣呂夷簡爲大內修葺使〔三〕，樞密副使 14 楊崇勳爲副使，殿前副都指揮使夏守贇都大管勾修葺事，入內內侍省押班江德明、內侍省右班副都知閻文應同管勾〔四〕。十月工畢。

景祐元年五月十五日，入內內侍省言：「司天監集衆定奪開拱宸門外過道，稱無妨礙，選定十九日申時開門。」從之。

皇祐元年八月十二日，侍御史徐宗況言：「在京舊城修築年深，乞行完葺。」從之。

嘉祐四年正月十一日，修築京新舊城。及興役，賜兵卒緡錢。

（八年四月十九日）〔七年八月八日〕〔五〕，詔於內香藥庫之西偏建皇子位。

英宗治平元年十月十六日，命內侍供奉官王希古貼築在京新舊城牆。

二年二月十一日，權發遣三司戶部副使呂公著奏，乞候既郊歲豐，乃修慶寧宮。從之。

三年六月二十九日，改清居殿曰欽明，命直龍圖閣王廣淵書《洪範》一篇於屏。時帝謂廣淵曰：「先帝臨御四十年，天下承平，得以無爲。朕方屬多事，豈敢自逸，故改此殿名。」因訪廣淵先儒論《洪範》得失，廣淵對以張景所得最深，以景論七篇進。翌日，復召對延和，曰：「景所說過先儒遠矣，以三德爲馭臣之柄，尤爲善論〔六〕。朕接臣下常務謙柔，聽納之間，則自以剛斷。此屏置之座右，豈特無逸之戒也。」賜廣淵御紙、筆墨、黃金等。以上《國朝會要》。

神宗熙寧初，改集英殿後瓊英曰需雲〔七〕。

〔一〕璨：原作「燦」，據《長編》卷八四改。
〔二〕二年：原作「三年」，據《長編》卷九一改。
〔三〕內：原作「臣」，據《長編》卷一一一改。
〔四〕閻：原作「周」，據《長編》卷一一一改。
〔五〕七年八月八日：原作「八年四月十九日」，按《長編》卷一九七記此事於嘉祐七年八月八日壬午，因改。據史，嘉祐七年八月五日己卯，詔立英宗爲皇子，故於八日詔建皇子位（皇子所居宮）。至嘉祐八年三月，仁宗崩，英宗即位，故八年四月十九日不可能有建皇子位事。
〔六〕「馭臣之柄尤爲」六字原脱，據《長編》卷二〇八補。
〔七〕瓊英：《宋史》卷八五《地理志》一作「瓊華」。

二年閏十一月，詔：「今後在内修造，係宮殿門内，委提舉内中修造所主領；其係皇城内、宮殿門外者，即令提舉在内修造所施行。」

是年，作慶壽、寶慈二宮。

四年，後苑 15 作玉華殿。

七年，玉華殿後作山亭一，祥鸞閣一，基春殿一。

八年八月二十一日，詔：「都城久失修治，熙寧初雖嘗設官繕完，費工以數十萬計，今遣人視之，乃頹圮如故。若非特選官總領其役，曠日持久，必不能就緒。可差入内東頭供奉官宋用臣專切提轄修完，其有合申請事件，並令條具聞奏。仍差河北、京東揀中崇勝、奉化十指揮及新廢監牧兵士五千人專隸其役〔一〕。所有上件兵士萬人，隸步軍司。應緣修城役使犯杖罪以下，即令提轄修城所斷遣，内係雖杖罪合干追照，即送步軍司斷遣。每五百人仍許奏選殿直以下至殿侍一人部役。」

九月七日，重修都城，詔内臣宋用臣董之。廢罷監牧司馬監兵士五千人，以二千人充在京新置廣固四指揮〔二〕，專隸修完京城所工役，於京城四壁置營；三千人添置府界保忠六指揮，於陳留、雍丘、襄邑置營。候修京城畢，其新置保忠指揮額數即行撥併，仍隸步軍司。非有宣命，不得差使。所有請受，並依保忠例支給。

是年，造睿思殿。

九年二月〔三〕，改正南南河門曰景風，南塼曰亨嘉〔四〕，皷角曰阜昌。正北北河門曰安平，北塼曰耀德。正東冠氏門曰華景，冠氏第二重曰春祺。子城東曰泰通。正西魏縣門曰寶成〔五〕，魏縣第二重曰利和。子城西曰宣澤。東南朝城門曰安流，朝城第二重曰巽齊。西南觀音門曰安正，觀音第二重曰静方。上水關曰善利，下水關曰永濟。内城創置北門，曰靖武。

六月十六日，詔在京舊城諸門 16 并汴河岸角門，並令三更一點閉，五更一點開。

十年九月十八日，提轄修完京城所言：「准詔令御書院書寫外城諸門牌額，今汴河上流兩岸南、北水門並曰大通，有此相犯。」詔北門改曰宣澤。又汴河下流南水門，舊曰上善，改曰通津。

十月四日，提舉修完京城所言，五丈河上流咸豐門南水門未有名額，詔以永順爲額。

是年，改文德殿南門曰端禮〔六〕，左、右長慶隔門曰左、

〔一〕十：原作「七」，據《長編》卷二六七改。
〔二〕固：原作「國」，據《長編》卷二六八改。
〔三〕按，此條除多「二月」二字及錯字外，全同於《宋史》卷八五《地理志》一，乃是記載北京大名府城門，而此處却誤爲東京城門。《宋會要》似不應有如此謬誤，或是《大典》抄《宋史》之文而誤補於此。後文方域一之一八「廢善利、永濟關」條亦同。
〔四〕塼：原作「博」，據《宋史》卷八五《地理志》一改。下同。
〔五〕成：原作「城」，據《宋史》卷八五《地理志》一改。
〔六〕德：原無，據《長編》卷二八一補。

右嘉肅，安樂門曰含和，崇政殿北橫門曰通極〔一〕，拱宸門裹西橫門曰臨華，東華門曰北謻門。

元豐元年十月六日，重修都城訖功，詔知制誥、直學士院孫洙譔記，刻石南薰門上；洙卒，改命知制誥李清臣。城周五十里百六十五步，高四丈，廣五丈九尺，外距隍空十五步，內空十步。自熙寧八年九月癸酉興工，以內侍宋用臣董其事，役羡卒萬人，創機輪以發土，財力皆不出于民。初度功五百七十九萬有奇，至是所省者十之三。

十一月十四日，賜度僧牒千，爲修治都城諸門瓦木工直之費。

十二月二日，提點修治京城所言，修治畢功，壕寨人等乞酬賞。詔隨功力輕重轉資、減年、支賜有差。

八(月)〔日〕，開封府請修治京城四壁，留十步，以牆爲衛，外容車馬往來。詔七步外築牆，留五步爲路。其官私屋有礙者免拆，止據見今地五步外築牆，留五步爲路。

二年〔二〕，造承極殿并殿前亭二，及殿東小石池一。

三年五月十三日，詔賜內東門裏進食門曰會通〔三〕。

17 九月，廢舊城明德坊入景靈宮〔四〕。

四年四月四日，承議郎胡宗炎言：「夷門山在大內東北〔五〕，當少陽之位，爲都城形勝之所，國姓王氣所在。公私取土於此，岡阜漸成坑塹。伏望禁止及填塞掘鑿處〔六〕。」司天監定如宗炎所言，從之。

五年十二月十八日，詔：「在京新城外四壁城壕開闊五十步，下收四十步，深一丈五尺，地脉不及者至泉止。」

是年，延福宮造神御殿，曰燕寧，以奉仁宗慈聖光獻皇后御容。

六年正月八日，詔：「開新城四面壕溢毀公私舍屋土田〔七〕，委楊景略估直給之，或還以官地。其官、營房及民墳、寺舍，責京城所管認撥移修蓋。」

二月三日，詔給度僧牒千作京城水門。

五月十三日，尚書刑部言：「切聞京城諸門或不以時啓閉，公私或以廢事。欲新城門並以日初出入時爲準，委開封府檢察。」從之。

閏六月五日，權開封府推官祖無頗言：「準詔，提舉京城所度量京城裏壁四面離城三十步妨官地民屋〔八〕，按圖摽撥內稅地及屋，參驗元契，並估計時價以聞〔九〕。除官屋地不估，百姓屋地百三十家，計直二萬二千六百緡。」詔集

〔一〕崇政：原作「崇仁」，據《長編》卷二八一改。
〔二〕二年：《玉海》卷一六〇作「元豐元年」，而《宋史》卷八五《地理志》一則云「元豐三年建」。
〔三〕裏：原作「重」，據《長編》卷三〇四改。
〔四〕明德坊：原作「明殿坊」。據前方域一之一二所述舊城坊名，以「明」字爲頭者唯有明德坊，「殿」當爲「德」之誤，因改。
〔五〕「夷」上原有「庚」字，「內東」二字原倒，據《長編》卷三一二刪乙。
〔六〕掘：原作「握」，據《長編》卷三一二改。
〔七〕溢：原作「移」，據《長編》卷三三二改。
〔八〕離：原作「雜」，據《長編》卷三三六改。
〔九〕並估計：原無，據《長編》卷三三六補。

禧等觀當拆修屋，令京城所管認；其餘官屋令將作監拆修，民屋價錢令户部以撥養馬錢給〔一〕。

九月十三日，提舉京城所言：「先准朝旨，發夫開新城外壕，候興役，令開封府界提點司與提舉京城所官同提舉。勘會本所見檢計分放工料，難更同提舉。緣今夫役近在輦轂之下，全藉鎮撫，欲望差管軍 18 臣僚都大提舉。」詔開封〔府〕界發夫五萬人，仍差權開封府推官祖無頗、提點開封府界諸縣鎮公事范峋、殿前都虞候苗授都大提舉編攔〔二〕。

十月十六日，上批：「來春開封府界起夫五萬開城壕，宜令二月朔入役，庶日景舒長〔三〕，工力易辦，兼於農事未致失時。」

七年六月二十四日，賜專一主管製造軍器所度牒千五百，買木修置京城四御門及諸甕城門，幫築團敵馬面〔四〕，并給役兵、官吏食錢。

七月，廢善利、永濟關〔五〕。

八年哲宗即位未改元。五月十四日，府界提點范(峒)〔峋〕、侍衛親軍步軍副都指揮使苗授、開封府推官王同老坐開京城西壁等壕虧空，擅令人出備夫錢，等第罰金。

哲宗元祐元年正月十二日，工部言：「京城四壁城壕止以廣固人兵漸次開修，更不差夫。」從之。

十二月二十四日，中書省言：「提舉京城所奏，修治京城所元管大小使臣五十七員〔六〕，今相度可以廢罷四十七人，存留一十員管勾事務。並乞不拘常制，踏逐指名抽差，各與通理三年爲一任。」從之。

八年十二月十七日，詔：「雪寒，應在京工役去處，自今月十八日後放假三日。」

紹聖元年正月八日，尚書省言，提舉京城所奏，增築京城訖工，詔官吏、役兵比類賞之。

閏四月十六日，中書侍郎李清臣言：「奉詔，命臣以元豐二年進撰《重修都城記》重行校正，緣已經神宗皇帝御覽，自是叙述一時之事，其後增修，自可別命詞臣撰述。」從之。仍令提舉京城所別具增 19 築京城制度，旨差官撰文〔七〕，相對立石。

五月十八日，提舉京城所奏詔具修築京城制度以聞。詔翰林學士蔡卞撰詞并書。

九月六日，三省言：「有旨以李清臣先撰《都城記》於南薰門上立石，差翰林學士蔡卞書。」詔仍令卞篆額。

二年四月二日，宣和殿成。初，哲宗以睿思殿先帝所建，不敢燕處，乃即睿思殿之後，有後苑隙地僅百許步者，

〔一〕「價錢」原作「價辦」，「養」原脱，據《長編》卷三三六改補。
〔二〕授：原作「擾」，據《長編》卷三三九改。
〔三〕舒：原無，據《長編》卷三四〇補。
〔四〕幫：原作「封」，據《長編》卷三四六改。
〔五〕按《宋史》卷八五《地理志》一，此條爲北京事，善利、永濟關乃北京大名府城之水門名，此處誤收。
〔六〕五：原作「二」，據《長編》卷三九三改。
〔七〕「旨」上疑脱一「取」字。

因取以爲宣和殿焉。宣和殿者，止三楹，兩側後有二小沼，臨之以山。殿廣袤纔數丈，制度極小。後太皇太后垂簾之際，爲臣僚論列，遂毀拆，獨餘其址存焉。及（徽）〔哲〕宗親政久之，宣和於是旋復。徽宗亦踵神宗、哲宗故事，晝日不居寢殿，又以睿思時爲講禮、進膳之所，乃皆就宣和燕息。大觀二年，既再繕葺之，徽宗乃親書爲之記甚詳，而刻諸石。及重和元年，議改號，因即以爲宣和元年，乃改宣和殿爲保和殿[一]。宣和之後殿，重和元年所創也。

三年六月十八日，詔及暑熱，在京工役可給假三日。

徽宗建中靖國元年（三）〔二〕月九日[二]，詔顯謨閣爲熙明閣。

三月十八日，詔管勾御藥院閻守懃，以見存材植製造防城之具。初，元豐中城京師樓櫓之類，咸極攻堅，所儲莫非良材。至元祐嘗罷之，以其材他用。上令守懃檢校，猶不乏，故俾終其功。

崇寧五年二月二十六日，詔曰：「朕荷天右序，男女僅五十人，垂休無窮，以次成立，建第築館，指日有期。而京師居民繁夥，居者櫛比，無地可容，深慮[20]移徙居民，毀徹私舍，久安之衆，遽棄舊業，或至失所。言念赤子，爲之惻然。可令有司度國之南，展築京城，移置官司、軍營。將來繕修諸王外第與帝姬下嫁，並不得起移居民。」

政和二年五月十六日，詳定九域圖志所言：「今來興仁府輔郡既以『東』字爲別，即鄭州輔郡亦合依此以『西』字爲別。（穎）〔潁〕昌、開德府合冠以南、北輔。兼延安等五府屬縣，已依本所申請，罷稱次赤、畿，即四輔所治縣，自合正名次赤，餘縣合爲次畿，所貴格法從一。」從之。

四年八月三日，詔改端明殿爲延康殿。

五年四月十日，詔秘書省殿以右文殿爲名。

八月十二日，詔秘書省移於他所，以其地建明堂。

八年十月六日，詔宣德門改爲太極之樓。重和元年正月二十五日，詔復依舊名。

宣和二年二月一日，詔宣和已紀年號，殿名易爲保和殿。

三年二月二十九日，承議郎樊澥奏：「竊觀神宗皇帝熙寧間詔有司鑄都城諸門銅符契，依法勘同，復命樞密院約舊制更造銅契，中刻魚形識之，各分左、右給納，以戒不虞，而啓閉之法嚴於舊矣。元豐初重修外城僅五十里，增卑培薄，屹然崇墉，遺國家萬世之業，顧不偉哉！比年以來，內城頹缺弗備，行人躐其顛，流潦穿其下。屢閱歲時，未聞有修治之詔，則啓閉雖嚴，豈能周於內外，得不爲國軫憂？欲乞特降緡錢，付之有司，遴選能吏，鳩工董役，（役）俾郛郭宏麗，實帝居無窮之賴。」詔差都水使者孟（楊）〔揚〕

[一]「保和殿」下原有「者」字，據《玉海》卷一六〇刪。
[二] 二月：原作「三月」，按《玉海》卷一六三作「二月九日庚子」，據改。三月九日爲庚午，非庚子。

21提舉修治。

六年十二月四日，中書省言：「專切提舉京城所狀，奉詔塝築京城，開撩壕河，修葺諸門等，可於宣和七年選日下手。今據本所選到，宜用來年二月二十四日巳正四刻後丙時，並先自京城西南角坤位下手，吉。」從之。

22李清臣記之曰〔一〕：「以三歲之績，易數百年因循之陋。崇墉(迄)〔屹〕然，周五十里一百六十五步，横度之基五丈九尺，高度之四丈，而埤堄七尺。堅若埏埴，直若引繩。惟我汴京，氣象宏偉，平廣四達，岡阜繚轉，隱磷地中，若龍盤虎伏，睨而四據。濁河限其北，漕渠貫其內，氣得中和，土號沃23衍〔二〕。霏煙屯雲，映帶門闕，望之者知其爲天子之宅。周世宗廣而新之，逮此百二十有五年，聖主營於無爲，圖于弗用，取羨卒共其力，兵不踰一萬，分部者六。板幹遞遷，畚鍤貫序，創機輪以登土，爲鐵疏以固溝，肇于丙方，環于四浹。度功五百七十九萬有奇，所省者十之三。其作怡然，其成裕然，人不及計〔三〕，士不及議，而城以全新奏矣。又以材易八門，崇端顯嚴，遂與城稱。其外趾跨隍百一十有五步。聖授其算，士薦其能。」（以上《永樂大典》卷七六九九）

西京雜録

【宋會要】

24景德二年八月十三日〔四〕，以將朝陵，詔西京八作司修葺大內及諸司廨舍。

四年二月二十一日，詔曰：「國家經制，動著於典常；殿闥規模，上符于天象。緬維烈祖〔五〕，嘗幸舊都，修宮闕以未成，正名稱而靡暇。今因巡省，周覽禁庭，縣示于人，題號非便，須從改作，用協彝章。其明堂殿前三門改爲太極門。其諸殿諸名號，宜令崇文院檢討詳定以聞。」

大中祥符四年三月十四日，祀汾陰迴駐蹕，將賜酺，有司請改五鳳樓名，以彰慶宴。詔以太祖建樓，因瑞應立名，不可更也。

〔一〕原稿「李清臣」、「之」四字被點去，天頭原批云：「此段雙行注第十六頁第十一行『知制誥李清臣』下。」按，指上文方域一之一六元豐元年十月六日條。此當是嘉業堂整理者所批，嘉業堂本即照此執行。按《宋史》卷二〇三《藝文志》二載：「李清臣《重修都城記》一卷。」此處所節録與《玉海》卷一七四全同（包括「李清臣記之曰」六字）。陳智超曰：此一段「爲《玉海》文」（《解開宋會要之謎》頁二七九），甚是。

〔二〕土：原作「王」，據《玉海》卷一七四改。

〔三〕計：原作「討」，據《玉海》卷一七四改。

〔四〕按，此條事《長編》卷六〇繫於二年五月六日癸丑。

〔五〕烈：原作「列」，據《玉海》卷一七〇改。

仁宗景祐元年九月十五日，宰臣王曾言：「西京水南地里闊遠，居民甚多，並無城池，望令漸次修築。」詔知河南府李若谷計度興築。

神宗熙寧二年十月十六日，京西轉運司言：「西京大內損壞屋宇，比舊少四千餘間矣，乞于春首差中使一員，計會留守司通判檢定翻修，每二間折創修之數一間。」詔令通判檢定，本京修葺，轉運司提舉。

四年二月十一日，詔京西轉運司每年撥錢一萬貫，買材木修西京大內。

元豐七年七月四日，尚書工部言：「知河南府韓絳乞修大內長春殿等，欲下轉運司支歲認買木錢萬緡。」從之。

十日，知河南府韓絳言：「近被水災，自大內天津橋、堤堰、河道、城壁、軍營、庫務等皆傾壞。聞轉運司財用匱乏，必難出辦；役兵累經剗刷，府官職事繁多。欲望許臣總領，賜錢十萬緡，[25]選京朝官、選人使臣各三五人，與本府官分頭補治。乞發諸路役兵三四千人。」詔轉運司於經費餘錢支十萬緡，令沈希顏往來與韓絳同提舉營葺。及選使臣三五員；役兵于本路剗刷二千人，如不足，即雇工。

徽宗政和三年十二月三日，詔：「見修西京大內，竊慮亂有採伐棄木、損毀古跡去處，仰王鑄覺察以聞，違者以違御筆論。」

四年二月十四日，詔：「西京大（京）〔內〕近降指揮補飾添修，或聞官有計度，甚失本意。如實頹圮朽腐，方許整葺，不得過侈。」以上《續國朝會要》。

（以上《永樂大典》卷七六九八）

宋會要輯稿　方域二

南京

【宋會要】

1 真宗景德三年二月，詔曰：「睢陽奥區，平臺舊壤。兩漢之盛，並建於戚藩；五代以還，荐升于節制。地望雄于征鎮，疆理接於神州。實都畿近輔之邦，乃帝業肇基之地。恭惟聖祖，誕慶鴻圖，爰於歷試之初，兼領元戎之寄。謳謡所集，符命荐臻。殆兹累朝，俯同列郡。式昭茂烈，宜錫崇名。用彰神武之功，且表興王之盛。宋州宜升爲應天府〔一〕，宋城縣爲次赤，寧陵、楚丘、柘城、下邑、穀熟、虞城等縣並爲次畿。」

大中祥符七年正月二十九日，詔曰：「睢水名區，實一方之都會；商丘奥壤，爲三代之舊邦。形勢表於山河，忠烈存於風俗。惟文祖之歷試，蓋王命之初基。今者伸款謁于檜庭，既揚茂則；徇徯來於竹苑，方霈湛恩。期克壯帝猷，俾肇(所)〔新〕京邑，用志興王之地，允符追孝之心。應天府宜升爲南京，正殿以歸德爲名。咨爾都民，承予世德，慶靈所佑，感悦良多。」

二(曰)〔月〕一日，詔名南京門曰崇禮，雙門曰祥輝，外西門曰迴鑾。

三日，以主客郎中、知應天府馬元方兼南京留守司事，合置官屬名目，下審官院、流内銓，一如西京之式。

三月十三日，詔名南京城大東門曰昭仁，小東門曰延和，小西門曰順成，北門曰靖安，新隔門曰承慶。

仁宗慶曆五年九月十八日，置南京留司御史臺。（以上《永樂大典》卷七七〇一）

北京

【宋會要】

2 仁宗慶曆二年五月，詔曰：「相邑設都，所以因地形之勝；省方展義，所以考民風之宜。乃眷魏郊，實當河麓，席萬盈之懿兆，冠千里之上腴。隱然北門，壯我中夏。洪惟聖考，頃駐琱輿，宮館並存，威靈如在。緬懷凝烈，有述于孝思；嘉慰徯來，敢忘於時邁？載恢舊制，崇建别京，懋昭善繼之猷，仍奂維新之澤。大名府宜升爲北京〔二〕，先朝駐蹕行宮正殿以班瑞爲名。其修葺行宮屋宇並給官錢，毋得科率。」

六月十七日，以樞密副使、右諫議大夫任中師爲修建北京使，翰林學士、尚書禮部郎中、知制誥、史館修撰蘇紳

〔一〕宋州：原脱，據《宋大詔令集》卷一五九補。
〔二〕升：原作「居」，據《宋大詔令集》卷一五九改。

爲修建北京副使。

七月十二日，以北京行宮門爲順豫。

八月十七日，出内藏庫緡錢十萬，修北京行宮。

閏九月一日，詔：「比建北京，以備巡幸，其供儗之物，宜令有司辦置，毋或擾民。」

三年二月六日，〔以〕北京行宮便殿爲靖方。

七年六月二十一日，置北京留守司御史臺。

神宗熙寧八年十二月九日，賜内外城門名：南河門曰景風，南塼門曰亨嘉〔一〕，朝城縣門曰安流，朝城羅門曰巽齊，冠氏門曰華景，冠氏羅門曰春祺，上水關曰善利，北河門曰安平，北塼門曰耀德，魏縣門曰寶成，魏縣羅門曰利和，觀音門曰安正，觀音羅門曰靜方，下水關曰永濟。左、右四廂凡二十三坊：永寧、延福、靖安、惠安、宜春、敦信、安仁、善化、七賢、大安、德教、宜春、崇化、三市、普寧、廣利、長樂、景行、景明、鳳臺、延康、福善、保安。（以上《永樂大典》卷七七〇二）

行在所　臨安府

【宋會要】

3 舊係《京都雜録》〔二〕。自建炎以來車駕巡幸，至紹興八年駐蹕臨安，爲行在。

高宗建炎元年五月二日，詔江寧府修建景（臨）靈宮，諸帝共作一殿，諸后共作一殿。

六月一日，詔：「已降指揮，令永興軍、襄陽府、江寧府准備巡幸，仰逐處守臣營葺城池，建置宮室、官府，務從簡易，不得搔擾。以近便州郡神霄宮并空閑提舉廨舍之類，撥移逐路漕司及提舉常平司錢物應副，如不足，具數申尚書省。」

三日，詔潛邸以升暘宮爲名〔三〕。

七月十三日，詔：「權時之宜，法古巡狩，駐蹕近甸，號召軍馬，以防金人秋高氣寒，再來入寇〔四〕。朕親督六師，以援京城及河北、河東諸路，與之決戰。已詔迎奉元祐太后，津遣六宮及衛士家屬，置之東南，朕與群臣將士獨留中原，以爲爾京城及萬方百姓請命于皇天。庶幾天意昭答，中國之勢寖彊，歸宅故都，迎奉二聖，以稱朕夙夜憂勤之意。應在京屯兵聚糧〔五〕，修治樓櫓器具〔六〕，並令留守司、京城所、户部疾速措置施行。」

九月七日，詔：「將來巡幸，駐蹕（楊）〔揚〕州，可行下知

〔一〕塼：原作「博」，據《宋史》卷八五《地理志》一改。下同。
〔二〕按，此謂舊《會要》有《京都雜録》一門，其下又分東、西、南、北四京《雜録》，俱見於本書。
〔三〕暘：原作「賜」，據《建炎要録》卷六改。
〔四〕再：原作「賊」，據《梁谿集》卷三四、《三朝北盟會編》卷一一一改。
〔五〕京：原脱，據《梁谿集》卷三四、《建炎要録》卷七補。
〔六〕器具：原作「具器」，據《梁谿集》卷三四乙。

〔楊〕〔揚〕州呂頤浩修治城池，差膳部員外郎陳兖幹辦頓遞、行宫一行官吏將佐軍兵安泊去處，虞部員外郎李儔幹辦舟船并椿辦糧草，發運使李祐、淮南轉運使李傳正並差隨軍轉運使。」

十日，手詔：「荆襄、關陝、江淮皆備巡幸，並令因舊就簡，無得搔擾。凡巡幸所過與所止**4**之處，當使百姓莫不預知〔一〕：朕飲食取足以養體氣，不事豐美；亭傳取足以庇風雨，不易卑陋；什器輕便，不求備用；供帳簡寡，不求備儀。可齎以行，皆無取於州縣。橋梁舟楫，取足渡濟，道路毋治，官吏毋出，一切無所追呼。隨從臣寮皆體朕意，有司百吏敢搔擾者，重寘于法。唯是軍馬芻糧必務豐潔，將士寨柵必令寬爽，官吏無得少懈。部使者皆朕耳目之官，違戒勅而不以上聞者〔興〕〔與〕同罪。若自爲搔擾，罰更加重。仍許民户越訴。」

二十二日，詔：「暫駐蹕淮甸，庶使四方有警，皆易應〔换〕〔援〕。除河北、河東已相繼發兵，及京師已應副綱運并委措置防拓外，可分留精兵，科撥錢物，于應天、拱、泗州等處防守。應合行事務，令三省、樞密院同共措置。今來巡幸，應科撥舟船，分定帶行及存留官吏數目；措置賞罰，遣發先後次序；般載圖籍文案、户部錢物及准備隨行支遣之物；申嚴斥堠，通報平安，止絶官吏離任迎謁；關防僞冒，覺察姦細，掩襲盜賊，拘截逃亡；批〔文〕〔支〕口券食錢，預行下沿路實支數目，供辦置買飲食實數，關防一切搔擾；申嚴沿邊及近地防守措置，并創置控扼，督責征誅等，並令三省、樞密院別措置行下。」

是日，又〔詔〕：「差漕臣黄敦書專切隨軍應副錢糧，差提刑高士曈專切隨軍應副鄉兵、弓手之類。所用錢糧、人兵、器甲等，全藉諸處同力應副，方可辦集。竊慮故有阻難，移文牽制，不即應副，其合干人並許**5**追赴行司，便宜行遣，官員奏劾，或一面送官司根治。所辟官請給、人從，並依新任支破，與理爲在任月日，仍破驛券、遞馬，不許受諸州送饋。自被受公文，限一日起發，不得託故。」

同日，三省、樞密院言：「車駕巡幸，駕船人兵令工部取會座船綱，逐船依料數，除橰梢外合用駕船人兵實數，欲下都統制官於諸軍内選差東南及牙兵撥充。其軍兵更番所乘舟船并逐船官吏下自有人從共二十人已上者，乞並不差。」從之。

二十七日，都省言：「車駕巡幸進發日已定，竊慮行在及東京百司官〔如〕擅離職守。」詔：「見今行在及東京百司官如擅離任所，並追官勒停根捉，就本處付獄根勘。令刑部疾速施行。」

二十八日，詔：「川陝成都、京兆府，京西襄、鄧州，荆湖潭州、荆南府，江淮江寧府、揚州，仰逐路漕臣積聚錢糧，帥守修治城壘、宫室、官舍，以備時巡省，覲風俗，務從儉

〔一〕莫不：原無，據《建炎要録》卷九補。

約，勿致搔擾。」

二年二月十一日，東京留守司遣委開封府判官專管使院公事范世延、開封府左推官鮮于繪賫捧在京士庶表章，恭請聖駕，并進呈修城開壕一切了畢圖本。詔令閤門引見上殿。

三年二月十三日，車駕至杭州，以州治爲行宫，以顯寧寺爲尚書省。

十四日，車駕初至杭州，霖雨不（至）〔止〕，執政葉夢得奏事畢，因言：「州治屋宇不多，六宫居必隘窄，且東南春夏之交，多雨蒸潤，非京師比。」上曰：「亦不覺窄，但卑濕爾。然自過江，百官[6]六軍皆失所，朕何敢獨求安？今寢處尚在堂外，當俟將士官屬各得所居，遷徙之人稍有所歸，朕方敢入正寢。」

二月十六日，德音：「應今來巡幸經過州軍民户，特與蠲免今年夏税以聞。車駕經過之後，州縣將民間元科借物色未足之數尚行追納，委實搔擾，可限指揮到日住罷。如違，許人户越訴。」

同日，德音：「今來巡幸，沿路州縣排辦去處，備見勤勞，仰守臣保明實宣力人，當議推恩。」

三月一日，詔：「昨金人逼近，暫至錢塘，每念中原，未嘗敢忘。今據探報，賊馬歸回，已離揚州。錢塘非可久留，便當移駐江寧府，經理中原之事。可於四月上旬擇日進發。應江寧府合預排辦并沿路一行程頓等事，有司疾速施行，務要前期趁辦。應副諸軍外，餘事盡從簡便，不得搔擾。」

三日，禮部侍郎、充御營使司參贊軍事張浚言：「近日鑾輿過平〔江〕府，扈從需索，其數尚多。欲乞外擇臣寮可與經營者數人，内侍忠信謹願者一二，其餘六宫、朝廷悉留杭州。」詔候到江寧府取旨。

同日，詔金部郎中李迨、金部員外郎高士佃差主管車駕巡幸隨行左藏庫錢物官，兩浙轉運副使劉誨差主管車駕巡幸錢糧官。

同日，知常州周杞言：「車駕巡幸到州，臣逐急權就倚郭武進縣治事。緣州衙係御座之處，未敢擅便遷入。」詔除曾經安設御座、御榻之處外，餘並賜依舊作州衙，其餘沿路州縣及今後巡幸去處並准此。

二[7]十八日〔一〕，詔曰：「國家曆運中微，干戈未弭，因時巡省，蓋順權宜。以江寧府王氣龍盤，地形繡錯。據大江之險，茲惟用武之邦；當六路之衝，實有豐財之便。將移前蹕，暫駐大邦〔二〕。外以控制於多方，内以（營經）〔經營〕乎中國。尚慮有司排辦，過於奉承，百姓追呼，疲於道路。儻齊民之或擾，豈菲德之敢安！將來巡幸，（公）〔沿〕路州

〔一〕按，《景定建康志》卷三録此詔亦在三月二十八日，《三朝北盟會編》卷一二三則繫於二月二十八日。

〔二〕駐：原作「住」，據《三朝北盟會編》卷一二三、《景定建康志》卷三改。

郡及兩浙路、江東監司、江寧府，不得分毫騷擾，以安人心。」

五月八日，車駕至建康府，駐蹕於神霄宮。

六月十二日，上諭宰臣曰：「得鎮江奏報，十日皇太后進發，出鎮江府門，遇雨復回，次第來日須到，朕當躬往迎接。既已定日，雖遇雨亦不宜住，蓋沿路州縣頓遞、衛士飲食之類既已排辦，若滯留一日，則又縻費騷擾。朕前日自鎮江來，途中雖遇雨，亦不曾住。來日郊迎太母，已令備辦雨具，卿等可詣宫觀祈晴，朕當降香以往。」呂頤浩等奉命而退。

七月二十八日，宰臣呂頤浩等進呈權知三省、樞密院前往洪州分掌事件：「一、六部常程依格法事務並從權知三省、樞密院官奏行。雖非常程而待報不及者亦聽裁決。一、權知三省、樞密院應分遣文書，並合通簽。一、奏鈔並依常式修寫，繫宰執階位，注：隨行在。其權知三省、樞密院官依式簽書。一、遍下諸路照會，行在專總邊防軍馬錢穀、差除重事，所有其餘細務及官員注擬、磨勘功賞、舉辟之類，並申權知三省、樞密院。仍往洪州投下。一、六曹長貳、⑧郎官，或留行在，或隨從前去，並各仍舊主行本部事務，其姓名取自朝廷指揮。一、三省、樞密院六房人吏，除已選充行遣文字外，逐房自點檢以下至守闕守(宮)〔當〕官，並從上各存留一半，於行在祗應，餘並先次隨從前去。一、官告院、糧料院、審計司官吏，分一半，各掌行所管事務。或文書壅併，即添差權官。一、大理寺治獄官吏並留行在，斷行官吏量留三分之一，餘並隨權知三省、樞密院前去。一、太常寺已有指揮留博士一員外，少卿隨從神主前去。一、存留宗正寺丞及國子監丞外，並隨權知三省、樞密院前去。一、進奏院監官二員，一員留行在，一員合隨從前去。其進奏官除存留人外，並前去通管諸路州軍文字。一、吏部除自來合堂除窠闕外，並於洪州使闕。一、户部諸路錢米物帛等，已有指揮分定路分應副，仍令榷貨務都茶場作料次，每次印造東南鹽鈔五十萬貫、茶引一十萬貫。榷貨務都茶場量那官吏前去出賣，應副經費支用。仍先印鹽鈔五十萬貫隨行。一、禮部印造度牒，並聽行在降敕印造。一、兵部起發諸路將兵，並從行在降指揮。一、刑部諸路奏案並發赴洪州，依條例裁決回報。應干帳籍等，亦申發前去。一、工部應合用軍器，並聽隨所闕數於洪州及鄰近州軍有作院處製造。」從之。

閏八月二十六日，詔巡幸浙西。翌日，御史臺言：「今來車駕巡幸，一行舟船並於船兩頭木上，大寫⑨字書貼某官及梢工姓名，如有不依次序攙先擁鬧，官員奏劾，梢工處斬。」從之。

二十八日，詔：「鎮江府、常州、平江府、秀州并沿路州縣人户，不得關閉店舍賣買，專委知州措置。軍行，並令占宫觀、寺院、廟宇、官舍安泊，即不得亂行拘占居民屋舍。

如違，當從軍法施行。隨從除衛兵給蒸糊〔一〕、熟肉外，更無一毫取買。如輙有取覓借索什物，仰州縣不得應副，許諸色人經尚書省陳訴。」

九月二十九日，詔：「朕巡幸所至，應什物供帳之具，不許於民間科配。詔旨丁寧，誡諭切至。訪聞百司翫習須索，却成搔擾。仰尚書省劄下應隨駕百司，不得於州縣取索分文以上物色。如違，其監官及當行人吏並坐贓論，及私受饋送者准此。」

四年二月二日，詔温州江心寺賜名龍翔。時車駕至温州，駐蹕於寺也。

十三日，詔令温州(江)〔將〕貼占通真菴充尚書六部置局。

六月七日，大理卿、兼同詳定一司(救)〔敕〕令王衣言，乞以詳定重修敕令所爲名，就用見使印記。從之。

七月六日，詔臨安府宜遷府治於祥符寺基創建。從中書舍人季陵請也。

紹興元年十一月六日，三省言：「徐康國權知臨安府，措置移蹕事務，令具到行在百司局所。」詔宜措置，隨宜擗截，不得搔擾，仍(其)〔具〕已擗截處所畫圖申尚書省。

八(月)〔日〕，詔：「已降指揮，移蹕臨安府，可差內侍楊公弼前去，與徐康國同措置擗截行宮，務要簡省，更不得華飾。」

十二日，都省言：「[10]徐康國欲添造共百餘間，楊公弼欲造三百餘間，比之康國數多二百，竊慮難以趁辦。」詔依徐康國措置。

十九日，宰臣奏擗截行宮文字，上曰：「面飭楊公弼，止令草創，僅蔽風雨足矣。椽楹未暇丹雘，亦無害，或用土朱亦〔可〕。」

同日，襄陽府鄧隨郢州鎮撫使桑仲言：「乞駐蹕荆南，以係中原之望。今劉豫僭于鄆招誘京畿、京陝官吏軍民，乞先次下詔，稱鑾輿擇日起發，前來中原，庶幾人心不至搖動，此中興不可失之機會。」詔：「桑仲所奏備見忠嘉，荆南東連吳會，西徹巴蜀，北據漢沔，利盡南海，自古形勢之地，止以目今糧道未通，已差參知政事孟庾充江西荆湖東西宣撫使，韓世忠充宣撫副使，計置沿路糧食，俟就緒日進發。」

十二月十四日，宰臣進呈臨安府有司欲就移近城僧舍以造行宮，上曰：「僧家緣化營葺不易，遽爾毀拆，慮致怨嗟。朕正欲召和氣，豈宜如此？但給官錢，隨宜修蓋，能蔽風雨足矣。」

二十二日，(駕車)〔車駕〕移蹕臨安府，用來年正月十日登舟，十一日進發，宿錢清鎮，十二日宿蕭山縣，十三、十四日候潮渡江。留神武右軍統制官劉寶、張宗顏兩項人馬收

〔一〕糊：原作「湖」，據文意改。宋人主食有「蒸糊」，一作「蒸餬」。《朱子語類》卷一〇一：「率城中諸富家，令出錢米，沽酒買肉，爲蒸糊之類。」周密《癸辛雜識》前集：「賓主各飲酒三斗、豬羊肉各五觔、蒸糊五十事。」

後，仍且在紹興府駐劄，聽候朝廷指揮起發。令張俊統其餘兵并中軍扈從前去。

二年正月二十三日，詔：「比移蹕臨安，六宮尚留會稽者，政不欲增廣行闕，重困民力。訪聞行在係官修造去處甚多，可日下並罷。自今非得旨而擅役人夫【11】者，令御史臺糾彈以聞。」時（駕車）〔車駕〕以正月十四日至臨安府。

二（日）〔月〕六日，詔：「天章閣祖宗神御，可先行趁潮汎過江，仰臨安府差渡船五隻，令巡檢引帶，保護過江。」

七月八日，尚書省言：「行宮南門添置樓屋一所，已令臨安府修蓋，相次了畢。所有牌額，乞下所屬書寫。」詔令臨安府書寫，仍以「行宮之門」四字爲名。

九月二十九日，尚書省又言：「行宮南門修蓋畢工，今來太史局選用十月二日，欲令百官朝謁出入。」從之。

三年正月十一日，都省言：「江南東路安（府）撫使、兼知建康府事趙鼎言：『昨蒙指揮營造建康府行宮事，今畫圖在前，計工止及六分以上，自餘材植不甚少闕。所有應干粧染隔截磚瓦，人匠日支錢米之費，都未有備。昨來住工日，見在錢七萬餘貫、米一千七百餘石，已係宣撫使司截使了當。朝廷如許畢工，乞將支過元樁錢米，榷貨務等處支（發）〔撥〕應副。』」詔委孟庾措置，申尚書省。

十六日，中書門下省奏：「勘會行宮南門裏並無過廊，百官趨朝，冒雨泥行。」詔令梁汝嘉同修內司官就東廊舊基營蓋。

十二月九日，詔：「宮牆底小（却）〔怯〕薄，不足以限制內外，令修司使相度幫貼砌壘。其合用工料磚灰，具申尚書省。」

四年二月十八日，權知臨安府梁汝嘉言：「本府係車駕駐蹕，其越城、門禁止有海行條法，竊恐合依在京法禁。乞下所屬檢會頒降，以憑遵守。」刑部狀：「檢準律：諸越殿垣者絞，宮垣流三千【12】里，皇城減宮垣一等，京城又減一等。諸奉敕以合符夜開宮殿門，符雖合，不勘而開者徒三年。若勘符不合而爲開者，流二千里。其不承敕擅便開閉者絞。若錯符下鍵及不由鑰而閉者，杖一百，即應忘誤不下鍵，應開毀鍵而開者徒一年。其皇城門減宮門一等，即宮殿門閉訖而進鑰遲者，杖一百，經宿加一等。宮門以外遞減一等。其開門出鑰遲，又加遞減進鑰一等。勘會臨安府城壁見有摧倒去處，竊慮夜有越城作過之人。」詔越城門禁並權依京城斷罪，候車駕回鑾日依舊。其未修城壁，仰本路相度置鋪巡防。

五年正月十四日，詔：「建康府行宮繕治未畢〔一〕，兼城壁損壞，亦當修築，可委江東帥臣同轉運判官俞俟隨宜措置，須管日近了畢。及省部百司倉庫等，亦仰踏逐，具圖來上，務從減省，不得騷擾。」時車駕駐蹕平江府〔二〕。

〔一〕治：原作「本」，據《建炎要録》卷八四改。
〔二〕平江：原作「臨安」。按，據《建炎要録》卷八四，其時高宗駐平江，因改。

十九日，參知政事孟庾上表，恭請車駕還臨安府。詔答曰：「朕夙嚴戎駕，底定邊虞，小次舍于吳門，往宅師於建鄴。載念江山之勝，屢經兵火之餘。雖有司板築以時，并繕官府城池之役；顧斯民襁負而至，尚無邑屋廬舍之依。復覽封章，力祈還幸。見官儀而思漢，諒南北之一心；從仁人而居邠，亦父老之誠意。勉徇來牘，暫議回轅。想遲警蹕之音，益(尉)〔慰〕羽旌之喜。可依所請，暫回臨安府駐蹕。」户部侍郎、兼權知臨安府梁汝嘉率本府父老、僧道、士庶上表迎回車駕。是日，賜13臨安府官吏、軍民等詔書曰：「朕萬騎時巡，方圖遠略；九廟未復，其敢奠居！比臨江上之師，覲殄目中之虜，遂頒前詔，暫議還轅。汝等並傾向日之心，咸起望雲之意，有嘉愛戴，諒慰忠忱。」

二十七日，詔：「令御史臺、主管禁衛所取見内外百官司船隻數目，逐船各給旗號，分明書寫某官司舟船，依圖本先後資次擺泊。如將來攙先行船，或無官給旗號，其棹梢徒三年。在禁衛内依紹興四年十一月十一日已降指揮，官員奏劾。所有旗號合用黄絹，據的實數目，令户部支給。仍令文思院，限三日製造。」

二月一日，平江府言：「昨排辦府治充駐蹕行宮，本府欲候進發日，將行宮封鎖，輪差兵官看管，祗備將來車駕回鑾駐蹕。」詔賜平江府依舊充府治。時(駕車)〔車駕〕欲以二月三日自平江府進發，回臨安府。

六年八月二十一日，閤門言：「准禮部關，選定進發吉日，得旨用九月一日。契勘至日係朔日遥拜。」詔權免。時車駕自臨安府進發，是日應侍從官並從駕。

九月四日，詔：「御舟至平〔江〕府，止於水門外進輦，可行下本府，更不拆門。」

十日，樞密院言：「今來車駕巡幸，親撫六師，竊慮四方傳聞不一，别致疑惑。」詔令諸路帥(首)〔守〕、監司散出文榜，分明告諭軍民通知，仍多方措置彈壓盜賊，務要境内肅静，毋致紛擾生事。

七年正月二日，中書門下省言：「將來車駕巡幸建康，其扈從一行沿路合用錢糧之類，14並係隨軍轉運職事。兼經由東陽、下蜀兩處程頓，合與本路漕司同共措置。及營繕行宮，將見就緒，亦當因便檢點。」詔：「令梁汝嘉躬親起發前去催促應辦，仍約束經由州縣，不得以應副巡幸爲名，因而騷擾。如違，按劾以聞。」

七日，詔：「建康府營繕行宮，務從省約，不得華侈。仰葉宗諤等具知稟狀聞奏。」

三月三日，都督府言：「今來車駕巡幸建康府，其沿江津渡合行關防機察。」詔權依黄河法，候邊事寧息(以)〔日〕依舊。

七日，詔：「巡幸建康府，出陸日天氣稍暄，應扈從臣寮許戴涼笠。」

同日，詔：「巡幸至建康府駐蹕，依例作歇泊假三日。」

六月二十六日，宰臣奏蒲贇札子，乞駐蹕江陵。上曰：「荆南形勝，吳蜀必争之地。朕嘗見杜甫《望幸詩》云：『地利西通蜀，天文北照秦。風煙含越鳥，舟楫控吳人。』可知其爲要地，宜諭王庶益濬治城塹，招徠流移，練兵積粟，爲悠久之計。」宰臣張浚曰：「庶在荆南頗有治行，元係雜學士，猶未復舊職。」上曰：「可還舊職，悉心府事。」

八年正月十一日，上諭輔臣曰：「將來幸浙西，建康諸宫屋宇及百官廳舍，皆令有司照管，他時復幸，免更營造，以傷民力。」〔宰〕臣趙鼎等奏曰：「已令建康府拘收。」且言：「若虜人遂以大河之南歸我〔一〕，當且駐蹕建康。」上曰：「群臣上殿，多論建都事〔二〕，蒲贇謂當擇險要之地，勾龍如淵謂當修德而不在險。以二人之論校之，如淵爲勝矣。」

十四日，詔：「復幸浙西，已定二月七日[15]進發，差楊沂中充車駕巡幸總領彈壓一行事務。」

三月，詔：「昔光武之興，雖定都於洛，而車駕往返，見於前史者非一，用能奮揚英威，遞行天討，上繼隆漢，朕甚慕之。朕荷祖宗之休，克紹大統，夙夜危懼，不常厥居。比者巡幸建康，撫綏淮甸，既已申固邊圉，獎率六軍，是故復還臨安，内修政事，繕治甲兵，以定基業，非厭霜露之苦而圖宫室之安也。」

九年正月二十二日，修内司承受提轄王晉錫言：「奉旨於内中修蓋皇太后殿門廊一所，今踏逐直筆内省事務承慶院屋宇地步，可以修蓋。」詔依，合用工料令臨安府應副。

十一月八日，上親書「慈寧之殿」四字并「臣名恭書」四字〔三〕，降下本司造牌，擇日安掛。

四月二十九日，中書舍人李誼言：「臨安府奉迎兩宫到行在，設降舟幄，就餘杭門外北郭税務亭排辦。有旨於前路迎接。臣見陛下念親之深，朝夕拳拳之意。然前路奉迎，未知所止何地，若去城差遠，勢須索頓，則千乘萬騎，未易輕動。如或省節儀衛，又非所以嚴警備。漢文帝即位之初，太后在代，止是遣車騎將軍薄昭往迎。唐明皇自蜀歸至咸陽，距長安無四十里，而肅宗始備法駕迎於望賢宫。今兩宫既還，陛下致天下之養永永未已，其承顔之樂，豈較一日之遠哉？欲望止於近處陳設幄次，以爲奉迎之備，庶可朝出夕歸，於事理爲稱。」詔依，仍令臨安府於前路祗備迎接。

十月三十日，昭宣使、忠[16]州防禦使、入内内侍省押班陳永錫言：「修蓋皇太后殿宇門廊，并創造到鋪設什物簾額等，一切了畢。」詔：「陳永錫特轉行一官，於使額上轉行，王晉錫、邵諤並轉行遥郡刺史。第一等各轉行一官，更減一年磨勘，第二等各轉一官，第三等各減三年磨勘。内白身人並候有名目或出職日收使。兵匠第一等各支錢一

〔一〕南：原無，據《建炎要録》卷一一八補。
〔二〕建都：原作「建康都」，據《建炎要録》卷一一八删。
〔三〕臣名：當作「臣構」，此是史官避宋高宗之諱而改字。

十二貫，第二等各支錢一十貫，第三等并在外津般交撥官物(財)〔材〕植等兵級、和雇作家、甲頭、工匠，各支錢八貫。並令户部支給。」

十二年三月八日，詔：「令臨安府於城内擇地，依禮制建築社稷壇壝，并修蓋行事官致齋所，亦隨宜修蓋。」

八月二十三日，詔：「今月二十一日進發登舟〔一〕，奉迎皇太后，應從駕諸班直、天武親從親事官、親兵軍兵將校并諸色祗應人失儀落馬，拽斷圍子，排立交(牙)〔互〕，赶隊不上，損壞儀仗、軍器(等)、衣甲、器械等，並特與放罪，仍免估剥陪償。」

十一月十二日，提舉修内司承受提轄王晉錫言：「依已降指揮，同臨安府將射殿修蓋兩廊，并南廊殿門作崇政殿，遇朔望權安置幕帳門作文德、紫宸殿，及將皇城司近北一帶相度修蓋垂拱殿。今具撥移諸司屋宇共二百四十七間，乞依畫到圖本修建。」從之。

十四日，提舉修内司承受提轄王晉錫言：「依已降指揮修蓋射殿廊舍，合用兩朵殿，乞一就修蓋。」從之。

十二月十二日，詔：「太學養士，權於臨安府府學措置增展，所有府學 17 先次别選去處建置。其增展屋宇，約可容生員三百人，齋舍并官吏直舍等，並臨安府措置修蓋。」

十三年正月十五日，知臨安府王㬇言：「踏逐得錢塘縣西岳飛宅子地步，可造太學并國子監。」從之。

同日，詔禮部、太常寺同共討論禖壇方位制度〔二〕。既而檢會到國朝禮例，郊禖壇在國之東南〔三〕，昨緣車駕駐蹕東南臨安，權於錢湖門外惠照院齋宮設位行禮〔四〕。今欲臨安府於行宮東南城外踏逐去處隨宜修建，取近就寺觀充行事官齋舍。從之，以太常博士劉嶸有請也。

十三年二月二十五日，殿前都指揮使楊存中等言：「相視圓壇地步，今於龍華寺西空地，得東西長一百二十步，南北長一百八十步，修築圓壇。除壇及内壝丈尺依制度用九十步外，其中壝、外壝欲乞隨地之宜，用二十五步，分作兩壝，外有四十步。若依前項地步修築，其兵部車輅、儀仗，殿前司禁衛，皆可以排列。兼修建青城并望祭殿，委是可以(圖)〔圓〕備。」從之。

閏四月一日，上諭宰臣曰：「祖宗時殿宇皆赤土刷染，飾以桐油，蓋國家尚火德也，兼弊則易修。後來多用朱紅(膝)〔漆〕，所費不貲，且難於修整。」秦檜等奏曰：「此有以見陛下述祖宗之儉德也。」

〔一〕舟：原作「州」，據文意改。據《建炎要録》卷一四六載：本月二十一日「辛巳，上奉迎皇太后於臨平鎮」。臨平鎮在臨安東北，由運河乘舟可達。《中興小紀》卷一七：紹興四年十月高宗親征，「戊戌，上發臨安，……登御舟至臨平鎮」。可證當作「舟」字。

〔二〕制度：原作「置度」，據《玉海》卷九九改。

〔三〕之：原作「子」，據《文獻通考》卷八五改。

〔四〕「錢」原作「前」，「齋宮」原作「照宮齋」，據《文獻通考》卷八五改。

〔三月十三日〕〔八月二日〕〔一〕，詔：「景靈宮、萬壽觀成，差權吏部侍郎江邈詣温州迎奉神御。」詳見本門。

八月二十五日，大理寺丞吳鏞言〔二〕：「伏自車駕駐蹕東吴，城壁仍舊，未暇（作改）〔改作〕。近日創建前殿，肇（親）〔新〕典禮，18每遇朝會，宰執百〔官〕緣朝在城之外，遂自五鼓後啓外城二門之鑰，不惟（蜜爾）〔密邇〕皇城，而又迫臨江渚富商大賈風帆海舶往來之衝，豈所謂九重嚴邃、君門萬里之義乎？乞下所屬措置，若城外朝路難以移改，秖於朝路之外東量添城壁，免致未旦啓鑰。」詔於臨安府措置，申尚書省。

十二月二十二日，兩浙轉運司言：「准尚書省劄子，踏逐去處重建祕書省。今清河坊糯米倉巷西街北殿前司營寨地步寬廣〔三〕，可以建造。」從之。

十四年七月二十七日，詔：「景靈南宮壁舊草場，見今空閑地步撥入景靈宮。」

十五年八月二十八日，入内内侍省東頭供奉官王晉錫言：「神御殿遇旦望、節序、生辰，駕過酌獻行香，御路窄狹。欲於射殿東修蓋神御殿一座，告遷安奉，委是穩便。所有土工、人匠、（村）〔材〕料，乞下臨安府應副，同共修造。」從之。

十七年十一月一日，詔太一宮令兩浙轉運司、修内司同共修建。詳見本門。

十八年三月十四日，學士院撰到皇城南門名曰麗正，北門名曰和寧。從之。

五月十六日，詔將太一宮齋殿後空地修蓋景靈宮道院。

六月十八日，詔臨安府於國城之東擇（桑）〔爽〕塏地，建築九宮貴神壇壝。

八月五日，詔：「大理寺刑獄所在，與景靈宮、太一宮相近，可令臨安府擇空地移置别處，仍將舊基撥入景（臨）〔靈〕宮。」

二十一年九月二十一日，詔：「景靈宮令轉運司、修内司同（供）〔共〕檢計，拆韓世忠宅，作19圖本添建，合用錢米令户部支給。」

二十二年六月二十七日，詔：「將故韓世忠宅東位地步，見在門廊、屋宇并景靈宮退（村）〔材〕，令轉運司、修内司同共修蓋左藏庫南省倉，聽逐處指引造作。」

十一月十三日，詔顯應觀可令兩浙轉運司於西湖靈芝寺空地修建，須管日近了畢。

二十四年二月一日，詔：「麗正外東壁有修内司空地，

〔一〕八月二日：原作「三月十三日」。按，前一條已爲閏四月，此條反爲三月，顯誤。《補編》頁三六載：紹興十三年「八月二日，禮部、太常寺言：『景靈宮、萬壽觀今修蓋畢工，合差官詣溫州迎奉神御。』詔差權吏部侍郎江邈。」《建炎要録》卷一四九亦載此事於八月二日丙戌。據改。

〔二〕丞：原作「臣」，據《建炎要録》卷一四九改。

〔三〕清河坊：原作「西河坊」，據《南宋館閣録》卷二改。

仰殿前、馬、步三司各差輜重軍兵一千人，就用見在塼土打築入皇城門。」

九月二十五日，禮部言：「准勑討論天章等閣制度，檢《國朝會要》，即不該載。欲乞置天章等閣一所，將諸閣御書、御集、圖籍等分諸閣安奉。」詔依，令臨安府、修内司同共修蓋[一]。

十一月三日，詔：「臨安府、修内司修蓋天章等閣了畢，第一等轉行一官，仍減二年磨勘，第二等轉一官，第三等減三年磨勘。」

二十六年正月九日，兩浙轉運司修蓋到執政府三位，詔東位魏良臣，中位沈該，西位湯思退，並令遷入。

二十八日，詔令兩浙轉運司、修内司將都省北舊府第修蓋左、右相府第兩位。

二月五日，詔：「行在太醫局已降指揮修蓋，所有塑像并什物等，令兩浙（運轉）〔轉運〕司應副置辦。」

六月十八日，入内内侍省東頭供奉官、幹辦萬壽觀陳思恭言：「萬壽觀在京日有皇帝本命殿，每遇聖節，本命[二]、降聖、三元等節，修設清醮，祝延聖壽。今來本觀有南挾殿一座空閑，欲依在京日建置，以純福殿爲額。隨宜設置本命所屬星官位牌，焚修香火。」從之。

七月十二日，詔：「兩浙轉運司 20 見修蓋豐儲倉，當此暑月，工役不易，候農隙十月以後興工。及内外別有修造去處，並權住。」

二十七年九月十八日，尚書省言：「乞將六（郊）〔部〕門移就三省都門内出入，却移都門向外起蓋。」從之。

十月二十二日，尚書省言：「近將官告院地步展修六部，權移本院於望山橋置司。今來六部修蓋畢工，乞將官告〔院〕依舊遷歸六部。」從之。

十二月四日，詔知臨安府張偁除直敷文閣，尚書都官員外郎楊倓（興）〔與〕轉一官，更減二年磨勘，其餘官吏各轉官、減一年磨勘有差。並以修蓋六部畢工推恩。

二十八年六月三日，詔：「皇城東南一帶未有外城，可令臨安府計度工料，候農隙日修築。具合用錢數申尚書省，於御前支降。今來所展地步不多，除官屋外，如有民間屋宇，令張偁措置優恤。」

七月二日，殿前都指揮使楊存中言：「降下展城圖子，令臣相度。臣看詳所展城離隔牆五丈，街路止闊三丈，只是通得朝馬路。今乞更展八丈，通一十三丈，以五丈作街路，六丈令民居。將來聖駕親郊，由候潮門經從所展街路，直抵郊臺，極爲快便。展八丈地步，十之九是本司營寨、教場，其餘是居民零碎小屋。若築城畢工，即修蓋屋宇，依舊給還民户居住，委實利便。」詔依，差户部郎官楊倓同知臨安府張偁計料修築。張偁、楊倓言：「今相視合修築五百

[一]「將諸閣」至「修内司」二十四字原脱，據《輿地紀勝》卷一補。
[二] 命：原作「府」，據《輿地紀勝》卷一改。

四十一丈，計三十餘萬工，用塼一千餘萬片，礦灰二十萬秤。監修、壕寨、監作、**21**收支錢米物料、部役等官，並於殿前司差撥外，所有計置般運物料、受給官等，乞從臣等選差。日支工食錢，監修官欲(置)〔支〕一貫二伯文，壕寨官一貫文，監(修)〔作〕、收支錢米、部役、計置般運物料、受給官八伯文，作家六伯文，諸作作頭、壕寨五伯文，米二勝半；工匠三伯五十文，矸手三百文，雜役軍兵二伯五十文，各米二勝半；行遣人吏手分各三百文，貼司各二百文。已上並自興工日支，畢工日住。其興工、畢工、壘砌每及二百丈，乞從臣等參酌(搞)〔犒〕設。今來所展城闊一十三丈，內二丈充城基，中間五丈充御路，兩壁各三丈充民居。所展民屋六丈，基址內有可以就便居住之家，更不拆移。所有合拆移之家，如自己屋地，今已踏逐側近修江司、紅亭子等處空閑官地四十餘丈，許令人户就便撥還。內和賃房廊舍，候將來蓋造，却依元間數撥賃。其新城內外不礙道路屋宇，依舊存留。竊慮小人妄説，於標竿外拆移人家，扇惑居民，合行約束。所有拆移般家錢，除官司房廊止支賃錢户外，百姓自己屋地每間支錢一十貫文，賃户每間五貫文，業主五貫文。除已出榜曉諭，候見實數支給。」從之。

九月九日，詔：「近修垂拱三殿已畢工，知臨安府張偁特轉一官，餘人等第推恩。」

二十二日，措置修城所言：「契勘新城添置便門，今欲移用『利涉』爲名，所有舊利涉門係於園牆大路修蓋，乞別立門名。」詔新南門可名嘉會**22**門。

二十四日，詔：「垂拱殿等處修蓋了畢，除臨安府官吏等已推恩外，其修內司官吏、兵匠可取索人數，等第推恩。」

三十年正月六日，(閤)〔閣〕門言：「四孟朝獻，車駕詣景靈宫行禮，所有殿門外宰執、親王、使相待班閣子，今貼定合搭截并添置門户、閣子圖本，乞下臨安府，依圖搭截。」從之。

三十二年六月四日，詔行在望仙橋東新葺宫室以「德壽宫」爲名。

孝宗乾道七年五月十三日，詔：「行在宫門以西舊隔城通內軍器一庫，增造庫屋十間，改築土牆，并將南庫門築合，止留舊北庫門出入。」

九年正月九日，詔：「後殿門係〔車〕駕入出經由門户，其屋宇低小，入出妨礙，令工部委官計會修內司，照輦院合用高低丈尺，相視計料，重别修蓋。」

十二月二十一日，試尚書兵部侍郎、兼知臨安府沈度言：「本府車駕駐蹕之地，其周回禁城昨因今歲梅雨損兑七十二處，計五百九十五丈。分委官相視檢計，約用甎、灰、木植、物料、工食錢九萬五千餘貫，委官自德壽宫東城修砌周回城壁，一切工畢。」詔官吏等第推恩。

【續宋會要】

23淳熙二年十一月二十八日，詔：「殿前司、修內司、臨安府、轉運司修蓋射殿殿門、隔門，并皇太子宮門已畢工，殿帥王友直、提舉修内司甘昇、提轄修内司楊皓、臨安府守臣趙彦操、兩浙漕臣趙蟠老各轉一官，減三年磨勘。其餘官屬第一等轉一官資，第二等減三年磨勘，第三等減二年磨勘。礙止法人特與轉行，白身人有名目日收使。餘並倍支犒設。」

三年八月十六日，詔：「修内司、臨安府修蓋垂拱殿畢工，其應辦官吏第一等各與轉一官資，減二年磨勘，第二等各與轉一官資。」

六年四月二十四日，知臨安府吳淵乞擇日蓋造後殿。上曰：「朕止欲令修，而左右皆以此殿年深，木植有損朽處多，不可不蓋造。」至七月訖工，詔知臨安府轉一官，修内司提舉官轉一官，減四年磨勘，其餘官吏等第推賞。

八年八月十二日，詔以後殿擁舍改作延和殿。

九年三月二十四日，詔射殿年深損壞，未須拆蓋，且令隨宜抽換。既而臨安府〔守〕臣趙磻老言：「若行拆蓋，比之抽換所添工物不多，欲量行蓋造。」從之。

十五年九月二十一日，詔新修蓋皇太后宮殿以「慈福宮」爲名。

十六年正月二十八日，詔德壽宮改作重華宮。

嘉泰二年八月十八日，詔令修内司於大内計料修蓋壽慈殿，恭請太皇太后還内。（以上《永樂大典》卷一〇九四〇）

臨安府城〔一〕

【宋會要】

24 紹興二年正月二十七日，知臨安府宋輝言〔二〕：「車駕駐蹕本府，城壁理宜嚴固。昨緣雨雪，推倒過州城三百七十九丈，工力稍大，本府闕人修築。據壕（塞）〔寨〕官申，元發到人兵二百九人，欲乞候修内司打併了當，退下湖、秀等五州役兵，盡數撥差，併工修築。」從之。

紹興二年十月十四日〔三〕，中書門下省言：「新差權發遣江南西路轉運判官陳槖奏：『東南諸州自宣和以來，皆常稟命於（廟）〔朝〕，繕治城壁。歷時既久，寖或頹圮，守臣趣過目前，漫不加省。乞戒勅諸路郡守，遇有頹闕，課壯城兵卒以時繕修，庶幾用力不勞而垂利永久，亦沮銷姦宄之一端。』」詔劄與諸司、帥司照會。

紹興三年正月六日，權知臨安府梁汝嘉言：「被旨令措置朝大門一所，不用門樓。除置門外，有本門牆角至河亦合修築城牆，更置角門一所。」詔依所乞，即不得別有增

〔一〕臨安：原作「杭州」。按明代始置杭州府，此爲《大典》標題。今據内容改。又按，以下紹興各條均重複「紹興」二字，殊非史書之體，是此目乃《大典》輯録而成，非《會要》原有。
〔二〕宋輝：本書及其他文獻中多寫作「宋煇」。
〔三〕本條言繕治城壁，非專指臨安，收録不當。

添，却致繁費。

紹興十二年十月三日，臣僚言：「大駕南巡，閲歲滋久，城壁剥蝕，日就摧毁。昨見開河之役，悉於旁近州軍量起官兵。臨安府昨被指揮置庫，因易收其羸餘，以備修城之舉，亦幾年矣。乞斷而行之，專委近臣爲之提綱，假以歲月，無不成者。（詔令）〔乞令〕臨安府措置，申尚書省，候農隙和買磚石，用壯（壯）城兵相兼人夫修築，即不礙官私舍屋，委是經久利便。」從之。

紹興十三年 25 五月九日，知臨安府盧知原言：「本府周迴城壁久不修治，頹損至多。今日錢湖門南冲天觀等並係相近禁衛去處，未敢擅便前去相視。」詔令計會中軍、皇城司、殿前司前去檢計修葺。

紹興三十一年四月九日，知臨安府趙子潚言：「駐蹕之地，所係甚重，比年以來，城壁摧倒。嘗委官檢視，凡一百四十一段，共一千八百餘丈，約用物料、工役錢二十七〔萬〕貫、米七千斛。本府財賦有限，今歲排辦明堂，别無寬餘，乞支降錢米，仍於三司各差三百人，分頭修築。」詔依奏，如所差三司人數役使不足，（計）〔許〕於附近州軍壯城、牢城人内貼差，合用錢米，令户部逐旋支給。

紹興三十二年十一月十三日，孝宗即位未改元。詔尚書户部侍郎、兼權知臨安府趙子潚轉一官，以修臨安府城畢工推恩也。

隆興元年十二月十八日，權發遣臨安府陳輝言：「本府車駕駐蹕之地，其周回禁城因春雨連綿，舊城多圮，自德壽宮東及錢湖門北至景靈宮寺等，計三百三十五丈，自今年三月二十一日興役，至十月二十七日畢。」詔本府實具修城官上尚書省，第賞之。（以上《永樂大典》卷八〇七二）

宋會要輯稿　方域三

宮

壽康宮

【宋會要】〔一〕

1 〔乾道〕〔慶元〕二年十月二十六日〔二〕，禮部、太常寺言：「正、至，皇帝率百僚詣壽康宮行朝賀禮，設黃麾角仗。」從之。

四年八月丙戌，詔將帥、群臣詣宮上壽，既而不克行。（以上《永樂大典》卷二三三五）〔三〕

慈福宮

【宋會要】

2 淳熙十五年八月二日，詔修蓋皇太后宮。

五日，詔學士院、給舍同禮官依典禮擬撰進宮殿名。既而給事中兼直學士院李巘、權禮部侍郎尤袤、起居舍人鄭僑、户部員外郎權太常少卿羅點、太常丞〔張〕〔詹〕體仁、秘書省著作郎兼權禮部郎官倪思、太常博士葉適奏，恭擬殿名曰慈福。詔恭依。

十六年正月十五日丙午〔四〕，皇太后遷慈福宮。（以上《永樂大典》卷二三三七）

殿

講武殿

【宋會要】

3 《京都雜録》：西京大内保寧門西有隔門，門内面南有講武〔殿〕，唐曰文思毬場，梁以行從殿爲興安殿毬場，後改今名。

廣政殿〔五〕

建隆三年，三佛齊遣使來貢〔六〕，對廣政殿。

〔一〕按，以下二條乃抄自《玉海》卷七一「慶元壽康宮朝賀」條，非《宋會要》之文，但第一條以數字紀日，或是《玉海》録自《會要》。

〔二〕慶元：原作「乾道」，按《玉海》本無此二字，因標題已有「慶元」，故省。《大典》編者不看標題，逐安添「乾道」二字。據《宋史》卷三七《寧宗紀》一，紹熙五年十月（寧宗已即位），改光宗所居泰安宮爲壽康宮，與乾道何干？

〔三〕《大典》卷次原缺，據《永樂大典目録》，應在《大典》卷二三三五「宮」字韻「宋宮二」，因補。

〔四〕此條乃抄自《玉海》卷一五八，非《會要》文。

〔五〕天頭原批：「東京。」按此門實以東、西京混編。

〔六〕三佛：「三」字下原旁添「月」字，按三佛齊乃海外國名，後來整理者不知，誤以爲脱「月」字，大誤。《玉海》卷一六〇載此條亦無「月」字，今删。

含光殿

祥符二年八月，西南夷來貢，令赴含光殿宴。

集英殿〔一〕

集英殿舊曰元德，亦曰廣政，晉天福二年改元德爲廣政〔二〕。開寶三年改大明〔三〕，淳化元年二月己酉改含光，祥符八年六月十五日甲子改會慶，明道元年十月甲辰改元和，尋改今名。春秋、誕聖節錫宴此殿。熙寧以後，親策進士於此殿。殿後有需雲殿，舊曰玉華，後改瓊英，熙寧初改今名。東有紫雲樓，宮中觀宴之所也。

仁宗大宴集英殿者三十八。

熙寧三年三月八日，上御集英殿試進士。

太極殿

太平興國三年二月，詔改西京新修諸殿名，今太極、天興等名是也。

武德殿〔四〕

《京都雜録》：西京大内延春殿，其次面北曰武德殿，後唐曰解卸〔五〕，又曰端明，太平興國三年改今名。

散甲殿

《京都雜録》：西京大内東宮後東池門内有飛龍院，西有散甲殿，梁弓箭庫殿爲宣威，後改今名。

景福殿

《京都雜録》：東京大内崇政殿後有柱廊、倒座殿〔六〕。次北景福殿，前有水閣，舊試貢舉人，考官設次於兩4廊。

垂拱殿

《京都雜録》：西京大内次曰垂拱殿，唐曰延英，太平興國三年改今名。

長春殿

《京都雜録》：西京大内後苑南有長春殿，後唐建名。

〔一〕以下三條全同於《玉海》卷一六〇，當是抄自《玉海》。
〔二〕此句原作大字，據《玉海》卷一六〇改。
〔三〕三年：原作「二年」，據《玉海》卷一六〇、《宋史》卷八五《地理志》一改。
〔四〕天頭原批：「西京。」
〔五〕解卸：原作「解御」，據《舊五代史》卷三一、《資治通鑑》卷二七五胡三省注引《五代會要》改。
〔六〕倒：原作「側」，據本書方域一之六改。

天福殿〔一〕

《京都雜録》：唐曰崇勳，後唐曰中興，晉改今名。

太清殿

《京都雜録》：西京大内寢殿曰太清，第二殿曰思政，第三殿曰延春。

廣壽殿

《京都雜録》：西京大内建禮門之西曰廣壽殿，唐曰嘉慶，後唐改今名。

明德殿

《京都雜録》：西京大内内東門道，其北明德殿，太平興國三年改廣壽第二殿曰明德，第三殿曰天和，第四殿曰崇徽。

天興殿

西京大内太極殿前有右、左龍尾道，日樓、月樓，東西横門曰日華、月華，殿後有柱廊。次天興殿，舊曰太極後殿，太平興國三年改今名。

嘉慶殿

《京都雜録》：東京大内禁中殿（閤）〔閣〕有嘉慶殿，咸平初明德太后居此殿〔二〕，後徙居萬安宫。

延和殿

《京都雜録》：東京大内延和殿北向，俗呼倒座殿〔三〕、仁宗於延〔和〕殿試宗室子弟書，令宗正第其高下，宗望爲第一。

觀稼殿

5 《京都雜録》：東京有清華殿、觀稼殿〔四〕。

萬歲殿〔五〕

萬歲殿在垂拱殿後，祥符七年十月戊午改名延慶殿。一本作延福殿。祥符五年十月二十六日庚申，以（祖）〔聖〕祖降臨，宴宗室於萬歲殿。七年九月庚寅，詔輔臣、宗室觀萬歲殿上梁。

〔一〕天福：原作「明福」，據本書方域一之九、《舊五代史》卷七六改。
〔二〕咸：原脱，據本書方域一之四補。
〔三〕呼：原作「嗚」，據本書方域一之七改。
〔四〕觀稼殿：原作「親稼殿」，據《宋史》卷八五《地理志》一改。
〔五〕此條（包括小注）乃抄自《玉海》卷一六〇，非《會要》文。

延慶殿

即萬歲殿，祥符七年改今名，明道元年十月甲辰改名福寧殿〔一〕。

寶慈殿

《京都雜録》：京都大內福寧殿西寶慈宮寶慈、姒徽二殿，皇太后所居。

柔儀殿

東京大內福寧殿次後柔儀殿，國初但名萬歲後殿，章獻明肅皇太后居之，乃名崇徽。明道元年十月改寶慈，景(佑)〔祐〕二年改今名。

坤寧殿

《京都雜録》：東京大內福寧殿後坤寧殿，皇后所居。

慶雲殿

《京都雜録》：東京大內慶雲殿〔二〕、玉京殿、清景殿。

西涼殿

景祐二年重修〔三〕，在天章閣東。

慈德殿

《京都雜録》：東京大內慈德殿，章惠太后居。初名保慶殿〔四〕，景祐四年改今名。慈德後苑又有觀稼殿。

班瑞殿〔五〕

《北京雜録》：仁宗慶曆二年五月，升大名府爲北〔京〕，先朝駐蹕行宮正殿以「班瑞」爲名。其修葺行宮屋宇並給官錢，毋得科率。

鏺麥殿

元豐四年八月，籍田司言，奉詔種水陸田於 6 鏺麥殿前。

打麥殿〔六〕

紹興二年四月二十四日，上謂輔臣曰：「朕聞祖宗時，禁中有打麥殿。今朕于後圃令人引水灌畦種(種)稻，不惟

〔一〕福寧：原作「延福」，據《玉海》卷一六〇改。按，此條亦據《玉海》改寫。
〔二〕慶雲殿：原作「雲慶殿」，據本書方域一之五乙。
〔三〕修：原脱，據本書方域一之五補。
〔四〕保慶：原作「寶慶」，據《玉海》卷一六〇改。
〔五〕天頭原批：「北京。」
〔六〕天頭原批：「臨安。」

務農重穀，示王政所先，亦欲知稼穡之艱難也。」（以上《永樂大典》卷次缺）〔一〕

閣

天章閣

【宋會要】

7 紹熙五年閏十月九日，天章等閣狀：「將來安奉今上皇帝藩邸旌節，兩浙轉運司合行雅飾，修換物件。并合用朱漆青地金字牌二面，一面上題寫『太上皇帝藩邸旌節』，一面上題寫『今上皇帝藩邸旌節』。所有牌樣製大小，乞令兩浙轉運司委官赴閣計會，合行換造物件，候畢日同時安掛。」從之。

十日，天章等閣狀：「勘會已降指揮，安穆皇后謚號改成穆皇后，安恭皇后謚號改成恭皇后，所有內中見崇奉安穆皇后、安恭皇后位牌各一座，并朱紅漆卓子二隻，乞行下兩浙轉運司依樣制造。」

降真閣

【宋會要】

東都大內次北廣聖宮，天聖二年建長寧宮以奉三清玉皇道像，後安真宗御容於宮之降真閣。景祐二年改廣聖宮。

延春閣

【宋會要】

《京都雜録》：延春閣在東京大內走馬樓。

邇英閣　延義閣

【宋會要】〔二〕

二閣在崇政殿東、西，侍臣講讀之所。

景祐二年正月二十八日癸丑置，寫《無逸》篇於屏。

三年正月乙巳，賈昌朝請輯經筵事爲一書，詔以《邇英、延義二閣記注》爲名。

九月辛卯，詔輔臣至邇英閣觀講書。

慶曆四年，邇英閣出御書十三軸，凡三十五事。丁度等上《答邇英聖問》一卷。

勑閣

【宋會要】

熙寧元年二月十六日，大理寺言：「勑閣以詳斷法官

〔一〕按，當在卷一六五五五至一六五六四「殿」字韻「歷代殿名」諸卷中，但不知確在何卷。

〔二〕按，以下五條整塊抄自《玉海》卷一六三，「二閣」前有「會要」二字，但《會要》之文僅指第一條。

兼監，欲專差檢法官二員監之。」

煥章閣

【宋會要】淳熙十五年十一月九日，給事中、兼直學士院、兼實録院同修撰、兼侍讀李巘等言：「已降指揮，編修高宗皇帝御集，依典故合建立閣名，令議定申尚書省取旨。巘等恭議，以『煥章』爲名。」詔恭依，令學士院降詔。詔曰：「朕仰惟高宗皇帝恢廣運之德，懋中興之功。耆定群方，鼎新百度。制禮作樂，治具畢張；寢兵措刑，仁風大播。蓋自緝熙之學，見乎經緯之文。擴斯道於精微之傳，觀衆妙於尊明之養。凡敷言之是訓，暨肆筆之成書，焆有洪輝〔一〕，卓爲丕憲。方始裒輯〔二〕，將謹寶藏。載稽帝世之隆，無越堯章之煥，因揭名於層宇，仍列職於清厢。庶克奉承，用貽永久。其閣恭以『煥章』爲名，置學士、直學士、待制、直閣。式循故實，以待賢才，其俾攸司，具著于令。」

華文閣

【宋會要】8 慶元二年八月十三日，中書門下省言：「孝宗皇帝閣以『華文』爲名，乞於見今閣牌『煥章』字下添入二字，以『龍圖天章寶文顯謨徽猷敷文煥章華文之閣』一十八字爲文。本閣應行移文字，並合添入。」詔依。

寶謨閣

【宋會要】嘉泰元年十一月十二日，詔曰：「朕惟昔在光宗皇帝，天亶神明〔三〕，日新聖學。發於號令，雷風彰鼓舞之神；煥乎文章，雲漢麗昭回之飾。鈎畫凜鸞龍之飛動，光芒燦珠璧以陸離。宜有襲藏，式嚴安奉。龜書闡瑞，交輝東壁之珍；虹彩凝祥，寅上西清之御。寶列羲圖之秘，謨新禹命之承。冠以美名，揭于層宇。肅萬靈之擁護，掩群玉之菁華。其閣恭以『寶謨』爲名，置學士、直學士、待制、直閣，以待鴻儒，以昭燕翼。著于甲令，副在有司。」以吏部尚書、兼實録院修撰、兼侍講袁説友等言〔四〕：「已降指揮，令學士院、後省同實録院官議定光宗皇帝御集閣名，今恭議定，以『寶謨』爲名。」故有是詔。

【宋會要】熙寧元年二月十六日〔五〕，大理寺言：「勅閣以詳斷法官兼監，欲專差檢法官一員監之。」

〔一〕焆：《咸淳臨安志》卷二作「煟」，皆可通。

〔二〕始：《咸淳臨安志》卷二作「加」。

〔三〕「皇帝天亶神明」六字原無，據《咸淳臨安志》卷二補。

〔四〕袁：原作「表」，據《宋史》卷三八《寧宗紀》二改。

〔五〕天頭原批：「勅閣複，後校銷。」按，勅閣已見上文。

顯謨閣

【宋會要】學士，建中靖國元年置，詔如三閣故事，序位在寶文閣學士之下；直學士，詔序位在寶文閣直學士之下；待制，詔序位在寶文閣待制之下。直閣，政和六年置。

儀鳳閣

【宋會要】9《京都雜録》：東京大内儀鳳、翔鸞二閣，景祐中有瑞竹生閣首。（以上《永樂大典》卷二一八四一）

園

玉津園

【宋會要】10在南薰門外，夾道爲兩園，中引閔河水別流貫之。周顯德中置，宋朝因之，以三班及内侍監領，軍校兵隸及主典凡二百六十六人。歲時節物，進供入内。仲夏駕幸觀穫麥，錫從臣宴飲，及賞賚園官、嗇夫有差。又進麥穗三百秉，麥十斛，麵百囊，命分賜中外。凡契丹朝貢使至，皆就園賜射宴。又掌（秦）〔豢〕象，及種秣象茭芻，蓺藍漚淀，各有歲課，凡皇城南諸園池入官者皆屬焉。

真宗景德元年五月，詔京城四面園苑所收稍蔱雜草，三司籍其數以供用。先是，三司每歲于畿縣科率收市稍蔱，人民輸納，極爲勞費。諸園苑大有收積，而官司不籍其數，故有是命。

十一月〔一〕，三司言：「依謝德權所請廢内園司，令逐處自領其事。」從之。

天禧元年五月，詔：「四園苑自今不得更將榆柳林地土出掘窠木，租賃與人。」

四年四月，知西京留府事薛映言〔二〕：「皇城諸園苑見有内園司兵士，更於州縣差百姓六十餘人灑掃栽種，望令並放歸農。如兵士數少，即量與增益。」從之。

十二月，提舉諸司庫務司言：「玉津等園，欲乞自今二年一次科斫，如有枯梓及倒折，合添植柳、椿，即依數採斫。」從之。

五年十二月，詔諸園苑自今三年一度科斫。

仁宗天聖三年三月，臣寮言：「宜春、瓊林苑、玉津、瑞聖園有殿宇、池亭、田11土，及管下小園池至多，全藉幹力使臣監領。近年多是皇親或勢要子弟陳乞勾當，不能總領

〔一〕按，《長編》卷六九載此事於大中祥符元年六月二十七日丙辰，疑此誤。
〔二〕西京：原作「京西」。按宋代官署無京西留府，而有西京留府，其長官稱知西京留府事，見《樂全集》附録張方平行狀，據乙。

課種修葺，是致園苑荒廢，歲課不登。乞依劉承珪、謝德權奏請，四園苑各差三班使臣一人勾當，更不許陳乞。」詔差洛苑副使、内侍省押班江德明充提點在京四園苑。仍每園苑選差内臣一人勾當，不兼别職務及非時差出，與兵士五人當直，替日校課升黜之。仍令三司本案判官同共提點，每月遍至園苑巡察違犯以聞。是月，詔三班院，自今差四園苑勾當，並須選曾任監押、巡檢使臣充。

九月，詔：「四園苑自今殿宇、牆屋、花架損動，即申三司，立便差人檢計修蓋。」

五年七月，玉津園監官孫可久言：「養象茭草，逐年府縣和買，園苑種蒔，甚費錢本及搔擾人民。今玉津園頗有曠土可種，約歲用外别爲儲廥，準備闕乏，及斥賣以錢入官，充人牛工價。」從之。

九月，詔：「自今除後苑宜聖殿、玉宸殿闕園子，依舊（列）〔例〕抽差外，諸處並不得抽四園苑人充。」

七年十月，詔皇城司：「自今如抽差後苑雄武兵士，即選新揀到下都少壯親事官能種蒔者對替。」

慶曆七年三月，詔：「諸園苑提舉司給印曆，籍花菓林木實數。如諸處取移及科斫，畫時上曆；或有枯死，即隨時依本色添種，亦件（折）〔析〕入帳收係。」

是月，詔：「京城四面祀壇一十八座，並令四園苑管勾，如有摧塌處，畫時修貼。壇壍隔上及壍外，依時栽植柳榆。仍令太常寺提12舉。」

八年三月，詔：「園苑勾當使臣應有改更擘畫，並申提點所，不得專達。」

神宗熙寧二年二月十六日，詔：「四園苑近已選差官提舉，更不令隸三司并提舉司。仍差權發遣三司鹽鐵判官張道宗同提舉。」

孝宗淳熙三年四月十九日，詔：「玉津園人兵有年老難以執役人，依儀鸞司、修内司人匠例在司養老，作額外人數，依舊于本司曆内批勘請給。今後准此。」

十年十二月二十五日，樞密院幹辦玉津園張思温等申：「本園兵士數多，全藉有心力合干人部轄，乞于步軍司選差有職名、能部轄廂軍二人，割移名糧，充玉津園東西（南）〔兩〕營典首，請給本園兵士曆内幫勘。其見今管營却充各營副典首，同共管幹。」從之。

十三年七月九日，玉津園狀：「手分章藻在園實及一十九年，乞依太一宮、佑聖觀等處體例，補授出職。」詔與補進武副尉出職，今後手分及一十五年以上準此。

十四年四月十五日，詔玉津園減役兵十人。先是，玉津園手分二人，兵士一百六人，除差五十人赴德壽宮祗應外，見在五十六人。於是司農少卿吴燠乞減冗食，下勑令所裁定，而有是命。

（寧）〔光〕宗紹熙元年七月十八日，詔：「玉津園人兵内長行，每年春冬所請折衣等錢，自今年冬衣爲始，將（令）〔今〕請數目並令臨安府全支本府紬絹綿等，仍免折錢，與隨厢禁軍日限，毋致過期。今後準此。」

慶元五年二月九日，詔：「玉津園吏額二名，諸色人兵照淳熙十四 13 年裁定人數九十八名外，養老七名，係是溢額，見幫請給，且令依舊以爲定額，日後不許增添。」以從《慶元中外會計録》裁定故也。

瑞聖園

【宋會要】〔一〕在景陽門外道東，初爲北園，太平興國二年詔名含芳，以三班及内侍監領，軍校兵隷及主典凡二百一十二人。大中祥符三年，監官王承勛言：「初，泰山天書至都，奉安于此，乞加崇飾〔二〕。」詔改今名。九月丙子朔。歲時節物，進供入内。孟秋駕幸，省歛穀實，錫從臣宴飲，賞賚園官、嗇夫有差。凡皇城諸園池入官者皆屬焉〔三〕。（以上《永樂大典》卷五一三四）

亭

垂雲亭

【宋會要】14 有垂雲亭，在汴〔四〕。（以上《永樂大典》卷七九〇二）

達觀亭

15 宋亭名，在汴。

泛羽亭〔五〕

【宋會要】泛羽亭，在汴梁〔六〕。

娑羅亭〔七〕

【宋會要】《京都雜録》：西京大内長春殿有柱廊，後殿以西即十字池亭，其南砌臺、冰井。娑羅亭，貯奇石處，世傳是李德裕醒酒石，以水沃之，有林木自然之狀，謂之娑羅石，故以

〔一〕按，此條實轉録自《玉海》卷一七一，因不但正文全同《玉海》，小注亦照抄《玉海》，此小注爲王應麟所加。

〔二〕飾：原作「飭」，據《玉海》卷一七一改。

〔三〕「皇城」下疑脱「北」字，上文「玉津園」序云「凡皇城南諸園池入官者皆屬焉」，因玉津園在都城南郊，故以統城南諸園池。而瑞聖園在都城北郊，則所統者應爲城北諸園池。

〔四〕按，此類蓋據《宋會要》約寫，而非本文。

〔五〕原無此題，徑添。

〔六〕此條下方原批：「此二條俟查。」

〔七〕娑：原作「婆」，據《河南志》卷四、《宋史》卷八五《地理志》一改。參本書方域一之一〇校記。下同。又，天頭原批：「緑漪亭移此。」按指移於「娑羅亭」之前。此爲嘉業堂整理者所批，嘉業堂本即照此執行。

名亭。（以上《永樂大典》卷七九五六）

源清亭

【宋會要】

16 泰定四年〔一〕，同知李漢傑新創亭於州之鼓角樓城門外〔二〕，扁曰源清，以壯觀州治。

緑漪亭

【宋會要】

有亭名緑漪〔三〕。

瑶津亭

【宋會要】

《京都雜録》：東京（太）〔大〕内有瑶津亭，像瀛山池。（以上《永樂大典》卷七九一七）

苑

後苑〔四〕

【宋會要】

17 淳熙十六年九月九日，後苑言：「人吏舊以二十人爲額，緣節次裁減，止有一十人，又於内差撥四人過重華宮祗應，委是闕人。」詔特與添入額貼書一名，守闕貼書一名，作一十二人爲額，其他官司不許援例。

瓊林苑

【宋會要】

瓊林苑，在順天門外道南。太祖乾德二年置，興國中鑿金明池於苑北。以三班及内侍監領池苑，兵校軍隷及主典三百三十三人，歲時節物進入。每歲駕幸金明池，則并至苑中。上巳、重陽，唯中書、密院或宗室及殿前諸司選勝賜宴。遇放榜，進士聞喜宴于此。凡皇城司園池入官者皆隷焉。

太宗太平興國七年十月十日，幸瓊林苑。

雍熙四年四月，幸金明池觀水嬉，遂習射瓊林苑。

淳化三年三月二十二日，宴瓊林苑，作詩。

真宗景德三年八〔月〕，宗室宴射瓊林苑。

神宗元豐七年三月二日，太師、潞公西歸，詔宰相、執

〔一〕天頭原批：「泰定爲元代年號，疑『嘉定』之誤。」按，雍正《廣東通志》卷五三肇慶府新興縣下載：「源清亭，在縣南二十餘步，宋紹定四年同知李漢傑建，元廢。」紹定與泰定，未知孰是，但均在嘉定之後，而《大典》所輯《宋會要》截止嘉定，故本條非《會要》之文，《大典》誤題。嘉業堂本删去，是也。

〔二〕知：原脱，據《廣東通志》卷五三補。

〔三〕天頭原批：「緑漪亭。移前。」

〔四〕天頭原批：「此條移外苑後。」

政官、三省、近臣、學士、待制宴餞于瓊林苑。

外苑

【宋會要】

祥符五年四月，詔以諸國所貢獅子、馴象、奇獸列於外苑，諭羣臣就苑中游宴。

淳化五年二月癸卯〔一〕，南海商人獻吉貝布畫海外蠻圖及猩猩圖〔二〕、玉帶，上於北苑召近臣觀之〔三〕。（以上《永樂大典》卷一一四八〇）

堂

繼照堂〔四〕

【宋會要】

18 在開封府廨東。真宗尹京府日，太宗命創射堂習射。太宗淳化五年九月壬辰，以皇子襄王行開封尹事，後以府尹廨舍爲潛龍宮。

祥符三年《寶訓》作二年，誤。閏二月二十四日丁卯，上幸開封府射堂（晏）〔宴〕射，謂從臣曰：「朕昔尹京兆，先帝爲創此（室）〔堂〕，俾之習射。」周覽久之，多所感慕。又至堂閱太宗御書圖畫數十軸，遂宴射於射堂。上作七言詩，從臣畢賦。上中的者七。

戊辰，制曰：「昔東漢之隆，過宛陵之故第；貞觀之盛，臨慶善之舊宮。所以申愷樂之私，宣優裕之澤。朕頃在儲邸，獲尹神京，用脩相圃之儀，遐擬宣猷之地。」知樞密院事王欽若上《駕幸舊邸》七言三十一作二十。韻詩，上作歌以答，仍詔褒之。

甲戌，詔曰：「朕頃在儲闈，允釐京邑，仰承訓導，幸底謐寧〔五〕。爰就公庭，載營完址，俾因聽訟之暇，用爲習射之儀。入纂邦基，載移星律，乘青陽之布令，擁法從以來臨。感慶兼深，惠賚胥洽〔六〕。式徇宰司之議，易兹題榜之名。庶增煥于黃圖，永流芳於元一作嬰。圃。其開封府舊射堂宜名曰『繼照堂』。」是日，設帟張樂，許士庶遊觀三日。麻温其進《繼照堂頌》。初營是堂，西有井，將塞之，上曰：「必有神龍潛蟄。」命覆巨石。未幾，果有龍躍出。至是，八作使張文遨叙其事。

祥符六年八月丙寅，繼照堂芝草生，上作歌賜近臣。

天聖二年八月己卯，幸繼照堂。

景祐元年正月庚寅，改爲繼聖堂。（以上《永樂大典》卷七二一七）

〔一〕此條出《玉海》卷一五四，非《會要》文。

〔二〕「貝」原作「具」，「畫」原作「盡」，「蠻圖」原作「蠻國」，據《玉海》卷一五四改。

〔三〕北：原作「此」，據《玉海》卷一五四改。又，此條後天頭原批：「後苑條移此。」

〔四〕按此條全録自《玉海》卷一六一，非《會要》文。

〔五〕謐：原作「密」，據《玉海》卷一六一改。

〔六〕賚：原作「賫」，據《玉海》卷一六一改。

資善堂〔一〕

【宋會要】

19 堂在元符觀南。(太)〔大〕中祥符八年置。《宋史·地理志》：在開封府大內，宣祐門東廊次北。《景定建康志》：行宮資善堂，在學士院之右。

【宋會要】

20 天禧二年八月，以給事中、參知政事李迪爲太子賓客；以右諫議大夫樂黃目爲給事中〔二〕，兼左庶子；昇王府諮議參軍、吏部郎中、直昭文館張士遜爲右諫議大夫，兼右庶子；昇王府諮議參軍、禮部郎中、直史館崔遵度爲吏部郎中、直史館，兼左諭德；昇王府記室參軍、左正言、直史館晏殊爲户部員外郎、直史館，兼舍人，賜金紫；右正言魯宗道爲户部員外郎〔三〕，兼右諭德，賜紫魚袋；資善堂都監、左藏庫使、長州刺史、入内押班周懷政爲左騏驥使、入内副都知，兼管勾左右春坊事；内殿崇班、資善堂祇候楊懷玉爲内殿承制、皇太子宮祇候。

九月丁卯〔四〕，天安殿册太子。

三年九月丙子，賜《元良述》、《六藝箴》、《承華要略》。《玉海》：四年，徙御厨北，一作禁庖之北，一云宣祐門内東廡北，講筵所亦在焉。十月己卯，資善堂上梁。是歲正月十七日幸，太子會宮僚觀之。

四年十月，以太子太保王欽若爲資政殿大學士，令日赴資善堂侍講。欽若罷相爲宮保，不當侍宮筵，特陳乞而從之。《玉海》：十一月庚午御札，中書、密院常務令宰臣與太子就資善堂會議。壬申，輔臣見皇太子於堂。十二月九日乙酉，詔隻日承明殿不視事，中書、樞密院詣資善堂議事。辛丑，太子會師傅宮僚於是堂，賜教坊樂。先是，天禧元年九月甲子，讀《論語》畢第九卷，宴王友于堂。四年十月壬辰，以太子太保王欽若爲資政殿大學士，日赴資善堂侍講讀。

閏十二月，命入内内侍省副都知鄧守恩同勾當資善堂，兼太子左春坊。

五年三月，宰臣丁謂等請自今兼太子師傅，十日一赴資善堂。賓客已下，隻日更互陪侍講學。從之。

四月，以内 21 殿崇班雷允恭爲皇太子宮都監，同勾當資善堂、左右春坊司。

十一日戊午〔五〕，以皇太子生辰，宴輔臣、東宮官於資善堂。《玉海》：五月癸未，詔皇太子讀《春秋》。輔臣奏曰：「臣等時入資善堂陪侍講席，太子天姿英邁，好學不倦，寫字有筆法。」上喜。《宋史·馮拯傳》：乾興元年，進封魏國公，遷司空，兼侍中。輔臣會食資善堂，召議事，丁謂獨不預。謂知得罪，頗哀請，錢惟演遽曰：「當致力，無大憂也。」拯熟視，惟演蹴(唶)〔踖〕。

仁宗寶元二年三月二十三日癸丑〔六〕，詔天章閣侍講

〔一〕按，此目之文除首條當歸「方域」類外，其餘乃記敘資善堂之建置、任官及講讀等事，應入於「帝系」類「太子」、「皇子」等門。又，此目之中多雜有《玉海》之文。

〔二〕目：原作「自」，據《長編》卷九二改。

〔三〕宗道：原作「家受」，據《長編》卷九二改。

〔四〕以下二條正文亦爲《玉海》卷一六一之文。

〔五〕此條亦出自《玉海》卷一六一。

〔六〕「癸丑」二字當是《大典》據《玉海》卷一六一添。

賈昌朝、王宗道於是堂編排書籍，教授內臣，以編修爲名。昌朝乞差趙希言、楊安國同共編排，從之。

四月戊辰〔一〕，命趙希言、楊安國編排。癸未罷之。

康定元年十一月三日，詔樞密院都承旨、左屯衛將軍王元祐領趙州刺史，與側近差遣。以自陳歷事三朝，嘗經資善堂祇應也。

皇祐元年七月壬子〔二〕，帝幸資善堂，作詩，有曰「疇日學文親政第〔三〕，仰懷慈訓倍依依」之句。說書所寓資善堂，慶曆初改爲講筵所。

至和二年三月，宴餞知徐州呂溱於是堂。

治平四年五月餞李柬之，十月乙卯餞李受，命侍臣賦詩。時謂遠過二疏。

神宗元豐八年十二月二日，詔：「今月十五日開講筵〔四〕，講《論語》，讀《寶訓》，講讀官日赴資善堂，以雙日講讀，仍輪一員宿直。初講及更旬，宰相、執政並赴。」

十五日，初御邇英閣，召三省、樞密院、侍講、侍讀、修注官講讀，錫宴於資善堂，賚銀帛有差。

哲宗元祐元年三月十六日，詔講讀官更不輪資善堂宿直。

六年，詔史院寫《邇英延義記注》送資善堂。

徽宗政和元年二月二日，詔三月二十 22 七日定王桓、嘉王楷出就資善堂聽讀。

三月二十八日，詔宰臣、執政官許就資善堂見定王、嘉王。王至中門外迎揖，升堂就坐。王西嚮，宰相、執政東嚮。退，王揖送於大門內。

二年九月二十九日，詔皇子到堂聽讀，特許講官時暫到堂參見。時侍讀鄭居中講筵奏事，嘗面被旨也。

五年二月十八日，定王桓言：「臣已依詔旨，於二月七日出閤過府訖。臣昨就資善堂聽讀，尋常須候邇英經筵已開，方取旨定日。恭惟聖學高妙，羣臣莫及，躬御經筵，但欲遵承祖宗故事，非待儒臣講說，修輔睿明。如臣之愚，正當力學，不可曠日，豈應擬視經筵？兼臣問安視膳之外，還過府第，綽有餘暇，況不同往日，深在禁嚴，出入不敢自便。今欲乞聖慈許令每日不拘早晚，但稍有間隙，即請學官赴廳講讀，所貴爲學日益，有以副聖慈眷撫之意。」從之。

二十三日，詔皇子建安郡王樞、文安郡王杞今春出資善堂聽讀，其管勾官比附定王、嘉王聽讀例施行。

（十）〔七〕年四月十二日〔五〕，詔：「皇子安康郡王栩出就資善堂聽讀，可特（欽）〔依〕此推恩：本（閣）〔閤〕祇候使

〔一〕此條抄自《玉海》卷一六一。
〔二〕以下三條均抄自《玉海》卷一六一，惟本條「有曰」一句，《玉海》卷一六一僅作「有『仰懷慈訓』之句」，《大典》編者又據《玉海》卷一一九將二句詩補完，並帶入「有曰」二字，以致「有曰……之句」文法不通，其拼合之迹甚明。
〔三〕文：原作「堂」，據《玉海》卷一一九改。
〔四〕「講筵」二字原脱，據《長編》卷三六二補。
〔五〕七年：原作「十年」，據本書帝系二之二〇改。

臣、管勾所手分各轉一官，白身人補副尉，祗應人各轉一(員)〔資〕，並依舊祗應。」

宣和元年四月十三日，中書省言：「檢會皇子吳國公出就外傅，令太史局選日。」詔資善堂、蕃衍宅各置直講、翊善、贊讀一員。以給事中陸藻爲鄆王、肅王、景王翊善，給事中葛次仲兼直講，中書舍人張勸兼贊讀；國子司 23 業梅執禮兼安康郡王、濟陽郡王、廣平郡王、鎮國公、吳國公翊善，禮部員外郎王綯兼直講，祕書省校書郎胡松年兼贊(講)〔讀〕。

五年正月七日，以尚書吏部侍郎盧益兼資善堂翊善。

七年二月十九日，以朝請郎、直祕閣、管勾萬壽觀許中兼資善堂翊善。

三月二十六日，符(實)〔寶〕郎季質兼資善堂直講。

五月十一日，尚書右丞宇文粹中奏：「臣昨乞罷弟時中資善堂贊讀，乞依去年御筆指揮，與一外任差遣。」詔依所乞與郡。

二十一日，符寶郎季質〔奏〕：「奉敕差兼資善堂直講。伏見贊讀宇文時中緣係執政之弟，已陳乞罷免。今來質妻父張邦昌任中書侍郎，伏望許令罷免。」詔依所乞，今後差從官。

六月二日，以刑部尚書蔣猷兼資善堂翊善，給事中吳幵兼資善堂贊讀，中書舍人譚世勣兼資善堂直講。

欽宗靖康元年五月十一日，詔皇太子以六月七日出就外傅，仍就資善堂置學舍，令國子監供監書。

高宗建炎三年四月罷，紹興五年五月復置。本堂係掌管皇子國公聽讀，提舉官、幹辦官各一員，以内侍官充。手分二人。《宋史·地理志》：建炎三年閏八月，高宗自建康如臨安，以州治爲行宮，宮室制度皆從簡省，不尚華飾。垂拱、大慶、文德、紫宸、祥曦、集英六殿，隨事易名。講筵所、資善堂在行宮門内，因書院而作。

紹興五年五月八日辛巳〔二〕，詔擇日除防禦使伯琮爲節度使〔三〕，封國公，出就資善堂聽讀。先是，元年四月戊申，以至和故事面諭宰臣〔范〕宗尹等。 輔臣奏事，趙鼎曰：「昨日得旨，見上。臣退而與孟庾、沈與求商量，皆仰贊陛下爲宗廟社稷大 24 慮，謹令有司卜今月二十六日吉。」上曰：「可。」與求曰：「此盛德之事也。」上曰：「朕年二十九，未有子，然國朝自有仁宗故事。藝祖創業，其勤至矣，朕取『子』行下子鞠於宮中，復加除拜，庶幾仰慰在天之靈。」初，張浚未出使也，上嘗以語鼎、浚、庾、與求曰：「此子天資特異，在宮中儼如成人，朕自教之讀書，極强記。」鼎先得旨，於行宮内造書院屋一區，欲令就學。有司以圖來上，凡建屋十六間，從約也。至是，書院成，上曰：「只以書院便爲資善堂，俟除授訖，命儒臣爲直講、翊善，悉如故事。」

〔二〕此條抄自《玉海》卷一六一，非《會要》文。

〔三〕伯琮：《玉海》原文作「孝宗舊名」，《大典》編者改。然此實誤，據《宋史》卷三三《孝宗紀》一，孝宗本名伯琮，紹興三年二月賜名瑗，是此處若需改，當改作「瑗」。

二十三日，詔：「已建資善堂，提點官差主管講筵所邵諤，幹辦官差睿思殿祗候使臣李中立。」

二十六日己亥〔一〕，以貴州防禦使爲保慶軍節度使，封建國公，詔左朝奉大夫、徽猷閣待制、提舉建隆觀、兼史館修撰、兼侍講范冲兼資善堂翊善，左承議郎、守起居郎、兼侍講朱震兼資善堂贊讀。上親筆付出，朝論以爲極天下之選。

二十九日，詔建國公閤差主管文字詞臣一名〔二〕，掌章表使臣一名，直省官二人，（袍）〔抱〕笏下班祗應二人，手分一名，進奏官一名，楷書一名，輦官六人，翰林司厨子、入内院子各二人，搼龍親事官六人〔三〕，儀鸞司一名。

六月一日，詔今月七日建國公出就資善堂聽讀。

五日，宰臣趙鼎等奏：「建國公初七日出資善堂，臣等考故事，當謁見。」上曰：「朕令國公至資善堂見范冲、朱震當設拜，蓋尊師重傅，不得不如此。卿等既欲循故事，可往
25 一見。」

七日，詔：「資善堂差置手分二人，於無違礙官司指差，每月請給並依翰林醫官局後行見請則例支破。到堂實及十年，與補進武副尉。今後有闕，依此施行。」

七月七日，中書、門下省言：「昨蕃衍宅贊讀等官，各廳合破書奏楷書一名，并當直、承送親事官十人。今來資善堂（詡）〔翊〕善、贊讀各依上件體例施行。」從之。

六年九月二十一日，詔：「建國公瑗出閤聽讀《孟子》終篇，本閤并資善堂官吏、諸色人，並各與轉一官資。內未有名目人，候有名目日收使。」

十一月三日，資善堂言：「近詔建國公閤并資善堂官吏、諸色人並各與轉一官資，契勘楷書李愿、茶酒班祗應魏宗道伴讀書寫文字使喚，宣力頗多。內李愿係白身，將來別無補授恩例，欲乞特與一名目，魏宗道更乞優與推恩。其餘祗應人吏，即無似此可以援例之人。」詔李愿許用轉一官恩例，特與補進義副尉，魏宗道更與減三年磨勘。

七年十二月十一日，詔：「建國公瑗聽讀《尚書》終篇，翊善朱震、贊讀蘇符各與轉一官。」

八年三月九日，詔：「建國公瑗聽讀《尚書》終篇，本閤并資善堂官吏，翊善、贊讀下人吏各與減二年磨勘，內無官人吏各支賜錢十五貫。其餘諸色人內，將校支賜錢十貫，節級五貫，並令户部支給見錢。」

八月六日，詔：「朱震久任資善，贊翊有功，除依條與致仕、遺表恩澤外，特更與一資恩澤。」

〔一〕「己亥」二字蓋《大典》編者據《玉海》卷一六一添。

〔二〕閤：原作「闕」，據文意改。皇子、皇孫所居府署稱「閤」，如本書帝系二之三二「皇孫英國公閤」之類是也。

〔三〕「搼龍」不可通，疑當作「搼攏」。「搼」爲「牽」之俗字，牽攏謂牽馬、控馬。《丁晉公談録》：「太宗即位後來數年，應爲朱邸牽攏僕馭者皆位至節帥。」（宛委山房本《説郛》卷一六下）宋代皇太后儀仗有「攏馬親事官」（《宋史》卷一四四《儀衛志》二），南宋慶壽典禮儀衛有「控攏親從」（《武林舊事》卷一），金國王公屬下有「牽攏官」，皆其類。

九年三月十四日。詔：「崇國公璩出赴資善堂聽讀，其[26]請俸、給賜等應合行事件，並依建國公已得指揮體例施行。」

六月十九日，詔：「聽讀《孟子》終篇，學官等可依建國公《孟子》終篇例推恩，本閣并資善堂官吏、諸色人，各與（一轉）〔轉一〕官資。內未有名目人，候有名目日收使，合寄資人依舊寄資。」

十年三月十三日，詔：「聽讀《尚書》終篇，本閣并資善堂官吏、醫官、翊善、提點資善堂下人吏，各與減二年磨勘。內無官人吏并進奏官，各支賜錢十五貫，其餘諸色人將校支錢十貫，節級、長行、翊善下親事官五貫，並令户部支給見錢。」

十一年七月十五日，詔：「聽讀《周易》、《毛詩》終篇，學官等可依建國公《周易》、《毛詩》終篇例推恩，內副尉與依使臣法比折收使，餘各色不同人比附施行。」

十二年三月六日，詔：「左朝奉郎、試給事中、兼侍講、兼權直學士院程克俊除資善堂翊善，左朝奉郎、試祕書少監、兼崇政殿説書秦梓除資善堂贊讀。」

七日，詔：「樞密院編修官趙衛、大理司直錢周材除普安郡王府教授。」

十四日，詔：「普安郡王府教授並依諸王宮大小學教授體例施行。」先是，諸王宮大小學言：「諸王宮大小學教授請給、人從，並依太常博士則例，序位、立班在國子博士之上。及本學印記係下文思院鑄，以『紹興諸王宮學朱記』八字爲文。其行移文字內，六曹、寺監、大宗正司並用申狀，其餘諸司務並用關牒。學官遇有合批書事件，申所隸宗正寺批書。」以新除普安郡王府教授錢周材、[27]趙衛申明體例，故有是詔。

十七日，詔：「普安郡王府差下班祗應喬虞卿、進義副尉任叔獻代客司祗應。今〔後〕有闕，亦許指差有名目人充填。（宅案司日支有名目人充填）宅案司日支食錢伍伯文，書表司、客司日支食錢四伯文。有名目充代并白身人，並依此支破。輦官、儀鸞司廚子與帶行見請，步軍司兵士與支破月糧，諸般合得請給外，日支口食米一升，並劄移名糧就本府幫勘。其一行請給，並自祗應日爲始支破。」

四月四日，詔秦梓兼資善堂翊善。

十三年四月十七日，祕書省著作佐郎、兼普安郡王教授錢周材、趙衛言：「講授普安郡王《毛詩》已終篇，合接續別講經書。」詔令講授《禮記》。

閏四月三日，詔：「普安郡王瑗講授《毛詩》終篇，本府官吏並與減二年磨勘。」

十四年十月六日，詔：「聽讀《禮記》、《文選》終篇，本閣并資善堂官吏、諸色人、學官、下班祗應，並依普安郡王聽讀《文選》終篇例推恩。」

十八年二月十二日，詔：「聽讀《春秋左氏傳》終篇，本府并教授、官吏各與減二年磨勘。」

二十一年三月六日，詔太常博士丁婁明差兼普安郡王瑗、恩平郡王璩府教授。《宋史·寧宗本紀》：嘉泰元年二月壬辰，開資善堂。

慶元六年四月十五日，宰執進呈蕭逵、龔頤正並兼資善堂小學教授。京鏜奏：「聖嗣未艾，不妨自爲此舉，願更擇一人伴讀。」上曰：「然當更相度，不可容易。」

九月二十九日，詔：「資善堂小學主管官可就差幹辦御藥、兼提點資善堂張延禮，手[28]分、入内院子、把門親事官，並就見今資善堂人相兼祗應。教授下共差破當直、承送親事官四人。」

十一月九日，詔：「宗子與愿可改名曮，特除觀察使，令就資善堂授書。」資善堂申：「乞皇城司差取親事官二人，充本堂庫子，掌管書籍、什物等，分差宿直，實占祗應。翰林司差人兵二人，充本堂看管火燭及供應茶湯，分番宿直，實占祗應。一、儀鸞司差取工匠二人，充本堂釘設，分班宿直，實占祗應。一、所有三司差到人兵共六人，每月添支茶湯錢，依現今資善堂看管院司則例支破。」每月于左藏庫止添支錢一貫文。並從之。

嘉泰元年二月二十二日，詔：「資善堂小學教授蕭逵、龔頤正，今後許令乘騎入出和寧門，至北宮門外下馬，赴堂供職。今後準此。仍於殿前司差撥鞍馬并草料、控攏軍兵。」

十三日，詔：「資善堂小學教授如遇輪堂、赴堂授書日分，所有應干期集免行趁赴。」

十二月，祕書郎婁機〔兼〕資善堂小學教授。

二年二月，祕書郎張嗣古兼資善堂小學教授。

閏十二月十五日，詔宗子與談特補右内率府副率，充資善堂伴讀。

四年七月，秘書省著作佐郎鄒應龍兼資善堂小學教授。開禧元年七月，陞兼直講。

八月，祕書郎黄中兼資善堂小學教授。

開禧元年五月二十七日，臣僚言：「臣聞漢賈誼論三代有道之長而秦無道之暴，其原皆本于教子，則知教子者，帝王之急務也。天祐邦家，皇子端重聰哲，聞于内外。今者冠禮既[29]成，正皇嗣之位，啓王爵之封，則所謂小學教授之名固當更改。至于翊贊之官，比前之日尤加重焉。如更添置一二員，得真賢實能以居之，庶幾不負明時使令之意。欲望聖慈與大臣議之，更正官名，妙簡精擇端亮之士，取學術粹而器識明者，俾之從容朱邸，贊助緝熙，增廣聞見。有如皇朝官制、兵制與夫民政、邊事之類，亦如横帙之暇，併與講明，足以裨補萬一。檢照嘉祐典故，有以皇子位説書爲官稱者，今來更合取自聖裁，或下有司討論施行。」從之。

開禧元年七月，太常博士張聲道兼資善堂説書。

七月，軍器監趙夢極兼資善堂贊讀。

二年三月，起居郎史彌遠兼資善堂直講。三年三月，以禮部侍郎兼翊善。

五月，樞密院編修官王益祥兼資善堂説書。

七月，祕書丞黄疇若兼資善堂説書。

三年四月，兵部員外郎戴溪兼資善堂説書。

淳祐七年正月〔一〕，詔就内小學建資善堂，置贊讀、直講，俾暫於藩房訓習，以其年未可出就外傅也。

景定東宫講堂名新益。

都堂〔二〕

【宋會要】國初，典禮之事當集議者，皆先下詔，都省吏以告當議之官，悉集都堂。設左右丞座於堂之東北，南向；御史中丞於堂之西北，南向；尚書、侍郎於堂之東廂，西向；兩省侍郎、常侍、給事、諫、舍於堂之西廂，東向；知名表郎官於堂之東南，北向；監議御史於堂之西南，北向。又設左右
30 司郎中、員外於左右丞之後，三院御史於中丞之後，郎中、員外於尚書、侍郎之後，起居、司諫、正言於諫、舍之後。如有僕射、御史大夫，即座於左右丞、中丞之前。如更集它官，即諸司三品於侍郎之南，東宫一品於尚書之前，武班二品於諫、舍之南，皆重行異位。卑者先就席，以官高者爲表首。

祥符四年五月一日，詔曰：「文昌揆路，師長百僚。自今宰相官至僕射者，並於中書都堂赴上，不帶平章事者亦本省赴上。令太常禮院、崇文院詳定儀注。」明年二月，禮院上儀注。

至和二年七月九日，詔宰相召自外者，百官班迎之；自内拜者，聽行上事儀。文、富入相，然亦辭之。

元豐五年五月九日，詔新除左、右僕射，赴尚書省行禮上儀。

建炎四年五月二十日，詔侍從、臺諫官並赴都堂議事〔三〕。

射堂

【宋會要】〔四〕淳熙二年夏，始創射堂，爲游藝之所。圃中有榮觀、玉淵、清賞等堂，鳳山樓，皆燕息之地。景定東宫堂名凝華。（以上《永樂大典》卷七二一五）

〔一〕按，以下二條爲理宗朝事，乃《大典》抄自《玉海》卷一六一，非《宋會要》之文。
〔二〕下文實録自《玉海》卷一六一，非《會要》文。又，此目應入「儀制」類。
〔三〕事：原脱，據《玉海》卷一六一補。
〔四〕此條正文及注亦皆抄自《玉海》卷一六一，非《會要》文。

門〔一〕

東京大内

【宋會要】

31《京都雜録》：東京大内南三門〔二〕，中曰宣德，梁初曰建國，後改咸安，晉初曰顯德，又改明德，太平興國三年七月改丹鳳，九年七月改乾元〔三〕，大中祥符八年六月改正陽，景祐元年正月改宣德，政和八年十月六日改爲太極之樓，重和元年正月復今名。

【宋會要】

《京都雜録》：東京大内文德殿庭東南隅有鼓樓，其下漏室，西南隅鍾樓。殿兩挾有左、右掖門。又云：乾德六年正月賜名。

【宋會要】

《京都雜録》：東京大内東一門曰東華，梁曰寬仁，開寶四年改曰東華門。

【宋會要】

《京都雜録》：東京大内西一門曰西華門，梁曰神獸，開寶四年改今名。

【宋會要】

《京都雜録》：東京大内北一門曰拱宸，梁曰厚載，後改玄武，大中祥符五年十一月又改玄武爲拱宸。又云：西京宮城北門。

【宋會要】

32《京都雜録》：東京大内宣德門内正南門曰大慶，梁曰元化，國朝常隨正殿名改〔四〕。

【宋會要】〔五〕

《京都雜録》：西京大内次北曰乾元門，唐曰千福、乾化，後改乾元門。

【宋會要】

《京都雜録》：東京大内右昇龍西北偏曰端禮門〔六〕，凡三門，各列戟二十四支，熙寧十年八月賜名。又云：熙寧十年改文德殿南門曰端禮門。

【宋會要】

文德門，在端禮門内。

【宋會要】

《京都雜録》：東京大内文德殿次北門曰左、右銀臺。

〔一〕按，此目之各條大體爲《大典》摘取《宋會要》之《京都雜録》、《南京雜録》、《北京雜録》各門内宫殿門、城門名，分條輯録編寫而成，其中頗有取舍不當者。《會要》本文略見於本書方域一、方域二。

〔二〕「南」下原有「中」字，據本書方域一之一刪。

〔三〕「改丹鳳九年七月」七字原脱，據本書方域一之二補。

〔四〕國：原作「宋」，據本書方域一之三改。此是《大典》改作「宋」。

〔五〕此條當移入「西京大内」。

〔六〕昇：原作「飛」，據本書方域一之四改。

大慶殿後東西道，其北門曰宣祐，舊曰天光，大中祥符八年六月改大寧，明道元年十月改曰宣祐門。

【宋會要】

《京都雜録》：大中祥符七年，賜真遊殿西門曰延真門。

【宋會要】

東京昇平樓次西曰安樂門。

【宋會要】

《京都雜録》：東京安樂門，門外西北曰景暉門，天(喜)〔禧〕五年三月賜名。

【宋會要】

33《京都雜録》：東京昇平樓東曰含和門，熙寧十年八月賜名。又云：改安樂門曰含和門，在垂訓殿後。

【宋會要】

《京都雜録》：東京講筵所次北引見門，次北通極門，熙寧十年八月賜名。又云：改崇政殿北横門曰通極門。

【宋會要】

西華門次北有引見門。

【宋會要】

《京都雜録》：東京講筵所次北臨華門，熙寧十年八月賜名。又云：改拱宸門裏西横門曰臨華門。

【宋會要】

《京都雜録》：東京講筵所西廊次北内東門，有廊柱與御厨相直，門内有小殿，即召學士之所。又云：西京廣壽殿後隔舍即内東門道，其北明德殿。又云：西京建禮門北東廊曰内東門。

【宋會要】

《京都雜録》：東京大内西華門内，次西曰右承天門，乾德六年正月賜名。

【宋會要】

《京都雜録》：東京大内大慶殿東、西兩廊門曰左、右太和，梁曰金烏、玉兔，國初改日華、月華，大中祥符八年六月34改今名。

【宋會要】

左、右日精門，在大慶左右。

【宋會要】

《京都雜録》：東京福寧殿東、西門曰左、右昭慶，大中祥符七年賜名。

【宋會要】

《京都雜録》：東京大内文德殿内，正南門曰左、右長慶，乾德六年正月賜名曰左、右長慶門。

【宋會要】

《京都雜録》：東京大内文德殿次北門曰左、右嘉肅，熙寧十年八月賜名。

【宋會要】

《京都雜録》：東京大内文德殿東、西兩廊門曰左、右嘉福，舊名左、右勤政，明道元年十月改左、右嘉福門。

【宋會要】

《京都雜録》〔一〕：西京大内左安禮門〔二〕，其北左銀臺門，唐曰左章善，梁改光政〔三〕。

【宋會要】

《京都雜録》：西京太極殿門外東〔四〕、西横門曰左、右永泰門，隋曰東、西華，唐曰左、右延福，後改左、右永泰門。

【宋會要】

35《京都雜録》：東京宣祐門西紫宸殿門〔五〕，殿門皆兩重，名隨殿易。其中隔門，遇雨雪羣臣朝其上。

【宋會要】

《京都雜録》：東京紫宸殿次西曰垂拱殿門，門有柱廊，接文德殿後，其東北角門子通紫宸殿。每日樞密使以下立班殿庭，候傳宣；不坐，即過赴垂拱殿起居。每門内東西廊設二府、親王、三司、開封府、學士至待制、正刺史以上候班幕次。

【宋會要】

東京崇政殿門，在大内皇城宣祐門次北。又云在通極門南，東向。

【宋會要】

東京垂拱殿次西曰集英殿門。又云在皇儀門西。

【宋會要】

大内皇城垂拱殿門次西曰皇儀殿門。

【宋會要】

《京都雜録》：東京大内文德殿庭東南隅有鼓樓，其下漏室，西南隅有鐘樓。殿兩挾有東上、西上閤門。

【宋會要】

《京都雜録》：東京元符觀直北東向有謻門，舊無榜，熙寧十年始標額。又云改東華門曰北謻門。

西京大内〔六〕

【宋會要】

36《京都雜録》：西京皇城南面三門，中曰端門，北對五鳳樓，南對定鼎門。

【宋會要】

《京都雜録》：西京大内東面一門曰蒼龍門，隋、唐曰重光，後改曰蒼龍門。

〔一〕以下二條當移入「西京大内」。

〔二〕左安禮門：原無，據本書方域一之九補。

〔三〕光政：原作「左右銀臺」，據本書方域一之九改。

〔四〕西京：原脱，據本書方域一之八補。

〔五〕宣祐：原作「文德殿」，據本書方域一之四改。《玉海》卷一六〇亦云紫宸殿「在宣祐門西」。

〔六〕此題原批在下條之天頭，今移於此。

【宋會要】

《京都雜録》：西京大内西面一門曰金虎，隋曰寶成，唐曰嘉豫，後改金虎門。

【宋會要】

《京都雜録》：西京大内左、右安禮門西北曰鑾和〔一〕，太平興國三年，以車輅院門改今名鑾和門。

【宋會要】

《京都雜録》：西京大内右興善門之正西有東隔門〔二〕，次西曰膺福門，唐曰含章，後改膺福門。

【宋會要】

《京都雜録》：西京大内膺福門次西接通天門柱廊〔三〕。金虎門之正東有西隔門，次東曰千秋門，唐曰金鑾，後改千秋門。

【宋會要】

《京都雜録》：西京大内天和殿，其次崇徽〔四〕。廣壽殿門之西曰明福門，其北廊接通天門。

【宋會要】

《京都雜録》：西京大内右安禮門次西横門曰永福門〔五〕，後唐之名。

【宋會要】

37《京都雜録》：西京大内垂拱殿後有通天門，〔復〕〔後〕有柱廊門。

【宋會要】

《京都雜録》：西京大内乾元門次北曰敷政門〔六〕，唐曰武成、宣政，後改敷政門。

【宋會要】

《京都雜録》：西京大内太極殿門之西，面南曰應天門，唐曰敷政、光範，後改應天門。

【宋會要】

《京都雜録》：西京大内五鳳樓内，正南内太極殿門，隋曰永泰，唐曰通天、乾元，太平興國三年名太極門，景德四年改今名。太極門門東西各有門，唐初曰萬春、千秋，今無榜。

【宋會要】

《京都雜録》：西京皇城東面二門，南曰賓耀，隋曰東太陽，唐曰東明，後改今名。

【宋會要】

《京都雜録》：西京皇城西面二門，南曰金耀，隋曰西太陽，後改今名。又云即唐宣耀。

〔一〕左右安禮：原無，據本書方域一之九補。

〔二〕右興善門：原作「蒼門」，據本書方域一之九改。按本書方域一之九載《會要》本文云：「右安禮門北曰右興善門，唐改右銀臺，梁改蒼龍。門之正西有東隔門」云云。《大典》節取「蒼龍門」，不當，而徐松抄稿又脱「龍」字。

〔三〕膺福門：原無，據本書方域一之九補。

〔四〕此處節録不當，參見本書方域一之九。

〔五〕右安禮門：原無，據本書方域一之九補。

〔六〕乾元門：原無，據本書方域一之九補。

【宋會要】
《京都雜録》：西京皇城東面二門，北曰啓明，西對宮城之蒼龍門。
【宋會要】
38《京都雜録》〔一〕：西京皇城西面二門〔二〕，北曰乾通，東對宮城之金虎門。
【宋會要】
《京都雜録》：西京皇城西面外（挾）〔夾〕城二門〔三〕，南曰麗景，東對金耀門。
【宋會要】
《京都雜録》：西京皇城西面外挾城二門〔四〕，北曰開化，東對乾通門。
【宋會要】
《京都雜録》：西京皇城北面一門曰應福〔五〕，五代以來曰甲馬門，蓋諸班直宿其内。
【宋會要】
《京都雜録》：西京皇城次西右軍一門〔六〕，在光政門之西，門内皆班院及御園。
【宋會要】
《京都雜録》：西京大内九江池〔七〕，其南有内園門，在含光殿門之西。
【宋會要】
《京都雜録》：西京大内散甲殿後柱廊有後殿，其北相對有夾道門，在拱宸門内。
【宋會要】
西京左銀臺門相對後門，在東池門之内。東池門内有飛龍院〔八〕。
【宋會要】
39《京都雜録》：西京大内天興殿後門〔九〕，北對建禮門。
【宋會要】
西京大内建禮門〔一〇〕，在天興殿後，南對五鳳樓，有隔門。

〔一〕天頭原批：「西京皇城」。
〔二〕西面：原作「南面」，據本書方域一之一一改。
〔三〕面：原脱，據本書方域一之一一補。又「城」下原有「東」字，方域一之一一作「又」，此處可删。
〔四〕外挾城：原無，據本書方域一之一一及上條補。
〔五〕「皇城」下原有「外挾城」三字，據本書方域一之一一及《河南志》卷四删。
〔六〕次西：原作「外次北」，據《河南志》卷四删改。參見本書方域一之一一校記。
〔七〕九江池：原無，據本書方域一之一〇補。
〔八〕按，此條《大典》節引不當。本書方域一之一〇「西京大内」下云：「東宮在蒼龍門之西，與左銀臺門相對，其門（按：《河南志》卷四作「後門」）在東池門之内。宮後東池門内有飛龍院。」
〔九〕天興殿：原無，據本書方域一之八補。
〔一〇〕大内：原無，據本書方域一之九補。此乃大内宮城之門，而非西京之門。下條同。

【宋會要】西京大内天福門，天福殿門也，在明福門内。或作大福。

【宋會要】金鑾門，金鑾殿門也，在明福門西〔一〕。

【宋會要】含光門，含光殿門也，在金鑾門西。

【宋會要】廣壽門，廣壽殿門也，在建禮門西。

【宋會要】《京都雜録》：西京大内興教門内曰左安禮門，隋、唐曰會昌。

【宋會要】西京大内左銀臺門門内西偏右安禮門〔二〕，隋、唐曰景運，後改今名。

【宋會要】《京都雜録》：西京大内左安禮門北曰左興善門，唐曰左銀臺，梁改左興善門。

【宋會要】《京都雜録》：西京大内右安禮門北曰右興善門，唐曰右 40 銀臺，梁改右興善門。

北京

【宋會要】《北京雜録》：仁宗慶曆二年七月，以北京真宗駐蹕行宮中門爲順豫門。

【宋會要】東京宣和門〔三〕，在延和殿西北，祥符七年建，名宣和，明道元年改開曜，十一月改迎陽。俗號苑東門。（以上《永樂大典》卷三五二〇）

青城

【宋會要】41 熙寧七年九月二十四日戊申〔四〕，中書門下言：「準詔參定南郊青城内殿宇門名，請大内門曰泰禋〔五〕，東偏門曰承和，西偏門曰迎禧，正東門曰祥曦，正西門曰景曜，後三門曰拱極，内門裏東側門曰賓明，西側門曰肅成。大殿門曰端誠，大殿曰端誠殿，前東西門曰左、右嘉德。便殿曰

〔一〕西：原作「内」，據本書方域一之一〇改。

〔二〕大内左銀臺門：原作「光政門」，據本書方域一之九補改。

〔三〕此條應移入「東京」目。

〔四〕「戊申」二字乃《大典》編者據《玉海》卷九三添。《玉海》文與此條大同，但《玉海》作「二十四日戊申」實誤。熙寧七年九月丙申朔，十三日戊申，二十四日己未。《會要》記此條事於二十四日，《長編》卷二五六則記於十三日戊申，本自不同。《玉海》不察，捏合二者，遂誤爲「二十四日戊申」。《大典》又不察，誤於《會要》文中添入「戊申」二字，其妄改古書之痕迹甚明。

〔五〕泰：原作「恭」，據《長編》卷二五六、《文獻通考》卷七一改。

熙成，後園門曰寶華〔一〕。」詔並依。先時，青城殿宇門名，每郊命學士院撰進，至是著爲定式〔二〕，學士院更不撰進。

十一月二十五日，親詔徹黄道，不御小次。

十年七月八日，詔南郊青城寢殿後至寶華門裏御道，更不用華磚砌。以有司計花磚萬餘口，役工三千，故特罷之。（以上《永樂大典》卷五四八七）

東京舊城〔三〕

【宋會要】

《京都雜録》：東京舊城南三門，西曰崇明門，周曰興禮，太平興國四年九月改曰崇明門。

【宋會要】

《京都雜録》：東京舊城南三門，東曰保康，大中祥符五年賜名。

【宋會要】

《京都雜録》：東京舊城南三門，中曰朱雀，梁曰高明，晉曰薰風，太平興國四年九月改曰朱雀門。

【宋會要】

《京都雜録》：東京舊城東二門，南曰麗景，梁曰觀化，晉曰仁和，太平興國四年九月改。

【宋會要】

《京都雜録》：東京舊城東二門，北曰望春，梁曰建陽，晉曰迎初，國初曰和政，太平興國四年九月改。

【宋會要】

《京都雜録》：東京舊城西二門，南曰宜秋，梁曰開明，晉曰金義，太平興國四年九月改宜秋門。

【宋會要】

《京都雜録》：東京舊城西二門，北曰閶闔，梁曰乾象，晉曰乾明，國初曰千秋，太平興國四年九月改曰閶闔門。

【宋會要】

《京都雜録》：東京舊城北三門，中曰景龍，梁曰興和，晉曰元化，太平興國四年改曰景龍門。

【宋會要】

《京都雜録》：東京舊城北三門，東曰安遠，梁曰含輝，晉曰宣陽，太平興國四年九月改曰安遠門。

【宋會要】

《京都雜録》：東京舊城北三門，西曰天波，梁曰大安，太平興國四年九月改曰天波門。

〔一〕後：原脱，據《文獻通考》卷七一補。

〔二〕著：原作「普」，據《文獻通考》卷七一改。

〔三〕按，《輯稿》方域三之四三前原有脱文，據本頁中縫所標爲第三頁，則此頁之前脱去第一、第二頁。幸此二頁之文，嘉業堂本卷四三〇《方域》三「門」門内尚有，其内容爲「東京舊城」及「東京新城」之前一部分，今據補。惟嘉業堂本「京都雜録」及「東京舊城」、「東京新城」諸字只在題目標出，正文内則省，今據通例補足。

東京新城〔一〕

【宋會要】〔二〕

42《東京雜録》：神宗元豐六年五月，刑部言：「切聞京城諸門或不以時啓閉，公私或以廢事。欲新城門並以日初出入時爲準，委開封府檢察。」從之。

【宋會要】〔三〕

《京都雜録》：東京新城南五門，中曰南薰，周曰景風，太平興國四年九月改曰南薰門。

【宋會要】

《京都雜録》：東京新城南五門，東曰宣化，周曰朱明，太平興國四年九月改曰宣化門。

【宋會要】

《京都雜録》：東京新城南五門，次西曰安上，周曰畏景，太平興國四年九月改曰安上門。

【宋會要】

《京都雜録》：東京新城南五門，東曰普濟，惠民河水門，太平興國四年九月賜名曰普濟門。

【宋會要】

43《京都雜録》：東京新城南五門，次西曰廣利〔四〕，惠民河水門。太平興國四年九月，賜名廣利門。

【宋會要】

《京都雜録》：東京新城東五門，南曰上善，汴河東水門。太平興國四年九月，賜名上善門。

【宋會要】

《京都雜録》：東京新城東五門，次北曰善利，廣濟河水門。太平興國四年九月賜名咸通，天聖初改曰善利門。

【宋會要】

《京都雜録》：東京新城東五門，次北曰含輝，周曰含煇，太平興國四年九月改寅賓，後復今名曰含輝門。

【宋會要】

《京都雜録》：東京新城東五門，次北曰朝陽，周曰延春，太平興國四年九月改曰朝陽門。

【宋會要】

《京都雜録》：東京新城西六門，次北曰金耀，周曰肅政，太平興國四年九月改曰金耀門。

【宋會要】

《京都雜録》：東京新城西六門，南曰順天，周曰迎秋，太平興國四年九月改曰順天門。

【宋會要】

《京都雜録》：東京新城西六門，次北曰宣澤，汴河北

〔一〕原無此題，據上文「東京舊城」例補。
〔二〕此條爲《輯稿》原有。
〔三〕按，自此以下至方域三之四三「廣利門」條之「宋會要」原脱，據嘉業堂本補，詳見前「東京舊城」校記。
〔四〕西：原無，據本書方域一之一補。

〔水〕門，熙44寧十年賜名宣澤門。

【宋會要】

《京都雜録》：東京新城西六門，次北曰大通，汴河南水門，太平興國四年九月賜名大通，天聖初改順濟，後復今名。

【宋會要】

《京都雜録》：東京新城西六門，次北曰咸豐，廣濟河西水門，太平興國四年九月賜名咸豐門。

【宋會要】

《京都雜録》：東京新城西六門，次北曰開遠，太平興國四年賜名通遠，天聖初改曰開遠門。

【宋會要】

《京都雜録》：東京新城北五門，中曰通天，周曰元德，太平興國四年九月改曰通天，天聖初改寧德，後復名通天門。

【宋會要】

《京都雜録》：東京新城北五門，次東曰景陽，周曰長景，太平興國四年九月賜名曰景陽門。

【宋會要】

《京都雜録》：東京新城北五門，次東曰永泰，周曰愛景，太平興國四年九月改曰永泰門。

【宋會要】

45《京都雜録》：東京新城北五門，次西曰安肅。國初號衛州門，太平興國四年九月賜名安肅門。

【宋會要】

《京都雜録》：東京新城北五門，次西曰永順，廣濟河南水門，熙寧十年賜名。

西京東城[一]

【宋會要】

《京都雜録》：西京東城東面一門曰宣仁，東對上東門。

【宋會要】

《京都雜録》：西京東城南面一門曰承福，今爲洛陽監前門。

【宋會要】

《京都雜録》：西京東城北面一門曰含嘉，今不復有門構。

西京城[二]

【宋會要】

《京都雜録》：西京城南三門，中曰定鼎，東曰長夏，西曰厚載。

[一] 原無此題，徑補。
[二] 原無此題，徑補。

【宋會要】 厚載門，西京城南西門也。

【宋會要】《京都雜録》：西京城東三門，中曰羅門，南曰建春，北曰上東。

【宋會要】 建春門，西京城東南門。

【宋會要】 46 上東門，西京城東北門。

【宋會要】《京都雜録》：西京城北二門，東曰安喜，西曰徽安。

南京

【宋會要】《南京雜録》：真宗大中祥符七年二月，詔名南京門曰崇禮門。

【宋會要】《南京雜録》：真宗大中祥符七年二月，詔名南京雙門曰祥輝。

【宋會要】《南京雜録》：真宗大中祥符七年二月，詔名南京外西門曰迴鑾。

【宋會要】《南京雜録》：真宗大中祥符七年三月〔一〕，詔名南京大東門曰昭仁。

【宋會要】《南京雜録》：真宗大中祥符七年三月，詔名南京小東門曰延和。

【宋會要】《南京雜録》：真宗大中祥符七年三月，詔名南京小西門曰順成。

【宋會要】 47《南京雜録》：真宗大中祥符七年三月，詔名南京北門曰靖安。

【宋會要】《南京雜録》：真宗大中祥符七年三月，詔名南京新隔門曰承慶。（以上《永樂大典》卷三五二二）

坊

左右天廄坊

【宋會要】 48 雍熙二年十月置，咸平元年併比務入〔二〕，遂分左右

〔一〕三月：原作「二月」，據本書方域二之一及《玉海》卷一六改。下四條同。

〔二〕併比務入：《玉海》卷一四九作「併入比務」，《職官分紀》卷一九作「併北務」，未詳。

二坊。

真宗景德二年二月，以鄭州養馬務病馬於京城置坊養飼之。

神宗熙寧三年三月六日，詔以左、右天駟四監併作左、右天駟兩監。

八年二月十一日，詔權廢罷左、右天廄坊。

八年三月，詔牧養監裁減兵員，其將校委步軍司比類軍分移隸，兵士依廢左、右天廄坊例施行。從羣牧司所請也。

駞坊

【宋會要】

在天廄坊西，掌收養橐駞，以供内外負載之用。開寶二年置，監官二人，以三班及内侍充，兵校六百八十二人。

神宗熙寧八年四月十九日，詔駞坊每歲輪差監官往石州界都大提舉管司放牧〔一〕。並降宣命，今後只仰本司依條例指揮。以上《國朝會要》。《續會要》附太僕寺。

高宗建炎三年四月十三日，詔駞坊官吏減半。

紹興二十四年五月七日，詔駞坊依已降指揮，招刺拘收一百人，通作四百人爲額。

二十九年九月四日，詔：駞坊監官三員減内侍一員，省罷一員；人吏二名、獸醫二名，各減一名；副尉、將校五人，減三人。兵級三百四人，内曹司二名，減一名；節級六人，把門八人、打火八人，各減四人；養象九十人，並存留；養騾子、駱駞一百九十人，並減。其所減將 49 校、兵級，並發歸步軍司差使，拜充填雇募使喚〔二〕。以上《中興會要》。

孝宗隆興二年八月二十六日，兵部言：「駞坊自來應奉郊祀大駕鹵簿儀仗，前合用大象六頭，准備象一頭。監官三員，專典三人，人員二人，曹司一名，教頭六人，簇象兵士四十九人，駕部職級、手分三人。應有合行事件，依紹興二十八年已行體例。今來減損大象一頭，准備象一頭，監官一員，人員一員，曹司、教頭各一人，簇象兵士二十七人，駕部職級，手分三人。」詔從之。内駕部止差人吏二名。

乾道六年閏五月十四日，駞坊言：「大禮應奉象掛搭蓮花座、法物、頭帽、衣帶之屬，合行申明，下所屬排辦。」從之。

八年七月十三日，駞坊言：「見管馴養牙象二頭，皆口齒高大，恐有不測，誤大禮應奉，乞令廣南西路經畧安撫司速行計置，收買齒嫩馴熟雄良牙象一十頭，限大禮前到。」從之。

九年十二月二十八日，兵部言：「駞坊人兵元額一百三人，見闕三十三人。今來安南入貢大象一十五頭，乞將

〔一〕管司：疑當作「官司」。
〔二〕拜：似當作「并」。

見闕人數先次招收執役，庶新到坊，皆曉養餵。」從之。

内酒坊

【宋會要】

在内城外西北隅，掌造法糯、糯酒、常料三等，以供邦國之用。初有酒工張進善醖，因以姓名稱之，後又有梁永、張瓊之名。大中祥符二年，止名法糯，以京朝官一人、三班内侍二人監門，（以三班内侍二人監門）匠十九人，兵50校百三十九人，掌庫十四人。

真宗咸平二年九月，詔内酒坊法酒庫，支暴酒以九月一日，煮酒以四月一日。

景德二年二月，詔諸班軍人員旬酒、部役軍員酒、迴軍酒，並内酒坊支給。

大中祥符二年七月，内酒坊言：「舊所醖糯酒，皆以工匠爲名，如張進、戚美之類，人既換易，名亦隨改。」詔自今更二名，並以法糯爲號。

仁宗天聖五年九月，詔三司：「自今内酒坊造酒支七分新米，三分陳米，只依孟贇、朱貴酒様鈐轄醖造。贇等各遷一資。」

元豐二年八月二十三日，太常寺言：「奉詔，祠祭以法酒庫、内酒坊酒實諸尊罍，以代五齊三酒。今法酒庫酒曰供御，曰祠祭，曰常供；内酒坊酒曰法糯，曰糯酒，曰常料，各三等。糯酒、常料酒止給諸軍吏〔一〕、工技人，以奉天地、宗廟、社稷，恐非致恭盡物之義。乞止以三法酒及法糯酒奉祠祭。」從之。

東西作坊

【宋會要】

掌造兵器、戎具、旗幟、油衣、藤漆什器之物，以給邦國之用。各以京朝官、諸司使副、内侍二人監，内侍各二人監門。其作總五十一：有木作、杖鼓作、藤蓆作、鏁子作、竹作、漆作、馬甲作、大弩作、條作、櫻作、胡鞍作、油衣作、馬甲生葉作、打繩作、漆衣甲作、劍作、糊粘作、戎具作、掐素作、雕木作、蠟燭作、地衣作、鐵甲作、釘鈒作、鐵身作、馬甲造熟作、磨劍作、皮甲作、釘頭牟作、銅作、弩摏作、釘弩摏紅破51皮作、針作、漆器作、畫作、鑞擺作、綱甲作、柔甲作、大爐作、小爐作、器械作、錯磨作、鏇作、鏻子作、銀作、打線作、打麻線作、槍作、角作、鍋砲作、磨頭牟作。舊名南、北作坊，並在興國坊。南坊兵校及匠三千七百四十一人，北〔坊〕兵校及匠四千一百九十人。熙寧中改今名。

太祖開寶九年九月，詔分作坊爲南、北作坊。

真宗大中祥符三年十二月，詔：「作坊弓弩造箭院，今後除内中及〔二〕〔三〕司等處抽差人匠更不收二限外，其餘諸司庫務抽取人匠，即令相度所造名件數目，勒人匠計定

〔一〕「吏」下原有「史」字，據《長編》卷二九九刪。

功限，供申到坊，上簿拘管，才候限滿日，畫時抽下。」

仁宗天聖二年五月，三司言：「南、北作坊準宣製造內中并諸處物色，乞自今並各令置簿主管，勒合干作分計料申支。候請到，作坊點檢元請數足，入庫封鏁，逐旋支付人匠。內金銀細色並當日晚却點稱元數，權入庫收附，次日復支付。造成名件，亦便勾收入庫，或即日送納。逐時計會取索憑由，於月帳內除破，務令整齊，及帳目、憑由各無差互。監官、專副得替，並須點檢造作未了名件及見在物料數目歸省，如有少欠，申省根勘，不得蓋庇，只憑文字交數。若不明白，干繫人等並以違制斷罪。仍乞自今有傳宣并急速生活，其合係申請物料，並須當日或次日具細料實封申省支給，省案亦如限支遣。」從之。

八年八月，詔：「修內司見管燈毬一作人匠物色，並撥與南北作坊收管。[52]自今逐節作坊製造一應人匠，諸處抽取，更不發遣。」從之。

慶曆二年六月，省南（改）〔北〕作坊監官各一員。

神宗熙寧三年六月二十三日，權三司使公事吳充言：「準降到南作坊地圖一本，今依此修蓋，欲再陳奏。」詔令依已得旨揮計料施行。初，上欲創東西府，遣中人度北作坊爲之，而并北作坊於南。

十二月十三日，詔改南、北作坊爲東西作坊，其使副名額亦然。

六年七月二十八日，將作監言，以捧日左第三軍第三指揮營屋爲西作坊，從之。先是，軍器置監於舊西作坊故也。

七年六月，軍器監言：「東西作坊並係權移於舊基地內，屋宇窄隘，盛暑之際，人所不堪，乞每坊於廳前各創造涼棚一十五間。」從之。

【宋會要】

作坊物料庫，在汴陽坊，掌鐵、木、鉛、錫、羽、箭簳、油、蠟、革、石、矢、鏃、麻、布、毛、漆、朱等料，給作坊之用，以京朝官、內侍三人監。舊三庫，景德元年合爲一。

太宗淳化元年十二月，詔：「作坊物料庫所支弓弩院造箭庫逐料箭簳，並令逐作預差人赴庫揀選，候數足，令監造使臣分擘造作〔一〕。如損裂不堪，據數迴換。自今三司不得將閑雜破損、不係軍器物於物料庫送納。」

仁宗天聖六年正月，權三司使范雍言：「作坊物料庫所受納翎毛經年蛀蚛，河、陝諸州軍上京般請，至彼皆不任用。欲自今除在京合銷要翎毛數目於向南出產州軍置場收買送納外〔二〕，所有河、[53]陝、京東西五路州軍，即令轉運司破省錢收買、應副使用。（右）〔若〕本州軍不係出產，即據數預先牒鄰近出產州軍，及申轉運司收買應副。」從之。

〔一〕擘：原作「壁」，據本書食貨五二之五改。
〔二〕州：原無，據本書食貨五二之五補。

神宗熙寧七年九月二十六日，軍器監言：「作坊物料庫、皮角四場庫，自來諸處取索應用官物，並係本庫供送。逐庫所管又少，既妨支納，復有退换官物在外，無從關防。欲乞除在内造作依舊供送外，餘處並差人般請交領。」從之。（以上《永樂大典》卷六一三七）

宋會要輯稿　方域四

御厨〔一〕

【宋會要】

1 御厨在内東門外之東廊，掌供御之膳羞及給内外饔餼、割烹、煎和之事。勾當官四人，以京朝官、諸司使副及内侍充。食手、兵校共千六十九人。御膳素厨，大中祥符九年置，在玉清昭應宫後，徙御厨内，掌車駕行幸、開啓燒香及吃素月分供御素食，以監御厨官兼領。菜庫東厨，舊在惠和坊後，徙拱宸門外，掌給入内院子等饍餬菜飯。景祐五年廢之。

太宗淳化三年五月，詔：「御厨諸色人，自今盡料供應。如供應不盡喫食，許工匠各將歸，即不得接便於街市貨賣及偷出造食物料，如獲，送三司施行。」

真宗景德二年九月，詔：「赴宴及賜茶酒臣僚，供應之際輒敢減刻延遲，不盡料供應者，干繫官吏重行朝典。仍委御史臺、（閣）〔閤〕門糾舉聞奏。」

三年八月，詔赴大宴差内臣五人分局管勾。一人掌肉從食餬餅局〔二〕，一人掌鐺麵食粉局，一人掌蒸作炙爆局，一人掌膾鎚籠局〔三〕，一人掌盤飯口味局。

十二月，詔每大宴，御厨委使、副一員躬親監視饌造。

四年，詔御厨，自今勿當以羔羊供膳。是歲朝陵塗中，有獻羊及羔者，真宗覩躑躅馴繞，不忍殺，遂有此詔。

七月，詔御厨：「自今每賜蕃部吃食，常令匠人盡料精潔饌造，并將堪好器用供應。仍令内侍省鈴轄、監賜酒食使臣躬親點檢。」

大中祥符三年九月，詔：「如 2 聞御厨每遇節辰客省簽賜臣僚食物，並預先造下，塵裛損惡，多不堪用。自今委内侍省，每節先差使臣就厨點檢，如無損惡，即付客省宣賜。」

十月，詔：「如聞國信所每契丹使到闕，取羊劾蕃殺造食，頗爲過當，自今止之。」

四年十二月，詔：「自今每大宴，起先翰林，次御厨收器物。其看食三分，以一分給翰林司，遇夜令人宿收器物。」其後又令逐司各留監官一員管勾。

六年九月，詔：「御厨每歲時賜臣僚燎羊，如聞宰殺（封）〔刲〕割之際，其羊未死，以火燎之。自今後並以八節熟羊代之。」

七年七月，詔：「御厨饌諸色物，須預先一月計料，具

〔一〕按，本卷所收「御厨」、「官廨」、「第宅」三目均應入「職官」類。此題下原有細目「中書備對、官廨、第宅附」，按「中書備對」非題，「官廨」、「第宅」爲平行標題，此處無需重出，今皆删。

〔二〕「從」字疑衍。

〔三〕膾鎚籠：「膾」字上下疑脱一字。「鎚」疑當作「䭔」，䭔爲餅類食物。

數申三司支給。月置曆抄上，計會憑由除破。」

仁宗天聖元年九月，内侍高品朱文正拆御厨銀稜器，折金銀三千六百兩，三司言工匠偷弊難于破除。詔三司根究以聞。

閏九月，三司言：「御厨後行賈贇等申，外物料庫應園苑亭驛筵會，並本庫差手分般料往逐處祗應，供餘多盜竊貨物。乞自今供應訖，令勾當使臣具使過物料數實封赴本庫勘會，有餘，（盡）〔畫〕時差人勾收。」從之。

三年十一月，提舉諸司庫務司言：「御厨供食院子額二百五十九人，諸宫院實占三十一人外，祗應不逮。初見翰林司額外招兵士百人，依例添院子百人入額祗應，其常例奏抽差備征、借事、教駿、諸宫院院子等，今後更不差。」從之。

八年八月，詔於在京諸司庫務權抽造食兵士二百人，於御厨相兼祇 3 應南郊造食。

慶曆八年二月五日，臣僚上言：「御厨前門諸色人混雜，只門子一二人守把，勾當官員宿房却在後門側近。前門去内東門不遠，火燭頭刃全無關防。欲乞今後輪勾當官一員，只在前門關防，止宿照管。」從之。

嘉祐三年六月十三日，仁宗謂三司使張方平曰：「監御厨入内供奉官竇昭齊等燕日擅殺羊羔。羊羔，物之未成，而枉其生理，嘗戒使勿殺，今復殺之，不可不懲也。」詔特衝替。以上《國朝會要》。《續會要》附光禄寺。

高宗紹興六年七月七日，詔：「御厨人員、工匠、庫院子等，先有逃走之人，今來皆遇赦恩。内有出違年限及因毁失牌號，避罪藏隱，未敢出首，依今降疎決赦，許令出首，特與免罪，依舊收管，仍依條支破供給。」尋以臣〔寮〕論奏，慮有作過之人冒名僞濫，有旨令依律施行。

十三年閏四月十八日，詔：「御厨於元額人吏内，止以押司官二人、手分一十人、正名書手五人，權以一十七人爲額。内押司官、手分依法遞遷，如手分遷補不足，從本厨於内外官司指名差取一次。如拘礙本處不許抽差條法，特依今來指揮發遣。書手召募試補，其請給、遞遷、出職并日後遇闕，並依本厨見行條法指揮施行。」本厨言：「元額人吏内押司官三人、手分一十四人、正名書手一十三人、私名書手一十五人，共四十五人，昨爲行在事務稍簡，權以八人爲額。」故有是命。

二十六年十二月二十日，詔：「御厨裁減手 4 分一名、書手一名、守闕書手一名。所有裁減攢下人，候見闕日，先次填補。」

三十年正月十四日，詔御厨人兵減二百人，撥付步軍司充填雇募使唤。以上《中興會要》。

孝宗紹興三十二年九月七日，奏准入内内侍省東頭供奉官李友仁劄子：「奉旨，御厨今月七日宣宰執觀講，依《周易》終篇例，至日令本厨造宣賜食九分，内宰相二十件，執政官各一十五件，講官各一十件。今契勘内講官食已依例支破外，所有宰執事，昨紹興二十五年進講《周易》終篇例，內宰相三十件，執政官二十件，今欲乞於元定食味內裁減排辦。」從之。

十一月五日，詔御厨：「今月七日排辦御筵酒七盞并食七味，就都亭驛賜歸明蕭鷓巴等四十五人。其合用生料，令臨安府、牛羊司供納。」

隆興元年六月七日，詔：「今月九日就都亭驛賜歸正人蒲察徒穆等六十四人御筵，其合行事件，並依昨賜蕭鷓巴等御筵已得指揮施行。」

十月十五日，詔：「御厨排辦會慶節文武百僚上壽赴座官宴，並依天申聖節前後已得指揮體例施行。」

乾道二年四月二日，詔：「御厨排辦慶天申節大宴，闕少厨子、院子，依舊例權於殿、步司差借，候事畢日從本厨申請招填施行。」

三年六月十五日，御厨言：「今來辦皇后上僊所有每日早晚供養食，並依見今內膳名件料例造作。如遇旦望、節序，可就用食味酌獻。若合供素，將羊肉對換素料，隨宜改造供[5]應。及合用器皿，並依見行條例施行。」從之。

四年三月二十二日，御厨言：「本厨在京日，額管工匠、庫院子等共一千五百二十一人。自後來行在節次裁減，以七百人爲額。續減二百人撥付步軍司，以五百人爲額。今來除差出、逃走、事故外，止管二百九十五人，委是闕人應奉。乞將本厨應逃去人，不以已未出違年限，許令百日內出首，特與免罪，依舊收管一次。從本厨報糧審院，亦不候省等經由〔一〕，先次放行合得諸般請給等。如續次會問，有不該錢物，依條回尅入官施行。」從之。

六年五月四日，御厨奏：「見今排辦御筵，闕人數多，恐臨時應辦不前。乞下臨安府和雇百姓厨子一百人，各不曾犯徒刑大字兇惡人赴厨，相兼役使。仍令本府一面關請牌號，差使臣於前五日押來，事畢發還。」詔依，今後每遇齋筵准此。

二十四日，御厨言：「今來辦天申聖節齋筵，並依紹興二十九年以前體例，所有御史臺、膳部檢察官吏，禮部點檢樂次官吏，本厨監官，有無合支破喫食？」詔並不支破，今後准此。

七月二十一日，詔：「御厨權以四百人爲額，今招收敷額，自今後遇闕招填。」

九年七月八日，詔：「今後遇祈禱，禁屠宰，御厨早晚並進素膳。」以上《乾道會要》。

淳熙三年六月十六日，詔：「御厨見管工匠，令本厨於數內揀選老病不任執役之人，並特與帶行身分請給，作額外人數批勘在營養老。退下闕額，却行敷填。日後依[6]此。」

四年四月二十八日，御厨言：「講筵日造賜講筵官食

〔一〕省等：似當作「省寺」。

一十件，今侍讀史浩係前宰執，乞依昨宣宰執觀講例，賜食二十件。」從之。

六月十四日，詔：「御厨屋宇損漏，令兩浙轉運司添修，仍自今每上下半年差人檢計修整。」

七年四月十四日，詔：「御厨自今如遇供厨庫子闕，許於直下工匠、庫院子内通行揀選有行止人補充。」從本厨請也。

十年七月二十七日，詔：「御厨幹辦官昨來添差武臣一員，檢照元額省罷。」

十三年十二月九日，詔御厨減手分二人。以司農少卿吳燠議減冗食，下敕令所裁定，故有是命。

十四年十月八日，詔：「光堯壽聖憲天體道性仁誠德經武緯文紹業興統明謨盛烈太上皇帝崩〔一〕，所有每日早晚供養，旦望節序酌獻食，可依見今常膳名件料例造作。遇供素，將羊肉等换素料，隨宜改造。其添供薦獻及應干器皿，並依見行條例先次施行。」

九日，御厨言：「今月八日奉旨，自今後將每日早晚御膳減半進素，九日御膳不曾呼索。」詔給賜道場僧道，日後遇不呼索準此。以高宗升遐故也。

十九日，御厨言：「見排辦賀會慶聖節使人到闕見、辭筵宴，檢照紹興二十九年顯仁皇后上僊、賀正旦使人到闕，比附參照下項：御前飯床紅羅繡龍裙襴衣子，并御食合上紅羅繡龍合衣子并紅羅手帕子，並改用黄素，欲乞依此施行。一、應用金銀器皿等，乞依例於天章閣宴設庫關請使用。一、本厨諸色祗應人服著梅【7】紅羅纈衫、金鍍銀腰帶，乞並（依）〔改〕服著紫羅衫、黄帶子。殿前司差到托食天武，服著紫絁對鳳并緋紬銀鵝寬衫、黄絹襴，乞並服著素紫絁寬衫、黄絹襴、黄帶子。仍關報本司一面施行。」從之。

十五年九月二十四日，詔：「十月八日高宗皇帝小祥，御膳自十月六日、七日、八日，早晚並進素。」以上《孝宗會要》。

淳熙十六年二月二日，御厨言：「重華宫早晚御膳，本厨乞依例輪差監官一員、人吏二人、工匠二十人、院子五人，自今月二日赴宫，晝夜止宿，造作供進。」從之。

同日，詔御厨：「今後初三日、初七日、二十七日早晚御膳，泛索，並供進素膳。」

十三日，詔：「御厨每日見供進重華宫早晚泛索，自今有司供生料内羊免宰，依皇太后殿折納供送，赴本宫後苑。」

四月十六日，詔御厨：「今後遇皇帝本命，早晚御膳、泛索，並供進素膳。」

紹熙元年四月十日，詔御厨：「自今後每月初一日、十五日、十七日早晚御膳、泛索，並進素膳。」

二年七月二日，御厨言，見闕工匠、庫院子共一百三十九人。詔招收敷額，先次施行。

〔一〕「堯」原脱，「盛烈」原作「聖烈」，據《宋史》卷三二《高宗紀》九補改。

十日，詔御厨：「自今後每月初八日、十八日、二十八日早晚御膳、泛索，並供進素。」

四年六月二十三日，御厨言：「本厨副知卜光祖于紹熙二年十月三日遞遷充上件職役，合至紹熙五年十月二日終三年，界滿補官出職。本厨專法，副知界滿三年無遺闕，通理入仕及二十年，補承信郎，仍陞三季名次。今來卜光祖入[8]仕已及二十八年有餘，並無遺闕，可特與依本厨格法，先次補授合得承信郎，改差充御厨拘押官物使臣，承填陳思明今年八月補闕，仍令補理副知未滿月日。」從之。

八月十九日，詔：「承節郎、拘押官物使臣陳思明任滿，在厨應奉有勞，候參部日特與占射差遣一次。自今後應本厨出職補官人參部日準此。」

十月二十三日，御厨言：「今來會慶聖節，尚書省滿散御筵已造成熟食，續奉旨別擇日錫宴。所有本厨已造赴座官喫食，御史臺、禮部、膳部檢察官吏及本厨官食料，乞給賜施行。將赴座官(會)〔食〕味，依先降指揮，給賜教坊、御厨、翰林司祗應人。」從之。

五年六月九日，御厨言：「至尊壽皇聖帝升遐，所有每日早晚供養并旦望、節序酌獻食，乞依見今常膳名件料例造作。遇供素，換素料隨宜改造。」從之。以上《光宗會要》。

慶元元年四月二十一日，詔：「今後御厨支散折食錢，令户部行下所屬，每月添支錢五十貫文，揍作一千五十貫文支散。如有支散不盡錢數，以次月料内貼數支請。」以御厨言：「本厨支散諸班直折食錢，昨宣和三年每月支錢四千貫文。自紹興元年，行在諸班直比之在京數少，户部月支錢一千貫。如有支散不盡數，以次月揍用。今來諸班直人數比紹興年間事體不同，每月支散止有現在錢約一千餘貫。三月十八日，引呈崇政殿親從(推)〔堆〕垜子配填班直，數内特宣出七人，各射中兩石[9]五斗力弓，詔特與入額，行門常日祗應。折食錢七人，計錢二十五貫二百文，若將每月左藏西庫供送到錢，支散不敷。」故有是命。

八月十三日，御厨言：「副知楊琇已及年勞，依條解發出職。乞候補官了日，差充本厨專一支散諸班直折食錢，依本厨見行條例支破請給，特令理爲資任。」從之。以上《寧宗會要》。

《中書備對》[一] [10]熙寧十年支使過米、麪、肉、柴、炭、油、醋等數：米五千五百七十八石八斗五勺，麪一百一十一萬六百六十四斤四兩，羊肉四十三萬四千四百六十三斤四兩，常支羊羔兒一十九口，猪肉四千一百三十一斤，猪、羊頭蹄等隻副不具，柴一百四十五萬四百一十三斤半，炭三千五百五十七秤六斤，油三萬四千七百八十七斤一十二兩二錢，醋一千八十三石八升四合半，諸般物料等八萬三

[一] 按，此爲《會要》中引《中書備對》。《中書備對》爲元豐中畢仲衍所修。下文與上文同在《大典》卷二〇六五「御厨」目，則下列數字乃御厨支出之數。

百一十斤石兩張。（以上《永樂大典》卷二〇六五）

官廨

【宋會要】

11太祖乾德六年二月，詔曰：「郡縣之政，三年有成；官次所居，一日必葺。如聞諸道藩鎮郡邑府廨、倉庫等，凡有損處，多不繕修，因循歲時，漸至頹圮。及僝工而庀役，必倍費以勞民。自今節度、觀察、防禦、團練使、刺（使）〔史〕、知州、通判等罷任日，具官舍有無破損及增脩文帳，以次交付，仍委前後政各件析以聞。其（慕）〔幕〕職州縣官候得替日，據曾葺及（刅）〔創〕造屋宇，對書新舊官曆子，方許給付解由。損壞不完補者殿一選。如能設法不擾人整葺，或創造舍宇，與減一選；無選可減者取裁〔一〕。」

太宗淳化三年六月〔二〕，詔曰：「國家並建庶官，分領衆職，思不出位，無相奪倫。儻罔循於詔條，何以謹於官業？如（間）〔聞〕近降制敕，遺逸頗多，或有釐革刑名，申明制度，多所散失，無以講求。以至議法之司，治獄之吏，多稽緩而不決，致論報以後期，久繫狴牢，有傷和氣。自今諸道州、府、軍、監、縣等，應前後所受詔敕，並藏於敕書樓，咸著於籍，受代日交以相付，仍於印紙、南曹曆子内批書〔三〕，違者論其罪。」

真宗咸平四年四月，置朝集院於朱雀門外，凡百餘區。真宗以朝臣外任代還者寓於逆旅，故置焉。尋復罷之〔四〕。

景德元年正月，詔：「諸路轉運司及州縣官員、使臣，多是廣修廨宇，非理擾民。自今不得擅有科率，勞役百姓。如須至修葺，奏裁。」

八月，詔：「西川諸路巡檢兵士，令逐處州軍造廨宇、營壁以居之。」先12是，上封者言川（陝）〔峽〕巡檢兵士自來不許脩造廨宇，多分泊道塗，深所非便，故有是詔。

二年七月，詔：「今後應有舊管廨宇、院宅舍、寺觀、班院等，乞創添間例及欲隨意更改，並權住修。如特奉朝旨，即得修造。」

三年六月，詔：「近日京中廨宇營造頻多，匠人因緣爲姦，利其頻有完葺，以故全不（月）〔用〕心，未久復以損壞。自今明行條約，凡有興作，皆須用功盡料。仍令隨處誌其修葺年月、使臣工匠姓名，委省司覆驗。他時頹毁，較歲月未久者，劾罪以聞。」

八月，詔：「應出使朝臣、使臣，多是不奉宣敕，便於所在州軍行牒取索工匠、丁夫、物料等修蓋屋宇。宜令諸路轉運司（者）指揮逐處未得依稟。若須合應副，即事訖具人數并物色名件實封以聞。」先是，帝曰：「近聞鄭牧放使臣

〔一〕無選：原脱，據《宋大詔令集》卷一九〇補。
〔二〕三年：《燕翼貽謀録》卷四作「二年」。
〔三〕曹：原脱，據《宋朝事實》卷一三補。
〔四〕復：原作「覆」，據《長編》卷四八改。

以完葺廨宇爲名〔一〕，多於本州擅役工匠、丁夫。此乃知者，不知者固亦多矣。可降條約。」故有是命。

大中祥（苻）〔符〕元年十月，詔賜兖州府宇門名曰「回鑾覃慶樓」。

四年二月，詔改河中府克（覆）〔復〕樓曰薰風。樓在市中，唐廣明歲，節度使王重榮敗黄巢僞將趙璋、李祥，嘗誓衆於此，因爲名。帝曰：「克復者，一時之事，不若因舜都爲之號。」乃賜名焉，命陳堯叟爲記。

三月，帝祠汾陰回，幸陝州，御府南門樓，宴從〔臣〕、父老，名其樓曰「霈澤惠民」。移御行宫水心亭北樓及望河亭，觀山川形勝，賜運船卒時服。

六年七月，詔：「如聞州府公宇亦多損壞，以赦文所禁，不敢興葺。自今有摧，但[13]無改作，聽依舊制修完。」

仁宗天聖七年三月，詔光禄寺屋宇撥併與崇因院，却以保康門裏宫舍四十餘間充本寺公宇。除合置貯管果子及銀沙羅、賣食等庫屋宇并架閣、文書司房外，依司農、太府寺例，許本寺官屬充廨宇居止。

八年十一月，詔：「聞諸處監當京朝官、使臣、幕職州縣官多無廨宇，或借民舍而居，或即拘占館驛，深爲非便。自今量撥係官舍屋，令其居止。」

皇祐三年十一月，帝謂輔臣曰：「諸轉運司、提點刑獄廨宇同在一州，非所以分部按舉也，宜析處别州。仍條巡察之令以付之。」

英宗治平三年六月十九日，三司言：「乞今後應在京官司如元無官員廨宇，及雖有局所，本非官員居止去處，並不許輒有陳乞指射係官廨宇、宅舍及倉場庫務空閑舍屋居止并創行添展。如違，委自省司執奏。」從之。

治平四年十一月〔二〕，神宗即位未改元。詔：「今後諸處官員廨宇不得種植疏菜出賣，（祗）〔秪〕許供家食用。」事具「職田」門。

十二月十四日，詔：「諸路州軍庫務、營房、樓房櫓等〔三〕，繕治如舊外，其廨宇、亭榭之類，權住修造二年。違者，從違制科罪。」

神宗熙寧七年正月一日，詔：「官員廨宇内外舊有空地或園池係本廳者，逐時所出地利聽收。」

八年二月十二日，三司言：「在京官局多援例指射官屋、軍營、廨舍，并乞破賃宅錢，轉相倣傚，有增無減，宜一切禁止。」從之。

元豐元年八月十六日，詔京東路轉[14]運司，齊州章丘縣被水，修城、倉庫、官舍，並給省錢。

七年正月十八日，廣南西路轉運判官許彦先言：「本路提舉常平等事劉誼於桂州治廨舍，費官錢萬緡，轉運使

〔一〕「鄭」下疑脱「州」字。

〔二〕十一月：下文「哲宗元祐八年」條引作「十二月」。

〔三〕樓房：「房」字疑衍。

張頡等不切覺察。」詔累任轉運使張頡〔一〕、陳倩，副使苗時中、馬默、朱初平、吳潛，判官朱彦博、謝仲規各罰銅二十斤。

哲宗元祐八年十二月二十五日，户部言：「檢會治平四年十二月四日朝旨節文，應今後諸處官員廨宇內及職田，更不得種植疏菜出賣，其廨宇內菜圃（祇）〔秖〕許供家食用。自熙寧編敕，别無約束。今欲乞應官員廨宇內外并公使庫菜圃，並依治平舊條，除供食外，更不得廣有種植出賣。如願召人出租斷佃者聽。」從之。

紹聖元年三月六日，詔：「今後管軍臣僚在外任者，更不許於在京指占營房、廨宇居止。亡殁之家亦不得陳乞於軍營寄住。（今）〔令〕殿前司告示，限一月般出。」

五月十三日，詔：「應提舉官並隨所在舊來廨宇居住，不得創行脩蓋。如實損壞，方許隨事修葺。」

元符三年九月二十二日，徽宗即位未改元。工部狀：「無爲軍乞修廨舍，并河北、京東路轉運司、齊州狀，並乞修官員廨舍等事。尚書省檢會近降朝旨，災傷路分除城壁、刑獄、倉庫、軍營、房廊、橋道外，所有諸般亭館、官員廨舍之類，並令權住二年修造。今勘當，自降旨揮後來，不住據諸路州軍申請，稱官員廨舍內有破損，不堪居住，一例權住二年，不唯轉更損壞材植，【15】兼慮官員無處居住。」詔：如委實損壞，仰轉運司因舊補葺，即不得别有創增改易，及搔擾民户。餘並依已降朝旨施行。

徽宗大觀二年十二月三十日，從侍郎方康劄子：「伏覩朝廷設教授之官，于今六年〔二〕，州郡尚有不置教官廨宇之處，盡室寓於僧院。」詔州教官未置廨宇去處並令（月）〔用〕學費錢修蓋。

政和三年正月六日，淮南轉運司奏：「政和二年六月八日朝旨，吏部與重修敕令所同共講究到分曹建掾旨揮，數內增置曹合要廨宇，除獄官外，欲依次第從上撥充，謂如簽判廨宇第一即與司銀、節（損）〔推〕廨宇第二即與士曹參軍之類。許踏逐在州諸司所管屋宇充。合出賣、不合出賣同。又無，即修蓋。諸曹參軍不得過職官，掾不得過判司，廨宇數少者隨宜。」詔從之。

六月二十日，尚書省勘會：「〔軍〕營自當嚴肅，不許安下。訪聞近來多有得替待闕或見任官，於諸軍營內不以有無婦女，充廨宇安下，顯有交雜不便。」詔諸軍營不以有無婦女，並不許官員及諸色人安下。

八月十日，太傅、鳳翔山南西道節度使、鳳翔牧、兼興元牧、上柱國、越王偲奏：「契勘本府舍屋前後堂等例各走櫺，自大觀四年十月內，本府逐次申尚書工部等處，差人前來修整。至當年十二月內，有勾當西八作司趙不倹將帶壕寨等赴府檢計了當，至今未見差撥人匠赴府。其堂近因雨

〔一〕「累任」原無，「使」原作「司」，據《長編》卷三四二補改。

〔二〕于今六年：按宋代地方建學置教授官，始於仁宗慶曆四年（一〇四四），至大觀二年（一一〇八），實爲六十餘年，此處「六」下當脱「十」或「十餘」。

水，轉更走檽。乞下所屬計料脩整。」詔依所乞，仍令 16 (催)〔榷〕貨務支錢一萬貫文應副。

十二月十二日，臣僚言：「伏覩見任官廨宇内外空地，各有所出地利物，於條聽收。訪聞諸州軍、鎮寨等處，緣有上條，往往務廣蔬圃，多占人兵，不唯侵奪細民之利，而又抑勒白直等人(田)〔四〕散貨賣，不無陪備之患。乞(有)〔命〕立法禁止，或限定數目，如圭田之制。令監司(當)〔常〕切覺察，按劾施行。」詔令尚書省立法。今擬修下條：「諸在任官以廨宇外官地、園池之類謂共屬本縣廳收地利者。營種輒收利，(徙)〔徒〕二年。或雖應收地利而私役公人者，加本罪一等。上條合入《政和雜敕》。」從之。

宣和三年五月八日，尚書省言諸州貢院、諸路提舉學事、管勾廨吏舍等〔一〕，詔除合措置作轉般倉外，餘路令轉運司拘收措置，充係省房廊。如不可充房廊，撥充官局或見闕廨宇官廨宇。

七年十二月五日，(奏)陝西轉運使王倚奏：「條具到所部無名之費，數内外路官司爲有廨舍，前後相承，增修不已，或巧爲名目，多作料數。州縣一面勘請，或肆行檢計，動數千緡，諸司直牒取授，莫可檢察。欲望特賜誡約。」講議司看詳：「官司廨舍修造之費，在法許支頭子錢。三十貫以下，本州支訖，申轉運、常平司分認。今來(主)〔王〕倚所奏，切恐其間却有委實損壞(例)〔倒〕塌去處，支(月)〔用〕不足。欲令諸州修廨宇費用官錢歲不得過三料，餘依所乞。仍不(待)〔得〕侵支正錢。若巧作名目，多作料數支給，仰監司按劾聞奏。諸路依此。」詔從之。

高宗建 17 炎四年二月，德音：「應緣金人或賊盜燒毀州縣，除城池、倉庫外，其餘官舍未得修葺，務在息民。如違，許人户越訴。」

四月二十五日，提舉江南西路茶鹽公事汪思温言：「本司廨舍元在洪州，遭人燒燬，欲權於撫州置司。」從之。

九月七日，詔：「殘破州縣廨宇，除緊要治事處許隨宜修蓋，應閑慢修造並住。」

紹興二年正月二十九日，知臨安府宋煇言：「昨得旨將府學改充府治，方造廳屋并廊屋三兩間，而本府日有引問勘鞫公事，合置當直司簽廳，使院諸案未有屋宇。」詔州治有刑獄司分，特許脩蓋。時有詔：「訪聞行在係官修造去處甚多，可日下並罷。」故申明云。

閏四月八日，詔賜紹興府行宮復作州治。上云：「方艱難時，宜惜財用，若不賜與，須别建府第，亦煩費矣。」

三年三月一日，詔以兩浙轉運司兩廨舍充新除參知政事席益、簽書樞密院事徐俯府第，其退下位次却充本司廨宇。

五月七〔日〕，輔臣〔言〕，大宗正司將至行在，南班宗子所居，當作屋百間。上曰：「近時營宇之令一下，百姓輒受

〔一〕此下疑有脱文。

弊者，蓋緣郡縣便行科配。若物和買，則費與役，民不與知。可令有司具其一切調度以聞。」

四年二月一日，臣僚言：「自來官司廨宇，皆以所管職事爲名，其下便爲治所，未有無職事而得廨宇者。近詔臨安府舊祇候等庫屋添修，充張公裕廨宇。契勘公裕係同管客省、四方館、閤門公事，兼總領海舡。客省、閤門等職事見在禁中，從18舊不曾別置廨宇。兼客省、閤門官非止公裕一名，公裕應得，他人皆可得也。若以總領海舡爲名，則其職事係在明州，於行朝别無所治，豈有置廨宇於此而遥領職事於彼者？況舊祇候庫已改作户部雜賣場，今若添修充公裕廨宇，其雜賣場須別踏逐，不唯公裕居之無名，而更添修土木，煩費實多。乞將前降旨揮速賜寢罷。」從之。

六年六月十九日，詔：「應承受修造舍屋及添修舟舡官司，所料工物錢如輒敢依前虚椿大料，官吏並重作施行。」

十一年三月七日，德音：「壽春府、廬、濠、滁、和、舒州，無爲軍，應官舍曾經兵火燒燬處，除倉庫、刑獄量行修葺外，其餘並未得修葺。一年後許申取朝廷旨揮，仍不得擅行支撥應付諸般使用。」

九日，臣僚言：「近聞臨安府營不一〔一〕，創置職事官廨宇既千餘所，而仁和等縣應者各十數處，其間補弊增新者又不知其幾也。夫一椽一瓦，非天降地湧，皆出於民力。在承平農隙之時，以次興修，優游不迫，民猶告病，況此軍興、農務之際哉！兼聞明州細民艱食，間有流移，而本州方興工修造州衙及鼓角樓，衆口怨讟。乞降指揮，除屋舍頹弊合修整外，並放罷役。兼契勘承平時，在京職事官多無廨舍，住任官有廨舍，而新舊交承，不容他官居占。近來臨安府應副職事官廨舍，乃更互相指占，移易不已。乞詔職事官並以見占屋宇爲廨舍，更不許易。」從之。

二十五年八月十19七日，上謂輔臣曰：「向來韓世忠納宅，當時令移左藏庫及倉，欲以倉基造二府以處執政，此祖宗故事。今各散居，非待遇之體。所降旨揮已三年矣，轉運司猶未施行，可呼至都堂，傳旨催促，並要日近了畢。合用物料、工錢，於御前請降，不得科敷。」

二十六年正月九日，新建執政府三位，詔令（選）〔遷〕入。東位魏良臣，中位沈該，西位湯思退。

二十四日，殿中侍御史周方崇言：「州縣遇有修造所需物料，或以和買爲名，取之百姓，其官司未必一一支還價錢。土木之工，費用爲多，以此擾民，深恐未便。乞委監司常切約束州縣，無致搔擾，或有違戾，按劾以聞。」從之。

孝宗隆興二年二月十六日，德音：「楚、滁、濠、廬、光州，盱眙、光化軍管内，并（楊）〔揚〕、成、西和州，襄陽、德安府，信陽、高郵軍，應官舍、刑獄曾經兵火燒燬去處，許行修蓋整葺外，其餘並未得興工。候及一年，逐旋申取朝廷旨

〔一〕「營」下似脱「造」字。

揮，不得擅起夫搔擾。」

五月十一日，淮西宣諭使王之望奏〔一〕：「前都統制邵宏淵所居屋宇，乃王權舊宅，見都統制別無廨宇，合將王權舊宅賜都統制司，永充廨宇。」從之。

二十三日，詔：「臨安府具到修蓋環衛官宅子圖，內三十間蓋二位，以待正任觀察使以上；二十間蓋四位，以待正任防禦使、遥郡觀察使以上；一十七間蓋四位，以待餘環衛官。不得別官指占。」

乾道元年九月二十六日，詔：「恩平郡王璩所〔居〕府第〔二〕，令與見今提舉衙兩易。令紹興府將 20 新換提舉衙如法添脩排辦，應副恩平郡王璩居住。」

二年五月二十三日，知臨安府王炎奏：「欲乞將懷遠驛地基創行蓋造廨舍五所，專充臺諫官住屋，不許指占。」從之。

四年三月十三日，詔：「禮物局如將來空閑，令周淙將上件屋宇同嗣濮王見住宅子，一併撥賜濮王士輵久遠居住，仍量行修葺。」

七年三月四日，詔令張松於建康府城內都統司空閑寨地六段內，撥一處蓋屋一千間，充馬軍廨舍。

淳熙六年十一月二十七日，詔：「臨安府修葺六部架閣庫屋，其主管官員居止令就庫側兑換廨舍，使朝夕便於檢校，以防文書疎失。」從吏部尚書周必大請也。

七年三月二十七日，詔大慶觀巷內樞密院充故皇子魏王府第，其樞密知院府第以朝天門裏天慶觀西先撥賜李顯忠宅。

五月十一日，詔臨安府修蓋大理寺評事廨宇。以刑部尚書謝廓然言：「獄情貴乎嚴(蜜)〔密〕，評事散居於外，乞以本寺空地創廨宇。」故有是詔。

七月二十一日，詔：「廣西路提刑移司鬱林州，起造廨舍，合(月)〔用〕錢令轉運司應副五千貫。」先是，本路提刑徐詡奏，(木)〔本〕司舊置容州，移鬱林州。得旨令安撫使劉焞、運判梁安世同共相度以聞，故有是命。

八年八月二十八日，詔臨安府於大理寺修蓋治獄正、丞廨舍。從臣僚請也。

九年二月二日，詔大理寺於本寺內修蓋斷刑官廨舍。以大理卿潘景珪言，乞將本寺空地自行蓋造，21 故有是命。

淳熙十六年三月六日，詔大理司直、寺簿並就寺居止。仍令臨安府於仁和縣後花園內空地蓋造廨宇兩所。

紹熙二年正月二十八日，兼知臨安府潘景珪言：「本府籍定百官廨宇，其來久矣。向者師臣嘗有申請，分而爲三，侍從兩省官爲一等，卿監、郎官、省官爲一等，寺監(承)

〔一〕王之望：原作「王某」。按《宋史》卷三三《孝宗紀》一，隆興二年三月庚戌，以「吏部侍郎王之望爲淮西宣諭使」。又據本書兵二九之三八，隆興二年六月淮西宣諭使仍爲王之望。則此處所謂「王某」即王之望，因改。

〔二〕恩：原作「思」，據《宋史》卷三〇《高宗紀》七改。下同。

〔丞〕簿以下爲一等。比年以來，遷易無常，因而殽雜。乞將本府廨舍依舊分爲三等，自今後遇空閑，若元係侍從、兩省官及臺屬廨舍，並行存留，以俟朝廷除擢，應副居止。」從之。（以上《永樂大典》卷一五〇九三）〔一〕

第宅〔二〕

【宋會要】22太祖建隆四年五月，荆南節度使高繼冲之諸父兄高保紳以下九人來朝，各賜宅一區。

八月，賜右千牛衛上將軍周保權朗州邸務〔三〕，葺爲居第。

乾德元年十一月，高繼冲自荆南來朝，詔賜（城都）〔都城〕西官宅一區。

三年十月，賜静江軍節度觀察留後郭廷謂宅一區。

開寶五年六月，賜江南國主李煜（第）〔弟〕、兖州節度使從善在京宅一區。煜進銀五千兩、錢五百萬爲謝。

〔太宗太平興國〔三年〕十二月〔四〕，賜樞密直學士、簽書院事石熙載浚儀縣永豐坊宅一區。

四年九月，賜左千牛衛大將軍李仲寓浚儀縣積珍坊宅一區。

二十四日，賜右衛上將軍劉元浚儀縣清平坊宅一區。

五年三月，賜文明殿學士程羽浚儀縣泰寧坊宅一區。

六年七月，賜尚食使王延德浚儀縣壽昌坊宅一區〔五〕。

七年正月，賜樞密直學士竇偁浚儀縣崇仁坊宅一區。

二月〔六〕，賜秦王廷美西京甲第一區。

六月，賜宣徽北院使柴禹錫浚儀縣寶積坊宅一區。

八年三月，賜度支使陳崇信浚儀縣寶積坊宅一區，户部使（赦）〔郝〕正昭慶坊宅一區。

七月，賜樞密院使王顯開封府道德坊宅一區。

八月，賜洛苑使李繼隆宅一區。

十二月，賜右諫議大夫、參知政事呂蒙正麗景門宅，右諫議大夫、簽書樞密院（使）〔事〕張齊賢宜秋門宅，王沔崇德坊宅，各一區。

雍熙三年二月，賜殿前都虞候張訓宅一區。

五月，賜威德軍節度使李繼捧宅，易其舊第也。

〔一〕《大典》卷次原無，據陳智超《解開宋會要之謎》第三五〇頁改。《大典》此卷爲「廨」字韻「官廨」目。

〔二〕按，此題不確，應作「賜宅」。

〔三〕朗州：原作「郎州」。按，據《長編》卷三、卷四，建隆三年十二月以周保權知朗州。次年七月詣闕，以爲千牛衛上將軍。故八月以朗州在京邸舍賜之作爲私宅。可知「郎」爲「朗」之誤，因改。

〔四〕太宗太平興國三年：原脱。按，《長編》卷二〇載此事於太平興國四年正月癸巳，此處作「十二月」，又下條爲「四年九月」，則此「十二月」蓋指太平興國三年十二月，或《會要》紀時稍異。要之非開寶年事。以下各條亦在太平興國中。據此，今補八字。

〔五〕「尚」原作「上」，「延」原作「廷」，據《宋史》卷三〇九《王延德傳》改。

〔六〕二月：《長編》卷二三記於三月。

十月六日，賜北面總管劉廷讓、田重進宅各一區。

十五日，賜翰林醫官使王懷隱宅一區。

淳化二年八月，賜判四方館王賓安遠門外宅一區。

真宗咸平五年九月，賜种放昭慶坊宅一區。

大中祥符元年十二月二十四日，詔賜樞密使陳堯叟安定坊宅一區。

（二月四日）〔三年四月〕[一]，出内府錢五百萬贖故相呂端第，賜其子藩[二]。先是，藩以居第質錢，而三（第）〔弟〕尚幼，不與之同居，真宗聞而憫之，故爲贖還，俾兄弟同處。

七月，賜左千牛衛將軍分司西京傅潛、左監門衛大將軍楊瓊舊宅。潛等先坐罪，籍没其田宅，至是以封禪赦恩，給還之。

五年閏十月，賜樞密使、同中書門下平章事王欽若安遠坊宅一區。時欽若上言，所居在太廟之後，后廟之前，出入非便，故有是命。

六年八月，賜王繼忠諸子天波門外官第一區。

天禧五年二月，詔以樞密使曹利用所居迫隘，遣内侍按視隙地，并先詔借宅園並賜之。後没官，至皇祐中復還之。

仁宗皇祐五年二月，賜樞密使狄青敦教坊第一區。

至和元年正月，賜温成皇后母楚國夫人曹氏敦教坊第一區。

嘉祐六年（十一）〔七〕月[三]，賜昭憲皇后家信陵坊第一區。

十一月二十七日，宰臣文彦博言：「知永興軍日，有安素處士高懌，臣素知懌名，詢其所居，乃租賃官地破屋數間，遂令破係官材葺屋舍，欲[23]望給賜，永充居（士）〔止〕。」詔舍屋并地基特賜永充居止，地基依例則納税錢。

（治平）〔熙寧〕七年正月七日[四]，詔賜端明殿學士、熙河路經略（按）〔安〕撫使王韶崇仁坊宅一區[五]。

九年九月十三日，賜耀州觀察使程昉宅一區。以昉任水事有功，特恩也。

元豐元年三月二十四日，賜故衛王高遵甫先借宅一區。以遵甫皇太后父故也。

四年四月二日，賜提舉京城所宋用臣宅基一所。以京城下創營課利優獎故也。

八年六月五日，賜故尚書左僕射王珪壽昌坊官第。

哲宗紹聖三年九月十七日，詔賜蔡確本家宅一區。以中書舍人葉祖洽言：「臣嘗論前日受遺之臣，朝廷所當崇

[一] 三年四月：原作「二月四日」，據《長編》卷七三改。

[二] 藩：《長編》卷七三作「蕃」。

[三] 七月：原作「十一月」，據《長編》卷一九四改。按，若爲「十一月」，則下條不應重複「十一月」。

[四] 熙寧七年：原作「治平七年」，天頭原批：「治平無七年，疑熙寧。」今據《長編》卷二五〇改。

[五] 王韶：原作「王昭」，據《長編》卷二五〇改。

報。今故相蔡確雖蒙朝廷牽復官職，然其所得恩數與平時輔相無異。近時司馬光、呂公著等皆以安佚歿于府第，恩禮隆厚，賻贈優渥。而確嘗受遺，爲元祐人所嫉〔一〕，貶死（領）〔嶺〕外，諸子零丁，私用尤窘。伏望聖心，加隆寵數。」故有是賜。其後四年四月二十一日，確妻乞以舊宗子學爲賜第，從之。

元符元年九月十八日，詔故相王安石就京賜第一區。

徽宗大觀四年正月二十一日，詔太師、楚國公蔡京賜蘇州南園充第宅。

政和六年二月十九日，詔支降御前錢二萬貫，于京師起第一區，賜盛章居住。

十一月六日，詔賜宣和學士王黼昭德坊第宅一區。

十二月一日，臣僚上言：「近日臣僚蒙恩給賜第宅，皆優還價直，然于民居私舍不無遷徙毀徹之弊。」詔開封府出榜曉諭止絶，如違，令御史臺覺察奏聞。

七年二月十九日，詔王安石江寧府賜第改賜鎮江府行衙，令本路轉運司應付修完。

八年七月四日，詔特進、知樞密院事鄧洵武賜第。

宣和二年正月二十二日，詔蔡確輔立哲宗，功在社稷，可封郡王，賜第一區。

十月二十八日，御史中丞臣翁彦國奏：「伏見比年以來，臣僚有被眷異者，不唯官職之超躐，錫賚之便蕃，多遂賜第者。臣聞蒙賜之家，則必宛轉踏逐官屋，以空閑爲名，或請酬價兑買百姓物業，實皆起遣名居。大者亘坊巷，小者不下拆數十家，一時驅迫，扶老攜幼，暴露怨咨，殊非盛世所宜有。今太平歲久，京師户口日滋，棟宇密接，略無容隙，縱得價錢，何處買地？瓦木毀撤，盡爲棄物，縱使得地，何力可造？失所者固已多矣。既而鳩工市材，一出公上，請託營繕，務極壯麗，糜費不貲，往往未嘗會也。雖知其爲恩，未知其爲害。羣臣莫爲陛下言者，得無惡於害己歟？伏望睿旨，自今非有大勛大業暴著天下者，勿復賜第。雖已得旨，許三省執奏，臺諫論諍，庶以下息覬覦之心，仰稱聖時愛民節用之意。」從之。

三年十一月二十四日，詔太尉、奉國軍節度使、充殿前都指揮使高俅賜第。

五年四月一日，臣僚言：「比年臣下緣賜第宅，展占民居，甚者至數百家遷徙逼迫，老幼怨咨。乞自今除大臣、戚
24 里于舊制應賜外，餘悉賜金錢，使自營創。如敢干乞，重寘典憲。」從之。仍令御史臺奏劾，違者以違御筆論。

六年十二月十五日，詔賜延康殿學士、正議大夫、提舉西京嵩山崇福宫薛嗣昌第，並依王革等例。

高宗建炎三年八月二十三日，詔中書侍郎張慤所賜田宅全（結）〔給〕，同知樞密院事郭三益、簽書樞密院事鄭轂田宅並減半給賜。先是，張慤除合得賻贈外，特賜田十頃，屋

〔一〕人：原脱，據《太平治迹統類》卷二五補。

五十間。以慤河朔人，無家可歸，而又輔政忠勤，抗節不附黄潛善輩，士論甚美，故於例外賜之。後來郭三益亦依慤例，鄭瑴又依三益例，臣僚遂力詆其冒恩。以三益乃王黼死黨〔一〕，燕山之役嘿無一語建明；瑴資望素輕，止緣在錢塘時有尺寸之功，有指揮贈七官，依條與致仕、遺表恩澤，支賜銀絹一千匹兩，不應復冒此恩素，故有是命。後臣僚再上言，詔郭三益、鄭瑴給賜旨揮更不施行。

紹興三年三月二日〔二〕，詔：「昭慈獻烈皇后家依欽聖獻肅皇后家例合賜第，令平江府將朱勔宅園舊基撥賜，仍令本府脩蓋宅屋二十間。」

三年三月二十三日，故贈開府儀同三司邢焕妻福國夫人熊氏言：「本家見無居止，乞下臨安府應副脩蓋瓦屋十五間，充皇后宅位。」詔令臨安府踏逐空閑舍屋應副。

五月二十八日，韓世忠言：「臣自蒙恩拔擢已來，睿算神謀，邊機軍政，訓奬之詞，便蕃之錫，親筆宸翰，充牣囊褚。近蒙恩撥賜平江府南園營造私第，今欲建閣，棲書其上，所有閣名，伏俟睿旨。」詔賜名懋功閣。

七年三月二十三日，詔：「劉光世已降制除少師、萬壽觀使，合奉朝請，可賜府第一區，令建康府踏逐脩蓋。」

〔十年〕七月二十一日〔三〕，詔馬秦除遥郡觀察使，賜宅一區，錢一萬貫，田十頃。

〔八年〕十一月七日〔四〕，中書舍人勾龍如淵繳奏劉光世賜宅，上曰：「今財力困匱，營繕寔難，然光世罷兵柄，奉朝請，恩禮稍加于舊，則諸將帥知後福之有終，皆効力矣。」不從。

十二年六月七日，少保、鎮潼軍節度使、信安郡王孟忠厚言：「昭慈聖獻皇后家于紹興三年内被旨依欽聖憲肅皇后家〔五〕，賜第二百六十八間。至紹興二年内，蒙恩〔撥〕到平江府朱勔宅園地基一段，及令本府修蓋，竟未興工。兼平江府居止于臣私計便〔六〕，乞將上件宅園地基依舊拘收入官，其賜第容臣别具陳乞。」詔以賜張俊。

25 十四年九月二十三日〔七〕，詔崇國公璩（令宅）〔宅，令〕知臨安府張叔獻躬親相視普安郡王宅屋宇，一體脩造，仍先畫圖聞奏。

十五年四月一日，上遣入内内侍省押班、提舉修内司衛茂實傳宣，賜太師、尚書左僕射、魏國公秦檜第一區。

六月十二日，知臨安府張澄奏，具修蓋賜太師、尚書左僕射秦檜第宅官吏等職位、姓名。詔第一等轉兩官資，第

〔一〕死黨：原作「黨死」，據《建炎要録》卷二六乙。
〔二〕三年：疑當作「二年」，參下文「十二年六月七日」條。
〔三〕十年：原脱，據《建炎要録》卷一三七補。
〔四〕八年：原脱，據《建炎要録》卷一二三補。
〔五〕「三年」與下文「二年」，疑當互换。
〔六〕私計便：疑當作「私計非便」。
〔七〕此條之前原有隆興二年五條，已移於卷末。據《宋史》卷二九、卷三〇《高宗紀》：紹興九年三月，封趙璩爲崇國公；十五年二月加封恩平郡王。可知本條之「十四年」乃紹興十四年。以下二條亦爲紹興事。

二等轉一官資，減二年磨勘，第三等轉一官。內選人比類施行。

〔隆興元年〕七月八日〔一〕，詔蕭琦特出給料錢文曆請給，宣撫司撥宅子一所，及于淮東係官田內撥賜田二十頃。

二十九日，追復少保、武勝定國軍節度使岳飛孫岳甫狀，陳乞將先祖生前置到江州田地房廊給還事，送户部勘當。本部下江州開具，據江州申，岳飛見在田産屋宇等下項：一、見在田産計錢三千八百二十二貫八百六十三文省〔二〕，田七頃八十八畮一角一步，地一十一頃九十六畮三角，水磨五所，房廊、草瓦屋四百九十八間。見有人承佃田三頃一畮三角九步，地九十一畝三角五十九步〔三〕，水磨二所〔四〕，（廊房）〔房廊〕草瓦屋共一百五十一間；未有人承佃田四頃八十六畮一角五十二步〔五〕，水磨三所，地四頃八十六畝一角二十一步〔六〕，荒雜地六頃一十八畝一角四十步。岳家市見今只存六十間，地基屋宇共二百九十間。本部今看詳，江州申到岳飛上件田産屋宇等，取朝廷旨揮。詔令給還。

八月二十日，户部狀：「准批下紹興府申，隨州觀察使李顯忠踏逐到山陰縣坊廊全捷第四旨揮營屋官地充賜地基等事。本部據本府申，全捷指揮見有營屋三十餘間，委是空閑，欲依所乞給賜，充宣賜第地基。」從之。

〔二年〕六月二十五日〔七〕，秀王夫人張氏奏：「臣妾家素貧窶，老稚數百指，所至無一廛之歸。伏覩秀（川）〔州〕華亭縣市舶提舉廨舍一所見今空（間）〔閒〕，欲望降旨撥賜。」詔：奉太上皇帝聖旨，依所乞。

十月二十八日〔八〕，詔：「田師中借居宅第，依已降旨揮，候服闋日拘收，撥賜充岳陽軍節度使、開府儀同三司、主奉益王祭祀居廣居住。」

十一月六日，武翼大夫、榮州刺史蕭穎奏：「臣昨在鄂州日，（統都）〔都統〕司有空閑官屋一所在蒼巷，准參政行府指揮，令臣居住。臣于今年三月得旨召赴行在，所有上件屋宇，都統司見行收管，欲望睿旨將上件屋宇給臣永遠居

〔一〕隆興元年：原脱，據本書食貨六一之五〇隆興元年「八月二十三日」條補。蕭琦本金將，隆興元年五月降宋，見《宋史》卷三三《孝宗紀》一。下條亦此年此月事，見於《鄂國金佗續編》卷一三。

〔二〕「百六」二字原脱，據《鄂國金佗續編》卷一三補。

〔三〕「九步地九十一畝三角」九字原脱，據《鄂國金佗續編》卷一三補。

〔四〕磨：原作「礳」，徑改。下同。

〔五〕佃：原作「買」，據《鄂國金佗續編》卷一三改。

〔六〕二十一：《鄂國金佗續編》卷一三作「一十五」。

〔七〕以下五條原接於上文方域四之二四紹興「十二年六月七日」條之後，此條無年分，承上條似爲紹興十二年六月二十五日。然據《宋史》卷三二《高宗紀》九，孝宗生父子偁以紹興三十二年六月追封秀王，則此條不可能爲紹興十二年事。考下文「十一月十五日」條爲隆興二年（見該條校記），可知此條及以下四條當爲隆興二年。據年代順序，此五條應在後文隆興元年「八月二十日」條之後。蓋《大典》編纂時因脱去年號與年分，遂致錯簡。今按年月順序移於此，並於本條補「二年」二字。

〔八〕按，田師中卒於隆興元年九月，見本書儀制一一之二。本條云「候服闋日」，乃是在田師中死後未服闋時，則亦爲隆興二年。

住。」從之。

十一月十五日〔二〕，詔：「魏勝已降旨揮贈官賜賫，賜謚立廟，厚恤其家，可更賜田十頃、宅一區。」

二十八日，詔藩邸更不立宮名，（仍）〔以〕賜與王子愭等居住故也。（以上《永樂大典》卷二二二二四）

〔二〕按，據本書禮二一之六二、禮四四之二三載：隆興二年十一月魏勝於楚州戰歿，詔贈寧國軍節度使，立廟，賜其家銀、絹，與本條事合，可確證本條爲隆興二年。

宋會要輯稿　方域五

節鎮陞降 〔一〕

【宋會要】

1 京東路：

青州，漢平盧軍節度，淳化五年改鎮海軍。

拱州，舊開封府襄邑縣，崇寧四年陞爲州，尋又陞爲保慶軍節度，仍爲東輔。大觀四年廢爲縣，仍舊隸。政和四年復爲州，仍舊節度。宣和二年罷置輔郡。

齊州，國朝初爲防禦州，治平二年陞興德軍節度，政和六年陞爲濟南府。

密州，漢防禦州，周降軍事，建隆元年復爲防禦。開寶五年陞爲安化軍節度，尋復降爲防禦，六年復陞節度。元祐三年，改臨海軍。

襲慶府，舊兗州。唐泰寧軍節度，周降防禦，建隆元年復節度。大中祥符元年陞爲大都督府，政和八年陞爲襲慶府。

徐州，國朝陞爲大都督府。

興仁府，舊曹州，督府，彰信軍，建中靖國元年改興仁。崇寧三年〔二〕，陞興仁軍爲興仁府，仍還彰信舊節。

東平府，舊鄆州，宣和元年陞爲東平府。《金坡遺事》：青州，鎮海軍管内觀察處置押新羅、渤海兩番等使，即北海郡，古青州。海岱惟青州，周成王封太公，是爲齊國，所謂營丘。後徙臨淄，亦其地。南燕慕容德都此。密州，安化軍管内觀察處置等使，即高密郡，古青州分，因密水爲名。後魏爲膠州，隋、唐爲密州。曹州，彰信軍管内觀察處置等使，即濟陰郡，古荆河州分，在周爲曹國，後魏爲西兗州。鄆州，太平軍管内觀察處置河堤等使，即東平郡，古兗州分，春秋爲魯之附庸須句也。州理古須句縣。又有鉅野澤，即《春秋》「西狩獲麟」之地。貝州，永清軍管内觀察處置等使，即清河郡，古兗州分，又曰兗、冀二州之境。清河，漢厝縣也〔三〕，後桓帝改爲甘陵，古曰貝丘。

京西路：

隨州，國朝初爲防禦州，乾德五年陞崇義軍節度，太平興國元年改崇信軍。

金州，晉懷德軍節度〔四〕，後爲防禦，乾德五年陞爲昭化軍節度。

房州，國朝初爲防禦州，雍熙三年陞爲保康軍節度。

襄陽府，舊襄州，宣和元年陞爲襄陽府。

鄧州，政和二年依舊爲上州。

均州，舊爲防禦州，宣和元年陞爲武當軍節度。

蔡州，國朝初爲防禦州，景祐二年陞爲淮康軍節度。

〔一〕原題抄於正文首行，又於「宋會要」下標「節鎮」二字。按「節鎮」爲《大典》此卷之事目，「節鎮陞降」爲其下細目。今取細目爲題。

〔二〕三年：《宋史》卷八五《地理志》一、《記纂淵海》卷一八作「元年」。

〔三〕厝：原作「歷」，據《漢書·地理志》上、《後漢書·郡國志》改。

〔四〕德：原脱，據《元豐九域志》卷一補。

潁昌府，舊許州，元豐三年陞爲(穎)〔潁〕昌府，崇寧四年爲南輔，隸京畿，宣和二年罷置輔郡。

鄭州，建隆元年陞爲防禦，景祐元年陞奉寧軍節度。熙寧五年廢，隸開封府。元豐八年復，治管城縣。元祐元年爲奉寧軍節度，崇寧四年爲輔郡〔一〕。

滑州，後唐義城軍節度，太平興國元年改武成軍，熙寧五年廢隸開封府。元豐四年復置〔二〕。

孟州，政和二年陞爲濟源郡。

淮寧府，舊陳州，上州，宣和元年陞爲淮寧府。

(穎)〔潁〕州，元豐二年陞爲順昌軍節度。

陸海軍，舊汝州，政和五年以歲比豐登，珍祥屢發，可陞爲陸海軍節度。劉豫改爲防禦州，紹興九年收復，依舊。

《金坡遺事》：隨州，崇信軍管内觀察處置等使，即漢東郡，古荆州分。2 春秋隋侯之國，傳曰「漢東之國，隋爲大」。又棗陽，即漢蔡陽，有光武舊宅及白水在焉。後魏置南荆州，隋置春陵郡。金州，昭化軍管内觀察處置等使，即安康郡，古梁州分，舜嘗居之，謂之嬀墟，《世紀》謂之姚墟。西魏置東梁州〔三〕，其地出金，因改爲金州。房州，保康軍管内觀察處置等使，即房陵郡。春秋庸國，後改爲房陵，以縣有房山，故名之。襄州，山(東)〔南〕東道管内觀察處置，兼三司水陸發運橋道等使，即襄陽郡。《禹貢》荆河之南境。漢、魏置郡，爲重鎮，與江陵爲脣齒，又爲鄢、郢北門，有襄漢二水及峴山。鄧州，武勝軍管内觀察處置等使，即南陽郡，古荆河分。春秋時，申伯、鄧侯二國之地。穰縣，秦封爲穰侯國。許州，忠武軍管内觀察處置等使，即(穎)〔潁〕川郡，古荆河州分，春秋許國，七國時韓、魏二國之境。滑州，武成軍管内觀察處置河堤等使，即靈河郡〔四〕，古兗州分，豕韋氏之國。漢置東郡，有滑臺古城，又有黎陽津，一名白馬津。孟州，河陽三城管内觀察處置河堤等使，即古孟津，亦曰富平津。中潬城〔五〕，本東魏所築，仍置河陽關。唐會昌三年置孟津，初以懷州爲理所，四年移理孟州。陳州〔六〕，鎮安軍管内觀察處置等使，即淮陽郡，古荆河州分，今理宛丘。昔庖犧都曰太昊之墟，周初封舜後嬀滿於此，以備三恪，爲陳國。後魏爲北(楊)〔楊〕州。

河北路：舊分東、西，後併爲一路。熙寧六年，復分二路。

冀州，慶曆八年陞安武軍節度〔七〕。

開德府，舊澶州，崇寧四年建爲北輔，五年陞爲開德府節度，宣和二年罷置輔郡。

河間府，舊瀛州，爲防禦州，大觀二年陞爲河間府、瀛海軍節度。

真定府，宣和二年以成德軍稱。

信德府，舊邢州，安國軍，宣和元年陞爲信德府。

慶源府，舊趙州，崇寧四年陞爲慶源府〔八〕，仍以慶源軍節度。

〔一〕崇寧：原作「政和」，據《宋史》卷八五《地理志》一改。
〔二〕「元豐」句原無，據《元豐九域志》卷一補。
〔三〕西魏：原作「西漢」，據《周書》卷二《文帝紀》下。
〔四〕河：原作「昌」，據《宋史》卷八五《地理志》一改。
〔五〕潬：原作「渾」，據《元和郡縣志》卷六改。
〔六〕陳：原作「東」，據《宋史》卷八五《地理志》一改。
〔七〕安武：原作「武安」，據《元豐九域志》卷二乙。
〔八〕按，《宋史》卷八六《地理志》二云：「崇寧四年賜軍額，宣和元年升爲府。」

中山府，舊定州，唐義武軍節度，太平興國元年改定武軍〔一〕，政和三年改中山府、中山郡。

濬州，舊通利軍，政和五年八月陞爲州、濬（州）〔川〕軍節度，九月又改爲平川軍。《金坡遺事》：澶州，鎮寧軍管内觀察處置河堤等使，漢頓丘地，唐武德四年置澶州，五代時自梁以刺史理之，晉陞爲防禦，隸相州，移理德勝。南渡後陞爲節度，以濮州隸之。汾州，寧化軍管内觀察處置等使，即西河郡，有介休縣，介休綿上山有介子推（詞）〔祠〕。定州，定武軍管内觀察處置、北平軍等使，即博陵郡，古冀州分。堯始封唐國之地，漢爲中山郡，後魏武帝時爲定州，又春秋時鮮虞國。滄州，横海軍管内觀察處置等使，即景城郡，古兖州分，漢爲渤海郡，後魏爲滄水郡。今理清池，即漢浮陽縣，在浮水之陽。又東光縣有胡蘇河。無棣縣，因無棣溝爲名。邢州，安國軍管内觀察處置等使，即鉅鹿郡〔二〕，古冀州分，亦邢國也，又爲襄國。石勒都此。又平鄉縣，即古大鹿之野，3 有沙丘之臺，紂所築。相州，彰德軍管内觀察處置等使，即鄴郡，古冀州分。殷王河亶甲居相，即其地。秦爲邯鄲郡，後趙石季龍、前燕慕容儁都此。

燕山府路：

燕山府，古幽州，漢置涿郡，唐武德元年改爲燕州，天寶元年復爲幽州，號廣陽郡、永清軍節度，宣和四年十月改爲府。

涿州，漢涿郡地，唐置州，宣和四年十月賜名涿州郡、威行軍節度。

檀州，漢漁陽郡地，隋置州，宣和四年十月賜名横山郡、鎮遠軍節度〔三〕。

平州，漢遼西郡地，隋置州，宣和四年十月賜名漁陽郡〔四〕、撫寧軍節度。

陝西〔路〕，熙寧五年分爲永興軍、秦鳳二路。今按《元豐九域圖》，除永興一路外，鄜延、環慶、涇原、秦鳳、熙河，分爲五路。

永興軍路：

陝（陝）州，唐保義軍節度，太平興國元年改保平軍。

河中府，唐河中府、河中節度，國朝改爲護國軍節度。

同州，唐正德軍節度，梁爲忠武軍，後唐復舊，周降爲軍事，國朝改定國軍節度。

華州，唐鎮國軍節度，周降爲軍事，國朝初爲鎮國軍節度〔五〕，皇祐五年改鎮潼軍。

京兆府，宣和二年以永興軍稱。

鄜延路：

耀州，後唐順義軍節度，後爲團練，開寶五年復爲感義軍節度，太平興國元年改感德軍。

環慶路：

慶陽府，舊慶州，政和七年陞爲慶陽軍，宣和元年陞

〔一〕武：原脱，據《元豐九域志》卷二補。
〔二〕鉅：原作「鄴」，據《宋史》卷八六《地理志》二改。
〔三〕鎮：原作「安」，據《宋史》卷九〇《地理志》六改。
〔四〕漁：原作「海」，據《宋史》卷九〇《地理志》六改。
〔五〕國朝初：天頭原批：「一本作『建隆元年』。」按，所稱「一本」，今未見。

爲府。

寧州，宣和元年陞爲興寧軍節度。

涇原路：

涇州，唐彰義軍節度，太平興國元年改彰化軍。

渭州，政和七年陞爲平涼軍。

熙河路：

熙州，熙寧五年八月，以唐臨州地、羌人號武勝軍地，置鎮洮軍。十月，改熙州、臨洮郡、鎮洮（郡）〔軍〕節度。

蘭州，元豐四年九月，建州爲帥府，以熙州爲列郡。

西寧州，舊鄯州，崇寧二年陞爲隴西節度，仍置都護。大觀二年改爲西平郡，作中都督府，尋爲隴西節度，加賓德軍。

樂州，舊邈川城，元符二年建爲湟州，崇寧二年爲副都護，大觀二年賜名嚮德軍節度，宣和元年改今名。《金坡遺事》：華州，鎮國軍管内觀察處置等使，即華陰郡，古雍州分，周畿内國，秦爲内史地，漢屬京兆尹，後魏置東雍州，唐復爲華州，西岳在焉。耀州，感德軍管内觀察處置等使，本華原縣，唐屬京兆府。李茂貞建節爲耀州，號義勝軍，以同州美原縣爲鼎州以隸之。梁改爲崇州、静勝軍，後唐改爲順義軍，後降爲團練州，周降爲刺史州，直屬京師，皇朝復爲節鎮。涇州，彰化軍管内觀察處置押番落等使，即安定郡，古雍州分，以涇水爲名。同州，定國〔軍〕管内觀察處置等使，即馮翊郡，古雍州分，秦爲内史，項羽分爲塞國，漢祖置河上郡，景帝復爲内史，武帝改爲左馮翊，魏祖爲馮翊，以二水同流爲名。延州，彰武軍管内觀察處置等使，即延安郡，古雍州分，春秋白翟之地，秦分董翳王翟，都高奴，即此地。亦朔方郡南境，後魏置東夏州。秦州，雄武軍管内觀察處 4 置押番落等使，即天水郡，古雍州分，古西戎之國，秦始封之邑，郡有秦亭、秦谷。漢分隴西置天水郡，郡有大坂，名曰隴坻。邠州，静難軍管内觀察處置押番落等使，即新平郡，古雍州分。昔公劉據豳，即其地也。秦爲内史，漢爲右扶風，唐開元改豳爲邠。洮州，保順軍管内觀察處置等使，即臨洮郡，秦、漢以來，爲諸戎之地。郡城本名洮陽城，臨洮水，洮水出吐谷渾界。鄜州，保大軍管内觀察處置等使，即洛交郡，古雍州分，春秋白狄之地，秦屬上郡、左馮翊地，後魏置北華州，唐爲鄜州。漢雕陰之地，又三川，漢翟道縣也，又云鄜畤。

河東路：

太原府，唐大都督、太原尹、河東節度使。太平興國四年平劉繼元，降爲軍事州。嘉祐四年，復爲太原府、河東節度。大觀元年，陞爲大都督府。

隆德府，舊潞州，唐昭義軍節度，太平興國元年改昭德軍，建中靖國元年改爲隆德軍，崇寧三年陞隆德軍爲隆德府，仍還昭德舊節。

麟州，唐建寧軍節度，端拱元年改鎮西軍。

府州，崇寧元年改爲靖康軍，建炎元年改府州，靖康軍額爲保成軍。

平陽府，舊晉州，政和六年陞爲平陽府。《金坡遺事》：麟州，鎮西軍管内觀察處置等使，即新秦郡，古雍州分，隋已來銀、勝二州地。漢武帝徙貧民充朔方已南新秦中，即其地也。銀城縣有光禄塞。府州，永安軍管内觀察處置等使，五代時漢陞爲永安軍，後降爲團練州，周復爲節度。晉州，建雄軍管内觀察處置等使，即平陽郡，古冀州分，秦、漢爲〔河〕東郡，劉元海稱漢，建都於此〔一〕。後魏爲晉州，置總管府。有姑射山，屬臨汾。

〔一〕「稱漢建都」四字原作「補漢曆都」，據《元和郡縣志》卷一五改。

浙東西路：

杭州，唐鎮海軍節度，淳化五年改寧海軍，大觀元年陞爲帥府，建炎三年陞爲臨安府。

蘇州，後唐中吴軍節度，太平興國三年改平江軍節度。

潤州，唐爲浙江西道團練觀察，亦爲鎮海軍節度，開寶八年爲鎮江軍節度。

湖州，唐宣德軍節度，景祐元年改昭慶軍。

婺州，晉武勝軍節度，淳化元年改保寧軍。

明州，唐浙東觀察使，錢鏐置望海軍，建隆二年改奉國軍節度。

越州，大觀元年陞爲帥府，紹興元年改紹興府。

平江府，政和三年陞爲平江府、平江軍節度。

鎮江府，政和三年陞爲鎮江府、鎮江軍節度。

應道軍，舊温州，晉静海軍節度，太平興國三年降爲軍事〔一〕，政和七年陞爲應道軍，建炎三年罷軍額。

嚴州，舊睦州，宣和元年爲建德軍節度，三年改今名，仍爲遂安軍。

嘉興府，舊秀州，慶元元年改爲嘉興府。嘉定元年十二月三日，詔嘉興府陞爲嘉興軍，以守臣趙希道言，嘉興係孝宗皇帝儲祥毓聖之郡故也。《金坡遺事》：蘇州，平江軍管内觀察處置堤堰橋道等使，(節)〔即〕吴郡，古揚州分。春秋吴國之都，自闔閭後都此。漢亦爲會稽，至順帝，浙江以西爲吴郡，以 5 東爲會稽郡。潤州，鎮江軍管内觀察處置堤堰橋道等使，即丹陽郡，古揚州分。漢爲丹陽，吴初爲京城，後改爲建業。晉元渡江，都建業，梁改守爲丹陽尹，宋爲南徐州。又丹陽，古雲陽也。又建業，避愍帝諱，改爲建康也。湖州，宣德軍管内觀察處置等使，即吴興郡，古揚州分，亦防風氏之國。《史記》注：「汪芒氏之君守封禺之山〔二〕。」即防風地。隋置湖州，以太湖爲名，州東有太湖，一名五湖。婺州，保寧軍管内觀察處置等使，即東陽郡，古揚州分，理金華縣。吴置東陽郡〔三〕，陳爲金華郡，隋置婺州〔四〕，以婺女之分爲名。明州，奉國軍管内觀察處置等使，即餘姚郡，古揚州分。《餘姚山記》云：舜父所封，舜姚姓，故曰餘姚。又姚丘山〔五〕，舜所生，上虞縣也。州因四明山爲名。

淮南東路：

揚州，唐淮南節度，建炎元年陞爲帥府。

亳州，晉爲防禦，大中祥符七年陞爲集慶軍節度。

保静軍，舊宿州，建隆元年陞爲防禦，開寶五年陞爲保静軍節度，劉豫改爲防禦州，紹興九年收復，依舊。

淮南西路：

壽春府，舊壽州，政和六年陞爲壽春府。

廬州，大觀二年爲望(裙)〔郡〕。

〔一〕降：原作「陞」，據《宋史》卷八八《地理志》四改。
〔二〕汪芒氏：原作「國氏」，據《史記·封禪書》索隱改。
〔三〕吴：原脱，據《元和郡縣志》卷二七補。
〔四〕隋置婺州：原脱，據《元和郡縣志》卷二七補。
〔五〕丘：原作「立」，據《太平寰宇記》卷九六改。

安慶軍，舊舒州，政和五年改德慶軍，紹興十七年改安慶軍。

光州，宣和元年爲光山軍節度。《金坡遺事》：亳州，集慶軍管内觀察處置等使，即譙郡，周封神農之後於焦，後改爲譙，即其地也。春秋時屬陳，戰國時屬宋，魏置譙郡，後周改爲亳州。宿州，保静軍管内觀察處置等使，本徐州符離縣，唐元和四年置宿州，皇朝建節。廬州，保信軍管内觀察處置等使，即廬江郡，古揚州之域，廬子之國也。春秋舒國之地，歷代爲重鎮，亦爲南荆河州，隋初爲廬江郡，唐爲州，又爲廬江郡。壽州，忠正軍管内觀察處置等使，即壽春郡，古揚州之域，秦爲郢都。又項羽用黥布爲九江王都六，即此也。漢爲淮南國，魏晉歷代爲重鎮，梁爲荆河州，亦曰壽陽，又六安郡。

福建路：

福州，唐威武軍節度，周改彰武軍，太平興〔國〕二年復爲威武軍，建炎三年陞爲帥府。

建寧府，舊建州，僞閩鎮武軍，僞唐改永安軍，又爲忠義軍，復爲軍事。端拱元年陞爲建寧軍節度，紹興三十二年十月二十二日以孝宗潛藩陞建寧府。

泉州，僞唐清源軍節度，太平興國三年改平海軍。《金坡遺事》：福州，威武軍管内觀察處置兼□□發運等使，即長樂郡，古揚州分，閩越地。秦爲閩中郡，漢分置南部都尉，歷代或爲閩、豐、泉、建州，唐（俊）〔後〕爲福州。建州，建寧軍管内觀察處置等使，即建安郡，古揚州之域。本閩越地，秦屬閩中郡，唐置建州，以建溪爲名。建安縣有武夷山。泉州，平海軍管内觀察處置等使，即清源郡，古揚州分，秦漢土地與長樂郡同，唐始移置泉州於此。

江南路：

江寧府，僞唐江寧府，開寶八年爲昇州，天禧二年復爲江寧府、建康軍節度。建炎元 6 年陞爲帥府，三年改建康府。

江州，僞唐奉化軍節度，開寶八年降軍事州。

寧國府，舊宣州，乾道二年八月二十六日，以孝宗潛藩陞。

撫州，僞吴昭武軍節度，開寶八年降軍州事。

隆興府，舊洪州、鎮南（州）〔軍〕節度。先是軍言係孝宗潛藩，乞依静江府例陞爲府額，隆興元年十月二十五日陞爲（興隆）〔隆興府〕。《金坡遺事》：宣州，寧國軍管内觀察處置等使，即宣城郡，古揚州分。郡境有蕪湖牛渚，亦謂之採石。（處）〔虔〕州，昭信軍管内觀察處置等使，即南康郡，古揚州分，今理贛縣。又〔大〕庾嶺一名塞上嶺，五嶺之一也。秦屬九江，漢屬豫章。

荆湖路：

潭州，唐武安軍節度，乾德元年降防禦州，端拱元年復武安軍節度〔一〕，大觀元年陞爲帥府。

鄂州，唐武昌軍節度，後唐改武清軍，太平興國三年復爲武昌軍。

德安府，舊安州，唐安遠軍節度，晉降爲防禦州，後復

〔一〕元年：原作「九年」，據《宋史》卷八八《地理志》四改。

爲安遠軍，周又降爲防禦，建隆元年復爲安遠軍節度，宣和元年陞爲德安府。

常德府，唐朗州，周武平軍節度，建隆四年降爲團練州，大中祥符五年改鼎州，後爲永安軍額。以犯陵名，崇寧元年改爲靖康軍，政和七年陞爲常德軍節度〔一〕。乾道元年九月二十一日，以孝宗潛藩陞常德府。

岳陽軍，舊岳州，宣和元年陞爲岳陽軍節度，紹興二十五年改岳〔州〕〔陽〕軍爲華容軍，三十一年依舊。

淳熙四年二月二十三日，詔荆南府依〔舊〕爲江陵府。先是，湖北安撫司乞依建康、平江、鎮江府例，就以荆南爲名，嘗從其請。至是，吏部侍郎周必大言：「前後除本府倅，或作江陵府，或作荆南府，而不知荆南是節鎮之名，江陵乃府號也。隨時差互，失於釐〔政〕〔改〕。昨來湖北安撫司不以圖經、《九〔月〕〔域〕志》爲證，士民及公移皆以荆南爲稱，亦不知節鎮行移自來多用軍額，遂倣建康等三府例，就以荆南爲名。有司既以其説爲是，朝廷遂從其請。今擬注幕職官，合行申明。」故有是詔。

成都府路：

成都府，唐成都府、劍南西川節〔度〕，太平興國六年降爲益州，端拱元年復成都府、劍南西川節度，淳化五年降爲益州，嘉祐五年復爲府〔二〕，六年復爲劍南西川節度。

崇慶府，舊蜀州，紹興十四年以太上皇帝潛藩陞爲崇慶軍節度，淳熙四年陞爲府。

嘉定府，舊嘉州，慶元二年改爲嘉定府。開禧元年十月十三日，嘉定府言：「本府舊係嘉州，昨以今上皇帝自嘉王陞正大位，蒙陞爲嘉定府。竊覩祖宗典故，應係潛藩皆陞節鎮，本府即係今上皇帝潛藩，乞降賜軍額。」詔陞嘉慶軍。

潼川府路：舊梓州路，重和元年改。

潼川府，舊梓州，唐劍南東川節度，僞蜀改天正軍，乾德三年改安静軍，端拱二年復劍南東川節度，元豐三年閏九月復詔稱劍南東川，重和元年十一月賜名潼川府。

果州，僞蜀永寧軍節度，乾德三年降爲團練。

遂寧【7】府，舊遂州、遂寧郡、武信軍節度，政和五年陞爲遂寧府，武信軍節度依舊。

瀘州，宣和元年陞爲瀘川軍節度。

利州路：紹興十四年分爲東、西路，後併爲一。乾道三年六月，復分爲二路。

利州，僞蜀昭武軍節度，景祐四年改寧武軍。

閬州，後唐保寧軍節度，乾德四年改安德軍。

〔一〕常德：原作「常慶」，據《記纂淵海》卷一四、《明一統志》卷六四改。

〔二〕五年復爲府：原無，據《宋史》卷八九《地理志》五補。

洋州，僞蜀武定軍節度，景祐四年改武康軍。

普安軍〔一〕，舊劍州。隆興二年十月，以本州言孝宗潛藩，下給舍議，陞爲普安軍節度。紹熙元年陞隆慶府〔二〕。

夔州路：

夔州，唐乾元二年陞爲都督府，尋罷，天成二年陞爲寧江軍節度〔三〕。

重慶府，舊恭州，淳熙十六年八月七日，以聖安壽仁太上皇帝潛藩陞。

隆慶府，舊普安軍，紹（興）〔熙〕元年九月十日，以至尊壽皇聖帝潛藩陞。

紹熙五年三月二日，詔利州西路安撫司依舊併歸東路，興元府置司。《金坡遺事》：潭州，武安軍，湖南管内觀察處置等使，即長沙郡，古荆州之域，三苗國之地，春秋已來爲黔中地，楚之南境。有五里沙洲，故曰長沙。湘川之奥，南通嶺嶠，脣齒荆雍，取昭潭爲名也。安州，安遠軍管内觀察處置等使，即安陸郡，古荆州分，春秋鄖子之國，漢屬江夏郡，西魏置安州總管府。鼎州，武平軍管内觀察處置兼三司水陸發運等使、制置武安静江等軍事，即武陵郡，古荆州域，春秋楚地黔中，漢曰武陵。晉潘京曰：本名義陵〔四〕，與夷相接〔五〕，光武時改武陵。桃花源即此地。亦曾爲朗州。梓州，安静軍，劍南東川節度管内營田觀察處置等使，即梓潼郡，古（遂）〔梁〕州之域，梁末置新州，隋改爲梓州，唐爲梓潼郡。遂州，武信軍管内觀察處置橋道等使，即遂寧郡，古梁州之域，今理方義縣。利州，昭武軍管内觀察處置橋道等使，即益昌郡，古梁州之域，春秋蜀侯之國，蜀之北境。後魏立益州，代號爲小益州。古劍閣道，秦使司馬錯伐蜀所由，謂之石（羊）〔牛〕道，漢葭（葫）〔萌〕縣之地。閬州，安德軍管内觀察處置榷鹽制置等使，即閬中郡。古梁州之城，居蜀漢之半，又當東道要衝。梁置北巴州，西魏置隆州及盤龍郡〔六〕。古閬中城，前臨閬水。黔州，武泰軍管内觀察處置等使，即黔中郡，古荆州之域，蠻夷之國，春秋楚地，通云五溪。五溪，謂西、辰、巫〔七〕、武、沅等五溪也。隋初爲黔安郡，唐曰黔中。洋州，武定軍管内觀察處置等使，即洋川郡，古梁州之域，春秋戰國皆楚地，三國時爲蜀重鎮，因水爲名。西鄉縣有漢班超封定遠侯故（域）〔城〕在焉。夔州，寧江軍管内觀察處置兼雲安榷鹽制置等使，即雲安郡，古梁州之域，春秋夔國之地，三國時爲重鎮，先主爲吳將陸議所敗，退止白帝，改爲永安，隋爲巴東郡，唐爲夔州。有白帝城。

廣南路：

廣州，梁清海軍節度〔八〕，後入僞漢，開寶四年收復，仍舊節度，大觀元年陞爲帥府。

肇慶府，舊端州，元符三年陞爲興慶軍，政和八年改爲肇慶府，仍爲肇慶軍節度。

永慶軍，8 紹興元年陞德慶府，十四年置永慶軍節度。

容州，唐防禦、經畧，開寶四年陞寧遠軍節度。

〔一〕普：原作「晉」，據《宋史》卷八九《地理志》五改。

〔二〕上句「度」、此句「紹熙元年」五字原脱，據《宋史》卷八九《地理志》五補。

〔三〕寧江：原作「江寧」，據《方輿勝覽》卷五七乙。

〔四〕陵：原作「郡」，據《晉書》卷九〇《潘京傳》改。

〔五〕「夷」下原有「陵」字，據《晉書》卷九〇《潘京傳》删。

〔六〕隆州：原作「崇州」，據《舊唐書》卷四一《地理志》四改。

〔七〕巫：原作「洋」，據《太平寰宇記》卷一二〇改。

〔八〕清：原作「青」，據《元豐九域志》卷九改。

桂州，大觀元年陞爲帥府，爲大督府，紹興三年陞靜江府。

宜州，宣和元年陞爲慶遠軍節度〔一〕。

融州，大觀三年陞爲清遠軍節度。

瓊州，政和元年陞爲靖海軍。

鎮州，大觀元年建，仍爲龍門郡、下都督府，陞爲靖海軍，尋廢。《金坡遺事》：容州，寧遠軍管内觀察處置等使，即普寧郡，古南越域，秦屬象郡，隋爲合浦郡，唐置銅州，後改爲容州。桂州，静江軍管内觀察處置等使，即始安郡，古南越域，秦爲桂林郡，漢屬零陵、蒼梧二郡，梁置桂州。有桂江、荔江，一名離水，荔水，其源多桂，不生兼樹。邕州，建武軍，嶺南西道管内觀察處置等使，即朗寧郡，古南越域，秦屬桂，漢屬鬱林郡，唐置南晉州，後改爲邕州，又置邕管經畧使。化外節鎮：雲州，大同軍管内觀察處置等使，即雲中郡。有白登臺，漢高祖被匈奴圍於此。又有故高柳城，又有單于臺，光武所登也。朔州，振武軍管内觀察處置押番落營田等使、安北都護，即馬邑郡，戰國時屬燕，漢末置新興郡，後魏置朔州，唐謂之馬邑郡。新州，威塞軍管内觀察處置等使，後唐陞爲威塞軍，嬀、儒、武三州隸之。應州，彰國軍管内觀察處置等使，後唐陞爲彰國軍，以寰州隸焉。豐州，天德軍管内觀察處置等使，即九原郡，因鎮爲名。其河自九原東流千里，在府州北，其西河之側也。瓜州，歸化軍管内觀察處置等使，即晉昌郡，古西戎地。又瓜州，燉煌郡，舜流三苗于三危處，古謂之瓜州。其地生美瓜，故名之。亦古流沙之地，有三危山，又有渥洼水，又有玉門關也。沙州，歸義軍管内觀察處置等使，即燉煌郡，自瓜州分置。勝州，振武軍管内觀察處置等使，即榆林郡，二漢爲雲中、五原郡之地。《史記》云秦却匈奴，樹榆爲塞〔二〕，所謂榆溪塞也。又有古雲州城、拂雲堆，又有榆林關。慎州，昭化軍管内觀察處置等使，唐武德初隸幽州，五代爲慎瑞師觀察，皇朝建節。見在境外四鎮：幽州，盧龍軍管内觀察處置等使，即范陽郡，因幽都山以爲名。周武王封召公於燕，又命主幽州，古之涿鹿也。燕國之都，謂之渤海之國，大都督府。靈州，朔方軍管内觀察處置營田押番落度支鹽池榷税等使、大都督府，即靈武郡，古雍州分。舊是赫連東國，後魏明帝築城置州，即今郡也。有鹽池、鳴沙、賀蘭山、薄骨律鎮。夏州，定難軍管内觀察處置押番落等使，都督，即朔方郡，古雍州分。秦爲上郡地，漢武取河南地爲朔方郡。晉亂，夏赫連勃勃都於黑水之南，號統萬城〔三〕，後爲拓跋氏所居。涼州，河西軍管内觀察處置（背）〔押〕番落等使，即武威郡，古狄地也。漢武置武威郡，魏、晉至唐謂之涼州。兩鎮見降爲 9 防禦州。并州，太原郡，舜分冀州爲并，置（千）〔十〕二牧，即其一也。秦并天下，爲太原郡，唐爲并州，又爲北都，又爲北京，改爲太原府。益州，蜀郡，魏晉之後爲益州，唐爲成都府。（以上《永樂大典》卷一五四八三）

州縣陞降廢置 一

【宋會要】

10 高宗建炎元年六月二十一日，宰臣李綱言：守禦之策，當以河北、河東之地建藩鎮，立豪傑，使自爲守，朝廷量以兵力援之，而於沿河、沿淮、沿江置帥府、要郡以控扼。京畿路割京東路拱州、京西北路鄭州、京西南路（穎）〔潁〕昌

〔一〕慶遠：原作「遠慶」，據《宋史》卷九〇《地理志》六乙。

〔二〕以上二句，「却」原脱，「塞」原作「帥」，據《通典》卷一七三補改。按《史記》無此二句，下句出《漢書·韓安國傳》，蓋《通典》約其意。

〔三〕以上二句，「於」原作「號」，「南」下原有「勃都」二字，參《晉書》卷一三〇《赫連勃勃載記》改删。

府、順昌府爲輔郡。大名府路大名爲帥府〔一〕，恩州爲要郡，棣〔二〕、德、博爲次要郡；開德府路開德爲帥府，滑州爲要郡，濮州爲次要郡；横海軍路滄州爲帥府，清州爲要郡，濱、永静爲次要郡；京西北路河南爲帥府，河陽爲要郡，汝、蔡爲次要郡；京西南路襄陽爲帥府，鄧州爲要郡，唐、隨爲次要郡；陝西路永興爲帥府，河中、陝府爲要郡，解、(號)〔虢〕、同、華爲次要郡；京東東路青州爲帥府〔三〕，濟南爲要郡，登、萊、沂、密爲次要郡；京東西路東平爲帥府，興仁、襲慶爲要郡，徐州爲次要郡；淮西路壽春爲帥府，廬、舒、蘄爲要郡，光、黄、濠、和爲次要郡；淮東路揚州爲帥府，宿、亳、楚、泗爲要郡，真、海、通、泰爲次要郡；荆湖北路荆南爲帥府，德、安、鄂、鼎爲要郡，岳、復、澧爲次要郡；荆湖南路潭州爲帥府，衡州爲要郡，道、永爲次要郡；江南東路江寧爲帥府，江、宣爲要郡，池、饒、太平爲次要郡；江南西路洪州爲帥府，虔州爲要郡，袁、吉爲次要郡；兩浙西路杭州爲帥府，鎮江、蘇、湖爲要郡，常、秀、嚴爲次要郡；兩浙東路越州爲帥府，明、婺爲要郡，温、處、衢爲次要郡。從之。

11 皇祐五年，以曹、陳、許、鄭、滑五州爲京畿路，至和二年罷。

開封府：

長垣縣，舊匡城縣〔四〕，建隆元年改。

白馬縣、韋城縣、胙城縣，熙寧五年廢滑州，以三縣來隸。

管城縣、新鄭縣，熙寧五年廢鄭州，以二縣來隸。

太康縣，政和四年割隸拱州，宣和六年復來隸。

延津縣，政和七年以酸棗縣改。

襄邑縣，舊拱州，紹興九年廢爲襄邑縣來隸。

河南府：

望陵縣，乾德元年廢隸登封縣。

河清縣，唐治柏崖阬地〔五〕，開寶元年移治白波鎮〔六〕，慶曆三年廢爲鎮，四年復置。

永安縣，本永安鎮，景德四年陞爲縣，以奉陵寢。

壽安縣，慶曆三年廢爲鎮，四年復置。

偃師縣，熙寧三年廢爲鎮，四年復置。熙寧五年又廢，八年復置。

福昌縣，熙寧五年廢爲鎮，隸壽安縣，元祐元年復。

(穎)〔潁〕陽縣，熙寧五年廢爲鎮，隸登封縣，元祐二年復。

〔一〕按，以下所列帥府、要郡、次要郡與《梁谿集》卷六一及《建炎要録》卷六所載不盡相同。

〔二〕棣：原注「缺」，乃避明成祖朱棣諱而然，今據《梁谿集》卷六一補。

〔三〕東東：原脱一「東」字，據《梁谿集》卷六一補。

〔四〕匡：原作「斤」，據《宋史》卷八五《地理志》一改。

〔五〕柏崖阬地：原作「朝崖阬池」，據《太平寰宇記》卷五改。

〔六〕「元」原作「六」，「波」原作「陂」，據《太平寰宇記》卷五、《宋史》卷八五《地理志》一改。

景德四年正月(十二)〔二十九〕日〔一〕，詔曰：「朕恭朝陵寢，式展孝思，仰惟列聖之靈，方積昊天之感。營建城邑，充奉山園，祇率徽章，用崇先烈。永安鎮特建爲縣，隸河南府，同赤縣，令本府與轉運司割移近便人户。二税止輸縣倉〔二〕，不得移撥，常賦外特免其佗役。著于甲令，慰朕永懷。」初議建陵邑，有司擇縣名，真宗曰：「可名永安。」安字，宣祖陵名也。又視詔草，但云建縣，謂王旦等曰：「充奉陵寢，當爲赤縣。」乃下詔。

【宋會要】

應天府：劉豫改爲歸德府，紹興九年收復，依舊。

宋城縣、寧陵縣、柘城縣、穀熟縣、楚丘縣、下邑縣、虞城縣，景德三年陞宋城爲次赤，餘縣爲次畿。大中祥符七年，陞宋城爲正赤，餘縣爲正畿。

寧陵縣，政和四年割隸拱州，宣和六年復來隸。

宣和六年六月七日，詔太康縣依 12 舊隸京畿，寧陵縣屬南京，拱州以襄邑并南京柘城爲屬縣。以太康賦税合輸京畿，而寧陵戍兵衣糧係南京支撥故也。

大名府：

元城縣、大名縣、(萃)〔莘〕縣、朝城縣、永濟縣、内黄縣、成安縣、魏縣、洹水縣、館陶縣、臨清縣、宗城縣、夏津縣、冠氏縣、經(成)〔城〕縣，慶曆二年升元城、大名爲次赤，餘並爲次畿。

永濟縣，慶曆二年爲次畿，熙寧五年廢爲鎮，隸館陶縣，尋改隸臨清縣。

臨清縣，慶曆二年陞爲次畿，熙寧五年廢爲鎮，隸宗城縣，尋復。

大名縣，慶曆二年陞爲次赤，熙寧六年廢爲鎮，隸元城縣，紹聖三年復。

經(成)〔城〕縣，慶曆二年陞爲次畿，熙寧六年廢爲鎮，隸宗城縣。

南樂縣，慶曆二年陞爲次畿，紹聖三年廢隸大名縣。

洹水縣，熙寧六年廢爲鎮，隸成安縣。

熙寧六年六月十八日，北京留守司、河北都轉運司言：「館陶縣在大河南隄之間，欲遷于高囤村以避水，公私以爲便。」從之。

紹聖三年十一月九日，北京留守司言：「得旨移南樂縣於廢罷大名赤縣基内建置，請以大名縣爲名。」從之。

崇寧(三)〔四〕年七月二十二日〔三〕，宰臣蔡京言：「被旨，京畿四面可置輔郡，屏衛京師，謹酌地理遠近之中，割移縣鎮。以(穎)〔潁〕昌府爲南輔，以汝之郟縣隸之；襄邑

〔一〕二十九日：原作「十二日」。按《宋大詔令集》卷一五九、《長編》卷六五、《宋史》卷七《真宗紀》二均記此詔於正月丁卯即二十九日。此日真宗朝陵，故降德音，並下此詔。此作「十二日」，必是傳抄之誤，十二日尚未起程赴永安，不應有此事，因改。

〔二〕止：原作「正」，據《宋大詔令集》卷一五九改。

〔三〕四年：原作「三年」，據《宋史》卷二〇《徽宗紀》二、《宋史全文》卷一四改。

縣升爲拱州爲東輔〔一〕，以南京寧陵、楚（兵）〔丘〕、柘城、京畿之考城、太康隸之；鄭州爲西輔，以西京密縣隸之；澶州爲北輔，以北京朝城、南樂隸之。13四輔郡爲節度，以太中大夫以上知州〔二〕，置副都總管、鈐轄各一員，知州爲都總管，餘依三路帥臣法。」從之。

漢平盧軍節度，淳化五年改鎮海軍。十月十四日〔三〕，詔曰：「眷彼營丘，控于東夏。太公開四履之地，小白舉九合之師。忠烈猶存，風流可尚。宜改總戎之號，用旌表海之邦。青州平盧軍改爲鎮海軍。」時命曹彬爲青州節度使，中書奏：「按唐乾元中，侯希逸爲平盧軍使，本平州之地也，朝廷因授節度。屢爲賊所迫，希逸率將士累破，又爲奚虜所侵，乃拔其軍二萬餘人，且行且戰達青州，詔就加希逸爲平盧淄青節度使。自是迄今，淄青節鎮皆帶平盧之名。今青州頗爲重地，請以鎮海爲額。杭州僻在海隅，請爲寧海軍。」乃下是詔。

政和元年八月二十七日，尚書省言：「應《九域圖志》内有合陞降州縣刪改修立，勘會興仁府爲東輔，青州爲齊郡，濰州爲北海郡。」從之。

【宋會要】

密州：漢防禦州，周降軍事，建（降）〔隆〕元年復爲防禦，開寶五年陞爲安化軍節度，尋復降爲防禦。六年，復陞節度。元祐三年改臨海軍。

安丘縣，唐輔唐縣，梁改安丘，晉改膠西，開寶四年復今名。

膠西縣，元祐三年以板橋鎮陞爲縣。

拱州：舊開封府襄邑縣，崇寧四年陞爲州，尋陞爲保慶軍節度，仍爲東輔，以南京寧陵縣、楚丘縣、柘城縣、開封14府考城縣、太康縣隸焉。大觀四年，廢爲縣，依舊爲襄邑，隸開封府，以寧陵、楚丘、柘城三縣依舊隸南京，以考城、太康依舊隸開封府。政和四年，復爲州，五縣復來隸。宣和二年罷置輔郡。

崇寧（三年二月）〔四年十二月〕九日〔四〕，詔：「京師川原平衍，無阻山帶河之險，比建四輔，拱翼都邑，澶、鄭、（穎）〔潁〕昌，因舊節度，以壯屏翰之勢。其新置拱州，可依澶、鄭例賜軍額爲保慶。」

大觀四年十一月九日，臣寮言：「伏聞王畿象日，畫地千里，所以大勢而尊朝廷〔五〕，宅地中而制天下。惟其規模壯偉，氣象寬宏，故四方萬里引首面内，知其爲天下之都。竊見近罷四輔，除許、鄭、澶舊屬京西、河北，已各還逐路外，拱州元係開封府襄邑縣，今乃割隸京東，王畿舊地蹙于

〔一〕升爲拱州：原無，據《宋史》卷一六七《職官志》七補。
〔二〕大夫：原作「夫夫」，據《宋史》卷一六七《職官志》七改。
〔三〕按，《宋史》卷五《太宗紀》二記此事在十月二十七日乙巳。
〔四〕四年十二月：原作「三年二月」，據《宋史》卷二〇《徽宗紀》二改。按上條亦云四年升爲州，賜軍額，可證《會要》本作「四年」。
〔五〕「大」字上下當脫一字。

前，而有害無利。今自京至拱州仍不滿百里之地，非三代都邑之法，不足以雄視四方。伏乞罷拱州，依舊爲襄邑縣，隸開封府，以復京畿之舊。其知縣仍選第二任通判資序、有風力人充。」詔依舊爲襄邑縣，舊屬開封府縣分並依舊。

政和四年十一月十日，京畿轉運司奏：「承勑，襄邑縣復爲拱州，依舊隸京畿。契勘昨建拱州日，係以京畿襄邑、（大）〔太〕康、考城縣、應天府寧陵、楚丘、柘城縣六縣隸焉。今既復拱州，依舊隸京畿，竊慮上件六縣便合依舊撥隸拱州。」詔並依舊隸拱州。

政和四年十二月八日，奉寧軍奏：「本州先于崇寧四年内陞爲輔郡，隸屬都畿，至大觀四年内罷輔郡，割屬 15 畿西。伏覩拱州復爲輔郡，依舊隸都畿。」詔鄭州、開德府、（穎）〔潁〕昌府並依舊爲輔郡，隸京畿。

紹興九年三月十九日，中書門下省言：「河南諸路州軍新復之初，今權宜措置，京城已差留守及京畿路差置漕、憲外，其拱州舊係襄邑縣，合依舊爲縣，隸京畿路。」從之。

齊州：宋朝初爲防禦州。政和六年陞爲濟南府。

臨邑縣，舊治權家村，建隆元年以河決公乘渡，壞縣城〔一〕，三年徙治孫耿鎮〔二〕。

長清縣，至道二年徙治刺榆店。

臨濟縣，咸平四年廢隸章丘縣。

章丘縣，景德三年以縣置清平軍，熙寧三年軍廢，縣來隸，即縣治置清平軍使。

清平縣〔三〕，舊清平縣，熙寧三年廢軍使，縣隸州，即縣治置清平軍使。

登州：唐中都督府，乾德元年降爲上州。

濰州：本青州北海縣，建隆三年于縣置北海軍，乾德三年陞爲州。

北海縣，建隆三年自青州來隸。

昌邑縣，隋都昌〔四〕縣，唐廢，建隆三年置。

昌樂縣，唐營丘縣〔五〕，後廢，乾德三年復置安仁縣，後改今名。

淄州：

鄒平縣，舊治縣北故城，景德元年徙治（廣）〔濟〕陽城〔六〕。

高苑縣，景德三年以縣置宣化軍，熙寧三年軍廢，縣復來隸，即縣治置宣化軍使。

〔一〕壞縣城：原作「壞城縣」，據《宋史》卷八五《地理志》一改乙。

〔二〕孫：原脱，據《宋史》卷八五《地理志》一補。

〔三〕按，此條云「清平縣舊清平縣」，不辭，且不合史實，宋代齊州並無清平縣。當云「清平軍，舊章丘縣」。本條内容與上條實重複，似可删。但本書本門與上「節鎮升降」二門中之條文每多内容重複或部分重複而文字不盡相同者，且編排混亂，體例不一。蓋《大典》取《宋會要》之條文重新編排，已非其原貌。

〔四〕都昌：原作「昌都」，據《宋史》卷八五《地理志》一乙。

〔五〕營丘：原作「楚丘」，據《宋史》卷八五《地理志》一改。

〔六〕濟陽：原作「廣陽」，據《宋史》卷八五《地理志》一改。

宣化縣，舊宣化軍〔一〕，熙寧三年廢軍爲縣，隸州，即縣治置宣化軍使。

淮陽軍：太平興國七年，以徐州下邳縣建爲軍。

下邳 16 縣、宿遷縣，七年自徐州來隸。

襲慶府：舊兖州，唐泰寧軍節度，周降防禦，建隆元年復節度，大中祥符元年陞爲大都督府，政和八年陞爲襲慶府。

端拱元年三月二十一日，京東轉運使劉甫英言：「兖州龔丘縣民請（選）〔遷〕于舊邑。」從之。先是，國家有東封之意，故遷是邑以供行在，至是中輟，民欲復其故地。

襲慶府瑕縣，大觀四年以瑕丘縣改。

龔縣，大觀四年以龔丘縣改。

鄒縣，熙寧五年廢爲鎮，隸仙源縣，元豐七年復。

政和八年八月二十五日，知梁山軍韓瑜奏：「考《通典》，元天大聖后夢感天人，誕育聖祖于壽丘，實今兖州。大中祥符間，改曲阜縣爲仙源。茲乃國家席慶福地，太宗始封此邦，聖祖真蔭，流光無極。乞陞兖州爲府，冠以美名。」詔陞爲襲慶府。

兖州奉符縣，舊名乾封，開寶五年移治岱嶽鎮，大中祥符元年改。

仙源縣，舊名曲阜，大中祥符五年改。

徐州：宋朝陞爲大都督府。

利國監，徐州彭城縣狄丘鐵冶務，太平興國四年陞爲監。

興仁府：舊曹州、督府、彰信軍，建中靖國元年改興仁。崇寧三年〔二〕，陞興仁軍爲興仁府，仍還彰信舊節〔三〕。劉豫改爲曹州，紹興九年收復，依舊。

曹州定陶縣，本濟陰縣定陶鎮，太平興國三年隸廣濟軍，熙寧四年軍廢，以縣來隸。

宛亭縣，大觀二年以（宛）〔冤〕句縣改，紹興九年廢入 17 濟（陽）〔陰〕縣。

成武縣，楚丘縣，兩縣舊隸單州，紹興九年隸興仁府。

政和元年八月五日，詳定《九域志》何志同奏：「興仁府自天禧前已爲輔郡，崇寧（三）〔四〕年以襄邑爲拱州建東輔，遂改興仁爲督府。今拱州既罷，則興仁合復爲東輔。舊制有大都督、中都督、下都督府之稱，未有止稱督府者，乞改正。」從之。

紹興九年六月十日，東京留守司言：「知興仁府李上達申，本府見今止管濟陰、宛亭兩縣，田土絶少，户口凋弊。乞將單州成武、楚丘兩縣割隸本府，却將宛亭廢併入濟陰縣，庶得稍成州郡。」從之。

〔一〕宣化縣舊宣化軍：宋代淄州並無宣化縣，當云「宣化軍，舊高苑縣」。此條情況與「清平縣」條相同，參上條校記。

〔二〕三年：《記纂淵海》卷一八、《宋史》卷八五《地理志》一作「元年」。

〔三〕彰：原作「彭」，據上文改。

【宋會要】

鄆州：咸平三年因水災，以地卑下，移治舊州東南十里。

陽穀縣，舊順昌縣地，景德三年徙治孟店。

東平府，舊鄆州，宣和元年陞爲東平府。

濮州：建隆元年陞防禦，雍熙四年降團練。

單州：建隆二年陞爲團練。

廣濟軍：乾德元年以曹州定陶置爲發運務，開寶九年置爲轉運司。

宣化軍：景德三年以淄州高苑縣建軍，熙寧三年廢隸淄州，即縣治置軍使。

京西，(大)〔太〕平興國三年分南北路，後併一路，熙寧五年復分二路。南路，紹興四年改爲襄陽府路，以襄陽府、隨、郢、唐、鄧州、信陽軍六郡隸。六年，廢襄陽府路，復置京西南路，以襄陽府、唐、鄧、隨、郢、金、房、均州、信陽軍九郡隸。十三年，割金州隸利州路。十九年，撥信陽軍隸淮南西路。

18 熙寧五年八月二十四日，詔以京西路分南北兩路，襄、鄧、隨、金、房、均、郢、唐八州爲京西南路，西京〔一〕、許、孟、陳、蔡、汝、(穎)〔潁〕七州、信陽軍爲北路。

建炎四年十月四日，知樞密院事、宣撫處置使張浚言：「金、房兩州東連襄、郢，西控川蜀，道途險阻，最爲衝要。今措置，將金、房兩州割屬利州，仍添差精鋭軍馬前去屯駐，與興、洋等州互相照應，關防守禦。勘會金、房州已係分鎮去處，昨差范之才充鎮撫使，身亡，未曾差人。」詔令張浚一面選差有風力官充鎮撫使，仍先次之任訖，具名聞奏。

(詔)〔紹〕興六年二月十日，都督行府言：「襄陽、唐、鄧、隨、郢、金、房、均州、信陽軍元係京西南路，欲乞改襄陽府路依舊爲京西南路。」從之。

鄧州：政和二年依舊爲上州，又陞爲望郡。

順陽縣，内鄉縣順陽鎮，太平興國六年陞爲縣。紹興五年廢爲鎮，隸穰縣。

淅川縣〔二〕，紹興五年廢爲鎮，隸内鄉縣，三十二年十二月三日自均州還隸。

内鄉縣，紹興三十二年十二月三日自均州還隸。

襄陽(縣)〔府〕：紹興四年陞爲帥府。

光化縣，乾德二年以穀城縣陰城鎮置光化軍〔三〕，熙寧五年軍廢爲縣，來隸。

中廬縣，舊名義清，太平興國元年改，紹興五年入南漳縣。

〔一〕西京：原脱，據《宋史全文》卷一二上、《資治通鑑後編》卷八〇補（今本《長編》卷二三七「西京」作「京西滑」，蓋誤）。
〔二〕淅：原作「淛」，據《輿地廣記》卷八改。
〔三〕二年：原作「元年」，據《長編》卷五、《宋史》卷八五《地理志》一改。

鄧城縣，紹興五年廢入襄陽縣〔一〕。

紹興五年七月二十五日，鄧州言：「乞廢順陽縣爲順陽鎮，隸穰縣；廢淅川縣爲淅川鎮，隸内鄉縣。各差監官一員，兼管酒税烟火盗賊公事。」是日，襄陽府言：「19乞廢鄧城縣併入襄陽縣，廢中廬縣併入南漳縣，並差監鎮一員，管幹烟火（八）〔公〕事，兼監酒税。」從之。

三十二年十二月三日，參知政事、督視湖北京西路軍馬汪澈言：「鄧州收復之後，倚郭穰縣并南陽、内鄉、淅川共四縣，昨得旨權撥内鄉、淅川兩縣隸均州，候事定日依舊。契勘逐縣在鄧州西北二百餘里，今隸均州，即鄧州之地界不過數十里。切緣鄧州實爲襄陽屏翰，欲乞撥還。」從之。

【宋會要】

襄州、光化軍，乾德二年以襄州穀城縣置軍〔二〕，仍置乾德縣。熙寧五年軍廢爲光化縣，省乾德縣隸襄州。紹興二十八年改爲通化軍，三十一年依舊。

光化縣，紹興二十八年改爲通化縣，三十一年依舊。

襄陽府，舊襄州，宣和元年陞爲襄陽府。

均州：舊爲防禦州，宣和元年陞爲武當軍節度。

豐利縣，乾德六年廢入鄖鄉縣。

唐州：建隆元年陞爲團練。

平氏縣，開寶五年廢入泌陽縣。

方城縣，慶曆四年廢入鄧州南陽縣，元豐元年以鄧州方城鎮復爲縣，還隸州。

桐栢縣，紹興五年廢爲鎮，三十（三）〔二〕年復爲縣，隆興二年九月二十五日廢爲鎮，撥隸隨州。

紹興五年九月十九日，襄陽府、安撫、都總管司言：「唐州桐栢縣在州之東，與倚郭泌陽縣連接，即目不及百户，一年二税贍養本縣官吏不足。乞廢爲20鎮，差監鎮一員，兼酒税烟（大）〔火〕公事，隸泌陽縣。」從之。

三十二年六月十日，知唐州王彦忠言：「唐州舊管五縣，内桐栢縣先係在淮河之南，分割外所存無多，不能成縣，遂改爲桐栢鎮，其地分隸隨州棗陽等縣。今來收復唐州，并復舊縣界地分了當，人烟户口不減鄰近，乞依舊置縣，仍將本縣舊管界内隸隨州棗陽縣等處地分還隸本縣。」從之。

孝宗隆興二年九月二十五日，户部尚書、兼湖北京西路制置使韓仲通言：「唐州桐栢縣係在淮河之南，昨紹興十二年與金國通和，桐栢縣廢爲鎮，撥隸隨州。近復唐州，獲旨桐栢鎮依舊爲縣，還隸唐州。今無所（穎）〔領〕，欲乞依舊爲桐栢鎮，撥隸隨州。」從之。

（隋）〔隨〕州：宋朝初爲防禦州。

棗陽軍，舊隨州棗陽縣，紹興十二年陞爲軍，是年降軍

〔一〕縣：原作「府」，據下條改。

〔二〕二年：原作「元年」，據《長編》卷五、《宋史》卷八五《地理志》一改。

使，隸隨州。

紹興十二年九月一日，工部尚書莫將言：「隨州與唐州接界，欲陞棗陽縣爲軍，將襄陽府東鄰唐州、北抵光化軍地界，東西割五里屬棗陽軍。其淮水之南有唐州桐栢鎮，欲撥隸本軍，及乞于桐栢鎮務子頭置巡檢寨，監鎮兼充巡檢。」詔從之，仍令帥司撥定屬縣，申尚書省。

紹興十二年十月六日，吏部言：「京西路安撫使司申，乞將棗陽知縣兼充軍使，更不添置官屬。取到進奏院狀，隨州棗陽縣依先降指揮陞爲軍，若爲軍名，即不隸隨州。今來止令知縣兼（完）〔充〕軍使，合隸隨州管下。」從之。

[21]金州：晉懷德軍節度，後爲防禦。

金州淯陽縣，乾德四年廢入洵陽縣。

平利縣，熙寧六年廢爲鎮，隸西城縣，元祐元年復。

紹興十（二）〔三〕年閏四月十日〔一〕，詔金州撥屬利州路。

紹興十四年正月十五日，金房開達等州經畧安撫使、知金州郭浩言：「商州于去年九月内規畫了畢，見存上津、豐陽兩縣未有所隸。邊面闊遠，已差官兵戍守，并逐縣官吏合用錢糧，係是金州應辦，乞將兩縣權隸金州檢察。」從之。

房州：宋朝初爲防禦州，雍熙三年陞爲保康軍節度。建炎四年改隸利州路，紹興六年依舊。

上庸縣，開寶中廢入竹山縣。

永清縣，開寶中廢入房陵縣。

郢州：富水縣，乾德二年廢隸京山縣。

虢州，舊隸陜西永興軍，紹興九年來隸。

元豐三年正月九日〔二〕，詔中書曰：「（穎）〔潁〕州奥區，王國巨屏，土疆財賦，既廣且繁。朕祇荷永圖，紹膺聖緒，建旄授節，實基此邦，宜錫府名，用慰民望。其陞許州爲（穎）〔潁〕昌府。」于是乃降制曰：「朕膺昊天之篤祐，紹列聖之丕基。昔在先朝，遥分外鎮。眷許昌之巨屏，有忠武之全師。仗鉞建牙，兹惟我履〔三〕，升儲纂服，實自是邦。鬱爾山川，陪浚都之王氣；敦乎民俗，想夏禹之遺風。爰舉故常，特崇名號，俾雄藩輔之制，式慰臣民之心。乃霈涣恩，以彰休慶，推恩並如（穎）〔潁〕州。於戲！擁旄開府〔四〕，荷景命之有先；布德行仁，與舊[22]封而同樂。咨爾黎庶，體予顧懷。」推恩在當年五月二十二日，事見在後〔五〕。

五月二十二日，賜尚書駕部員外郎、主管西京崇福宮孫京紫章服，（穎）〔潁〕昌府父老等茶、綵有差。京等六百二十二人以陞（穎）〔潁〕昌府詣闕謝，上召見勞賜之。

〔一〕十三：原作「十二」，據《宋史》卷八九《地理志》五改。
〔二〕九日：《長編》卷三〇二在七日辛未。按，自此條以下爲京西北路。
〔三〕「仗鉞」二句：原作「仗鉞爪牙之威惟我履」，據《宋大詔令集》卷一五九改。
〔四〕開府：原作「問」，據《宋大詔令集》卷一五九改。
〔五〕按，此注原作正文大字，今改。此注所云實即下條。

宣和二年，罷置輔郡。

十二月四日，詔罷置輔郡，(穎)〔潁〕昌、開德府、鄭州歸元隸路分，割到縣撥還元處。內拱州依舊爲州，隸京東西路，襄邑、太康、寧陵爲屬縣。(穎)〔潁〕昌府帶京西北路安撫，府界依舊爲京畿。

政和四年十一月二十六日，(穎)〔潁〕昌府奏：「乞將本府復充南輔，(穎)〔隸〕屬都畿。」從之。劉豫改爲許州，紹興九年收復，依舊。

鄭州：建隆元年陞爲防禦州，景祐元年陞奉寧軍節度，熙寧五年廢隸開封府。元豐八年復，治管城縣。元祐元年爲奉寧軍節度，政和四年爲輔郡。

管城縣、新鄭縣，熙寧五年廢州，以二縣隸開封府。元豐八年復州，以縣還來隸。

滎陽縣、滎澤縣，熙寧五年廢爲鎮，隸管城縣，元祐元年復。

原武縣，熙寧五年廢爲鎮，隸陽武縣，元祐元年復。

景祐元年三月四日〔一〕，詔曰：「周制九畿，蓋尊寰內；漢設三部，實陪京師。自相宅浚都，夾右滎圃，爰稽扶翊之義〔二〕，參領防遏之兵。肆先聖之時巡，嘉馳道之所出。留宴耋老，觀省風謠。比覽侍臣之章，請增戎鎮之號。矧車傳旁午，民閭阜蕃，固可以充奉寢園，輔寧都甸。式循廣武之舊，且寵建牙之威。鄭州宜陞爲節鎮，23 以奉寧爲額。」

滑州：後唐義成軍節度，太平興國元年改武成軍，熙寧五年廢隸開封府。劉豫改爲平涼府，紹興九年收復，依舊。

白馬縣，熙寧四年八月十五日，詔白馬縣復爲滑州，隸京西，繫浮梁，葺城壘，縣還來隸。韋城、胙城縣。熙寧五年廢州，以三縣隸開封府。元豐四年復爲州，縣還來隸。

紹興九年四月十二日，同簽書樞密院事、充東京留守、權開封尹王倫言：「今來已交割地界了當，西國軍對界〔三〕，若有整會事宜，各須州軍文移往來。契勘滑州係在河北岸，其南岸與滑州相(葑)〔對〕係是胙城縣。今欲將本縣陞作一州軍，乞賜名額，以便文移。所有合置官屬，乞從朝廷一就差注。」詔依，陞作胙城軍。

四月十八日，詔新復州縣內，滑州胙城縣已陞爲胙城軍，權隸東京留守司，令本司量度合置官屬，踏逐辟差。

孟州：政和二年陞爲濟源郡。

河陰縣，至道三年自河南府來隸。

汜水縣，熙寧三年省縣爲行慶關，隸河南府鞏縣，四年復置縣，還隸。五年廢爲鎮，隸河陰縣，元豐三年復。

王屋縣，慶曆三年自河南府來隸，四年還隸，熙寧五年

〔一〕三月四日：按，《宋大詔令集》卷一五九、《長編》卷一一五均繫此詔於十二月二十一日丁丑，疑此誤。
〔二〕爰：原作「奚」，據《宋大詔令集》卷一五九改。
〔三〕「西」似當作「兩」。

復來隸。

蔡州：宋朝初爲防禦州。

確山縣，舊名朗山〔一〕，大中祥符五年改。

（大觀）〔景祐〕二年十一月九日〔二〕，詔曰：「王者因督師之地，立節制之名。所以啓公侯之封，大其土宇；崇屏翰之24望，衛於京師。乃眷汝南之墟，舊惟豫州之域。控帶淮瀆，密邇浚都。城邑旁連，允爲劇郡；賦輿錯出，實雄庶邦。矧迺氣（侯）〔候〕本于中和，風俗洽於康静，宜陞建牙之號，式厲經武之方。蔡州宜陞爲淮康軍。」

陳州：政和二年六月二十六日，提舉詳定《九域圖志》何志同奏：「編修京西南北路一十七州軍圖志，看詳文字，數内上、望次序倒置，或闕郡名。若坊郭鄉里等處名稱，與殿閣或祖宗陵名相犯，及流傳鄙俗，難以書于地志，垂示久遠。各已參擬改立，于傍通格及册内貼説進呈。孟州今欲擬立爲濟源郡，鄧州欲乞陞改爲望郡，陳州合依舊爲上州。」從之。

淮寧府，舊陳州，上州，宣和元年陞爲淮寧府。劉豫改爲陳州，紹興九年收復，依舊。

順昌府：元豐二年八月二十四日〔三〕，詔曰：「本朝州郡之别，土廣民衆，則必表以節制之號，況王者舊封之地，顧可以無稱哉！汝陰奥區，東豫舊壤，朕實受胙于先帝，以啓土茅，宜加寵名，用顯基命〔四〕。（穎）〔潁〕州宜陞爲順昌軍節度。」（穎）〔潁〕故團練州，因知州事、天章閣待制羅拯以爲言，故下是詔。舊（穎）〔潁〕州，開寶六年陞爲防禦。劉豫改爲（穎）〔潁〕州，紹興九年收復，依舊。

汝陰縣，開寶六年移治于州城東南〔五〕。

萬壽縣，開寶六年以汝陰百尺鎮爲縣〔六〕，咸平五年徙治舊城東南十里，宣和三年以萬壽縣改泰和縣。

25汝州：大觀元年四月初二日，大司成强淵明奏：「契勘曹、滑、汝元係輔郡，昨承勑命，京畿四面置輔郡，以拱州爲東輔，鄭州爲西輔，（穎）〔潁〕昌府爲南輔，開德府爲北輔。今來四輔既已陞建，其舊係輔郡去處合行改定。所有曹州本係潛邸，已陞興仁府號，伏望睿旨改爲督府。其滑州係武成軍節度，爲緊；汝州係防禦，爲上。」從之。

寶豐縣，舊龍興縣，熙寧五年廢爲鎮，隸魯山縣，元祐元年復，宣和二年改。

龍興縣，宣和二年改爲寶豐縣，紹興九年依舊。

唐申州，開寶九年降爲義陽軍〔七〕。五月十七日，詔降

〔一〕朗山：原作「郎山」，據《宋史》卷八五《地理志》一改。
〔二〕景祐：原作「大觀」，據《宋大詔令集》卷一五九、《長編》卷一一七改。
〔三〕二十四日：《宋史》卷一五《神宗紀》二繫於十九日甲寅。
〔四〕用：原作「周」，據《宋大詔令集》卷一五九改。
〔五〕「開寶」原脱，「于州城」原作「州予城」，並據《宋史》卷八五《地理志》一補改。
〔六〕開寶：原脱，據《元豐九域志》卷一補。
〔七〕以上二句，據《元豐九域志》卷一，當云：「信陽軍，唐申州，開寶九年降爲義陽軍，太平興國元年改信陽軍。」

申州爲義陽軍，差本縣令知軍，兼鹽麴商稅。其餘縣分併爲一路，置司寇參軍、縣尉各一員。

羅山縣，〔開寶〕九年廢入信陽縣，雍熙三年復置。

鍾山縣，〔開寶〕九年廢入信陽縣。

紹興九年正月五日，詔信陽軍撥隸（准）〔淮〕西路，從户部請也。二十年三月十八日，詔信陽軍撥隸湖北路，從本軍請也。

陸海軍，舊汝州，政和五年，以歲比豐登，珍祥屢發，可陞爲陸海軍節度。劉豫改爲防禦州，紹興九年收復，依舊。

皇祐五年十二月二十七日，詔曰：「朕惟有周成憲，二漢故事，分置司輔，以衛中都。内史主風化，司隸察淑慝，皆規畫於千里，以表則于四方。不恢藩翰之嚴，曷大京師之制！宜以京東曹州、京西陳、許、鄭、滑州爲輔郡，並隸 26 畿内。曹、滑仍差近侍爲知州，置京畿轉運使以按察畿輔。逐州增鈐轄一員，曹州更增都監一員，留屯三千人，以時教閱。若出屯，即于開封府近縣或鄭州徙兵足之。」

至和二年十月十二日〔一〕，詔罷京畿路轉運司使、提點刑獄，陳、許等五州各歸元隸路，仍爲輔郡。今後所差知州，更不援例遷轉。

熙寧十年三月八日，侍御史知雜蔡確言：「鄭、滑舊爲輔郡，屏蔽京師，頃因論者苟欲裁減役人，廢以爲縣，所利者小，所害者大。東、西兩京相望數百里，大河之南直抵都城，並無州郡爲限，雖有縣鎮，形勢輕弱，非所以輔王畿、（疆）〔彊〕根本也。臣以謂鄭、滑二州皆宜復置〔二〕。兼州廢尚近，完復亦易，諸般官舍未甚隳壞。若歲月滋久，方圖興葺，所費工力，必須倍多。」奏議未下。

河北路，太平興國二年分河北南路，雍熙四年分東、西路。端拱二年併一路，熙寧六年復分二路〔三〕。熙寧六年七月二十七日〔四〕，詔以河北路分東西兩路。北京、澶、滄、冀、瀛、博、棣〔五〕、雄、霸、恩、德、濱、莫十二州，永静、乾寧、信安、保定四軍，爲東路；真定府，定、相、邢〔六〕、懷、衛、洺、磁、深、祁、趙、保十一州，安肅、永寧、廣信、順安四軍，爲西路。

政和三年四月二十三日，詳定《九域志》（葵）〔蔡〕攸等奏：「今參考擬定下項：清州未有郡名，案州治即舊乾寧軍，大觀二年詔以河清之瑞陞爲清州，今欲乞以舊軍名爲乾寧郡。保州未有郡名，案（地）《後魏・地形》，在漢、晉曰北新城，高祖太和元年分 27 新城置永寧、清苑縣，隋、唐因

〔一〕十二日：《長編》卷一八一繫於五日己丑。
〔二〕謂：原作「請」，據《長編》卷一八一改。
〔三〕六年：原作「二年」，據下文及《皇宋十朝綱要》卷九、《宋史》卷八六《地理志》二改。
〔四〕二十七日：《長編》卷二四六、《皇宋十朝綱要》卷九繫於二十四日乙丑。
〔五〕棣：原無，據《宋史》卷八六《地理志》二補。
〔六〕邢：原作「形」，據《宋史》卷八六《地理志》二改。

之。宋朝建隆元年，以清苑縣置保(寨)〔塞〕軍，太平興國六年陞爲州。今清苑縣雖廢，而州治正故縣之地，今欲乞爲清苑郡。雄州未有郡名，按本州在易水之南，今欲乞爲易陽郡。霸州治永清縣，後永清雖廢，今州治正在故縣之地，今欲乞爲永清郡。定州治博陵縣，按州自漢至後魏，或爲郡，或爲國，並號中山，隋始爲博陵，在蠡吾，而蠡吾今爲永寧軍，本州不當因舊額，今欲乞復以中山郡爲名。慈州，按《唐書·志》、《廣韻》、《本草》並作『磁』，今州名從省作『慈』，無所稽考，今欲乞改作『磁』。」

舊澶州：崇寧五年陞爲開德府節度，宣和二年罷置輔郡。

衛南縣、黎陽縣，雍熙四年自滑州來隸。

臨黃縣，端拱元年廢隸觀城縣。

清豐縣，慶曆四年徙治德清軍。

觀城縣，皇祐元年併入濮陽、頓丘縣，四年復置於水北鎮。

頓丘縣，熙寧六年廢爲鎮，隸濮陽縣。

崇寧五年十月二十一日，知澶州李孝壽奏：「本州實太祖、太宗龍潛之地，真宗巡狩臨幸，遂獲建原廟。元豐五年又爲陛下賜履之邦，乞賜府額。」詔陞爲開德府。

舊瀛州：爲防禦州，大觀二年陞爲河間府、瀛海軍節度。

高陽縣，開寶二年十二月四日，詔瀛州高陽行縣復舊邑。先是，高陽陷北虜，嘗爲邊民蹂躪，虜遷其民於縣北三十里爲行縣，而無城壁。及朝廷復其疆土，民上(訢)〔訴〕28請完葺故縣而居之，故有是詔。

河間縣，舊縣在州衙前，雍熙中於縣西置平虜寨，景德二年改爲肅寧城，三年徙州就今治。

樂壽縣，至道三年自深州來隸。

滄州、保順軍：開寶三年以滄、棣州界保順〔一〕、吳橋兩鎮置軍。

無棣縣〔二〕，治平元年徙治保順軍，即縣治置保順軍使，隸滄州。

樂陵縣，熙寧二年徙治咸平鎮。

饒安縣，熙寧五年廢爲鎮，隸清池縣。

臨津縣，熙寧六年廢爲鎮，隸南皮縣。

〔冀州〕：

棗强縣〔三〕，熙寧元年廢爲鎮，隸信都縣，十年復爲縣。

武邑縣，嘉祐八年廢爲鎮，隸(蓚)〔蓨〕縣，熙寧十年復爲縣。

新河縣，熙寧六年廢爲鎮，隸南宮縣。

博州：

〔一〕棣：原注「缺」，據《宋史》卷八六《地理志》二補。
〔二〕棣：原注「缺」，據《宋史》卷八六《地理志》二補。
〔三〕强：原作「疆」，據《宋史》卷八六《地理志》二改。

聊城縣，淳化三年河決，移州治孝武渡西〔一〕，并縣遷焉。

棣州〔二〕：建隆二年陞爲團練州，乾德三年陞防禦。

陽信縣〔三〕，建隆四年置。

〔雄州〕：

容城縣，建隆四年以唐廢全忠縣地置。

〔莫州〕：

莫縣，熙寧六年廢爲鎮，隸河間縣，元祐二年復，十二月復廢爲鎮。

長豐縣，熙寧六年廢爲鎮，隸任丘縣。

保定縣，宣和七年以軍使改。

德州：

歸化縣，乾德六年廢，隸德平縣。

德平縣，熙寧六年廢爲鎮，隸安德縣。

〔濱州〕：

招安縣，熙寧六年廢爲鎮，元豐二年復爲縣。

大觀元 29 年六月十五日，通判濱州張孝純狀：「契勘濱州在滄州之南，棣州之東〔四〕，青州之北，渤海之西，雖非漢渤海郡，亦漢渤海東南之境。顏師古注《前漢・地理志》，解渤海郡，曰在渤海之濱，因此爲名。渤海郡即係是濱州。」從之。

恩州：唐貝州，晉永清軍節度使，慶曆八年改恩州，降軍事。

清河縣，端拱元年徙州北永寧鎮，淳化五年徙今治。

清陽縣，熙寧四年廢爲鎮，隸清河縣。

慶曆八年閏正月七日，詔曰：「甘陵舊國，冀土要藩，嘗建高牙，俾殊支郡。偶凶妖之竊發，扇吏卒以相依，輕弄庫兵，共嬰州壘。逮須捕繫，始伏誅夷。言念此邦，久陶至化，合懷忠憤，同弭猖狂，輒動匪人，幾成污俗。雖本緣于詿誤，良有玷于和平。宜錫嘉名，且昭善貸。其貝州可降爲軍事州，廢永清軍號，仍賜恩州爲額。其廣南東路恩州以南恩州爲額。」

乾寧軍：太平興國七年以滄州永安縣陞爲軍，大觀二年陞爲清州，政和五年廢爲縣。

乾寧縣，太平興國七年以滄州永安縣北(折)〔析〕置縣來隸，熙寧六年廢爲鎮，元符二年復。

熙寧五年八月二十五日，高陽關路安撫使韓忠彥言：「轉運司欲移乾寧軍於滄州乾符寨，廢軍爲縣，以避河患，人不以爲便。」知滄州趙瞻亦言：「乾寧民心恟懼，皆謂河水頗已順行，又增隄數倍堅固，移軍實有害無利，乞速罷以安邊民。」從之。

〔一〕孝：原作「李」，據《宋史》卷八六《地理志》二改。
〔二〕棣：原注「缺」，據《宋史》卷八六《地理志》二補。
〔三〕陽信：原作「信陽」，據《宋史》卷八六《地理志》二乙。
〔四〕棣：原缺，據地理位置補。

〔元祐〕〔元符〕二年三月十【30】八日〔一〕，河北路都轉運司言：「乾德軍申，舊有乾寧倚郭縣，自商胡口決，人户流散，廢併入本軍。近年人户多已歸業，增及萬户已上，合復爲縣。」從之。

崇寧三年三月八日，户部言：「乾寧軍乾寧縣歸化、定邊兩鄉人户狀，本軍元有倚郭乾寧一縣，先于熙寧六年内將本縣廢罷入軍〔二〕，元符二年蒙再復本縣〔三〕。竊緣自復置縣來，創添役人，不唯止爲役錢浩瀚，兼諸般催科，甚是搔擾，乞行廢罷本縣併入本軍，依舊一就通管。」從之。

大觀二年三月二十八日，詔：「國家承平垂一百五十年，三有河清之應，越千歲一清之期。今乾寧軍河清踰八百里，凡七晝夜，上天眷佑，敢不欽承！其以乾寧軍爲清州，以答天休。布告中外，咸使知之。」

永静軍：唐景州，周降定遠軍，隸滄州。太平興國六年，以軍隸京師，景德元年改今名，嘉祐八年廢，熙寧十年復。

東光縣，太平興國六年自滄州來隸。

阜城縣，淳化元年自冀州來隸，嘉祐八年廢爲鎮，隸東光縣，熙寧十年復爲縣。

將陵縣，慶曆七年自德州來隸。

信安軍：太平興國六年，以霸州淤口寨建破虜軍〔四〕，仍以霸州永清、文安二縣隸焉。後二縣廢歸霸州，景德三年改今名。

真定府〔五〕：九門縣，開寶六年廢隸稾城縣。

石邑縣，六年廢隸獲鹿縣。

井陘縣，熙寧六年廢隸獲鹿、平山二縣，【31】八年復置，徙治天威軍。

靈壽縣，熙寧八年廢爲鎮〔六〕，隸行唐縣，元祐二年復。

宣和二年以成德軍稱。

〔相州〕：

鄴縣，熙寧五年廢爲鎮，隸臨漳縣。

永和縣，熙寧五年廢爲鎮，隸安陽縣。

湯陰縣，宣和二年二月，以縣隸濬州，八月内復來隸。

宣和二年八月十八日，朝請大夫、直祕閣、知相州韓肖胄奏：「契勘本州舊管四縣，内湯陰縣於今年二月内濬州陞爲節鎮，割隸去訖。緣本州係久來節鎮去處，湯陰縣是虜使往回食頓，今割隸濬州，即相州州城之南十五里便屬別州界地分，境土蹙近，不稱大藩，虜使往來，觀望非便。」詔湯陰縣依舊隸相州。

〔一〕元符：原作「元祐」，據《長編》卷五〇七改。

〔二〕六年：原作「元年」，據上文「乾寧縣」條及《宋史》卷八六《地理志》二改。

〔三〕二年：原作「元年」，據前「乾寧縣」條及《宋史》卷八六《地理志》二改。

〔四〕建：原脱，據《宋史》卷八六《地理志》二補。

〔五〕以下爲河北西路。

〔六〕八年：《宋史》卷八六《地理志》二作「六年」。

【宋會要】北平軍：慶曆二年以定州北平寨置軍，四年即北平縣治置軍使，隸定州。

舊定州北平縣，建隆元年自易州來隸。

無極縣，景德二年自祁州來隸。

懷州：建隆元年爲團練，後陞防禦。

修武縣，熙寧六年廢爲鎮，隸武陟縣，元祐元年復。

武德縣，熙寧六年廢爲鎮，隸河内縣。

衛州：

獲嘉縣，天聖五年自懷州來隸〔一〕。

衛縣，五年建通利軍，以縣隸焉。熙寧三年軍廢，縣復來隸。六年，廢隸黎陽、汲二縣。

黎陽縣，熙寧三年廢通利軍來隸。

新鄉縣，熙寧六年廢爲鎮，隸汲縣，元祐三年復。

通利軍，端拱元年以滑州黎陽縣置通利軍，縣仍隸焉。天聖元年 32 （年）改安利，四年以衛縣來隸，明道二年復爲通利。熙寧三年軍廢，縣隸衛州。

洺州：建隆元年陞爲防禦。

曲周縣，熙寧三年廢爲鎮，隸雞澤縣，元祐二年復。

臨洺縣〔二〕，熙寧六年廢爲鎮，隸永年縣，元祐二年復爲縣，九月復爲鎮。

深州：雍熙四年自州西北舊城徙今治。

静安縣，太平興國八年，以下博縣建静安軍，雍熙二年軍廢，縣還（以）隸。三年，廢下博縣，四年復置，改静安。

陸澤縣，雍熙四年廢，隸静安縣。

束鹿縣，淳化二年自真定府來隸。

雍熙四年二月十二日，詔：「深州昨以（大）〔犬〕戎肆暴，侵我封陲，惟彼生民，被其荼毒，永言隱恤，勿忘于懷，思有改更，庶期安輯。宜以静安軍爲深州治所。」

磁州：

昭德縣，熙寧六年廢爲鎮，隸滏陽縣。

祁州：端拱二年徙置於真定府鼓城，景德二年陞團練州〔三〕，自鼓城徙治定州蒲陰〔四〕。

蒲陰縣，舊名義豐，太平興國元年改，景德二年自定州來隸〔五〕。

鼓城縣，端拱二年自真定府來隸。

深澤縣，熙寧六年廢爲鎮，隸鼓城縣，元祐元年復。

保州：建隆初以莫州清苑縣置保塞軍，太平興國六年陞爲州。

〔一〕五年：《元豐九域志》卷二、《宋史》卷八六《地理志》二俱作「四年」。下條「五年」同。

〔二〕「臨洺」上原有「西」字，據《元豐九域志》卷二、《宋史》卷八六《地理志》二删。

〔三〕以上二句之「二年」，《宋史》卷八六《地理志》二均作「元年」。

〔四〕蒲陰：原脱，據《宋史》卷八六《地理志》二補。

〔五〕景德：原作「景祐」，據上條改。

保塞縣，建隆元年以莫州清苑縣來隸，太平興國六年改。

慶源府：舊趙州，崇寧四年陞爲慶源軍，宣和元年陞爲府〔一〕，仍以慶源軍節33度〔稱〕。

栢鄉縣，熙寧五年廢爲鎮，隸高邑縣，元祐元年復。

贊皇縣，熙寧五年廢爲鎮，隸高邑縣，元祐元年復。

隆平縣，熙寧六年廢爲鎮，隸臨城縣，元祐元年復。

宣和元年十月七日，右武郎、廉（防）〔訪〕使者王寓奏：「仰惟國姓所出之地，實自全趙。在昔神考，深念世本，嘗詔求程嬰、公孫杵臼之遺祠，優加爵號，以旌其義。又命守臣恢大城圍，用壯形勢。昨陛下惟尊姓系，即褒其州爲慶源軍。臣兹獲將命，迓客朔塞，道出邢、趙，竊見邢之鉅鹿郡元係英廟所領舊藩，今已改府曰信德，欲乞趙州慶源軍更陞府號，以副群望。」詔慶源軍陞爲慶源府，依舊軍額。

崇寧四年二月二十五日，詔曰：「冀北奥區，趙郡名壤。胙土命氏，遹祇先德之傳；錫羡流光，大啓後人之慶。昔我藝祖，誕受天命，列聖儲祉，萬方咸休。肆予一人，嗣有神器，夙夜祗懼，惟懷永圖。迺眷此邦，實緊國姓，思假寵靈之侈，宜分旄鉞之榮。式隆王迹之基，永底兆民之阜。宜陞爲節鎮，仍以慶源軍爲額。」因舉人李獻臣等言：「伏讀《趙世家》，稱穆王賜造父以趙城〔二〕，由此爲姓。至春秋時程嬰、公孫杵臼協心戮力，以興趙氏之祀，至襄子因以有國。迄至皇宋，建萬世不拔之基，實本諸此。神宗皇帝深惟國姓之所自，乃詔天下求程嬰、公孫杵臼之遺祠，優加封爵，以報其忠，又命守臣展拓本州城圍，壯大形勢，固所以尊世繫而重國本也。今則本州獨爲軍事，事34體朘削，非所以稱國家宗姓所出之地。乞建本州爲節鎮軍府，尊大國姓。」故有是命。

舊邢州、安國軍：宣和元年陞爲信德府。

任縣，熙寧五年廢爲鎮，隸南和縣，元祐元年復。

平鄉縣，熙寧六年廢爲鎮，隸鉅鹿縣，元祐元年復。

堯山縣，熙寧六年廢爲鎮，隸内丘縣，元祐元年復。

邢臺縣，宣和二年以龍崗縣改。

濬州〔三〕：舊通利軍，熙寧三年廢爲黎陽縣，隸衛州，元祐元年復爲軍。政和五年八月陞爲州、濬川軍節度，九月又改爲平川軍。

衛縣，熙寧三年廢通利軍〔四〕，還隸衛州，元祐元年復軍，依舊來隸。

安肅軍：太平興國六年以易州宥戎鎮地置静戎軍，景

〔一〕「軍宣和元年陞爲」七字原無。按此句有脱文，《宋史》卷八六《地理志》二云：「崇寧四年賜軍額，宣和元年升爲府。」本書下文所載宣和、崇寧二詔更爲確證，今據補。

〔二〕賜：原脱，據《史記》卷四三《趙世家》補。

〔三〕以下二條應移於上文「衛州」諸條後。

〔四〕「廢」下原有「爲」字，據《元豐九域志》卷二删。

德元年改，宣和七年陞爲軍〔一〕，隸保州。

安肅縣，太平興國六年以遂城縣三鄉爲静戎縣〔二〕，景德元年改。

博野縣，熙寧四年自定州來隸，宣和七年以縣兼軍使。

【宋會要】

廣信軍：（大）〔太〕平興國六年以易州遂城縣地置威虜軍，景德（二名）〔元年〕改今名〔三〕。

遂城縣，太平興國六年自易州來隸。

【宋會要】

順安軍：太平興國六年〔四〕，以瀛州廢唐興縣置唐興寨，淳化三年陞爲軍。

高陽縣，至道三年自瀛州來隸，熙寧六年廢爲鎮，十年復爲縣。

35 承天軍：建隆元年以鎮州孃子關建軍〔五〕，仍隸鎮州，後廢。

【宋會要】

〔燕山府路〕

燕山府：古幽州，漢置涿郡，唐武德元年改爲燕州，天寶元年復爲幽州，號廣陽郡，永清軍節度，宣和四年十月改爲府。燕山府析津縣、宛平縣、昌平縣、良鄉縣、潞縣、武清縣、安次縣、永清縣、清化縣、玉河縣、漷陰縣，並宣和四年十月内復。

廣寧縣，宣和四年十月，以都市縣改。

宣和四年十月五日，詔：「燕京，古之幽州，武王克商，封邵公奭於燕，以燕然山得名。漢置涿郡，唐武德元年改燕州，天寶元年改幽州，舊號廣陽郡，有永清軍節度。燕京宜改爲燕山府。」

涿州：漢涿郡地，唐置州，宣和四年十月賜名涿水郡、威行軍節度。宣和四年十月以范陽縣改。

威城縣，宣和四年十月以新城縣改。

歸義縣、固安縣〔六〕，並宣和四年十月内復。

檀州：漢漁陽郡地，隋置州，宣和四年十月賜名横山郡、鎮遠軍節度。

密雲縣，宣和四年十月内復。

盧城縣，宣和四年十月以行唐縣改。

平州：漢遼西郡地，隋置州，宣和四年十月賜名漁陽郡〔七〕、撫寧軍節度。

盧龍縣，宣和四年十月復。

〔一〕陞爲軍：按，《宋史》卷八六《地理志》二云「宣和七年廢軍爲安肅縣」，則「陞爲軍」當作「廢爲縣」。

〔二〕太平興國：原無，據上條補。

〔三〕元年：原作「二名」，據《元豐九域志》卷二、《宋史》卷八六《地理志》二改。

〔四〕六年：《元豐九域志》卷二、《宋史》卷八六《地理志》二均作「七年」。

〔五〕關：原作「開」，據《元豐九域志》卷一〇改。

〔六〕固：原作「周」，據《遼史》卷四〇《地理志》改。

〔七〕漁陽：原作「海陽」，據《宋史》卷九〇《地理志》六改。

臨關縣，宣和四年十月以石城縣改。

馬城縣，宣和四年十月復。

【宋會要】

36 易州：漢涿鹿郡地，隋置州，宋朝宣和四年十月賜名遂武郡，防禦。

易水縣、淶水縣〔一〕，宣和四年十月復。

安城縣，宣和四年十月以容城縣改。

營州：漢遼西郡地，隋置州，宋朝宣和四年十月賜名平盧郡，防禦。

鎮山縣，宣和四年十月以柳城縣改。

順州：漢涿郡地，唐置州，宋朝宣和四年十月賜名順興郡，團練。

懷柔縣，宣和四年十月復。

薊州，漢漁陽郡地，唐置州，宋朝宣和四年十月賜名廣川郡，團練。

平盧縣〔二〕，宣和四年十月以漁陽縣改。

三河縣、玉田縣，宣和四年十月復。

景州：北虜置，宋朝宣和四年十月賜名灤川郡，軍事。

遵化縣，宣和四年十月復。

【宋會要】

陝西路，太平興國二年分河北、河南路，又有陝府西北路〔三〕，後併一路。熙寧五年，分永興、秦鳳二路。今按《元豐九域圖》除永興一路外，鄜延、環慶、涇原、秦鳳、熙河，分爲五路。

熙寧五年十二月十三日，詔以陝西路分爲永興軍、秦鳳兩路。京兆府、河中府，陝、延、同、華、耀、邠、鄜、解、慶、虢、商、寧、坊、丹、環十五州，保安軍，爲永興軍路；鳳翔府，秦、涇、熙、隴、成、鳳、渭、原、階、河、岷十一州，鎮戎、德順、通遠三軍，爲秦鳳路。

大觀二年四月一日，大司成强淵明奏：「稽諸史籍，歷代以來，州郡例著上、望，以第差定貢賦。今陝右、黔南等道新附州軍，乞(今)〔令〕參立郡名，擬定上、望外，其土貢 37 委尚書户部下本路轉運司參酌。」從之。

宣和元年四月六日，河東、陝西宣撫司奏：「據環慶路經略司申，承朝廷復奉天縣爲醴州，創置環慶路第十將，隨將割屬環慶路管轄。緣本路諸將各有屯駐將兵，其管下縣分户口不多，所入不足所支，雖蒙將醴州割屬本路，却將邠州永壽縣割屬醴州及寧州定平縣割屬邠州，止是只將本路諸縣遞相割隸，委是逐州轉見供贍不足。今相度，欲乞將邠州相鄰耀州淳化、雲陽兩縣割屬邠州，將定平縣却割屬寧州，將慶州相鄰寧州襄樂割屬慶州，所(責)〔貴〕逐州各得

〔一〕淶水：原脱「水」字，據《宋史》卷九〇《地理志》六補。

〔二〕盧：原作「虜」，據《宋史》卷九〇《地理志》六改。

〔三〕陝府西北路：原作「陝西府路」，據本書食貨四九之二、《長編》卷四二、《文獻通考》卷三一五改。

均濟。」詔令陝西轉運司相度：「契勘耀州所入財賦摘椿酒税錢，係應副鄜延等路邊計去處，若將淳化、雲陽兩縣並割屬邠州管轄，不惟雲陽去邠州地里相遠，又于耀州并諸路歲額斛斗顯有妨（關）〔闕〕。今相度得淳化一縣附近邠州去處，欲將耀州淳化縣割隸邠州，餘並依舊。所有淳化縣税賦，除本州於第五等内有合納分數外，將餘數自來年夏料應副環慶路，秋料應副鄜延路。今來既割屬環慶路，若依舊令人户赴兩路輸納，本司契勘得耀州三原縣税賦自來年夏料合應副鄜延路，秋料却應副環慶路，其兩縣税賦多寡（苦）〔若〕不相遠，今欲互换輸納，其逐縣摘椿酒税等錢各依舊。」從之。

京兆府：宣和二年以永興軍稱。

奉天縣，熙寧五年廢 38 乾州，復爲縣，隸府。

樊（州）〔川〕縣，宣和三年以萬年縣改〔二〕。

宣和二年三月六日，詔：「永興軍守臣等銜位並不用軍額，永興軍稱京兆府，成德軍稱真定府。」

河中府：

滎河縣，舊名寶鼎，大中祥符四年改滎河，隸慶成軍。熙寧元年廢慶成軍，以縣來隸，仍置軍使。

河西縣，開寶五年徙于西關城外，天禧五年徙府城内通化坊。熙寧三年廢隸河東縣。

永樂縣，熙寧六年廢爲鎮，隸河東縣。

龍門縣，舊改爲河津縣，紹興元年依舊。

大中祥符四年二月二十八日，詔曰：「寶鼎縣駐蹕所臨，神祠俯邇，允資肅奉，宜示優恩，特建爲慶成軍，隸河中府。」續詔改寶鼎曰滎河，令軍使兼知縣事，别置判官一員。四月十七日，詔慶成軍不隸河中府，其滎河縣特置令、簿、尉各一員，隸本軍；置司理、司法參軍各一員，司法兼司糧料事。先是，祀汾陰畢，即滎河縣建慶成軍，仍隸河中府。其官寮雖帶軍額，實領縣事，本以崇奉宫廟，而本府不即給遣禮料，言事者以爲非便。至是，以軍直隸京，增置官吏。其太寧宫廟每年祠祭，委知軍行禮。

【宋會要】

醴州：政和七年以京兆府奉天縣陞爲州，劉豫改爲永興軍路，紹興九年收復，依舊。

政和八年三月二十八日，陝西、河東、河北路宣撫司奏：「勘會奉天縣復爲州，賜名醴州，創置一將，以環慶路第十將爲名，見于興平、醴 39 泉、武功三縣招置，隨將割屬環慶路管轄。契勘醴州舊係乾州日，合治永壽、好時二縣，後廢爲縣，内永壽隸邠州，好時隸鳳翔府。若止復割此兩縣，委是供贍將兵不足。其醴泉、武功二縣，雖見屬永興，緣逐縣附近醴州，乞割隸醴州。」從之。

〔二〕宣和：原無，據《文獻通考》卷三二二補。按，《宋史》卷八七《地理志》三云「宣和七年改」。

太平興國二年八月五日，右拾遺李瀚言〔一〕：「諸道藩鎮所管支郡，多俾親吏掌其關市，頗不便於商賈，滯天下之貨。望下令有所統攝，以分方面之權，尊奬王室，亦（疆）〔彊〕幹弱枝之術也。」詔邠、寧、涇、原、渭、鄜、坊、延、丹、陝、虢、襄、均、房、復、鄧、唐、澶、濮、宋、（毫）〔亳〕、鄆、濟、滄、德、曹、單、青、淄、兖、沂、（具）〔貝〕、冀、滑、衛、鎮、深、趙、定、祁等州先隸藩鎮，今並直隸京（郡）〔都〕，長吏得自奏事。

陝州：湖城縣，太平興國三年自虢州來隸，熙寧四年廢爲鎮，隸靈寶縣〔二〕，元豐元年復爲縣隸。

硤石縣，乾德五年移治石壕鎮〔三〕，仍割河南永寧縣之胡郭管隸焉。太平興國二年徙今治，三年自虢州來隸，熙寧六年廢隸陝縣。

閿鄉縣，太平興國三年，自虢州來隸。

延安府：劉豫改爲延州，紹興九年收復，依舊。

豐林縣，熙寧五年廢爲鎮，隸膚施縣〔四〕。

金明縣，熙寧五年廢爲寨，隸膚施縣〔五〕。

延水縣，熙寧八年廢爲鎮，隸延川縣。

淳化五年五月二十三日，以延州石堡寨爲威塞軍。

紹聖四年六月十二日，樞密院言：「鄜延經畧司奏，延安府延川縣城形勢不便，難爲守禦，合依延長、臨真縣例，廢作不可守禦縣。」從之。

40 同州：唐匡國軍節度〔六〕，梁爲忠武軍，後唐復舊，周降爲軍事，宋朝改定國軍節度。

夏陽縣，熙寧三年廢爲鎮，隸郃陽縣。

沙苑監，乾德三年於同州馮翊、朝邑二縣境置監〔七〕。

華州：唐鎮國軍節度，周降爲軍事，宋朝初爲鎮國軍節度，皇祐五年改鎮潼軍。

蒲城縣，京兆府奉先縣，乾德二年隸同州，開寶四年改爲蒲城，天禧四年自同州來隸。

渭南縣，熙寧六年廢爲鎮，隸鄭縣，元豐元年復〔八〕。

清平軍：大觀元年陞鳳翔府清平鎮爲軍，隸永興。

乾州：軍事，領三縣，乾德二年以京兆府好畤、邠州永壽二縣來隸。熙寧五年廢州，以奉天縣隸京兆府，永壽縣還舊隸，好畤縣隸鳳翔府。（商州）

商州：紹興九年聽金州節制。

紹興九年七月二十一日，陝西路宣諭使周聿、郭浩等言：「乞將虢州隸京西，商州隸金州節制。并金州舊屬京西南路，紹興三年本州失守，至紹興六年朝廷差郭承宣知

〔一〕李瀚：原作「李幹」，據《長編》卷一八改。
〔二〕靈寶：原倒，據《宋史》卷八七《地理志》三乙。
〔三〕石：原作「右」，據《宋史》卷八七《地理志》三改。
〔四〕膚：原作「鄜」，據《宋史》卷八七《地理志》三改。
〔五〕膚：原作「鄜」，據《宋史》卷八七《地理志》三改。
〔六〕匡國軍：原作「正德軍」，據《太平寰宇記》卷二八、《元豐九域志》卷三改。
〔七〕朝邑：原作「朝城」，據《太平寰宇記》卷二八改。
〔八〕元年：原作「九年」，據《宋史》卷八七《地理志》三改。

州，隸屬川陝宣撫使司，本官措置營田，搜訪遺利，漸次富實。今移帥鄜延，其金州却合委四川宣撫司選有武勇、諳民事兵官前去鎮守，依舊隸四川宣撫司，庶幾與梁、洋一帶關隘首尾相應。」詔依舊隸四川宣撫司，虢州隸京西，商州聽金州節制。

〔鄜州〕：

鄜城縣，康定二年即縣治建康定軍使，隸本州。

三川41縣，熙寧七年廢爲鎮，隸洛交縣。

耀州：後唐順義軍節度，後爲團練。

虢州，唐弘農郡，至道三年改弘農〔一〕，尋改虢郡。

虢畧縣，舊名弘農。

朱陽縣，乾德六年廢隸常農縣，太平興國七年復置。

欒川縣，崇寧三年以鎮陞爲縣。

坊州：

昇平縣，熙寧元年廢爲鎮，隸宜君縣。

丹州：

宜川縣，舊名義川，太平興國元年改，熙寧八年析同州韓城縣新封鄉隸。

咸寧縣，太平興國三年廢入宜川縣。

汾川縣〔二〕，熙寧三年廢爲鎮，隸宜川縣。

雲巖縣〔三〕，熙寧七年廢爲鎮，隸宜川縣。

銀州：崇寧四年收復，五年廢爲城。

綏德軍：治平四年收復，廢爲綏德城〔四〕，元符二年以綏德城爲綏德軍。

（熙寧）〔元豐〕七年正月十九日〔五〕，陝西轉運副使范純粹言：「綏德城當夏賊之衝，乞立軍額。」以米脂、義合、浮圖、懷寧、順安、綏平六城咸隸焉。

環州：唐靈州方渠鎮，晉置威州，周爲環州，後降通遠軍。

通遠縣，舊名通遠，天聖元年改方渠，景祐元年復今名。

慶陽府：舊慶州，政和七年陞爲慶陽軍，宣和元年陞爲府。唐安化節度，後降軍事，建隆元年陞團練，四年降軍事。劉豫改爲慶州，紹興九年收復，依舊。

同川縣，乾德二年廢隸安化縣。

安化縣，唐安化縣，後改順化，宋42朝初爲安化，太平興國二年省邠州甘井、寧羌二縣地入焉。

華池縣，（並）熙寧四年廢。

彭原縣，熙寧三年自寧州來隸。

合水縣，熙寧四年置。

〔一〕改：原脱，據《元豐九域志》卷三補。

〔二〕汾：原作「分」，據《元豐九域志》卷三虢州條改。

〔三〕巖：原作「嚴」，據《元豐九域志》卷三改。

〔四〕此二句文意不完，據《宋史》卷一四、卷八七，當云「治平四年收復綏州，熙寧二年廢爲綏德城」。

〔五〕元豐：原作「熙寧」，據《長編》卷三四二改。

樂蟠縣，熙寧四年廢隸合水縣。

寧州：宣和元年陞爲興寧軍節度。

定平縣，熙寧五年自邠州來隸。

邠州：永壽縣，乾德二年以縣隸乾州，熙寧五年乾州廢，復來隸。

定邊縣，政和六年建。

涇州：

長武縣，咸平四年陞長武鎮爲縣，五年廢爲寨，政和七年陞爲平涼軍。

〔渭州〕：

崇信縣，乾德元年以舊崇信軍地置縣，隸鳳翔府，淳化中隸儀州，熙寧五年儀州廢，來隸。

安化縣，〔乾德〕二年析華亭縣地置縣，隸儀州，太平興國八年徙治制勝關，至道元年徙安化鎮，改今名。

儀州：唐義州，軍事，領三縣，乾德二年置安化縣，太平興國元年改，淳化中以鳳翔府崇信縣來隸。熙寧五年廢州，以華亭、安化、崇信三縣隸渭州。

〔原州〕：

彭陽縣，舊名豐義，太平興國元年改，至道三年自寧州來隸。

西安州：元符二年以南牟會新城建。元（祐）〔符〕二年五月二十一日，涇原路進築天都、南牟會，諸路築據要害，而各徑直相通。畢工，詔以南牟會新城爲西安州。

43〔懷德軍〕：元平夏城。大觀二年陞爲威德軍，續改今名。

鎮戎軍：至道元年以原州故高平縣地置軍〔一〕。

德順軍：慶曆三年正月二十三日，以渭州平涼縣地籠竿城爲德順軍。其地蓋籠竿川，大中祥符四年，知渭州曹瑋上言，隴山之外，坦爲兵衝，而州無扞蔽之勢，請兵（成）〔戍〕守而城之。至是，安撫使王堯臣請建軍也。

〔鳳翔府〕：

好畤縣，乾德二年自京兆府隸乾州，熙寧五年乾州廢，以縣隸府。

司竹監，宋朝因唐制，於鳳翔府盩厔縣置監〔二〕，隸鳳翔府。

〔隴州〕：

隴安縣，開寶二年析汧陽縣四鄉置縣。

〔鳳州〕：

開寶監，建隆三年於鳳州兩當縣七房鎮置銀冶，開寶五年陞爲監，隸鳳州。

鳳州，後唐防禦，建隆四年降團練〔三〕。五年二月七

〔一〕元年：《宋史》卷八七《地理志》三作「三年」。

〔二〕盩厔：原作「整屋」，據《宋史》卷八七《地理志》三改。

〔三〕建隆四年：《宋史》卷八七《地理志》三作「乾德元年」。按，建隆四年十一月改當年爲乾德，建隆四年即乾德元年。

日〔一〕，以雄勝軍爲雄勝鎮，依舊隸鳳州。

秦州：元祐三年十一月七日，兵部言：「秦州、岷州、階州舊爲沿邊，今則收復州郡甚多，恐秦、岷、階州合爲次邊。其次嵐、石州已在近裏，各無邊面，並令改爲次邊，委是經久利便。」又言：「熙河蘭會路沿邊近收復開拓，創建州城堡寨，展套蓄土，甚是闊遠，其秦州合作次邊。」從之。

太平監，秦州清水縣地，開寶五年于秦州清水縣置銀冶，太平興國三年陞爲監，隸秦州。

鞏州：皇祐四年以渭州地置古渭寨，熙寧五年建爲通遠軍，崇寧三年陞爲州。

隴西縣，元祐五年建。

通渭縣，崇寧五年以寨陞爲縣〔二〕。

通遠軍，熙寧五年以唐渭 44 州地古渭寨置軍。

崇寧三年十二月六日，熙河蘭會路經略安撫使王厚奏：「乞以通遠軍依舊爲渭州，陞爲節鎮，并乞改差文臣知州，仍乞自朝廷選除。」詔通遠軍改爲鞏州，仍堂除文臣知州，餘不行。

元祐五年十月十六日，三省言：「通遠軍申，乞添置倚郭一縣，以隴西爲名，差選人充尉，兼令、簿。」從之。（以上《永樂大典》卷一四一八八）

〔一〕五年：按，建隆無五年，疑指乾德五年。

〔二〕按，《宋史》卷八七《地理志》三鞏州下云：「崇寧五年通渭縣復爲砦，未詳何年以砦爲縣。」與此所載異。

宋會要輯稿　方域六

州縣陞降廢置　二

1 熙河路。元豐五年二月十三日，熙河路加「蘭會」二字。元祐四年八月二日，改爲熙河蘭岷路。元符元年八月一日，仍舊爲熙河蘭會路。崇寧四年正月一日，改爲熙河蘭湟路。宣和二年三月十五日，改爲熙河蘭廓路。紹興九年，改爲熙河蘭鞏路〔一〕。

大觀三年正月二十九日，詔曰：「國家誕受多方，靡間并包之度；奄有四海，咸歸覆燾之仁。朕獲承至尊，克紹先烈。惟湟川之沃壤，暨鄯成之奥區，失自有唐，復于今日。顧封陲之廣斥，已軼河源；肆聲教之遐敷，有光禹迹。民風丕變，邊候不驚。迺眷四州，實控二道。金湯既固，庶無疆埸之虞；耒耜方興，佇底坻京之積。爰綏有衆，永孚于休。湟州賜名嚮德軍，陞爲節鎮，西寧州爲賓德軍，廓州爲防禦，洮州爲團練。」

（元祐）〔元符〕二年閏九月四日〔二〕，詔以青唐爲鄯州，仍爲隴右節度，邈川爲湟州，宗哥城爲龍支城。鄯州、湟州并河南北新收復城寨並隸隴右，仍屬熙河蘭會路。

（元祐）〔元符〕二年八月八日〔三〕，熙河蘭會路經畧使孫路言〔四〕：「王贍已收復邈川城〔五〕。**2** 邈川係古湟中之地〔六〕，北控夏國、甘涼，西接宗哥、青唐，部族繁庶，形勢險要。南距河州百九十餘里〔七〕，東至蘭州二百餘里，請建爲湟水軍。」詔路詳累降約束指揮施行。

崇寧四年正月一日，詔熙河蘭會路宜以熙河蘭湟路爲名〔八〕。

政和七年三月二十三日，詔：「熙、河、鄯、湟（日）〔自〕開拓已來，疆土雖廣，而地利悉歸屬羌，官兵吏禄仰給縣官，不可爲後法。仰本路帥臣相度，以錢銀茶綵或以羌人所嗜之物與之貿易。土田既多，即招置弓箭手入耕出戰，以固邊圉。」

紹興九年六月十二日，樞密院言：「熙河蘭廓路經畧安撫司奏：本路舊管一十州軍，以熙河蘭廓路經畧安撫司爲稱。昨因兵火，將河外西寧、樂、廓等州官吏軍民移那前來河裏諸州，緣此行移止以熙河路經畧安撫司稱呼。今承

〔一〕鞏：原作「華」，據後文「紹興九年六月十二日」條改。
〔二〕元符：原作「元祐」，據《長編》卷五一六改。
〔三〕元符：原作「元祐」，據《長編》卷五一四改。
〔四〕會：原作「岷」，《長編》卷五一四同。按，「岷」當作「會」，元符元年已改「熙河蘭岷路」爲「熙河蘭會路」，《長編》卷五〇五以下各卷書孫路官銜亦皆作「熙河蘭會」。因改。
〔五〕王贍：原作「王瞻」，據《長編》卷五一四及《宋史》卷三五〇《王贍傳》改。
〔六〕係：原作「孫」，據《長編》卷五一四改。
〔七〕河州：原作「河川」，據《長編》卷五一四改。
〔八〕以熙河蘭湟路：原作「以熙河蘭會湟路」，據上文及《宋史》卷二〇《徽宗紀》二改。

樞密院劄子，爲遷割河南故地事，劄付熙河蘭廓路經畧安撫司。本司所割別無廓州，未審如何稱呼。」詔以熙河蘭鞏路爲名。

熙州：

狄道縣，熙寧五年收復置，九年廢，元豐二年復。

熙寧五年八月，以唐臨州地、羌人號武勝軍地置鎮洮軍，十月改熙州、臨洮郡、鎮洮軍節度。

蘭州：元豐四年九月建州爲帥府，以熙州爲列郡。

蘭泉縣，崇寧三年建。

西寧州：舊鄯州，崇寧三年陞爲隴西節度〔一〕，仍置都護。大觀二年改爲西平郡，作中都督府，尋爲隴右節度，加賓[3]德軍。

大觀二年七月六日〔二〕，詳定《九域圖志》所言：「新附州軍除典籍該載可以斟酌外，今西寧州乞以西平爲郡名，爲中都督府；庭州以懷德爲郡名，爲下州。」

紹興十四年三月十六日，詔岷州可改爲西和州。

會州：

敷文縣〔三〕，崇寧三年建。

廓州，元符二年廢爲城，崇寧三年復爲州，防禦。

崇寧二年九月一日，熙河蘭會經畧王厚奏：「將來建置城寨，乞以鄯州爲隴西節度，仍置都護；湟州爲副都護。溪哥城乃古積石軍，今當爲州，乞置河南安撫司。廓州去鄯百里而近，止爲城，置知城。其餘辟差官吏、分屯人馬等悉條上。」並從之。

三年六月二十三日，熙河蘭會路措置邊事司言：「昨相度廓州建爲寧(寨)〔塞〕城，已準依奏。今再相度，宜建爲州，鎮守疆埸，以保邊防。」詔寧塞城賜名廓州。

【宋會要】

洮州，大觀二年以臨洮城陞爲州，團練。

樂州，舊邈川城，元符二年建爲湟州，崇寧二年爲副都護，大觀二年賜名嚮德軍節度，宣和元年改今名。

綏州，上郡，舊領龍泉〔四〕、城平、綏德、延福、大斌五縣，唐末陷吐蕃。熙寧二年收復，廢爲綏德城。

震武軍，政和六年建。

至道元年五月二十日，詔靈州界定遠鎮宜建爲軍，仍以威遠軍爲額。

太原府：唐大都督、太原尹、河東節度使。太平興國四年平劉繼元，降爲軍事州。嘉祐四年，復爲太原府、河東節[4]度。大觀元年，陞爲大都督府。

〔一〕三年：原作「二年」，據《宋史》卷八七《地理志》三改。按，據《宋史》卷一九《徽宗紀》一，崇寧三年四月復鄯州。

〔二〕大觀二年：原作「大觀七年」，據上條改。

〔三〕縣：原作「院」，據《宋史》卷八七《地理志》三改。

〔四〕龍：原作「隴」，據《舊唐書》卷三八《地理志》一改。

平晉縣，隋晉陽縣，劉崇改樂崇，建隆四年來降，以爲平晉軍，太平興國四年改爲縣，熙寧三年廢〔入〕陽曲縣。

太原縣，太平興國四年廢隸榆次縣。

交城縣，四年以縣置大通監，寶元二年復來隸。

陽曲縣，七年徙州治于縣之唐明鎮。

太〔國〕〔平〕興國四年五月十日，詔曰：「乃眷太原，本維藩鎮，蓋以山川險固，城壘高深，致奸臣賊子違天拒命。因其悖逆，詿誤軍民。今既盪平，議須更改，當令衆庶，永保安寧。其太原舊城並從毀廢，仍改爲平晉縣，別于榆次縣創立并州。」

政和五年四月六日，户部言：「太原府舊平〔原〕〔晉〕縣，太宗皇帝復河東駐蹕之地。熙寧初，以汾水溢而廢，請復爲縣。」從之。

〔隆德府〕：舊潞州，唐昭義軍節度。

崇寧三年陞隆德軍爲隆德府，仍還昭德舊節。

黎城縣，熙寧五年廢隸潞城、涉二縣。

〔平陽府〕：汾西縣，太平興國七年徙今治。

和川縣，熙寧五年廢爲鎮，隸冀氏縣，元祐元年復。

襄陵縣，天聖元年徙治晉橋店，熙寧五年廢州，以鄉寧縣分隸。

元豐二年三月十七日，知晉州王説言：「百姓輸納、辭訟日遠不便，酒稅歲失官課。兼竊稽趙氏之先，季勝生孟增，孟增生衡父，衡父生造父，周繆王賜造父以趙城，今趙城是也，由此爲趙氏。乃是國家得姓始封之地，不與 **5** 他縣邑比。」故復之。

平陽府，舊晉州，陞爲平陽府。

政和六年八月二十八日，手詔：「祖宗以來，賜履踐祚之地，皆建府號。晉、壽、齊三州，乃太宗、真宗、英宗封建之邦，有司失于申明，懼不足以仰對在天之靈而俯慰邦人之望，可並陞爲府，晉爲平陽，壽爲壽春，齊爲濟南。」

〔麟州〕：乾德五年十二月四日〔一〕，詔曰：「眷彼麟州，地連金澤，懷柔鎮撫，實曰要區。俾分節制之權，以重藩宣之寄。宜陞爲節鎮，以建寧軍爲名。」唐建寧軍節度，端拱元年以建州軍額同，改鎮西軍。乾德初移治吴兒堡。

新秦縣，政和四年廢銀城、連谷二縣併入。

慶曆四年四月〔二十〕八日〔二〕，帝謂輔臣曰：「上封者數請廢麟州，以其饋糧勞民，其利害如何？」章得象曰：「麟州四面蕃漢户皆爲元昊所掠，今野無耕民，故一路困于饋運。欲更爲寨，徙其州少近〔附〕〔府〕州，以省邊民之役。」帝曰：「州不可廢，但徙屯軍近府州，別置一城，亦可紓其患也。」

政和四年四月十四日，詳定《九域圖志》所編修官蔡經

〔一〕乾德：原作「開寶」，據《元豐九域志》卷四、《宋史》卷二《太祖紀》二改。但《長編》卷八繫此事於十二月十五日己巳，《宋史》卷二則繫於十九日癸酉，日分各異。

〔二〕八日：原作「二十八日」，據《長編》卷四一八及本書方域二一之六刪。

國劄子：「照對舊《九域圖志》並載麟州管下新秦、銀城、連谷三縣，各有所管堡寨、山川界分。本州今供却只作新秦等縣，其銀城、連谷並屬新秦，本所致未敢便作新秦一縣修立，合取自朝廷指揮。」詔麟州管下新秦等三縣，今後只以新秦縣稱呼。其銀城、連谷縣並廢罷，併入新秦縣。

6 府州：崇寧元年改爲靖康軍，建炎元年改府州靖康軍額爲保成軍。

政和五年八月二十日，詔以府州爲榮河郡。

建炎元年七月二十七日，知府州折可求言：「府州軍額舊係永安軍，緣犯陵名，准朝旨改爲靖康軍，又與年號相礙，乞行改稱。」詔以保成軍爲額。

絳州：宋朝陞防禦。

代州：乾德元年陞防禦。

唐林縣，景德二年廢隸崞縣。

【宋會要】

隰州：

吉鄉縣，熙寧五年廢慈州，來隸，即縣治置吉鄉軍使。

忻州：

定襄縣，熙寧五年廢隸秀容縣。

嵐州：

樓煩縣，唐樓煩監，咸平五年移憲州治于静樂縣，以此城依舊爲樓煩縣，隸州。

汾州：

孝義縣，熙寧五年廢爲鎮，隸介休縣，元祐元年復。

憲州：熙寧三年廢憲州〔一〕，十年復置。

静樂縣，咸平二年陞縣爲軍，五年徙憲州於静樂縣，仍併玄池〔二〕、天池二縣入焉。熙寧三年州廢，縣隸嵐州，十年復置州，來隸。

政和五年八月二十日，憲州爲汾源郡。

慈州：文城郡，團練，領三縣。熙寧五年，廢州爲吉鄉軍，以文城縣爲鎮，入吉鄉縣，隸隰州。省鄉寧縣，析其地隸晉、絳二州。六年，省昭德縣爲鎮，隸滏陽縣〔三〕。

〔豐州〕：7 不統縣，政和五年爲寧豐郡。

遼州：樂平郡，軍事，領四縣。熙寧七年州廢，省平城、和順二縣入遼山縣，隸平定軍，榆社縣入威勝軍武鄉縣。元豐八年復。

平城縣、和順縣，熙寧七年廢州，省二縣爲鎮，入遼山縣，隸平定軍。

榆社縣，熙寧七年廢爲鎮，隸威勝軍武鄉縣。元豐八

〔一〕憲州：原作「嵐州」，據《宋史》卷八六《地理志》二改。

〔二〕池：原作「地」，據《宋史》卷八六《地理志》二改。

〔三〕按，此句大誤。本書方域五之三二云：「磁州昭德縣，熙寧六年廢爲鎮，隸滏陽縣。」《元豐九域志》卷二磁州下所載亦同。可見此爲磁州事。磁州屬河北西路，治滏陽，即今河北磁縣；而此慈州屬河東郡，治吉鄉，即今山西吉縣，相隔千里，所謂風馬牛不相及。此蓋《大典》抄自他處，又誤以磁州爲慈州，遂添於此。

年復置州，縣復來隸。

〔岢嵐軍〕：唐岢嵐軍，後廢爲嵐谷縣，太平興國五年復爲軍。

嵐谷縣，五年自嵐州來隸，熙寧三年廢，元豐六年復。

寧化軍：太平興國五年以嵐州寧化縣置軍。

寧化縣，五年以嵐州之固軍爲縣來隸，熙寧二年廢縣〔一〕，元祐元年復，崇寧三年又廢。

崇寧三年七月六日，河東路〔按〕察司奏：「寧化軍管下倚郭寧化縣户口不多，職事稀簡，昨熙寧中已經相度廢罷。至元祐間，止緣本路有合興復縣鎮，一例却復爲縣，即別無利害，乞依舊廢罷。」從之。

【宋會要】

威勝軍：太平興國二年以潞州銅鞮縣亂柳石圍中建爲軍。

銅鞮縣，武鄉縣，二年自潞州來隸。

沁源縣〔二〕，六年廢沁州來隸。

綿上縣，寶元二年自大通監來隸。

太平興國二年四月四日，八作使李繼昇言：「先受詔，潞州北亂柳石圍中修築城池畢。」詔曰：「要衝之地，控扼攸宜，特築軍城，以壯戎備，宜以威勝軍爲名。」

平定軍：太平興國四年以并州廣陽縣建軍〔三〕。

廣陽縣，8 四年改平定，自并州來隸。

樂平縣，四年自并州來隸。

遼山縣，熙寧七年廢遼州來隸。

沁州：陽城郡，軍事，領三縣。太平興國六年廢州，以和川縣隸晉州，沁源縣隸威勝軍，綿上縣隸大通監。

晉寧軍：元符二年八月二十四日〔四〕，樞密院言：「河東路經畧使林希奏，元豐中進築米脂、葭蘆、吴堡三寨，以嵐、石之人始戍河西〔五〕，然密睇麟、府，猶迂十舍。自前年復葭蘆後，築神泉、烏龍〔六〕，通接麟、延，稍相屏蔽，嵐、石遂爲次邊，麟、府不爲孤絶，實自先帝經始葭蘆，爲今日通道之根本。望建葭蘆爲軍，以章先烈。」詔特建爲晉寧軍。

大觀三年九月九日，河中安撫使洪中孚奏：「昨準御前劄子，晉寧軍管下臨泉縣，元係撥到石州定胡縣十分之四。晉寧係極邊，兼本路安撫只有一縣，户口不多，恐未能資一軍六寨之費。若將定胡縣併歸本軍，有無未便，詔仰帥臣契勘聞奏。取到人户狀，別無不便。」從之。

静樂軍：咸平二年，以憲州静樂縣爲軍，五年廢入憲州。

〔一〕二年：《宋史》卷八六《地理志》二及《元豐九域志》卷四均作「三年」。

〔二〕沁：原脱，據《宋史》卷八六《地理志》二補。

〔三〕按，《元豐九域志》卷四與此同。《長編》卷一八：太平興國二年四月丁酉，「以鎮州廣陽寨爲平定軍」。《宋史》卷八六《地理志》二説同。當以《長編》爲是。

〔四〕元符：原作「元祐」，據《長編》卷五一四改。

〔五〕戍：原作「戊」，據《長編》卷五一四改。

〔六〕烏：原作「爲」，據《長編》卷五一四改。

(熙寧)〔咸平〕五年五月八日〔一〕，詔曰：「列城障塞〔二〕，控制外蕃，審其形勢之宜，當處要衝之地。俾遷治所，用壯邊陲。宜以静樂軍置憲州〔三〕。」在静樂東南，領樓煩、玄池、天池三縣，治樓煩。至是，以地非要害，且卑隘多水潦，遂議徙置。初，嵐州静樂縣北三十里有寨，因縣爲名，咸平二年爲軍，至是置州，徙静樂縣治郭下，廢玄池、天池二縣入焉。以樓煩縣【9】隸嵐州。

大通監：太平興國四年，以并州交城縣置監，六年以沁州綿上縣隸焉〔四〕。寶元二年，以交城縣還隸并州，俾知縣兼領監事，以綿上縣隸威勝軍。

永利監：咸平四年建河東(推)〔権〕鹽院爲監。

淮南路，太平興國元年分東西路，後併一路，熙寧五年復分二路。

紹興五年正月二十四日，三省言：「依近降德音，淮甸累經殘破，理合權宜減省。今條具：承州欲權廢爲高郵縣，隸(陽)〔揚〕州，興化縣依舊隸泰州。舒州欲廢三縣，蘄州欲廢兩縣，和州、滁州、楚州、無爲軍等處欲並廢一縣。仍令逐州守臣量度户口多寡、地里遠近，各具合廢縣分申帥司，保明申尚書省。其廢併去處，各置監鎮官一員。」從之。

紹興五年(七)〔十〕月七日〔五〕，詔高郵縣陞爲軍額，差知縣兼軍使，(祇)〔秖〕以見任官吏、軍兵爲額，更不增添。從都督行府請也。

三十一年四月十九日，權發遣淮南路轉運副使楊杭言〔六〕：「揚州高郵縣元係軍額，昨緣兵火，一時權宜爲縣。今來户口在淮東最爲盛處，第去揚州遼遠，民户輸納不便。兼縣界所管運河堤岸接連，湖濼深遠，豪右猥通奸利，慮致引惹生事，乞依舊改爲高郵軍。所有合置軍事判官、録事、司(珵)〔理〕、司法參軍、兵馬都監、監在城酒税務、高郵縣令、縣尉兼主簿，乞各置一員，指使共置四員，更不須添差不釐務指使之類。其合置官，【10】許漕司同本軍守臣踏逐委可倚仗之人奏辟。自餘合行事件，乞依盱眙軍元降指揮體例施行。仍乞下所屬給降見錢二萬貫、米三千石，應副支遣。」詔知軍就差呂令問，錢于揚州紹興三十一年分未起經總制錢内、米於常平米内，並依數支撥。餘從之。

皇祐三年正月二十四日，詔江寧府、揚州、廬州、洪州、福州並帶提轄本路兵甲賊盗公事，益屯禁兵。仍分淮南爲兩路，揚州爲東路，廬州爲西路。

大觀元年十二月十二日，詔：「東南久安，兵寡勢弱，

〔一〕咸平：原作「熙寧」，據《宋大詔令集》卷一五九改。
〔二〕塞：原作「寨」，據《宋大詔令集》卷一五九改。
〔三〕樂：原脱，據《宋大詔令集》卷一五九補。
〔四〕六年：原無，據《元豐九域志》卷四補。
〔五〕十月：原作「七月」，據《建炎要録》卷九四改。
〔六〕楊杭：他書記此人事迹，多作「楊抗」。

人輕易摇，或遇水旱，巨盜竊發。當謹不虞之戒，用消奸萌。可以揚、杭、越、江寧、洪、荆南、福、潭、廣、桂爲帥府，選侍從官或帶職人爲帥，仍兼總管。真、潤、明、江、虔、靖、邵、泉、封、邕爲望郡，選曾任監司、郎官、卿少以上人爲守。」

揚州：唐淮南節度，建炎元年陞爲帥府。

天長縣，唐縣，周改天長軍，至道二年復爲縣來隸。建炎元年陞爲軍，四年廢爲縣。紹興十一年復陞爲軍，十二年復爲縣〔一〕，隸盱眙軍。

高郵縣，開寶四年以縣建高郵軍，熙寧五年軍廢，縣來隸。

廣陵縣，熙寧五年廢隸江都縣。

泰興縣，建炎四年割隸泰州，紹興五年依舊來隸。

紹興五年二月二十八日，詔楚州淮陰縣、泰州興化縣並廢併爲鎮。

宿州：

臨涣縣，大中祥符七年隸亳州〔二〕，天禧元年復來隸。

11 靈（璧）〔壁〕縣，元祐元年以鎮陞爲縣，七月廢爲鎮，七年二月復爲縣，政和七年改「零」爲「靈」。

大中祥符七年正月二十一日，詔割宿州臨涣縣隸亳州，其税户差徭依真源縣例施行。天禧元年，縣復還隸宿州，但析天净宫、大李一鄉隸亳州蒙城縣。

元祐元年四月二十五日，户部言：「宿州零（璧）〔壁〕鎮在符離、蘄、虹三縣之中，盜賊轉徙，艱于迹捕，良民不得安業。欲乞將三縣近零（璧）〔壁〕鎮鄉管割隸本鎮，仍以本鎮爲縣。」從之。

保静軍，舊宿州，建隆元年陞爲防禦，開寶五年陞爲保静軍節度。劉豫改爲防禦州，紹興九年收復，依舊。

楚州：

鹽城縣，開寶九年自泰州來隸，紹興元年撥隸漣水軍，三年還隸。

（連）〔漣〕水縣，太平興國三年自泗州隸漣水軍，熙寧五年廢軍〔三〕，縣來隸。建炎四年陞爲軍，紹興五年復爲縣，十一年陷，三十二年收復，依舊來隸。

建炎四年五月二十四日，詔：「楚州漣水軍雖有軍額，自來秖差知縣，隸楚州，事力單弱，可令依舊額，更不隸楚州。其合行事件，並申取鎮撫使指揮施行。」

紹興元年八月九日，詔楚州管下鹽城縣撥隸漣水軍。以權發遣漣水軍吳誠申，收復楚州鹽城、山陽兩縣。樞密院言：「勘會山陽縣雖吳誠收復，係楚州倚郭，合還楚州。」時朝廷慮漣水軍養贍吳誠所部軍馬不足，故有是詔。

三年二月十八日，權發遣楚州楊揆言：「鹽城縣係産

〔一〕十二年：《宋史》卷八八《地理志》四作「十三年」。
〔二〕大：原作「宋」，據《宋史》卷八八《地理志》四改。
〔三〕熙寧：原脱，據《宋史》卷八八《地理志》四及《元豐九域志》卷五補。

鹽地分，全藉課税應[12]副本州。并漣水軍舊係本州屬縣，近改軍額，將鹽城縣撥隸漣水軍。本州屯戍用度不少，乞依舊將鹽城縣撥還本州。」詔依，其漣水軍聽楚州沿淮安撫司節制。

五年閏二月十九日，詔漣水軍依舊（充）〔爲〕漣水縣，隸楚州，知縣兼充軍使。以淮東安撫司言，漣水軍地界不廣，户口凋瘵，依德音可以併省，故有是詔。

三十二年三月三日，淮南東路安撫、轉運、提刑司言：「漣水縣舊隸楚州，昨緣金賊占據，地界隔絶，權隸海州。今收復了當，兼每楚州（剗）〔對〕岸，相去海州二百餘里，地程遥遠，乞將漣水縣依舊撥屬楚州。」從之。

三十二年十一月二十三日，江淮東西路安撫使司言：「漣水縣已得旨隸屬海州，昨差忠義（純）〔統〕制郭昇知縣事。緣本縣去海州二百四十里，道路艱遠，乞陞爲軍額，隸本路帥司。」從之。

淮陰縣，熙寧十年（沂）〔析〕泗州臨淮地入焉，紹興五年廢爲鎮，六年復。

吴城縣，紹興三年廢爲鎮。紹興三年十一月九日，淮南東路安撫、提刑司言：「楚州吴城縣所管止有八十八户，乞依舊爲鎮，隸淮陰縣，差置武臣監鎮，廢罷巡檢、縣尉。」從之。

六年八月一日，楚州言：「據士民景昇等狀，乞將淮陰鎮依舊爲縣。」從之。

海州：東海縣，開寶三年以朐山縣東海監爲縣。

【宋會要】

泰州：周爲團練，乾德五年降軍事。

泰興縣，乾德二年徙治[13]柴墟鎮。

興化縣，建炎四年撥隸高郵軍，紹興五年軍廢，復來隸。

是年廢爲鎮，十九年復爲縣。

紹興五年三月八日，詔泰州泰興縣并柴墟鎮及遵化鄉撥隸揚州。以知揚州葉焕言：「前任守臣湯東野、宋孝先在任已得指揮，將泰興縣并柴墟鎮、遵化一鄉撥隸揚州，因虜人侵犯，權隸泰州。上件縣鎮鄉不經虜人入境，即有税入可助揚州經費，乞還隸揚州。」故有是詔。

紹興（二十）〔十九〕年八月四日〔一〕，詔復泰州興化鎮爲縣。從本路諸司請也。

【宋會要】

泗州：

招信縣，舊名昭義〔二〕，乾德元年自濠州來隸，太平興國元年改，建炎四年撥隸濠州。紹興二年復，十一年隸天長軍，十二年隸盱眙軍〔三〕。

建炎四年九月十七日，詔泗州招信縣特割屬濠州。以

〔一〕十九年：原作「二十年」，據上文及《建炎要録》卷一六〇改。
〔二〕昭義：《元豐九域志》卷五、《舊唐書》卷四〇《地理志》三作「招義」。
〔三〕十二：原作「二十」，據《輿地紀勝》卷四四招信縣下引《國朝會要》及《宋史》卷八八《地理志》四乙。

劉綱言：「蒙朝廷指揮，(今)〔令〕綱帶萬人聽呂頤浩使喚，餘人發歸本鎮。緣綱世居泗州，所統之衆類多土人，今朝廷已分泗州隸趙立鎮撫，令綱所部却歸滁、濠，則人各思歸，勢必離散。」尚書省勘會，劉綱世居招信，理宜措置分隸，故有是詔。

紹興十一年十二月九日，樞密行府言：「泗州淮河南岸盱眙、招信兩縣，欲將揚州天長縣陞作天長軍，其盱眙、招信兩縣撥隸本軍。所有知軍并盱眙知縣，從朝廷選差曾經邊任、歷練民事武臣充。仍于盱眙縣置榷場，專差有才幹官一員措置管幹。」從之。

14〔真州〕：乾德二年，以揚州永貞縣迎鑾鎮爲建安軍〔一〕。大觀元年陞爲望郡，政和七年爲儀真郡。

(楊)〔揚〕子縣，舊名永貞，雍熙二年自揚州來隸，大中祥符六年改。

六合縣，至道二年自揚州來隸。政和七年爲静海郡〔二〕。

通州：政和七年以通州爲静海郡。

高郵軍：開寶四年以揚州高郵縣建軍，熙寧五年廢軍，並以縣隸揚州，元祐元年復置。紹興五年廢爲縣，隸揚州，是年十月爲軍使。三十一年復陞爲軍。建炎四年五月二十四日，詔高郵軍可改爲承州，分割泰州興化縣隸屬。其揚州泰興縣舊屬泰州，却依舊撥還。

漣水軍：太平興國三年以泗州漣水縣置軍，熙寧五年廢軍，以縣隸楚州。紹興三十二年十一月二十三日，以海州漣水縣建軍。

滁州：

來安縣，紹興五年廢入清流縣，十八年復，乾道九年閏正月三十日廢爲鎮〔三〕，隸清流縣。紹興十八年八月十八日，詔復滁州來安鎮爲縣，從本路諸司之請也。

紹興五年閏二月十九日，淮南東路宣撫使司言：「滁州欲廢一縣。今權知軍州事何洋躬親詣本州管下清流〔四〕、來安、全椒三縣量度户口多寡。數内來安縣殘破尤甚，户口數少，今乞廢併屬清流縣。其來安縣只置監鎮一員，欲就差承節郎、權來安縣尉張仲武充監鎮，管幹本鎮公事，兼監税，餘官屬並罷。」從之。

15盱眙軍：舊泗州盱眙縣，建炎三年陞爲軍，四年廢爲縣。紹興十一年隸天長軍，十二年復陞爲軍，割天長、招信兩縣來隸。

建炎三年六月一日，詔盱眙軍並依天長、高郵軍例施行。

〔一〕永貞：原作「永正」，據《太平寰宇記》卷一三〇、《元豐九域志》卷五改。按「貞」爲本字，後人避仁宗諱改作「正」，今回改。下同。

〔二〕政和七年爲静海郡：據下條所述並參《宋史・地理志》，政和七年改通州爲静海郡，而此繫於「六合縣」後，當是衍文。

〔三〕正月：原作「五月」，據本書方域一二之二一改。

〔四〕何：原作「河」，據《建炎要録》卷八四改。

建炎四年九月二十二日，詔趙立除楚泗承州漣水軍鎮撫使，兼知楚州，王林知承州。天長軍依舊爲天長縣，隸揚州；盱眙軍依舊爲盱眙縣，隸泗州。以（立）〔趙〕立等奏，承州天長軍鎮撫使薛慶援揚州應敵未到，慶下統制王林權承州事，故有是詔。

紹興十二年九月九日，中書門下省言：「盱眙縣係與泗州對境，使人往來，直至天長軍，沿路別無管待去處。」詔盱眙縣陞爲軍，天長軍依舊爲縣，隸本軍。

九月十六日，知盱眙軍沈該言：「初置本軍，合用印以『盱眙軍印』四字爲文，乞行鑄造。本軍官屬除通判從朝廷選差外，昨來天長軍有判官一員右文林郎施璋，司理一員右迪功郎胡望之，司法一員右迪功郎孫守信，兵馬監押一員保義郎向居仁。今乞依上件員數就差，候臣到任，取會（遂）〔逐〕官願狀，先次借職，申朝廷別給付身。如合別行差人，即乞從該踏逐，具姓名申朝廷辟差。天長軍昨添置指揮使二員，許臣踏逐有心力能幹之人，不以大小使臣、校副尉，下班祗應，不依常制辟差。推揚全藉有才力之人管幹，切慮內有不勘倚仗之人，欲乞從臣踏逐，申朝廷（葑）〔對〕換，各不理遺闕。本軍未有常賦，所有官兵請給及過往批16請等支遣，乞依天長知軍劉武經例，下本路轉運司或近便官司支撥錢米應副。本軍公使庫合（除）〔降〕歲賜錢物及許造酒數目，乞候該到日，體訪天長軍例，別具數目申乞給降施行。」勘會天長縣見有寄樁曹烜銀，詔令沈該于前項銀內取撥一千兩，（片）〔并〕令胡紡于近便大軍米內支一千石，津發前去，應副支用。餘從之。

紹興元年四月八日，通判建昌軍莊綽言：「竊見大觀中忌諱日廣，君、主、龍、天、萬年、萬壽之類，縣邑稱呼名字例皆改易，有識觀之，以爲靖康之讖。欲乞應緣避前項衆字所更縣邑鄉村寺院等名，並令如故。」進奏院供到元避字去處，海州龍苴巡檢等處，詔並令改正，更有似此去處，令所屬申尚書省。進奏院狀：海州龍苴巡檢今改爲苴城巡檢，邠州龍泉鎮改爲清泉鎮，汝州龍興縣改爲寶豐縣，西京龍門鎮改爲通洛鎮，嘉州龍遊〔縣〕改爲嘉祥縣，循州龍川縣改爲雷鄉縣，袁州萬載縣改爲建城縣，處州龍泉縣改爲劍川縣，鼎州龍陽縣改爲辰陽縣，濟南府龍山鎮改爲般水鎮，龍州改爲政州，化州石龍縣改爲羅川縣，河中府龍門縣改爲河津縣，中山府龍泉鎮改爲雲泉鎮，衢州龍遊縣改爲盈川縣，常州武進縣萬歲鎮改爲阜通鎮，秀州青龍鎮改爲通惠鎮，吉州龍泉縣改爲泉江縣，涪州武龍縣改爲枳縣。

紹興十年八月二日，尚書省言：「收復到宿、亳、徐、海州，未（會）〔曾〕撥隸路分。」詔宿17州、海州隸淮東，亳州隸淮西，徐州隸京東。

西路。紹興五年六月九日，淮西安撫使言：「舒州合廢三縣，相度除桐城、懷寧兩縣依舊及存留望江縣外，欲將太湖縣併入懷寧，宿松縣併入望江縣。蘄州欲廢羅田縣爲羅田鎮，隸蘄水縣；廢廣濟縣爲廣濟鎮，隸蘄春縣，仍置監鎮務一員，兼烟火公事。和州乞廢烏江縣併入歷陽烏江縣〔一〕，無爲軍乞廢巢縣爲鎮。」從之。

壽春府：舊壽州，政和六年陞爲壽春府，劉豫改爲壽州，紹興九年收復，依舊，寄治安豐縣。十二年置安豐軍，遂廢。紹興三十二年十二月二十九日，以壽春縣爲壽春府，淮北壽春府爲下蔡縣。乾道三年十二月十五日，壽春府改爲安豐軍。

蒙城縣，舊隸亳州，紹興九年來隸。

紹興九年四月十八日，樞密院言：「壽春府見於本府安豐縣寄治，其舊府係在淮北，今已交割地界了畢。」詔壽春府自合隸淮西路，其移治令孫暉相度聞奏。孫暉奏，壽春府舊城係淮河沿流去處，委是利便。從之。

六月十六日，壽春府言，乞將蒙城縣依舊隸本府，從之。

隆興二年十月五日，吏部言：「昨降旨，壽春縣改爲壽春府，安豐軍改爲安豐軍使，隸屬壽春府，今合以『安豐軍使、兼知壽春府安豐縣事、兼營田』爲稱。」詔王希呂差權安豐軍使、兼知壽春府安豐縣事，兼營田，日後令吏部依條差注。

18 六安軍：政和八年以壽春府六安縣陞爲軍。

蘄州：

羅田縣，元祐八年以石橋鎮陞縣，紹興五年廢爲鎮，是年復。

廣濟縣，紹興五年廢爲鎮，六年復。

紹興五年十月十三日，蘄州言，乞將羅田鎮依舊爲縣，從之。

紹興六年正月二十二日，提點淮南兩路公事言：「相度蘄州廣濟縣，乞依舒州太湖、宿松縣例，免廢爲鎮。」從之。

天長軍〔二〕，周以揚州天長縣建軍，至道三年廢，縣還舊隸。

【宋會要】

舒州：

太湖縣，紹興五年廢入懷（軍）〔寧〕縣，是年復。

宿松縣，紹興五年廢入望江縣，是年復。

紹興五年七月二十七日，詔舒州太湖、宿松縣仍舊，前降廢併指揮不行。

和州：

烏江縣，紹興五年廢爲鎮，七年復。紹興七年四月二十二日，司農少卿樊賓言，和州烏江自改爲鎮之後，戶口日漸增盛，乞依舊爲縣。從之。

〔一〕「歷陽」下「烏江縣」三字，據下句例疑當作「爲鎮」。《宋史》卷八八和州烏江縣下注云「紹興五年廢爲鎮」，是也。

〔二〕按天長軍屬淮南東路，應移前。

二十八年二月二十二日〔一〕，禮、户部言：「西和州申，本州元係岷州，後改爲西和州，其間名稱未正。乞改純禮觀爲天慶觀，廣慈院爲報恩光孝禪院，酒税務爲在城清酒商税務。鎮司并厢司烟火公事委都監，市令司委知録，其餘户婚民訟歸倚郭長道縣，或理斷未盡，許訴于州。」從之。

光州：宣和元年爲光山軍節度。

光山縣，紹興二十八年改爲期思縣，三十一年依舊。

〔紹興〕五年七月十四日，詔 19 光州褒信縣移治淮南上由市，以褒信（爲）鎮爲名，擇土豪首領補下班祗應，充監鎮兼烟火盜賊公事。以淮西宣撫使司言近僞界故也。

紹興二十八年五月十二日，詔改光州爲蔣州，光山軍額爲寧淮軍，光山縣爲期思縣，光化軍爲通化軍，光化縣爲通化縣〔二〕。

安豐軍，舊壽春府安豐縣，紹興十二年陞爲軍，割壽春府六安、霍丘、壽春三縣來隸。紹興三十二年十二月二十九日，即縣爲軍使，兼壽春府安豐縣事。乾道三年十二月十五日，安豐（縣）〔軍〕使依舊爲縣，隸本軍。

乾道（二）〔三〕年九月十七日〔三〕，吏部言：「壽春府已改安豐軍，安豐軍使依舊改作安豐軍，其屬邑知縣欲依舊並兼主簿、監税。」從之。

紹興十二年正月十九日，詔安豐縣陞爲安豐軍，以壽春、霍丘、六安三縣隸本軍。紹興十二年四月十九日，權發遣安豐軍事于澤言：「安豐縣陞爲軍，其安豐縣即未有存廢指揮。」詔安豐軍許置倚郭安豐縣。

廬州：大觀二年陞爲望郡。

梁縣，舊縣與孝宗御名同音，紹興三十二年十月三日改。紹興三十二年十月三日，試給事中金安節等言：「廬州管下一慎縣，與御名同音，合避。」詔下給舍，案本州圖經，縣在陳爲梁郡，至隋開皇初郡廢，爲今名，今欲從舊改作梁縣。從之。

安慶軍：舊舒州，政和五年改德慶軍，紹興十七年改爲安慶軍。

20 利豐監〔四〕，僞唐鬻鹽之所，在通州城南，太平興國八年移治州西南琅山，後廢。

海陵監，僞唐於泰州海陵縣置鬻鹽監，開寶七年移治于如皋，後廢。

鹽城縣，僞唐於泰州鹽城縣置鬻鹽監，太平興國二年隸楚州，大中祥符二年廢爲倉。（以上《永樂大典》卷一四一八八）

【宋會要】

〔一〕按，此條乃西和州，非和州，當移至下卷利州路。

〔二〕通：原作「遵」。天頭原批云：「原本作『通』。」按本書方域五之一九亦云改爲通化縣，據改。

〔三〕三年：原作「二年」，據上條及《宋史》卷八八《地理志》四改。

〔四〕按，以上三監皆在淮南東路，應移前。

21臨安府：淳化五年十月十四日〔一〕，詔曰：「浙右奧區，餘杭故壤。閭閻舊俗，有延陵廉讓之風；組練雄師，知孫武訓齊之令。控於滄海，實曰大藩。宜更節制之名〔二〕，用洽底寧之化。杭州、鎮海軍改爲寧海軍。」大觀元年陞爲帥府。建炎三年十一月三日敕：「杭州兩浙都會，今以邊面移帥司在鎮江府，於控扼未便。其守臣可令帶浙西同安撫使，領杭、湖、嚴、秀四州，仍杭州爲臨安府。」

臨安縣，舊名安國，太平興國三年改今名，隸順化軍。五年軍廢，縣復來隸。

南新縣，熙寧五年廢縣爲鎮，隸新城縣。

蘇州：平江府互見。後唐中吳軍節度，政和三年陞爲平江府、平江軍節度。五月十七日，手詔：「朕獲承聖緒，撫有方夏，迺睠三吳之重鎮，實惟二浙之名區，俗號富饒，民知禮義。昔在紹聖，嘗建節旄，有司因循，未遑表異。朕仰稽故事，俯酌師言，爰即軍名，肇新府號，以慰一方之望，以彰上帝之休。俾億萬年，永有慶賴，豈不偉哉！蘇州可陞爲平江府。」

潤州：鎮江府互見。唐爲浙江西道團練、觀察，亦爲鎮海軍節度。開寶八年十月二十日，詔曰：「鎮海之號，丹徒舊軍，自浙西之未平，命餘杭而移置。爰茲剋復，方披化條，宜別賜於軍名，用永光於戎閫。其潤州舊號鎮海軍，宜改爲鎮江軍。」大觀元年陞爲望郡，政和三年升爲22鎮江府、鎮江軍節度。

湖州：唐宣德軍節度。

越州：大觀元年陞爲帥府。紹興元年十月二十六日，詔越州陞爲紹興府。守臣陳汝錫言：「車駕駐蹕會稽，閱時滋久，它日法駕言還，恢復之功必自越始。願加惠此州，易一府額，錫之美名，以彰臨幸之休。」故有是詔。十一月十七日，又言：「本州既陞爲府，欲率官屬、士庶、僧道、耆老詣闕稱謝。」從之。

嵊縣〔三〕，宣和三年以剡縣改。

乾道八年五月十一日，詔以紹興府諸暨縣楓橋鎮爲義安縣，置知縣、縣丞、主簿兼尉、監税各一員，割諸暨之長阜、大部、長寧、東長安、西長安、泰、南鄉、紫嵓、花亭、花山十鄉隸焉。從本路諸司請也。

明州〔四〕：唐浙東觀察使，錢鏐置望海軍，大觀元年陞爲望郡。

常州：

宜興縣，舊名義興，太平興國元年改。僞唐以杭州安

〔一〕按，《宋大詔令集》卷一五九、《宋史》卷五《太宗紀》二均繫此詔於十月二十七日乙巳。
〔二〕更：原脱，據《宋大詔令集》卷一五九補。
〔三〕嵊：原作「剩」，據《宋史》卷八八《地理志》四改。
〔四〕明州：原無，據本書方域五之四、《寶慶四明志》卷一補。

國縣建衣錦軍〔一〕，太平興國三年改順化軍，五年軍廢。

紹興二十七年二月六日，知臨安府榮薿言：「江陰軍本常州屬縣，建炎之初，沿江守禦，權改爲軍，候士馬寧息依舊。臣前知常州，備見本處雖改爲軍，于朝廷初無所補，而民間實(備)〔被〕其害。蓋財賦本出一縣，而官兵請(終)〔給〕、券食公庫，將迎使客，乃供一州之費，遂使(遥)〔徭〕役科率，倍於他州，而又常州失此一縣之賦，兩皆受弊。欲乞將江陰軍復改爲縣。」從之。中書門下省言：「江陰軍依舊爲縣，23所有見管禁軍凡三百八十七人。」詔存留兵官一員，其軍兵依舊在縣防拓，請給、賞賜如舊。二月二十三日，宰臣沈該等奏事，上曰：「江陰罷軍爲縣，兵民不肯聽從，遂集衆宣鬨，若不行遣，何以號令天下？頃年諸郡盜賊勿發，便與招安，補授官資，是乃誘之爲盜，不可不治。可委監司體究以聞。」

應道軍：舊温州，晉静海軍節度。太平興國三年降爲軍事，政和七年陞爲應道軍。建炎二年正月十日，詔應道軍額依舊爲温州。又詔温州既非節鎮，即不合置天寧觀，其開元寺依舊給還寺額。建炎三年罷軍額。

〔台州〕：

天台縣，唐爲唐興縣，梁爲天台，晉爲台興。

〔處州〕：

劍川縣，宣和三年以龍泉縣改。

龍泉縣，宣和三改劍川縣，紹興元年依舊。

嚴州：舊睦州，宣和元年爲建德軍節度〔二〕，三年改今名，仍爲遂安軍。

淳化縣，元青溪縣，宣和三年改。

桐廬縣，太平興國三年自杭州來隸。

〔衢州〕：

盈川縣，宣和三年以龍遊縣改。

龍遊縣，宣和三年改爲盈川縣，紹興元年依舊。

兩浙路總論〔三〕

江南路，太平興國元年分東西路，後併一路。真宗天禧四年〔四〕，復分二路。

紹興元年正月十日，尚書省言：「今措置：建康府、池、饒、宣、徽、信、撫、太平州、廣德、建昌軍爲江南東路，江、洪、筠、袁、虔〔五〕、吉州、興國、南康、臨江、南安軍爲江24南西路。其江南東西路提刑并提舉茶鹽官，並依今來分

〔一〕杭州：原作「常州」，據《乾道臨安志》卷二改。按，此處誤「杭州」爲「常州」，且置於常州條内，恐非《會要》原文如此，疑因字誤，《大典》遂移於此。

〔二〕元年：原作「九年」，據《宋史》卷八八《地理志》四改。

〔三〕按，此五字疑是《大典》所據《宋會要》底本之題目，其下應尚有文字，《大典》略去，而誤留此五字。

〔四〕四年：《輿地紀勝》卷一七江南東路下引《國朝會要》作「二年」，《元豐九域志》卷六同。但《長編》卷九五、《文獻通考》卷三一五、《宋史》卷八八《真宗紀》亦作「四年」。

〔五〕「虔」上原衍「處」字，據《宋史》卷八八《地理志》四删。

定州軍管幹職事。鄂、岳、潭、衡、永、郴、道州、桂陽監爲荆湖東路，鼎、澧、辰、沅、靖、邵、全州、武岡軍爲荆湖西路。其湖南提刑并提舉茶鹽官，並改充荆湖東路，其荆湖西路合創置提刑并提舉茶鹽官。」從之。

東路。紹興元年，以建康府、池、饒、宣、徽、信、撫、太平州、廣德、建昌軍爲江南東路。四年，撥撫州、建昌軍依舊隸江南西路。

建康府：天禧二年二月四日，詔曰：「朕祗畏旻穹，保寧基構，荷鴻休之總集，佑丕緒之綿昌。利建懿藩，實惟元嗣。表茲南紀，允謂名區。式示壯猷，特崇巨屏。昇州宜陞曰江寧府，軍額曰建康軍節度。」建炎元年陞爲帥府。建炎三年五月九日，詔江寧府改爲建康府。宰臣呂頤浩言：「伏覩陛下駐蹕江寧，改爲建康，雖已付本府施行，緣諸路未盡知行幸所臨，欲乞模勒親筆，鏤板行下，庶始知陛下進援中原，以（圍）〔圖〕恢復之意。」從之。其親筆令建康收掌。

〔太平州〕：

蕪湖縣、繁昌縣，開寶八年自昇州隸宣州，太平興國二年自宣州來隸。

當塗縣，太平興國二年置州，以縣爲治所。

徽州：宣和三年以歙州改〔一〕。

江州：僞唐奉化軍節度，開寶八年降軍事州，大觀元年陞爲望郡。

25 南康軍：太平興國七年以江州星子縣置軍。

星子縣，太平興國三年以江州星子鎮升爲縣，七年爲南康軍治。

廣德軍：太平興國四年以宣州廣德縣置軍。

廣德縣，四年自宣州來隸，爲軍治。

建平縣，端拱元年以宣州廣德縣郎步鎮置縣，來隸。

〔西路〕。

隆興府：舊洪州，鎮南軍節度。先是，本軍言係孝宗潛藩，乞依静江府例陞爲府額，隆興元年十月二十五日，陞爲隆興府。

新建縣，太平興國四年〔二〕，析南昌縣地置。

進賢縣，崇寧二年以鎮陞爲縣〔三〕。

贛州：舊虔州，（太）〔大〕觀元年陞爲望郡，紹興二十三年改。

虔南縣，宣和三年以龍南縣改。

寧都縣，舊名虔化，紹興二十三年改。

太平興國九年三月八日，以虔州虔村爲永通軍，割南劍州（流）〔尤〕溪、泉州德化縣隸焉，尋廢。

哲宗元祐元年三月十一日，户部言：「虔州虔化縣陂

〔一〕三年：原作「元年」，據《輿地紀勝》卷二〇引《國朝會要》改。《宋史》卷二二《徽宗紀》四、卷八八《地理志》四亦作三年。
〔二〕四年：《元豐九域志》卷六、《宋史》卷八八《地理志》四俱作「六年」。
〔三〕按，《輿地紀勝》卷二六隆興府進賢縣下引《國朝會要》云：「崇寧二年分南昌縣四鄉、新建二鄉，改鎮爲進賢縣。」與此不同。

陽、仁義兩鄉八千二百户，割屬石城縣，輸納不便，請還隸虔化縣。」又言：「亳州蒙城縣承恩鄉第一都東至本縣九十里，西至城父縣三十里，乞就近割屬城父縣。」並從之。

紹興二十三年正月二十二日，秘書省校書郎董德元言：「江西虔州，士大夫謂之虎頭城，非佳名也。《左氏傳》曰：『女用贊以告虔。』釋云：『虔，欽也。』又曰：『虔劉我邊陲。』釋云：『虔，殺也。』今虔之風俗，固有儒良美秀之家，以應虔欽之 26 義；而椎埋盜奪之習爲多，又應殺虔之義。州有十縣，地廣人稠，大抵嗜勇而好鬪，輕生而敢死。今天下之民舉安矣，獨此郡間有小警，臣意其名有以兆之[一]。欲乞去其不令之名，賜以美稱，則不令之實自此而銷。屬縣有虔化，乞并更之。」中書後省言：「虔州本漢贛縣，有貢水出自新樂山，至縣郭東北與章水合流，名曰贛江。《太平寰宇記》云，晉永和五年，太守高琩置郡城于二水間，即今城是也。今擬改虔州爲贛州。虔化縣，據《隋·地理志》，舊曰寧都，仍欲復舊名。」從之。

〔吉州〕：

萬安縣，熙寧二年以龍泉縣萬安鎮升爲縣[二]。

龍泉縣，宣和三年改名泉江，紹興元年依舊。

〔袁州〕：

萬載縣，開寶八年自筠州來隸，宣和三年改名建城，紹興元年依舊。

建城縣，宣和三年以萬載縣改。

撫州：僞吴昭武軍節度，開寶八年降軍(州事)〔事州〕。

金溪縣，淳化五年以金谿場置。

紹興四年七月二十六日，三省、樞密院言：「撫州、建昌軍自古隸屬江西帥司，先因沿江置三大使，撥江東屬郡江州、南康軍隸江西，却撥撫州、建昌軍隸江東。帥司係在建康府，相遼遠，諸事不便。近者建昌軍兵作過，朝廷遣兵并洪州帥司各已發差軍馬前去，建康府帥司尚未知事宜，遠近利害灼然可見。」詔撫州、建昌軍依舊隸江西路，南康軍依舊隸江東路。

紹興十九年十二月，詔于撫州管下地名詹墟置 27 樂安縣，割本州崇仁縣天授、樂安、忠義三鄉及吉州永豐縣雲蓋一鄉隸屬[三]。仍將吉州吉水縣遷鶯一鄉割還永豐縣，撫〔州〕臨川縣惠安、永秀兩鄉割還崇仁縣。從本路諸司請也。

紹興二十四年十一月五日，詔撫州(安樂)〔樂安〕縣雲蓋鄉復隸吉州永豐縣，其永豐縣遷鶯鄉依舊撥還吉州吉水縣。初，紹興十九年建置樂安縣，以永豐縣雲蓋一鄉隸樂安，以吉水縣遷鶯一鄉隸永豐縣。至是，雲蓋鄉税户張達等具狀，陳本鄉不通運漕，負(檐)〔擔〕路遠，難于輸納，故有

[一] 名：原作「各」，據《建炎要録》卷一六四改。
[二] 二年：《元豐九域志》卷六、《宋史》卷八八《地理志》四俱作「四年」。
[三] 永豐：原作「吉水」，據下條改。

是命。

筠州：紹興十三年正月七日，户部言：「筠州士庶乞賜郡名，本州契勘，乞將所治高安縣賜名高安郡，以慰一方士庶之情。」從之。

〔興國軍〕：

永興縣，太平興國二年，以鄂州永興縣建永興軍，以縣爲治所，三年改興國軍。

通山縣，紹興四年廢爲鎮，五年復。紹興四年正月二十五日，江西安撫大使司言：「興國軍通山縣舊係羊山鎮，隸鄂州永興縣。太平興國中，改永興縣爲興國軍，遂改羊山鎮爲通山縣。近緣賊馬刼虜人民，見在只有二百餘家，乞改通山縣依舊爲鎮，户税併隸永興縣。仍乞存留文尉，通永興縣舊尉共兩員，每半年輪那一員前去主管鎮事，捕捉盜賊。應合存留弓手并減省公吏人等，令江西常平司申明施行。」詔依，仍以通山鎮爲名。紹興六年八月一日，江南西 28 路安撫、制置、轉運、提點刑獄使司言：「興國軍通山鎮税户石英等狀，本鎮元係通山縣，昨被李成賊馬殺戮，權廢爲鎮，隸永興縣。今已及八百餘户，至永興縣送納租税，往回六百餘里，人户艱辛，乞依舊爲縣。」從之。

通山縣〔一〕、大冶縣，太平興國二年自鄂〔州〕來隸〔二〕。

南安軍〔三〕：

大庾縣，淳化元年以虔州大庾縣建軍，以縣爲治所。

〔臨江軍〕：

清江縣，淳化三年以筠州清江縣置軍，以縣爲治所。

〔建昌軍〕：

廣昌縣，紹興八年置。

新城縣，紹興八年置。紹興八年三月十八日，江西安撫、轉運、提刑、提舉司言：「建昌軍南豐縣天授鄉揭坊耆并南城縣黎灘市，乞各添置一縣。」詔揭坊耆以廣昌縣爲額，黎灘市以新城縣爲額。

荆湖路，咸平二年分南北路。

〔潭州〕：唐武安軍節度，乾德元年降防禦州，端拱元年復武安軍節度，大觀元年陞爲帥府。大觀元年十二月十二日，詔：「潭州居三江五湖之中，地大物衆，亦嘗僭竊；邵州最處極邊，外制溪洞。除邵州已降敕爲望郡，潭州爲帥府，兼湖南路馬步軍總管。」

常豐縣〔四〕，乾德三年以常豐場置〔五〕，開寶中廢隸長沙

〔一〕縣：原作「軍」，據《輿地紀勝》卷三三引《國朝會要》改。《宋史》卷八八《地理志》四興國軍大冶縣下注云：「自鄂州與通山並來隸。」亦指通山縣。

〔二〕太平興國二年：原作「三年」，不著年號。按上二條云太平興國二年建永興軍，又云建軍時改羊山鎮爲通山縣。是通山縣隸永興軍在太平興國二年。《輿地紀勝》卷三三大冶縣下引《國朝會要》亦云：「太平興國二年（自鄂州）來屬。」據改。

〔三〕南安軍：原作「南康軍」，據《元豐九域志》卷六改。

〔四〕常豐：《宋史》卷八八《地理志》四作「長豐」。

〔五〕德：原作「道」，據《元豐九域志》卷六改。

縣。

衡山縣，淳化四年自衡州來隸〔一〕。

善化縣，元符元年置。

益陽縣，紹興三年隸鼎州，五年還隸。

元符元年六月十六日，湖南安（撥）〔撫〕申：「潭州長沙、湘潭縣户口獄訟繁多，乞將長沙縣一十二鄉數内 29 撥出附近五鄉，及湘潭縣管下八鄉于内撥出兩鄉，共七鄉，別立爲一縣，以善化爲名。」從之。

紹興三年四月十八日，知潭州折彦質言〔二〕：「程昌寓申，乞將益陽縣撥隸鼎州。契勘潭州例皆殘破，今復割益陽縣爲鼎州，責辦應副，必致意外生事。況益陽今爲潭州屏捍，乞將常賦令湖南運司管認，應副鼎州使用，候楊么事息住罷。」詔且權隸鼎州，候賊稍息，取旨依舊。

紹興五年七月五日，都督行府言：「益陽縣屬潭州，昨緣水賊作過，權隸鼎州，今楊么等已是平定，鼎州用度減省，欲令〔依〕舊。」從之。

衡州：紹興九年三月二十三日，荆湖南路安撫、轉運、提點刑獄司言：「衡州茶陵縣當廣南、江西兩界，自茶陵至吉州永新縣數百里，百姓山寨聚集無賴，出入爲寇，官軍不能深入。欲乞將茶陵縣改作一軍，于吉州永新縣割地添置一縣，隸茶陵，知縣充軍使，兼知衡州茶陵縣事，依舊隸衡州。仍將管下衡陽、安仁、茶陵三縣巡檢於本軍屯駐。」從之。

〔道州〕：

營道縣，舊名弘道〔三〕，建隆三年改。

大曆縣，乾德三年廢隸寧遠縣〔四〕。

永明縣，熙寧五年廢爲鎮，隸營道縣，元祐元年復。

永州：紹興十八年八月二十五日，詔永州零陵縣唐興鄉改爲宋興鄉，祁陽縣唐昌鄉改爲宋昌鄉〔五〕，永隆鄉唐興里改爲宋興里。從邑人請也。

30 邵州：大觀二年陞爲望郡〔六〕。

蒔竹縣，元溪洞徽州，元豐四年，詔以爲蒔竹縣，隸邵州。元豐四年四月八日〔七〕，詔河北路轉運副（司）〔使〕賈青相度新建溪洞徽、誠州隸屬湖南、湖北于（河）〔何〕爲便以聞。後青具道里以聞，乃詔誠州治渠陽，隸荆湖北路；徽州爲蒔竹縣，隸荆湖南路邵州。

〔一〕淳化：原無，據《元豐九域志》卷六補。
〔二〕質：原注「缺」，據《建炎要録》卷六四補。
〔三〕弘道：原作「引道」，據《元豐九域志》卷六改。
〔四〕乾德：原無，據《元豐九域志》卷六補。
〔五〕祁：原作「初」，據《宋史》卷八八《地理志》四改。
〔六〕郡：原作「縣」，據《宋史》卷八八《地理志》四改。
〔七〕元豐：原作「熙寧」，據《長編》卷三一二改。

桂陽軍：舊桂陽監，紹興二十二年陞爲軍〔一〕。

平陽縣，天禧三年置。

藍山縣，景德元年自郴州來隸。

紹興二十二年九月十七日，詔陞桂陽監爲桂陽軍。從本路諸司請也。

【宋會要】

茶陵軍：舊衡州茶陵縣，紹興九年陞爲軍使。

武岡軍：舊邵州武岡縣，崇寧五年陞爲軍。

〔紹興〕十六年三月十三日〔二〕，詔復桂陽監管下臨武洞爲縣，從本路諸司之請也。

紹興十一年九月一日，荆湖南路安撫、轉運、提刑司言：「乞將武岡軍綏寧縣移入武陽寨爲縣，却移武陽寨入扶叢置寨。」從之。

紹興二十五年四月九日，荆湖南路安撫司言：「欲于武岡軍水頭江北岸平廣去處建立一縣，以新寧爲名，撥扶陽、恭和、宣義、零陽四鄉隸之。知縣、縣尉、巡檢，乞依綏寧、臨岡等縣體例，從安撫司踏逐奏辟，任滿減三年磨勘。」從之。

紹興二十五年四月十一日，詔武岡軍于舊治復置綏寧縣。以鄂州都統司言，收復到賊徒楊再興元侵占地，數内綏寧縣乞于舊處重置，故有是命。

（開寶）〔乾德〕三年七月十七日〔三〕，詔 31 以洽州復爲懿州。時五溪團練使、洽州刺史田處崇上言：「先是湖南節度使馬希範以潭陽縣爲懿州，命〔臣〕叔萬盈爲刺史。及馬希萼襲位，改爲洽州，請復其名。」從之，仍鑄印賜之。

（熙寧五年）〔元豐六年〕七月三日〔四〕，前湖北路鈐轄、轉運司乞移渠陽縣治所於誠州〔五〕，以安集誠州户口，兼治貫保、小由等民户。從之。

（熙寧）〔元豐〕四年（四）〔正〕月十二日〔六〕，荆湖南路轉運判官趙（楊）〔揚〕言，溪洞徽、誠等州置城寨畢，誠州乞建爲郡，徽州爲縣。

（熙寧）〔元豐〕四年十二月十七日〔七〕，相度新建徽、誠州朝散大夫賈青言：「準朝旨下朱初平奏，乞招納元屬溪洞地分道路以至地理遠近，並附入州縣圖籍。」從之〔八〕。

（熙寧）〔元豐〕五年正月二十六日〔九〕，知誠州謝麟言：「本州旁近户口或遠隸他州，見有封疆不足城守，乞增割户

〔一〕二十二年：原作「三年」，據下文及《建炎要録》卷一六三改。按《輿地紀勝》卷六一引《國朝會要》已誤作「三年」，《宋史·地理志》蓋承之亦訛作「三年」。

〔二〕紹興：原無，據《長編》卷一五五補。

〔三〕乾德：原作「開寶」，據《長編》卷六、《宋史》卷四九三《西南溪洞諸蠻傳》上改。

〔四〕元豐六年：原作「熙寧五年」，據《長編》卷三三七改。

〔五〕於誠州：原無，據《長編》卷三三七補。

〔六〕元豐四年正月：原作「熙寧四年四月」，據《長編》卷三一一改。

〔七〕元豐：原作「熙寧」，據《長編》卷三二一改。

〔八〕此條刪略太甚，文義不明，參見《長編》卷三二一。

〔九〕元豐：原作「熙寧」，據《長編》卷三二二改。

口山川，降屬縣名額。」詔沅州新修貫保、托口、小由、豐山堡寨係控扼蠻蜑形勢之地〔一〕，宜以㵐渠河貫保寨爲治所〔二〕，置渠陽縣，隸誠州。

（熙寧）〔元豐〕五年九月十三日〔三〕，知誠州謝麟言：「奉詔置誠州，未畫地理四至，慮邵州蒔竹縣争占誠州新城管分〔四〕。聞邵州已撥潼村屬新城，潼村距誠州四十里，至蒔竹縣八十里，道路峻險〔五〕，經九疊坡脚〔六〕、大小盤攔，深山長林，正係湖南至誠州行旅之路。今屬蒔竹，比之誠州，地里已遠。又遥隸邵州，二十二驛，或有冤訟，縣堡不能決，去州既遠，則民無訴。乞自昌蒲嶺脊分水〔七〕，西屬誠州，東屬邵州蒔竹。」從之。

紹興五年六月十二日，中書門【32】下省言：「荆南歸、峽州〔八〕、荆門、公安軍未分鎮以前，係屬（京）〔荆〕湖北路，昨緣分鎮，遂罷轉運、提刑。今來王彦差知荆南府，四州更不除鎮撫〔九〕，止置安撫使，其荆湖北路轉運、提刑却合通管，内轉運二員，理合分隸。」從之。

紹興六年八月九日，知荆南府、充荆南府峽州荆門公安（車）〔軍〕安撫使王彦言：「靖康中，因祝靖等賊馬占據荆南，公安知縣程千秋召募人兵防捍，準御營使司將本縣陞爲軍，止是知縣兼軍使。後來復經殘破，軍城一空，止有百餘家。今乞廢公安（車）〔軍〕，依舊爲縣，庶得減省支用。」從之。

宣和三年四月二十日〔一〇〕，詔：「五溪郡縣，闢自先朝，中更棄地，雖已興復，然經元祐之變，傜賊屢肆跳梁。蓋緣荆南鈐轄司去邊稍遠，難以彈壓。先朝有意經畫，其事未就。朕紹述先猷，敢忘繼志？可分荆湖北路荆南府、歸、峽、安、復州、荆門軍、漢陽軍爲荆南路，帶兵馬都鈐轄，治荆南府。分鼎、澧、岳、鄂、辰、沅、靖州爲鼎澧路，帶兵馬都鈐轄，治鼎州。」

【宋會要】

北路。宣和三年四月二十日荆湖北路分爲荆南路、鼎

〔一〕「寨係」原脱，「蜑」原作「蛋」，據《長編》卷三二二補改。
〔二〕貫保：原作「賈堡」，據《長編》卷三二二改。
〔三〕元豐：原作「熙寧」，據《長編》卷三二九改。
〔四〕慮：原作「廬」，據《長編》卷三二九改。
〔五〕峻：原作「峽」，據《長編》卷三二九改。
〔六〕疊：原作「壘」，據《長編》卷三二九改。
〔七〕「自」原脱，「脊」原作「眷」，據《長編》卷三二九補改。
〔八〕歸峽州：原作「峽州□」，據《建炎要録》卷八八補。
〔九〕四州：原作「四川」，按此條與四川無涉，而四州乃指上文所云歸、峽、荆門、公安四州軍，時王彦受命爲此四州軍安撫使，見《建炎要録》卷八八，因改。
〔一〇〕按，《九朝編年備要》卷二八載：政和六年九月，「置荆南及鼎澧路」。《東都事略》卷九八《鄧洵武傳》亦云：「政和六年，……五谿蠻擾邊，……分荆湖北路爲鼎澧路，置都鈐轄司於鼎州以鎮撫之。」此作宣和三年，並非抄寫之誤，而是《宋會要》原文如此，因本書職官四八之一一四節録此詔，亦作「宣和三年四月二十日」。蓋政和六年曾分二路，後不知何時復舊，至宣和三年又分，故至靖康中仍有鼎澧路，見《靖康要録》卷一〇。

澧路指揮更不施行，並依舊例〔一〕。

江陵府：古荆州，唐爲江陵府、永安軍、荆南節度。建炎二年升帥府。

華池縣〔二〕，太平興國七年自岳州來隸。

萬庾縣，乾德三年陞萬庾巡爲縣〔三〕，尋廢。

枝江縣，熙寧六年廢爲鎮，隸松滋縣，元祐元年復。

玉沙縣，熙寧六年 33 廢爲鎮，隸監利縣，元祐元年復。

長林縣，開寶五年隸荆門軍，熙寧六年軍廢，復來隸。

當陽縣，開寶五年隸荆門軍，熙寧六年〔軍〕廢，復來隸。

公安(軍)〔縣〕，建炎三年陞爲軍，紹興五年復。建炎三年六月二十一日，御營使司參議官高衛言：「公安縣在荆江南岸，治呂蒙城〔四〕，三國六朝常爲控扼之地。今欲陞公安爲軍，知縣帶軍使，兼松滋、石首、華容縣都巡檢使。」從之。

鄂州：唐武昌軍節度使，後唐改武清軍，太平興國三年(後)〔復〕爲武昌軍。

漢陽縣，熙寧四年廢漢陽軍爲縣，來隸。

通城縣，熙寧五年陞崇陽縣通城鎮爲縣，紹興五年廢爲鎮，十七年復。紹興五年九月二十一日，荆湖北路安撫使司言：「鄂州通城縣舊係鎮，熙寧五年陞爲縣〔五〕，今人民凋殘，欲依舊爲鎮，隸崇陽縣。」從之。紹興十七年五月十八日，詔鄂州通城鎮復爲縣，從本路監司之請也。

德安府：舊安州，唐安遠軍節度，晉降爲防禦州，後復爲安遠軍，周又降爲防禦。建隆元年復爲安遠軍節度，宣和元年陞爲德安府。

吉陽縣，開寶二年廢爲鎮，隸孝感縣。

應城縣，淳化元年徙舊縣置治所。

雲夢縣，熙寧二年廢爲鎮，隸安陸縣，元祐元年復，紹興七年十月移治仵落市，十八年還舊治。

景陵縣，舊名敬陵，建隆三年改，熙寧六年廢復州，以縣來隸。

34 復州：景陵郡，防禦，領三縣。建隆三年，改(晉)〔敬〕陵縣爲景陵。至道三年，以江陵府玉沙縣來隸。寶元二年〔六〕，廢沔陽縣入玉沙〔七〕。熙寧六年州廢，以景陵縣隸安州，省玉沙縣入江陵府監利縣，元祐元年復。

〔一〕此條當有脱文。考《鄂國金佗續編》卷二五載：建炎二年「五月，聖旨指揮罷鼎澧路，依舊併作湖北路」。據此，此條「宣和三年」上似脱「建炎二年五月詔」等字。

〔二〕華池：按岳州無此縣，疑是「華容」之誤。

〔三〕德：原作「從」，據《元豐九域志》卷六改。

〔四〕呂蒙城：原作「蒙呂城」。按唐宋公安縣有呂蒙城而無「蒙呂城」。陸游《入蜀記》：公安「有廢城，髣髴尚存，圖經謂之呂蒙城」。《明一統志》卷六二：「呂蒙城，在公安縣治北。」雍正《湖廣通志》卷一五：「公安縣城，舊名呂蒙城。」是則「蒙呂」當作「呂蒙」，因乙。

〔五〕五年：原作「四年」，據上文及《宋史》卷八八《地理志》四改。

〔六〕元：原無，據《宋史》卷八八《地理志》四補。

〔七〕沔：原作「污」，據《宋史》卷八八《地理志》四改。

景陵縣，熙寧六年廢州，以縣隸安州，元祐元年復。

常德府：唐朗州，周武平軍節度。建隆四年降爲團練州，大中祥符五年改鼎州。後爲永安軍額，以犯陵名，崇寧元年改爲靖康軍，政和七年爲常德軍節度〔一〕。乾道元年九月二十一日，以孝宗潛藩陞常德府。

鼎州桃源縣，乾德二年析武陵縣地置〔二〕。

龍陽縣，舊改爲辰陽縣，紹興元年依舊，五年陞爲軍，移治黄城寨，尋還舊治。三十一年復爲縣。紹興五年七月五日，都督行府言：「鼎州龍陽縣移于黄城寨地，仍陞作龍陽軍，置使一員，差軍使兼知龍陽縣事。」詔從之。是年八月十五日，詔于舊縣重建，以知鼎州張觷言舊縣高爽，黄（誠）〔城〕寨地低下，近江湖，有水患故也。

岳陽軍：舊岳州，宣和元年陞爲岳陽軍節度。紹興二十五年，改岳州爲純州，岳陽軍爲華容軍〔三〕，三十一年依舊。

沅江縣，舊名橋江，隸鼎州，乾德元年改今名〔四〕，來隸。

臨湘縣，淳化五年升王朝場爲縣，至道三年改。

紹興二十五年六月二十七日，臣僚言：「岳州與岳飛姓同，願莫之或改。按酈道元《水經》，汨水西逕羅縣，實本羅子之國，與純水合35源，逕純山西北流，又西逕玉笥山，又西爲屈潭、羅淵。即今巴陵郡是也。純之爲（守）〔字〕，有純一不雜之義，乞改『岳』爲『純』。」從之。紹興三十一年十二月五日，御史中丞汪澈言：「紹興二十五年，臣僚（自）〔白〕劄子，謂岳飛既已伏誅，岳州與其姓同，本路諸司審度，妄引汨水與純水合源，乞改岳州爲純，額爲華容。臣切謂岳飛之叛與不叛，固自有公論，以姓同而改州名，尤悖于理。恩、恭、嚴、徽、贛五郡易名，初非以姓同也。且岳之爲義，以南岳衡山相直而得名，自隋、唐至宋朝爲望郡。英宗皇帝初在潛邸，嘗領岳州團練使，及登寶位，陞軍額爲岳陽。岳州之名，其來久矣。若以同姓而改，則五岳岳廟亦可改乎？又光州、光化軍以避虜（鄒）〔雛〕之名，易『光』爲『蔣』，易『光化』爲『通化』，尤可切齒。乞改岳州、岳陽、光州、光化軍名額，一依舊制。」從之。

〔歸州〕：

興山縣〔五〕，熙寧五年廢爲鎮〔六〕，隸秭歸縣，元祐元年復〔七〕。

紹興（六）〔五〕年八月六日〔八〕，都督行府言：「歸州舊

〔一〕常德軍：原作「常慶軍」，據《輿地紀勝》卷六八、《宋史》卷二一《徽宗紀》三、又卷八八《地理志》四改。
〔二〕二年：《元豐九域志》卷六作「元年」。
〔三〕爲純州岳陽：此五字原無，據《建炎要録》卷一六八補。
〔四〕乾德元年：原作「乾道二年」，據《輿地紀勝》卷六八引《國朝會要》改。
〔五〕山：原作「仁」，據《宋史》卷八八《地理志》四改。
〔六〕寧：原無，據《宋史》卷八八《地理志》四補。
〔七〕元年：《輿地紀勝》卷七四引《國朝會要》作「五年」。
〔八〕五年：原作「六年」，據下條及《建炎要録》卷九二改。

屬湖北路，昨緣荆南失守，權撥隸夔路。後來朝廷又差解潛充荆南府歸峽州荆門公安軍鎮撫使，即係湖北分鎮地分，止是不曾正行交割。今來王彦復爲荆南安撫使，遷于舊治，屯泊大軍，其歸州合依舊撥還湖北。兼歸州薄有税入，可助本府經費。」詔依。所有歸州一帶捍禦，專委本司措置，不管疎虞。

紹興三十一年四月三日，知夔州李師顔上言〔一〕：「歸州去夔路最近，去荆南最遠。建炎四年内，本路 36 鈐轄司亦嘗申宣撫處置使司，割歸州隸夔路，至紹興五年依舊撥還湖北路。今乞割歸州復隸夔路，所有歸州歲起湖北路錢物依舊〔二〕。」從之。

辰州：

招諭縣，熙寧八年廢隸沅州麻陽縣〔三〕。

沅州：熙寧七年以唐叙、錦、奬三州地置。

招諭縣，太平興國七年析麻陽縣地置，隸辰州，熙寧七年來隸，八年廢隸麻陽縣。

麻陽縣，熙寧七年自辰州來隸，八年省錦州寨地入焉。

盧陽縣，熙寧七年以叙州潭陽縣地置。

渠陽縣，舊渠陽寨，元豐五年陞爲縣，元祐六年省爲寨，崇寧二年復。

靖州：大觀元年陞爲望郡。

永平縣，崇寧二年以渠陽縣改。

會同縣，崇寧二年以三江縣改。

貫保縣〔四〕，元豐五年置。

紹興八年十一月二十八日，知靖州覃敵言：「本州永平縣並無居民，止有東林一團，户口不多，欲將永平縣移就州城倚郭舊都監廨宇充縣。」從之。

〔漢陽軍〕：

漢陽縣，周即鄂州漢陽縣地建軍，熙寧四年廢，以漢陽縣隸鄂州，省漢川縣入漢陽縣，元祐元年復，紹興五年廢爲縣，七年復。

漢川縣，紹興五年廢爲鎮，七年復。

紹興二年十一月二十六日，詔漢陽軍依舊撥隸荆湖北路。以樞密院勘會，漢陽軍舊隸湖北帥司，與鄂州對岸，實爲唇齒控扼之地。昨來撥隸德安府，相去三百餘里，緩急措置後時。兼近降指揮，湖北帥臣于鄂州置司。37 故有是命。

紹興五年十一月五日，詔漢陽軍漢川縣廢爲鎮。

紹興〈六〉〔五〕年八月十五日〔五〕，權發遣漢陽軍高舜舉

〔一〕顔：原作「言」，據《建炎要録》卷一八九改。
〔二〕物：原無，據《建炎要録》卷一八九補。
〔三〕熙寧八年：原作「元祐元年」，據下文及《元豐九域志》卷六、《宋史》卷八八《地理志》四改。
〔四〕保：原作「堡」，據《宋史》卷八八《地理志》四改。
〔五〕五年：原作「六年」，據上文及《建炎要録》卷九二改。又「十五日」，《建炎要録》繫於十一日壬子。

言：「本軍于熙寧四年曾廢爲縣，却于元祐元年復。元符元年，知軍茹東濟陳論利害事件，遂不曾廢。今來本軍累經殘破，户口減少，官吏之費，深擾于民。兼鄂州見屯大軍，無盜賊之患，與承平日事體不同，若廢爲縣，委是利便。」都督行府勘會，已劄下漢陽軍，隸鄂州，知縣帶軍使，乞令(道)〔遵〕守。從之。

紹興七年閏十月二十五日，湖北京西路宣撫使岳飛言：「漢陽軍元管漢陽、漢川兩縣，最是控扼去處。後來湖北安撫司一時申請，廢軍爲縣，隸鄂州。乞復爲〔軍〕。漢陽、漢川復爲縣，依舊將漢陽(軍)、漢川兩縣撥隸本軍。」從之。

(信陽縣)信陽軍：舊隸京西北路，紹興四年隸襄陽府路，六年隸京西南路，十九年正月隸淮南西路，是年三月來隸。

荆門軍：開寶五年，即江陵府長林縣建軍，以長林、當陽二縣來隸。熙寧六年軍廢〔一〕，二縣復隸江陵府〔二〕。熙寧六年廢爲長林縣，隸江陵府，元祐三年復爲軍。紹興十四年八月十三日，詔荆門軍當陽縣廢入長林縣，官員依省罷法。從本路監司之請也。紹興十六年十一月十四日，詔復置(判)〔荆〕門軍當陽縣。從本路諸司之請也。

元祐四年六月二十八日，湖北轉運司言：「荆南長林縣已復爲荆 38 門軍，其諸軍指揮人額并差撥屯駐人數，並合(入)〔如〕舊。」從之。(以上《永樂大典》卷一四一八九)

【宋會要】

《續東陽志》〔三〕：《宋會要》云：嘉泰元年三月二十四日，詔婺州東陽縣添置縣尉一員，蓋以臣僚言東陽縣爲婺州難治之縣，而永寧又爲東陽難治之鄉。(以上《永樂大典》卷六〇二五)〔四〕

〔一〕六年：原作「五年」，據《輿地紀勝》卷七八引《國朝會要》、《元豐九域志》卷六「江陵府」條、《長編》卷二四五、《宋史》卷八八《地理志》四改。

〔二〕此二句似應作小注，否則與下二句重複。

〔三〕天頭原批：「此條移第廿二頁第二行，接湖州條下。」按，此當是葉渭清所批，所云頁碼指方域六之二二。

〔四〕此條原無《大典》卷次，陳智超《解開宋會要之謎》頁三一七定於卷六〇二五，今從之。此卷爲「陽」字韻，其下有「東陽縣」目。

宋會要輯稿　方域七

州縣陞降廢置　三

【1】成都府路，乾德三年平兩川〔一〕，併爲西川路，開寶四年分峽路〔二〕，咸平四年分益、梓、利、夔四路，嘉祐四年以益州路爲成都府路。

〔成都府〕：唐成都府、劍南西川節度，太平興國六年降爲益州。端拱元年，復成都府、劍南西川節度，淳化五年降爲益州，嘉祐四年復爲府〔三〕，六年復爲劍南西川節度。

靈泉縣，舊名靈池，天聖四年改。

犀浦縣，熙寧五年廢爲鎮，隸郫縣。

廣都縣，熙寧五年廢陵州，以貴平、籍縣地益入焉。

重和元年十二月七日〔四〕，詔改石泉縣爲軍，以永康、龍安、神泉隸焉。知軍及寨堡官吏，委知成都府孫羲叟辟置聞奏。

〔宣和〕七年二月六日〔五〕，詔成都府路石泉縣依舊爲軍，差武臣知軍。

眉州：至道二年陞防禦。

蜀州：

青城縣，乾德四年隸永康軍，熙寧五年軍廢，復來隸。

彭州：

導江縣，乾德四年隸永康軍，熙寧五年軍廢爲寨，縣復來隸。九年廢寨，復即縣治置永康軍〔六〕。

堋口縣，熙寧二年置，四年廢爲鎮，隸九隴縣。

〔嘉州〕：

犍爲縣，大中祥符四年徙治懲非鎮。

嘉祥縣，舊龍遊縣，宣和元年改，今復爲龍遊縣。

龍遊縣，宣和元年改【2】爲嘉祥，紹興元年依舊。

邛州：

火井縣，開寶三年徙治平樂鎮。

雅州：

百丈縣，熙寧五年廢爲鎮，隸名山縣，今復爲縣〔七〕。

〔茂州〕：唐下都督，乾德二年爲上州〔八〕。

〔威州〕：

〔一〕平：原作「併」，據《元豐九域志》卷七改。

〔二〕四年：《元豐九域志》卷七、《群書考索》卷六〇、《玉海》卷一八俱作「六年」。

〔三〕四年復爲府：原無，據《元豐九域志》卷七補。

〔四〕按，以下二條爲石泉軍，當移至後文「石泉軍」條後。後文「石泉軍」條及《宋史》卷八九《地理志》五均云石泉縣改爲軍在政和七年，與此作「重和元年」異。

〔五〕宣和：原無，據後「石泉軍」條及《宋史》卷八九《地理志》五補。

〔六〕據後文「永康軍」條及《元豐九域志》卷七，此二句當作「七年廢砦，九年復即縣治置永康軍」。

〔七〕按，《輿地紀勝》卷一四七引《國朝會要》云「元祐二年復舊」。

〔八〕二年：《元豐九域志》卷七作「元年」。

通化縣，天聖元年改金川，景祐四年復舊，即縣治置通化軍使〔一〕。

延寧軍〔二〕，舊威戎軍，政和六年湯延俊等納土建，宣和三年廢。

通化軍，政和三年董舜咨納土建，宣和三年廢軍使爲監押〔三〕，隸威州。

祺州：舊(元)保州，政和四年董舜咨納土建，宣和三年廢爲城。

春祺縣，政和四年建，宣和三年廢爲城。

亨州：舊霸州，政和四年招納，改今名。

嘉會縣，政和四年賜今名。政和四年五月十七日，知成都府龐恭孫奏乞：「據知霸州董彦博狀，乞將本州管内地土獻納，伏乞改賜嘉名。仍乞爲軍事、下州，置倚郭一縣，亦乞賜名。」詔名亨州，倚郭縣賜名嘉會縣。

〔隆州〕：唐陵州，至道二年陞團練，宣和四年改仙井監。

貴平、籍二縣，熙寧五年廢爲鎮，以籍隸成都府廣都縣。乾道六年正月十七日，成都府路鈐轄、轉運、提刑司言：「熙寧五年，隆州改爲監，將貴平、籍縣皆廢爲鎮，其籍縣所管夷歌鄉并貴平鎮所管唐福鄉，並割歸仁壽縣。今貴平、籍鎮復還縣，鎮逐鄉合撥歸元舊縣分，其兩縣人户(税)〔賦〕税亦合撥隸隆州。」從之。

3〔永康軍〕：唐於彭州導江縣灌口鎮建鎮静軍，開寶四年改永安軍〔四〕，以蜀州青城、彭州導江二縣來隸。太平興國三年，改永康軍。熙寧五年，廢軍爲寨，以蜀州青城縣，彭州導江縣還舊隸。七年廢寨，九年復即導江縣置永康軍使，隸彭州〔五〕。

石泉軍：政和七年以縣陞爲軍，宣和三年以知軍爲軍使〔六〕，宣和七年復爲軍。

安昌縣、神泉縣，政和七年自綿州來隸，宣和三年以知軍爲軍使，依舊還隸焉。

真宗咸平四年三月十日，詔分川峽爲四路，以西川轉運使、兵部員外郎、直史館馬亮爲益州路轉運使，總益、綿、漢、彭、邛、蜀、嘉、眉、陵、簡、黎、雅、維、茂、永康凡十五州軍。以知益州宋太初、崇儀使恩州刺史楊懷忠並爲益州鈐轄，提轄兵馬捉賊事。峽路轉運副使、祕書丞李昉爲梓州路轉運使，總梓、遂、果、資、榮、昌、普、渠、合、戎、瀘、懷安、廣安、富順凡十四州軍監，以知梓州王渭提轄兵馬捉賊事。西川轉運副使、虞部員外郎張志言爲利州路轉運使，總利、

〔一〕按，《輿地廣記》卷三〇此句上有「治平三年」，疑此脱。

〔二〕按，延寧軍屬茂州（參見《宋史》卷八九《地理志》五），當移在「茂州」條後。

〔三〕監：原脱，據《宋史》卷八九《地理志》五補。

〔四〕開寶四年：《太平寰宇記》卷七三、《宋史》卷八九《地理志》五俱作「乾德四年」，此誤。

〔五〕隸彭州：原無，據《輿地紀勝》卷一五一引《國朝會要》補。

〔六〕三年：原作「二年」，據《輿地紀勝》卷一五二引《國朝會要》及《宋史》卷八九《地理志》五改。

洋、興、劍、文、集、壁、巴、蓬、龍、閬、興元、劍門、三泉、西縣凡十五州軍府縣，以益州都監、崇儀使王阮知利州，提轄兵馬捉賊事。峽路轉運、工部員外郎、直史館丁謂〔爲〕夔州路轉運使，總夔、施〔一〕、忠、萬、開、達、渝、黔、涪、雲安、梁山、大寧凡十二州軍監，以知夔州、西京左藏庫使、順州刺史李漢贇提轄兵馬捉賊事。

潼川府路，舊梓州路，重和元年陞爲潼川府路。開寶**4**六年正月九日，詔以遂、合、渝、瀘、昌、開、達〔二〕、渠、巴、蓬、資、戎、涪、忠、萬、夔、施十七州及廣安、梁山、雲安三軍，別置水陸轉運計度使，以太子中允張顒充。

潼川府：舊梓州，唐劍南東川節度，僞蜀改天正軍，乾德三年改静戎軍，端拱二年復東川節度〔三〕，元豐三年閏九月（復詔）〔詔復〕稱劍南東川。

中江縣，舊名玄武，大中祥符五年改。

紹興三十一年五月七日，四川安撫制置司言：「相度到潼川府東關縣管縣令、主簿、縣尉三員，安泰尉司止管尉司官一員，却管六案、倉庫、刑獄等事。今欲將東關縣主簿一員廢罷，令縣尉兼領主簿職事。仍乞將安泰尉司依舊復置安泰縣，將尉司官改注縣令，却將東關縣所廢主簿一員撥隸安泰縣差置，仍兼縣尉職事。內酒務官錢隸屬本縣拘催外，餘收納商税并監合同場職事，委自主簿兼監，即是每縣各（將）〔管〕縣令一員、簿尉一員。」從之。

重和元年十一月二十一日，劍南東川奏：「據奉議郎王維等狀，契勘本州南控瀘、叙，西扼綿、茂，江山形勢據西川之勝，水陸之衝，爲劍外一都會。見管九邑四十鎮兵甲，巡檢賊盜，提舉五州軍，爲東路十八州軍監之冠，與成都相對。昔元豐中，蒙神宗皇帝正『劍南東川』之名，人神改觀，原隰生光，千里父老欣戴歌詠，至今不已。即目監司移文，尚以『梓州』爲稱，竊恐名實未稱，不足以鎮壓委切之地。欲望睿斷，依劍南西川**5**例，賜一府號，上以副神考正名之實，下以慰遠方士民之望。」詔梓州賜名潼川府。

〔遂寧府〕：舊遂州、遂寧郡、武信軍節度，政和五年陞爲遂寧府，武信軍節度依舊。

青石縣，熙寧六年廢隸遂寧縣，七年復。

紹興三十年十二月十六日，遂寧府奏：「本府依已降指揮陞爲大藩，照得《紹興海行名例敕》，未曾于大藩條內修入『遂寧府』字，乞下敕令所增修，降下遵守。」從之。

【宋會要】

昌州：唐中都督，乾德三年爲上州。

昌元縣，咸平四年徙治羅市。

〔一〕施：原作「于」，據《長编》卷四八改。

〔二〕達：原作「建」，據《長编》卷一四改。

〔三〕「東川」上原有「劍南」二字，據《輿地紀勝》卷一五四引《國朝會要》及《宋史》卷八九《地理志》五删。

瀘州：唐下都督，乾德三年爲上州〔一〕。宣和元年陞爲瀘川軍節度〔二〕。二年三月六日，詔瀘州守臣帶潼川府夔州路兵馬都鈐轄、瀘南沿邊安撫使。

（熙寧）〔元豐〕四年正月一日〔三〕，詔：「昨令瀘南安撫使韓存寶移瀘州于江安，及建置堡寨等事〔四〕，令林廣候到〔五〕，與轉運使商議〔六〕，從便宜施行。」

宣和元年三月十五日，詔：「瀘州西南要會，控制一路，邊閫之寄，付畀非輕〔七〕，可陞爲節度，仍賜名瀘川軍。」

果州：僞蜀永寧軍節度，乾德三年降爲團練。

紹興二十七年十月二日，詔果州流溪鎮復升爲縣。

〔資州〕：

資川縣，舊龍水縣，宣和二年改，今復爲龍水縣。

（熙寧）〔元豐〕四年九月十八日〔八〕，梓州路轉運司言：「準朝旨相度知資州王公儀奏，移鈐轄司于本州〔九〕，乞升軍額，置通判及6增公使錢，如遂州爲便。」從之。

内江縣，紹興十七年移治於舊城。紹興十七年正月二十六日，潼川府路轉運、提刑、安撫司言：「資州内江縣因江水泛漲，漂蕩縣治，乞還本縣于本州舊治，地名舊城，實爲長久之利。」從之。

普州：

普康縣，熙寧五年廢〔一〇〕。

叙州：舊戎州，唐中都督，乾德三年爲上州〔一一〕。

開邊縣、歸順縣〔一二〕，乾德五年〔廢〕，隸僰道縣。

宜賓縣，熙寧四年廢，隸僰道縣。

僰道縣，政和四年改宜賓縣。

滋州：大觀三年建，宣和三年廢爲城。

承流縣，大觀三年建，宣和三年廢。

仁懷縣，大觀三年建，宣和三年廢爲堡。

純州：大觀三年建，宣和三年廢爲城。

九支縣，大觀三年建，宣和三年廢爲城。

安溪縣，大觀三年建，宣和三年廢爲寨。

祥州：政和三年建〔一三〕，宣和三年廢。

〔一〕三年：原作「元年」，據《輿地紀勝》卷一五三引《國朝會要》改。

〔二〕瀘川軍：原作「瀘州軍」，據《宋史》卷八九《地理志》五改。

〔三〕元豐：原作「熙寧」，據《長編》卷三一一改。

〔四〕及：原作「又」，據《長編》卷三一一改。

〔五〕令：原作「今」，據《長編》卷三一一改。

〔六〕使：原作「司」，據《長編》卷三一一改。

〔七〕畀：原作「界」，據《輿地紀勝》卷一五三引《國朝會要》改。

〔八〕元豐：原作「熙寧」，據《長編》卷三一八改。

〔九〕州：原作「路」，據《長編》卷三一八改。

〔一〇〕按本書方域一二之一六云：「普康鎮，乾德五年廢縣置。」諸書載普康之廢亦或云乾德，或云熙寧，蓋乾德曾廢，後復，熙寧又廢。

〔一一〕三年：原作「元年」，據《輿地紀勝》卷一六三引《國朝會要》改。

〔一二〕歸：原脱，據《宋史》卷八九《地理志》五補。

〔一三〕政和：原作「大觀」，按本書方域五之三六云：政和三年「十一月十五日，詔戎州石門、馬湖一帶新民納土，建置祥州」。《宋史》卷二一《徽宗紀》三、卷八九《地理志》五亦均云政和三年置。據改。

慶符縣，政和三年建〔一〕。

【宋會要】

〔合州〕：

赤水縣，熙寧四年廢隸銅梁縣，七年復置。

〔榮州〕：

榮德縣，舊名旭川縣，上一字同哲宗廟諱，治平四年改。

【宋會要】

廣安軍：開寶二年以合州濃洄〔二〕、渠州新明二鎮建軍。

渠江縣，〔開寶〕二年自渠州來隸。

新明縣、岳池縣，並〔開寶〕二年自合州來隸。

7 利州路，紹興十四年分爲東西路，後併爲一，乾道三年六月復分爲二路。乾道五年五月二十五日，知樞密院事、四川宣撫使虞允文言：「利州東路舊係利州路，紹興十四年，四川宣撫副使鄭剛中申明，將吳璘差充利州西路安撫使，以階、成、西和、(凰)〔鳳〕、興、文、龍七州隸屬西路；楊政差充利州東路安撫使，以興元府、金、洋、利、劍、閬、巴、蓬州、大安軍九處隸屬東路。其官屬、人吏，從宣撫司比附經畧司量度裁減。今利州東西路併而爲一，通部十六州軍，比附未分路已前經畧司所管官吏相度裁減外，隨宜存留。」從之。

〔利州〕：僞蜀昭武軍節度，景祐四年改寧武軍。

平蜀縣，舊名胤山〔三〕，乾德三年改。

昭化縣，舊名益昌，開寶五年改〔四〕。

嘉川縣，咸平四年自集州來隸。

洋州：僞蜀武定軍節度，景祐四年改武康軍。

閬州：

岐平縣〔五〕，熙寧五年廢爲鎮，隸奉國縣。

晉安縣，熙寧五年廢爲鎮，隸西水縣。

普安軍：舊劍州。隆興二年十月，以本州言孝宗潛藩，下給舍(義)〔議〕，陞爲普安軍節度，陞隆慶府〔六〕。

永歸縣，乾德五年廢隸劍門縣。

劍門縣，景德二年以縣隸劍門關，兵馬都監主之，熙寧五年復來隸。

劍門關，景德三年以劍州劍門縣直隸京〔師〕，以兵馬

〔一〕政和：原作「大觀」，據《宋史》卷八九《地理志》五敍州條改。與祥州同時置，爲州治。

〔二〕濃洄：原作「濃泗」，據《元豐九域志》卷七、《讀史方輿紀要》卷六八改。

〔三〕胤山：原作「裔山」，據《元豐九域志》卷八改。此是徐松手下書吏避雍正帝胤禛諱改「胤」爲「裔」。

〔四〕「改」下原有「爲」字，且與「嘉川縣」相連，按昭化、嘉川自是二縣，此文不可通，茲據《宋史》卷八九《地理志》五删一「爲」字，且分爲二條。

〔五〕歧：原作「故」，據《宋史》卷八九《地理志》五改。

〔六〕按，據《宋史》卷三六《光宗紀》、卷八九《地理志》五，升普安軍在隆興二年，升隆慶府在紹熙元年。

監押主之，熙寧五年縣復隸，劍門關仍别置。

8 巴州：

歸仁縣，乾德四年廢，隸曾口縣。

始寧縣，四年廢，隸其章縣。

通江縣，天聖元年改諸水，復舊。熙寧五年廢壁州，省白石、符陽二縣來隸。

難江縣，熙寧五年廢集州，以縣來隸。

清化縣，熙寧五年廢爲鎮，隸化城縣〔一〕。

〔大安軍〕：

三泉縣，唐隸梁州。

西和州：舊岷州，隸秦鳳路〔二〕。紹興十四年改爲西和州，來隸。

興元府：

西縣，乾德三年以縣直隸京師，至道二年隸大安軍，三年軍廢，還隸。

紹興七年閏十月二日，川陜宣撫副使吴玠言：「利州路三泉縣北至興州仙人關外，地里不遠，東接梁、洋一帶，水陸衝要，係四川喉襟要害之地。比年移關外諸將軍馬就本縣屯駐，人烟事物，大段繁多。《九域志》，至道二年曾陞爲大安軍。紹興三年六月内，宣撫處置使司已將本縣依便宜陞爲軍，乞依已行事理。」從之。

紹興十五年閏十一月十七日，四川宣撫司言：「昨分畫秦州地界，割到本州管下成紀、隴城兩縣地分，鄉社户民遇有詞訟，並作成紀、隴城縣百姓。緣兩縣治見屬對境，委是稱呼不便。乞將兩縣地分建爲一縣，隨宜差置官吏，隸成州管轄。今逐急將兩縣權隸天水縣管治去訖。」詔令併歸天水縣。

夔州路，唐乾元二年陞爲都督府，尋罷。天成二年陞爲寧江軍節度。

9 夔州：景德三年自白帝城徙城東今治。

〔達州〕：

巴渠縣，乾德三年移治江西風樂壩。

三岡縣，三年移治索心市。

閬英縣，五年廢隸石鼓縣，至道三年移治新安市。

石鼓縣，熙寧七年廢，隸通川、新寧、永睦三縣〔三〕。

【宋會要】

忠州〔四〕。

〔開州〕：

〔一〕化城：原作「化成」，又此二字原在「熙寧五年」下，據《宋史》卷八九《地理志》五及《元豐九域志》卷八改正。

〔二〕秦鳳路：原作「西和路」，據《宋史》卷八九《地理志》卷五改。

〔三〕睦：原作「陸」，據《宋史》卷八九《地理志》五改。

〔四〕按，此下有脱文。

〔新浦縣〕，慶曆四年廢隸開江縣〔一〕。

〔涪州〕：

賓化縣，嘉祐八年廢隸隆化縣。

隆化縣，熙寧七年以縣隸南平軍。

武龍縣，宣和元年改爲枳縣，紹興元年依舊。

〔重慶府〕：

萬壽縣，乾德五年廢隸江津縣。

南川縣，熙寧七年以縣隸南平軍。

〔雲安軍〕：

雲安縣，開寶六年以夔州雲安縣建軍，即縣爲治所。熙寧四年，以縣户口析置雲安監安義縣，八年復廢，隸焉〔二〕。

【宋會要】

珍州：大觀二年建。

樂源縣，大觀二年建。

紹興二年十月四日，宣撫處置使張浚言：「恭依聖訓便宜行事，將珍州管界境土已選差正侍大夫、華州觀察使、夔州路兵馬鈐轄、知務川城田祐恭充知州，依倣務川城例施行，庶得省免經費，爲公私利便。所有黔州元撥隸珍州税户李澤等四十九家，並令撥還彭水縣等處。已行下田祐恭更切相度條具，申本路帥司審度，保明供申，別聽本司指揮。」從之。

10 播州：大觀二年以楊文貴獻地建，宣和三年廢爲城。

播川縣，大觀二年建，宣和三年廢爲城。

朗川縣，宣和三年廢。

承州：大觀三年以任漢崇獻地建，宣和三年廢爲縣。

綏陽縣，大觀三年建，宣和三年割隸珍州。

開寶六年二月二十六日，詔改溪洞珍州爲高州。先是，刺史田遷言自賜王州，連年災沴，乞改州名，故有是命，鑄印賜。

思州：政和八年建，宣和四年廢爲城，今復。

務川縣，政和八年建，宣和四年廢爲城，隸黔州。

邛水縣〔三〕、安夷縣，政和八年建，宣和四年廢爲堡，隸黔州。

溱州：熙寧七年招收置，宣和三年廢爲寨。

溱溪縣，熙寧七年招收置，宣和三年廢爲寨，隸南平軍。

夜郎縣，熙寧七年招收置，宣和三年廢。

遵義軍：大觀二年以楊文貴獻地建，宣和三年廢爲寨。

〔一〕新浦縣：原脱，「慶曆四年廢隸開江縣」一句原接於「忠州」下，今據《元豐九域志》卷八補移。

〔二〕「熙寧」以下，《輿地紀勝》卷一八二引《國朝會要》作：「熙寧四年，以雲安監户口析置安義縣。八年，户口還隸雲安縣，復爲監。」

〔三〕邛水：原作「印水」，據《宋史》卷八九《地理志》五改。

〔雲安監〕：

安義縣，熙寧四年以雲安縣户口析置安義縣，八年復廢，隸雲安〔縣〕。

福建路，太平興國元年爲兩浙西南路，雍熙二年改福建路。

福州：建炎三年陞爲帥府。

福州懷安縣，太平興國五年析閩縣地置。

羅源縣，舊名永貞〔一〕，天禧五年改永昌，乾興元年改今名。

永福縣，崇寧元年以永泰縣犯哲[11]宗陵名，故改之。

紹興元年八月十六日，福建路安撫司言：「福州改爲帥府，本司移文江南西路安撫使司，取會到改置帥府合差置准備差遣五員，准備差使十員，准備將領二員，乞依前項差置。」詔置准備將領二員，准備差遣、差使各五員。

〔建寧府〕：舊建州，僞閩鎮武軍，僞唐改永安軍，又爲忠義軍，後爲軍事。紹興三十二年十月二十二日〔二〕，以孝宗潛藩陞建寧府。

崇安縣，淳化五年以崇安場置，咸平元年析建〔楊〕〔陽〕縣地以益之。

松溪縣，至道二年析〔蒲〕〔浦〕城縣地以益之。

關隸縣，咸平三年以關隸鎮置，析建安縣地以益之。

政和縣，舊關隸縣，政和五年改〔三〕。

泉州：大觀三年陞爲望郡〔四〕。

惠安縣，太平興國六年析晉江縣地置。

〔南劍州〕：僞唐劍州，太平興國四年以利州路有劍州，加「南」字。

將樂縣，四年自建州來隸。

〔汀州〕：

上杭縣〔五〕，淳化五年以上杭場置，至道二年徙䴈砂地，咸平二年復徙治浯口。

武平縣，淳化五年以武平場置〔六〕。

紹興三年七月十五日，福建路轉運、提刑司言：「相度到汀州蓮城堡，乞創置一縣。」詔依，以蓮城縣爲名。

乾道四年正月十日，福建路安撫、轉運、提刑司言：「汀州上杭縣治元在鍾寮場，緣知縣兼監坑〔治〕〔冶〕，遂移縣治。累遭兵火，見存〔上〕〔止〕百餘家，僻在山隅，不通商旅，風水敗壞，人民不[12]安。本縣舊基見在，地名郭坊，人烟翕習，正當十二鄉之中，四路坦平，民間便于輸納。兼有大河，泝流上通本州，順流平抵〔湖〕〔潮〕州，陸路通于漳、

〔一〕永貞：原作「永正」，據《元豐九域志》卷九改。
〔二〕三十二年十月：原作「三十一年十二月」，據《宋史》卷三三《孝宗紀》一改。
〔三〕改：原作「復」，據《輿地紀勝》卷一二九引《國朝會要》改。
〔四〕三年：《宋史》卷八九《地理志》五作「元年」。
〔五〕上杭：原作「光杭」，據《宋史》卷八九《地理志》五改。
〔六〕淳化：原無，據《輿地紀勝》卷一三二引《國朝會要》補。

潮、梅、贛等州，商旅往還不絶，士庶父老皆乞遷復以便民。」從之。

〔漳州〕：唐漳州，僞閩南州，乾德四年復舊。

邵武軍：太平興國五年以建州邵武縣建軍。

邵武縣、歸化縣、建寧縣，並五年自建州來隸。

泰寧縣，舊歸化縣，元祐元年改。

〔興化軍〕：

莆田縣、仙遊縣，太平興國四年自泉州來隸〔一〕。

〔廣南東路〕。

〔廣州〕：梁(青)〔清〕海軍節度，後入僞漢，開寶四年收復，仍舊節度，大觀元年陞爲帥府。

（開寶五年改今名，隸連州，六年來隸〔二〕。）

番禺縣，開寶五年廢隸南海縣〔三〕，皇祐三年復置。

東莞縣，五年廢隸增城縣，六年復置。

遊水縣，五年廢隸懷集縣。

化蒙縣〔四〕，六年廢隸四會縣。

信安縣，熙寧五年以縣隸新州。

四會縣，熙寧六年以縣隸端州。

紹興二十二年九月十五日，詔陞廣州香山鎮爲香山縣，從本路諸司請也。

開寶五年五月七日，詔廢僞漢廣州常康、咸寧二縣，依舊爲南海鎮。南海之名，自秦、漢以來未嘗改，劉氏割據嶺表，僞建都于廣州，乃分南海縣地爲常康、咸寧二縣，以爲京邑，且就美名。至是，以本道上言，乃改正之。又詔廢置併移廣南州縣。先是，嶺表既平，按版籍，州縣名多，户口甚少，乃命知廣州潘美及嶺南轉運 13 使王明度其地里廢置之。

〔韶州〕：曲江縣，咸平三年徙治岑水西善政坊。

乳源縣，乾道二年十月三十日置。

徽宗崇寧元年閏六月二十二日，監韶州岑水銀銅場蘇堅狀，乞陞本場作縣。逐司相度到，乞撥曲江縣廉平、建福兩鄉〔五〕，翁源縣太平鄉，就岑水場陞縣，仍存留監官二員，一員依舊外，一員知縣同監，并添置縣尉一員兼主簿，却減罷本場駐(汨)〔泊〕一員。從之。

(隆興)〔乾道〕二年十月三十〔日〕〔六〕，廣南東路經畧、安撫、提刑、轉運、提舉常平茶鹽司言：「韶州曲江、崇信、

〔一〕太平興國：原無，據《宋史》卷八九《地理志》五補。

〔二〕此條原作大字，今考乃英州浛光縣之文誤衍於此，茲改爲小字。參後英州浛光縣條。

〔三〕「開寶」原無，「南海」原作「南康」，據《宋史》卷九〇《地理志》六補改。下三條亦均爲開寶。

〔四〕化蒙：原作「蒙化」，據《元豐九域志》卷九乙。

〔五〕建福：原倒，據《宋史》卷九〇《地理志》六乙。

〔六〕乾道：原作「隆興」。按本書方域一八之二六、一九之二七記此事皆在乾道二年，此處上文亦云「乳源縣，乾道二年十月三十日置」，可證「隆興」當作「乾道」，今改。

樂昌、仁化去州城高遠，不通水道，官司勞於催科，巡尉憚于巡警。今措置，欲就曲江縣管下洲頭津置縣作乳源縣，便于催科，水路可通州城。乞省曲江縣丞一員爲縣令，兼管縣市税場，又省洲頭津監官爲簿尉，仍移樂昌縣平石巡檢于橋村壢駐劄，改稱韶州曲江樂昌乳源三縣巡檢，委是經久利便。」從之。

循州：宣和二年爲博羅郡。

興寧縣，天禧二年移治長樂舊址。

長樂縣，熙寧四年析興寧縣地置縣，紹興六年廢爲鎮，十九年復。

雷鄉縣，宣和二年以龍川縣改。

龍川縣，宣和二年改名雷鄉縣，紹興元年依舊。

賀州：蕩山縣、封陽縣，開寶四年廢隸臨賀縣。

馮乘縣，四年廢隸富川縣。

大觀二年五月二十七日，中書省言：「廣東路十五州軍，財賦豐足，内賀州管四縣，南接梧 14 州，西抵昭州，并通水路，直抵桂州。」詔賀州割屬廣西。

封州：大觀元年陞爲望郡。

開建縣，開寶五年廢隸封川縣，六年復置。

〔肇慶府〕：舊端州，重和元年陞肇慶府〔一〕。

平興縣，開寶五年廢隸高要縣。

四會縣，廣州縣，五年廢入南海縣，六年復置，熙寧六年自廣州來隸。

元（祐）〔符〕三年十月二十二日，徽宗即位未改元。詔曰：「惟高要之奥區，乃南國之舊壤。土風淳（原）〔厚〕，民物夥繁。朕誕受多方，紹承大統，顧啓封于兹土，實賜履于先朝。茅社之榮，是爲基命；節旄之重，宜錫隆名。可陞端州爲興慶軍。」

政和八年十月二十一日，朝奉郎、廣南東路轉運判官燕瑛奏：「臣伏覩興慶府元係端州，寅緣陛下潛邸舊封，荐蒙賜以軍額，申錫府號。臣近巡歷到彼，竊見府城規摹未至宏壯，欲望親洒宸翰，特改見今軍府額，賜以美名。」詔令轉運司選（官）計度，量行展修，可將鄰近便于輸納移兩縣，仍賜名肇慶府，仍爲肇慶軍節度。

〔新州〕：

新興縣，開寶五年省永順縣及廢勤州地入焉〔二〕。

信安縣，廣州義寧縣，〔開寶〕五年廢入新會縣，六年復置，太平興國元年改信安，熙寧五年廢縣，以地隸新興縣。

〔康州〕：紹興元年升爲德慶府，十四年置永慶軍節度。

端溪縣，開寶五年廢州爲端溪縣，隸端州，又併悦城、晉康〔三〕、都城三縣入焉。尋復置州。

〔一〕慶：原脱，據《宋史》卷九〇《地理志》六補。
〔二〕勤州：原脱「州」字，據《輿地紀勝》卷九七補。
〔三〕晉康：原作「晉唐」，據《元豐九域志》卷九改。

瀧水縣，〔開寶〕六年廢瀧州〔一〕，以開陽、建15水、鎮南三縣併入瀧水，來隸。

紹興元年十一月十八日，詔康州陞爲德慶府。時康州奏：「據本州居人通直郎伍仕偕等狀，本州係是潛藩，竊見肇慶府元係端州，道君皇帝即位，已蒙推恩建府及置軍額，與本州事體相似，乞依肇慶府施行。」故有是詔。

〔南恩州〕：慶曆八年，改河北路貝州爲恩州，故加「南」字。

陽春縣，開寶五年廢春州，來隸。六年復置春州，省流南、羅水二縣入焉。景德四年隨州城移州南故城，天禧四年復舊治。熙寧六年廢春州〔二〕，復來隸。

銅陵縣，〔開寶〕五年廢勤州，來隸，熙寧六年廢隸陽春縣。

富林縣，〔開寶〕五年廢勤州〔三〕，省入銅陵縣。

梅州：紹興六年廢爲程鄉縣，十四年復。

梅州爲漢恭州，開寶四年避廟諱改，領程鄉一縣。熙寧六年廢州，元豐五年復以程鄉縣爲州，宣和二年爲義安郡，紹興六年廢爲程鄉縣，十四年復。

程鄉縣，熙寧六年以縣隸潮州，元豐五年復置。

紹興十四年七月十一日，廣南東路經略、安撫、轉運、提刑司言，乞復置梅州，從之。

紹興六年十月二十八日，廣南東路經略、安撫、轉運、提刑、提舉常平司言：「梅州最僻小，户口税賦不及潮、惠一縣，屢經兵火，上供常額、官兵餽食，民無所出。今欲廢爲程鄉縣，依湕水軍體例，置軍使一員兼知縣事，隸潮州，仍舊存留都監、監税、巡檢。并循州長樂縣去寧興縣三十里，鄉狹土瘠，居民無幾，今欲廢爲長樂鎮，隸興寧縣，置16監鎮一員主管監税烟火。」從之。

南雄州：宣和三年八月七日，詔南雄州爲保昌郡。南雄州，僞漢以韶州保昌縣置雄州，開寶四年，以河北路有雄州，加「南」字。

始興縣，〔開寶〕四年自韶州來隸。

英州：宣和二年爲真陽郡。

真陽縣，舊縣名音同仁宗廟諱，乾興元年改。

浛光縣，舊名浛洭縣〔四〕，隸廣州，開寶五年改今名，隸連州，六年來隸。

連州：連山縣，紹興六年廢爲鎮，十八年復。

紹興六年十月二十八日，詔改連山縣爲連山鎮，置監鎮一員，兼本鎮烟火公事。紹興十八年十二月初一日，詔復連山鎮爲縣，從本路諸司請也。

惠州：舊州名同仁宗廟諱，天禧五年改。

潮州：

〔一〕開寶：原無，據《輿地紀勝》卷九七引《國朝會要》補。下條同。
〔二〕春州：原無，據本書方域七之三二補。
〔三〕五：原作「六」，據《元豐九域志》卷一〇、《輿地廣記》卷三五改。
〔四〕洭：原作「洰」，據《元和郡縣志》卷三五改。

程鄉縣，熙寧六年廢梅州，以縣來隸。（梅州以縣來隸）元豐五年縣復隸梅州。

揭陽縣，紹興二年廢入海陽縣，八年復，仍移治吉帛村。

宣和六年五月二十日，詔割潮州海陽縣光德、太平、懷德三鄉置揭陽縣。

紹興二年三月十九日，廣南東路經畧、安撫、轉運、提刑司言：「潮州揭陽縣，因宣和六年本路經畧司相度，將海陽縣所管户口析爲二縣，添撥官屬。今詳究得元初所乞，共爲劉花三等作過，多在本處山林藏伏，是以添縣控扼，此外別無利害，徒置官吏費用。欲乞罷縣，將元撥鄉村人户依舊屬海陽。縣尉兩員，內撥一員并本州水陸同 17 巡檢，各就揭陽縣元相度控扼去處駐劄，委是利便。」從之。

紹興八年八月八日，詔潮州管下地名吉帛村，復置揭陽縣。從本州之請也。

西路。大觀三年六月十八日，詔黔南路依熙河蘭湟路體例，併入廣西爲一路，以廣西黔南路爲名，依舊桂州爲帥府，轉運等司並罷。大觀四年五月二十四日，詔廣西黔南路仍舊稱廣南西路。

桂州：大觀元年陞爲帥府，爲大都督府。紹興三年二月初一日，桂州静江軍土官武功大夫秦再言：「今上皇帝自静江軍節度使、桂州牧加封康王，嗣登寶位，今康州已陞爲府，本州未賜府額。」詔陞爲静江府。紹興三年，陞爲静江府〔一〕。

興安縣，乾德元年廢溥州爲全義縣，來隸。太平興國元年改。

義寧縣，開寶五年廢入廣州新會縣，六年復置。

修仁縣，熙寧四年廢爲鎮，隸茘（蒲）〔浦〕縣，元豐元年復置縣。

永寧縣，熙寧四年廢爲鎮，隸茘（蒲）〔浦〕縣，元祐元年復。

容州：唐防禦、經畧，開寶四年陞寧遠軍節度。

普寧縣，開寶五年廢繡州，省常林、阿林〔二〕、羅繡、欣道、渭龍五縣入焉。

北流縣，五年廢禺州，省峩石〔三〕、扶萊、羅辨、陵城四縣入焉。

陸川縣，七年廢順州〔四〕，省龍豪、温水、龍化、南河四縣入焉。九年移治公平，淳化五年復徙舊温水縣。

邕州：元祐三年五月十五日，改邕州懷化洞爲州〔五〕。

〔一〕此句當移在「大都督府」下。
〔二〕阿林：原作「河林」，據《宋史》卷九〇《地理志》六改。
〔三〕峩：原作「莪」，據後文方域七之二三及《元豐九域志》卷一〇改。
〔四〕七年：《元豐九域志》卷九、《輿地廣記》卷三六、《宋史》卷九〇《地理志》六作「五年」，但《輿地紀勝》卷一〇四引《國朝會要》亦作「七年」。
〔五〕「邕州」下原衍「洞」字，據《長編》卷四一一刪。

先18是，知峒零崇槩（約）〔納〕土，自順州廢，即棄巢穴歸省地。朝廷録其功，授以使額，而有是詔。大觀元年陞爲望郡〔一〕。

樂昌縣，舊名晉興，開寶五年改，景祐三年廢，隸武緣縣。

朗寧縣，五年廢，隸宣化縣。

封陵縣，五年廢，隸武緣縣。

思龍縣，五年廢，隸如和縣。

如和縣，景祐三年廢，隸宣化縣。

融州：大觀三年八月二十四日，詔曰：「融州融水奥區，漳中巨屏。山居谷聚，控並海之蠻夷；地大物荒，據列城之襟帶。封陲益斥，墉壑肇新。宜錫節旄，用壯藩翰。爰綏有衆，永孚于休。可陞爲清遠軍節度。」

武陽縣，熙寧七年廢，隸融水縣。

羅城縣，開寶五年以桂州之球州洞地置〔二〕。熙寧七年廢二縣爲鎮，隸融水縣。

紹興十四年十一月十四日，廣南西路經略、安撫、提點刑獄司言：「融州王口寨元（保）〔係〕平州，于紹興四年九月廢爲王口寨，隸融水縣。本寨洞民輸賦詞訟，並赴融水縣理訴，動經月餘，方始追人到官。乞改爲懷遠縣，改知寨爲知縣，差有才力膽勇武臣充，所有理任、任滿酬賞，並乞依經畧司元奏得王口寨條例施行。」從之。

象州：景祐四年陞防禦州〔三〕。

來賓縣，開寶七年廢嚴州，以二縣來隸，省歸化、武化二縣入焉。

武化縣，開寶七年廢隸來賓縣，元祐元年復。

〔昭州〕：

永平縣，開寶五年廢隸平樂縣，大中祥符元年移治州19城東。

龍平縣，開寶五年廢富州來隸，省思勤、馬江二縣入焉。

〔梧州〕：

戎成縣，熙寧五年復廢，隸蒼梧縣。

孟陵縣，五年廢，隸蒼梧縣。

龍平縣，〔開寶〕五年廢富州，以縣隸昭州，省思勤、馬江二縣入焉。熙寧五年〔四〕，自昭州來隸。

〔藤州〕：

寧風縣、感義縣〔五〕、義昌縣，開寶三年廢三縣隸鐔

〔一〕此句當移至上文「邕州」下，「陞爲望郡」指邕州，而非懷化州。凡此類文句不貫或語意重複者，蓋爲《大典》據他書抄合之誤。

〔二〕球：《元豐九域志》卷九、《文獻通考》卷三二三作「珠」，《輿地紀勝》卷一一四作「球」。州：《元豐九域志》作「川」。

〔三〕景祐：《輿地紀勝》卷一〇五同，《元豐九域志》卷九、《宋史》卷九〇《地理志》六作「景德」。

〔四〕五年：《輿地紀勝》卷一〇八同。《元豐九域志》卷九、《宋史》卷九〇《地理志》六作「八年」。

〔五〕感：原作「咸」，據《元豐九域志》卷九、《宋史》卷九〇《地理志》六改。

津縣。

岑溪縣，熙寧五年廢南儀州來隸〔一〕。

龔州：政和元年廢隸潯州，三年復。

陽川縣、武陵縣、隨建縣、大同縣，開寶五年廢四鎮縣〔二〕，隸平南縣。

武郎縣，開寶六年廢〔三〕。

政和元年正月二十三日，廣南西路經畧安撫司奏：「勘會本路管下龔、白二州各管一縣，税租不足官兵支費。今欲將白州併廢隸鬱林軍，存留博白縣；龔州并廢隸潯州，依舊存留平南縣。更各置主簿一員。」從之。

政和四年四月十一日，尚書省勘會：「廣南西路龔州（南平）〔平南〕縣民户梁政等狀，爲本州額于政和元年四月内承朝旨廢併龔州入潯州，民心憂惶不願。每至二税供輸，登涉山險，至潯州動經五七日，民户道路勞苦。自併廢後來，流竄甚多。況龔州四至，容、藤等州遼遠，各二三百里，容至桂十六程，並無州府官兵防托。又自藤州（松）〔沿〕江至潯州，多有興販私鹽，驚劫民户，不得安迹。竊覩梅州元豐中亦曾入潮州，自後鄉民自願添納二税錢米，乞行興復，已蒙依舊還州額訖。今來乞依梅州例添 20 納二税錢米各一分，依舊興復爲龔州。」從之。

潯州：開寶五年廢隸貴州鬱林縣，六年復爲潯州。

皇化縣、大賓縣，五年廢隸桂平縣。

平南縣，舊龔州，紹興六年廢爲平南縣，來隸。

宜州：宣和元年升爲慶遠軍節度。

淳化元年正月十四日，詔嶺南道羈縻環州、鎮寧州、金城州、智州、懷遠軍，並依前隸宜州。先是，建琳州爲懷遠軍，以溪洞諸州隸焉。至是，始復舊制，夷人便之。宜州，熙寧八年徙治帶溪，元豐六年復徙龍水縣舊治。

忻城縣，慶曆三年自羈縻芝忻州來隸。

河池縣，治平二年自羈縻智州來隸，省富力縣入焉〔四〕。

〔横州〕：

永定縣，開寶五年廢巒州〔五〕，以縣來隸，省武羅、靈竹二縣入焉。熙寧四年廢縣爲鎮，隸寧浦，元祐二年復。

樂山縣、嶺山縣、從化縣，開寶五年廢隸寧浦縣〔六〕。

化州：

乾道三年九月十八日，廣南西路經畧安撫、都鈐轄、提刑、轉運司言：「化州吴川縣管下西鄉地廣民衆，去州遥遠，乞將吴川縣所隸西鄉别爲一縣，于古辯州石城地創置，以爲石城縣。」從之。

〔一〕五年：《元豐九域志》卷九、《宋史》卷九〇《地理志》六作「四年」。

〔二〕廢四鎮縣：疑當作「廢四縣爲鎮」。

〔三〕按《元豐九域志》卷九云：開寶六年「廢思明州，以武郎縣隸（龔）州，嘉祐二年省武郎縣入平南」。《輿地廣記》卷三六、《宋史》卷九〇説同，疑此處「開寶六年」下有脱文。

〔四〕富力：原作「富刀」，據《太平寰宇記》卷一六八、《元豐九域志》卷九改。

〔五〕巒：原作「蠻」，據《元豐九域志》卷一〇改。

〔六〕開寶：原無，據《元豐九域志》卷九補。

化州，唐(辨)〔辯〕州，太平興國五年改。

石龍縣，舊改爲羅川縣，紹興元年依舊。

石城縣，乾道三年九月十八日，析吳川縣地置。

高州：景德元年廢隸竇州，三年復置。

良德縣、保寧縣，開寶五年廢隸電白縣。

茂名縣，〔開寶〕五年廢潘州，以縣來 21 隸，省南巴、潘水二縣入焉。

信宜縣，舊名信義，〔開寶〕七年省潭峨、懷德、特亮三縣入焉。太平興國元年改今名。熙寧四年廢竇州，來隸。

雷州：

遂溪縣，開寶四年廢入海康縣，紹興十九年復。紹興二十二年二月十一日，詔復置雷州遂溪縣，從本路諸司之請也。

白州：開寶五年廢隸廉州，七年復置。政和元年廢隸鬱林州，三年復。

博白縣，〔開寶〕五年廢白州，以縣隸廉州，省南昌、建寧、周羅三縣入焉。七年復來隸。

欽州：天聖元年四月二十八日，廣南西路轉運司言，相度欽州徙南賓寨建置，委得安便。從之。

〔鬱林州〕：

鬱平縣、興德縣，開寶六年廢隸興業縣。

南流縣，七年廢黨、牢二州，以縣來隸，省六縣地入焉。

博白縣，舊白州，紹興六年廢爲博白縣，來隸。

廉州：開寶五年移治長沙場，太平興國八年州廢，于海門鎮置太平軍〔一〕，咸平元年四月復爲廉州。

瓊州：政和元年陞爲靖海軍。開寶四年平僞漢，以崖州三縣來隸，兼提舉儋、崖、萬安等州水陸轉運事。

瓊山縣，開寶四年于儋耳廢縣地復置〔二〕。

文昌縣、澄邁縣，五年自崖州來隸。

舍城縣，五年自崖州來隸，熙寧四年廢隸瓊山縣。

鎮州：大觀元年建，仍爲龍門郡，下都督府，陞爲靖海軍，22 尋廢。

〔萬安軍〕：唐萬安州〔三〕，熙寧六年廢爲軍，〔紹興六年廢〕〔四〕，十年復。

樂會縣，元隸瓊州，大觀三年割隸軍。

瀧州：開陽郡，領四縣。開寶四年廢州〔五〕，省開陽、建水、鎮南三縣入瀧水縣。六年州廢，以縣隸康州。

勤州：富林郡，領二縣。開寶五年廢州，省富林縣入(桐)〔銅〕陵縣，隸春州。

〔一〕海門鎮：原作「海內鎮」，據《太平寰宇記》卷一六九、《宋史》卷九〇《地理志》六改。

〔二〕耳：原脱，據《輿地紀勝》卷一二四補。

〔三〕萬：原脱，據《元豐九域志》卷九補。

〔四〕紹興六年廢：原無，據《輿地紀勝》卷一二六補。

〔五〕按，下文云「〔開寶〕六年州廢，以縣隸康州」，與《太平寰宇記》卷一六四所載相合。而此云「開寶四年廢州」，自相矛盾，蓋抄合時疏忽。此句「四年」當改作「六年」，下文「六年州廢以縣」六字當刪。

潘州：南潘郡，領三縣。開寶五年廢州，省南巴、潘水二縣入茂名縣，隸高州。

羅州：陵水郡，領五縣。開寶五年廢州，省廉江、零渌、幹水、南河四縣入吳川縣，隸化州。

富州：開江郡，領三縣。開寶五年廢州，省思勤、馬江二縣入龍平縣，隸昭州。元豐七年，以邕州延衆寨建。

澄州：賀水郡〔一〕，領四縣。開寶五年廢州，省止戈、賀水、無虞三縣入上林縣，隸邕州。

巒州〔二〕：永定郡，領三縣。開寶五年廢州，省武羅、靈竹二縣入永定縣〔三〕，隸橫州。

牢州：定川郡〔四〕，領三縣。開寶五年廢州，省定川、宕川(三)〔二〕縣入南流縣，隸鬱林州。

黨州：寧仁郡，領四縣。開寶五年廢州，省容山、懷義、撫康、善牢四縣入鬱林州南流縣。

繡州：常林郡，領三縣。開寶五年廢州，省常林、阿林〔五〕、羅繡 23 三縣入容州普寧縣。

禺州：温水郡，領三縣。開寶五年廢州，省峨石、扶萊、羅辨三縣入容州北流縣。

順州：順義郡，領四縣。開寶五年廢州，省龍豪、温水、龍化、南河四縣入容州陸川縣。

巖州〔六〕：修德郡，領二縣。開寶七年廢州，省歸化縣入來賓縣，隸象州。

春州：南陵郡，領三縣。開寶五年廢入恩州，六年復置〔七〕，仍省羅水、流南二縣入陽春縣。廢勤州，以銅陵縣來隸。大中祥符九年廢入新州，天禧四年復置。熙寧六年廢州〔八〕，省銅陵入陽春縣，隸恩州。

銅陵縣，熙寧六年廢州，以縣入陽春縣，隸恩州。

蒙州：蒙山郡，領三縣。太平興國二年，改正義縣爲蒙山縣，熙寧六年廢州，以立山縣隸昭州，省東區、蒙山二縣入焉。

立山縣，熙寧廢州，以縣隸昭州，省東區、蒙山二縣入焉。

南儀州：唐義州，連城郡〔九〕，領三縣。開寶四年，加「南」字，五年廢入竇州，六年復置，省連城、永業二縣入岑溪縣。太平興國二年改儀州，熙寧四年廢入藤州。

天聖四年五月初八日，廣南西路轉運司言：「南儀州實在山險中，多有嵐瘴，前後官吏、軍民亡歿者衆，乞移于岑雄驛平坦之處建立。」從之。

〔一〕賀水郡：原作「賀州郡」，據《元豐九域志》卷一〇改。
〔二〕巒：原作「蠻」，據《元豐九域志》卷一〇改。
〔三〕武羅靈竹：原作「武靈羅竹」，據《元豐九域志》卷一〇改。
〔四〕定川：原作「定州」，據《元豐九域志》卷一〇改。下同。
〔五〕阿林：原作「河林」，據《元豐九域志》卷一〇改。
〔六〕巖州：原作「巖州」，據《元豐九域志》卷一〇改。
〔七〕六年：原無，據《太平寰宇記》卷一五八、《元豐九域志》卷一〇補。
〔八〕六年：《元豐九域志》卷一〇作「五年」。下二條同。
〔九〕「連城」二字原脱，據《元豐九域志》卷一〇補。

24寶州：懷德郡，領四縣。開寶五年省潭峨、懷德、特亮三縣入信義縣。太平興國元年，改信義縣爲信宜，熙寧四年廢入高州。

振州：開寶五年改崖州，熙寧六年廢爲朱崖軍。

平州：崇寧四年以懷遠軍陞爲州，紹興四年廢。

懷遠縣，崇寧四年建。

允州：舊安口隘，崇寧四年建。

從州：舊中古州，崇寧四年建爲格州，五年改。

庭州：大觀元年以宜州河池縣建。

孚州：大觀元年以地州建隆縣建〔一〕，宣和三年廢爲寨。

歸仁縣，大觀元年建，宣和三年廢。

觀州：大觀元年建，紹興四年廢。

隆州：政和三年建〔二〕，宣和三年廢爲寨。

興隆縣，政和三年建，宣和三年廢。

兑州：政和三年建，宣和三年廢爲寨。

萬松縣，政和三年建，宣和三年廢。

懷化州：元祐三年以邕州溪洞建〔三〕。

吉陽軍：紹興六年廢爲寧遠縣，十三年復。

州縣陞降廢置雜録

太祖建隆元年三月一日〔四〕，有司上言，請改天下郡縣名犯廟諱及御名者。從之。

四年十月二十三日〔五〕，詔應有防禦、團練、刺史州帶都督府額者，並停，仍爲上州。

（乾德二年）〔建隆元年〕十月六日〔六〕，吏25部格式司言：「準周廣順三年十月敕，應天下縣除赤、次赤、畿、次畿外，其餘三千户以上爲望，二千户以上爲緊，一千户以上爲上，五百户以上爲中，不滿五百户爲中下。據今年諸道州府申送到文帳點檢，元降敕命户口不等，及淮南、秦、鳳、階、文、瀛、莫、雄、霸等州未曾陞降地望。今欲據諸州見管主户重陞降地望，取四千户已上爲望，三千户以上爲緊，二千户已上爲上，一千户已上爲中，不滿千户爲中下。自今仍欲三年一度，別取諸道見管户口陞降。」詔從之。凡望縣五十，户二十八萬一千六百七；緊縣六十七，户二十二萬八千六百九十三；上縣八十九，户二十一萬八千二百八十；中縣一百一十五，户一十七萬九千三〔七〕；中下縣一

〔一〕地州：原作「池州」，據《宋史》卷九〇《地理志》六改。
〔二〕政和三年：《宋史》卷九〇《地理志》六、《通鑑續編》卷一一並作「政和四年」。下三條同。
〔三〕按雍正《廣西通志》卷四五云「皇祐中置」。
〔四〕按，《長編》卷一在三月六日乙巳。
〔五〕按，《長編》卷四在十一月十八日丙寅。
〔六〕建隆元年：原作「乾德二年」，據本書職官一一之五八、一一之七六、《長編》卷一改。《長編》亦在十月六日，蓋有司上言之日；本書職官一一之五八、一一之七六作「十一月」，乃下詔之月。
〔七〕三：今本《長編》作「三十」。

百一十，户五萬九千七百七十。總九十六萬七千三百五十三户。此國初版籍之數也。

開寶九年七月二十二日，詔：「應新修先代帝王及五嶽四瀆祠廟，如有去縣鎮相近者，即仰移其縣鎮就廟爲理所。」

十二月，史官較州縣之數：元年有州百一十一，縣六百三十八，户九十六萬七千三百五十三。至是，州二百九十七，縣千八十六，户二百五十萬八千九百六十。

太宗太平興國元年十月十一日，詔：「應官階、州縣名有與朕名下一字同宜改，與上一字同者仍舊。」

太平興國三年四月二十二日，詔改嶺南道監州爲鶇州，尋廢。

雍熙三年三月十九日，王師北伐，26田重進之兵圍飛狐。僞定武軍馬步軍都指揮使郢州防禦使呂行德〔一〕、副都指揮使張繼從、馬軍都指揮使劉知進等舉城降，詔陞其縣爲飛狐軍。

淳化五年八月十九日，以席雞城寨爲清遠軍，以解州防禦使田紹斌知軍事。後陷，廢。

景德四年三月二十二日，詔改鄂州、台州縣與陵邑同者。

大中祥符五年七月六日，詔曰：「瀕河列郡，在常賦以攸同；屬邑分疆，或長津之是阻。爰念供租之際，非無涉險之勞，移隸官司，庶從民便。宜令京東、京西、河北、陝西轉運司與逐州軍長吏同相度沿河縣分鄉村，各于河南、北就便管轄。」

十一月九日，詔州縣名與聖祖名同者避之。

天聖七年九月十六日，詔軍縣驛名與永定陵同者改之。

天禧元年五月八日〔二〕，詔改撫水州爲安化州，撫水縣爲歸仁縣，京水縣爲長寧縣。時曹克明破撫水蠻，其首領蒙承貴有請，故從改之。

皇祐五年十二月二十二日，詔廣南西路安撫司以廉州隸容州，龔州隸邕州提舉。

神宗熙寧四年二月十八日，詔監單州酒稅、太常丞、集賢校理趙彦若歸館，管勾畫天下州、府、軍、監、縣、鎮地圖。先是，中書差圖畫院（侍）〔待〕詔繪畫，而詔差有記問朝臣一人稽考圖籍，庶不失真，故命彦若領之。

（熙寧）〔元豐〕四年十一月十八日〔三〕，西上閤門使、榮州刺史、知代州高遵裕言〔四〕：「已收復清遠軍并韋州監軍司〔五〕，清遠軍正當隘險，可以屯聚兵糧〔六〕，合依27舊置

〔一〕定武軍：原作「武定軍」，據《長編》卷二七乙。
〔二〕按，此條應移於上條之前。
〔三〕元豐：原作「熙寧」，據《長編》卷三一九改。
〔四〕遵：原作「道」，據《宋史》卷四六四《高遵裕傳》改。
〔五〕韋：原作「常」，據下文改。
〔六〕糧：原作「種」，據《長編》卷三一九改。

軍，增修城壘。其韋州在横山之北，西人恃此爲扼，故立監軍司屯聚兵馬，防托興、靈等州。」從之。

熙寧九年八月六日，三司使沈括言：「看詳天下州府軍監縣鎮圖，其間有未完具處，先曾別編次一本，稍加精詳，尚未了畢。欲乞再許于尚書職方暫借圖經、地圖草，躬親編修。」從之。

大觀元年十一月二十五日〔一〕，詔鎮州：「國家際天所覆，悉主悉臣，薄海之南，增置郡縣。凡前世羈縻而弗可隸屬者，莫不稽顙蹻蹶，順附王化，奄有夷峒殆千餘所，懷保丁民踰十萬計。錫多列（壞）〔壤〕，中直黎山，控扼六州，爲一都會。顧惟形勝，實據上游，俾升督府之雄，庸示節旄之寄。式昭文德，永載輿圖。可以靖海軍爲額。」

十一月二十七日，廣南西路經略安撫使王祖道奏：「知南丹州莫公佞就擒，已進築平、允、從州外，到、文、地、蘭、那、安化、外習、南丹八州之地併爲鎮，庭、孚、觀州、延德軍，通八州軍。」

三年正月二十四日，詔：「胡耳西道蠻（面）〔向〕慕納土，（福）〔幅〕員千里，宜有以鎮撫其俗。可令王子武同王長孺度地之要，據其腹心，建置一州。仍令長孺知州事。」

政和元年七月二十六日，詳定九域圖志何志同奏：「地理志有赤，有畿，有望，有緊，又上、中、下之等，其法自唐始。後周因之，以三千户以上爲望，二千户以上爲緊，千户以上爲上，五百户以上爲中，不滿五百户爲下，亦各一時之制也。建隆初，從有司所請，遞增千户，不滿千户爲下，仍 28 三年視諸道户口爲之陞降。逮今百五十餘年，其數（陪）〔倍〕于前矣，而縣之第名仍舊。若齊州歷城户九千七百，今爲緊；臨邑萬七千户，乃爲中；杭州臨安户萬二千，今爲望；鹽官户二萬四千，乃爲上。乞命有司參酌舊制，量户口多寡之數，以爲諸縣陞降之法，使縣之第名常與户版相應。」從之。

十二月二十三日，廣南西路轉運副使陳仲宜等奏：「據昌化軍狀，昨于大觀元年六月内，于海南黎母山心置一州，以鎮州爲名；及于沿海置一軍，以延德軍爲名。各將本軍元管下昌化、感恩兩縣撥隸上項州軍，却于本軍界内創置通華、四達兩縣。出（差）〔産〕貨物不多，并深在黎洞中間，別無人旅往還。」奉聖旨，海南新置鎮州、延德（年）〔軍〕縣寨並廢罷，所有昨賜鎮州作靖海軍軍額，撥歸瓊州。

五年四月四日，户部員外郎沈麟奏：「承詳定九域圖志所申，取到天下户口，付户部參酌升降，送圖志所看詳。契勘本所申請，稱自唐始至後周，縣以三千户以上爲望，二千户以上爲緊，一千户以上爲上，五百户以上爲中，不滿五百爲中下。國初增四千户以上爲望，三千户以上爲緊，二千户以上爲上，一千户以上爲中，不滿一千户爲中下。今

〔一〕按，《宋史》卷二〇《徽宗紀》二載鎮州升靖海軍在此年閏十月十三日乙未，與此異。

來取索到提刑司審括到户數（彼）〔比〕舊已增數（陪）〔倍〕，難以依舊志編類。欲乞元係赤、畿、次赤、畿依舊外，今以下項户數爲則編類，所貴（道）〔遵〕執成書。一萬以上爲望，七千户以上爲緊，五千户以上29爲上，三千户以上爲中，不滿三千户爲中下〔一〕，一千五百户以下爲下〔二〕。」從之。

高宗紹興元年九月一日，詔：「今後遇有軍期，其全州許聽廣西經畧安撫司節制，互相應援。」時主管廣西經畧安撫司公事許中言：「桂州係置帥去處，北至本州畧百餘里，地勢平坦。自界首至全州八九十里間，重岡複嶺，多有險阻，緩急可以措置把拓。如去春虜騎侵犯長沙，全州遣官告急，本路經畧司即調發人馬前去應援。緣全州係屬湖廣路，于廣西經畧司未有節制，若割隸廣西路，實爲經久利便。」故有是詔。

紹興四年二月五日，三省言：「廣南東西路宣諭使明槖奏〔三〕，乞廢罷平、觀二州，免支移應副之苦。」詔令廣西經畧、轉運、提刑司，限一月相度廢罷，條具沿邊事宜及經久利害，結罪聞奏。

九月七日，廣西轉運、提刑司（言）：「平、觀二州困弊本路，有害無益，合行廢罷，乞依舊制罷觀州爲高峰寨，平州爲王口寨。」詔依，其兩州知州改爲知寨，逐寨人兵令帥司斟酌存留。

紹興六年八月二十九日，廣南西路經畧安撫、轉運、提刑司言：「乞依政和元年指揮，將白州依舊廢爲博白縣，隸鬱林州；龔州廢爲平南縣，隸潯州。逐縣各存縣令、縣尉外，增置主簿一員，管認賣鹽、收税、租賦等事。」從之。時臣僚言：「嶺外州軍多是僞漢建置，徒有虚名。如龔、潯、貴、白，每州户口不（歸）〔過〕數千，竭一州租税不能償官吏之費。白州距鬱林州纔八十里，龔30州距潯州六十里。國朝以來，屢經廢併，政和六年，因白州放罷吏人盧曄僞作本縣人户姓名，妄稱情愿于租税額外每貫增添税錢五百足陌，米每碩加增三斗贍給官吏，乞復爲州。龔州亦因平南縣梁甚陳狀，乞添納二税米錢各二分，依舊爲州。本路帥司、監司不顧實利害，取降指揮，並復州額。前任廣西提點刑獄公事巡歷到白州，據博白縣百姓（奏）〔秦〕實等狀，從初增添税錢等，即非人户情願。邊遠州軍，輸納不前，以致逃竄，乞依舊額。龔州人烟又不逮白州，並乞廢併，將兩州所增苗税悉行改正，依舊額均敷。」劄下本路監司，相度可行，故有是命。

十月二十三日，萬安軍言：「本軍已廢作縣，今來即無撥隸瓊州之文，亦無萬安縣名額，省符内並不該載。」吏部勘當：「萬安軍承指揮隸瓊州，今來合以『萬安軍使兼知瓊州萬安縣』稱呼，其倉庫受納、支遣，係主簿本職，兼兵官係

〔一〕三千：原作「二千」，據《宋史全文》卷一四改。
〔二〕以下：原作「以上」，據《宋史全文》卷一四改。
〔三〕槖：原作「索」，據《宋史》卷四九五《蠻夷傳》三改。

極邊，與黎人相接，難以廢罷。」詔倉庫、糧料院等印記，並依舊行使，廂、禁軍依舊就本軍勘請。仍仰瓊州通判每季詣軍取索，驅磨點檢。所有本軍陵水縣依舊隸瓊州。差縣令一員，兼主簿職事；存留水陸巡檢，兼尉司職事。餘從之。

紹興九年十一月三日，詔：「新復州軍民户未全歸業，官吏猥衆，難以贍給。仰逐路監司相度，縣鎮有民户稀少去處，權行省併，以寬民力。限一月措置聞奏。」

紹興十三年九月五日，詔復瓊州寧遠縣 31 爲吉陽軍，萬寧縣爲萬安軍，宜倫縣爲昌化軍，並免隸瓊州。今後止差軍使兼知倚郭縣事。

十四年三月十七日，詔階、成、西和、鳳州併屬利州路。

十月三日，詔：「昌化軍、萬安軍、吉陽軍依舊爲軍，差置守臣，其餘元管屬縣仍舊撥隸逐軍。合置官屬等，並依紹興五年未廢併以前事理施行。」

二十九年三月二十日，臣僚言：「切見兩淮民事稀簡，官曹猥多，乞令漕司省併閑慢窠闕，以寬民力。」詔令帥、漕臣同（其）〔共〕審度，（其）〔具〕合省併員數申尚書省。

紹興二十九年七月三日，淮南路轉運判官孟處義言：「真州軍事推官一員，緣民事稀簡，可以省廢，併在城都酒務見係雙員，欲減一員。」吏部勘會，欲依所乞，將見任人令滿今任日省廢，其差下人依省罷法。詔依，其見任人如願省罷者聽。

紹興三十二年六月十八日，孝宗即位未改元。禮部侍郎黄中等言：「乞照國朝故事，天下山川、地名、人姓名及州、府、軍、監、縣、鎮官司及敕賜名額寺觀取旨，有犯御名者合易。」從之。（以上《永樂大典》卷一四一八九）

【宋會要】

32《國朝會要》云〔一〕：「〔陽春縣〕〔二〕，開寶五年廢春州，來隸南恩州。六年復置春州，省流南、羅水二縣入焉。熙寧六年廢春州，復來隸。又銅陵縣，開寶五年廢勤州〔三〕，來隸。熙寧六年廢勤州，富林縣省入銅（林）〔陵〕縣，是年又廢銅陵縣隸陽春縣〔四〕。《圖經》云：「祥符曰新春縣〔五〕。盧多遜貶朱崖，諫議大夫李符適知開封府，求見趙普，言：『朱崖雖在海外，而水土無他惡，流竄者多獲全。春州在内地而近，至者必死。望追改前命，亦以外彰寬宥，乃置於必

〔一〕原無此五字。按，以下一段實爲《大典》轉抄自《輿地紀勝》卷九八南恩州，原文先引《國朝會要》，後引《圖經》。茲據原文補此五字。

〔二〕「陽春縣」三字原無，《輿地紀勝》因承上文亦省此三字，茲據天頭原批補。又天頭原批云：「此條移前第十五頁第六行『慶曆八年』上。」

〔三〕州：原脱，據本卷方域七之一五補。

〔四〕按，以上二句疑有誤。據《元豐九域志》卷一〇、《輿地廣記》卷三五、《文獻通考》卷三二三，開寶五年廢勤州，即併富林入銅陵，以銅陵入春州。熙寧六年廢春州，又以銅陵併入陽春縣。是勤州開寶五年廢後並未再置。不知是《宋會要》原文如此，抑或《輿地紀勝》引録有誤。

〔五〕祥符：原作「符祥」，據《輿地紀勝》卷九八乙。

死之地。』普領之。後月餘，符坐事貶宣州行軍司馬，上怒未已，令再貶嶺外，普具述其事，即以符知春州。」

春州：南陵郡，領三縣。開寶五年廢入恩州，六年復置。廢勤州，以銅陵縣來隸。祥符九年廢入新州，天(僖)〔禧〕四年復置。熙寧六年廢州，省銅陵入陽春縣，隸恩州。

（以上《永樂大典》卷三三一三）

宋會要輯稿　方域八

懷遠城〔一〕

【宋會要】

1 仁宗天聖三年五月八日，廣南西路提點刑獄、轉運司言：「相度鄭天益請移懷遠軍城并古陽縣及都巡檢廨宇，就江口寨鎮江西岸起置，控扼安化等州處蠻人出入，久遠甚爲穩便。」初，帝慮勞百姓，令本路相度，及言省功便民，從之。

修城　上〔二〕

【宋會要】

雍熙三年八月六日，河北營田使樊知古請修城木百萬、牛革三百萬。帝曰：「萬里長城豈在於此！自古匈奴、黄河世爲中國之患，朕即位以來，疆埸無事，則有河堤之役；近日邊（蜂）〔烽〕稍警，大河尋即安流。此蓋天意更迭垂戒，常令惕厲。然備豫不虞，古之善教，深溝高壘，亦王公設險之義。知古所請過當，重困吾民。」第詔有司量以官物給之。

咸平四年八月七日，陝西轉運使劉綜請於浦洛河建城爲軍，帝曰：「頗有臣僚曾獻此議。且城郭既立，又須屯兵，屯兵不多，寇來不可悉戰，止閉壁自守，則軍城之立未見其長。」呂蒙正曰：「聖慮所及，深得理要，願罷其請。」從之。

景德元年四月二十九日，詔：「沿邊州軍役人修城隍，宜令官吏常切按視，飲食以時，均其勞逸，無過督責，致其逃亡。其北平寨築堤導河水灌才良淀者，宜罷之。」先是，帝以北邊工役煩重，漸及炎夏，慮使者不 **2** 能優恤。又周懷政自北面來，帝閲地圖，以才良淀地極卑下，至夏秋自有積水，不必勞役，故有是詔。

二年三月十八日，詔：「河北諸州軍城敵樓、戰棚有隳損者，即葺之。」慮兵罷而列郡廢怠故也〔三〕。

三年二月十五日，詔：「聞貝州調民修城，頗亦勞苦，即罷之，第用州兵以漸給役。」

四年三月五日，詔：「近徙祁州，而頗爲迫隘，南關舊城令葺以裨益之。」

四年十月一日，詔：「河北諸州軍增葺城池樓櫓之具，令轉運使、沿邊安撫都監分往檢校。」

天聖三年八月四日，河北轉運使言：「沿邊州軍霖潦之後，修浚城隍功料甚大，役兵不足，欲伺農隙差鄉村强壯

〔一〕天頭原批：「廣南西路。移後。」

〔二〕原批題爲「修城」，其下又有嘉業堂整理者所批題「諸城修改移并」。按「修城」一題較爲簡明貼切，今取之。下卷同。

〔三〕兵：原脱，據《長編》卷五九補。

共力營葺。」從之。

六年九月十四日，詔：「河北沿邊及近裏州軍城壁，令逐處總管、知州軍、同判、鈐轄、都監，如城池、敵樓、壕塹等摧損，亦并修之。」自通和已來，只修近邊州城，今并力修飾之。又詔天雄軍城壁并敵樓年深，候將來檢計修御河、漳河時，併城壕密令檢計，差夫修之。

明道元年十二月二十二日，河北轉運司言：「相度高陽關城壕開淘，別無妨礙。」詔自今春秋但作渥城取土，漸次開浚，不得張皇。

康定元年三月五日，詔：「陝府以西城池，令都轉運司相度，除近邊衝要之處即依前敕催督修築，自餘州郡止以役兵漸次興葺，無得差率人夫，致妨農務。」

康定元年四月十(九)〔五〕日〔一〕，陝西安撫使韓琦等言：「慶、鄜、涇三州修城，有妨農種，復少兵士以代夫役。今[3]請聽富民獻力，自顧人夫修築，三萬功者與太廟齋郎，五萬功與試監簿或同學究出身，七萬功與簿尉，八萬功與借職，十萬功與奉職。」從之。

慶曆元年七月，詔：「河北、河東近經霖雨，恐城壁塹壞，及甲鎧、弓弩損濕。其令轉運、安撫司點檢完葺，及所部有衰疾不任職者，(遷)〔選〕吏代之。」

(三年正月)〔二年六月〕十九日〔二〕，以提點河北路刑獄王儀提舉本路修葺城池、器械，及置堡寨烽火、教閱軍陣、市馬等事。

〔三年正月〕二十六日〔三〕，詔河北轉運、提點刑獄、安撫司提舉脩完城壘。

五年七月七日，步軍都虞候狄青言：「西事以來，極邊州軍並已完固，次邊不曾修葺，西賊直至涇川，人大驚逃，蓋爲城壁未完。今西賊納款，乞將次邊州軍因暇興脩。」詔令陝西轉運司相度施行。

慶曆八年九月十四日，詔河北沿邊修城軍士月給特支錢。

皇祐元年三月二十四日，臣僚上言，江淮城壁缺落，乞特加脩葺。詔以透賊謾說量葺之。

五年八月二十一日，詔益、梓州路轉運司漸脩築諸州軍城池〔四〕，毋致動民。時言者以甲午年有蜀變，而諸州素無城郭之豫，宜備禦之。及興工，又賜役卒緡錢。

治平四年六月八日，神宗即位未改元。詔河北沿邊當職臣僚常切完城壁、樓櫓、器用。

熙寧二年十月九日，詔：「應河北州軍昨經地震，管勾修葺城壁、敵棚、樓櫓、倉庫、官舍功役官員，的有勤勞，逐

〔一〕十五日：原作「十九日」。按《長編》卷一二七此條繫於四月十五日己亥，注云：「《會要》康定元年四月十五日事。」據改。
〔二〕二年六月：原作「三年正月」，據《長編》卷一三七改。
〔三〕三年正月：原無，據《長編》卷一三九補。蓋此條本有「三年正月」四字，因前條已誤作「三年正月」，《大典》遂删此四字。
〔四〕「梓州」下原有「夔」字，據《長編》卷一七五删。

州軍長吏已下各賜獎諭。令本路更切體量，昨經地 4 震後，繕完城宇，救獲官物，内有盡心悉力、優有勞績者，仰與本州長吏同共的確保明聞奏。」

熙寧三年正月二十三日，詔：「諸州軍自來有於城上別作踏路、便門，可以踰城出入者，並令廢拆，不得存留。」

《續資治通鑑長編》：神宗熙寧三年，賜滄、瀛、莫、霸州、信安、保安軍知州軍、通判并董役使臣等銀絹有差，以地震修城有勞也。秦鳳路經畧使李師中請廢山丹、納述、乾川三堡，增修伏羌寨爲城，從之。

熙寧八年九月十三日，詔：「河北諸州軍城壁見興修外，權住修展。令轉運司指揮逐處，據昨來檢計合修展城所用樓櫓，漸次計置材植，興造收閣，準備緩急安卓。仍限三日了畢，先具工料聞奏，每季具已修、未修數目申樞密院。」

九年八月十八日，中書門下言：「福建路轉運副使徐億奏，準朝旨修沿海福、泉、漳州、興化軍城壁，緣約用工料價錢萬數浩大，乞借民力興役，支與口食。」詔億量歲時豐凶，州軍緊慢，依條差夫修築。

十年七月十一日[一]，河北西路提點刑獄丁執禮言：「竊考前代，凡制都邑，皆爲城郭，於周有掌固之官，若造都邑則治其固與其守法是也。蓋民之所聚，不可以無固與守。今之縣邑，往往故城尚存，然摧圮斷缺，不足爲固。況近歲以來，官司所積錢斛日多於前，富民巨賈萃於廛市，城郭不修，甚非所以保民備寇之道也。以爲完之之術，不必費縣官之財，擇令之明者，使勸誘城内中、上户，出丁夫以助工役，漸以治之。緣城成亦民之利，非彊其所不欲也。仍視邑之多盜者先加完築，次 5 及餘處，庶使民有所保，而杜塞姦盜窺覬之心。」詔中書門下立法以聞。中書門下言：「看詳天下州縣城壁，除五路州軍城池自來不闕脩完、可以守禦外，五路縣分及諸州縣城壁多不曾修葺，各有損壞，亦有無城郭處。緣逐處居民不少，若不漸令修完，竊慮緩急無以備盜。今欲令逐路監司相度，委知州、知縣檢視城壁合脩去處，計會工料，於豐歲分明曉諭，勸諭在城中、上等人户，各出丁夫脩築。委轉運使勘會轄下五路，除沿邊外，擇居民繁多或路當衝要縣分，諸路即先自大郡城壁損壞去處，各具三兩處奏乞脩完。候降到朝旨，依下項：一、委轉運司先體量合脩城州縣知州、知縣人材，如可以倚（辯）〔辦〕集事，即行差委。如不堪委，知州即具奏乞選差，知縣並許於本路官員内選擇對換，或別舉官。其被替人却令赴銓院，依舊名次別與合入差遣，仍並不理爲遺闕。一、令所委官躬親部領壕寨等打量檢計城壁合修去處州縣，並依舊城高下脩築。其州縣元無城處，即以二丈爲城，底闊一丈五尺，上收五尺。如有舊城，只是損缺，（既）〔即〕檢計補完。其州城低小去處，亦須增築，令及縣城丈尺分擘工

[一] 此條事，《長編》卷二八四繫於九月二十七日甲戌，蓋據中書門下上奏之日。

料紐算，却計合用人工、物料若干數目申，差官檢覆，委無虛計工料，即各令置簿抄録，依料次興脩。一、於豐歲勸誘在城上、中等人户，各出人夫，仍將合用工料，品量物力高下，均定逐户合出夫數，出榜曉示，及**6**置簿拘管，從上輪番勾集工役，仍限三年了畢。如遇災傷年分，亦許依常平賑濟法，召闕食人民工役，支給錢米。一、應合用修城動使袵木博子椽之類，並委轉運司勘會有處移那（之）〔支〕撥，其椽木亦許於係官無妨礙地内採斫充使。一、應城門並檢計合用物料、人工，差官覆檢，支破官錢收買，應副使用。」從之。

元豐二年正月十七日，詔諸路脩城，於中等以上户均出役夫，夫出百錢。其役廣户狹處，以五年分五限，餘以三年分三限送官，官爲相度〔一〕，募人或量增役兵脩築。如錢不足，預具數以聞。遇災傷及三分年，仍權住輸錢。

五年七月二十三日，詔：「鄜延路見脩六寨，其長城嶺寨以西接連環慶路金湯、白豹，已指揮環慶路差二萬人並邊照應。若別無興作，即是虛勞軍馬〔二〕，令徐禧、沈括計議當進築城寨處，與曾布議定以聞。」

八月二十五日，環慶路經畧使曾布言：「洛原故城可以建一城，白豹、和市可以建一寨，官馬川可以建一堡〔三〕。」從之，令李察應副，候鄜延路兵勢相接，方興板築。

十一月九日，鄜延路經畧司言：「塞門山城逼山受敵，有古城基并古壕埌〔四〕，權本路第三將米贇和募禁兵興築，凡七日工畢。」詔米贇減磨勘二年。

六年九月十二日，河東經畧司言：「本路有當脩城壁，工料浩大，轉運司錢穀有限，必難應副。乞賜度僧牒五百〔五〕，分與沿邊州軍，和顧民夫脩繕。其次邊及近裏州軍，乞令轉運司**7**就農隙度工料發民夫。」從之。

元符三年十一月十日，中書省、尚書省送到工部狀：「臣僚劄子奏：『竊見元符元年十二月二十三日朝旨，將陝西諸路並依涇原路申請，不得於近城脚下取土。臣竊謂固護城壁，何獨陝西，欲乞天下應有城壘去處，並依涇原路申請施行。（⿰土厥）〔撅〕成坑（陷）〔埳〕者，限半月令有司填壘，豫爲緩急之備。』工部勘當，欲依本（司）〔官〕所申。如違，其所主修造官科（丈）〔杖〕八十罪。當職都監、監押有失檢察，減罪二等。」從之。《續資治通鑑長編》：元符二年閏九月庚午，承議郎、知昌州文畧〔六〕，奉議郎、通判泗州沈衎，宣德郎、持服人王高，淮南節度推官、知達州新寧縣張湜，各特衝替。奉議郎楊皐依衝替人例，王高候服闋日准此。以（訢）〔訴〕理所言畧等進狀語涉譏訕故也〔七〕。辛未，知大名府韓忠彦奏，乞顧募饑流民修城。從之。

〔一〕下「官」字原脱，據《長編》卷二九六補。
〔二〕勞：原作「勤」，據《長編》卷三二八改。
〔三〕官：原作「宫」，據《長編》卷三二九改。
〔四〕并：原作「井」，據《長編》卷三三一改。
〔五〕五百：原作「五分」，據《長編》卷三三九改。
〔六〕昌：原作「吕」，據《長編》卷五一六改。
〔七〕按，以上事與修城無關，不當録於此，《大典》疏誤。

大觀二年五月四日，樞密院劄子：「臣僚言，諸州壯城兵士，州軍多巧作名目影占，差充他役，不得專任修葺城壁。欲乞責在知通，如任滿或非次替移，令遞相交割。若有損壞去處，令新任官不得隱庇，具實申樞密院相度。若城壁大段損圮，取旨黜責。所貴知通任責，提轄兵官免有他役之弊，因致損壞誤事及枉費官錢。」從之。

二年五月二十六日，河東路提點刑獄司狀：「承都省批下承議郎趙希孟劄子：『竊見備城之具，以篋籬爲先。河東素不産竹，止以軟木條子爲之，不經歲月，便成麋爛，難禦矢石。今欲乞於懷州、河南府等處根括係官竹園，分作二年，間歲洗斫，令遞鋪般運，於澤州置場，專委知、通、職官管勾。先沿邊，次次邊，挨排撥送逐州 8 作院造作篋籬使用。如更不足，即乞行下江南、兩浙出産去處根括係官竹，或收買，逐旋官船附帶至都下，却令遞鋪搬送澤州置場處。』送工部行下河東路提刑司。本司今相度，所用防城篋籬，若依趙希孟起(清)〔請〕，經久委是利便。」從之。

宣和三年閏五月八日，江浙淮南等路宣撫司奏：「浙江被賊六州，睦、歙、杭、衢、婺、處曾經焚刼，秀、越二州經賊圍閉。臣勘會秀、越二州昨因兇賊初犯睦、杭州之後，逐州補充城壁，粗可守禦。歙州元無城壁，睦州係就舊基，並合創築城池。雖目今事力未完，緣逐州首被賊擾，居民若無城壁，無縁安居，須著先次築城。杭州城基四十餘里，地步太寬，若全修舊城，不惟目前費功，異日亦難守禦。如未修城，民户未盡安樂，不免就其形勢減縮，因舊日脩完，如此省功，民情樂爲。已行下歙、睦州、杭州依此脩築外，有衢、婺、處州，臣聞皆有舊城，内婺州城内官私舍屋全不經焚燒，衢、處城郭被燒至多〔一〕，其城各可以因舊增葺。臣聞完城壁，濬池壕，備賊寇，州郡之常事，但東南久不用兵，官司懈弛，是致一日賊發，人不安居。今措置，江浙不以曾未脩築城池，如自來未曾招置壯城人兵去處，帥府以三百人、節鎮以二百人、支郡以一百人爲額，專一修濬城池，不得别兼他役，庶幾日久不致頽圮。」詔杭州、江寧府城壁並因舊脩完，不得減縮，餘依宣撫司措置到事理施行。

二十九日，中書 9 省言：「勘會諸路州軍城壁，除已修築去處外，其餘路分應合脩完城壁内，有不置壯城州軍，未有該載，逐旋申請不一。」詔無壯城州軍，即剗刷本處廂軍工役，仍量度緊慢，逐旋脩築，合用錢物並令轉運司剗刷那融應副。合置壯城闕額去處，委當職官限一月招填足額。

十一月二十八日，朝散〔郎〕、直祕閣沈思奏：「前日鼠寇竊發，十百爲(郡)〔群〕，輒敢侵犯郡邑者，獨以城郭不完。而城郭之所以不完者，以州郡壯城兵卒雖有條禁，不給他役，然皆玩習故常，恬不知畏。工匠役使，冗占殆盡，坐視城郭隳圮，不復繕完。臣愚以謂，諸路州郡量大小，宜皆置

〔一〕至多：據文意，似當作「不多」。

壯城兵，仍責守(二)〔貳〕、兵官旬月檢察，脩完城壁。欲望申明舊法。」詔申明行下，今後諸路州軍脩完城壁了畢，如功力就大，依元豐法遣工部郎官前去覆按。

靖康元年三月二十二日，臣僚言：「聞京畿諸縣及汝州、蔡州、順昌、河中、鳳翔等處見脩城壁，工役浩大，汝州用六十四萬八千工，差科率斂，尤爲煩擾。方春東作，衆務畢舉，驅民捨業，從事工役，既違天時，又虜已渡河，河南非受敵之所。近調兵運糧，民力凋弊，若又大興工役，勞費已甚。欲乞速降指揮，除與河東、河北接連要害之地，其京畿縣、汝、蔡、順昌等處權罷，庶幾可以息日前之急。」詔除河東、河北并滑、濬州外，並權罷，候農隙日取旨。

五月十日，詔河北、京東路州軍城壁合行脩治，仰逐路帥守多方計度，**10** 速行脩繕，安置樓櫓。其縣鎮民間自願出力脩築者聽。令佐、監司，官爲部率，毋得搔擾。委有功績，仰帥臣、監司保明以聞。

紹興六年三月一日，尚書省言：「諸州城壁往往倒塌，不即補治，及將壯城人兵違法他役。有乞脩去處，增添高闊，徒費工力，不能就緒。」詔：「令逐路帥司督責所屬州軍，如有損壞，用功不多，仰一面計置，用壯城人兵脩治，不得科擾。若倒塌稍多，不能自行整葺，即審度實用工料，開具見管壯城人數供申，不得隱落，虛樁大計。或城大難以因舊，亦仰隨宜減蹙，務要省便。仍將合減蹙去處丈尺畫圖，及今後具所管城壁有無損壞事狀，並申尚書省。」

淳熙三年十月五日，詔：「諸路帥司行下所部州軍，專令守臣分委在城都監等，各認定地分，常切照管城壁，遇有損動開裂，隨即脩治。守臣以時躬親點檢，歲終具已脩補圓備帳狀申本路安撫司。若守臣去替，即令新官依此施行。」（以上《永樂大典》卷八一〇六）

【宋會要】

11 政和元年正月二十六日[一]，京東路轉運使奏：「(淮)〔准〕樞密院劄子，臣僚上言：『勘會京東路軍州城壁內外空閑地段，多是違法人户請佃，並不曾(裁)〔栽〕植寸木。每至修補城壁，即須支破官錢收買木植，又從而搔擾人户，積歲所費，蠹耗公私不輕。今相度，欲乞逐州委自兵官一員，於內外城脚下栽種槐、榆、柳、棗，以備修補城隍之用，貴免侵損公私，即不得非時以剥破爲名，應副他用。依河北濠城司栽種，比較青活死損法賞罰。所有其餘路分軍州，應無居止、不係占射地段，似此可以栽種去處，仍乞依此施行。』大觀四年十二月二十七日，送京東轉運司相度保明。本司今相度，委是利便。」從之。（以上《永樂大典》卷八〇六七）

〔一〕天頭原批：「京東路。」按，原稿以下各城天頭批有「××路」，此爲嘉業堂整理者所批。嘉業堂本此部分將各城按路分重排，但其中每有誤批者。

清陽城〔一〕

【宋會要】

12 宣和三年，以開封府中牟縣紂王城改作清陽城。（以上《永樂大典》卷八〇七七）

定州　保州城〔二〕

【宋會要】

元豐二年五月二日，定州安撫司言：「奉詔俟有機便修展保州關城。今涿州發兵夫脩城，欲乘此於來春築保州城。」從之。止作幫築。

元豐二年九月二十九日，詔脩定州城，以明年合起民夫及河北路兵二千兼州兵充役。

元豐三年六月十二日，詔定州路安撫司給封樁紬絹三萬脩保州城。

元豐四年四月二十二日，建雄軍節度使、知定州韓絳言脩保州城畢〔三〕，賜詔獎諭。

徽宗建中靖國元年正月六日，工部看詳：「定州路安撫使司狀，今 13 相度到定州不依式脩過樓子，欲將舊來法制施行。所有馬面相去五十餘步去處，委是稍稀，如因今有摧塌，即將稍稀去處依元豐城隍制度添置。本路及其餘州軍並乞依此施行。」從之。

崇寧五年十月月十日〔四〕，詔降元豐城隍制度法式，京畿轉運司如增脩諸輔，遵以從事。（以上《永樂大典》卷八〇七八）

棣州城〔五〕

【宋會要】

14 大中祥符八年正月十七日，詔徙棣州城於州之西北七十里陽信縣界八方寺，即高阜居之。先是，河北運使李士衡言：「棣州河流高於郡城者丈餘，朝廷累年役兵脩固，蓋念徙城重勞民力。而去冬已來，釃凌冰下，尚有衝注，如解凍之後，河流迅奔，必有決溢之患。今請移州於陽信縣界，改築城邑，以今年捍隄軍士助役，則永久甚利。」詔可，仍命度支判官張續〔六〕、内押班周文質乘傳與士衡等同莅其事。因降詔諭棣州官吏、僧道、百姓等，仍月給本州公用錢十萬，許造酒，每月三犒軍校，兩月一賜役夫錢。其居口民田〔七〕，優給以直，常租及浮客食鹽錢悉蠲之，城中居民屋稅免一年。

大中祥符八年三月二十一日，棣州新城畢，以圖來上。

〔一〕天頭原批：「京畿路。」
〔二〕天頭原批：「河北路。」又，保州：原無，據内容添。
〔三〕言：原脱，據《長編》卷三一二補。
〔四〕月月：下「月」字疑衍或誤。
〔五〕「城」上原有「故」字。按「故城」爲明人説法，下文所修者爲棣州新城而非故城，今删「故」字。又天頭原批：「河北路。」
〔六〕張續：《長編》卷八四作「張績」。
〔七〕居口：疑有誤。

舊城廣袤九里，今總十二里，郡民所居悉如舊而給之。其外創營宇廨舍。賜役夫緡錢，仍宴犒官吏、將士。帝以執役有死亡者，又遣使命僧爲水陸齋。（以上《永樂大典》卷八〇八二）

青州城〔一〕

【宋會要】慶曆四年八月十二日，知青州陳執中言：「奉詔權罷修州城。契丹雖遣使再盟，然未保其情虛實，恐未可遽罷防守之備。況秋稼大成，人心樂於集事，舊城比已興功剗削，高下可窺，若遂中止，它日不免重困于民，乞乘時完葺。」從之。

元豐六年十月十三日，京東轉運使吳居厚 15 言：「準詔支鹽息錢三萬緡修青州城，乞不用六年鹽息錢，止以支不盡脚錢應副。」從之。

膠州城〔二〕

【宋會要】宣和三年十二月十三日，朝請大夫、秘閣修撰、知密州李延熙奏：「遵御筆，以城壁壕塹湮廢歲久，委臣躬親檢計，責立近限，剗刷人兵，併工修完。臣恭依處分，措置督促，不踰兩月，並已畢工，具圖狀奏聞。」奉聖旨，令本路漕臣前去覈實，同李延熙具元修完工力，等第保明聞奏。漕臣王子獻將元監修官工力等第申奏，御筆：「李延熙可令學士院降詔獎諭，監修官第一等通判趙士源特轉一官，第二等兵馬鈐轄任藻等減三年磨勘，第三等士曹朱端夫等減二年磨勘；行遣人吏第一等支錢十貫，第二等支錢七貫。」（以上《永樂大典》卷八〇八三）

瀛州城〔三〕

【宋會要】16 慶曆七年二月二十三日，河北安撫司言：「瀛州修北關城，甚是張皇，竊慮引惹生事，欲乞住修。」從之。

六月十九日，北京賈昌朝言：「勘會瀛州昨展州關城，已填塞大壕空歇，不便。緣諸處緊占兵士，無應副功役，欲乞且令開（⿰土厥）〔撅〕，放水通流，候今秋河上諸處休閑兵士，即併手修築。」從之。

熙寧元年八月十七日，瀛州言：「本州自地震摧塌城壁樓櫓，檢計人功、料物，乞朝廷指揮應副。」御批：「據所計材植、人兵、工匠數，亦不至浩瀚，其見役人宜令分使不足。非久虜使入界，若拖延，至日城壁尚未具，觀瞻誠亦不好。況河北災傷輕可及全無事州軍甚多，或且令盡刷見管

〔一〕「城」上原有「府」字，按青州至明代始稱府，今刪。天頭原批：「京東東路。」
〔二〕天頭原批：「京東東路。」
〔三〕天頭原批：「河北路。」

廂兵，亦必大段有數。邊防重事，不可一日闕備，其所乞事件，朝廷且須與竭力應副。可並如所請指揮。」

七年七月二十八日，詔：「瀛州修城將欲畢工，可令軍器監（監）丞一員，將帶壕寨，計會本路監司一員，同按視驅磨，具依與不依元奏丈尺、工料，結罪保明聞奏。仍具有無未盡、未便利害。今後五路州軍修城並依此。」

肅寧城〔一〕

【宋會要】

瀛州肅寧城，雍熙中置，名平虜寨〔二〕。淳化二年改平虜城，景德二年改今名〔三〕。（以上《永樂大典》卷八〇八一）

冀州城〔四〕

【宋會要】

17 熙寧八年正月二十七日，詔：「冀州增築舊城，未幾已有摧塌，董役使臣重行責罰，不用赦原。河北興役處，依此約束。」

蒲陰城〔五〕

【宋會要】

咸平六年六月六日，定州都總管司言：「定州蒲陰縣居中山、寧邊軍之間，當高陽關會兵之路，合再興葺。」帝曰：「言修此城量屯戍兵者甚衆，宜可其奏。」

景德元年九月二十四日，詔諭祁州軍民等：「朝廷已令修築蒲陰城爲祁州，去舊州百里許，將議遷焉，各宜知委。」先是，帝曰：「祁州城池不當要害，素不修完，將來戎人奔衝，已議更不固守。雖曾遣使密諭朝旨，候至時令入近便城寨，其城中人民未知，恐爲官司所誤。」故有是詔。又詔：「祁州葺蒲陰縣，徙居民廬舍，遷廨宇營壘，漸向冬寒，土功勞擾，所有官吏自來承受宣敕、公案、簿籍等，並且於舊州收管，候至來春修築畢日移置。其舊州內外百姓等，如情願往新州居止及欲徙於他州，只在舊處者，並聽。」先是，河北轉運司言，欲廣蒲陰縣城西北面各三里，以舊城牆爲子城，其舊城百姓並令於新城及草市內分布居止，所占蒲陰縣民稅田除許自占外，餘者蠲其（祖）〔租〕。舊州自來屯兵，不通漕運，令新城濱河路，易致軍食，甚便。故 18 有是詔。

慶曆四年四月四日，監察御史裏行李京言：「近聞契丹築二城於西北，南接代郡，西交元昊，廣袤數百里。盡徙緣邊生户及豐州、麟州被署人口居之，使絶歸漢之路，違先

〔一〕「城」上原有「縣」字。按宋代肅寧爲城，非縣，金代始設縣，元、明因之。今刪。
〔二〕「寨」上原有「橋」字，據《宋史》卷八六《地理志》二、《玉海》卷一七四刪。
〔三〕二年：《隆平集》卷一、《玉海》卷一七四作「元年」。
〔四〕天頭原批：「河北路。」
〔五〕「城」上原有「故」字，徑刪。又天頭原批：「河北路。」

朝誓書〔一〕，爲賊聲援，其蓄計不淺。况國家前年方修河北沿邊故蒲陰城，再盟之後，尋即罷役。請下河東安撫司詰其因依，或因賀乾元節使人還，責以信誓，使罷修二城，以破未然之患。」從之。

雄州城〔二〕

【宋會要】天禧元年八月十六日，詔雄州李允則：「自今如城壘頹壞，壕塹（埡寨）〔堙塞〕，即漸令修完，不得創有興修及差役近上禁兵。」初，允則於本州大修門户牆塹，帝聞之，故有是詔。

天禧三年五月二十五日，河北沿邊安撫司言：「準詔規度雄州北甕城〔三〕，其地甚廣，兼有準備材木，望令本州漸蓋舍屋，冀行旅往來，有所障蔽。」從之。（以上《永樂大典》卷八〇七九）

大名府城〔四〕

【宋會要】19 元豐六年十二月十四日，大名府路安撫使司言：「博州軍資庫有熙寧元年河北安撫使滕甫、吳充用空名敕告召人進納見錢九千九百四十五緡，乞以修治本路州府城櫓。」從之。

澶州城〔五〕

【宋會要】景德元年十月四日，知澶州張秉言，已調集丁壯修葺州城。帝以戎（冠）〔寇〕在境，而内地遽有完葺，恐摇人心，命亟罷之。

康定二年九月三日，知澶州張觀言：「修城合用敵樓、戰棚，取今月二日興工。」詔緩其造作，毋得張皇搔擾，城制不得過三十尺。

〔一〕自此條之首至此句「違」字，原脱，據《長編》卷一四八補。本書本條所存文字與《長編》全同，蓋《長編》亦取自《會要》，故可補此處脱文。「慶曆四年四月四日」一句，《長編》原作「乙未」，乙未乃此月初四日，因據《會要》體例改寫。

〔二〕雄州：原作「雄縣」。按，明代始改雄州爲雄縣，今據正文改題。又天頭原批：「河北。」

〔三〕甕城：原作「擁城」，據文意改。《長編》卷九三云雄州「城北舊有甕城」，是也。

〔四〕天頭原批：「河北路。」

〔五〕天頭原批：「河北。」

滄州城〔一〕

【宋會要】

20 政和四年十月二十二日，通議大夫、充徽猷閣待制、高陽關路安撫使吳价奏〔二〕：「準政和三年七月八日御前劄子，相度到滄州淤澱城壕，分作三重置立中埤，面闊丈尺，依圖開展。臣充提舉，滄州守臣充管勾。又準今年六月十八日御前劄子，候工畢，其管勾部役官吏等，可第其功力優劣來上，當行賞激。臣契勘滄州城濠自今年二月二十九日興工，至八月二十六日了畢，所有一行官吏等實有勞績。數内提舉官吳价，管勾行遣文字及往來點檢催促、宣義郎、管勾高陽關路安撫司機宜文字王競，管勾行遣文字及專一管勾事務、朝請郎、高陽關路安撫都總管司勾當公事梁康祖，朝奉大夫、權通判信安軍、權管勾滄州似〔三〕。」詔各特與轉一官，其梁康祖告令所屬收掌，候服(闕)〔闋〕日給。（以上《永樂大典》卷八〇八一）

來賓城〔四〕

【宋會要】

21 來賓城，崇寧三年以乢當川置。（以上《永樂大典》卷八一〇四）

定西城〔五〕

【宋會要】

22 元豐四年，於通遠軍北一百二十里置定西城。元豐五年，以定西城易置通遠軍，以汝遮堡爲定西城。元豐六年閏六月十四〔日〕〔六〕，熙河蘭會路制置使司上增築定西城〔七〕、通西寨文武官功狀〔八〕。詔五等皆賜銀、絹，第一等四人三百匹兩〔九〕。

〔一〕天頭原批：「河北。」按，此目之前原稿尚有「瀛州城」一目，其文字與本卷前文方域八之一六「瀛州城」目全同。前者出《大典》卷八〇七九，此處則出《大典》卷八〇八一，而此二卷皆爲「城」字韻「城名」目，純屬因疏忽而重收。按本書體例，今予删去。

〔二〕吳价：原作「吳玠」，據後文改。

〔三〕「管勾滄州」下當有脱文，「似」當爲其人之名，脱去姓氏。

〔四〕天頭原批：「秦鳳路。」「來賓」下原有「縣」字，按此來賓城乃秦鳳路樂州之一城堡（見《宋史》卷八七《地理志》三樂州條，在今青海循化縣東北），并非縣，今删。

〔五〕天頭原批：「熙河路。」

〔六〕六月：原作「七月」，據《長編》卷三三六改。

〔七〕制置：原倒，據《長編》卷三三六乙。

〔八〕西：原作「四」，據《長編》卷三三六改。

〔九〕兩：原脱，據《長編》卷三三六補。

定羌城〔一〕

定羌城，熙寧七年置，在河州境。

【宋會要】

懷遠城〔二〕

天聖十年，修赤蒿城堡，改今名，隸河州。

【宋會要】

伏羌城

建隆三年置，管小寨十一，曰得勝、榆林、大像、菜園、探長、新舊水谷、聖林〔三〕、丙龍、石人鋪寨、駝項。熙寧三年，增置南城，改寨爲城。熙寧三年二月二十八日，秦鳳路經略使李師中言，廢山丹、納迷、乾川三堡〔四〕，增收秦州伏羌寨爲城。從之。

【宋會要】

德威城

會州德威城，在舊清水河，政和六年置。

【宋會要】

韓公城

慶曆初〔五〕，守臣韓琦以秦州東西城外有民居、軍營，恐資寇，元年十月己卯，詔增築外城，乃廣外城十一里，與内城聯合爲一城。秦民德之，號韓公城。興功於元年十月
23 三日，成於二年正月二十七日，廣四千一百步，高三丈五尺，計工三百萬。一云東西關城。

元豐七年二月三日，賜秦州度僧牒百一十五修城。

【宋會要】

南市城

真宗大中祥符九年三月二十五日，秦州請築南市城〔六〕，從之。是城本曰南使，蕃語訛謂之南市。西南抵秦州百五十里，去渭州籠竿城八十里，秦、渭相接，控扼西戎之要也。曹瑋請用秦、渭五州兵及近寨弓箭手守城而居焉〔七〕。異日成兵代還，則別募勇士三千爲南市城弓箭手處之〔八〕。

【宋會要】

〔一〕天頭原批：「以下俱秦鳳路。」
〔二〕懷遠：原作「寧遠」，據《長編》卷一一一改。
〔三〕聖：《元豐九域志》卷三作「樫」。
〔四〕乾：原脱，據本書方域二〇之一補。
〔五〕按，此條（包括注文）乃《大典》抄自《玉海》卷一七四。
〔六〕南市城：原作「城南市」，據《長編》卷八六改。
〔七〕及：原作「泊」，據《長編》卷八六改。
〔八〕募：原作「慕」，據《長編》卷八六改。

畢利城

【宋會要】熙寧元年八月十三日，秦鳳路走馬承受公事王有度言：「秦州修畢利城、擦珠堡，役本州六縣義勇，乞與免諸般科配三年，權住今冬閲教一次。城下搬運糧草、材植義勇及弓箭手、寨户沿路身死者，(及)〔乞〕量(友)〔支〕孝贈錢。」詔義勇特與免二年科配，因搬運糧草及工役身死者，每一人贈錢二貫文，弓箭手、寨户亦依此。

甘谷城

【宋會要】熙寧(元)〔三〕年六月三日〔一〕，李師中言：「準詔勘會昨展置甘谷城所拘占湯谷内田地，係與不係心波等三家，仍令王韶、劉希奭與同蕃部首領標定界至，具詣實以聞。尋令王韶、劉希奭計會高遵裕，同往諸部族内體量。其間有24蕃部摽撥入官地土數多〔二〕，今耕種不足者，却與元獻納内三分給還一分。其弓箭手亦不得執元額人數，只據合入官地土招人，却揀選精鋭，退去孱弱。如此則不害邊計，稍塞弊源。」詔(帥)〔師〕中令詔、希奭還詣蕃部所獻地土，體問蕃部逐户的實情願獻地數，有非元初情願者，並給還之。餘依所奏。

〔熙寧元年〕七月五日〔三〕，詔秦州新築大甘谷口寨城，賜名甘谷城，置知城、監押守焉。

二年二月八日，秦鳳路經略安撫使司言：「秦州甘谷城、通渭堡至古渭寨一帶，弓箭手耕種堡子，已差官相度檢計功限修築次。」詔令孫永委差去將官相度，須量逐處地分所管人馬多少，遇事宜保聚老小，能容着得盡，方爲穩便。

清水城

【宋會要】政和六年六月十八日，陝西、河東路宣撫使司奏：「遵奉聖訓，措置修復湟州古骨龍、會州清水城，並畢工。今先次條具到漕運應副等官，伏望優與推恩。」都統制官劉法已降制外，統制何權、趙隆，同統制辛叔詹等，奉御筆：何權轉拱衛大夫、遥郡防禦使，趙隆、辛叔詹二人並换正任防禦使。統兵修築清水河城官、統制劉仲武除觀察使，辛叔獻轉遥郡防禦使，中侍大夫、隨軍走馬承受鄧珪，劉彦遵、王端、李君諒各轉一官，經畧使趙遹、馬防、張莊、姚古、李譓各轉一官。内有止法，回授親屬。應副錢糧孫竢轉兩官，程唐轉兩官，内一官除直龍圖閣。應副25熙河路劉韐、張

〔一〕三年：原作「元年」，據《長編》卷二一二改。此條當移後。
〔二〕「入」上原有「却」字，據《長編》卷二一二删。
〔三〕熙寧元年：原無，據《宋史》卷一四《神宗紀》一補。

仲英已殁故〔一〕。轉兩官，劉韐一官除直龍圖閣，張仲英回授白身親屬。蓋侁、郭允迪、張深各轉兩官，内一官除直秘閣。高衛、席貢除直龍圖閣。軍前照管張大鈞轉兩官，内一官轉遥郡刺史。修築照管趙遇叙兩官，應副本司官任諒、張構、梁兢各轉一官。

臨洮城

【宋會要】大觀二年改爲洮州〔二〕。

震武城

【宋會要】湟州震武城，政和六年以古骨龍城改。

安羌城

【宋會要】宣和六年以溢機堡改。

蘭州城〔三〕

【宋會要】元豐四年九月十三日，熙河路都大經制司言：「收復蘭州。蘭州古城東西約六百餘步，南北約三百餘步。大兵自西市新城約百五十里〔四〕，將至金城，有天澗五六重〔五〕，僅通人馬。自夏賊敗衄之後，所至部族皆降附，今招納已多，若不築城，無以固降羌之心。見築蘭州城及通遠堡〔六〕，已遣前軍副將苗履、中軍副將王文郁都大主管修築，前軍將李浩專提舉。」從之。

元豐六年五月二十日，詔：「蘭州展築北城，其南城若依舊，則城圍太廣，難於守禦。若平居多置守兵，又耗蠹糧食。候展築北城將畢，即廢南城。」

蕭關城〔七〕

【宋會要】26 元豐四年十一月初九日，上批付盧秉曰：「張大寧奏，乞城蕭關故城，以爲根蔕。成効已見於熙河〔八〕，自城

〔一〕已殁故：此三字原作正文大字。按，已亡者僅張仲英，劉韐於靖康二年死於金，若作正文連讀，則易誤會劉、張二人同死於政和間，因改爲小字。

〔二〕二：原作「大」，據《宋史》卷八七《地理志》三改。

〔三〕原題作「蘭泉廢城」。按，元豐四年收復蘭州，築蘭州城，但未置縣。崇寧三年始於州城置蘭泉縣（見《宋史》卷八七《地理志》三），元代廢。自明人而言可稱「蘭泉廢城」，自宋人而言應稱「蘭州城」，因改。又，天頭原批：「熙河路。」

〔四〕市新城：原作「使新」，據《長編》卷三一六改補。

〔五〕重：原作「里」，據《長編》卷三一六改。

〔六〕遠：原作「過」，據《長編》卷三一六改。

〔七〕原題作「蕭關縣廢城」，按唐代設蕭關縣，早廢，宋代只稱蕭關城，今删二字。又天頭原批：「熙河路。」

〔八〕「成」原作「或」，「見」下原有「力」字，據《長編》卷三一九改删。

蘭州及展置戍壘之後，羌人相繼降附者已數萬帳，迨今効順，接跡不絕，卿其早圖之。」

平夏城〔一〕

【宋會要】

平夏城，舊石門城，紹聖四年改，大觀二年改爲懷德軍〔二〕。

紹聖四年九月二十七日，涇原路經略使章楶奏：「昨進築平夏城，首先與臣議論并應副軍興提舉官，並功效顯著，乞優賜推恩。」詔轉官、循資、減磨勘年、陞擢差遣有差。

元符元年二月十四日，樞密院言：「近降指揮，令章楶、鍾傳等相度平夏城會合三路兵馬修築。今據章楶、鍾傳奏，候計置糧草及守城之具足備，或乘春草長茂，伺隙進築。乞且依已降朝旨，各於本路進築，候有間隙，即依朝旨施行。續據鍾傳申〔三〕，到渭州與章楶論議，正原等處進築無不合，但投來人通說天都一帶無草〔四〕，候計置有備〔五〕，同共進築。今涇原九羊谷〔六〕、熙河巔耳關逐路自合先次興築，須於旬日之內了當。其没煙峽口至平夏城止二十里，熙河青南訥心去巔耳關不遠，斟酌機會，乘此修築，一面從長施行。仍仰章楶於新築三城寨增置糧草足備，可以興舉，即關報鍾傳，依所降朝旨，會同三路兵將進築没煙後峽、正原等處。」詔令章楶、鍾傳遵依施行，如逐路利害不同，聽各具所見以聞。（以上《永樂大典》卷八〇八六）

羅兀城〔七〕

【宋會要】

27 熙寧(三)〔四〕年三月十八日〔八〕，詔：「羅兀城宜令趙卨相度，如不可守，令棄毀訖奏。河東所報探西賊水軍恐於石州渡河，令呂公弼過爲之備。撫寧失陷人，令經略司按實，具數聞奏。羅兀城、濱草堡，令轉運司更不得運糧草前去。」

蕃市城〔九〕

【宋會要】

蕃市城，紹聖四年正月二十四日，以知通遠軍康謂等修築畢工，賜銀絹有差。

〔一〕天頭原批：「涇原路。」
〔二〕軍：原作「郡」，據《宋史》卷八七《地理志》三改。
〔三〕申：原作「中」，據《長編》卷四九四改。
〔四〕但投來人通說：原作「天都一帶無不合」，據《長編》卷四九四改。
〔五〕「候」下原有「後」字，據《長編》卷四九四刪。
〔六〕涇：原作「經」，據《長編》卷四九四改。
〔七〕天頭原批：「鄜延路。」
〔八〕四年：原作「三年」，據《長編》卷三二一改（清人所輯《長編》「羅兀城」改譯作「婁城」）。
〔九〕天頭原批：「以下環慶路。」

懷遠城

【宋會要】〔一〕明道元年十月甲寅，鎮戎軍新修赤藁城，名爲懷遠城。

南牟會新城〔二〕

【宋會要】元符二年改爲西安州。

耳朵城

【宋會要】慶州耳朵城，大中祥符元年築。

定邊城

【宋會要】元符二年四月二十五日，環慶路經略安撫使司言：「新築定邊城，川原厚遠〔三〕，土地衍沃，西夏昔日於此貯糧。今投來蕃部日衆，可以就給土田，使之種植。本路舊蕃弓箭手散處城寨，分隸諸將，今歸附之人乞更不分隸，別置總領蕃兵及同總領以領之。」從之。

駱駝巷城

【宋會要】元符二年五月二十七日，環慶路言進築駱駝巷城畢 28 工，詔賜工役兵民錢有差。

白豹城

【宋會要】元符二年五月十四日，胡宗回言，築白豹城寨畢工，詔入役漢蕃兵人各賜銀有差。六月二十七日，詔進築環慶路白豹城畢工，東上（閣）〔閤〕門使、戎州團練使、本路都鈐轄張存爲四方館使〔四〕，充副總管；左藏庫使、都監种朴爲皇城使，權鈐轄；降授宮苑使、權都監張誠復皇城使、遥郡團練使，爲都監。各賜金帛有差。

大順城

【宋會要】〔五〕慶曆二年，范仲淹於慶州柔遠寨東北四十里大順川建

〔一〕按，此條乃抄自《玉海》卷一七四，非《會要》文。《會要》之文已見於本卷前文方域八之二二（「懷遠城」原誤作「寧遠城」），與此條實爲一事，明道元年亦即天聖十年。
〔二〕天頭原批：「複。」又題上原批「不寫」。按，下頁有複文。
〔三〕厚遠：《長編》卷五〇九作「廣潤」。
〔四〕都：原無，據《長編》卷五一一補。
〔五〕按，此條（包括小注）乃抄自《玉海》卷一七四，非《會要》文。

城，四月辛巳，詔城名大順。張載爲之記。

定遠城〔一〕

【宋會要】

紹聖三年五月六日，權熙河蘭岷路經畧司公事游師雄言：「東關、質孤、勝如堡、定遠城一帶，舊管認巡檢地分，除東關、質孤堡北隔大河外，並係占穩地形，可以探望賊馬。又定遠城、熨斗平堡通四道諸寨巡綽地分，皆在口鋪之外，並係自後巡馬所到，乞並管認爲界。」詔從之。仍令經畧司差人巡綽卓望，令西人習知此處爲界。

興平城〔二〕

【宋會要】

興平城。舊灰家觜新寨，元符元年改今名。皇城副使、兼（閣）〔閤〕門通事舍人种朴遷文（恩）〔思〕使，以統制兵馬進築興平城、橫山寨也。

南牟會新城〔三〕

【宋會要】

29 元符二年改爲西安州。

甘州城

【宋會要】

泰定三年三月六日〔四〕，樞密院臣火沙王等奏：「甘肅省言，甘州城爲邊徼重地，且多錢糧，而其城壞，請以軍士三千九百人修築之。臣等議，昔城甘州，嘗發旁近漢軍，今請依前例。」上從之。（以上《永樂大典》卷八〇八七）

邠州城〔五〕

【宋會要】

30 熙寧四年二月四日〔六〕，環慶路經畧司言：「已修完邠州城壁樓櫓了當。」御筆：「勘會昨以麟府城壘守具頹弛，曾指揮陝西諸路，令沿邊、次邊州軍城寨各用心整葺修完。今邠州首能奉法了當，可特旌賞之。」既而賜官吏銀絹有差。

〔一〕「城」上原有「故」字，今刪。又天頭原批：「秦鳳路。」
〔二〕「城」上原有「縣」字。按，宋代興平縣即今陝西興平市，而興平城在今甘肅環縣西北，並非興平縣城，今刪。又天頭原批：「永興軍路。」
〔三〕天頭原批：「秦鳳路。」
〔四〕天頭原批：「泰定爲元朝年號，疑嘉定之誤。」今按：觀此條內容實爲元朝事，「泰定」字不誤，甘州不在宋朝版圖。蓋《永樂大典》誤作《宋會要》。
〔五〕原題作「故豳州城」。「故」字徑刪。「豳」當作「邠」，宋代邠州不作「豳」，今據正文改。又天頭原批：「環慶路。」
〔六〕按，《長編》卷二二四載此條事於此年六月十九日壬申，與此異。

延安城〔一〕

【宋會要】

元豐六年閏六月十三日，權發遣陝府西路轉運副使公事范純粹言：「見修治延州城，許令用軍須金帛錢糧，如不足，以朝廷所賜入便錢支用。其他城砦雖被旨修治〔二〕，若不依延州已得指揮，即無由辦集。欲望朝廷詳酌。」從之。七年正月二十六日，賜陝西轉運司度僧牒二百修延州城。

金湯城〔三〕

【宋會要】

金湯城，舊金湯新寨，元符二年改。

綏德城〔四〕

【宋會要】

綏德城〔五〕，在陝西鄜延路，熙寧二年廢綏州置。

咸平四年十二月十日〔六〕，命比部員外郎直史館洪湛、侍禁閤門祇候程順奇乘傳按視城綏州利害以聞。初，帝與輔臣謀修此州，而羣議不一。至是，詔中書、樞密院會議，而呂蒙正、王旦、王欽若以爲修之不便；李沆言修之便，然恐31勞民；向敏中、周瑩、王繼英、馮拯、陳堯叟皆以修之便。帝以境土遐邈，未能周知其事，命湛等往視之。〔閏十二月〕十九日，詔築綏州城。時程順奇使還，言於石、隰州沿邊相度建城，詢於吏民，其利有七而害有二。帝召宰臣於便殿，出湛等奏，曰：「利害昭然，卿等所見如何？」蒙正曰：「利多害少，乞行〈與〉〔興〕修。」故命築之。

五年正月十日，以西上閤門使孫全照爲石、隰州兵馬鈐轄，屯綏州，經度修城事。

二月十一日，詔曰：「昨議修復綏州，已興力役，詢于僉衆，猶或異同。因令知天雄軍、工部侍郎錢若水與并代州駐泊陳興乘傳詳度之。儻有所便利，即令施功；如其不然，可至罷之。」四月七日，若水言：「奉詔與陳興詳度重修綏州利害〔七〕，尋領兵過河，徧視荒廢城壘，用工計百餘萬，

〔一〕「城」上原有「故」字，今刪。天頭原批：「永興軍路。」

〔二〕砦：原作「若」，據《長編》卷三三六改。

〔三〕「城」上原有「古」字，今刪。又天頭原批：「永興軍路。」

〔四〕「城」上原有「州」字。按，熙寧二年廢綏州爲綏德城，元符二年改爲綏德軍，金代始置綏德州，元、明因之，是不當有「州」字，今刪。又，天頭原批：「鄜延路。」

〔五〕綏德城：原抄稿及今存《永樂大典》卷八〇八九原文皆有此三字，後被整理者加點刪去，今恢復。

〔六〕十二月：原作「閏十二月」，今存《大典》卷八〇八九亦有「閏」字。按，此條所述事，據《長編》卷五〇，遣洪湛等乘傳按視在十二月十日丁未。閏十二月，湛等使還，言城綏州有七利，十九日丙戌，遂下詔築綏州城，而此云閏十二月十日遣洪湛等按視，不數日而還，十九日便下詔。汴京至綏州（今陝北綏德）千餘里，此爲不可能之事，《會要》必不至如此違背常識。當是《大典》誤添一「閏」字，而又因此將下文「十九日」前之「閏十二月」刪去。今據《長編》改正。

〔七〕害：原缺，據今存《大典》卷八〇八九補。

材植難致，又須廣屯田兵，百姓渡河運糧艱阻，久長計之，有害無利。所有防兵、役夫及所運糧，悉已停罷。」詔從之。一時言事者請城綏州，屯兵積穀，以遏党項。及邊臣互言利害，前後遣使數輩按視，不能決。時已大發丁夫，將興其役，帝以其地夐絶難守，特命錢若水馳往規度，事有不可，即罷其役。近臣有執前議者，帝曰：「太宗罄四海之力克平河東，近靈武失守，今如更城綏州，又須輦運芻糧，重費民力。河東久安，不可虚致困匱。」既而若水上言：「綏州頃爲内地，民賦登集，尚須旁郡轉餉。自賜趙保忠以來，人户凋殘，今復城之，即須廣屯戍兵，倍于往日，則芻32糧之給全仰於河東。其地隔黄河、大小鐵碣二山〔一〕，又城下有無定河，緩急用兵，輸送艱阻。且其地險，若修葺未備，蕃寇奔衝，即難於固守。況此州城邑焚毁，無尺椽片瓦，所過山林無巨木，不堪采用，徒爲煩擾，絶無所利。」若水即罷其役，後詣闕面陳其事〔二〕，帝嘉納之。

元豐七年正月十九日〔三〕，陝西漕臣范純粹言，綏德城當寇衝，請立軍，以七城砦隸焉。在州東北二百三十里。（以上《永樂大典》卷八〇八九）

水洛城〔四〕

【宋會要】水洛城，慶曆四年置，管石門堡、王家城。

籠竿城

【宋會要】〔五〕籠竿城，大中祥符七年修築。天禧元年五月二日，權涇原路駐泊都鈐轄郝榮等言：「掘籠竿城壕，自上石門至鎮戎軍功畢。」詔奬之，仍賚器帛，賜將士緡錢。

羊牧隆城〔六〕

【宋會要】羊牧隆城，天禧元年修築，在涇原路。

統萬城

【宋會要】

〔一〕碣：原作「鍻」，據《長編》卷五一、《宋史》卷二六六《錢若水傳》改。
〔二〕闕面：原作「關西」，據《長編》卷五一改。
〔三〕本條乃《大典》轉録自《玉海》卷一七四，注文爲王應麟注。
〔四〕本條原題作「王家城」，正文無「水洛城」三字，「堡」下有「名」字。今存《大典》卷八〇九〇原文亦如此。考《元豐九域志》卷三德順軍下云：「城一：水洛，慶曆四年置，領王家一城，石門一堡。」《宋史》卷八七《地理志》三同。可見王家城僅是水洛城管下之一小城，本條之題應爲「水洛城」，正文之首亦應有「水洛城」三字，「名」字亦應爲衍文。此乃《大典》之疏誤，今改正。又，本條上天頭原批：「涇原路。」
〔五〕原無此三字，據今存《大典》卷八〇九〇添。以下至「銀川城」並同。
〔六〕天頭原批：「涇原路。」

淳化五年四月四日，詔：「夏州舊城宜令廢毀，居民並遷於綏、銀等州，分官地給之〔一〕，長吏倍加存撫。」先是，帝以夏州深在沙漠，本姦雄竊據之地，欲隳其城，遷民於綏、銀以來。因問宰相夏州建置之始，呂蒙正等對曰：「昔赫連勃勃，後魏道武末僭稱大夏天王，自云徽赫與天連，又號其支庶爲鐵伐氏，云剛鋭如鐵，可以伐人。蒸土築城，號曰統萬，言其統領衆多也。自赫連築城已來，頗與關右爲患，今遷於内地，斯萬世之利也。」帝從之。

銀川城〔二〕

【宋會要】

銀川城，在今神木縣〔三〕，崇寧五年以銀州改。

古烏延城〔四〕

【宋會要】

33 烏延城正據山界北垠，舊依山作壘，可屯士馬。東望夏州且八十里，西望宥州不過四十里，下瞰平夏，最當要衝。土地膏腴，依山爲城，形勢險固，欲乞移宥州於此。舊宥州地平難守，兼在沙磧，土無所出。先於華池油平築堡以接兵勢，川路稍寬，可通車運，聚積糧草器具。事事有備，併力烏延，先補山城，山城畢乃築平城。此地膏美，去鹽池不遠，其北即是牧地，它日當爲一都會，鎮壓山界，屏蔽鄜延。其銀、夏州可置鹽監〔五〕、鐵冶、錢監、馬牧，因嶮控扼，候烏延功畢，漸次計置。

震威城〔六〕

震威城，在府州，舊鐵爐骨堆新寨，宣和六年改爲震威城。（以上《永樂大典》卷八〇九〇）

郢城〔七〕

【宋會要】

慶元元年二月七日，樞密院進呈湖北總領所申，郢州修城壁已圓備。余端禮等奏，乞降指揮常切檢點，無令損壞。上曰：「隨壞隨修，不至臨時多有費用。」（以上《永樂大典》卷次原缺）

〔一〕「分」下原有「以」字，據《長編》卷三五刪。
〔二〕天頭原批：「永興軍路。銀川城。」
〔三〕按，神木縣爲元代置，明因之，則此條爲《大典》編者所修寫，非《會要》原文。
〔四〕天頭原批：「永興軍路。」按，此條文字乃節取沈括等元豐五年五月奏章，見《長編》卷三二六。
〔五〕「州」下原有「及」字，據《長編》卷三二六刪。
〔六〕天頭原批：「河東路。」
〔七〕按，此條爲後來手批添入，非原抄稿。又，天頭原批：「荊湖路。」

并州城〔一〕

【宋會要】

34 咸平三年九月五日，詔并州舊城内人户等曰：「先皇帝親總鋭師，削平多壘。眷言編俗，咸與惟新，爰徙郡城，就安吉壤。如聞編户猶復陽曲重遷，非國家興利除害之意。其并州故城，委轉運司告諭人户，勿復居止。有見居者，給限半月〔二〕，令徙新城及平晉縣、祁溝等處并側近州縣鎮内，請占官地住居。見耕種城内者，許於故城外係官田土住居耕種。應故城内税物悉除之。」時參知政事向敏中等奏：「并州舊城，朝廷先已毁廢，其人户不合就彼居住，乞並令起移。」故有是詔。

晉州城〔三〕

【宋會要】

熙寧九年十一月二十一日，詔賜河東路轉運司祠部一百道，付晉州修完城壁樓櫓支用，仍作二年出給。

豐州城〔四〕

【宋會要】

〔元和〕〔咸平〕五年十月二十九日〔五〕，豐州言：「修城工畢，而城中乏水，欲增築護水城閣門〔六〕，就汲澗水。」帝曰：「豐州迂僻，不足爲邊隅扞蔽，故用首領王承美爲守將，令自庇一方。爾後總管司發軍戍守，非獨外分兵力，且又重勞河東饋輓。昨已爲葺城，今又欲再興版築，非所以惜費而愛民也。不若量留戍兵，扞部族之耕種，如寇至，即歸總管司併力拒戰，足以張軍勢而免勞内地民力也。」（以上《永樂大典》卷八〇八四）

婺州城〔七〕

【宋會要】

35 紹興元年七月十三日，知婺州傅崧卿言：「本州城壁自來庳狹，春夏霖雨，倒塌幾半。欲措置興修，别無錢物可以那融，若只用壯城兵士，則工力不足，空費歲月。欲於農隙之時，起七縣人夫併工修築，一月可了。乞降錢三五萬貫。」詔禮部給兩浙東路空名度牒三百道，充修城使用。

（以上《永樂大典》卷八〇七三）

〔一〕原題作「太原府城」，據正文改。仁宗時乃升并州爲太原府。又，天頭原批：「河東路。」

〔二〕「給」上原有「縣」字，據《宋大詔令集》卷一九八删。又「半月」，上引作「百日」。

〔三〕天頭原批：「河東路。」

〔四〕「城」上原有「古」字，徑删。又，天頭原批：「河東路。」

〔五〕咸平：原作「元和」。天頭原批：「『元和』疑『元豐』之誤。」按，《長編》卷五三作「咸平」，據改。

〔六〕護：原作「獲」，據《長編》卷五三改。

〔七〕原題作「金華府城」，據正文改。明代始改婺州爲金華府。又，天頭原批：「兩浙東西路。」按「西」字衍。

平江府城[一]

【宋會要】

36 淳熙十一年八月二日，平江府言：「本府城壁年深頹圮，見那撥官錢，計置物料，差撥壯城軍兵及雇募匠人，興工修砌子城。所有外城，未敢擅便，乞劄下照會修築施行。」從之。（以上《永樂大典》卷八〇六七）

[一] 天頭原批：「浙東西路。」按當云「兩浙西路」。又「城」字，據正文補。